リスク回避型 7訂版

就業規則・諸規程

作成マニュアル

特定社会保険労務士 岩﨑仁弥・特定社会保険労務士 森　紀男 共著

CD-ROM付

日本法令®

◎７訂初版　はじめに◎

過去の手帳を読み返してみると「2017 年 3 月某日　リスク回避型就業規則、改訂を要する」とありました。同月には内閣府の「働き方改革実現会議」が「働き方改革実行計画」を策定し、2017 年 4 月から 2026 年 3 月末までの壮大な 10 か年計画が開始されました。いままさしく渦中なのですが、本書の執筆は、働き方改革と共に進行してきたというわけです。いいえ、遅筆の言い訳ではありません。実行計画を目にしたとき、本書の抜本的な改訂の必要性は予感しました。ただそれがどの規模になるかの想像はつきませんでした。夏から秋口にかけて厚生労働省の各審議会から働き方改革に向けての建議が行われ、法案要綱も姿を見せ始めました。それに伴い、せっかく書き始めた原稿も加筆、そして加筆、結局書き直しと難渋を極めました（何しろ 20 年分の変化がこの 2 年間で起きたのだから！）。同時に法改正に伴う講演や執筆の機会も多くいただきました。その都度多くの学びと発見があり、これを本書に盛り込まなければ、という思いと裏腹にそれに費やす時間が益々圧縮されていくという葛藤にも悩まされました。

とはいえ本書を世に出さなければ何も始まりません。そこである意味で割り切りも必要と、現時点での最新情報を網羅して、まとめたところです。ところが脱稿後も世の流れは急速であり、特に令和以降、経済界の社会的影響力の強い方々が、終身雇用の見直しに言及するなど、昭和型雇用の見直しが一気に進みました。そこで本書も既に陳腐化が始まり、本当の最先端情報は網羅できていないかもしれません。その点はご容赦いただきたいものです。

前版までは別に章立てをしていた「多様な正社員対応型就業規則」を本則の就業規則に統合しました。今後多様な正社員制度が広く普及すると考えたからです。多様な正社員制度特有の規定は、条名を枝番号にしたので、必要に応じて取捨選択してお使いください。また、パートタイマー就業規則については、フルタイムの契約社員（疑似パート）まで適用範囲を広げたモデルとしました。2020 年（中小企業は 2021 年）4 月 1 日施行予定の改正パート・有期雇用労働法を先取りした形ですが、同法も施行までに世の中がどう動くのか眼が離せません。そこで実際運用するに当たってはより改善すべき点も出てくるかもしれません。その際にはご意見いただければと思います。

本書の作成に関し、実に長期にわたりお付き合いいただいた日本法令の八木正尚さんに感謝いたします。最後の最後まで緻密な校正を重ねてくださった社会保険労務士の水沼直美さん、各種統計データの収集や様式類の作成を手伝ってくれた当社職員の一同、そして、何より公私にわたり私を支えてくださった特定社会保険労務士、当社代表取締役の中西恵津子さんに重ねてお礼申し上げます。特に今回は大切な終盤の時期に体調を崩してしまい、皆さんのご協力がなければ刊行にたどり着くことはできませんでした。本当にありがとうございます。

令和元年 5 月
筆者

◎6訂初版　はじめに◎

平成 17 年に本書をはじめて上梓してから 10 年が経ちました。この長きにわたって幅広くご愛用いただけたことを感謝いたします。

雇用環境を取り巻く環境は、10 年間めまぐるしく動き続け、その速度はますます加速しています。この変化に必死に追いつくために本書も改訂を繰り返してきたところですが、今回の改訂も大きなものになりました。例えば、条文構成の見直しです。

就業規則には、2 つの役割があります。「労働基準法等の最低基準を会社において実現させる」労働者保護の役割と、「働きやすい職場を形成するための職場のルールブック」としての役割です。後者の規定として「服務」があります。これからの働き方の多様化を考慮すると、この部分のいかに会社の実情に合わせて、オリジナルのものを作っていくかどうかが、今後の就業規則策定の要になると思います。そこで、「服務」の章を人事の次に配置し、際立たせてみました。

労働者保護が会社の義務であるとするならば、服務は従業員の義務です。両者の義務をかみ合わせることによって、対等な立場での労使の権利義務関係が明確になっていきます。これからの就業規則は、会社が一方的に作成するものではなく、労使がともに工夫し意見を出し合いながら作成するものへ変わっていくでしょう。自分たちの労働契約の内容は、労使双方の合意で形成する時代です。今回の改訂ではその時代を見据え、就業規則の 2 つの役割が明確となるように条文構成の見直しを行ったものです。また、多様な正社員の今後の普及を見越し、相互転換ルールを充実させた「多様な正社員対応型」のモデル規則も逐条解説付きで収録しました。

さて、10 年前に本書がはじめて提示した「リスク回避」という言葉ですが、この意味も大きく変わりました。なぜならば、今の時代、リスクから逃げていては問題を解決することができなくなってきたからです。リスクを特定し、その存在を認識し、コントロールすることが重要です。そのためのマネジメント・システムの要になるのが、就業規則をはじめとする職場のルールブックです。今後は、本書の「リスク回避」とは、職場におけるマネジメント・システムを意味するものだと改めて認識いただき、引き続きご愛用いただけると幸甚です。

今回も、校了ぎりぎりまで原稿の取りまとめに尽力いただいた日本法令の野原寛之さん、通達・判例根拠の詳細なチェックや校正にご協力いただいた社会保険労務士の水沼直美さんに感謝いたします。

最後になりますが、共に多忙な日々でありながら、公私両面にわたる支援をいただいた特定社会保険労務士の中西恵津子さんに改めて感謝いたします。

平成 27 年 9 月

筆者

◎５訂初版　はじめに◎

就業規則をはじめとする雇用ルールを取り巻く環境が、大きく変わろうとしています。かつての平成20年3月の労働契約法施行に並ぶ転換期が到来したのではないでしょうか。その背景には、働き方の多様化があります。

労働契約法施行は、就業規則の位置づけが法律上明確にされた点で大きなインパクトがあったものです。これを期に就業規則が有する「労働契約書」としての役割が重視されることになり、就業規則は、「従業員が10人になったら、監督署に提出するために作成する」ためのものから、人を一人でも雇用したら、会社の統一的ルールとして、作成するものへと変化を遂げました。しかし、現行多くの就業規則は、日本型雇用管理を背景とした大企業のものがモデルになっています。この点が、昨今の多様な働き方にそぐわなくなってきているのです。

平成25年6月14日に、内閣府は、「日本再興戦略 -JAPAN is BACK-」を策定しました。そこでは、「多様な働き方の実現」が大きくうたわれ、いわゆる「限定正社員」を中心とした『職務等に着目した「多様な正社員」モデル』の普及・促進が推進されています。また、これに連動する形で労働時間法制の見直しの議論も開始されています。正に旧来型の就業規則を見直すべき時期に入ったといえます。

そこで今回改訂版では、モデル規則を全面的に見直し、次のような工夫を凝らしました。

①　多様な働き方に対応すべく、複数の規定例を選択できるようにしました。
②　限定正社員に対応した規定も提示し、必要に応じて選択できるようにしました。
③　採用頻度の少ない規定は、「参考規定例」として掲載する代わりに、これらもCD-ROMに収録しました。
④　モデル規則をすぐに使っていただけるよう、連動する各種様式類を充実させました。
⑤　労働契約法改正に伴い導入された無期転換制度、今後改正が予定されているパートタイム労働法に対応すべく、パートタイム就業規則を全面改定し、全条文に解説を加えました。
⑥　簡略版就業規則のニーズもあることから、これを解説付きで掲載しました。

無論、多様な働き方にも柔軟な対応ができるよう、軸をぶらさず、実務ともズレもなく、就業規則のスタンダードへと育てていこうという従来からの方針には変わりありません。

さて、このような多岐にわたる見直しに当たり、原稿の取りまとめに尽力いただいた日本法令の野原寛之さん、通達・判例根拠の詳細なチェックや校正にご協力いただいた社会保険労務士の水沼直美さん、中小企業診断士の安生基さんに感謝いたします。

最後に、共に多忙な日々にありながら、公私両面にわたりバックアップいただいた特定社会保険労務士の中西恵津子さんに改めて感謝いたします。

平成25年11月
筆者

◎4訂初版　はじめに◎

急遽全面改訂を行い４訂版として上梓するきっかけとなったのは、平成23年３月11日に発生した東日本大震災およびそれに続くさまざまな出来事でした。震災によりお亡くなりになられた方々へ心より哀悼の意を捧げます。また、被災された方々には謹んでお見舞い申し上げます。

今回の出来事は、リスクへの対応の重要性とその難しさを改めて認識させられるものでした。そして労務管理の現場では、臨時休業への対応、休日や就業時間帯の変更、在宅勤務の導入等多様な場面（シーン）に直面することになりました。これらに対応すべく、厚生労働省は、矢継ぎ早に、労働時間、各種助成金、保険給付等の規制緩和を行いました。このような措置を十分に活用できた企業がある一方、錯綜する情報に右往左往してしまった企業もあったと聞きます。すなわち、今回のような緊急かつ例外的な現実に対応するためには、ブレのない軸がしっかりした原理原則を構築しておくことがなにより大切だと思います。

企業の軸を形成する原理原則は、さまざまなものがありますが、労務管理の場面では、「就業規則」がその要となるものです。今回その重要性を改めて認識された方も多かったのではないでしょうか。

このような観点から、４訂版では、次の３点を目標としてみました。

①　多様な場面（シーン）においても柔軟な対応が可能であること。

②　なおかつ、ブレがなく、実務とのズレもないこと。

③　そのために軸を持ったスタンダードとすること。

加えて、付属CD-ROMについては、スタイル機能を活用した配字（インデント）ルールの統一、ナビゲーションウインドウ機能を活用した検索性の改善を図りました。

さて、先ほど述べた３つの目標を十全に満たすためには、更に版を重ねる必要があるかもしれません（そのようなわがままを読者の方々に許していただけたなら、の前提ですが）。なんとかその小さな一歩となるように本書を送り出したいと思います。

今回の改訂にあたっては、特定社会保険労務士の中西恵津子さんには、実務との乖離がないか、全体の整合性が図られているか等入念なチェックをいただきました。また、水沼直美さんには、根拠条文、通達、判例等の確認のほか、一字一句丹念な校正をいただきました。そして、日本法令の幸田麻里さんは、筆者からの無理難題を実にそつなくこなしていただきました。最後になりましたが、これらの方々のご尽力に心から感謝申し上げます。

平成23年９月

筆者

◦3訂初版　はじめに◦

本書を初めて上梓した平成17年から、わずか5年しか経っていませんが、その間、労働関係の法律はめまぐるしく改正され、労使関係の在り方が大きく注目されています。労働条件や就業規則に関しては、以前に増して日常的な関心の的となってきています。

特にここ1年間では、仕事と生活の調和を踏まえた労働基準法の改正、育児と仕事との両立支援を後押しする育児・介護休業法の改正と大きな改正が続きました。また、直接本書とは関係ないものの、雇用保険の適用拡大や労働者派遣法の改正動向についても目が離せません。

最近の法改正の特徴は、新政権下における「子ども・子育てビジョン」や「雇用戦略対話」等に象徴されるように、政府が立てた数値目標の実現の後押しをするためになされているという点にあります(最近の年次有給休暇の取得促進の動きなどがその例です)。法改正の流れは、今まで以上に大きな潮流となり、働く者の現場を巻き込んでいます。

ゆえに就業規則の見直しは必須です。しかしながら、その流れにもまれて闇雲に就業規則に手をつけることにより、自主的な合意の下で締結されるべき労働契約の本質を見落とすようなことになってはなりません。働き方を変えるべき点では、もはや誰も否定はしないでしょうが、実務の実態から乖離したルールを作ったとしても何ら解決にはならないからです。今こそ、労使がお互いの立場を認識し合い、Ｗｉｎ－Ｗｉｎの関係で新しい道を切り開く時代です。

本改訂版では、モデル規則を大幅に見直し解説にも手を加え、できるだけ多角的な視点からさまざまな考え方を提供してみました。したがって、本書のモデル規則をコピーアンドペーストして一件落着とはなりませんし、そのような目的のためのものでもありません。あくまでも本書をたたき台として実務の現場で大いにディスカッションしていただきたいのです。そして各会社に合わせた新しい就業規則作りを目指していただきたいと思います。

今回の改訂に際しては、教材作成の経験がある水沼直美さんが、初校ゲラの段階から、モデル規則や根拠条文の詳細なチェックをしてくれました。また、特定社会保険労務士の中西恵津子さんからは、読者たる実務家の視点からの貴重なアドバイスをいただきました。そして、日本法令の佐々木真子さんには、改訂作業の全課程において行き届いた配慮をいただきました。最後になりましたが、これらの方々のご尽力に心から感謝申し上げます。

平成22年7月

筆者

就業規則による労働条件の変更が合理的なものであれば、それに同意しないことを理由として、労働者がその適用を拒否することはできないとする、いわゆる不利益変更に関する判例法理について、将来施行が検討されている労働契約法制の中で明らかにする必要性が議論されています。

一方、就業規則の変更による労働条件の不利益変更について、労働者の意見を適正に集約したうえで、過半数組合が合意した場合、または労使委員会の委員の5分の4以上の多数により変更を認める決議があった場合には、変更後の就業規則の合理性が推定されるとすることについて、さらに議論を深める必要とも指摘されています（平成17年5月：「今後の労働契約法制の在り方に関する研究会」中間取りまとめ）。今後は就業規則の改廃の問題は，使用者の手から労使協議の場へと移っていくことが十分に考えられます。なお、この「中間取りまとめ」は、今まで蓄積された判例法理を整理し、一気に法制化しようとする流れの一つです。労働契約法制が施行されたならば、本書を含め、世の就業規制は改めて見直しが求められることになるのですが、本書では、現時点で提供し得る最新の情報を盛り込んであります。

昨今の状況では、就業規則は不磨の大典ではあり得ません。会社の発展とともに成長していくものでなければなりません。広い視点に立った就業規則を常にオープンにし、必要に応じ労使で協議し改善を続けていく、リスク回避のための理想的な姿の一つです。会社の発展、社会の変化に合わせて就業規則を労使で育てていく、成長する就業規則の種子として本書を役立てていただければ幸いです。

最後に、本書を執筆するに当たって、株式会社日本法令の大澤有里さん、伊藤隆治さん並びに原稿の作成確認等の準備にご協力いただいた社会保険労務士の中西恵津子さん、田隅美穂さんのご尽力を賜りましたことに心より感謝申し上げます。

平成17年6月

筆者

目　次

Ⅴ モデル就業規則

Ⅵ 社内様式ひな形 CD

Ⅶ　パートナー社員就業規則　CD

Ⅷ 別規程例 CD

Ⅸ 労使協定等例 CD

～本書における法令名の略称等～

労働基準法…労基法
労働安全衛生法…安衛法
労働契約法…労契法
労働組合法…労組法
個別労働関係紛争の解決の促進に関する法律…個別労働紛争解決促進法
労働時間等の設定の改善に関する特別措置法…労働時間等設定改善法
労働者災害補償保険法…労災保険法
労働者派遣事業の適正な運営の確保及び派遣労働者の保護等に関する法律…派遣法
労働保険の保険料の徴収等に関する法律…徴収法
労働施策の総合的な推進並びに労働者の雇用の安定及び職業生活の充実等に関する法律（旧雇用対策法）…労働施策総合推進法
職業安定法…職安法
雇用の分野における男女の均等な機会及び待遇の確保等に関する法律…均等法
育児休業、介護休業等育児又は家族介護を行う労働者の福祉に関する法律…育児・介護休業法
短時間労働者の雇用管理の改善等に関する法律…パートタイム労働法
短時間労働者及び有期雇用労働者の雇用管理の改善等に関する法律…パート・有期雇用労働法
高年齢者等の雇用の安定等に関する法律…高齢者法
行政手続における特定の個人を識別するための番号の利用等に関する法律…番号法
個人情報の保護に関する法律…個人情報保護法
判例は「事件名　裁判所名　判決日」

本書の利用方法

Ｖの「モデル就業規則」においては、偶数頁に「モデル就業規則」「注意すべき条文」「参考規定例」を配置し、奇数頁にこれらに該当する解説文を掲載しました。

モデル就業規則の条文見出しと解説文の見出しを一致させ、さらに解説文には網掛けで小見出しを加え、項目の検索がしやすいように工夫しました。

モデル就業規則は、用字用語を含め、いわゆる法令様式に準じたモデルとしましたが、解説については、より親しみやすい表記を心がけました。

Ｖ　モデル就業規則

第1章　総　則

第1章　　総　則

（目　的）

第1条　この規則は、○○株式会社（以下「会社」という。）と会社の従業員との権利義務関係及び従業員の労働条件を明らかにすること、並びに職場環境及び秩序を最適化することにより、従業員の有する能力の発揮を促し、労働生産性の向上を図ることを目的として、従業員の就業に関する基本的事項を定めるものである。

◈注意すべき条文◈

この規則に定めのない事項については、労働基準法その他の法令に定めるところによる。

①就業規則に定めていない規定のすべてが、労基法を含むあらゆる法令の定めによることとなり、その適用が義務付けられてしまいます。

②就業規則に定められている項目と同じ内容が法令にある場合は、法令、通達による解釈等が優先され、これらと異なる解釈・運用が認められないことになってしまいます。

会社及び従業員は、この規則及び付属規程を遵守し、各々その義務を履行し、相互に協力して、事業の発展と労働条件の向上に努めなければならない。

＊就業規則はあくまで従業員の労働条件と服務規律を定めるものと位置付けた場合、このような包括的な規定は必ずしも必要ではありません。

（定　義）

第2条　この規則において、次の各号に掲げる用語の意義は、当該各号に定めるところによる。

（1）従業員…この規則に定める手続により、常勤・臨時、無期労働契約（期間の定めのない労働契約をいう。以下同じ。）・有期労働契約（期間の定めのある労働契約をいう。以下同じ）を問わずに会社に雇用された者をいう。

（2）正社員…無期労働契約による従業員であって、労働時間、職務内容及び勤務地のいずれにも制約なく基幹的業務に携わる正社員として雇用されたものをいう。

（3）パートタイマー…有期労働契約（無期転換した後は無期労働契約）による従業員であって、通常の正社員に比べ1日の所定労働時間又は1か月当たりの勤務日数が短く、主として補助的業務のためにパートタイマーとして雇用されたものをいう。

条文の見出し／キーワード	作成基準の解説
（目　的）	1．「目的等」の条文は、就業規則の構成上必要な条文です。 2．従来の就業規則は、従業員の労働条件と服務規律を定めるものであり、権利義務規定の位置付けは曖昧でした。しかし、労契法により、就業規則は労働契約そのものの役割を果たすことが明らかとなったため、労働契約の基本原理は、より精密に就業規則に反映させる必要があります。 3．本条では、就業規則の目的が「労働条件の明確化」「職場秩序維持」にあることを明らかにしています。労契法7条により、**就業規則は労働契約の内容を規律すること**が明らかにされており、目的条文でいう「従業員の就業に関する基本的事項」は、そのまま労働契約の内容となります。
（定　義）	1．定義を定めることにより、用語の混在等の問題を回避することが可能です。混在しやすい用語として、①「会社」「当社」「使用者」、②「上長」「上司」「所属長」「室長」、③「社員」「従業員」「労働者」などがあります。用語が統一されていないと、読み手は、そこに特別な意味があるのかと考え、余分な労力を使ってしまいます。就業規則を整備する際には、まず定義を明確にし、用語を統一しましょう。 2．この就業規則が「正社員限定」のものなのか、「すべての従業員」を対象とするものなのかを明確にしましょう。明確でない場合、本来なら正社員のみを対象とした休職制度、退職金制度等が正社員以外の従業員にも適用すべき義務があるのではないかと判断されかねません。 3．働き方が多様化している現在、さまざまな雇用形態の従業員が

110

111

●●●「モデル就業規則」と「作成基準」の表記について●●●

職場の統一的なルールである就業規則は、労働契約の内容そのものです。労働契約の当事者は、「労働者」と「使用者」です（労契法３条）。就業規則でも、「労働者」「使用者」と用いて規定しているものがあります。しかし、本書では、労使関係をより明確にイメージしやすくするため、「従業員」「会社」という用語で統一しました。

基本的に作成基準の表記も「従業員」「会社」で統一していますが、一部に法令、通達、判例を引用する箇所で、それぞれで用いられている用語で表記している箇所があります。

基本的に「労働者」「社員」「従業者」等は、本書でいう「従業員」のこと、「使用者」「事業主」「事業者」等は、本書でいう「会社」のことを指しているとお考えください。

Prologue

リスク回避型就業規則とは何か

「リスク回避型就業規則・諸規程作成マニュアル」が初めて出版されたのは、2005年のことです。グローバル化、少子・高齢化の進展、就業構造の変化の荒波にさらされはじめたこの時期は、雇用労働行政に関し、規制改革を求める声が強かったときです。一方で、個別労働関係紛争は増加の一途をたどり、サービス残業等に対する監督行政の動きが強化されてきた時代でもあります。このような時代では「リスク回避」とは、すなわち「会社を守る」ということでした。世の中の荒波にもまれないようにするためには、不要なリスクは回避しておくこと（予防措置）が重要だったからです。

一方、わずか15年弱も経たぬうち、世の中が激変したことは周知のことです。規制改革路線は影を潜め、監督行政も従来型の労基法違反から労契法にかかわる問題や衛生管理体制の強化等へと舵を切りつつあります。

振り返ると、2008年秋以来の経済不況は、我が国の企業の在り方、そして働き方そのものの見直しを迫りました。言い換えるなら、「新しい働き方」を各企業が工夫していかなければならない時代です。労務管理も新たなステージに移りました。

そして、景気回復局面に入った2013年からは、限定正社員を中心とした多様な正社員制度に代表される雇用ルールの抜本的な見直しに政府は着手しました。そして、2015年年末に起きた長時間労働に端を発した過労自殺事件が世論を動かし、労働基準法制定以来の長時間労働対策が政策課題に浮上しました。そして、2016年2月、誰もが予想していなかった「同一労働同一賃金」が政策課題として突如浮上、『ニッポン一億総活躍プラン』において「同一労働同一賃金の実現に向けて、我が国の雇用慣行には十分に留意しつつ、躊躇なく法改正の準備を進める」ことが閣議決定されました。そしてこれらの集大成が2018年6月に成立したいわゆる「働き方改革法」（※）なのです。これを期に我が国の雇用慣行は大きな見直しを求められることになりました。

このような中で「リスク回避」とは、どのような意味を持つのでしょうか。大きな変化のある時代においては、リスクは回避すればよいというものではありません（「変化」というより「パラダイム転換」の時代かもしれません）。「リスクをとらない」ということは、リスクと引換えに得られるかもしれない「リターン」を放棄することにほかならないからです。また、リスクを回避するといいつつ、リスクについて目を閉じてしまうことはさらなる危険を伴うでしょう。激変する環境の中で、避けていれば解決できると思っていたリスクは、大きく姿を変え、後々取り返しのつかない事態を生むことは十分にあり得るのです。

これからは、正社員だけれども所定労働時間が短い人たち、給料はそこそこでも家庭を大切にしたい人たち、複数の会社で働く人たち、職務内容や勤務地が限定されている人たち、労働時間ではなく純粋に仕事の成果で評価されることを望む人たち等々、さまざまな働き方が一つの職場に混在する時代となります。そして、このような多様な働き方の中から生産性を高めていく工夫を各企業が行う必要があります。

しかし、リスクをまったくとらずして新しい働き方の提案は可能でしょうか。

リスクをおそれ、結局旧態依然とした労務管理に回帰し、閉じこもってしまっては意味がありません。従業員もリスク回避だといって終身雇用をあてにして「休まず、遅れず、働かず」では企業活力も生まれようもないでしょう。

重要なことは、リスクを直視し、これを管理することなのです。

「リスク回避型就業規則」でいう「リスク回避」とは、このような積極的で前向きな姿勢を指すのです。そしてこの姿勢こそが「会社を守る」ことにも繋がります。会社は経営者だけで成り立つものではありません。多くのステークホルダーのためのものでもあるのです。経営者の保身、株主保護だけが会社を守ることだという姿勢では、リスク回避は現実からの逃げ口上に過ぎません。

これからは、労使が手を携えて「働き方」「会社の在り方」を考えていく世の中です。もっと広い視点に立ち「会社を守る」意味を考える必要があるでしょう。その際のキーワードは、**積極的で前向きな意味でのリスク回避**です。そのような姿勢から各社において独自の企業文化を生み出す可能性が高まるのです。

これからの時代の就業規則には、そのような姿勢を打ち出す憲章的な役割も求められるのではないでしょうか。

※　働き方改革法とは、正式名称を「働き方改革を推進するための関係法律の整備に関する法律」といい、「働き方改革実現会議」が2017年3月に策定した実行計画に沿って労基法など計8本の法律を一括で改正するための法律です。

★モデル就業規則の活用方法★

ここで提供するモデル就業規則は、現時点での最新の法令解釈から最善と思われる筆者なりの方向性を提示したものです。したがって、これを単純にコピーして、体裁を整え行政官庁へ届け出るといった「ひな形」ではありません。あくまでも「たたき台」です。会社が置かれている状況はさまざまであり、個々の状況に合わせたひな形を提供することは、現在の労働環境では困難と考えます。

モデル就業規則を採用するに当たっては、最大公約数であるモデル就業規則をアレンジし、オーダーメイドの就業規則として利用していただく必要があります。そのために必要な情報は解説文にあります。ぜひとも解説文を含めて熟読し、各社にぴったりの就業規則を作成していただきたいと思います。

1

労働基準法·労働契約法と就業規則

I　労働基準法・労働契約法と就業規則

（1）労働契約法と労働契約

2008年3月に施行された労契法は、わずか22条の短い法律ですが、個別の労働関係の安定に資することを目的とするもので、就業規則を作成するうえで重要な意味を持つ法律です。主要な部分は、**就業規則と労働契約との関係の部分**であり、この点は**（2）**以降で解説することとし、初めに「労働契約」について説明します。

労働契約とは、「当事者の一方（労働者）が相手方（使用者）の事業に使用されて労働し、相手方がこれに対して賃金を支払うことを合意する契約」と定義されます。そして、これは基本的に民法の「雇用契約」と同一の概念とみることができるものとされています（菅野和夫『労働法』第11版補正版144頁）。

ところで、民法上の雇用契約は、労働関係の当事者（使用者と労働者）に平等な権利義務が与えられているという前提に立っています。しかし、実際には、交渉力においても、その有する情報量においても、使用者の方が優位に立っており、平等原則は保証されているとはいえません。したがって、労基法等の労働保護法規による労働者保護が必要となるのです。

すなわち「労働契約」とは、**「雇用契約」に労働保護法規による修正が加わった契約概念**ということができます。

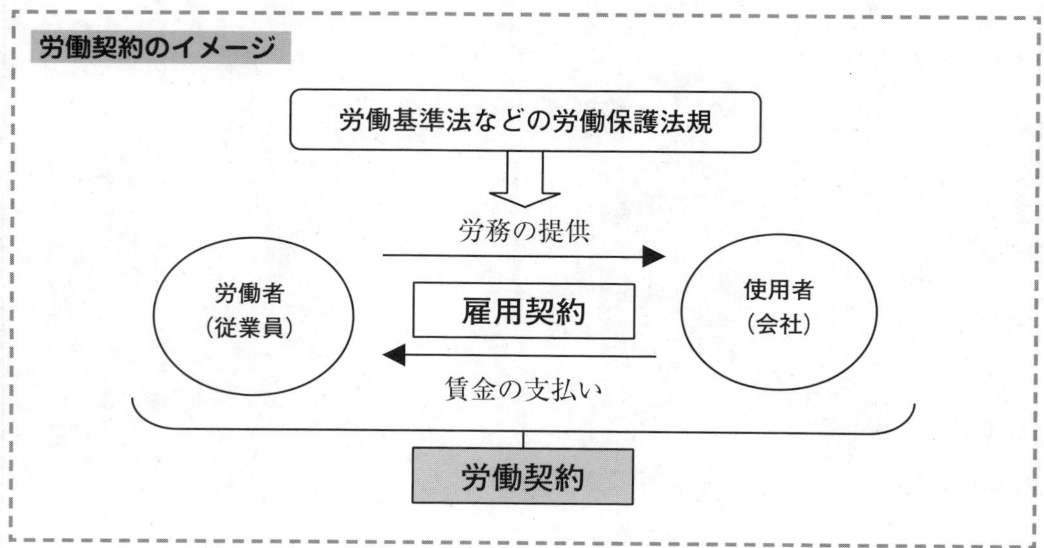

このように重要な意味をもつ「労働契約」ですが、我が国では、今までこれを意識することは少なかったといえます。何も知らずに入社した従業員であっても、いったん「会

社」という組織に入った以上、その構成員として就業規則に従うのが当然という認識が強かったためです。確かに組織の一員として働く以上、共通ルールの下に行動するのは当然ですが、「なぜ、組織の一員として働く義務が生じるのか」という原理原則が欠落しがちです。

その原理原則こそが「労働契約」です。すなわち、会社と従業員という間柄であったとしても、契約の世界においては対等であり、その内容は双方の合意により決定されるというものです。この視点を忘れたまま、就業規則によって、一方的に従業員の処遇を決め十分な説明もなく、これを強要することは、コンプライアンスが重視される世の中では、もはや通用しません。

労働契約の原則については、労契法の総則に規定されています。**労働契約が他の契約と異なるのは、長期的な信頼に基づく人間関係を形成するものであることです。そのための必要最低限の原理原則が労契法3条です。**特に「均衡の考慮」「仕事と生活の調和」「労働者の安全への配慮」（労契法5条）といったキーワードは、今後の就業規則作成に当たり、欠くことのできない視点となります。

【労働契約法】
（労働契約の原則） **第3条**　労働契約は、労働者及び使用者が対等の立場における**合意**に基づいて締結し、又は変更すべきものとする。 2　労働契約は、労働者及び使用者が、就業の実態に応じて、**均衡を考慮**しつつ締結し、又は変更すべきものとする。 3　労働契約は、労働者及び使用者が**仕事と生活の調和にも配慮**しつつ締結し、又は変更すべきものとする。 4　労働者及び使用者は、労働契約を遵守するとともに、**信義に従い誠実**に、権利を行使し、及び義務を履行しなければならない。 5　労働者及び使用者は、労働契約に基づく権利の行使に当たっては、それを**濫用**することがあってはならない。 **（労働者の安全への配慮）** **第5条**　使用者は、労働契約に伴い、労働者がその生命、身体等の安全を確保しつつ労働することができるよう、必要な配慮をするものとする。

リスク回避のポイント

就業規則の根底にある原理原則は「労働契約」であることを忘れないこと。
「労働契約」のキモは「合意形成」にあることを忘れないこと。

(2) 就業規則と労働契約との関係

① 就業規則の法律上の位置付け

【雇用指針（抄）】※
○　労働契約は、労働者と使用者が対等な立場での合意により成立し、労働条件が設定されるのが原則である。 ○　また、企業と労働組合との間に締結される労働協約に定める労働条件の基準に違反する労働契約は、その部分は無効となり、無効となった部分は労働協約の基準の定めるところによる。また、労働契約に定めがない部分についても、労働協約に定める基準となる。 ○　他方、常時10人以上の労働者を使用する事業場においては、就業規則の作成・届出義務が課されており、就業規則で定める基準に達しない労働条件を定める労働契約はその部分が無効となり、就業規則で定める労働条件となる。 ○　主として職場規律を定め、基本的に労働契約の内容とはならない米国のエンプロイー・ハンドブック等と異なり、合理的な労働条件を定める就業規則を労働者に周知させていた場合には、労働契約の内容は就業規則で定める労働条件によることとされている。 ○　こうした就業規則により、日本においては、多数の労働者を使用して効率的、合理的な事業経営を可能とするため、個別の労働契約に詳細な労働条件を定める代わりに、就業規則において詳細な労働条件を統一的に設定することが広く行われている。 ○　なお、使用者は、労働契約の締結に際し、労働者に対して賃金、労働時間等の労働条件を明示しなければならない。 　労働条件のうち、労働契約の期間に関する事項、就業の場所及び従事すべき業務に関する事項、労働時間・休憩・休日・休暇に関する事項、賃金に関する事項、退職に関する事項（解雇の事由を含む。）については、書面を労働者に交付しな

ければならない。

○　また、使用者は、労働条件や労働契約の内容について、労働者の理解を深めるようにするとともに、労働契約の内容をできるだけ書面で確認するものとされている。

※「雇用指針」とは　国家戦略特別区域法37条2項に基づき、新規開業直後の企業及びグローバル企業等が、我が国の雇用ルールを的確に理解し、予見可能性を高めるとともに、労働関係の紛争を生じることなく事業展開することが容易となるよう定められた指針（2014年4月に公表）です。当該「雇用指針」については、国家戦略特別区域会議の下に設置された「雇用労働相談センター」において、グローバル企業等や労働者からの要請に応じた雇用管理や労働契約事項に関する相談に当たり活用されています。

「就業規則」について、労基法・労契法において特に定義は置かれていません。しかし、複数の従業員を使用する企業においては、個々の従業員の労働条件がバラバラであれば、統制のとれた労務管理をすることはできませんし、職場規律の維持もできません。そのため企業では、暗黙のものであっても**統一的なルール**を定める必要があります。また、**従業員間で不公平が生じないように労働条件を整備する必要があります**。これらを明文化したものが就業規則です。

就業規則とは、従業員の就業上遵守すべき規律及び労働条件に関する具体的細目について定めた規則類の総称といえますが、基本的に会社側（使用者）が定めるものです。

労働条件を定めるものとしては、個別には労働契約がありますが、労基法・労契法においては、その労働契約と就業規則との関係を次のように定めています。

【労働基準法】

（この法律違反の契約）

第13条　この法律で定める基準に達しない労働条件を定める労働契約は、その部分については無効とする。この場合において、無効となった部分は、この法律で定める基準による。

（法令及び労働協約との関係）

第92条　就業規則は、法令又は当該事業場について適用される労働協約に反してはならない。

2　行政官庁は、法令又は労働協約に牴触する就業規則の変更を命ずることができる。

（労働契約との関係）

第93条　労働契約と就業規則との関係については、労働契約法第12条の定めるところによる。

【労働契約法】

（労働契約の成立）

第6条　労働契約は、労働者が使用者に使用されて労働し、使用者がこれに対して賃金を支払うことについて、労働者及び使用者が合意することによって成立する。

第7条　労働者及び使用者が労働契約を締結する場合において、使用者が合理的な労働条件が定められている就業規則を労働者に周知させていた場合には、労働契約の内容は、その就業規則で定める労働条件によるものとする。ただし、労働契約において、労働者及び使用者が就業規則の内容と異なる労働条件を合意していた部分については、第12条に該当する場合を除き、この限りでない。

（就業規則違反の労働契約）

第12条　就業規則で定める基準に達しない労働条件を定める労働契約は、その部分については、無効とする。この場合において、無効となった部分は、就業規則で定める基準による。

【労働組合法】

（基準の効力）

第16条　労働協約に定める労働条件その他の労働者の待遇に関する基準に違反する労働契約の部分は、無効とする。この場合において無効となった部分は、基準の定めるところによる。労働契約に定めがない部分についても、同様とする。

労基法13条において、労働契約で定める労働条件は、労基法の基準と同等又はそれを上回ることを前提に、その基準を下回る労働契約を無効とする効力と、無効となった部分を労基法の基準で補充する効力を定めています（強行的・直律的効力）。

労契法12条では、この「労基法と労働契約」の関係をそのまま「就業規則と労働契約」の関係に当てはめています。つまり、就業規則についても、労働契約に対する強行的・直律的効力を認めているのです。ただし、それは無条件に認められるものではありません。その前提として、労基法92条では、「法令又は当該事業場について適用される労働協約」に反していないことを掲げています。一方で労働協約と労働契約との関係については、労組法16条で労働協約の規範的効力を認めていることから、これらの優先順位は、「**法令＞労働協約＞就業規則＞労働契約**」ということになります。

労使合意を前提とする労働協約が就業規則より優先されるのは当然ですが、同じく労使合意を前提とする労働契約については、何故、就業規則のほうを優先するのでしょうか。一つには、労働協約が労働組合という集団を背景とした労使合意であるのに対し、労働契約は、一対一の交渉であり、自ずと使用者に有利になるという理由があります。

また、判例では、「多数の労働者を使用する近代企業においては、労働条件は、経営上の要請に基づき、統一的かつ画一的に決定され、労働者は、経営主体が定める契約内容の定型に従って、附従的に契約を締結せざるを得ない立場に立たされるのが実情であ（る）」として、就業規則を優先せざるを得ない実態を示しています（秋北バス事件 最大 昭43. 12. 25）。つまり、就業規則をもって個々の従業員の労働条件とすることは、我が国の労働慣行上の要請といえます。

しかし、違法な労働条件を認めるわけにはいきません。それ故、労基法は就業規則に対しさまざまな規制を設けているのです。秋北バス事件の判例では、このような労基法の規制を「**（就業規則の）内容を合理的なものとするために必要な監督的規制**」であるとしています。すなわち、**労基法92条がある限り、「就業規則＝コンプライアンス（法令遵守）」は、当然の結果なのです。**労基法に反する就業規則については、同条2項に基づき、行政による変更命令が行われます。

【就業規則の変更命令】

行政官庁（労働基準監督署長）は、法令または労働協約に抵触する就業規則の変更を命ずることができる（92条2項）。この変更命令は、「様式第17号による文書で所轄労働基準監督署長がこれを行う」（労基則50条）。

変更命令は、当該就業規則を変更すべき義務を使用者に課すにとどまり、それだけで就業規則を変更してしまうものではない。就業規則の内容に関する行政上の監督は、通常その届出の際に行われる。この際に監督機関は、内容上不備のある就業規則を行政指導のうえ再提出させるのが普通であり、変更命令に至ることはまれである。

（菅野和夫『労働法』第11版補正版193頁より）

一方、労契法においても、就業規則が労働契約より優先されるための条件を示しています。労働契約を締結する際に、就業規則を「周知させていた」という点です。さらに、その就業規則は「合理的な労働条件」を定めていなければなりません（労契法7条）。なお、就業規則が、これらの要件を満たしていたとしても、労働契約に特約がある場合には、就業規則の基準を上回る以上、当該特約が優先されます（同条ただし書き）。

労契法7条の「周知させていた」という箇所は、国会での審議過程で修正されたものであり、注意を要します（当初政府案では「周知させた」となっており、後追いの周知でもよいと取られかねない文言でした)。

すなわち、新たに従業員を雇い入れる場合、労働契約締結に先立ち、あるいは同時に、**「法令遵守」はもとより「合理的内容」の要件を満たす就業規則を作成し、かつ、従業員に周知させておく必要があります**。そうでなければ、当該従業員の労働条件を就業規則で定めることはできません。つまり、**同条は「労働契約の成立」にかかわる規定**なのです。

リスク回避のポイント

就業規則さえ作っておけば、それが自動的に従業員の労働条件になる、という認識は今や通用しません。まして就業規則を人事課のロッカーにしまい込んでいるのではなおさらです。コンプライアンス重視の社会では、就業規則の内容の合理性を十分に精査し、かつ、従業員に対する説明責任を果たさなければなりません。

②　就業規則の規定の民事的効力

判例Ⅰ

労働条件を定型的に定めた就業規則は、それが合理的な労働条件を定めているものであるかぎり、経営主体と労働者との間の労働条件は、その就業規則によるという事実たる慣習が成立しているものとして、その法的規範性が認められるに至っているものということができる。

(秋北バス事件　最大　昭 43. 12. 25)

民法 92 条によると、法律の任意規定と異なる慣習があったとしても、「法律行為の当事者がその慣習による意思を有しているものと認められるときは、その慣習に従う」ものとされていますが、この判例は、就業規則の内容が慣習として成立しているときは、その内容は法的規範性を有する(あるいは労働契約の内容となる)ものと判断したものです。もちろんその前提として「合理的な労働条件」をあげています。

さらにこの判例では、「就業規則は、当該事業場内での社会的規範たるにとどまらず、法的規範としての性質を認められるに至っているものと解すべきであるから、当該事業場の労働者は、就業規則の存在及び内容を現実に知っていると否とにかかわらず、また、これに対して個別的に同意を与えたかどうかを問わず、当然に、その適用を受けるものというべきである。」としており、その後の判例においてもこの考え方が踏襲されてきています。従業員が就業規則の個別の規定の内容を現実に把握しているかどうかにかかわらず、就業規則の内容が労働契約の内容となること、労働条件は就業規則によって集団的に定められ得ることは、先に紹介した労契法 7 条の前提にあります。

③　効力の発生要件

事業場の重要なルールである就業規則につき、その効力発生要件についてはさまざまな説がありますが、次の判例Ⅱのポイントは押さえておきましょう。すなわち「周知」です。

判例Ⅱ

> 就業規則が法的規範としての性質を有するものとして、拘束力を生ずるためには、その内容を適用を受ける事業場の労働者に周知させる手続が採られていることを要するものというべきである。
>
> （フジ興産事件 最2小 平15.10.10）

このように就業規則に労働契約の最低基準としての効力を認めるための要件については、少なくとも従業員がこれを知り得る状態にあることが必要であり、実質的な周知が必要であるとするのが、現在の一般的な見解です。

④　労働契約の内容の確認

労組法において、労働協約の締結については、書面であること、双方の押印が必要であることを規定しているのに対し、労働契約の締結に当たって、民法、労基法、労契法のいずれにおいても、労働契約書を取り交わすことは、法律上義務付けていません。

しかし、労働契約の内容は、できる限り書面で確認することが望ましいものです。労基法15条1項は、労働契約の締結時に労働条件を明示することを義務付けており、労契法は、労働契約が継続している各場面で、労働条件や契約内容を確認することを求めています。

厚生労働省パンフレット「労働契約法改正のあらまし」では、「例えば、労働契約締結後に就業環境や労働条件が大きく変わるとき、労働者と使用者が話し合ったうえで、使用者が労働契約の内容を記載した書面を労働者に交付することなどが考えられます」としています。

なお、労契法4条2項のかっこ書きの箇所（期間の定めのある労働契約に関する事項）については、トラブルが起きやすい事項であり、誤解を生まないよう丁寧な説明が必要です。

【労働契約法】

（労働契約の内容の理解の促進）

第4条第2項　労働者及び使用者は、労働契約の内容（期間の定めのある労働契約に関する事項を含む。）について、できる限り書面により確認するものとする。

(3) 何を就業規則に定めるのか

①　就業規則で定めるべき労働条件

就業規則で定めるべきものは、まず労働条件となります。労働条件とは、特に厳密な定義を付さずに使用されていますが、労基法3条（使用者は、労働者の国籍、信条又は社会的身分を理由として、賃金、労働時間その他の労働条件について、差別的取扱をしてはならない）に関連して次のような通達があります。

通達Ⅰ　その他の労働条件の意義

「その他の労働条件」には解雇、災害補償、安全衛生、寄宿舎等に関する条件も含む趣旨である。

（昭63.3.14基発150号）

労基法15条（使用者は、労働契約の締結に際し、労働者に対して賃金、労働時間その他の労働条件を明示しなければならない）においても、「その他の労働条件」という言葉を用いますが、この場合の「その他の労働条件」は、労基則5条に列挙されるものに限定され、法3条の労働条件とはその範囲が異なります。ただし、この法15条の労働条件は、法89条の就業規則で必ず記載しなければならない労働条件（必要記載事項）とほぼ同一です（「就業の場所及び従事すべき業務」といった個別に定めなければならない項目等は就業規則の必要記載事項に含まれません）。

したがって、**まず就業規則に定めるべき労働条件とは、法89条の労働条件**ということになります。通達Ⅰで示す安全衛生や寄宿舎に関する条件の中には、福利厚生的な側面をもつものもありますが、これらについては、全員に適用し、労働条件として整備するのであれば、就業規則の一部として定める必要があります。

次に、就業規則の必要記載事項を、いかなる場合にも必ず定めて記載しなければならない「絶対的必要記載事項」と、定めをする場合には記載しなければならない「相対的必要記載事項」に分けて紹介します。

【就業規則の必要記載事項】（法89条）

《絶対的必要記載事項》

1．始業及び終業の時刻、休憩時間、休日、休暇並びに労働者を２組以上に分けて交替に就業させる場合においては就業時転換に関する事項※

2．賃金（臨時の賃金等を除く。以下同じ）の決定、計算及び支払の方法、賃金の締切り及び支払の時期並びに昇給に関する事項

3．退職に関する事項（解雇の事由を含む）

《相対的必要記載事項》

1．退職手当の適用される労働者の範囲、退職手当の決定、計算及び支払の方法並びに退職手当の支払の時期に関する事項

2．臨時の賃金等（退職手当を除く）及び最低賃金額に関する事項

3．労働者に負担させる食費、作業用品その他に関する事項

4．安全及び衛生に関する事項

5．職業訓練に関する事項

6．災害補償及び業務外の傷病扶助に関する事項

7．表彰及び制裁の種類及び程度に関する事項

8．１～７のほか、当該事業場の労働者のすべてに適用される定めをする場合においては、これに関する事項

※　就業規則の必要記載事項には、労働条件の絶対的明示事項である「所定労働時間を超える労働の有無（残業の有無）」は、含まれていませんが、就業規則に所定労働時間を超える労働に関する規定がない場合には、たとえ36協定を締結したとしても、従業員に時間外労働をさせることはできないことになるため、注意が必要です。

②　労働条件の明示との関係

労働条件の明示は、所定の事項については、厚生労働省令で定める方法**（書面の交付）**によって行わなければなりません。この場合、書面の様式は自由であるとされているため、従業員に適用する部分を明確にして就業規則を労働契約の締結の際に交付することとしても差し支えありません（平11.1.29基発45号）。もちろん、大きな会社では就業規則そのものが膨大な量となっている場合もありますが、少なくとも労働条件の明示事項と重複する部分については、それを抽出した書面を準備しておいて、労働条件通知書の別添書類として添付しておくのも一案でしょう。

なお、労働条件通知書に関しては、交付して終わりという会社も見受けられますが、

トラブル防止のため、**労働契約書と兼用の様式で、労使双方で押印保管するのが望ましいでしょう。**これに就業規則の交付が加われば理想的です。

③　労働条件の明示事項

労働条件の明示事項は、就業規則の記載事項とほぼ一致しますが、異なる点もあります。福利厚生といった狭義の意味での労働条件に含まれないものは除かれています。例えば、「当該事業場の労働者のすべてに適用される定め」は、就業規則の相対的必要記載事項ですが、労基法15条によれば、労働条件の明示義務の対象となっていません。ただし、休職制度を設けている場合には、これを明示する必要があります。

個別の労働条件に当たる「労働契約の期間に関する事項」「期間の定めのある労働契約を更新する場合の基準に関する事項」「就業の場所及び従事すべき業務に関する事項」は、就業規則の必要記載事項に含まれません。就業規則の必要記載事項には含まれない「所定労働時間を超える労働の有無」については、労働条件をより明確にする趣旨から明示事項として加えられていますが、これについては、実務上は就業規則にも記載が望ましいものです。

労働条件の明示事項については、労基法以外の法令（パートタイム労働法［2020年4月1日からは「パート・有期雇用労働法」後述］、派遣法、専門的知識等を有する有期雇用労働者等に関する特別措置法施行規則、建設労働者の雇用の改善等に関する法律、林業労働力の確保の促進に関する法律）にも定めがあることから、厚生労働省では、労働者のタイプごとに複数のモデル様式を公表しています（「労働条件通知書等の普及促進について」平11.2.1基発81号）。

それに基づき、主な雇用区分ごとの労働条件の明示事項を整理すると次のとおりとなります。なお、次表の区分は、厚生労働省のモデル様式に従っています。

労働条件の明示事項の比較

明示事項	一般労働者用；常用、有期雇用型		短時間労働者・派遣労働者用：常用、有期雇用型
	無期雇用の場合	有期雇用の場合	
①労働契約の期間に関する事項	○※1	○	○
②労働契約期間の定めがある場合は、更新の有無及び更新する場合があり得るときは、更新の基準	×	○	○
③計画対象第一種特定有期雇用労働者（高度専門職）又は計画対象第二種特定有期雇用労働者（継続雇用の高齢者）に該当するときは、無期転換申込権が発生しない期間	×	○	○
④計画対象第一種特定有期雇用労働者（高度専門職）に該当するときは、当該労働者が従事する業務とその開始日と完了日	×	○	○
⑤就業の場所及び従事すべき業務に関する事項	○	○	○
⑥始業及び終業の時刻、所定労働時間を超える労働の有無、休憩時間、休日、休暇並びに交替制の就業時転換に関する事項	○	○	○
⑦賃金（退職手当及び⑩に掲げるものを除く）の決定、計算及び支払の方法、賃金の締切り及び支払の時期、昇給に関する事項	○※2	○※2	○※2
⑧退職に関する事項（解雇の事由を含む）	○	○	○
⑨退職手当の定めが適用される労働者の範囲、退職手当の決定、計算及び支払の方法並びに退職手当の支払の時期に関する事項	○※3	○※3	○※3、※4
⑩臨時に支払われる賃金、賞与及び1カ月を超える期間の出勤成績によって支給される精勤手当、1カ月を超える一定期間の継続勤務に対して支給される勤続手当 、1カ月を超える期間にわたる事由によって算定される奨励加給又は能率手当並びに最低賃金額に関する事項	○※3	○※3	○※3、※4
⑪労働者に負担させるべき食費、作業用品その他に関する事項	○※3	○※3	○※3、※4
⑫安全及び衛生に関する事項	○※3	○※3	○※3、※4
⑬職業訓練に関する事項	○※3	○※3	○※3、※4
⑭災害補償及び業務外の傷病扶助に関する事項	○※3	○※3	○※3、※4
⑮表彰及び制裁に関する事項	○※3	○※3	○※3、※4
⑯休職に関する事項	○※3	○※3	○※3、※4
⑰昇給の有無	×	×	○※5
⑱退職手当の有無	×	×	○※5
⑲賞与の有無	×	×	○※5
⑳短時間労働者の雇用管理の改善等に関する事項に係る相談窓口	×	×	○※5

※1　無期雇用の場合は、契約期間に定めがない旨を記載する。
※2　「昇給に関する事項」は、書面の交付以外の方法の明示でもよい（労基法施行規則5条2項、3項）。
※3　使用者がこれらに関する定めをしない場合には、明示することを要しない（労基法施行規則5条1項、平11.3.31 基発 168）。なお、定めがあった場合、口頭又は書面により明示する義務があるものとされている（モデル労働条件通知書【記載要領】）。
※4　※3の事項については、パートタイム労働法において文書の交付等により明示する努力義務が規定されている（パートタイム労働法6条2項）。
※5　いわゆる「特定事項」の明示。文書の交付のほか、本人の希望があればファクシミリ、電子メールでもよい（パートタイム労働法6条1項、同法施行規則2条2項）。

就業規則と連動した労働条件の明示

労働契約に際し、労働条件の明示、労働契約の締結、就業規則の周知を一連のものとして行うことができれば、従業員に対し、労働契約の最低条件である契約内容の遵守（＝就業規則の遵守）を自覚させることができるでしょう。

(4) 就業規則を変更することによる労働条件の変更

【雇用指針（抄）】

○　労働契約の内容の変更も、労働者と使用者の合意によることが原則である。

○　裁判例では、労働契約の内容の変更についての個別合意の認定は厳格になされる傾向にある。

○　また、労働者と合意することなく就業規則の変更によって労働条件を労働者に不利益に変更することは原則としてできないが、変更後の就業規則を労働者に周知させ、かつ、就業規則の変更が、労働者の受ける不利益の程度、労働条件の変更の必要性、変更後の就業規則の内容の相当性、労働組合等との交渉の状況、その他の就業規則の変更に係る事情に照らして合理的なものである場合には、労働条件は変更後の就業規則に定めるところによる。

いったん就業規則を定めて、統一的な労働条件が確立した後に、その労働条件について就業規則を変更することによってこれを変更することができるのかが問題となります。この点について、前述の秋北バス事件の判決では、次のとおり述べています。

判例Ⅲ

新たな就業規則の作成又は変更によって、既得の権利を奪い、労働者に不利益な労働条件を一方的に課することは、原則として、許されないと解すべきであるが、労働条件の集合的処理、特にその統一的かつ画一的な決定を建前とする就業規則の性質からいって、当該規則条項が合理的なものである限り、個々の労働者において、これに同意しないことを理由として、その適用を拒否することは許されない。

（秋北バス事件　最大　昭 43.12.25）

就業規則による労働条件の変更が**合理的**なものであれば、それに同意しないことを理由として、従業員がその適用を拒否することはできないということになります。長期間の契約となる労働契約においては、事情の変化に応じて労働条件を合理的な範囲内で柔軟に変更する必要があるためです。

ただし、この変更はいかなる場合であっても使用者が「一方的」に行えるかというとそうではありません。

すなわち、**従業員の既得の権利を奪い、従業員に不利益な労働条件を一方的に課すことは、原則として許されません。**

判例Ⅳ

賃金、退職金等労働者にとって重要な権利、労働条件に関し実質的な不利益を及ぼす就業規則の作成又は変更については、当該条項が、そのような不利益を労働者に法的に受忍させることを許容することができるだけの高度の必要性に基づいた合理的な内容のものである場合において、その効力を生ずる。

（第四銀行事件 最2小 平9.2.28）

（みちのく銀行事件 最1小 平12.9.7）

ここでいう「高度の必要性に基づいた合理的な内容」とは、上記判例Ⅳでは、「労働者が被る不利益の程度、使用者側の変更の必要性の内容・程度、変更後の就業規則の内容自体の相当性、代償措置その他関連する他の労働条件の改善状況、労働組合等との交渉の経緯、他の労働組合又は他の従業員の対応、同種事項に関する我が国社会における一般的状況等を総合考慮して判断すべきである」としました。

これらの点については、労契法において、次のとおり整理されました。

【労働契約法】

（労働契約の内容の変更）

第8条 労働者及び使用者は、その合意により、労働契約の内容である労働条件を変更することができる。

（就業規則による労働契約の内容の変更）

第9条 使用者は、**労働者と合意することなく**、就業規則を変更することにより、労働者の不利益に労働契約の内容である労働条件を変更することはできない。ただし、次条の場合は、この限りでない。

第10条 使用者が就業規則の変更により労働条件を変更する場合において、変更後の就業規則を労働者に**周知させ**、かつ、就業規則の変更が、労働者の受ける不利益の程度、労働条件の変更の必要性、変更後の就業規則の内容の相当性、労働組合等との交渉の状況その他の就業規則の変更に係る事情に照らして**合理的なもの**であるときは、労働契約の内容である労働条件は、当該変更後の就業規則に

> 定めるところによるものとする。ただし、労働契約において、労働者及び使用者が就業規則の変更によっては変更されない労働条件として合意していた部分については、第12条に該当する場合を除き、この限りでない。

つまり、**労働条件は、労使の合意があれば、自由に（つまり、有利にも不利益にも）変更ができますが、**合意がない場合（使用者が一方的に就業規則を変更する場合）は、従業員に不利益に変更することはできません（反対解釈すれば、従業員に有利に変更する場合は、一方的変更でもよい)。これが労契法8条、9条の内容ですが、同法10条ではさらに例外を加え、**「周知」と「合理性」の2要件をもって就業規則の不利益変更を認めているのです。**

就業規則変更のポイント

①　労働条件の変更は、原則当事者の合意による。

②　就業規則による労働条件の変更は、原則認められない。

③　例外として、変更内容が合理的であり、労働者に周知したときは、就業規則を変更することができる。ただし、この場合も、個別労働契約による特約が優先される。

作成は最初が肝心

就業規則の変更（＝労働条件の変更）については、作成する側にとっても労力を要するものであり、当初の作成時点で十分に実態とマッチングさせることを念頭におき、オーダーメイドの就業規則を心がける必要があります。

(5) パート・契約社員就業規則の留意点

短時間労働者（パートタイマー）及び有期雇用労働者用の就業規則作成に当たっては、**労契法のほか、有期労働契約基準、パートタイム労働法（2020年4月1日からは「パート・有期雇用労働法」(短時間労働者及び有期雇用労働者の雇用管理の改善等に関する法律)。本書では以降改正後の内容で解説します）を考慮した内容とする必要があります。**

なお、本書では、以下において、改正後のパート・有期雇用労働法の内容に応じて解説することとします。

※　本書における用語の使い方

①　短時間労働者単独の場合…パートタイマー

②　パートタイマー・フルタイマーにかかわらず有期雇用労働者全般の場合…有期

雇用労働者

③　有期雇用労働者のうちフルタイムの者…契約社員

④　短時間・有期雇用労働者全般を指す場合…パート・契約社員

①　有期雇用労働者の解雇

パート・契約社員の多くは、期間の定めのある労働契約（有期雇用契約）に基づき雇用されています。従来から、有期労働契約の一方的解除（使用者が行う場合は「解雇」、従業員が行う場合は「辞職」）について民法628条の規定がありました。労契法17条1項は、民法628条を使用者が行う解雇の観点から、改めて規定化しました。したがって、条文の主語は「当事者は」ではなく、「使用者は」になっています。

【民法】

（やむを得ない事由による雇用の解除）

第628条　当事者が雇用の期間を定めた場合であっても、やむを得ない事由があるときは、各当事者は、直ちに契約の解除をすることができる。この場合において、その事由が当事者の一方の過失によって生じたものであるときは、相手方に対して損害賠償の責任を負う。

【労働契約法】

（契約期間中の解雇等）

第17条第1項　使用者は、期間の定めのある労働契約（以下この章において「有期労働契約」という。）について、やむを得ない事由がある場合でなければ、その契約期間が満了するまでの間において、労働者を解雇することができない。

つまり、使用者は、有期雇用労働者を、その労働契約期間中は解雇できないという効力を明確にしたものです。なぜなら有期労働契約のもとでは、「期間の定め」そのものが、契約当事者間で合意されたものであり、使用者からの一方的な解約（解雇）は、原則として、その契約に違反することになるためです。もちろん、従業員からの一方的解約（辞職）も契約違反ですが、この点については、労契法では触れていません。労契法の目的条文にあるとおり、「労働者の保護」の立場から民事的ルールを定める法律であるためです。労契法がこのような規定を設けた理由として、有期労働契約のもとで働く従業員（有期雇用労働者）は、非正規従業員というカテゴリーで括られ、**非正規だから（つまり、正社員でないから）という理由で簡単に解雇できるのではないかという誤った運用**

が行われてきたことが挙げられると思います。

なお、17条1項を反対解釈して、「やむを得ない事由がある場合は解雇できる」と読むことはできません。「法第17条第1項は、「解雇することができない」旨を規定したものであるため、**「使用者が有期労働契約の契約期間中に労働者を解雇しようとする場合の根拠規定になるものでは（ない。）」**とされており、使用者が当該解雇をしようとする場合には、従来どおり、民法628条に従うことになります（平24.8.10基発0810第2号）。結果として、「やむを得ない事由」が使用者の過失による場合は、損害賠償の責任を負わなければならないことになります。

なお、この場合の、「やむを得ない事由」があるという評価を基礎付ける事実についての主張立証責任は、使用者側が負います（同通達）。したがって、**就業規則においては、解雇に相当するやむを得ない事由をできるだけ詳細に列挙しておく必要があります。**

②　個別労働契約との関係

就業規則の作成義務のある会社であっても、パート・契約社員の労働条件について、就業規則の適用除外として、そのすべての労働条件を個別労働契約で定めている会社があります。しかし、個別労働契約に委ねることができる労働条件は、通達で特例的に認められている「始業・終業時刻」「休憩時間」「休日」のみです。

通達Ⅱ　始業・終業の時刻等が勤務態様等により異なる場合

1　同一事業場において、労働者の勤務態様、職種等によって始業及び終業の時刻が異なる場合は、就業規則に勤務態様、職種等の別ごとに始業及び終業の時刻を規定しなければならない。　こちらが原則

2　しかしながら、パートタイム労働者等のうち本人の希望等により勤務態様、職種等の別ごとに始業及び終業の時刻を画一的に定めないこととする者については、就業規則には、基本となる始業及び終業の時刻を定めるとともに、具体的には個別の労働契約等で定める旨の委任規定を設けることで差し支えない。

なお、個別の労働契約等で具体的に定める場合には、書面により明確にすること。

3　前二項の適用については、休憩時間及び休日についても同様である。

（昭63.3.14基発150号、平11.3.31基発168号）

さらに、この通達では、「本人の希望等」「勤務態様、職種等の別ごとに始業及び終業の時刻を画一的に定めない」という2つの条件が付いています。つまり、**パート・契約社員の始業・終業時刻を本人の希望等によらず会社が画一的に設定している場合には、通達1項の原則どおり、就業規則への記載が必要です。**

次に、「始業・終業時刻」等以外の労働条件を個別労働契約に委ねることの問題点です。通常、「始業・終業時刻」等のルールを本人の希望等に委ねている点から、就業規則に定める規定より有利なものと考えられます。就業規則より有利な労働条件は特約として認められますが、不利益なものについてはどうでしょうか。

例えば、正社員就業規則では「賞与は年間3か月分」「毎月基本給に加えて職務手当を支給」と定めていたとします。そして「パート・契約社員については個別労働契約による」と委ねていたとします。この場合、個別労働契約において「賞与は支給しない」「職務手当は支給しない」と規定されていた場合、どうなるでしょうか。この場合は、労契法12条の問題が生じます。

【労働契約法】再掲
（就業規則違反の労働契約） **第12条**　就業規則で定める基準に達しない労働条件を定める労働契約は、その部分については、無効とする。この場合において、無効となった部分は、就業規則で定める基準による。

先ほどの例の会社には、正社員を対象とした就業規則しか存在しません。したがって、「賞与は支給しない」「職務手当は支給しない」という労働条件は、就業規則違反の労働契約ということになります。したがって、当該労働条件の部分は無効となり、無効となった部分は、就業規則で定める基準によるため、当該パート・契約社員にも、年間3か月分の賞与と職務手当を支給しなければならないという結論になります。

単純に労契法12条の問題を回避しようとするならば次の2つの方法が考えられます。

① **就業規則のほうに「ただし、パート・契約社員には支給しない」という風にパート・契約社員の労働条件も明記する。**

② **パート・契約社員就業規則を別に作成し、そこにパート・契約社員の労働条件として賞与等の規定を明記する。**

①の場合は、仮にパート・契約社員の労働条件が正社員より不利であったとしても、労働条件として記載されているということになります（**むろん、この相違が同一労働同一賃金の観点から不合理なものであるかどうかは検証されます**）。

②の場合、正規・非正規の2つの就業規則の間には、就業規則と労働契約の関係のように優劣はありませんので、その内容が職務内容、人材活用の仕組み、その他の事情からみて不合理なものでなければ問題ないでしょうし、不合理であったとしても、不法行為責任は問われるもののパート・契約社員就業規則そのものの効力が問われることはないでしょう（ハマキョウレックス事件 最一小 平30.6.1）。

判例Ⅴ

正社員に適用される就業規則である本件正社員就業規則及び本件正社員給与規程と、契約社員に適用される就業規則である本件契約社員就業規則とが、別個独立のものとして作成されていること等に鑑みると、同条違反の場合に、本件正社員就業規則・給与規程の定めが契約社員であるXに適用されることとなると解することは、就業規則の合理的な解釈としても困難である。

（ハマキョウレックス事件　最一小 平 30.6.1）

なお、前述の通達では、休憩時間についても、個別労働契約に委ねてもよいような書きぶりとなっていますが、あくまでも本人の希望等によって休憩時間の位置の決定が行われるといったパート・契約社員に有利な労働条件である場合の規定であって、休憩時間の長さが正社員と異なるといった不利な労働条件については、何らかの形での就業規則への記載が必要と考えます。

③　有期労働契約の更新

有期労働契約には、その期間の満了によって労働契約が終了するという効果があります。しかし、実務においては、有期労働契約を更新したうえで継続勤務させる場合があります。このような場合、当初から有期雇用労働者を使用するために必要な期間を定め（例えば、通年雇用であれば１年間）、場合によってはこれを更新するのであればよいのですが、不必要に短い期間を定め、結果として更新回数を増大させることは、かえって契約関係を不安定なものにして、トラブルを増加させます。

会社が一定の期間にわたり使用しようとする場合には、その一定の期間において、より短期の有期労働契約を反復更新するのではなく、その一定の期間を契約期間とする有期労働契約を締結するよう配慮する必要があります。

【労働契約法】

（契約期間中の解雇等）

第 17 条第 2 項　使用者は、有期労働契約について、その有期労働契約により労働者を使用する目的に照らして、必要以上に短い期間を定めることにより、その有期労働契約を反復して更新することのないよう配慮しなければならない。

さらに、後述する「有期労働契約基準」（「有期労働契約の締結、更新及び雇止めに関する基準」平 15.10.22 労働省告示 357 号）では、有期労働契約の実態及び当該労働者の希望に応じて、契約期間をできる限り長くする努力義務を課しています（本書 51 頁参照）。

④　無期労働契約への転換

同一の使用者（同じ会社）との間で、有期労働契約が通算で５年を超えて反復更新された場合は、有期雇用労働者の申込みにより、有期労働契約は、無期労働契約に転換します（無期転換申込権）。その趣旨は、有期雇用労働者の雇用の安定と有期労働契約の濫用的利用の抑制にあります。

【労働契約法】
（有期労働契約の期間の定めのない労働契約への転換）
第 18 条第 1 項　同一の使用者との間で締結された二以上の有期労働契約（契約期間の始期の到来前のものを除く。以下この条において同じ。）の契約期間を通算した期間（次項において「通算契約期間」という。）が５年を超える労働者が、当該使用者に対し、現に締結している有期労働契約の契約期間が満了する日までの間に、当該満了する日の翌日から労務が提供される期間の定めのない労働契約の締結の申込みをしたときは、使用者は当該申込みを承諾したものとみなす。この場合において、当該申込みに係る期間の定めのない労働契約の内容である労働条件は、現に締結している有期労働契約の内容である労働条件（契約期間を除く。）と同一の労働条件（当該労働条件（契約期間を除く。）について別段の定めがある部分を除く。）とする。

【契約期間が１年の場合の例】

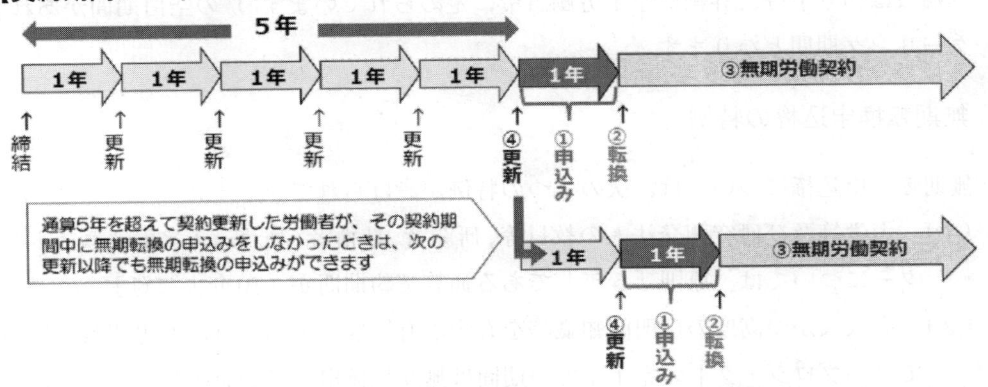

（厚生労働省リーフレット「労働契約法改正のポイント」より）

①　**申込み**…平成 25 年 4 月 1 日以後に開始した有期労働契約の通算契約期間が５年を超える場合、６年目の契約期間の初日から末日までの間に、無期転換の申込みをすることができます。

② **転換**…無期転換の申込み（①）をすると、使用者が申込みを承諾したものとみなされ（つまり、拒否できない）、無期労働契約（③）がその時点で成立します。無期に転換されるのは、申込み時の有期労働契約が終了する翌日からです。

③ **無期労働契約**…無期労働契約の労働条件（職務、勤務地、賃金、労働時間など）は、別段の定めがない限り、直前の有期労働契約と同一となります。別段の定め（労働協約、就業規則、個々の労働契約）をすることにより、変更可能です。

④ **更新**…無期転換を申し込まないことを契約更新の条件とするなど、あらかじめ労働者に無期転換申込権を放棄させることはできません（法の趣旨から、そのような意思表示は無効と解されます）。

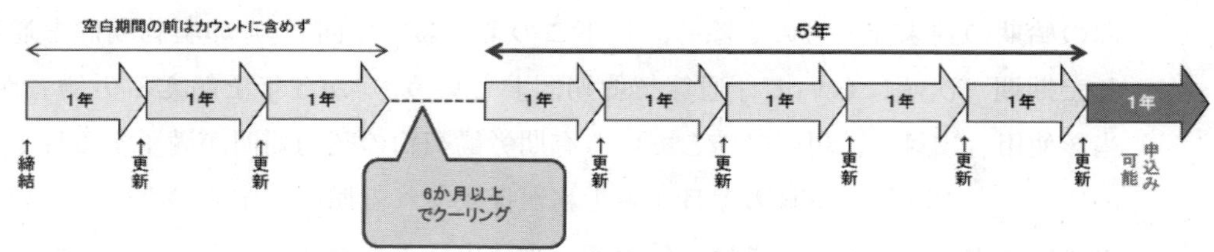

（厚生労働省リーフレット「労働契約法改正のポイント」より一部改）

⑤ **クーリング期間**…有期労働契約とその次の有期労働契約の間に、契約がない期間が6か月以上あるときは、その空白期間より前の有期労働契約は、通算契約期間を計算する場合リセットされて計算対象に含めません（クーリング）。この場合の空白期間をクーリング期間といいます。通算対象期間が1年未満の場合は、その2分の1以上（端数は切り上げ、詳細は厚生労働省令に定められています。）の空白期間があれば、クーリング期間となります。

⑤ 無期転換申込権の特例

無期転換申込権については、次の3つの特例が設けられています。

（1） 大学等及び研究開発法人の教員等、研究者、技術者、リサーチアドミニストレーターについては、原則「5年」である通算契約期間が「10年」に延長されます。

（2） 高収入かつ高度の専門的知識等を有する有期雇用労働者（高度専門職）については、プロジェクトの完了までの期間は無期転換申込権が発生しません。ただし、その期間が10年を超える場合には、無期転換申込権が発生することになります。

なお、年収要件として1,075万円以上の高度専門職については、その範囲が定められています。

（3） 適切な雇用管理に関する計画書を作成し、都道府県労働局長の認定を受けた事業主（高齢者法に規定する特殊関係事業主を含む。）の下で、定年に達した後引き続いて雇用される有期雇用労働者（継続雇用の高齢者）は、その事業主に引き続いて雇用される期間は、無期転換申込権が発生しません。

（2）、（3）の特例の適用を受けるためには、会社が、特例の対象従業員に関して、能力が有効に発揮されるような雇用管理に関する措置についての計画を作成し、都道府県労働局に提出し、その認定を受ける必要があります。

【根拠等】

（1）⇒研究開発システムの改革の推進等による研究開発能力の強化及び研究開発等の効率的推進等に関する法律（研究開発力強化法）、大学の教員の任期に関する法律（大学教員任期法）

（2）、（3）⇒専門的知識等を有する有期雇用労働者等に関する特別措置法（平成27年4月1日施行）

⑥ 「雇止め法理」の法定化

有期労働契約は、使用者が更新を拒否したときは、契約期間の満了により雇用が終了します。これを「雇止め」といいます。 雇止めについては、労働者保護の観点から、過去の最高裁判例により一定の場合にこれを無効とする判例上のルール（雇止め法理）が確立しています。労契法19条は、雇止め法理の内容や適用範囲を変更することなく、これを条文化しています。

労契法19条の対象となるのは、次のいずれかに該当する有期労働契約における雇止めです。

① 過去に反復更新された有期労働契約で、その雇止めが無期労働契約の解雇と社会通念上同視できると認められるもの⇒「東芝柳町事件 最一小 昭49.7.22」の要件を規定したもの

② 労働者において、有期労働契約の契約期間の満了時に当該有期労働契約が更新されるものと期待することについて合理的な理由があると認められるもの⇒「日立メディコ事件 最一小 昭61.12.4」の要件を規定したもの

【労働契約法】
（有期労働契約の更新等）
第19条 有期労働契約であって次の各号のいずれかに該当するものの契約期間が満了する日までの間に労働者が当該有期労働契約の更新の申込みをした場合又は当該契約期間の満了後遅滞なく有期労働契約の締結の申込みをした場合であって、

使用者が当該申込みを拒絶することが、客観的に合理的な理由を欠き、社会通念上相当であると認められないときは、使用者は、従前の有期労働契約の内容である労働条件と同一の労働条件で当該申込みを承諾したものとみなす。
（1）　当該有期労働契約が過去に反復して更新されたことがあるものであって、その契約期間の満了時に当該有期労働契約を更新しないことにより当該有期労働契約を終了させることが、期間の定めのない労働契約を締結している労働者に解雇の意思表示をすることにより当該期間の定めのない労働契約を終了させることと社会通念上同視できると認められること。
（2）　当該労働者において当該有期労働契約の契約期間の満了時に当該有期労働契約が更新されるものと期待することについて合理的な理由があるものであると認められること。

⑦　労働契約締結時の労働条件の明示

有期労働契約の継続・終了について予測可能性と納得性を高め、紛争の防止に繋げるため、労基則５条により、労働契約締結時に、契約期間とともに「更新の有無」「期間の定めのある労働契約を更新する場合の基準」も書面の交付によって明示しなければなりません。

労働契約の締結時に明示しなければならない事項

①　**契約期間の明示**
・期間の定めなし
・期間の定めあり（　　年　　月　　日～　　年　　月　　日）

②　**更新の基準の明示**（平成25年4月1日より追加）
（1）　更新の有無の明示
具体的な内容については、下記の例を参考にしてください。
・　自動的に更新する
・　更新する場合があり得る
・　契約の更新はしない　　　など
（2）　更新の基準の明示
具体的な内容については、下記の例を参考にしてください。
・　契約期間満了時の業務量により判断する
・　労働者の勤務成績、態度により判断する
・　労働者の能力により判断する
・　会社の経営状況により判断する
・　従事している業務の進捗状況により判断する　　　など
※　有期労働契約の更新をしないことが明らかな場合は、更新の基準の明示義務はありません。

（厚生労働省パンフレット「労働契約法改正のあらまし」より）

⑧　有期労働契約基準

有期労働契約の「雇止め」をめぐる防止や解決を図り、有期労働契約が労使双方から良好な雇用形態の一つとして活用されるようにするために、厚生労働省は、「有期労働契約基準」を策定しています。この基準は、告示という位置付けですが、その根拠は、労基法14条２項に基づいており、労働基準監督署は、この基準に関して、使用者に対

して必要な助言・指導を行っています。

【有期労働契約基準】：平 15.10.22 厚生労働省告示 357 号

（雇止めの予告）

第１条　使用者は、期間の定めのある労働契約（当該契約を３回以上更新し、又は雇入れの日から起算して１年を超えて継続勤務している者に係るものに限り、あらかじめ当該契約を更新しない旨明示されているものを除く。次条第２項において同じ。）を更新しないこととしようとする場合には、少なくとも当該契約の期間の満了する日の30日前までに、その予告をしなければならない。

（雇止めの理由の明示）

第２条　前条の場合において、使用者は、労働者が更新しないこととする理由について証明書を請求したときは、遅滞なくこれを交付しなければならない。

2　期間の定めのある労働契約が更新されなかった場合において、使用者は、労働者が更新しなかった理由について証明書を請求したときは、遅滞なくこれを交付しなければならない。

（契約期間についての配慮）

第３条　使用者は、期間の定めのある労働契約（当該契約を１回以上更新し、かつ、雇入れの日から起算して１年を超えて継続勤務している者に係るものに限る。）を更新しようとする場合においては、当該契約の実態及び当該労働者の希望に応じて、契約期間をできる限り長くするよう努めなければならない。

この基準については、法令への格上げが労基法改正の都度、議論されていますが、旧１条で定められていた雇止め基準の通知の内容が労基則15条とされたほかは、見送られています。現在の１条（雇止め予告）についても、労契法改正の折に法制化が議論されましたが、やはり見送られていますが、いずれ労基法に格上げされるのではないでしょうか。

ところで、この１条を読んで「パート・契約社員は30日前に予告さえすれば雇止めができる」と誤解するケースを見受けます。これは労基法20条を根拠に「30日前に予告さえすれば解雇できる」というのと同じくらい危険な認識です。有期労働契約が一般的なパート・契約社員であっても、更新を繰り返すことにより、その雇用関係はある程度の継続が期待されるものとなり、これを一方的に打ち切ることは労契法19条に抵触する可能性があるためです。したがって、客観的に合理的な理由を欠き、社会通念上相当であると認められない雇止めは、仮に30日前の予告があったとしても無効とされ、従業員が労働契約の更新について意思表示をした場合は、使用者はこれを承諾したものとみなされることになります。

なお、就業規則では、「更新の有無」「更新しない場合の理由」「更新しない場合の手続」等も定めておくのが望ましいでしょう。

⑨　同一労働同一賃金（パート・有期雇用労働法）における留意点

日本型同一労働同一賃金（いわゆる正規・非正規）については、２つの指標が設けられています。

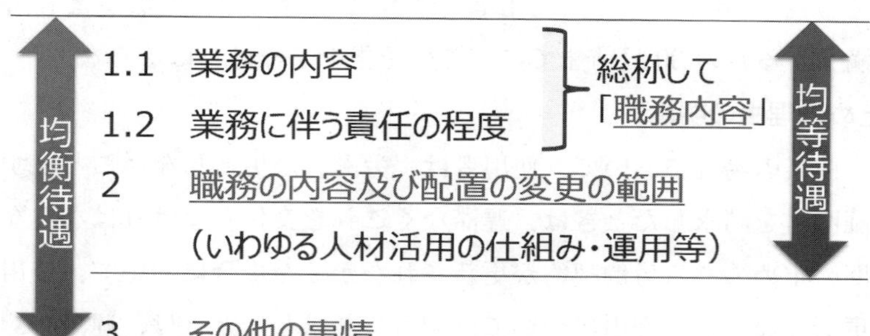

職務内容と人材活用の仕組み・運用がまったく同一である正社員、パート・契約社員がいた場合、両者の処遇等については差別的取扱いをしてはならないとする「均等待遇」。もう一つが、**職務内容と人材活用の仕組み・運用に若干の相違があり、その他の事情も鑑みてその相違が不合理なものかどうかを判断しつつバランスをとる「均衡待遇」**です。

本書執筆時点では、均衡待遇については、パートタイマーを対象としたパートタイム労働法８条と契約社員を対象とした労契法20条が存在しますが、均等待遇については、現行法ではパートタイム労働法９条しか存在しません。ということはフルタイムの契約社員については、職務内容と人材活用の仕組み・運用がまったく同じでも、「その他の事情」によって差別的取扱いが認められてしまうということがあり得たわけです。雇用の実態からみると、フルタイム契約社員は、正社員とほぼ同等の職務内容等で仕事をしているケースが多く、「均等待遇規定」で保護されるべき場面が多いのが現状といえます。そこで、フルタイム契約社員についても、「均等待遇規定」の対象とする改正が行われるのです。

今回の改正は、**労働契約法のほうにフルタイム契約社員に係る「均等待遇規定」を加えるのではなく、現行の労契法20条をパートタイム労働法８条に溶け込ませる方法で改正が行われる点に注意が必要**です。さらにパートタイム労働法８条がその射程をフルタイム契約社員にまで広げるだけではなく、法律名称そのものを「短時間労働者の雇用管理の改善等に関する法律」を「**短時間労働者及び有期雇用労働者の雇用管理の改善等に関する法律**」に変えることにより、すべての条項をフルタイム契約社員までを対象とするよう法律体系そのものを組み替えるものなのです。

よって、現行法においてパートタイマーを対象とした次の事業主の主な義務は、フルタイムの契約社員に対しても行わなければならないこととなり、実務上のインパクトは大きいものとなります。

> ①　特定事項（昇給・賞与・退職手当の有無、雇用管理の改善等に関する事項に係る相談窓口）に関する文書交付等による明示義務
> ②　その他の労働条件に関する文書交付等による明示の努力義務（雇入れ時）
> ③　待遇の内容等に関する説明義務（雇入れ時）
> ④　待遇決定等に際しての考慮事項に関する説明義務（求めに応じ）

さらに行政の関与に関する次の規定もフルタイム契約社員とのトラブル等の場合にも適用があることとなり、企業内でのハンドルさばきを誤れば新たな労使紛争の火種を作ってしまうことにもなりかねません。

> ①　行政が必要と認めた場合の事業主に対する報告徴収・助言・指導・勧告
> ①　法違反があった場合の企業名公表
> ③　行政 ADR（裁判外紛争解決手続）としての労働局長による紛争解決援助・調停

次に改正後のパート・有期雇用労働法における第８条、第９条を掲げます。大きく変わったのは８条ですので、これを検討してみましょう。

【パート・有期雇用労働法】

（不合理な待遇の禁止）

第８条　事業主は、その雇用する短時間・有期雇用労働者の基本給、賞与その他の待遇のそれぞれについて、当該待遇に対応する通常の労働者の待遇との間において、当該短時間・有期雇用労働者及び通常の労働者の業務の内容及び当該業務に伴う責任の程度（以下「職務の内容」という。）、当該職務の内容及び配置の変更の範囲その他の事情のうち、当該待遇の性質及び当該待遇を行う目的に照らして適切と認められるものを考慮して、不合理と認められる相違を設けてはならない。

（通常の労働者と同視すべき短時間・有期雇用労働者に対する差別的取扱いの禁止）

第９条　事業主は、職務の内容が通常の労働者と同一の短時間・有期雇用労働者（第11条第１項において「職務内容同一短時間・有期雇用労働者」という。）であって、当該事業所における慣行その他の事情からみて、当該事業主との雇用関係が終了するまでの全期間において、その職務の内容及び配置が当該通常の労働者の職務

> の内容及び配置の変更の範囲と同一の範囲で変更されることが見込まれるもの（次条及び同項において「通常の労働者と同視すべき短時間・有期雇用労働者」という。）については、短時間･有期雇用労働者であることを理由として、基本給、賞与その他の待遇のそれぞれについて、差別的取扱いをしてはならない。

現行法８条の規定ぶりのままだと、待遇差が不合理と認められるか否かの解釈の幅が大きいという問題が指摘されていました。また、「待遇」という用語の語感から、給食、更衣室の使用といった「福利厚生面」の処遇と捉えられがちで、その中に賃金等の労働条件が含まれていることが不明確であるという指摘もありました。そこで、今回の改正では、基本給、賞与、その他の待遇（手当・休日等）のそれぞれについて、３考慮要素のうち当該待遇の性質及び当該待遇を行う目的に照らして適切と認められるものを考慮するという枠組みとなっています。つまり、待遇差を見る場合は、全体的な総合評価ではなく、個々の要素ごとにその性質・目的を考慮しつつ、合理的な差であるかどうかをみることになります。さらに「不合理と認められるもの」とある箇所が、設けてはならない「もの」が「相違」であると明記されました。これについては、様々な解釈がなし得ますが、筆者は､「相違」とは目に見えるものとあることから､**この相違を生み出す「就業規則」「人事制度」等を指すのではないか**とみています。さらに現行法は、冒頭「事業主が､」相違するものとする場合、とそもそも相違を設けることを前提とするかのような規定ぶりであるのに対し､改正法は「事業主は､」と規制の名宛て人を明確にし､「相違を設けてはならない」と締めくくっていることから、そもそも「相違」を前提とした制度設計自体も牽制する規定ぶりに変わっています。

次に紹介する同一労働同一賃金指針（『短時間・有期雇用労働者及び派遣労働者に対する不合理な待遇の禁止等に関する指針』平 30.12.28 厚生労働省告示 430 号）とも関連する改正箇所ですが、現行法では、パート・契約社員のいずれについても、正規雇用労働者との待遇差の内容やその理由等について説明が得られる制度とはなっていません。そこで改正では、**パート・契約社員のいずれについても、パート・契約社員が求めた場合には、正社員との待遇差の内容やその理由等について説明が得られるよう、事業主に対する説明義務を課すことになりました**（パート・有期雇用労働法 14 条２項)。

この場合、正社員とパート・契約社員の間に基本給や各種手当といった賃金に差がある場合において、その要因として正社員とパート・契約社員の賃金の決定基準・ルールの違いがあるときは、その説明として、**単に「パートだから、契約社員だから」とか「正社員とパート・契約社員とでは将来の役割期待が異なるため」といった説明では十分ではありません**。このような主観的・抽象的説明でなく、賃金の決定基準・ルールの違いについて、職務内容、職務内容・配置の変更範囲、その他の事情の客観的・具体的な実態に照らして不合理と認められないように説明する必要があるためです。このように**待遇の相違の内容等について十分な説明をしなかったと認められる場合には、その事実も「その他の事情」に含まれ、不合理性を基礎付ける事情として考慮されうると考えられます**（平 31.1.30 基発 0130 第 1 号ほか）。

⑩ 同一労働同一賃金指針における留意点

我が国が目指す同一労働同一賃金は、同一の事業主に雇用される通常の労働者と短時間・有期雇用労働者、派遣労働者との間の不合理と認められる待遇の相違及び差別的取扱いの解消等を目指すものですが、その先に大きな目的があります。それは、労働者がどのような雇用形態及び就業形態を選択しても納得できる待遇を受けられ、多様な働き方を自由に選択できるようにし、誰もが安心して生きがいを持って能力を最大限に発揮できる社会を創り、生産性の向上と、労働参加率の向上を図ることです。そのためにも、我が国から「非正規」という言葉を一掃することが重要とされます。

働き方改革のキーワードに「成長と分配の好循環」という言葉があります。これは、労働生産性を高め、労働参加率を向上させた結果もたらされる企業の成長を労働者に分配することを表していますが、どうも我が国の企業は、その分配ルールを整備することが苦手なようです。筆者は、**同一労働同一賃金の問題は、分配のひずみ**と考えています。通常の労働者が独占していた賃金原資を、正規・非正規の区分なく、仕事を基準として分配し直すことが、日本型同一労働同一賃金の意義と考えます。

そのために必要なのは、賃金制度の抜本的見直しです。そのためにも、今回公表された同一労働同一賃金指針の内容を熟知することは重要と考えます。

同一労働同一賃金指針は、2016 年 12 月 20 日に公表された同一労働同一賃金ガイドライン案を大臣告示にしたものですが、より詳細に規定された箇所があるので、先にそれを紹介します。

例えば、通常の労働者と短時間・有期雇用労働者との間の処遇差で争いがあった場合、会社の方が通常の労働者の中に新たに社員区分（例えば、限定正社員）を設け、処遇の低い限定正社員と短時間・有期雇用労働者との間で処遇を合わせようとしたとします。今回の指針では、そのような場合であっても、あくまでも元々あった正社員区分（処遇が高い方）との間でも不合理と認められる待遇の相違の解消等を行う必要があるとしました。

また、会社が、通常の労働者と短時間・有期雇用労働者との間の処遇差の理由として、職務の内容等を分離した場合であっても、待遇の相違の解消等を行う必要があるとしました。

さらに、通常の労働者と短時間・有期雇用労働者との間の不合理と認められる待遇の相違の解消等に対応するため、就業規則を変更することにより、通常の労働者の労働条件を不利益に変更しようとする場合、労契法9条の規定に基づく労働者との合意を原則とし、労契法10条の規定に基づく一方的な就業規則の変更による方法は、望ましい対応とはいえないこととされました。

次に指針で示されたそれぞれの待遇についての原則的な考え方等を整理します。

待遇の種類	待遇の性質、目的	考え方等
職能給（職業経験・能力に応じた）	職業経験・能力に応じて支給する基本給	職業経験・能力が同一であれば同一の支給、一定の相違があれば相違に応じた支給
成果給（業績成果に応じた）・成果手当	業績・成果に応じて支給する基本給	業績・評価が同一であれば同一の支給、一定の相違があれば相違に応じた支給
勤続給	勤続年数に応じて支給する基本給	勤続年数が同一であれば同一の支給、一定の相違があれば相違に応じた支給（有期雇用契約の場合は通算）
昇給（勤続による能力の向上に応じた）	勤続による能力の向上に応じた昇給	勤続による能力の向上に応じた部分が同一であれば同一の昇給、一定の相違があれば相違に応じた昇給
賞与（業績等への貢献に応じた）	会社の業績等への労働者の貢献に応じて支給	貢献に応じた部分が同一であれば同一の賞与、一定の相違があれば相違に応じた賞与を支給
役職手当	役職の内容に対して支給	同一の内容の役職に就くときは同一の支給、役職の内容に一定の相違があれば相

		違に応じた役職手当を支給
特殊作業手当（業務の危険度・作業環境に応じた）	業務に伴う危険度・作業環境に対して支給	同一の危険度・作業環境の業務に就くときは同一の支給
特殊勤務手当（交替制勤務等の勤務形態に応じた）	勤務形態（休日・深夜での労働等）に対して支給	同一の勤務形態で業務に従事するときは同一の支給
精皆勤手当	出勤日数・皆勤を奨励する必要性のため支給	同一の業務内容のときは同一の支給
時間外・深夜・休日労働手当	所定外・深夜・休日労働時間の場合の割増賃金等	同一の所定外・深夜・休日労働時間を行った場合は同一の支給
通勤手当・出張旅費	通勤・出張に係る実費の負担補助	同一の支給
食事手当	食費の負担補助（労働時間の途中に食事のための休憩時間がある場合）	同一の支給
単身赴任手当	単身赴任の負担補助（二重生活、帰省費用等）	同一の支給要件を満たす場合は同一の支給
地域手当（特定の地域で働く場合）	物価の高い地域で勤務する場合の負担補助	同一の地域に勤務する場合は同一の支給
食堂・休憩室・更衣室	福利厚生施設	同一の事業所であれば同一の利用
転勤用住宅	家賃等に対する負担補助	同一の支給要件（例えば、転勤の有無、扶養家族の有無、住宅の賃貸又は収入の額）を満たせば同一の支給
慶弔休暇	家族や親族の事情・関係性を尊重	同一の休暇の付与
健康診断に伴う勤務免除・給与の保障	健康維持への配慮	同一の勤務免除・給与の保障

病気休職	私傷病時に安心して療養してもらうため	同一の取得を認める（有期雇用労働者の場合は労働契約が終了するまでの期間を踏まえて）
法定外年休・休暇（勤続期間に応じた）	勤続期間に対す報償的な休暇	同一の勤続期間であれば同一の付与（有期雇用契約の場合は通算）
現在の職務の遂行に必要な技能又は知識を習得するために実施する教育訓練	職務の内容に応じた技能・知識習得の必要性	職務の内容が同一であれば同一の実施
安全管理に関する措置・給付	特定の業務環境からの必要性	同一の業務環境であれば同一の措置・給付

指針では、定年後再雇用（有期雇用契約による）に対する適用についての考え方が示されています。

【定年に達した後に継続雇用された有期雇用労働者の取扱い】

定年に達した後に継続雇用された有期雇用労働者についても、短時間・有期雇用労働法の適用を受けるものである。このため、通常の労働者と定年に達した後に継続雇用された有期雇用労働者との間の賃金の相違については、実際に両者の間に職務の内容、職務の内容及び配置の変更の範囲その他の事情の相違がある場合は、その相違に応じた賃金の相違は許容される。

さらに、有期雇用労働者が定年に達した後に継続雇用された者であることは、通常の労働者と当該有期雇用労働者との間の待遇の相違が不合理と認められるか否かを判断するに当たり、短時間・有期雇用労働法第８条のその他の事情として考慮される事情に当たりうる。定年に達した後に有期雇用労働者として継続雇用する場合の待遇について、様々な事情が総合的に考慮されて、通常の労働者と当該有期雇用労働者との間の待遇の相違が不合理と認められるか否かが判断されるものと考えられる。したがって、当該有期雇用労働者が定年に達した後に継続雇用された者であることのみをもって、直ちに通常の労働者と当該有期雇用労働者との間の待遇の相違が不合理ではないと認められるものではない。

II

就業規則の作成の意義と届出

Ⅱ　就業規則の作成の意義と届出

(1) 従業員を一人でも雇ったら就業規則が必要な時代になっている

労契法が施行されたことにより、すでに就業規則がある会社における労働契約と就業規則との関係は、かなり明確になりました。

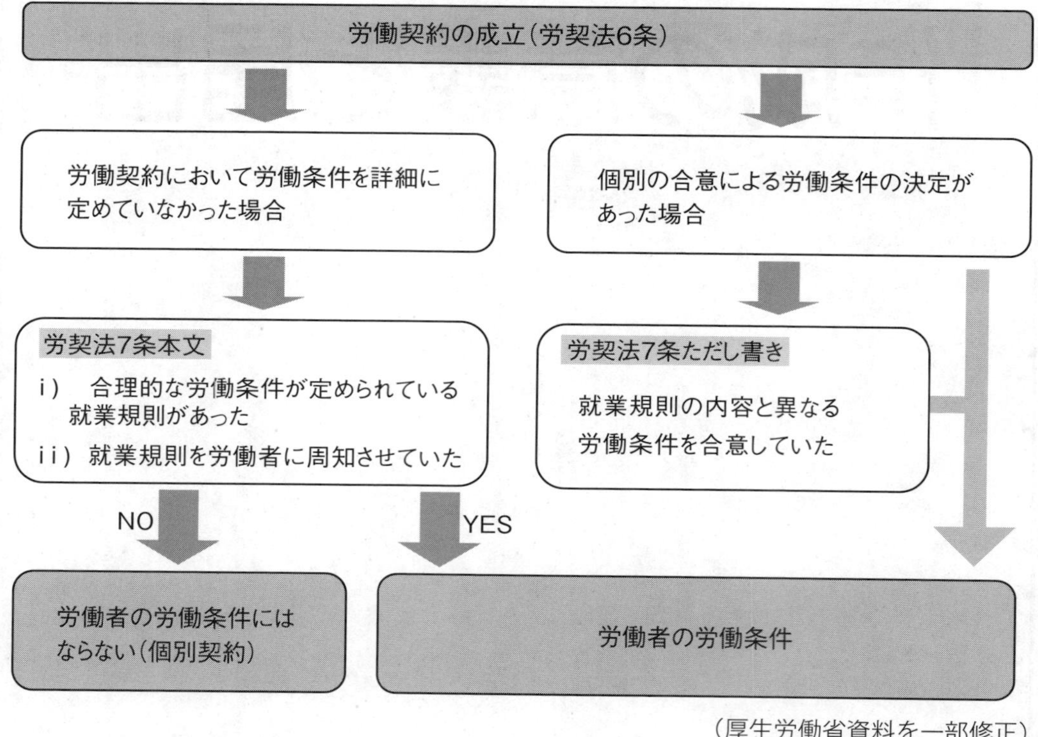

（厚生労働省資料を一部修正）

すなわち、従業員を雇い入れる際に、個別の労働条件を詳細に定めなかったときは、「合理的な労働条件が定められている就業規則」が存在し、かつ、当該就業規則を従業員に「周知させていた場合（雇入れと同時でもよい）」には、従業員の労働条件は、その就業規則に定める労働条件によることとなるのです（労契法７条）。

しかも、就業規則は労働契約を補充するものではなく、労働契約の内容を規律するほどの強い効力を有しているという考え方が主流です。

（労契法7条は、）「労働者及び使用者が労働契約を締結する場合」（つまりは労働者を採用する場合）において、当該事業場で労働者集団に周知させていた既存の就業規則が労働契約に対して有する効力を規定したものである。すなわち、前掲の秋北バス事件大法廷判決の判旨を基礎に、労働契約当事者間に就業規則より有利な、個別的な特約が定められない限り、合理的な労働条件を定める就業規則が労働契約の内容を規律する（労働契約の内容は就業規則の定めによる）ことを明らかにしたものである（これを「労働契約規律効」と称しておく）。

（菅野和夫『労働法』第11版補正版198頁より）

つまり、これから従業員を雇おうと考える会社であっても、あらかじめ就業規則を作成しておいて、雇入れの際にこれを周知しておけば、労働契約のうち、**集団的ルールの部分は、法律上当然に効力が発生**することになるのです。そのため、最近では、**会社を作ると同時に（あるいは、まだ従業員がいない段階で）、就業規則を作成するケースが増えています。**

一方で、労基法89条では、会社の事務処理能力を考慮して、常時使用する従業員数10人未満の会社には、就業規則の作成・届出義務を課していません。しかし、10人未満だから「作成する必要がない」ということではありません。そもそも労基法ができた昭和23年当時は、就業規則が労働契約書と同じ効力を有するなどという考え方はありませんでした。そのように古い時代にできた規定に縛られて、「まだ従業員が少ないから、就業規則なんて作らなくていいや」などと考えていたら、後々労使トラブルで泣くことにもなりかねません。

今や、人を雇う＝就業規則作成という時代なのです。

(2) 服務規律としての就業規則

Ⅰにおいて労基法・労契法と就業規則との関係について述べてきましたが、職場のルールとしては、その視点だけでは不十分です。なぜならば、**労基法・労契法の2つの法律は共に労働者保護の視点で定められており、特に労基法は、使用者（つまり会社）に対してのみ義務を課している法律になっています。**確かに就業規則には、労働条件の国の最低基準である労基法の規定を会社に遵守させるという役割もあります。一方で、服務規律等を定めたルールブックとしての役割も重要です。しかし、我が国の雇用法では、体系的に従業員の義務を規定した法律は存在していません。

したがって、会社内における従業員のルール（主に義務）を定める場合には、国家公務員関連の法律や過去の判例を参考にしつつ、公序良俗に反しない合理的なルールを検討する必要があります。この点については、モデル就業規則の「作成基準の解説」で個々に解説を加えていきたいと思います。

【国家公務員法】

（この法律の目的及び効力）

第１条　この法律は、国家公務員たる職員について適用すべき各般の根本基準（職員の福祉及び利益を保護するための適切な措置を含む。）を確立し、職員がその職務の遂行に当り、最大の能率を発揮し得るように、民主的な方法で、選択され、且つ、指導さるべきことを定め、以て国民に対し、公務の民主的且つ能率的な運営を保障することを目的とする。

（3）就業規則の対象従業員

労基法上、就業規則は当該事業場のすべての従業員について作成しなければなりません。この場合、従業員の就業形態や職種等に応じて労働条件が異なる場合には、異なる区分ごとに規定を置くか、別規程を定める必要があります。この場合には、それぞれの別規程をすべて含めて一体の就業規則として取り扱われることになります。

例えば、「パート、アルバイト等の休職事由は別に定める。」としながら、肝心の別規程が見当たらない会社も見受けられます。このような場合には、パート、アルバイト等に対しても長期雇用を前提とする正社員と同じような労働条件（例えば、休職や退職金）を適用しなければならなくなります。

通達Ⅰ　始業・終業の時刻等が勤務態様等により異なる場合

1. 同一事業場において、労働者の勤務態様、職種等によって始業及び終業の時刻が異なる場合は、就業規則に勤務態様、職種等の別ごとに始業及び終業の時刻を規定しなければならない。
2. しかしながら、パートタイム労働者等のうち本人の希望等により勤務態様、職種等の別ごとに始業及び終業の時刻を画一的に定めないこととする者については、就業規則には、基本となる始業及び終業の時刻を定めるとともに、具体的には個別の労働契約等で定める旨の委任規定を設けることで差し支えない。

   なお、個別の労働契約等で具体的に定める場合には、書面により明確にすること。
3. 前二項の適用については、休憩時間及び休日についても同様である。

（昭 63.3.14 基発 150 号、平 11.3.31 基発 168 号）

なお、就業規則のすべての記載事項について別規程を設けることができますが、この場合は本則上に委任規定を置くとわかりやすくなります。また、別規程の取扱いは、すべての別規程が本則と一体として一の就業規則となります。ただし、あまりにも別規程が多いと、従業員が就業規則を一読しただけでは、自分の労働条件のすべてを知ることができないことになってしまいますから注意が必要です。

別規程の位置付け

別に定めるといいながら、別規程が存在しない場合は、使用者は就業規則の作成義務を果たしたことになりません。また、別規程であっても、それぞれ法定の作成手続、周知が必要となります。

(4) 就業規則の効力発生日は

常時10人未満の従業員を使用する会社であっても、就業規則を作成した場合、周知があれば、労契法でいう就業規則に該当する点は、前述のとおりです。労基法においても、同法でいう就業規則として扱われ、労基法91条（制裁規定の制限）、同法92条（法令及び労働協約との関係）及び同法93条（労働契約との関係）の適用があるものとされており、加えて労契法7条の労働契約規律効、同法10条の合理的変更の労働契約規律効、同法12条の最低基準効の効力も認められます。

では、周知のあった就業規則について、従業員数が10人未満であるため、届出がなかった場合、その効力はどうなるのでしょうか。

基本的に、行政官庁への届出のあった時期をもって就業規則の効力発生の時期と考えることは適当でないとされています。効力発生時期については、労基法106条1項（次頁参照）に規定する方法に限るかどうかは別として、何らかの方法による周知がなされたときとする考えが主流です。

すなわち、就業規則の効力発生の時期は、**就業規則が何らかの方法によって労働者に周知された時期以後で当該就業規則に施行期日として定められた日**と解されます。また、就業規則中に施行期日の定めがないときは、通常は周知がなされたときと解されます（厚生労働省労働基準局編『改訂新版労働基準法』869頁）。

(5) 就業規則の届出手続

【労働基準法】

(作成及び届出の義務)

第 89 条　常時 10 人以上の労働者を使用する使用者は、次に掲げる事項(略)について就業規則を作成し、行政官庁に届け出なければならない。次に掲げる事項を変更した場合においても、同様とする。

常時 10 人以上の労働者

常時 10 人以上とは、一時的に 10 人未満になる場合でも常態として 10 人以上の労働者を使用する場合をいい、パートタイマーやアルバイト等も含まれます。派遣労働者については、労働契約を締結している派遣元事業場においてカウントします。

(作成の手続)

第 90 条　使用者は、就業規則の作成又は変更について、当該事業場に、労働者の過半数で組織する労働組合がある場合においてはその労働組合、労働者の過半数で組織する労働組合がない場合においては労働者の過半数を代表する者の意見を聴かなければならない。

2　使用者は、前条の規定により届出をなすについて、前項の意見を記した書面を添付しなければならない。

(法令等の周知義務)

第 106 条　使用者は、この法律及びこれに基づく命令の要旨、就業規則、第 18 条第 2 項、第 24 条第 1 項ただし書、第 32 条の 2 第 1 項、第 32 条の 3 第 1 項、第 32 条の 4 第 1 項、第 32 条の 5 第 1 項、第 34 条第 2 項ただし書、第 36 条第 1 項、第 37 条第 3 項、第 38 条の 2 第 2 項、第 38 条の 3 第 1 項並びに第 39 条第 4 項、第 6 項及び第 9 項ただし書に規定する協定並びに第 38 条の 4 第 1 項及び同条第 5 項(第 41 条の 2 第 3 項において準用する場合を含む。)並びに第 41 条の 2 第 1 項に規定する決議を、常時各作業場の見やすい場所へ掲示し、又は備え付けること、書面を交付することその他の厚生労働省令で定める方法によって、労働者に周知させなければならない。

2　(略)

【労働基準法施行規則】

第 49 条　使用者は、常時 10 人以上の労働者を使用するに至った場合においては、遅滞なく、法第 89 条の規定による就業規則の届出を所轄労働基準監督署長にしなければならない。
2　法第90条第2項の規定により前項の届出に添付すべき意見を記した書面は、労働者を代表する者の署名又は記名押印のあるものでなければならない。

【労働契約法】

（就業規則の変更に係る手続）
第11条　就業規則の変更の手続に関しては、労働基準法第89条及び第90条の定めるところによる。

労基法は、就業規則の作成・変更手続として、①労働者の団体的意見の聴取（法90条1項）、②行政官庁への届出（法89条）、③就業規則の労働者への周知（法106条1項）の3つを規定しています。従来は、これら3つの手続が完了した時点で就業規則の効力が発生するという考え方も存在しましたが、現在では、周知のみでも効力は発生すると考えられています。

しかし、それは民事上の効力に限った話です。就業規則の届出義務違反については、労基法上、30万円以下の罰金の対象となります。

（6）従業員の団体的意見の聴取

①　意見聴取とは

労基法では、就業規則の作成又は変更について、その会社の従業員の過半数で組織する労働組合がある場合においては当該労働組合（以下「過半数組合」といいます）、過半数組合がない場合においては従業員の過半数を代表する者（以下「過半数代表者」といいます）の意見を聴く義務を会社に課しています。そして、就業規則の届出の際に、その意見を記した書面を添付することとしています（労基法90条）。

当該意見書には「反対意見」が記載されることがあり、この場合の就業規則の効力が問題となります。これに関しては、通達は、**「就業規則に添付した意見書の内容が当該規則に全面的に反対するものであると、特定部分に関して反対するものであるとを問わず、また、その反対事由の如何を問わず、その効力の発生についての他の要件を具備する限り、就業規則の効力には影響がない」**としています（昭24.3.28基発373号）。

また、過半数代表者が意見表明を行わなかった場合や、あるいは署名・記名押印を拒否した場合であっても、**会社が「意見を聴いたことが客観的に証明できる限り」行政官庁は当該就業規則を受理するものとされています**（昭23.10.30基発1575号）。

■意見聴取

通達Ⅱ　意見聴取の程度

問　就業規則作成に当たり、

（1）法第 90 条第 2 項の規定による組合側の意見書添付に際し、審議未了その他の事由により全面的に反対を表明する意見書を添付した場合、その就業規則は効力を発生するか。

（2）なお意見書添付に際しその就業規則の特定部分に関して反対意見を附した場合、その特定部分の条項は効力を発生するか。

答　就業規則に添付した意見書の内容が当該規則に全面的に反対するものであると、特定部分に関して反対するものであるとを問わず、また、その反対事由の如何を問わず、その効力の発生についての他の要件を具備する限り、就業規則の効力には影響がない。

（昭 24.3.28 基発 373 号）

通達Ⅲ　就業規則の受理

就業規則の作成、届出及び受理については、施行規則第 49 条に示してあるが、労働組合又は労働者の過半数を代表する者の意見書に労働者代表の署名又は記名押印がないことを理由として受理しない向もあるようであるが、労働組合が故意に意見を表明しない場合又は意見書に署名又は記名押印しない場合でも、意見を聴いたことが客観的に証明できる限り、これを受理するよう取扱われたい。

（昭 23.5.11 基発 735 号、昭 23.10.30 基発 1575 号）

つまり、**労基法 90 条は、同意を求めたり協議をしたりといった手続を要求しているのではなく、従業員の意見を集約するというプロセス自体を重視しているのです。**

したがって、意見聴取に当たっては、事前に就業規則説明会などを実施し、質問を受け付けたりする等の**周知活動**を行い、従業員の意見の集約を図るため、十分な時間を設ける等の工夫が必要です。

②　意見聴取のあるべき姿

意見聴取については、形式的になりがちであるため、意見聴取の手続に関して指針を設けてはどうか、また、従業員代表（一個人）が会社に意見を述べることになり、就業形態や価値観の多様化の点から、**労使委員会**（複数の者）の意見を聴くようにしてはどうか、といった意見もあります（厚生労働省発表平成 17 年 9 月 15 日『「今後の労働契約法制の在り方に関する研究会」報告書』より）。

このような意見は、労働契約法制化においては、十分に反映されたとはいえませんが、十分に傾聴に値するものであり、今後の労働法もその方向で進むことが考えられます。

実務においても、意見書に過半数代表者のサインをさせて終わり、といった形式だけを整えるような方法ではなく、就業規則制定に係る従業員側の関与の付与という法令の目的に即した、民主的な意見聴取の手続を採るべきでしょう。

③　過半数代表者の要件は

過半数組合がない会社は、過半数代表者が、従業員の意見を集約します。この過半数代表者の要件は、原則として次のいずれも満たすものであることが必要です（平11.1.29基発45号）。

1　労基法第41条第2号に規定する監督又は管理の地位にある者でないこと。
2　法に基づく労使協定の締結当事者、就業規則の作成・変更の際に使用者から意見を聴取される者等を選出することを明らかにして実施される投票、挙手等の方法による手続により選出された者であり、使用者の意向によって選出された者ではないこと。

なお、管理監督者のみで組織されている事業場については、2の要件のみ満たせばよいことになっています。

④　選出方法

投票、挙手の方法のほか、従業員の話合い、持ち回りの決議等従業員の過半数が当該者の選任を支持していることが明確になる民主的な手続全般が認められます。例えば、立候補者に対し、信任する場合に「○」を付ける回覧による信任投票などがあります。

一方で、会社が代表者となる者を指名したり、役職者や親睦会の代表者等が自動的に就任したりする方法は、民主的な手続として認められないでしょう。例えば、親睦会の代表者が過半数代表者として締結した36協定の効力が否定された判例が存在します（トーコロ事件 最2小 平13.6.22）。

(7) 行政官庁への届出

①　就業規則の届出

就業規則の届出は、前述のとおり就業規則の効力発生の要件ではありません。

すなわち**就業規則の届出が受理されたからといって、就業規則の内容が、行政官庁に認められたということにはなりません。**行政官庁は、受理の際、そのときどきの問題となっている事項に関する条文や、直近に法改正があった場合に当該改正が条文に反映されているかどうかといった程度の確認をすることはあります。しかし、詳細にすべての条文をチェックするわけではありません。あくまで就業規則の届出というのは、**行政官庁と企業とで法的に定められた届出義務を履行しているだけであり、労使の問題である就業規則の効力に関し、行政官庁がお墨付きを与える性格のものではないのです。**

【労働基準法施行規則】

（就業規則の届出）

第49条　使用者は、常時10人以上の労働者を使用するに至った場合においては、遅滞なく、法第89条の規定による就業規則の届出を所轄労働基準監督署長にしなければならない。

2　法第90条第2項の規定により前項の届出に添付すべき意見を記した書面は、労働者を代表する者の署名又は記名押印のあるものでなければならない。

②　電子媒体による届出

1999年4月1日から、電子媒体による就業規則の届出が可能となっています。具体的には、就業規則の内容を、HTML形式で、CD-ROM等に保存して届出をします。

ただし、届出に際して添付する意見書については、電子媒体によることが認められておらず、書面により添付する必要があります。

(8) 本社一括届出

ここでの内容は、**東京都管轄**におけるものです。地方によって若干ルールが異なることがあるため、本社が東京都以外に所在する場合は、本社を管轄する労働基準監督署等に詳細をお問い合わせください。

①　就業規則の一括届出制度

常時10人以上の労働者を使用する事業場では就業規則を作成し、労働者の過半数で組織する労働組合又は労働者代表の意見書を添えて、所轄労働基準監督署に届け出なければなりません（労基法89条）。

この就業規則の作成・届出は事業場単位で行うのが原則ですが、本社、支社、営業所、店舗等、複数の事業場を展開している会社においては、一定の要件を満たしていることを条件に、**本社で一括して就業規則の届出を行うことができます。**

一括届出の要件は、次のとおりです。

1．本社の所轄労働基準監督署長に対する届出の際には、本社及び支店の数に対応した必要部数の就業規則を提出すること
2．各事業場の名称、所在地及び所轄労働基準監督署長名並びに労基法第89条各号に定める事項について当該本社で作成された就業規則と各事業場の就業規則が同一の内容のものである旨が附記されていること
　①　本社の就業規則と支社、営業所、店舗など一括の対象となる事業場（「対象事業場」）の就業規則の内容が同じであること
　②　就業規則の変更届の場合は、各事業場の就業規則は変更前及び変更後ともに本社と同一内容であること
3．意見書については、その正本が各事業場ごとの就業規則に添付されていること

つまり、一括届出といえども本社でまとめて意見聴取することは認められないということです。これは、労基法の適用範囲が企業単位ではなく、原則として、事業（場）を単位としているためです。

通達Ⅳ

事業とは、工場、鉱山、事務所、店舗等の如く一定の場所において相関連する組織のもとに業として継続的に行われる作業の一体をいうのであって、必ずしもいわゆる経営上一体をなす支店、工場等を総合した全事業を指称するものではないこと。

（平11.3.31基発168号）

②　就業規則の一括届出をするためには

就業規則の一括届出をするにあたり、準備するものは次のとおりです。

1．就業規則（本体）
2．就業規則届出書
3．意見書
4．一括届出の対象事業場の一覧表

	本社で準備するもの	一括届出の対象事業場で準備するもの
就業規則	1．正本及び控え（計２部） ※　就業規則の変更届の場合は、新旧条文の前後対照表等が記載されたものが必要です。	5．事業場を管轄する労働基準監督署ごとに１部 ※　就業規則の変更届の場合は、新旧条文の前後対照表等が記載されたものが必要です。
就業規則届出書	2．正本及び控え（計２部）	
意見書	3．正本及び控え（計２部）	6．一括届出の対象事業場ごとに正本各１部
一括届出の対象事業場の一覧表	4．２部	

③　本社を管轄する労働基準監督署への届出

本社の所在地を管轄する労働基準監督署に、「就業規則の一括届出」であることを申し出て、次の書類を提出し、審査を受けてください。

1．本社の就業規則本体（正本及び控えの計２部）
2．本社の就業規則届出書（正本及び控えの計２部））
3．本社の意見書（正本及び控えの計２部）
4．対象事業場の一覧表（２部）
5．対象事業場の意見書（対象事業場ごとに正本各１部）

※②の表中、対象事業場の就業規則は提出不要です。

一括届出の要件を満たしているときは、次の書類が返却されます。

1．本社の就業規則本体（受理印付き控え１部）
2．本社の就業規則届出書（受理印付き控え１部）
3．本社の意見書（受理印付き控え１部）
4．一括届出の対象事業場の一覧表（受理印付きのもの１部）
5．一括届出の対象事業場の意見書（正本各１部）

提出は郵送で行うこともできます。要件が満たされていないときは、一括届出制度を利用することができません。この場合は、原則通り各事業場の所在地を管轄する労働基準監督署に直接届け出てください。

④　就業規則配送作業室への提出（東京労働局の場合）

③で返却された次の１．及び２．の書類は、３．とともに東京労働局内の就業規則配送作業室に郵送又は持参で提出します。

1．③で返却された対象事業場の一覧表
2．③で返却された対象事業場の事業場ごとの意見書
3．対象事業場の就業規則本体（労働基準監督署数分）

提出先

〒102-8306
東京都千代田区九段南１－２－１
九段第３合同庁舎13階
東京労働局　労働基準部　監督課内
○○労働基準監督署　就業規則配送作業室
電話：03－3512－1612

※○○には、本社を管轄する労働基準監督署名を記載します。

⑤　その後の流れ等

④で会社が行う手続きは完了です。就業規則配送作業室に提出された対象事業場の就業規則本体、意見書及び一覧表は、配送作業室から各労働基準監督署に送付されます。

「就業規則の届出日」は、本社及び一括届出の対象事業場ともに③で本社の就業規則本体・就業規則届出書・意見書が受理された日です。

⑥　一括届出をする際の留意事項

～同一の労働基準監督署内に複数の事業場がある場合～

同一の労働基準監督署内に複数の事業場がある場合は、それらをまとめて届け出ることができますが、次の点に留意してください。

1．「就業規則本体」は、労働基準監督署ごとに1部で構いません。
2．労基法90条1項に定める意見聴取の手続は、事業場ごとに行う必要があります。したがって「意見書」は事業場ごとに作成し、提出してください。
3．単一組織で本社及び対象事業場の労働者の過半数が加入している組合（「単一組織労働組合」）で、全事業場の過半数労働組合の意見が同意見であるときは、労働組合本部の意見書（記名押印のある正本）に「全事業場の過半数労働組合とも同意見である」旨を記載し、当該労働組合本部の意見書の写しを対象事業場の数だけ添付することでも差し支えありません。

～一括届出の対象事業場の一覧表～

一括届出の対象事業場の一覧表は、事業場を管轄する労働基準監督署ごとにまとめる必要があります。

■　一覧表の書き方（例）

番号	事業場の名称	事業場の所在地	電話番号	所轄労働基準監督署名
1	神奈川支店	神奈川県横浜市中区○○	045－123－4567	横浜南署
2	千葉営業所	千葉県千葉市中央区○○	043－987－6543	千葉署
3	大阪店	大阪府大阪市北区○○	06－3456－7890	天満署

～初めて一括届出を行うとき～

本社の就業規則と対象事業場の就業規則は同一の内容であることが必要ですから、就業規則届出書、一括届出の対象事業場の一覧表の欄外に「各事業場の就業規則は本社と同一内容である」旨を明記してください。なお、就業規則の変更届を提出するときは「各事業場の就業規則は、変更前及び変更後ともに本社と同一内容である」旨を明記してください。

～就業規則本体はCD-ROM等の電子媒体により届出を行うこともできる～

届出に必要な書類のうち、就業規則本体はCD-ROM等の電子媒体で提出することができます。就業規則の届出を電子媒体で行う場合は、次のすべての要件を満たすことが必要です。

1．電子媒体の種類
・CD-ROM、CD-R、CD-RW、DVD-R、または DVD-RW であること。
※フロッピーディスクによる取扱いは終了しています。
2．電子媒体のフォーマット
・CD-ROM、CD-R、CD-RW、DVD-R、または DVD-RW は、Windows XP 以降の Windows 各 OS 等（ISO9660、UDF ブリッジ、UDF1.02、UDF1.5、UDF2.0 又は UDF2.01 フォーマット）で動作するものであること。
3．電子媒体の文書形式
・原則として HTML 形式であること。
※電子媒体による届出についての詳細については、最寄りの労働基準監督署に確認してください。

電子媒体は書面により届出を行う場合と同様、一括届出を希望する事業場に対応する所轄監督署数分の CD-ROM 等を用意し、事業場ごとの意見書（書面による原本）を添付することが必要です。

なお、電子媒体で届出をする場合には、本社、対象事業場とも、同じ媒体を使用する必要があります。例えば、「本社は CD-ROM、支店・営業所分は書面で」といった異なる媒体を使用しないようにしてください。

～就業規則配送作業室に提出する書類について～

従来の方法で就業規則を所轄労働基準監督署に届け出る場合は、就業規則本体や意見書を２部提出すると、そのうち１部に労働基準監督署の受理印が押され返却されますが、一括届出制度により就業規則配送作業室に提出する次の書類については、本社又は対象事業場に返却されません。

1．③で返却された対象事業場の一覧表
2．③で返却された対象事業場の事業場ごとの意見書
3．対象事業場の就業規則本体（労働基準監督署数分）

上記書類（特に意見書）については、配送作業室に提出する前に写しを事業場内で保管するようにしてください。

⑦　就業規則一括届　チェックリスト

一括届出に必要な書類を準備する際にこのチェックリストを活用してください。

提出書類

□　1．就業規則本体
□　2．就業規則届出書
□　3．意見書
□　4．対象事業場の一覧表

1.　就業規則本体

□　本社分の就業規則は２部（正本と控え）ありますか？

□　対象事業場の就業規則は、所轄労働基準監督署ごとに１部ありますか？

□　委任規程を設けて複数の規程が分冊になっている場合、ワンセットに組んでありますか？（例：「ワンセット＝就業規則＋賃金規程＋育児・介護休業規程」）

2.　就業規則届出書

□　就業規則届出書（本社分）は２部（正本と控え）ありますか？

□　事業場名称、所在地、使用者職氏名等の記載はありますか？

□　就業規則を新たに届け出る場合、「各事業場の就業規則は本社と同一内容である」旨が記載されていますか？

□　就業規則の変更届を行う場合、「各事業場の就業規則は変更前及び変更後とも本社と同一内容である」旨が記載されていますか？

※　対象事業場の届出書は不要です。

3.　意 見 書

＜単一組織労働組合がない場合＞

□　本社分は２部（正本及び控え）ありますか？

□　対象事業場は各１部（正本）がありますか？

□　どこの事業場の意見書なのかがわかるように、意見書に事業場名等が記載されていますか？

＜単一組織労働組合があり、全事業場の過半数労働組合と同意見である場合＞

□　本社分は２部（正本及び控え）ありますか？

□　労働組合本部の意見書は１部（正本）がありますか？

□ 労働組合本部の意見書に「全事業場の過半数労働組合とも同意見である」旨が記載されていますか？

□ 労働組合本部の意見書の写しは対象事業場分の枚数がありますか？

4. **対象事業場の一覧表**

□ 事業場の名称、所在地、電話番号の記載はありますか？

□ 所轄労働基準監督署名の記載はありますか？

□ 複数の対象事業場の所轄労働基準監督署が同一の場合、労働基準監督署名はまとまっていますか？

□ 就業規則を新たに届け出る場合、「各事業場の就業規則は本社と同一内容である」旨が記載されていますか？

□ 就業規則の変更届を行う場合、「各事業場の就業規則は変更前及び変更後とも本社と同一内容である」旨が記載されていますか？

□ 一覧表は２部ありますか？

5. **配送作業室に提出するもの（持参又は郵送）**

※ 各書類の控えは、配送作業室から本社へ送付されませんので留意してください。

□ 対象事業場の一覧表は１部ありますか？

□ 対象事業場の意見書（正本）は事業場ごとに１部ありますか？

□ 対象事業場の就業規則本体は、労働基準監督署の数だけありますか？

事業場を所轄する労働基準監督署の所在地等は、厚生労働省のホームページで確認できます。不明な点などは、各労働基準監督署に問い合わせてください。

(9) 就業規則の周知

① 周知の重要性

周知は就業規則の民事的効力要件です。加えて、労契法が施行された以上、**従業員の目に触れない就業規則は元々なかったものと同様で、労働契約としての意味も持たないのです。**

つまり、仮に従業員がその内容の一部分を知っていたとしても、労働契約を規律する効力は有しないものと解されています。

②　周知の方法は

労契法の通達によれば、周知の方法とは、例えば、次のような方法により、従業員が知ろうと思えばいつでも就業規則の存在や内容を知り得るようにしておくことをいうものであるとしています（平 20.1.23 基発 0123004 号）。

1．常時各作業場の見やすい場所へ掲示し、または備え付けること
2．書面（印刷物及び複写した書面も含まれます）を従業員に交付すること
3. 磁気テープ、磁気ディスクその他これらに準ずる物に記録し、かつ、各作業場に労働者が当該記録の内容を常時確認できる機器を設置すること

周知は「事業場ごと」ではなく「作業場ごと」と細かくなっている点にご注意ください。「会社に一つ」ではとても足りません。イントラネットによる配信も認められているため、できるだけオープンにすることが大切です。

さらに、**このように周知させていた場合には、従業員が実際に就業規則の存在や内容を知っているか否かにかかわらず、労契法７条の「周知させていた」に該当するとしています**。また、1．から３．までの周知方法は労基則 52 条の２に掲げる方法ですが、労契法７条の「周知」はこれらの３方法に限定されるものではなく、実質的に判断されることになります。

なお、労基法の通達では、「就業規則等を労働者が必要なときに容易に確認できる状態にあることが『周知させる』ための要件である」としています（平 11.3.31 基発 169 号）。

通達Ⅴ

「事業場」とは、事業に属する人的物的施設の存する場所的な範囲をいう。

「作業場」とは、事業場内において密接な関連の下に作業の行われている個々の現場をいい、主として建物別等によって判定すべきものである。

（昭 23.4.5 基発 535 号）

③　就業規則を変更したときは

会社は、就業規則の変更等周知させるべき事項の内容に変更があった場合にも、当該変更後の内容を労働者に周知させなければなりません（平 11.1.29 基発 45 号）。

④　周知させるのは就業規則だけでよいのか

労基法上の周知義務が課せられているのは、就業規則だけではありません。**労基法で**

定める労使協定等も周知の必要があります（法106条）。

なお、育児・介護休業法、高齢者法等の他の法令に基づく労使協定の周知義務は、労基法は何ら触れていませんが、法の趣旨に鑑み周知の必要があると考えます。

1．周知すべきもの

（1） 労基法・命令の要旨

（2） 就業規則の全文

（3） **2.**の労使協定

（4） 労使委員会の決議

（5） 労使委員会の議事録（労基則24条の2の4第3項）

（6） 労働時間等設定改善委員会の決議（労働時間等設定改善法7条1項）

2．周知すべき労使協定

所轄労基署に届出を必要としない	所轄労基署に届出が必要
① 賃金の一部控除の協定 ② フレックスタイム制（1か月以内）の協定 ③ 一斉休憩の適用除外の協定 ④ 代替休暇の協定 ⑤ 事業場外労働のみなし労働時間制の協定（ただし、法定労働時間内の場合） ⑥ 時間単位年休の協定 ⑦ 年次有給休暇の計画的付与の協定 ⑧ 年休取得日の賃金を健康保険の標準報酬日額で支払う協定	① 貯蓄金管理の協定 ② 1か月単位の変形労働時間制の協定 ③ フレックスタイム制（1か月を超え3か月以内）の協定 ④ 1年単位の変形労働時間制の協定 ⑤ 1週間単位の非定型的変形労働時間制の協定 ⑥ 時間外・休日労働の協定（36協定）※ ⑦ 事業場外労働のみなし労働時間制の協定（ただし、法定労働時間を超える場合） ⑧ 専門業務型裁量労働制の協定

※届出がないと効力が発生しない

⑤　労働契約の内容の理解の促進

【労働契約法】

（労働契約の内容の理解の促進）

第４条第１項　使用者は、労働者に提示する労働条件及び労働契約の内容について、労働者の理解を深めるようにするものとする。

労使紛争は、会社の説明不足や労使の意思疎通の欠如が発端となっていることが多々あります。

労契法４条の規定は、労使当事者（従業員と会社）に対する訓示規定であって、請求権などの法律効果を生じさせるものではないと解されていますが、**会社が労働条件に関する十分な説明や情報提供を行わないことは、場合によってはトラブルの原因となり、あるいは権利濫用と判断されることもあるでしょう。**

円満な労使関係の肝は「説明責任」と「透明性」です。就業規則の説明と周知は、労働契約の内容の理解の促進の第一歩と考えます。

リスク回避のポイント

労基法上の作成手続（作成、届出、意見聴取、周知など）すべてを経たものが有効な就業規則であると考えるべきです。ただし、形式的に手続を経ただけで、従業員がその内容を十分に理解できないのであれば、意味がありません。必要に応じて「就業規則マニュアル」等を作成するなどして、労使双方がその理解を深めない限り、「リスク回避」のための就業規則の役割は果たせないと考えてよいでしょう。

法令用語の使い方

Ⅲ　法令用語の使い方

（1）就業規則の形式

①　条

就業規則は、法令と同じように条立てで作成するのが通常です。内容を「条」で区分し、配列します。条の最初には「見出し」を付けます。見出しは、就業規則の内容をわかりやすくすることと、検索をしやすくするためです。そのため、見出しは、内容を的確に言い表した簡潔なものがよいでしょう。

また、**ある条で別の条の内容を引用する場合には、該当する条文番号とその見出しを引用するとわかりやすくなります**（一般の法令では**見出しまで引用することはありません**が、就業規則は「**わかりやすさ**」もポイントの一つです）。

> **例：（従業員の定義）**
> **第５条**　この規則で従業員とは、第６条（採用）、第７条（選考方法）の規定により採用され、会社の従業員としての身分を有する者をいう。

②　前段・後段、本文・ただし書き、この限りでない

２つのセンテンスからなる条文であっても、わざわざ項立てにする必要がない場合には、２つのセンテンスを改行せず、続けて配置します。この場合、前半部分を「前段」といい、後半部分を「後段」といいます。センテンスが３つであれば、「前段」「中段」「後段」といいます。

後段が「ただし」で始まり、前段に対する例外事項を規定している場合には、この後段のことを「ただし書き」といい、原則を定める前段を「本文」といいます。

なお、本文の規定の全部又は一部を一定の場合に適用除外する場合には、「この限りでない」という結語が用いられます。「ただし、所属長が必要と認める場合には、この限りでない。」がその例です。なお、「ただし書き」で改行する例がありますが、**改行せずに続けるのがフォーマルなスタイルです。**

③　項

一の条が長い場合には、段落を付けることになります。この段落のことを「項」といいます。項がある場合には、項ごとに改行します。項以外の箇所で改行することはあり

ません。項には項番号を振りますが、法令様式では、第1項には項番号は振りません。条文番号の最後を改行とし、第1項から項番号を振る様式も見受けられますが、好みの問題でどちらでもよいと思います。本書では法令様式に準じたものとしました。

④ 号

項の中で必要事項を箇条書きで列記した場合には、それぞれの行の頭に数字を振ります。これを「号」といいます。また、これをさらに細分するときもそれぞれの頭に数字や記号を振ります。

⑤ 条、項、号の階層

通常の法令様式（縦書き）では、「項」にはアラビア数字を振り、「号」には漢数字を振ります。「号」をさらに細分するときは、イ、ロ、ハを用い、さらに細分するときは(1)、(2)、(3)を用います。横書きの場合には、一定のルールはないのですが、本書では次のとおりとしました。

「項」→　アラビア数字　｜「号」→　（１）、（２）、（３）｜
さらに細分するときは→　①、②、③

「項」に①、②、③を用いているものもありますが、ルールは決まっていません。ただし、**連番の階層（1→（1）→①）をいったん決めたら、それを乱すことはできません。**例えば、項で区分する必要のない短い条文の場合には、項番号は振りませんが、要件を箇条書きで列記する必要がある場合には、号番号を振る必要があります。この場合の連番は、前記のルールに従えば、「(1)」からスタートすることになります。「1」からスタートすることはできません。

⑥ 枝番号の振り方

「条」と「号」には、枝番号を振ることが認められます（法令では孫番号もよく見受けられます）。例えば、就業規則の「第36条（年次有給休暇）」と「第37条（特別休暇）」の間に、「子の看護休暇」を加えたい場合、「第36条の2（子の看護休暇）」とすることが認められます。この場合、仮に「第37条（子の看護休暇）」としてしまうと、旧第37条以下を一条ずつ繰り下げなければなりません。条文番号は、他の条文中に引用されている可能性もあります。本則だけで100条以上に及び、あちこちに別規程があるような就業規則の場合、下手に条文番号をずらしてしまうと、その整合をとる作業は結構大変です。もちろん、枝番号だらけの就業規則では見苦しいという意見もあるでしょうから、ある一定の時期が来たら条文番号を整理する、としてもよいでしょう。

なお、項は単なる段落区切りに過ぎませんので、枝番号を用いることはできません。

⑦　章、節、款、目の区分

条文の数が多い場合には、その内容に応じて、章で区分します。章を区分するときは、「節」を用い、さらに区分するときは「款」を用い、さらに区分するときは「目」を用います。通常の就業規則では、ここまで区分することはないでしょうが、少なくとも章建てにしておいたほうが読みやすいでしょう。章には見出しを付けます（例えば、「第１章　総則」）。

なお、章などの番号は、枝番号が認められます。

(2) 配　字

①　文字の配置を統一する

「**配字**」とは、条文の文字をどのように配置するかというルールのことです（ワード等をお使いの方は、「**インデント**」と言ったほうが、なじみがあるかもしれません）。いったん配字を定めた場合、文字はすべてこのルールに従って配置しなければなりません。ワード等で配字を「**段落設定**」であらかじめ定めておき、スタイルごとに登録しておくと効率的に条文を作ることができます（インデントのほか、センター寄せ、フォント等もスタイル設定が可能です）。

本書付属のＣＤ‐ＲＯＭのデータは、**「章」「節」「見出し」「条」「項」「号」**ごとにスタイル設定をしてありますので参考にしてみてください。例えば、**「項」**の配字は次のようなルールになっています。

本書付属のＣＤ-ＲＯＭにおける配字の概要は次のとおりとなります。

第２章■■採用及び異動 ← 16ポイント

第１節■採■用 ← 12ポイント

10.5ポイント

■（採用選考）
第８条■会社は、就職希望者に対し、次の書類（会社が認めるときはその一部を省略する
■ことができる。）の提出を求めたうえで、書類選考、面接試験を行い、採用内定者を決定
■する。
■（１）履歴書（提出日前３か月以内に撮影した写真を貼付すること。）
■（２）職務経歴書
｜
■（６）各種資格証明書その他会社が必要とするもの
２■会社は、採用内定者に対し、合格した旨、採用予定日及び内定取消事由を記載し
■た文書（以下「内定通知書」という。）を交付する。

※「■」は全角スペース。「・」は半角スペース。

参考まで、制定法令における公式ルールの配字を紹介しておきます。少し窮屈でいかめしく感じるかもしれません。このように配字を変えることにより条文のイメージや読みやすさが変わってきます。こういった点に一工夫することもポイントの一つです。

■■■第２章■採用及び異動
■■■■第１節■採用
■（採用選考）
（基本的に同じポイント数を使う。）
第８条■会社は、就職希望者に対し、次の書類（会社が認めるときはその一部を省略する
■ことができる。）の提出を求めたうえで、書類選考、面接試験を行い、採用内定者を決
■定する。
■(1)･履歴書（提出日前３か月以内に撮影した写真を貼付すること。）
■(2)･職務経歴書
｜
■(6)･各種資格証明書その他会社が必要とするもの
２■会社は、採用内定者に対し、合格した旨、採用予定日及び内定取消事由を記載した文
■書（以下「内定通知書」という。）を交付する。

② 数字

公式ルールでは、条文中の数字は、すべて全角数字を用います。ただし、全角数字だと数字の途中で改行されてしまう欠点があります。したがって、半角数字を使っても構

わないのですが、一桁の数字と漢字が混在すると文字間がつまって読みにくくなることがあります。このような場合は、Microsoft Word（以下「Word」という）をお使いであれば、「段落」の「体裁」タブで「日本語と数字の間を自動調整する」にチェックを入れてください。数字と日本語の間に４分の１スペース（四分アケ）が自動的に挿入されます。ただし、行当たりの文字数がばらばらになってしまい、やや散漫な印象となります。

これを回避するため、文字間の調整は行わずに一桁数字は「全角」、二桁以上数字は「半角」とする方法があります。なお、**Wordのデフォルト設定では、全角数字は和文フォント、半角数字は欧文フォントになっていますが、この設定だとプリンタによっては、半角数字だけが目立ってしまうため、全角数字、半角数字とも和文フォントで統一するとよいでしょう。**

③　条番号

公式ルールでは、全角数字を用い、それに全角スペースを加え、条文を続けます。数字が二桁の場合も同様です。本書の場合は、数字が一桁の場合は、公式ルールに従いましたが、二桁以上の場合は、半角数字を用いました。条番号の後のスペースは全角スペースですが、条番号が三桁の場合は半角スペースとしました。

④　項番号

公式ルールでは、項番号は「２」から振り始め、数字は全角数字を用い、それに全角スペースを加え、項の内容を続けます。ただし、項番号が二桁になる場合は、半角数字を用い二桁の数字で１文字分とします。

なお、「1」の項番号がない点がわかりにくいとのことで、「1」から項番号を振る方法もあります。例えば、次のような配字になります。

第８条（採用選考）←条文番号の後に見出しをつける。
１■会社は、就職希望者に対し、次の書類（会社が認めるときはその一部を省略すること
■ができる。）の提出を求めたうえで、書類選考、面接試験を行い、採用内定者を決定す
■る。
■(1)・履歴書（提出日前３か月以内に撮影した写真を貼付すること。）
■(2)・職務経歴書
｜
■(6)・各種資格証明書その他会社が必要とするもの
２■会社は、採用内定者に対し、合格した旨、採用予定日及び内定取消事由を記載した文
■書（以下「内定通知書」という。）を交付する。

⑤　号番号

公式ルールでは、号番号では半角数字を用います。数字の前後のかっこも半角文字を用いるため、「(1)」等は文字数でいうと1.5文字となります。それに半角スペースを加えて２文字とし、号の内容を続けます。この方法の場合、号番号が二桁になると号番号と内容との間にスペースを入れることができなくなるという欠点があります。

(3) 主要な法令用語

①　「規定」「規程」

「規定」とは、個々の条項を示します。例えば、「第○条の規定を準用する。」などと用います。「規程」とは、ある一つのことを定めた一連の条項全体を示します。例えば、「賃金については、別途定める賃金規程によるものとする」と用います。

②　「及び」「並びに」

語句を並列する場合に使う法令用語で、英語の「and」に相当します。同じレベルで並列するときは、「及び」を用います。並列のレベルが２段階になる場合（語句の並列に強弱がある場合）は、小さい並列に「及び」を用い、大きい並列に「並びに」を用います。３段階以上の並列には、最も小さい並列に「及び」を用い、それ以外の並列にはすべて「並びに」を用います。

例えば、Ａ、Ｂ、Ｃと並列する場合、「ＡとＢ」をワンセットであることを表現したい場合には「Ａ及びＢ並びにＣ」と表記します。同じレベルで３つ以上を並列する場合には、最後の並列部分に「及び」を用い、それ以外の部分はすべて「、」で括ります（Ａ、Ｂ、Ｃ及びＤ）。動詞を並列する場合も同様です。「Ａ、Ｂ、Ｃ及びＤ」を「ＥとＦ」のセットと並列する場合は、「Ａ、Ｂ、Ｃ及びＤ並びにＥ及びＦ」となります。

なお、**「及び」は単独で用いられますが、「並びに」は単独で用いられることはありません。**

③　「かつ」

「及び」「並びに」と同様に語句を並列する場合に使う法令用語です。２つの語句を並列し、不可分一体として一つの意味を持たせるときに用います。「かつ」は、２つの文章を連結する場合にも用いられます。文章と文章を括る場合には「かつ」の前後に「、」を打ちます。語句を連結する場合には「、」を打たないのが通常です。

④　「又は」「若しくは」

同じレベルで語句を選択的につなぐ場合に用いる法令用語で、英語の「or」に相当します。選択のレベルが１つの場合は「又は」を用います。選択のレベルが２段階になる場合は、大きい選択になるほうに「又は」を用い、小さい選択に「若しくは」を用います。さらに３段階以上になる場合は、最も大きい選択に「又は」を用い、それ以外の部分には「若しくは」を用います。

ＡとＢのいずれかを選択させたいが、これらは同一のグループに属し、さらにそれを別のＣと選択させたい場合には、「Ａ若しくはＢ又はＣ」と表記します。同じレベルで３つ以上の中から選択的に用いる場合には、最後の部分のみに「又は」を用い、それ以外は「、」でつなぎます（Ａ、Ｂ、Ｃ又はＤ）。動詞を選択的に並列する場合も同様です。

なお、**「又は」は単独で用いられますが、「若しくは」は単独で用いられることはありません。**

●「及び」「又は」を「および」「または」と表記しているものもみられます。これは、昭和21年の「当用漢字表の使用上の注意」により、接続詞はなるべく仮名で書くこととされていたためで、古い就業規則によくみられます。しかし、法令表記では、「および」は「及び」、「または」は「又は」と漢字で書くことになっています。そこで、昭和56年の「公用文における漢字使用等について（昭和56年10月１日付内閣閣第138号内閣官房長官通知別紙の同日付事務次官等会議申合せ）」により、法令、公用文ともに、「及び」「並びに」「又は」「若しくは」の４つは、漢字で表記することになりました。

●乃至（ないし）を「又は」の意味で用いる場合が見受けられますが、法令で「乃至」と用いるときは、「ＡからＢまで」という範囲を示します。例えば、「前項第１項乃至第３項の規定」とあれば、「前項第１項から第３項までの規定」という意味です。本書では混乱を防ぐため、乃至は用いず「ＡからＢまで」と表記することとしました。

⑤　「場合」「とき」「時」

「場合」と「とき」は、仮定的条件を示すものであり、ほぼ同じ意味です。ただし、仮定的条件が２つ重なるようなケースでは、大きい条件のほうに「場合」を用い、小さい条件のほうに「とき」を用います。

例えば、「特別な事情を認められた場合で、遅刻するときは」といった場合です。

「とき」と「時」の違いですが、「とき」が仮定的条件を表すのに対し、「時」は、時点及び時刻を示すときに用いられます。

⑥ 「者」「物」「もの」

「者」は、自然人、法人を指す場合に用いる法令用語です。「物」は法律上の人格を持たない有体物を指す場合に用いる法令用語です。「もの」は、「者」にも「物」にも当たらない抽象的なものを指す場合に用いる法令用語ですが、英語の関係代名詞のような用い方で、特定のものを限定する場合に用いることもあります。「従業員であって入社後6か月を経過したものは、…」などがその例です。この場合、「経過した者は、」と漢字は用いません。

⑦ 「その他の」「その他」

法令用語では、「その他の」と用いる場合には、その直前にある語句を含むことになりますが、「その他」と用いる場合には、直前にある語句とは関係のない別のものを指すことになります。

例えば、「賃金その他の必要な事項は別に定める」と「賃金その他必要な事項は別に定める」とした場合、前者は賃金を含んだ必要な事項を別に定めることになり、後者は賃金と賃金以外の必要な事項を別に定めることになります。

つまり、「その他の」と用いる場合、直前の語句（例では「賃金」）を含む大きなグループがあり、その部分として「賃金」を例示するときに用いるのに対し、「その他」と用いる場合は、「その他」は、「賃金」とは別のグループに属するものということになります。

一般の法令のように詳細箇所を省令等に委任する場合、これらの使い分けは重要な意味を持ちますが、就業規則の場合、よほど複雑なものでない限り、「その他」を用いればよいでしょう。

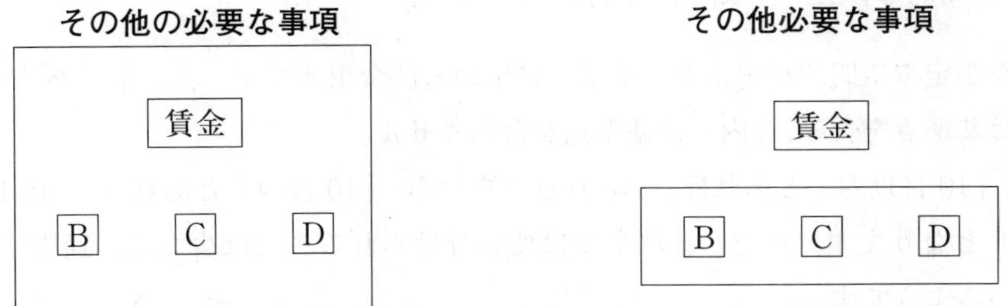

なお、法令では、法本則に「○○その他の△△省令で定める」とある場合、△△省令（施行規則）では、「○○」について改めて規定しなおし、加えてそれ以外の事項を列挙します。例えば、労基法15条は、「賃金、労働時間その他の厚生労働省令で定める事

項」につき明示義務を課していますが、労基則5条では、「賃金」「労働時間」の明示内容を改めて示したうえでそれ以外の明示事項（「労働契約の期間に関する事項」など）を列挙しています。これに対して「○○その他△△令で定める」とある場合、施行規則では「○○」以外の事項が列挙されます。例えば、労基法37条は「家族手当、通勤手当その他厚生労働省令で定める賃金」を除外賃金として定めていますが、労基則21条では、家族手当、通勤手当以外の賃金（「別居手当」「子女教育手当」など）を列挙しています。

就業規則の作成においてここまで厳格に使い分ける必要はないと考えますが、法令を読み解く際のヒントにしてください。

⑧　数量的な限定（以上、以下、超える、未満、満たない）

数量的な限定をする場合に用いる法令用語です。「以」とは、「以て」という意味であり、「以上」「以下」は、直前に記述されている基準点を含むことになりますが、「超える」「未満」「満たない」は含みません。

例えば、「10万円以上」「10万円以下」は10万円を含みますが、「10万円を超える」「10万円未満」「10万円に満たない」は10万円を含みません。「未満」と「満たない」は同じ意味です。

⑨　時間的な限定（「以前」「以後」「以降」「前」「後」）

時間的な限定をする場合に用いる法令用語です。「以前」「以後」「以降」は、直前に記述されている基準点を含むことになりますが、「前」「後」は基準点を含みません。

例えば、「4月1日以前に」という場合は「4月1日」を含みますが、「4月1日前に」という場合は、「4月1日」は含みません。「以後」と「以降」は同じ意味です。

⑩　時間・空間的な限定（「以内」「内」）

時間的な限定や空間的な限定をする場合に用いる法令用語です。⑧、⑨にあるとおり、「以内」は基準点を含み、「内」は基準点を含みません。

例えば、「10日以内」とあれば、「10日目」を含み、「10日内」とあれば、「10日目の直前まで」となります。ただし、法令では使い分けられることは少なく、通常「以内」を用いているようです。

⑪ 「直ちに」「遅滞なく」「速やかに」

いずれも「すぐに」という意味の法令用語ですが、使い分けがなされています。

この中では「直ちに」が最も強い意味をもち、何をさておいても「即時に」という意味です。「直ちに」と用いる場合は、基本的に一切の遅れは許されません。

これに対して、「遅滞なく」は、正当な理由があれば、その限りにおいて、遅滞は許されると解釈されます。ただし、正当な理由がなければ「直ちに」行わなければなりません。

「速やかに」は、なるべく早くという意味ですが、法令においては、「遅滞なく」行わなかった場合には、罰則の適用があり得るのに対し、「速やかに」については、訓示的な意味合いが多く、直ちに違法性が問われることはないとされています（厳密な区分ではありません）。

●それぞれの時間的即時性の強さについては、「直ちに」→「遅滞なく」→「速やかに」とするもの（石毛正純著『自治立法実務のための法制執務詳解』ほか）、「直ちに」→「速やかに」→「遅滞なく」とするもの（田島信威著『法令用語の基礎知識』改訂版ほか）があり、一定していないようです。

⑫ 「することができる」「しなければならない」「するものとする」

「することができる」は、本来、するのが望ましいが、するかしないかについて裁量の余地がある場合に用います。これに対して、「しなければならない」は、必ずしなければならない義務が付与されます。「するものとする」は、「しなければならない」より弱いニュアンスがあります。原則や方針を示す場合に用いられます。

⑬ 「故なく」「みだりに」

いずれも、社会通念上正当な理由があると認められない違法性を表す法令用語です。「みだり」には、「やたらに」「むやみに」「ところかまわず」といったニュアンスも含みます。

⑭ 「みなす」「推定する」

「みなす」は法律的にそうであると断定して取り扱うことをいい、法律上の効果は確定するため、反証をあげてそれをくつがえすことはできません。これに対して「推定する」は、一応そうであろうと法律推定するもので、それが事実と異なれば、反証をあげてくつがえすことができます。

「みなす」規定としては、労基法での「みなし労働時間制」があります。例えば、事業場外労働で9時間労働とみなした場合、実際の労働時間が10時間であっても8時間であっても、法律上は9時間労働したものとして取り扱われることになります。

⑮　「各号の一」「各号のいずれか」

これは同じ意味と考えてよいでしょう。法律が制定（改正）された時期によるものと思われます。例えば、労基法では「次の各号の一」と用いますが、育児・介護休業法では「次の各号のいずれか」と用います。本書では「次の各号のいずれか」と表記しました。

（4）句読点

句読点の打ち方については、統一的なルールが定まっておらず、「我流」「ローカルルール」が混在し頭を悩ますところです。しかし、公用文については経験的にいくつかのルールが確立されており、ある程度の整理が可能です。モデル規則は、できる限り公用文に合わせるようにしました（読みやすさを重視して若干ルールから逸脱した用法によった箇所がある点をご了承ください）。

①　句点「。」

1．文末には原則として句点を打ちます。
2．条文中のかっこ内で完結する字句が名詞形（体言止め）のときは句点を打ちません。
3．条文中のかっこ内で完結する字句が動詞形のときは句点を打ちます。
4．号表記（箇条書き）において、完結する字句が名詞形のときは、原則として、句点を打ちません。ただし、「こと」「とき」で終わるときは句点を打ちます。よって「もの」で終わるときは原則どおり句点を打ちません。
5．号表記（箇条書き）において、名詞形以外で終わるとき（「…を除く。」など）は、句点を打ちます。
6．号表記（箇条書き）において、句点を打たない場合であっても、その号の中でさらに字句が続くときは、先の字句には句点を打ちます。

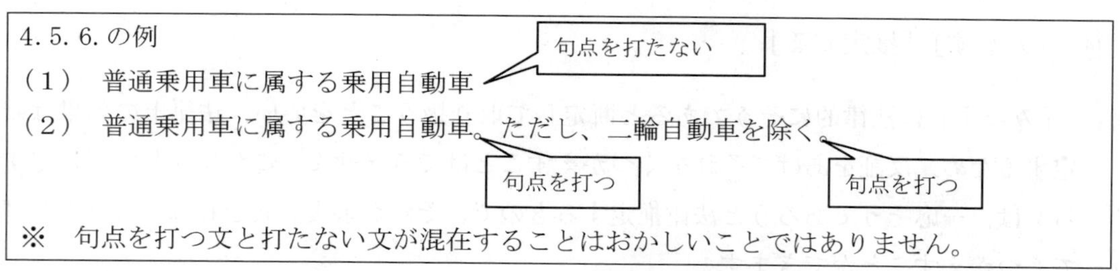

7．号表記（箇条書き）において、句点を打つべき字句に後続してかっこ書きが続き、そのかっこ書きが名詞形以外での字句で終わり、かつ、箇条書きが完結するときは、かっこ書きの最後に句点をうち、更に箇条書きの最後にも句点を打ちます。

7. の例
（1）　○○であるとき（△△である場合に限る。）。

2箇所に句点を打つ

※「箇条書きには句点を打たない」というローカルルールもありますが、本書のモデル規則では公用文ルールに従いました。

② 読点「、」

1．主語の次には、原則として読点を打ちます。ただし、条件句又は条件文の中に出てくる主語の次には読点を打ちません。

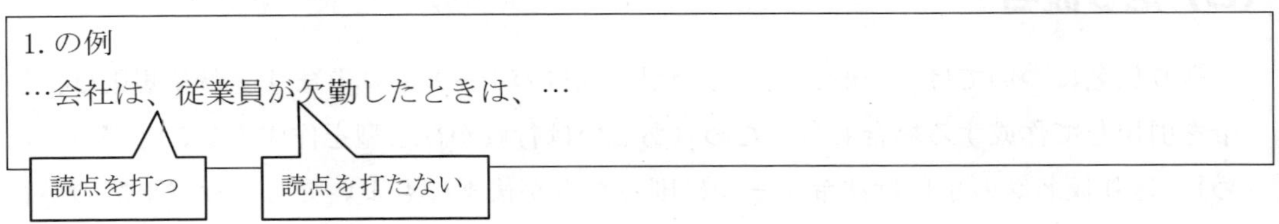

2．条件句の前後には、読点を打ちます。

3．名詞を並列して用いる場合、その並列する名詞が2つのときは読点を打たずに「及び」「又は」の接続詞でつなぎます。しかし、並列する名詞が3つ以上の場合は、最後の名詞のつなぎのみに接続詞を用い、その前に並列する名詞は読点を打ってつなぎます。

4．「又は」と用いる場合に、後続して読点を打つことはありませんが、「また、」と用いるときは読点を打ちます。

5．動詞、形容詞又は副詞を並列して用いる場合には、その並列する語が2つであっても、「及び」「又は」などの接続詞の前に読点を打ちます。

6．動詞が「○○し」で終わる時は読点を打ちます。「○○して」で終わるときは読点を打ちません。

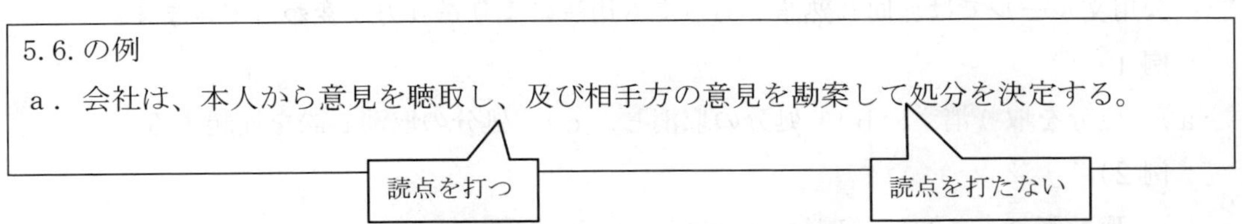

7．名詞を並列して「その他」で括るときは、「その他」の前に読点を打ちません。しかし、動詞、形容詞又は副詞を並列して「その他」で括るときは「その他」の前に読点を打ちます。例えば、動詞を並列する場合には、「○○し、その他」というふうに活用形の後ろに読点を打ちます。

8．ただし書きにおける「ただし」の次、後段における「この場合」又は「この場合において」の次には、読点を打ちます。

9．後段における「この場合」又は「この場合において」の次には、読点を打ちます。

10．名詞を説明するために「で」又は「であって」を用いる場合、その後に続く説明の字句が長いときには、「で」又は「であって」の後に読点を打ちます。

11．「(以下「○○」という。)」のかっこ書きの中の「以下」の後ろには読点は打ちません。

(5) 送り仮名

送り仮名については、一般と異なる公用文独自のルールがあります。就業規則は、法令を引用して作成する場合も多いため（あるいは行政がひな型を作成することが多いため）、送り仮名等の平仄は法令ルールに則った方が後々にもよいでしょう（平仄の不統一は、雑な印象を与えるだけでなく、読み手に余計なことを考えさせてしまい負担の多い文章になってしまいます）。

送り仮名のルールとして、次のものがあります。①が一般ルールであり、学校で習ったものです。②、③は公用文のルールです。いずれもインターネットで検索することができるので、是非確認しておきましょう。

困ったことに①と②、③ではルールが若干異なります。本書では、②、③のルールを採用しました（「手当」を「手当て」としている就業規則をよく見かけますが、これは一般ルールに合わせているためです）。

①　送り仮名の付け方（昭 48. 6. 18 内閣告示第 2 号）
②　公用文における漢字使用等について（昭 56. 10. 1 内閣閣第 138 号）
③　法令における漢字使用等について（昭 56. 10. 1 内閣法制局総発第 141 号）

公用文ルールでは、同じ熟語であっても用法により送り方が変わってきます。

例 1)

a）　処分を取り消す、b）　処分の取消し、c）　処分の取消訴訟を提起する

例 2)

a）　取り調べる、b）　取調べを受ける、c）　取調室

例 3）

a） 年次有給休暇の取得を申し出る、b） 年次有給休暇の取得の申出は申請書で行う

このようなルールは、基本的に公用文をよく読むことによって習得する以外ありません。しかし、最近では、パソコン上で、送り仮名や漢字使用の誤りを指摘してくれるアプリケーションがあります。漢字変換ソフトをATOK（ジャストシステム）に切り替えて、「ぎょうせい 公用文表記辞書 for ATOK」をインストールすると、一般ルールと公用文ルールの違いを指摘してくれます。

〈参考文献〉

石毛正純著「自治立法実務のための法制執務詳解　4訂版」
田島信威著「最新　法令用語の基礎知識　3訂版」
礒崎陽輔著「分かりやすい法律・条例の書き方　改訂版」

Ⅳ

就業規則の診断方法

Ⅳ　就業規則の診断方法

（1）全般的な診断ポイント

労働組合のある会社であれば、労働条件は労働協約（会社と労働組合との契約）によって定められますが、労働組合のない会社における就業規則は、使用者が一方的に作成することができるものです。しかし、使用者側だけが一方的に作成するとなると、従業員にとっては、不利な内容になってしまうおそれがあります。そのため、労基法では、労働者保護の観点から記載すべき内容を具体的に定め、これらの記載がない場合には、使用者は就業規則の作成義務を果たしたこととしない取扱いになっています。単に会社が決めたルールだけを一方的に羅列しただけの就業規則は、労基法上、適法なものとはいえません。

就業規則診断に当たっては、会社の実情に見合った規定となっているかどうかをみることも重要ですが、まずは**法律上の要件を満たしているかどうかが重要なポイント**になります。

①　契約の原理原則を踏まえた内容となっているか

就業規則は、使用者が一方的にルールを定めて従業員を縛り付けるものではありません。労契法の成立により、労働契約と就業規則の関係が明らかになりました。労働契約は、労使対等の立場で、双方の合意のみによって成り立つものです。就業規則で定める労働条件を労働契約の内容とすることは、労契法は否定しませんが、さまざまな要件が求められます。これからの労使関係は、このような合意原則等の契約原則を無視しては成り立ちません。力で従業員を縛り付けるような就業規則は、これからの世の中では無効といわざるを得ないでしょう。

②　必要事項が漏れなく記載されているか

労基法上、記載すべき事項（必要記載事項）が定められています。必要記載事項は、「絶対的必要記載事項（いかなる場合にも必ず定めて記載しなければならない項目）」と「相対的必要記載事項（定めをする場合には記載しなければならない項目）」とに区分されます。特に前者の絶対的必要記載事項に漏れがあると問題です。就業規則の作成、見直しに当たっては、最初に必要記載事項の項目に即した内容が、すべて盛り込まれているかどうかをみることがポイントです。

仮に必要記載事項の一部を欠いた就業規則であっても、その効力発生については、他の要件を具備する限り有効（昭25.2.20基収276号）ですが、**使用者には、労基法89条の作成義務違反が発生しますから注意が必要です。**

③　現行の法律に適合しているか、法律改正の内容が反映されているか

法律は毎年のように改正されますから、最新の法令内容が反映されているかどうかをチェックする必要があります。また、改正されていない規定であっても、時代の流れによって判例や行政解釈が変更されているものがあります。常に情報収集を心がけていることが必要です。

少子高齢化、働き方の多様化、個別労使紛争の増加、ワーク・ライフ・バランスの重視といった、さまざまなキーワードで言い表される現在の世の中では、労働法の改正は、当分の間、目白押しでしょう。

しかも、就業規則にかかわってくる法律は、労基法・労契法に限りません。

例えば、労組法、個別労働紛争解決促進法、最低賃金法、賃金支払確保法、労働時間等設定改善法、労働施策総合推進法、職安法、派遣法、高齢者法、障害者雇用促進法、次世代育成支援対策推進法、均等法、パートタイム労働法、育児・介護休業法、安衛法、労災保険法、雇用保険法、徴収法、健康保険法、厚生年金保険法といった労働社会保険諸法令にとどまらず、民法、会社法、民事執行法、特許法、個人情報保護法、番号利用法、所得税法、刑法、身元保証に関する法律など広範にわたります。

さらに、労基法やこれらの法令に規定されていない事項であっても、民法90条の公序良俗に抵触すると無効となる場合があり、いったんトラブルが発生すれば損害賠償の対象となり得るケースもありますから、この点も注意が必要です。

④　適用範囲は明確に定められているか

通常、就業規則は正社員用のものをまず整備し、その中でパート・契約社員を適用除外としている場合が多いようです。しかし、とりあえず適用除外の委任規定だけを設け、肝心の別規程を定めないままになっている場合が見受けられます。「そのうち整備しなければ…」と考えているならまだしも、現にパート・契約社員がいるのに「就業規則は、パート・契約社員には適用されない」と勝手に解釈して、パート・契約社員の労働条件は、委任規定がなくても個別労働契約の内容でよいと思い込んでいる会社もあります。

就業規則は、集団的に労働条件を定める性格から、個別の労働契約を規律します。**委任規定だけ設けて別の定めがない場合には、正社員用の就業規則をそのままパート・契約社員に適用しなければなりません。**

まず、就業規則や諸規程は誰に適用するために作成されているものなのかを確認する

必要があります。そのうえで、あいまいな表現や受け皿のない除外規定の有無等を調べ、適切な表現形式で適用範囲が明らかにされているかをチェックしていきます。また、**同一労働同一賃金の観点から正社員と処遇の異なるパート・契約社員が存在するのであれば、専用の就業規則の作成を検討すべきです。**

⑤　その会社の方針や実情が反映されているか

他社の就業規則やひな形を参考にして作成されている就業規則には、その会社の方針が反映されていないものや、実際の労務管理体系と規定上の体系が異なっているものがあります。特に賃金規程や退職金規程について、大企業のものをそのまま引用してきて作成したりすると、経営基盤が弱い会社など後々まで禍根を残す可能性もあります。

賃金や退職金といった労働条件は、安易に変更することは認められませんから、最初に作るときにしっかり将来を見据え、かつ、会社の方針や実情をよく反映させなければなりません。作ってしまったものを後で見直す場合には、会社の方針や実情をよく従業員に説明して、作業を進める必要があります。さらに改正後の運用が法令に違反していないかを確認し、法令に即した形での運用及び規定方法を検討のうえ、提案し、場合によっては従業員の同意を得ることも必要です。

一方で、会社が認めていない慣習が行われている場合、既に労働慣行として成立しているかにもよりますが、是正を告知する意味での規定の追加や、悪慣習を行う余地を与えない規定を検討し、悪しき労働慣行とさせないようにすることも必要です。

⑥　トラブルが起こりやすい事項についての定めがきちんとできているか

休職及び復職時の取扱い、退職に関する規定及び退職手続、解雇事由及び解雇手続及び懲戒該当事由、年次有給休暇の取得時季及び取得方法、時間外労働などは、規定が詳しく定められていないと、その適用をめぐって判断があいまいになりトラブルとなる場合が多くあります。適用又は該当する基準が、具体的、かつ、明確に定められているかを中心に診断します。

企業秩序を乱す者を最終的に解雇する場合、いきなり解雇条文を根拠に解雇したとしても、労契法16条により、権利の濫用として無効となることもありますから、段階的に処罰を科していくことも必要となります。このため、服務規律や出退勤のルールも、重大な非違行為だけでなく、基本的なルールから段階的に定められているかもチェックしていきます。

均等法の施行により、労基法４条の男女同一賃金の原則以外にもさまざまな雇用ステージにおいて性差別そのものが禁止されており、従前からの古い体質をもつ会社の就業規則については注意が必要です。労基法４条の男女同一賃金の原則については、現にこれに反することが行われていなければ、法４条違反そのものは問われませんが、古い規定が残ったままだと、就業規則作成義務を果たしたことになりません。仮にトラブルが起きた場合、古い規定をそのままにしていると、会社そのものの姿勢が問われてしまい、その点で解決が難しくなる場合も考えられます。

また、近年は外国人就労者の増加が顕著ですが、労基法３条の均等待遇（国籍、信条、社会的身分を理由とした賃金、労働時間等の労働条件の差別的取扱いの禁止）違反の実態がないかについても、慎重に見るべきでしょう。

⑦　わかりやすい表現となっているか

法律用語を明確な定義もなく用いていたり誤った使い方をしている場合、就業規則の改定を重ねてきた結果、条文そのものの趣旨がわからなくなってしまっている場合などがあります。就業規則は、労使双方がその規定を遵守するものですから、双方から見て内容が明確になっている必要があります。さらに、用語の統一がされているか（例えば、「上司、所属長、上長」などを区分して使用しているか、「労働者、従業員、社員」が混在していないか）も併せてチェックします。**会社特有の用語や解釈の相違が生じやすい用語を用いる場合は、必ず定義を定めるようにしましょう。**

漢字の表記は、常用漢字表に基づき、また、「公用文における漢字使用等について（昭和56年10月１日付内閣閣第138号内閣官房長官通知別紙の同日付事務次官等会議申合せ）」「法令における漢字使用等について（昭和56年10月１日付内閣法制局総発141号内閣法制次長通知）」などを参考にするとよいでしょう。

(2) 逐条的な診断ポイント

全般的なチェックが終わった後は、各条項ごとの内容を逐条的に検証していきます。一つひとつ法令の根拠と突き合わせ、かつ、会社の実情を考慮して、検証していく必要があります。

以下、それぞれのチェックポイントを就業規則の構成に従って紹介していきます。

項　目	ポイント
総　則	・労契法上の労働契約の原則を踏まえているか。 ・適用範囲が明確になっているか（正社員、パートタイマー、契約社員、嘱託社員、限定正社員、短時間正社員、専門職社員）。 ・委任規定がある場合別規程の定めがあるか。 ・今後の規定の改定について、労働条件変更の可能性が示唆されているか。 ・就業規則作成上の「事業場の単位」は適正に定められているか。
採　用	・採用の選考方法、手続などが明確になっているか。 ・採用に際し、性別や年齢による差別をしていないか（均等法、労働施策総合推進法）。 ・入社応募時の提出書類と、採用決定時の提出書類、手続の条文が区別されているか。 ・必要以上の項目を含んだ健康診断書等、プライバシーを侵害するおそれのあるものの提出を義務付けていないか。 ・戸籍謄本といった、通達や行政指導によって提出を求めないこととされている書類の提出を義務付けていないか。 ・本採用決定を判断するための試用期間の長さは適当であるか。 ・試用期間を延長又は短縮し得る規定が設けられているか。 ・試用期間は勤続年数に通算されているか。 ・本採用しない場合のトラブル回避のために、根拠や手続の定めがあるか（「内定取消事由」と「本採用拒否」の定めが区分されているか等）。 ・内々定、内定、採用、試用期間、本採用の各ステージごとに、従業員の適性を判断できる規定が設けられているか。
配転等	・出向や配置転換がある場合、あらかじめその種類の規定があり、応諾義務が明示されているか（転籍の場合は、従業員の個別同意も必要と

配転等	なる）。 ・出向と転籍を区分して規定しているか。 ・配置転換等に伴い後任への業務引継ぎの規定があるか。 ・配置転換に際し、従業員の子の養育又は家族の介護に関する配慮義務が規定されているか（育児・介護休業法）。 ・職務内容、勤務地を限定する従業員であっても、配置転換を打診する可能性があることを規定しているか。
転換制度	・有期雇用労働者が要件に該当した場合、無期労働契約に転換させる制度を規定しているか。
服務規律	・職務専念義務が明確に規定されているか。 ・従業員の価値観、就業意識の多様化に対する規定が充実しているか。 ・番号利用法や個人情報保護法及び情報化時代に対応した機密漏えいや経営情報等の管理などの危機管理規定があるか。 ・均等法、育児・介護休業法に基づく規定があるか（セクシュアルハラスメント及び妊娠等及び育児休業等に関するハラスメント等に関する雇用管理上の措置義務）。 ・出退勤のルールや遅刻、早退、欠勤の手続が明確になっているか。 ・無断欠勤、無届欠勤の定義は、処分とともに明確になっているか。 ・労働契約上の付随義務（誠実労働義務、企業秩序遵守義務、職務専念義務等）が規定されているか。 ・副業・兼業を許可制としていないか。
所定労働時間等	・指揮命令の下で実際に労働する時間を労働時間とする実労働時間主義を規定しているか。 ・規定されている労働時間の取扱いが実態と乖離していないか。 ・各種変形労働時間制やみなし労働時間制を規定している場合、内容及びその運用状況は適正であるか。必要に応じて労使協定が作成され、必要な場合は届出がなされているか。 ・始業時刻から作業開始ができるよう準備する旨が記載されているか（実労働主義で労働時間を把握しているか）。 ・作業衣への着替え等、会社から義務付けられている就業のための準備行為を労働時間から除外していないか。 ・終業時刻までに業務を終了すべきことを明記しているか。

休憩／休日	・規定されている休憩時間の取扱いが実態と乖離していないか。 ・振替休日と代休の違いを理解して、区別して適用しているか。 ・法定休日となる曜日を特定しているか、あるいは法定休日の定義が明確か。
所定外労働等	・時間外労働をさせる場合がある旨が記載されているか、また、36協定は締結しているか。 ・法令で定める時間外・休日労働の運用がなされているか（労基法、育児・介護休業法における制限） ・残業は許可制・届出制としているか。
適用除外	・管理監督者等の範囲が理解されているか、また、その範囲は適切か。 ・管理監督者の時間外･休日労働の制限が適用除外になる規定があるか、また、深夜労働・年次有給休暇を適用除外としていないか。
休暇／休業	・年次有給休暇の付与日数、付与条件、繰越しの扱いは適当か（労基法上は、2年間の時効）。 ・使用者による時季指定を実施する場合、対象者の範囲及び時季指定の方法等について記載されているか。 ・年休の事前申出が規定されているか、また「○○日以内に申し出ること」の○○日以内は適当な日数か。 ・年休の取得について、会社の承諾を条件としていないか。 ・退職する者の年休を月割り計算する等の記載がないか。 ・法定外年休の定めがある場合、その取扱いについて明確に法定年休と区分して規定されているか。 ・育児休業、介護休業などの労基法以外の法令で定める休暇・休業制度が規定されているか。 ・特別（慶弔）休暇がある場合、付与対象者及び慶弔事由の範囲に問題はないか。 ・年次有給休暇以外の休暇の対象者、期間、賃金の扱いが明確になっているか。 ・会社都合による休職の規定（休業）を自己都合による休職と区別して規定しているか（休業手当の支払等）。
賃金の決定	・賃金の決定方法が明確に定まっているか。 ・諸手当の適用範囲、支給方法が明確か。

賃金の決定	・管理監督者に支給する役職手当の中に深夜労働手当等を含める場合、その規定が明記されているか。 ・皆勤手当、精勤手当の対象となる就労日数の条件について規定されているか。 ・会社の慣習に反し、「毎年4月に昇給する」等の規定が記載されていないか。 ・降給、降格制度が採用されている場合、その旨明記されているか。
割増賃金	・割増賃金、賃金控除などの範囲、計算方法が法律を遵守しているか（割増賃金の算定の基礎となる手当又は労働時間の計算は適正か）。 ・割増賃金の適用除外となる管理監督者の位置付けは明確か、単なる役職名だけで適用除外としていないか。 ・営業職の従業員等の割増賃金を営業手当で充当する等の規定がある場合、その内容は合法的であるか。 ・あらかじめ金額が確定している賞与（年俸を14等分し、2か月分を賞与として支給する場合等）は、割増賃金の算定の基礎となる算式に含まれているか。
賃金の計算／支払方法等	・絶対的必要記載事項が記載されているか。 ・労基法の賃金支払の5原則に抵触する規定が設けられていないか。 ・賃金の金融機関への振込について、同意書を求める等の措置が講じられているか（就業規則に強制的に金融機関に振り込む旨が記載されていないか）。 ・賃金支払時の控除について、必要な労使協定は定められているか。 ・月の途中入社及び退社時の取扱いは明確か。 ・賞与の支給対象者の範囲が明確に規定されているか（支給日に在職している等の支給要件）。 ・退職予定者の賞与の額について、不当な差別規定を設けていないか（東京地 平8.6.28〈ベネッセコーポレーション事件〉）。 ・遅刻、早退、欠勤控除に関する規定や算式は記載されているか。 ・10分の遅刻を1時間に切り上げる場合、減給の制裁として規定されているか。 ・遅刻、早退、欠勤控除が減給の制裁と明確に区分されているか。
休職／復職	・休職事由と休職期間は妥当な定めになっているか。 ・身体的故障時以外（精神疾患、本人都合欠勤など）の場合でも休職適

休職／復職	用の判断が可能になっているか。 ・休職期間中の扱いが明確か（賃金、勤続年数への算入など）。 ・復職させる場合、会社が認める復職への判断基準及びその手続が明確であるか。 ・復職させないで退職扱いとする場合の基準、規定が設けられているか。
解　　雇	・解雇予告、解雇制限が法令に即して定めてあるか（労基法）。 ・解雇事由は客観的に合理的なものが設定されているか、また、想定し得る解雇事由ができるだけ多く列挙されているか。 ・解雇権濫用法理を考慮した解雇事由となっているか。 ・解雇事由に一般包括条項の定めがあるか。
退職／定年	・定年年齢が法令に即しているか。 ・定年に達したときの扱いが規定されているか。 ・継続雇用しない理由等が規定されているか。 ・実情に即した退職事由が定めてあるか。 ・退職事由別に退職日が明確であるか。 ・自己都合退職の申出期間が法令より不当に長くなっていないか（民法）。 ・自己都合退職に際し、退職日までの退職者の義務が明示されているか。 ・自己都合退職の申出に関するルールが明確であるか。 ・退職後想定されるトラブル回避についての定めがあるか。
退職金	・退職金の規定を設ける場合、賃金同様、退職手当の決定、計算、支払の方法及び支払の時期、並びに対象従業員の範囲が規定されているか。 ・退職金の支払時期を明確に定めているか。
安全／衛生	・「安全配慮義務」に対応した規定及び運用がされているか。 ・一般健康診断、特殊健康診断等の運用状況は法令に即しているか。 ・保健指導、健康教育等の取組みを明らかにしているか。 ・医師による面接指導の規定及び運用がされているか。 ・ストレスチェック制度に関する規定があるか。 ・会社と従業員の責務、事故災害の防止の定めがあるか。
災害補償	・会社の災害補償範囲と法令との関係が明確か。 ・上乗せ労災制度を設けている場合、従業員に対する支給基準が明確か。
教育訓練	・教育を受ける権利と義務が明確化されているか。
福利厚生	・弔慰金等の原資としての団体生命保険の保険内容が明確か。

表　彰	・表彰の規定がある場合、内容はモラールの向上を目指したものか。 ・最近の社会情勢に即した内容であるか。
懲　戒	・就業規則の変化、モラールの低下、犯罪等に対応した規定があるか。 ・懲戒事由と懲戒処分のバランスは適当であるか。 ・処罰の種類、内容は具体的に明示され、想定し得る事由ができるだけ多く列挙されているか。 ・懲戒事由に包括的条項の定めがあるか。 ・懲戒解雇、出勤停止、減給の懲戒処分に当たって、懲戒処分の内容、非違行為、懲戒事由等を書面で従業員に通知することとしているか。 ・服務規律に違反した場合、懲戒処分とする等、服務規律と懲戒規定が連動した内容となっているか。 ・減給の制裁の範囲は適法か（労基法 91 条）。
職務発明等	・特許法・著作権法に基づき、帰属が明確か。
内部通報者の保護等	・コンプライアンス経営強化のため、内部通報者を保護する規定が設けられているか。 ・均等法等に基づく相談窓口等の設置の定めがあるか。
その他	・退職後の秘密保持義務を従業員に負わせる個別の合意等は、従業員の当該義務違反によって使用者の正当な利益が侵害されることを要件としているか。 ・安全配慮義務や従業員の個人情報保護義務が明らかにされているか。

ここに紹介した内容をチェックリストとして活用すると、現在ある就業規則の問題点がわかり、就業規則の見直しに役立てることができます。チェック項目を大幅に増加し、パソコン上で診断が行えるソフトウェアの販売が予定されていますので、活用してみてください。

日本法令『就業規則診断ツール』（CD-ROM）
株式会社リーガル・ステーション　特定社会保険労務士　岩﨑　仁弥
特定社会保険労務士　中西　恵津子

Ⅴ モデル就業規則

条文及び作成基準の解説

1　モデル就業規則は、そのまま会社名だけを入れて使えるようになる「ひな形」ではありません。各会社のオーダーメイドの就業規則を作成するうえでの「たたき台」です。したがって、会社の実情に併せて条項を取捨選択する必要もあります。また、規定振りを変更する必要もあります。

すなわち、本モデル規則でご提示するルールは、現時点での最善のものを提供しておりますが、決して「正解」ではありません。あくまでも正解は、それぞれの事業場において話し合って決めていただきたいと思います。

なお、とりあえず、必要最低限の規則が必要という場合は、Ⅷ章１の「簡易版就業規則」をたたき台にしていただくという方法があります。

2　＜追加規定＞、＜追加規定○＞、条文中の＜　＞の箇所は、会社の実情に併せて選択してご利用ください。

3　多様な正社員制度を導入する場合は、枝番の条文を適宜追加ください。

4　社内様式についても、会社の実情にあわせて取捨選択していただいて結構です。条文中では、様式番号は連番を振らず、「（社内様式第○号）」とだけ記載しております。

5　本書のモデル就業規則の章立ては、厚生労働省のモデル就業規則のものを参考にしています。一部異なっている箇所もありますので、次頁に対比表を示します。

◆モデル就業規則対比表

本書のモデル就業規則	厚生労働省のモデル就業規則
第１章　総　則	第１章　総　則
第２章　人　事	第２章　採用、異動等
第３章　転換制度	第12章　無期労働契約への転換
第４章　服務規律	第３章　服務規律
第１節　従業員の義務	
第２節　副業・兼業	第14章　副業・兼業
第５章　勤　務	第４章　労働時間、休憩及び休日
第６章　休暇及び休業	第５章　休暇等
第７章　賃　金	第６章　賃　金
第８章　休職及び復職	
第９章　解　雇	第７章　定年、退職及び解雇
第10章　退職及び定年	
第11章　退職金	第８章　退職金
第12章　安全衛生及び災害補償	第９章　安全衛生及び災害補償
第13章　教育訓練及び福利厚生	第10章　職業訓練
第14章　表彰及び懲戒	第11章　表彰及び制裁
第15章　職務発明等及び内部通報者の保護等	第13章　公益通報者保護

◆モデル就業規則　目次

第1章　総　則

（目　的）

第1条　この規則は、○○株式会社（以下「会社」という。）と会社の従業員との権利義務関係及び従業員の労働条件を明らかにすること、並びに職場環境及び秩序を最適化することにより、従業員の有する能力の発揮を促し、労働生産性の向上を図ることを目的として、従業員の就業に関する基本的事項を定めるものである。

◆注意すべき条文◆

この規則に定めのない事項については、労働基準法その他の法令に定めるところによる。

①就業規則に定めていない規定のすべてが、労基法を含むあらゆる法令の定めによることとなり、その適用が義務付けられてしまいます。

②就業規則に定められている項目と同じ内容が法令にある場合は、法令、通達による解釈等が優先され、これらと異なる解釈・運用が認められないことになってしまいます。

会社及び従業員は、この規則及び付属規程を遵守し、各々その義務を履行し、相互に協力して、事業の発展と労働条件の向上に努めなければならない。

＊就業規則はあくまで従業員の労働条件と服務規律を定めるものと位置付けた場合、このような包括的な規定は必ずしも必要ではありません。

（定　義）

第2条　この規則において、次の各号に掲げる用語の意義は、当該各号に定めるところによる。

（1）従業員…この規則に定める手続により、常勤・臨時、無期労働契約（期間の定めのない労働契約をいう。以下同じ。）・有期労働契約（期間の定めのある労働契約をいう。以下同じ）を問わずに会社に雇用された者をいう。

（2）正社員…無期労働契約による従業員であって、労働時間、職務内容及び勤務地のいずれにも制約なく基幹的業務に携わる正社員として雇用されたものをいう。

（3）パートタイマー…有期労働契約（無期転換した後は無期労働契約）による従業員であって、通常の正社員に比べ1日の所定労働時間又は1か月当たりの勤務日数が短く、主として補助的業務のためにパートタイマーとして雇用されたものをいう。

条文の見出し／キーワード	作成基準の解説
（目　的）	1．「目的」の条文は、就業規則の構成上必要な条文です。 2．従来の就業規則は、従業員の労働条件と服務規律を定めるものであり、権利義務規定の位置付けは曖昧でした。しかし、労契法により、就業規則は労働契約そのものの役割を果たすことが明らかとなったため、労働契約の基本原理は、より精密に就業規則に反映させる必要があります。 3．本条では、就業規則の目的が「労働条件の明確化」「職場秩序維持」にあることを明らかにしています。労契法7条により、**就業規則は労働契約の内容を規律すること**が明らかにされており、目的条文でいう「従業員の就業に関する基本的事項」は、そのまま労働契約の内容となります。
（定　義）	1．定義を定めることにより、用語の混在等の問題を回避することが可能です。混在しやすい用語として、①「会社」「当社」「使用者」、②「上長」「上司」「所属長」「室長」、③「社員」「従業員」「労働者」などがあります。用語が統一されていないと、読み手は、そこに特別な意味があるのかと考え、余分な労力を使ってしまいます。就業規則を整備する際には、まず定義を明確にし、用語を統一しましょう。 2．この就業規則が「正社員限定」のものなのか、「すべての従業員」を対象とするものなのかを明確にしましょう。明確でない場合、本来なら正社員のみを対象とした休職制度、退職金制度等が正社員以外の従業員にも適用すべき義務があるのではないかと判断されかねません。 3．働き方が多様化している現在、さまざまな雇用形態の従業員が

（4）契約社員…有期労働契約（無期転換した後は無期労働契約）による従業員であって、主として特定分野の定常業務に従事するため、契約社員として雇用されたものをいう。

（5）パートナー社員…パートタイマー、契約社員の総称をいう。

（6）嘱託…定年退職した正社員のうち、第107条（定年等）の規定により有期労働契約で再雇用された者をいう。

（7）転換…有期労働契約から無期労働契約への変更、パートナー社員から正社員への変更＜、正社員内の社員区分の相互変更＞をいう。

その他の従業員定義の例

（定　義）

第○条　この規則において、次の各号に掲げる用語の意義は、当該各号に定めるところによる。

（1）限定社員…期間の定めのない労働契約による従業員（無期転換した従業員を含む。以下次号及び第3号において同じ。）であって、職務内容又は勤務地について一定の制約を設けたうえで、基幹的業務に携わる正社員として雇用されるものをいう。

（2）職務限定社員…限定社員であって、職務内容に制約を設けたものをいう。

（3）勤務地限定社員…限定社員であって、勤務地に制約を設けたものをいう。

（4）短時間社員…期間の定めのない労働契約による従業員であって、労働時間について一定の限定を設け、又は所定労働時間を短縮する定めを設けたうえで、正社員として雇用されるものをいう。

（5）専門型社員…有期労働契約（無期転換した後は無期労働契約）による従業員であって、主として▼▼の職務に携わる正社員として雇用されるものをいう。

（6）エクスパッツ…外国の親会社等から派遣されている従業員をいう。

従業員に区分を設けない場合

（定　義）

第○条　この規則で従業員とは、第7条（採用の原則）及び第8条（採用手続）の規定により採用され、会社の従業員としての身分を有する者をいう。

条文の見出し／キーワード	作成基準の解説
	一つの会社で働く時代になっています。就業規則は、会社の統一的なルールブックとして、**すべての従業員を対象**として作成しなければなりませんが、さまざまな制度や規定を画一的に適用することが難しいケースもあります。このような場合は、特定の雇用形態の従業員については、一部の規定を適用除外し、別にルールを設ける必要があります。したがって、就業規則において、あらかじめ会社の従業員の区分及び定義を明確にしておくことが肝要です。 　一般的に就業規則は、その対象を「常用労働者」（いわゆる常勤）として作成する場合が多いと思われるため、まず、「常用労働者」の定義から見ていきたいと思います。
賃金構造基本統計調査における「常用労働者」	4．厚生労働省の賃金構造基本統計調査における「**常用労働者**」は、次の①～③のいずれかに該当する労働者をいいます。 ①　期間を定めずに雇われている労働者 ②　1か月を超える期間を定めて雇われている労働者 ③　日々又は1か月以内の期間を定めて雇われている労働者のうち、4月及び5月にそれぞれ18日以上雇用された労働者 すなわち、有期契約労働者（有期雇用の者）であっても、「常用労働者」に区分されることがあります。
毎月勤労統計調査における「常用労働者」	5．この点は、厚生労働省の「毎月勤労統計調査」でも同様です。毎月勤労統計調査における「常用労働者」とは、事業所に使用され給与を支払われる労働者（船員法の船員を除く）のうち、次の①、②のいずれかに該当する者のことをいいます。 ①　期間を定めずに、又は1か月を超える期間を定めて雇われている者 ②　日々又は1か月以内の期間を定めて雇われている者のうち、調査期間の前2か月にそれぞれ18日以上雇い入れられた者 　なお、毎月勤労統計調査では、「常用労働者」をさらに次の2つに区分しています。 ①　一般労働者 　常用労働者のうち、次のパートタイム労働者以外の者

条文の見出し／キーワード	作成基準の解説

② パートタイム労働者

常用労働者のうち、次の (a)、(b) のいずれかに該当する者のことをいいます。

(a) 1日の所定労働時間が一般の労働者より短い者

(b) 1日の所定労働時間が一般の労働者と同じで1週の所定労働日数が一般の労働者よりも短い者

6.「常用労働者＝正社員」というイメージを持ってしまいがちですが、「常用労働者」には、無期雇用もあれば有期雇用もあり、フルタイマーもいればパートタイマーもおり、多様な形態があります。いわゆる**非正規従業員も常用労働者に含まれるのです**。

なお、厚生労働省の「賃金構造基本統計調査」では、常用労働者を「就業形態」に着目して「一般労働者」と「短時間労働者」に区分し、さらに「雇用形態」に着目して「正社員・正職員」と「正社員・正職員以外」に区分しています。このように従業員の区分を定義付けるときは、「就業形態」と「雇用形態」の2点に着目するとよいでしょう。

就業構造基本調査による雇用者の定義

7. 次に総務省統計局の「就業構造基本調査」の従業員の区分を見ていくことにします。

就業構造基本調査では、雇用者（会社員、団体職員、公務員、個人商店の従業員など、会社、団体、個人、官公庁、個人商店などに雇われている者をいいます。本書でいう「従業員」と同じです）を勤め先での**呼称**によって次の7つに区分しています。

① **正規の職員・従業員**…一般職員又は正社員などと呼ばれている者

② **パート**…就業の時間や日数に関係なく、勤め先で「パートタイマー」又はそれらに近い名称で呼ばれている者

③ **アルバイト**…就業の時間や日数に関係なく、勤め先で「アルバイト」又はそれらに近い名称で呼ばれている者

④ **労働者派遣事業所の派遣社員**…労働者派遣法に基づく労働者派遣事業所に雇用され、そこから派遣されて働いている者。ただし、港湾運送業務など一部業務に従事する者は含めない。

【多様な正社員制度を採用する場合は以下を追加】

（社員区分）

第２条の２　正社員を次の各号に定めるところにより区分する。

（１）総合型社員…正社員であって、職務区分、労働時間に限定がなく、経営組織上の基幹的業務に従事し、企画立案、折衝調整、営業、管理業務にわたる総合的な業務を行うものをいう。

（２）プロフェッショナル社員…正社員であって、会社が定める限定分野における基幹的業務に従事し、その専門性を活かした業務を行うものをいう。

（３）アソシエイト社員…正社員であって、会社が定める限定分野における定常業務及び基幹的業務に従事するものをいう。

2　前項第２号及び第３号の正社員を「職務限定社員」と総称する。

条文の見出し／キーワード	作成基準の解説

⑤ **契約社員**…専門的職種に従事させることを目的に契約に基づき雇用され、雇用期間の定めのある者

⑥ **嘱託**…労働条件や契約期間に関係なく、勤め先で「嘱託職員」又はそれに近い名称で呼ばれている者

⑦ **その他**…上記以外の呼称の場合

これらの定義は、会社における「呼称」に着目する点に特徴があります。つまり各会社では、「正社員」「パート」等については、明確な定義がないものの、外形的に明らかに雇用区分を設けて管理しているということです。実態に鑑みれば、一番わかりやすい定義方法と考えます。モデル規則でもこの考え方を取り入れてみました。すなわち「**正社員として雇用された者が正社員**」であると。

「これでは、定義になっていない」という意見もあろうかと思いますが、**実務上重要なことは、各従業員の定義を事細かにこだわって自縄自縛に陥るのでなく、異なる雇用管理区分の従業員がいることを明確にすることです**。「正社員」「パート」といった2種類の形態が存在するのであれば、それぞれの定義にこだわるのではなく、「正社員」と「パート」では、どのように雇用ルールが異なるのか、その差は合理的なものなのか、を検討することのほうが重要です。

(社員区分)

多様な正社員

1．昨今では、「正社員」そのものの働き方も多様化しています。『「多様な形態による正社員」に関する研究会報告書』では、正社員を次のように区分しています。

区　分	定　義
いわゆる正社員	1．就業規則や労働契約で、仕事の範囲を限定していないし、実際の範囲も限定されていない。 2．労働時間が、同一企業における他の雇用区分の労働時間と同じあるいは相対的に長い。 3．就業規則や労働契約で所定外労働を行うこともある旨を定めている。 4．就業規則や労働契約で、勤務地を限定していない。

3　会社は、勤務の実態に合わせ、社員区分間の処遇に不均衡が生じないように配慮するものとする。

職務限定の規定例

第○条　各社員の範囲は次の各号に掲げるとおりとする。

<総合職の例>

（1）総合職は、職務区分に限定がなく、経営組織上の基幹的業務に従事する。

（1）総合職は、企画立案、折衝調整、営業、管理業務にわたる総合的な業務を行う。

<職務限定の例>

（2）職務限定社員は、限定分野の定常的な基幹業務を行う。

（2）職務限定社員は、限定分野の定常業務を行う。

<職務範囲をより限定する例>

（2）職務限定社員は、一定の職務区分において、その職務区分ごとに必要とされる業務に従事する。

（2）職務限定社員は、法人顧客を対象とした営業業務に従事する。

（2）職務限定社員は、販売職として、商品の販売業務に従事する。

（勤務地限定社員）

第2条の3　正社員と会社が個別労働契約で勤務地限定特約（基本的に会社が配転命令を行わないこととする特約をいう。以下同じ。）を定め、その内容に合意していたときは、当該社員は、勤務地限定社員（第16条（配転）の規定にかかわらず、勤務地を限定した正社員をいう。以下同じ。）とする。

2　前項の特約の履行を妨げるやむを得ない事由が生じたときは、正社員と会社の双方の合意のうえで、当該特約の一部を変更し、又は全部を破棄することができる。

（短時間社員）

第2条の4　正社員であって、次の各号のいずれかの事由に該当したものが申請し、かつ、会社が認めた場合には、短時間勤務制度（週の所定労働時間を短縮、又は所定外労働を免除する措置をいう。以下同じ。）を利用することができ、短時間社員（短時間勤務が適用された者をいう。以下同じ。）とする。

（1）育児又は家族の介護が必要な場合（育児・介護休業規程に定める短時間勤務を行う場合を除く。）

条文の見出し／キーワード	作成基準の解説

		上記４点を同時に満たす雇用区分
多様な正社員※複数該当の場合あり	職種限定	就業規則や労働契約で仕事の範囲を限定していないが、実際の範囲は限定されている、あるいは就業規則や労働契約で仕事の範囲を限定している。
	労働時間限定A	所定労働時間が、同一企業における他の雇用区分に比べ、相対的に短い。
	労働時間限定B	就業規則や労働契約で、所定外労働を行うこともあると定めていない。
	勤務地限定	就業規則や労働契約で、勤務地を「転居を伴わない地域への異動」に限定している、あるいは就業規則や労働契約で、勤務地を「採用時の勤務地のみ」に限定している。

2．「いわゆる正社員」（無限定正社員ともいいます。モデル規則でいう「総合型社員」がこれに相当します）というのが、私たちが一般にイメージする正社員像であり、多くの会社の就業規則もこれらの者を対象として作成されています。一方で、1. の研究会報告書によれば、約５割の企業が「多様な形態による正社員」（何らかの限定がある正社員、いわゆる「多様な正社員」）の雇用管理区分を導入しているとのことです。しかしながら、就業規則等で限定を明確にしている会社は２割程度にとどまり、今後の課題と考えられます。

	いる	いない
一般職	32.8%	64.8%
職種限定社員	23.0%	73.0%
勤務地限定社員	11.6%	84.2%
所定勤務時間限定社員	5.7%	89.4%

➢ 労働政策研究・研修機構『「多様な正社員」の人事管理に関する研究』（平 25.5.27）

限定正社員

3．厚生労働省「望ましい働き方ビジョン」（平 24.3.28）によれば、その雇用形態から、①労働契約の期間の定めはない、②所定労働時間がフルタイムである、③直接雇用である（労働者派遣のよう

（２）自己啓発を希望する場合

（３）疾病又は負傷により、一定時間以上の労働が困難な場合

（４）その他短時間勤務とすることについて合理的な理由があると会社が認める場合

2　短時間勤務を次の各号のとおり区分する。

（１）短時間勤務Ａ…１日の所定労働時間を６時間以上通常の正社員の所定労働時間未満の範囲で、個別労働契約で定めるもの、又は１日の所定労働時間を通常の正社員の所定労働時間と同じとし、週の所定労働日数を２日から４日の範囲で、個別労働契約で定めるもの

（２）短時間勤務Ｂ…所定外労働を免除するもの

3　第１項の申請は、原則として、短時間勤務期間（１か月以上６か月以内の範囲で会社が定めるものとする。）の初日の１か月前までにしなければならない。短時間勤務期間を更新する場合も同様とする。

4　前項にかかわらず、会社が必要と認めるときは、短時間勤務期間の定めを置かずに短時間勤務とすることがある。

5　短時間社員の始業及び終業時刻並びに所定外労働の有無は、本人の希望等により勤務態様の別ごとに個別労働契約で定める。

◆**当初より短時間社員を雇用する例**◆

第○条　会社は、社員の１年間の所定労働日数を150日以上250日以内、所定労働時間数を1000時間以上1700時間以内の範囲で個別に労働契約を締結し、短時間社員として雇用することができる。

◆注意すべき条文◆

この規則はすべての従業員に適用する。

＊このような規定では、福利厚生制度、休職制度を適用する予定のないパートタイマーにも、これらの規定が適用されることになります。パートタイマーやアルバイト従業員にこれらの制度を適用しない場合、その旨を明記する必要があります。また、すべての従業員には、管理監督者も含まれるため、労働時間等の規制を受けない管理監督者にも割増賃金を払わなければならないことになります。「○○については、何条と何条（何章と何章）は適用しない」といった規定が必要です。また、それに対応する別規程を設けます。

パートタイマーについては、正社員と同様に本就業規則を適用するが、アルバイト従業員、嘱託には本就業規則を適用せず、別に定めるところによる。

条文の見出し／キーワード	作成基準の解説
	な契約上の使用者ではない者の指揮命令に服して就労する雇用関係（間接雇用）ではない）、④勤続年数に応じた処遇、雇用管理の体系（勤続年数に応じた賃金体系、昇進・昇格、配置、能力開発等）となっている、⑤勤務地や業務内容の限定がなく、時間外労働がある、の５つの要素を満たすものを「典型的な正規雇用」と定義しています。これが１．の表の「いわゆる正社員」とほぼ一致します。
	４．この定義のうち、⑤の要件がない正社員のことを「限定正社員」と呼ぶことがあります。これは、１．の表の「多様な形態による正社員」（いわゆる「多様な正社員」）とほぼ一致します。
ジョブ型正社員	５．規制改革会議雇用ＷＧ座長鶴光太郎『ジョブ型正社員の雇用ルールの整備について』（平25.4.19）によれば、１．の「いわゆる正社員」を「無限定正社員」と区分したうえで、これに対し、(a)職務が限定されている、(b)勤務地が限定されている、(c)労働時間が限定されている（フルタイムであるが時間外労働なし、フルタイムでなく短時間）、のいずれかの要素（又は複数の要素）を持つ正社員を「ジョブ型正社員」と定義付けました。つまり、「多様な正社員」「限定正社員」「ジョブ型正社員」は、いずれもほぼ同じ意味になります。ちなみに、首相官邸『日本再興戦略 －JAPAN is BACK－』（平25.6.14）では「多様な正社員」という用語を用いています。
「多様な正社員」の普及・拡大のための有識者懇談会	６．平成25年6月14日に閣議決定された「日本再興戦略」においては、「職務等に着目した『多様な正社員』モデルの普及・促進を図るため、成功事例の収集、周知・啓発を行うとともに、有識者懇談会を同年度中に立ち上げ、労働条件の明示等、雇用管理上の留意点について平成26年度中のできるだけ早期にとりまとめ、速やかに周知を図る」こととしました。これを受けて、多様な正社員の活用に当たっての雇用管理上の留意点の整理を行うことを目的として、「『多様な正社員』の普及・拡大のための有識者懇談会」（以下「有識者懇談会」）が設置され、平成26年7月30日に報告書が取りまとめられました。

＊雇用形態別に就業規則の適用範囲が異なる場合は、就業規則において正社員、パート、アルバイト等の定義を明確に区分しておかないとトラブルの原因となります。

パートタイマーについては、個別労働契約による。

＊個別労働契約の内容が就業規則で定める労働条件より不利な場合は、当該規定は無効となり、就業規則に定めるところによります。

請負契約による契約社員には本就業規則を適用しない。

＊会社において請負契約と称する場合であっても、実際の契約形態が労働契約である場合、労基法（就業規則）の適用を受けます。いわゆる契約社員といわれる者については、次のような形態で分類することができます（以下の分類は、石嵜信憲『パートタイマー・契約社員等の法律実務』）。

①　自営業者と考えられる形態
②　臨時工と同様と考えられる形態
③　パートタイマーと同様と考えられる形態
④　女性労働者の差別形態として利用されている形態
⑤　出来高給を導入するための雇用形態
⑥　在宅勤務・在宅勤務型を導入するための雇用形態
⑦　専門的能力を有する者の雇用形態

（①以外は労基法の適用を受けると考えてよいでしょう）

条文の見出し／キーワード	作成基準の解説
多様な正社員を導入する理由・導入しない理由	7．有識者懇談会報告書では、企業が多様な正社員を導入する理由、導入しない理由を次のとおり整理しています。

多様な正社員を導入する理由	①　優秀な人材を確保するとともに、従業員の定着を図るため ②　仕事と育児・介護や自己啓発等の生活の調和（ワーク・ライフ・バランス）を支援するとともに、女性社員が幅広い職務に従事できるような環境整備のため ③　安定した雇用の下でのものづくり技能の安定的な継承のため ④　地域のニーズに根ざした事業展開のため
多様な正社員を導入しない理由	①　いわゆる正社員はそもそも多様な働き方が可能であるため ②　新たな区分を設けると労務管理が煩雑になるため ③　非正規雇用の労働者を積極的に活用すれば足りるため ④　全事業所が転居を伴わない範囲内に立地しており、必要性に乏しいため

条文の見出し／キーワード	作成基準の解説
多様な正社員の活用方法	8．多様な正社員の活用は、以下のケースが考えられます。 ①　勤務地限定社員 ◇育児や介護の事情で転勤が難しい者などについて、離職を防止し定着を促進。 ◇労契法に基づく有期契約労働者からの無期転換の受皿として活用。 ◇安定雇用の下で技能の蓄積・承継が必要な生産現場での非正規雇用からの転換の受皿として活用。 ◇多店舗経営するサービス業での地域のニーズにあったサービスの提供や顧客の確保のために活用。 ②　職務限定社員 ◇金融、ＩＴなどで特定の職能について高度専門的なキャリア形成が必要な職務において、プロフェッショナルとしてキャリア展開していく働き方として活用。 ◇資格が必要とされる職務、同一の企業内で他の職務と明確に区別できる職務で活用。 ③　勤務時間限定社員 ◇育児や介護の事情で長時間労働が難しい者などについて、離職

条文の見出し／キーワード	作成基準の解説
	を防止し定着を促進。 ◇労働者がキャリア・アップに必要な能力を習得する際に、自己啓発のための時間を確保できる働き方として活用。
短時間正社員	9．厚生労働省の定義によれば、「**短時間正社員**」とは、フルタイムの正社員と比べて、その所定労働時間（所定労働日数）が短い正社員であって、次のどちらにもあてはまる労働者をいいます。 ①　期間の定めのない労働契約を結んでいる。 ②　時間当たりの基本給及び賞与・退職金などの算定方法などが同じ事業所に雇用される同種のフルタイムの正社員と同等である。 短時間正社員制度の導入には、優秀な人材の獲得や社員の定着率の向上、採用コストや教育訓練コストの削減、社員のモチベーションアップ、外部に対するイメージアップといったメリットがあるとされています。ちなみに内閣府『仕事と生活の調和推進のための行動指針』（平 22.6.29）によれば、**2020 年に「短時間勤務を選択できる事業所の割合（短時間正社員制度等）」の導入割合を 29%とするという数値目標が立てられています。**
契約社員	10.「契約社員」とは、一般的に労働契約に期間の定めが設けられている従業員をいいます。労働契約法の通達では「有期契約労働者」と称し、2020 年（中小企業は 2021 年）から施行されるパート・有期雇用労働法では、「**有期雇用労働者**」と称しています。 このような期間の定めのある労働契約は、従業員と使用者の合意により契約期間を定めたものであり、契約期間の満了によって労働契約は自動的に終了することとなりますが、更新することもできます。1回当たりの契約期間の上限は一定の場合を除いて3年です。
パートタイマー	11.「パートタイマー」という法律上の呼称はありません。一般的にパート・有期雇用労働法でいう「**短時間労働者**」がこれに該当します。

条文の見出し／キーワード	作成基準の解説

【定義】パート・有期雇用労働法2条
1　この法律において「短時間労働者」とは、一週間の所定労働時間が同一の事業主に雇用される通常の労働者（当該事業主に雇用される通常の労働者と同種の業務に従事する当該事業主に雇用される労働者にあっては、厚生労働省令で定める場合を除き、当該労働者と同種の業務に従事する当該通常の労働者）の一週間の所定労働時間に比し短い労働者をいう。 2　この法律において「有期雇用労働者」とは、事業主と期間の定めのある労働契約を締結している労働者をいう。 3　この法律において「短時間・有期雇用労働者」とは、短時間労働者及び有期雇用労働者をいう。

※：2020年（中小企業は2021年）4月1日から、「短時間労働者の雇用管理の改善等に関する法律」は、「短時間労働者及び有期雇用労働者の雇用管理の改善等に関する法律」に題名が変わり、本書で解説するパートタイマーに対する同法のすべての規定の適用範囲が、有期雇用労働者にまで拡大することになります。まだ先の話と考えず、事前のリスク回避のため、現時点から、有期雇用労働者についても、現行のパートタイム労働法を踏まえた雇用管理を心がけるべきでしょう。

なお、「パートタイマー」と「契約社員」についての詳細は、Ⅶ「パートナー社員就業規則」において説明します。

アルバイト

12. 特に法律上の定義があるわけではありませんが、本業が別にあり副業として臨時的、短期の業務に就く者をいいます。例えば、昼間学生が就労するような場合は、学生は通学することが本業なので、当該就業は「アルバイト」ということになります。

エクスパッツの法の適用

13. 「エクスパッツ」は、取締法規としての労基法の適用を受けますが、労働契約そのものは、原則として本国のものが優先されるため、全面的に就業規則の適用を受けるとは限りません。

（適用範囲）

第３条　この規則のすべての規定の適用を受けるのは、正社員である従業員とし、パートナー社員及び嘱託については、一部の規定の適用を除外する。

２　パートナー社員及び嘱託の労働条件のうち、この規則によらないものについては、次の区分に従い定めるものとする。

（１）パートナー社員…パートナー社員就業規則及び労働契約書

（２）嘱託…継続雇用規程及び労働契約書

＜追加規定＞

（３）エクスパッツ…この規則及び労働契約書

３　正社員として入社することが内定している者についても、この規則に定める服務規律（職務専念義務及び就業に係るものを除く。）の適用があるものとする。

＜📖：労働契約書（本書546頁）＞

条文の見出し／キーワード	作成基準の解説
（適用範囲）	1．就業規則は、すべての従業員に適用されるものを作成しなければなりませんが、パートタイマー、契約社員、嘱託等勤務の雇用形態が通常の従業員（いわゆる正社員）と異なる者については、別規程を定めることができます。したがって、後々のトラブルを防止するためにも、**実態に合わせた従業員の定義**を設けておくとよいでしょう。
	2．雇用形態の異なる従業員について、異なる就業規則を作成する場合には、本則において委任規定を設けることが望ましいとされています（平11.3.31基発168号）。
	3．モデル規則のように具体的な規則名を規定する場合には、これらが作成されていることが必要であり、見込み規定（例えば、「パートタイマー就業規則」、「契約社員就業規則」が実際に作成されていないにもかかわらず、それに従う旨の規定）は、避ける必要があります。 なぜならば、就業規則はすべての従業員を対象として定めなければならないため、「パートタイマー、契約社員については別に定める」としながら別規則がない場合は、労基法89条違反に該当するからです。
個別労働契約との関係	4．「パートタイマー、契約社員の労働条件については、個別労働契約で定める」といった委任規定を置いて、正社員と異なる労働条件を個別労働契約に委ねているケースがあります。これには、リスクがあります。「所定労働時間が短い」「始業・終業時刻が柔軟」「配転がない」といった正社員よりも有利な労働条件を定める場合はよいのですが、当該労働条件の内容が就業規則を下回っている場合には当該労働条件は無効となり、就業規則の内容によることになってしまうからです。やはり、別規則が必要です。

【就業規則違反の労働契約】労契法12条
就業規則で定める基準に達しない労働条件を定める労働契約は、その部分については、無効とする。この場合において、無効となった部分は、就業規則で定める基準による。

（従業員の権利義務）

第4条　従業員は、この規則を遵守し、信義に従い誠実に権利を行使し、及び義務を履行すべきものであり、その債務の本旨に従った労務の提供を心がけなければならない。

2　従業員は、労働契約に基づく権利の行使に当たっては、これを濫用することがあってはならない。

3　この規則に定められた各種届出は特段の理由がない限り従業員本人が行わなけ

条文の見出し／キーワード	作成基準の解説

留意事項

別規則を定めるとしておきながら、それを作成していないと、正社員の就業規則が適用されると解釈されるおそれがあり、注意が必要です。例えば退職金や休職、福利厚生の定めは、正社員のみを適用対象としているのが通例ですが、この場合、正社員以外については別規程を作成するとしながら別規程を作成していないと、正規従業員以外の者から退職金や休職の請求があった場合、これに応じなければならないこともあります。

（日本ビクター事件 横浜地 昭41.5.25）
（清風会事件 東京地 昭62.8.28）

パートタイマー、契約社員用の就業規則

5．パートタイマー、契約社員用の就業規則を作成する方法として、本体の就業規則を原則としつつ、**パートタイマー、契約社員について異なる扱いをするもののみを取り出して別規程とする方法**と、**まったく独立した別個の就業規則を作成する方法**があります。後者のほうが、パートタイマー、契約社員にとってわかりやすいと思われますが、共通する規定について、本体の就業規則で変更があったにもかかわらず、パートタイマー、契約社員用就業規則にそれが反映されていないという問題が起こりやすくなります。

6．パート・契約社員用の就業規則を作成したときは、労基法90条に基づく意見聴取のほか、パート・有期雇用労働法7条により、パートタイマーの過半数を代表する者の意見を聴くことの努力義務が課せられています。

（従業員の権利義務）

1．労契法が定める労働契約の原則等には次のものがあります。

① 合意の原則（1条）
② 対等の原則（3条1項）
③ 均衡考慮の原則（同2項）
④ ワーク・ライフ・バランス配慮の原則（同3項）
⑤ 信義誠実の原則（同4項）
⑥ 権利濫用の禁止（同5項）

（②～⑥：労働契約5原則）

ればならず、これに違反した場合、又は手続を怠った場合はこの規則に定める利益を受けることができない。

基本理念：会社の理念を規定する例

（基本理念）

第○条　私たちは、お客様に必要とされる商品の開発、提供を通じて、会社に関わるすべての皆様の幸せを追求します。

2　私たちは、従業員同士の絆を深めるとともに、一人ひとり常に目標を持ち、たゆまぬ努力を続けます。

3　私たちは、会社の利益のみを追求せず、地域社会の一員という自覚をもって、地域社会との共存共栄を視野に入れて行動します。

＊総則に基本理念的な規定を置くことがよく行われます。モデル規則では、従業員の権利義務をうたいましたが、会社の基本理念等を規定する場合もあります。本条は目的条文の次に配置しても構いません。

（特　約）

第５条　従業員と会社が労働契約で特約を定め、この規則の内容と異なる労働条件を合意していたときは、当該労働条件がこの規則を下回る場合を除き、当該特約による労働条件を優先するものとする。

2　前項の特約の履行を妨げるやむを得ない事由が生じたときは、従業員と会社の双方の合意のうえで、当該特約の一部を変更し、又は全部を破棄することができる。

条文の見出し／キーワード	作成基準の解説
	⑦　内容理解の促進（4条） ⑧　安全配慮義務（5条） 　就業規則の対象者は、原則従業員であることから、これらのうち、当事者双方の義務及び会社の義務については、「労働契約書」で定める方法が考えられます。なお、モデル規則4条では、当事者双方を対象とした規定である「権利濫用の禁止」を第2項に盛り込んでいます。
各種届出手続	2．第3項は、日常の労務管理上必要な事項です。**書面による手続主義をとることが、トラブル防止の観点から特に必要なことです。**年次有給休暇の取得や時間外・休日労働の申請などは、ルールに基づき正確な手続を経て行う行為であることを周知する必要があります。例えば、命令によらないダラダラ残業や無断欠勤を年次有給休暇に振り替えるといった悪しき慣行を予防する効果があります。
（特　約）	1．従業員と会社が労働契約を締結する場合において、**会社が合理的な労働条件が定められている就業規則を従業員に周知させていた場合**には、労働契約の内容は、その就業規則で定める労働条件によるものとされています（労契法7条）。
就業規則と個別労働契約との関係	2．労働契約において、従業員と会社が就業規則の内容と異なる労働条件を合意していた部分については、**当該労働契約の内容が就業規則を下回っている場合を除き**、個別労働契約が優先されます（労契法7条ただし書）。 　モデル規則5条1項はその趣旨を反映したものです。例えば、モデル規則16条（配転）の定めにかかわらず、人事異動の対象としない特約（職務限定、勤務地限定）、モデル規則48条（所定労働時間、始業・終業時刻）の定めにかかわらず所定労働時間を短縮する特約等が考えられます。いわゆる**限定社員、短時間社員を想定した規定**です。
	3．限定正社員について、当該職務や勤務地が消滅した場合の処遇

（就業規則による労働条件の変更）

第6条　この規則に定める労働条件及び服務規律等は、法律の改正及び経営環境の変化その他の業務上の必要により、従業員過半数の代表者の意見を聴いて、変更することができる。

2　会社は、この規則の変更による労働条件の変更について、直ちに周知するものとする。また、従業員は、周知された事項をよく理解するようにしなければならない。

3　労働契約において、従業員及び会社が就業規則の変更によっては変更されない

条文の見出し／キーワード	作成基準の解説
	が問題となります。特約がある以上、人事異動は行えないわけですから、場合によっては、解雇せざるを得ないことになります。そのような場合に、いきなり解雇するのではなく、本人に特約の破棄を打診し、本人が同意すれば、他の職務や勤務地で継続雇用することができるよう、モデル規則5条2項を加えました。 4．多くの会社では、無限定社員をベースとした就業規則を持っていると思います。例えば、配置転換の条項をみると「正社員は配置転換命令を拒否できない」とあったりします。ところが勤務地限定社員に対しては、配置転換命令がないということになります。これは、本体の就業規則よりも従業員にとって有利な契約内容（特約）ということになります。勤務地限定社員には、このような特約があることを就業規則に明文化しておくことよって、異なる区分の正社員間での不公平感を軽減します。一方で、経営上の事情で特約を維持することが困難となる可能性もあるでしょう。このような場合は、労使合意のうえで特約を解消できるような規定を入れておくといざという場合の解雇回避努力となります。なお、本規定は、就業規則を上回る条件を労働契約で定めるものであり、労契法12条に抵触するものではありません。 ➢　労働契約法12条（就業規則違反の労働契約） 就業規則で定める基準に達しない労働条件を定める労働契約は、その部分については、無効とする。この場合において、無効となった部分は、就業規則で定める基準による。
(就業規則による労働条件の変更)	1．労契法10条の趣旨を踏まえた規定です。**社会や経営状況の推移により、就業規則の変更があり得るという前提を定めておく必要があります。** なお、就業規則による労働条件の変更の合理性の判断基準として、労契法10条は次の4要素を定めており、これらを満たしたうえで、変更後の就業規則の周知が必要であるとしています。 ①　従業員の受ける不利益の程度 ②　労働条件の変更の必要性

労働条件として合意していた特約があるときは、当該労働条件の内容が変更後の就業規則を下回る場合を除き、当該特約による労働条件を優先するものとする。

条文の見出し／キーワード	作成基準の解説
	③　変更後の就業規則の内容の相当性 ④　労働組合等（従業員委員会、従業員の代表者なども含まれる）との交渉の状況等
不利益変更	2．会社は、従業員と合意することなく、一方的に就業規則を変更して、従業員に不利益となるように労働契約の内容である労働条件を変更することはできないのが原則です（労契法9条）。 例外として、会社が就業規則の変更により労働条件を変更する場合において、変更後の就業規則を**従業員に周知**させ、かつ、**就業規則の変更が合理的なものである**ときは、労働契約の内容である労働条件は、当該変更後の就業規則に定めるところによります（労契法10条）。つまり、従業員との合意を経ず、会社による就業規則の変更のみで労働条件の変更ができる可能性を規定しているのですが、実際には、合理性の判断は、最終的には司法判断によりますが、賃金の減額等については高度の合理性が求められます。結果、最終的には従業員との合意が必要と考えられます。

【就業規則による労働契約の内容の変更】労契法9条、10条

9条　使用者は、労働者と合意することなく、就業規則を変更することにより、労働者の不利益に労働契約の内容である労働条件を変更することはできない。ただし、次条の場合は、この限りでない。

10条　使用者が就業規則の変更により労働条件を変更する場合において、変更後の就業規則を労働者に周知させ、かつ、就業規則の変更が、労働者の受ける不利益の程度、労働条件の変更の必要性、変更後の就業規則の内容の相当性、労働組合等との交渉の状況その他の就業規則の変更に係る事情に照らして合理的なものであるときは、労働契約の内容である労働条件は、当該変更後の就業規則に定めるところによるものとする。ただし、労働契約において、労働者及び使用者が就業規則の変更によっては変更されない労働条件として合意していた部分については、第12条に該当する場合を除き、この限りでない。

条文の見出し／キーワード	作成基準の解説
労働条件の内容の理解	3．**会社は、従業員に提示する労働条件及び労働契約の内容について、従業員の理解を深めるようにするものとされています**。また、従業員と会社は、労働契約の内容（期間の定めのある労働契約に関する事項を含みます）について、**できる限り書面により確認**するものとされています（労契法4条)。モデル規則6条2項は、その趣旨を反映したものです。
就業規則の変更と個別労働契約との関係	4．個別労働契約において、従業員及び会社が就業規則の変更によっては変更されない労働条件として合意していた部分については、**当該労働条件の内容が変更後の就業規則を下回っている場合を除き**、個別労働契約が優先されます（労契法10条ただし書)。モデル規則6条3項は、その趣旨を反映したものです。 なお、就業規則を下回っている場合は、就業規則の規定が適用されます。

第2章　人　事

第1節　採　用

（採用の原則）

第7条　会社は、入社を希望する者の中から適性が認められる者を従業員として採用する。

2　従業員の採用は、競争試験によるものとする。ただし、会社が必要と認める場合には、選考（競争試験以外の能力の実証に基づく試験をいう。）によることを妨げない。

3　採用決定は、次の各号の手続を経て行う。ただし、パートナー社員については、一部の手続を省略することがある。

（1）書類審査

（2）適性検査

（3）試験

（4）一次面接

（5）役員による二次面接

◆注意すべき条文◆

会社は20歳以上45歳未満の入社を希望する者の中から選考し、所定の手続を行った者を従業員として採用する。

＊年齢にかかわりない均等な機会の確保を図るため、労働施策総合推進法において、採用時の年齢制限は、一部の例外を除き、禁止されています（平19.10.1施行）。

条文の見出し／キーワード	作成基準の解説
（採用の原則） 採用の自由	1．募集・採用については、次の三菱樹脂事件の最高裁判例によると、**企業には採用の自由がある**ため、ことさらに条項を加えて自縛する必要はありません。 「企業者は契約締結の自由を有し、自己の営業のために労働者を雇用するに当たり、いかなる者を雇い入れるか、いかなる条件でこれを雇うかについて、法律その他による特別の制限がない限り、原則として自由にこれを決定できる」（三菱樹脂事件 最大昭 48. 12. 12）。
採用の自由の例外	2．採用の自由の中心的内容は、いかなる者をどのような基準で採用するかの「選択の自由」です。しかし、この「選択の自由」については、いくつかの重要な規制が行われています（菅野和夫『労働法』第 11 版補正版 216 ～ 218 頁）。 例えば、次のようなものが挙げられます。 ① 労働組合法による黄犬契約の禁止 ② 均等法による性別による募集・採用差別の禁止 ③ 障害者雇用促進法による障害者雇用率制度 ④ 派遣法における雇用申込み義務 なお、労基法において、満 15 歳に達した日以後の最初の 3 月 31 日が終了するまでの児童を雇用することは、原則として禁止されています。
募集・採用における性差別の禁止	3．国籍、信条、社会的身分を理由とした賃金、労働時間その他の労働条件に関する差別的取扱いは、労基法上禁止されていますが、この中の**「その他の労働条件」には、「募集・採用」は含まれていません。「募集・採用」については、均等法において、「その性別にかかわりなく均等な機会を与えなければならない」とされています**（均等法 5 条）。
年齢制限を設ける場合	4．事業主は、労働者の募集及び採用をする場合において、やむを得ない理由により一定の年齢（65 歳以下のものに限る）を下回

条文の見出し／キーワード	作成基準の解説

ることを条件とするときは、**書面等により、当該理由を示さなければならない**（高齢者法18条の2）ものとされており、この明示のない求人はハローワークで受理されないことがあります。

【年齢制限が認められる場合】労働施策総合推進則1条の3
①　定年年齢を上限として、当該上限年齢未満の労働者を期間の定めのない労働契約の対象として募集・採用する場合 ②　労働基準法等法令の規定により年齢制限が設けられている場合 ③　長期勤続によるキャリア形成を図る観点から、若年者等を期間の定めのない労働契約の対象として募集・採用する場合 ④　技能・ノウハウの継承の観点から、特定の職種において労働者数が相当程度少ない特定の年齢層に限定し、かつ、期間の定めのない労働契約の対象として募集・採用する場合 ⑤　芸術・芸能の分野における表現の真実性等の要請がある場合 ⑥　60歳以上の高年齢者又は特定の年齢層の雇用を促進する施策（国の施策を活用しようとする場合に限る）の対象となる者に限定して募集・採用する場合

契約期間

5．雇用期間を限って採用する場合の労働契約期間の上限（一定の事業の完了に必要な期間を定めるものは期間の制限なし）は原則として、**3年**とされています（労基法14条1項）。

ただし、**有期労働契約を締結した従業員は、労働契約の期間の初日から1年を経過した日以後は、会社に申し出ることにより、いつでも退職することができます**（労基法附則137条）。

6．高度な専門的知識・技術又は経験（以下「専門的知識等」といいます）を有する者や満60歳以上の者の労働契約については、契約期間の上限が**5年**となります（労基法14条1項）。

条文の見出し／キーワード	作成基準の解説

※　高度な専門的知識等を有する者とは次のものをいいます。（平15. 10. 22 厚生労働省告示 356 号）
①　博士の学位を有する者 ②　公認会計士、医師、歯科医師、獣医師、弁護士、一級建築士、税理士、薬剤師、社会保険労務士、不動産鑑定士、技術士、弁理士のいずれかの資格を有する者 ③　システムアナリスト試験又はアクチュアリーに関する資格試験に合格している者 ④　特許法に規定する特許発明の発明者、意匠法に規定する登録意匠を創作した者又は種苗法に規定する登録品種を育成した者 ⑤　大学卒で実務経験５年以上、短大・高専卒で実務経験６年以上又は高卒で実務経験７年以上の農林水産業の技術者、鉱工業の技術者、機械・電気技術者、システムエンジニア又はデザイナーで、年収が 1,075 万円以上の者 ⑥　システムエンジニアとしての実務経験５年以上を有するシステムコンサルタントで、年収が 1,075 万円以上の者 ⑦　国等によりその有する知識等が優れたものであると認定され、上記①から⑥までに掲げる者に準ずる者として厚生労働省労働基準局長が認める者

契約更新

【有期労働契約基準】（H15. 10. 22 厚生労働省告示 357 号）
①　雇止め（契約を３回以上更新しているか１年を超えて雇用している場合に限る）の予告は少なくとも契約期間満了の 30 日前までに行う ②　雇止め理由の証明書を請求された場合は遅滞なく交付 　雇止め理由の例：「前回の契約更新時に、本契約を更新しない合意があった」「契約当初から更新回数に上限があった」「担当業務が終了・中止したため」「事業縮小のため」「業務を遂行する能力が十分でないと認められるため」「職務違反行為、無断欠勤等」 ③　更新時は契約の実態、労働者の希望により契約期間を長くするよう努力する

留意事項

期間途中の解雇

労契法 17 条では、有期労働契約について、「やむを得ない事由がある場合でなければ、その契約期間が満了するまでの間において、労働者を解雇することができない」と定めています。この規定は労契法 16 条の解雇権濫用法理よりもハードルが高いといわれています。

（採用手続）

第8条　会社は、入社を希望する者に対し、書類審査に必要な次の書類（会社が認めるときはその一部を省略することができる。）の提出を求めるものとする。

（1）履歴書（提出日前3か月以内に撮影した写真を貼付させるものとする。）

（2）職務経歴書又はジョブ・カード

（3）健康診断書（提出日前3か月以内に受診したものに限る。）

（4）学業成績証明書及び卒業（見込）証明書（新卒者に限る。）

（5）在留カードの写し（在留資格を有する外国人に限る。）

（6）各種資格証明書

（7）その他会社が必要とするもの

2　会社は、採用決定に先立ち内定者を決定することができ、当該採用内定者に対し、内定通知書（様式第○号）を交付する。

＜規定例1＞

3　提出された第1項各号の書類は、不採用の場合は、直ちに、書留郵便により、本人に返還する。

＜規定例2＞

3　提出された第1項各号の書類は、不採用の場合は、本人に通知したうえ、直ちに廃棄処分にする。

＜：内定通知書（本書553頁）＞

条文の見出し／キーワード	作成基準の解説
（採用手続）	1．**「採用選考時の提出書類」と「採用決定時の提出書類」を明確に区分しておきましょう。**
ジョブ・カード制度	2．「ジョブ・カード制度」では、正社員経験が少ない方などが正社員となることを目指して、ジョブ・カードによるきめ細かなキャリア・コンサルティングを通じ、企業実習と座学を組み合わせた実践的な職業訓練（職業能力形成プログラム）を行います。そして、訓練修了後、訓練実施企業から評価結果である評価シートの交付を受け、ジョブ・カード（エクセル・シートによるA4版の書類）に取りまとめて就職活動やキャリア形成に活用してもらいます。 「ジョブ・カード」には、求職者の志望動機や職務経歴のほか、これまでの職務の中で得られた知識・技能、自己アピール、就業に関する目標・希望等が記載されており、キャリア・シートとして活用することもできます。
雇入時の健康診断	3．安衛法の「雇入時の健康診断」は、常時使用する従業員を雇い入れた際における適正配置、入社後の健康管理に役立てるために実施するものであって、採用選考時に実施することを義務付けたものではなく、また、応募者の採否を決定するために実施するものでもありません。したがって、**モデル規則にある健康診断書の提出は、応募者の適性と職務遂行能力を判断するためのものであり、雇入時の健康診断とは別のものとお考えください。**もちろん応募者の採用が決定した場合、当該健康診断書の提出をもって雇入時の健康診断を実施したとみなすことは差し支えありませんが、この場合は法定の健診事項を網羅している必要があります。
健康診断書の提出	4．ここでいう健康診断書の内容は、採用選考のため、合理的かつ客観的にその必要性が認められる範囲に限定されます。厚労省は「就職差別につながるおそれがある」として、**適性や能力の判断に不要な採用時の肝炎ウイルス検査、血液検査や健康診断を行わないよう指導しています。**

条文の見出し／キーワード	作成基準の解説

労働省職業安定局業務調整課長補佐及び雇用促進室長補佐から各都道府県職業安定主管課長あて　平成5年5月10日付事務連絡

近年、新規学校卒業者の採用選考時に、事業主が労働安全衛生規則第43条（雇入時の健康診断）を根拠としていわゆる「血液検査」等の健康診断を一律に実施し、公正な採用選考の観点から問題となっている事例が見受けられるところである。

しかしながら、同規則は採用選考時の健康診断について規定したものではなく、また、「雇入時の健康診断」は、常時使用する労働者を雇入れた際における適正配置、入職後の健康管理に資するための健康診断であることから、採用選考時に同規則を根拠として採用可否決定のための健康診断を実施することは適切さを欠くものである。

また、健康診断の必要性を慎重に検討することなく、採用選考時に健康診断を実施することは、応募者の適性と能力を判断する上で必要のない事項を把握する可能性があり、結果として、就職差別につながるおそれがあるところである。

このため、採用選考時の健康診断の実施については、従来より必要に応じて指導を行ってきたところであるが、今般、労働基準局安全衛生部労働衛生課長から各都道府県労働基準局労働衛生主務課長に対し「雇入時の健康診断」の趣旨の徹底について別紙（略）のとおり通知した旨連絡があったので、各都道府県においても、下記の文例（略）を新規学校卒業者向けの求人説明会の配付資料に盛り込む等、事業主に対して「雇入時の健康診断」の趣旨を十分徹底し、応募者の適性と能力のみに基づく公正な採用選考を行うよう指導されたい。

センシティブ情報

5．個人情報保護の観点から、職安法及び平成12年（最終改正 平成29年）の労働省告示により、社会的差別の原因となるおそれのある次の個人情報などの収集は原則として認められません。

①　人種、民族、社会的身分、門地、本籍、出生地その他社会的差別の原因となるおそれのある事項

②　思想及び信条

③　労働組合への加入状況

要配慮個人情報

6．「要配慮個人情報」とは、「本人の人種、信条、社会的身分、病歴、犯罪の経歴、犯罪により害を被った事実その他本人に対する不当な差別、偏見その他の不利益が生じないようにその取扱いに特に配慮を要するものとして政令で定める記述等が含まれる個人

条文の見出し／キーワード	作成基準の解説

情報」をいいます（個人情報保護法２条３項）。

「政令で定める記述」については、施行令２条により、次の事項のいずれかを内容とする記述等が「要配慮個人情報」として定められています。

① 身体障害、知的障害、精神障害（発達障害を含む。）その他の個人情報保護委員会規則で定める心身の機能の障害があること

② 本人に対して医師その他医療に関連する職務に従事する者（次号において「医師等」という。）により行われた疾病の予防及び早期発見のための健康診断その他の検査（同号において「健康診断等」という。）の結果

③ 健康診断等の結果に基づき、又は疾病、負傷その他の心身の変化を理由として、本人に対して医師等により心身の状態の改善のための指導又は診療若しくは調剤が行われたこと

④ 本人を被疑者又は被告人として、逮捕、捜索、差押え、勾留、公訴の提起その他の刑事事件に関する手続が行われたこと

⑤ 本人を少年法３条１項に規定する少年又はその疑いのある者として、調査、観護の措置、審判、保護処分その他の少年の保護事件に関する手続が行われたこと

健康情報取扱規程

7．健康診断の結果等は労働者の健康管理や安全配慮等に活用されるものですが不適正な使用のおそれもあり、慎重な取扱いが求められます。2019年４月から、労働安全衛生法に「心身の状態に関する情報の取扱い」に係る104条が新設され、これに基づいた「労働者の心身の状態に関する情報の適正な取扱いのために事業者が講ずべき措置に関する指針」（平30.9.7厚生労働省公示１号）により、会社に従業員の健康情報取扱規程策定が求められることになりました。

【健康診断に関する秘密の保持】安衛法104条
第65条の２第１項及び第66条第１項から第４項までの規定による健康診断、第66条の８第１項の規定による面接指導、第66条の10第１項の規定による検査又は同条第３項の規定による面接

（内定取消事由）

第９条　採用内定者が次の各号のいずれかに該当する場合は、内定を取り消し、採用しない。

（１）採用の前提となる条件（卒業、免許の取得等）が達成されなかったとき。

（２）入社日までに健康状態が採用内定時より低下し、職務に堪えられないと会社が判断したとき。

（３）暴力団員や暴力団関係者と関わりがあることが判明したとき。

（４）書類審査時の提出書類に偽りの記載をし、又は面接時において事実と異なる経歴等を告知していたことが判明し、会社との信頼関係を維持することが困難になったとき。

（５）採用内定後に犯罪、反社会的行為その他社会的な信用を失墜する行為を行ったとき。

（６）第８条第２項に定める採用内定時には予想できなかった会社の経営環境の悪化、事業運営の見直し等が行われたとき。

（７）その他前各号に準ずる又はやむを得ない事由があるとき。

条文の見出し／キーワード	作成基準の解説

指導の実施の事務に従事した者は、その実施に関して知り得た労働者の秘密を漏らしてはならない。

不採用の場合の応募書類の取扱い

8．厚生労働省『雇用管理分野における個人情報保護に関するガイドライン：事例集』（平27.11.25厚生労働省告示454号、平29.5.30廃止）によれば、「不採用者の個人情報など、採用活動の上で必要とされなくなった情報については、写しも含め、その時点で**返却、破棄又は削除を適切かつ確実に行う**ことが求められる。仮に利用目的達成後も保管する状態が続く場合には、目的外利用は許されておらず、また、その後も継続して安全管理措置を講じなければならない。」としています。

（内定取消事由）

採用内定

雇用指針

○　日本では、「長期雇用システム」の下で、新規学校卒業者の採用について、定期採用が広く行われており、優秀な人材を確保するために、在学中に時間をかけて企業説明や募集・選考を行い、入社日より相当前の時期に採用内定を通知する場合が多い。

○　判例では、採用内定の法的性質は事案により異なるとしつつ、採用内定通知のほかには労働契約締結のための特段の意思表示をすることが予定されていない事案で、企業の募集に対する労働者の応募は労働契約の申込みであり、これに対する企業からの採用内定通知は承諾であって、これにより、始期付の解約権を留保した労働契約（※）が成立するとしている。

※入社するまでの間に、採用内定通知書等に定めた採用内定取消事由が生じた場合や学校を卒業できなかった場合には、労働契約を解約することができる旨の合意を含んだ労働契約

○　また、判例では、内定取消しの適法性について、採用内定通知書等に記載された採用内定の取消事由は、採用内定当時知ることができず、また知ることが期待できないような事実であって、これを理由として採用内定を取り消すことが解約権留保の趣旨、目的に照らして客観的に合理的と認められ、社会通念上相当として是認することができるものに限られるとしている。

条文の見出し／キーワード	作成基準の解説

1．新規学卒者等を採用する場合、内定通知書を交付し、「採用内定」を出すのが一般的ですが、**「採用内定」が、「始期付解約権留保付労働契約」の締結と判断される場合**（内定通知が必ずしも労働契約の締結と判断されるものではありません）**には、原則として取り消すことはできません。**万一取り消す場合は、採用内定取消事由に基づく客観的に合理的な理由が存し、社会通念上相当として是認され得る場合に限られ、慎重を期さなければなりません。

参考となる判例

◇　学校卒業予定者が企業から内定通知を受け、誓約書を企業に提出したが、その後、企業が突然内定取消通知をしたことについて、裁判所は内定取消しを無効とし労働契約上の地位を確認する判決を下した事案。

◇　内定取消しの理由とされた本人がグルーミーな印象であることは当初からわかっており、労働者としての適格性の有無を判断することができたのに、不適格と思いながら採用を内定し、不適格性を打ち消す材料がなかったので内定を取り消すことは、解約権留保の趣旨、目的に照らして社会通念上相当として是認することはできない。

（大日本印刷事件　最2小　昭54.7.20）

内定者に対する労働条件の明示

2．内定の時点で労働契約が成立するとなれば、労基法15条に基づく労働条件の明示が必要なのかという問題があります。しかし、それを求めるのは現実的ではなく、判例法理と法律が矛盾していると言わざるを得ません。なお、内定時の賃金と実際の賃金が異なっていたことで争われた裁判（八州測量事件　東京高　昭58.12.19）では、「本件求人票に記載された基本給額は「見込額」であり、文言上も、(略)、最低額の支給を保障したわけではなく、将来入社時までに確定されることが予定された目標としての額であると解すべきである」としています。そのうえで「採用内定を労働契約の成立と解するのは、採用取消から内定者の法的地位を保護することに主眼があるのであるから、その労働契約には特殊性があって、**契約成立時に賃金を含む労働条件がすべて確定して**

条文の見出し／キーワード	作成基準の解説
	いることを要しない」ものと判示しました。 3．内定取消の場合、30日前の予告（あるいは予告手当）が必要かという点に関しては、採用後14日未満の試みの使用期間中の者との均衡から不要とする説もありますが、厚生労働省は必要であるとの見解をとっています（「新規学卒者の採用内定取消し入職時期繰下げ等への対応について」）。 4．就業規則は、現に雇用している従業員の労働条件、服務規律を定めたものであり、まだ入社していない内定者については適用範囲外と考えられます。しかし、内定取消しに関する問題も多く発生していることを考えると、リスク対策として内定取消事由の規定を設ける意義もあります。
暴力団関係者を雇用するリスク	5．従業員が暴力団関係者であると知りながら労働契約を継続していると、暴力団関係者への賃金の支払が「利益供与」に当たる可能性があり、会社そのものが「暴力団関係者」に該当してしまうおそれがあります。例えば、東京都暴力団排除条例18条の趣旨に従い、採用面接時において属性確認（暴力団との関係の有無）を行うことが肝要です。 採用面接時に属性確認を行うことを前提に、①**属性確認をした時点では判明しなかった暴力団との関係が後に判明した場合は、モデル規則9条3号により、②属性確認をした時点で本人がその事実を詐称した場合は、モデル規則9条4号により、内定を取り消します。** 当然に、暴力団と関わりを持たないことは**服務規律**にも明記し、これに違反した場合は、**本採用拒否事由（モデル規則15条1項4号）、懲戒解雇事由（モデル規則134条2項11号）**に該当することを明らかにしておきます。

【事業者の契約時における措置】東京都暴力団排除条例18条
事業者は、その行う事業に係る契約が暴力団の活動を助長し、又は暴力団の運営に資することとなる疑いがあると認める場合には、当該事業に係る契約の相手方、代理又は媒介をする者その他の関係者が暴力団関係者でないことを確認するよう努めるものとする。

（誓約及び採用決定時の提出書類）

第10条　新たに従業員となった者は、採用時誓約書（服務等・秘密保持・中途採用者秘密保持）（様式第○号）に署名し、これを会社に提出してからでなければその職務を行ってはならない。ただし、天災その他会社が認める理由がある場合において、従業員が採用時誓約書を提出しないでその職務に従事したときは、その理由がやんだ後すみやかに提出すれば足る。

2　従業員として採用された者は、会社が指定する日まで＜別例：入社日＞に次の書類を提出しなければならない。ただし、会社が認めた場合は、提出期限を延長

条文の見出し／キーワード	作成基準の解説
経歴詐称	6．重要な経歴の詐称は、会社に対する背信行為です。会社と従業員との間の信頼関係は完全に破壊され、企業秩序が侵害されるおそれが強いため、内定を取り消すことになります。 なお、経歴詐称は、**本採用拒否事由**（モデル規則15条1項5号）、**解雇事由**（モデル規則134条2項3号）としても規定しておきます。
重要な経歴	7．「重要な経歴」とは、当該従業員の採否の決定に影響を及ぼすような経歴であって、その偽られた経歴について、通常の使用者が正しい認識を有していたならば労働契約を締結しなかったであろうところの経歴とされています（日本鋼管事件　東京高　昭56.11.25）。この事件では、学歴を実際よりも低く偽って入社した事案でしたが、裁判所は、学歴を低く偽るのも、解雇事由になる経歴詐称であると判断しています。

留意事項

新規学卒者について募集後における募集の中止、一定の募集人員の削減、内定の取消し・撤回又は内定期間の延長をしようとするときは、あらかじめ公共職業安定所長及び学校等の長に対してその旨を通知しなければなりません（職安法54条・同則35条）。

また、新規学卒者を雇い入れようとする者が行った内定取消しの通知が２年度以上連続して行われたり、同一年度において10名以上の者に対して行われたりしたものなどについては、厚生労働大臣が企業名を公表することができるものとされています（職安則17条の4）。

条文の見出し／キーワード	作成基準の解説
（誓約及び採用決定時の提出書類） 誓約書	1．就業規則を遵守するとの誓約書をとることは重要な意味をもっています。 また、**その旨の同意は労働契約締結時の包括的同意でもよいというのが一般的な考え方です**（転籍については**個別の同意**が必要）。入社の際、従業員は個別には会社の申入れを事実上拒否できないため、この時点で就業規則の記載内容について誓約書で包括的同意をとっておくべきでしょう。さらに個人情報、企業秘密等の漏えいを防止する必要性からも、この誓約書が重要となります。

し、又は提出書類の一部を省略することができる。

（1）特定個人情報等の取扱いに関する同意書（様式第○号）

（2）身元保証書（様式第○号）

（3）住民票記載事項の証明書（番号確認のため必要となる場合を除き、個人番号の記載がないもの）（様式第○号）

（4）源泉徴収票（入社の年に給与所得のあった者に限る。）

（5）年金手帳（既に交付を受けている者に限る。）

（6）雇用保険被保険者証（既に交付を受けている者に限る。）

（7）給与所得の扶養控除等（異動）申告書

（8）健康保険被扶養者届（被扶養者がいる者に限る。）

（9）賃金の口座振込に関する同意書（様式第○号）

（10）その他本人の身元確認等のため会社が必要とする書類

3　前項各号に掲げるいずれかの書類の提出を拒んだ場合又は書類に不正が認められた場合は、採用を取り消す。

4　第2項各号の提出書類の記載事項に変更が生じたときは、速やかに書面で会社にこれを届け出なければならない。

<：採用時誓約書（本書554、556、558頁）>
<：特定個人情報等の取扱いに関する同意書（本書561頁）>
<：身元保証書（本書563頁）>
<：住民票記載事項の証明書（本書564頁）>
<：賃金の口座振込に関する同意書（本書565頁）>

◆注意すべき条文◆

採用が決定した場合には、戸籍謄本又は住民票の写しを提出すること。

＊社会的差別を助長するおそれのある情報が含まれる場合があるため、これらの書類の提出を一律に求めることは好ましくありません。労務管理上、現住所を把握することが目的であれば、住民票記載事項の証明書によって必要項目のみ市区町村の証明をもらえばよいでしょう。この場合であっても、目的外利用は、個人情報保護法に抵触することはいうまでもありません。

条文の見出し／キーワード	作成基準の解説

なお、公務員の事例では、宣誓書（誓約書に相当するもの）の提出がない者が職務に就くことを原則禁止しています。

【服務の宣誓】職員の服務の宣誓に関する政令１条
1　新たに職員（略）となった者は、任命権者又はその指定する職員の面前において別記様式による宣誓書に署名して、任命権者に提出しなければならない。 2　前項の規定による宣誓書の署名及び提出は、職員がその職務に従事する前にするものとする。ただし、天災その他任命権者が定める理由がある場合において、職員が同項に規定による宣誓書の署名及び提出をしないでその職務に従事したときは、その理由がやんだ後すみやかにすれば足りる。

個人情報

2．個人情報保護法が保護する個人情報には、会社内部の従業員等の個人情報も含まれます。従業員等の個人情報には、病歴、収入、家族関係などのセンシティブな情報も含まれており、その取扱いに際して特別な配慮が要求されます。

なお、「個人情報」とは、生存する個人の情報であって、特定の個人を識別できる情報（氏名、生年月日等）のことですが、他の情報と容易に照合することができることによって特定の個人を識別することができる情報（労働者名簿等と照合することで個人を特定できるような従業員番号）も含まれます。マイナンバー制度における「個人番号（マイナンバー）」も個人情報に該当します。

特定個人情報

3．マイナンバーをその内容に含む個人情報のことを「特定個人情報」といいます（番号利用法２条８項）。番号利用法により、特別の法規制が設けられています。

雇用管理情報

4．雇用管理情報とは、事業者が労働者等（労働者のほか、採用希望者、退職者も含みます）の雇用管理のために収集、保管、利用等する個人情報をいいます（「雇用管理分野における個人情報保護に関するガイドライン」平27.11.25厚生労働省告示454号、平29.5.30廃止）。事業者は、雇用管理という目的に限り、病歴、収入、家族関係等の機微に触れる情報も取り扱うため、雇用管理情報については、いわゆる顧客情報といった個人情報以上に慎重な取扱

条文の見出し／キーワード	作成基準の解説

いが求められるものです。雇用管理情報の漏えい事故は、従業員のモチベーションに深刻な影響を与えます。

雇用管理情報には次のようなものがあります。

> ① 労働者等の氏名
> ② 生年月日、連絡先（住所、居所、電話番号、メールアドレス等）、会社における職位又は所属に関する情報について、それらと労働者等の氏名を組み合わせた情報
> ③ ビデオ等に記録された映像・音声情報のうち特定の労働者等が識別できるもの
> ④ 特定の労働者等を識別できるメールアドレス情報（氏名及び所属する組織が併せて識別できるメールアドレス等）
> ⑤ 特定の労働者等を識別できる情報が記述されていなくても、周知の情報を補って認識することにより特定の労働者等を識別できる情報（注:「周知の情報」の具体的内容は個別の事案ごとに判断することとなるが、原則として、特段の調査をすることなく、世間一般の不特定多数の者が知っている情報を指す。）
> ⑥ 人事考課情報等の雇用管理に関する情報のうち、特定の労働者等を識別できる情報
> ⑦ 職員録等で公にされている情報（労働者等の氏名等）
> ⑧ 労働者等の家族関係に関する情報及びその家族についての個人情報
> （雇用管理分野における個人情報保護に関するガイドライン：事例集 平24.5.14 厚生労働省告示）

なお、従業員の個人番号も雇用管理情報に含まれます。となると、雇用管理情報は、「特定個人情報である雇用管理情報」「特定個人情報以外の雇用管理情報」に分けられることになります。本書では、両者を総称して「特定個人情報等」と称することにします。

従業員の健康情報

5．医療機関が会社に健康情報を提供することは、第三者提供に該当するため、本人の同意等の手続が必要なものですが、安衛法66条に基づく定期健康診断等の結果を医療機関が会社に報告する場合等の取扱いが従来から問題となってきました。

この点について、厚生労働省は平成24年に通達を発出し、次の2点については、安衛法に基づく事業者の健康診断実施義務を遂行する行為であることから、**第三者提供の例外である「法令に**

条文の見出し／キーワード	作成基準の解説
	基づく場合」に該当するとして、本人の同意がなくても、結果の報告等ができることを明らかにしています（平 24.6.11 基発 0611 第 2 号)。 ① 事業者が健康診断の実施のために必要な労働者の個人データを医療機関に提供すること。 ② 医療機関が事業者に労働者の健康診断の結果を報告すること（提供すること)。
住民票記載事項の証明書	6．戸籍謄本・抄本及び住民票の写しの提出は、これに代えて「住民票記載事項の証明書」の提出によることとされています（昭 50. 2. 17 基発 83 号・婦発 40 号)。 従業員の採用に当たって重要なのは、本人の能力や資質が自社の職務に適しているかどうかということであり、出身地や親族構成が問題になるのではないというのがその理由です。
外国人雇用状況の報告	7．会社は、新たに外国人（特別永住者等を除く）を雇い入れた場合又はその雇用する外国人が離職した場合には、その者の氏名、在留資格、在留期間等の事項を厚生労働大臣に届け出なければなりません（労働施策総合推進法 28 条 1 項ほか)。特に次表の①から⑦までの内容については、会社に確認義務があります。これらを確認するためには、外国人従業員の在留カード等を提示してもらう必要がありますが、これらを会社が預かることは、当該外国人従業員を不当に拘束する結果となるので、確認後直ちに本人に返還しなければなりません。

（個人番号及び個人情報の取扱い）

第11条　会社は、従業員本人から取得した従業員の個人番号及び個人情報を次の各号の目的のために利用する。ただし、個人番号の利用は、第１号に限るものとする。

（１）従業員（扶養親族を含む。）に係る個人番号関係事務及び個人番号利用事務（これらに関連する事務を含む。）のため

① 源泉所得税関連事務

② 地方税特別徴収関連事務

③ 支払調書（保険取引に関するものを含む。）

④ 雇用保険関連事務

⑤ 健康保険・厚生年金保険関連事務

⑥ その他これらに関連する事務等

＜別例：具体的な手続名を列挙する場合＞

① 源泉徴収関連事務等

② 扶養控除等（異動）申告書、保険料控除申告書兼給与所得者特別控除申告書作成事務等

③ 給与支払報告書作成事務等

④ 給与支払報告特別徴収に係る給与所得者異動届出書作成事務等

⑤ 特別徴収への切替申請書作成事務等

条文の見出し／キーワード	作成基準の解説

届出事項	雇用保険加入		雇用保険未加入	
	雇入れ	離職	雇入れ	離職
①　氏　名	○	○	◎	◎
②　在留資格	◎	◎	◎	◎
③　在留期間	◎	◎	◎	◎
④　生年月日	○	○	◎	◎
⑤　性　別	○	○	◎	◎
⑥　国　籍	◎	◎	◎	◎
⑦　資格外活動の許可の有無	◎		◎	
⑧　住　所		○		
⑨　雇入れ又は離職に係る事業所の名称・所在地	○	○		
⑩　賃金その他の雇用状況に関する事項	○			

◎：外国人のみの届出事項、○：雇用保険被保険者としての届出事項

（個人番号及び個人情報の取扱い）

個人番号（マイナンバー）の取得

1．マイナンバーを取得する際は、本人に利用目的を明示するとともに、他人へのなりすましを防止するために厳格な本人確認が必要です。

2．マイナンバーを含む特定個人情報にも個人情報保護法が適用されるので、同法18条に基づき、マイナンバーを取得するときは、利用目的を本人に通知又は公表しなければなりません。なお、複数の利用目的をまとめて明示することは可能ですが、利用目的を後から追加することはできません。

3．従業員や金融機関の顧客などがマイナンバーの提供を拒んだ場合は、社会保障や税の決められた書類にマイナンバーを記載することは法令で定められた義務であることを周知し、提供を求める必要があります。それでも提供を受けられないときは、書類の提出先の機関の指示に従います。

⑥　退職所得に関する申告書作成事務等
⑦　健康保険・厚生年金保険届出事務等
⑧　企業年金等の給付に係る源泉徴収等事務等
⑨　国民年金第３号被保険者届出事務等
⑩　雇用保険届出事務等
⑪　その他これらに関連する事務等

（２）給与計算（各種手当支給）及び支払手続のため
（３）法令に従った医療機関又は健康保険組合からの健康情報の取得のため
（４）会社内における人員配置のため
（５）昇降給の決定のため
（６）教育管理のため
（７）福利厚生等の各種手続のため
（８）万が一のことがあった際の緊急連絡先の把握のため
（９）前各号のほか、会社の人事政策及び雇用管理の目的を達成するために必要な事項のため

2　会社は、所要の安全管理措置を講じたうえで、採用された者から個人番号の提供を求めることができる。この場合において、採用された者は、会社が行う従業員からの個人番号の取得及び本人確認（扶養親族等に係るものを含む。）に協力しなければならない。この場合において、協力しなかったことによる不利益は本人が負うものとする。

（身元保証）

第12条　身元保証人は、独立の生計を営んでいる成年者であって会社が適当と認める者２名とし、うち１名は、親権者又は親族人とする。ただし、これに該当する者がいないときは、会社が身元保証人としてふさわしいと認めた者１名を身元保証人とすることができる。

2　身元保証の期間は５年間とし、会社が特に必要と認めた場合、その身元保証の期間の更新を求めることができる。

3　従業員が会社の規則又は指示を適切に遵守しなかったことにより会社に損害を与えたときは、会社は身元保証人に対し、その損害を賠償させることができる。

4　会社は、従業員に次の各号のいずれかの事情が生じたときは、身元保証人に対しその旨を遅滞なく通知するものとする。

（１）従業員の職務遂行が不適切又は不誠実であることにより、身元保証人の責

条文の見出し／キーワード	作成基準の解説
（身元保証）	身元保証については「身元保証に関する法律」（1条、2条）により、**身元保証の契約期間は5年を超えることはできず、期間を定めないときは3年間に限り有効とされています**。また、**この契約期間は自動更新することはできず、期間の満了時に更新手続をしなければなりません。** 身元保証は、従業員本人の人物を保証したり、その素行を監督したりするものではなく、従業員が会社に損害を与えた場合にそれを賠償することを目的としています。

任問題を引き起こすおそれがあると認められるとき。

（２）従業員の業務の内容及び当該業務に伴う責任の程度又は勤務地の異動により、身元保証人の従業員に対する監督が困難になり、又は責任が加重されるおそれがあると認められるとき。

5　身元保証人は、前項の通知を受けた場合、将来に向かって身元保証契約を解除することができる。

6　従業員が身元保証人を変更するときは、第１項の要件を具備する者を選任し、速やかに会社と身元保証契約を締結する手続を行わなければならない。

（労働条件の明示）

第13条　会社は、従業員との労働契約の締結に際し、＜労働契約書を取り交わすとともに＞労働条件通知書（様式第○号）及びこの規則を交付して、次の各号に掲げる事項を明示する。

（１）労働契約の期間

（２）就業の場所及び従事する業務…＜限定社員にあっては、勤務地又は職務の内容を詳細に明示するものとし、それ以外の従業員にあっては、＞雇入れ直後の勤務地又は職務の内容及びその後の配転の可能性等を明示するものとする。

（３）始業及び終業の時刻、所定労働時間を超える労働の有無、休憩時間、休日及び休暇

（４）賃金の決定、計算及び支払の方法、賃金の締切日及び支払の時期並びに昇給及び降給

（５）定年、退職となる事由、退職の手続、解雇の事由及び解雇の手続並びに退職金制度の対象の有無

（６）退職金制度の対象となる従業員にあっては、退職金の決定、計算及び支払方法並びに退職金の支払時期

（７）休職制度の対象となる従業員にあっては、休職事由及び休職期間

（８）当該従業員の労働契約に期間の定めがあるときは、当該契約の更新の有無及び更新がある場合におけるその判断基準

（９）当該従業員がパートタイマーであるときは、昇給の有無、賞与の有無、退職金の有無及びパートタイマーの雇用管理の改善等に関する事項に係る相談窓口

条文の見出し／キーワード	作成基準の解説
（労働条件の明示） 絶対的明示事項	1．労働契約は、基本的に当事者の合意のみで成立します。つまり「口約束」だけでも契約は成り立ちますが、採用時に書面で労働条件を提示しなかったことに起因するトラブルは後を絶ちません。特に書面で示さなければならない事項については、適切に対応しないと明らかな法違反となり、後々トラブルとなる危険性があります。就業規則に明示内容を記載しておく趣旨は、労働契約締結時に明示されるべき労働条件を従業員に改めて確認させ、事後のトラブルを未然に防止することにあります。 2．会社は、労働契約の締結に際し、従業員に対して次の労働条件を必ず明示しなければなりません（労基法15条、労基則5条）。 ①　労働契約の期間に関する事項…期間の定めがないときはその旨を明示します。 ②　期間の定めのある労働契約を更新する場合の基準に関する事項…期間の定めのある労働契約であって当該労働契約の期間の満了後に当該労働契約を更新する場合があるものの締結の場合に限ります。 ③　就業の場所及び従事すべき業務に関する事項…雇入れ直後のものでもよいですが、その後の配転や出向等の可能性があればその旨を加えてもかまいません。 ④　始業及び終業の時刻、所定労働時間を超える労働の有無、休憩時間、休日、休暇並びに従業員を二組以上に分けて就業させる場合における就業時転換に関する事項…所定労働時間が8時間未満の会社であっても、所定外労働をさせるのであれば、法

2　会社は、前項の労働条件その他従業員の待遇に変更があったときは、文書又は社内メールにより、その内容を周知するものとする。

<□：労働条件通知書（本書 566 頁～）>

◆注意すべき条文◆

会社は、採用する者に対し労働基準法第 15 条による労働条件を明示する。

＊「就業規則の開示がされず、しかも就業規則の内容について不十分な説明しか行われなかった場合には、労基法 15 条違反が成立する」（日新火災海上保険事件　東京高平 12.4.19）。絶対的明示事項に係る書面交付が義務化されていることを考慮すると、この条文は具体的内容に欠けています。

条文の見出し／キーワード	作成基準の解説
	定労働時間を超えるか否かにかかわらず明示が必要です。 ⑤　賃金の決定、計算及び支払の方法、賃金の締切り及び支払の時期並びに昇給に関する事項…退職手当・臨時に支払われる賃金については、これらの定めがある場合には別途明示義務が生じます。時間外労働等に係る割増賃金率も明示が必要です。 ⑥　退職に関する事項…退職事由及び手続のほか、解雇の事由を含みます。
限定社員への対応	3．就業の場所及び従事する業務の明示については、雇入れ直後の就業の場所及び従事すべき業務を明示すれば足りるというのが通達上の運用です（平 11.1.29 基発 45 号）。この通達は、無限定社員を想定したものであることは厚生労働省も認めています。勤務地限定社員、職務限定社員については、モデル規則にあるとおり、具体的に詳細に明示することが求められるでしょう。 限定社員の場合は、職務や勤務地が限定されることから、網羅的な明示ではなく、**具体的かつ詳細な記載**が要求されるでしょう。
書面の交付による明示	4．明示の方法は、原則として、「書面の交付」とされています。通常は**労働条件通知書**のモデル様式を用いて明示します。法律上は、「昇給に関する事項」は、書面の交付によることが義務付けられていませんが、モデル様式では明示するようになっており、実務上は昇給制度があれば書面明示するのが一般的です。**モデル規則は、「降給」もあり得る前提であり、「昇給及び降給」としました。** なお、2. の④～⑥までの事項（所定労働時間を超える労働の有無を除く）については、明示すべき事項の内容が膨大なものとなる場合においては、従業員の利便性をも考慮し、**当該従業員に適用される就業規則上の関係条項名を網羅的に示すことで足りる**ものとされています（平 11. 1. 29 基発 45 号）。
メール等による明示	5．2019 年 4 月からは、**従業員が希望した場合**は、次のような方法で明示することができるようになりました。ただし、出力して書面を作成できるものに限られます。なお、従業員の個人的な事情によらず、一般的に出力可能な状態であれば、出力して書面を

条文の見出し／キーワード	作成基準の解説

作成できると認められます。

① FAX

② Eメールや、Yahoo! メール、Gmail 等の Web メールサービス

③ LINE やメッセンジャー等の SNS メッセージ機能等

※：第三者に閲覧させることを目的とし ている従業員のブログや個人のホームページへの書き込みによる明示は認められません。

留意事項

① 前記2．の6項目の書面明示の方法については、自由な様式でよく、当該従業員に適用する部分を明確にして就業規則を労働契約の締結の際に交付することとして差し支えないとされています（平11. 1.29　基発 45 号）。交付すべき書面の内容としては、就業規則の規定と併せ、労働契約締結後初めて支払われる賃金等が当該従業員について確定し得るものとされています。例えば、従業員の採用時に交付される辞令等であって、就業規則等に規定されている賃金等級が示されているもの（賃金テーブル）で差し支えありません（昭 51. 9 . 28 基発 690 号、昭 63. 3 . 14 基発 150 号、平 11. 3 . 31 基発 168 号）。

② 書面による明示は、パートタイマー、アルバイト、日雇い等についても必要です。中途採用者を含めすべての新たな採用者について辞令や労働条件通知書等により、賃金額を含めた前記2．の6項目についての事項を書面にして交付する必要があります。賃金規程により本人の賃金がわかる場合には、就業規則、賃金規程の抜粋の写し等で足ります。なお、パートタイマーに対する労働条件の明示事項については、正社員よりも範囲が広くなっているため、注意が必要です。

③ 「労働契約の更新」は、新たな労働契約の締結であり、更新の都度、労働条件の明示が必要となります。

パートタイマーへの明示事項

6．正社員より所定労働時間の短いパートタイマーについては、次の事項も明示しなければなりません（パートタイム労働法6条、同則2条）。この場合の明示についても、ファックスや電子メールが認められます。

条文の見出し／キーワード	作成基準の解説
	①　昇給の有無 ②　退職手当の有無 ③　賞与の有無 ④　短時間労働者の雇用管理の改善等に関する事項に係る相談窓口 この規定は、2020年（中小企業は2021年）4月からは、フルタイムの契約社員についても適用されるようになります。
派遣労働者への明示事項	7．派遣労働者として従業員を雇い入れるときは、その旨を本人に明示しなければなりません（派遣法32条1項）。 なお、通常の従業員を新たに労働者派遣の対象としようとするときは、その旨を明示し、**本人の同意**を得なければなりません（同条2項）。
労働契約の解除	8．明示した労働条件が**事実と相違**する場合、従業員はその労働契約を即時に解除することができます（労基法15条2項）。この場合には住所を変更した従業員に対し、一定の場合には、帰郷旅費を負担しなければならないこととされていますが、「明示した労働条件が事実と相違する場合」以外の理由による契約解除の場合には、その義務は発生しません。なお、「福利厚生」はここでいう労働条件に含まれないものと解されています（昭23.11.27基収3514号）。
労働条件通知書	9．労働条件の明示に関する違反を防止するため、厚生労働省では、労働条件通知書のモデル様式を定め、その普及促進を図っています。モデル様式は、次の8種類が定められています。 ①　一般労働者用；常用、有期雇用型 ②　一般労働者用；日雇型 ③　建設労働者用；常用、有期雇用型 ④　建設労働者用；日雇型 ⑤　林業労働者用；常用、有期雇用型 ⑥　林業労働者用；日雇型 ⑦　短時間労働者・派遣労働者用；常用、有期雇用型 ⑧　派遣労働者用；日雇型

（試用期間）

第14条　新たに採用した者については、採用の日から３か月間を試用期間とする。

2　試用期間中における従業員との雇用関係は仮採用によるものとし、試用期間の終了をもって、会社は当該従業員を本採用する。

3　会社は、試用期間中の従業員の業務適性等を総合的に判断し、試用期間が満了するまでに本採用の有無を決定する。

4　会社は、従業員の採用決定時における評価及び試用期間中の業務遂行状況等を鑑み、試用期間を短縮すること又は設けないことができる。

5　会社は、試用期間満了までに試用期間中の従業員の業務適性等に関して最終的な判断をすることが困難である場合、労働契約の解約権を留保したうえで、最長で通算６か月まで試用期間を延長することができる。

6　従業員が試用期間中に業務災害により休業する場合は、当該休業期間における試用期間の経過を中断し、復職後試用期間を再開することができる。

7　試用期間は、勤続年数に通算する。

8　試用期間中の従業員の労働条件は、個別に定める。

9　試用期間中の従業員の所属は、総務部＜○○部○○課＞とする。

10　本採用は、試用期間満了・本採用決定通知書（様式第○号）の交付をもって通知する。

＜📄：試用期間満了・本採用決定通知書（本書 576 頁）＞

より明確に適性を判断する場合

（試行雇用期間）

第○条　会社と正社員との間の労働契約は、無期労働契約を原則とするが、その職務の適性があるかどうかを判断するために、試用期間を一の独立した有

条文の見出し／キーワード	作成基準の解説

本書では、利用頻度が高いと思われる①、②、⑦、⑧のみを収録しました（本書566～575頁）。なお、モデル様式は法定様式ではないため（つまり、様式は任意）、必ずしもこれによらなければならないわけではありませんが、Word等で自作したものの場合、法定事項が抜け落ちているものも見受けられるため、まずはモデル様式を参照することをお勧めします。

（試用期間）

雇用指針
○　日本では、新規学校卒業者等の採用において、入社後一定期間を「試用期間」とし、この間に労働者の人物・能力を評価して本採用するか否かを決定する制度をとる企業が多い。 ○　もっとも、新規学校卒業者等を定期採用し長期的に育成・活用する日本の「長期雇用システム」においては、（略）新規学校卒業者等の採用は慎重な選考過程を経て行われるので、試用期間中の適格性判定は念のためのものとなり、本採用拒否となることは少ない。 ○　判例では、試用期間を設けた雇用契約は、契約締結と同時に雇用の効力が確定し、ただ試用期間中は不適格であると認めたときはそれだけの理由で雇用を解約しうるという解約権留保特約のある雇用契約であるとしている。そして、当該解約権の留保は、後日における調査や観察に基づく最終決定を留保する趣旨で設定されるものと解され合理性があり、留保解約権に基づく解雇は、通常の解雇よりも広い範囲における解雇の自由が認められるとしている。 　しかしながら、試用期間中の労働者が他の企業への就職機会を放棄していること等を踏まえると、留保解約権の行使は、解約権留保の趣旨、目的に照らして、客観的に合理的な理由が存在し社会通念上相当として是認されうる場合にのみ許されるとしている。 ○　採用決定後における調査により、又は試用中の勤務状態等により、当初知ることができず、また知ることが期待できないような事実を知るに至った場合において、その者を引き続き企業に雇用しておくことが適当でないと判断することが、解約権留保の趣旨、目的に照らして客観的に相当であると認められる場合には、留保した解約権を行使することができるとしている。

期労働契約（最長３か月とする。以下「試行雇用期間」という。）とすることができる。

2　前項の試行雇用期間とは、その職務の適性の有無を判断するための本採用に先立ち締結する期間とする。

3　第１項の有期労働契約は更新しないものとし、適性が認められる者のみ本採用し、それ以外の者については、雇用を終了する。

◆注意すべき条文◆

内定者については、本採用までの間に研修を義務付ける。なお、この場合、賃金は支給しない。

＊採用前に研修を行うことは世間一般的に広く行われていることでもあり、労基法上の問題もありませんが、内定段階で研修を「強制」することはできません。採用後に行う研修、研修旅行については、労働の対価を支払う義務がありますが、採用前に行う任意参加型の研修、研修旅行については「日当」を払えば足ります。なお、この場合の日当は、社内規程に基づき支給し、最低賃金を下回らない範囲で定めておくのがよいでしょう。

条文の見出し／キーワード	作成基準の解説
	1．**試用期間とは、仮採用期間であることを明確にします。**なお、いわゆる無限定社員の場合は、職務は特定せず、OJT の中で会社が従業員を育てていく人事制度を採っているため、試用期間の位置付けも曖昧になっているという指摘があります。今後、限定社員が普及してくれば、当該試用期間は、職務に対する適性を判断する期間として、本来の役割が重視されていくことになるでしょう。
	2．試用期間の長さは法律に規定されているわけではありませんが、**3か月から6か月程度**が一般的といえます。 業務内容が季節によって変動するといった合理的な理由があれば、1年間の試用期間も可能です。ただし、例えば、2年3か月といった長期の試用期間の定めは公序良俗に反し無効（ブラザー工業事件 名古屋地 昭 59. 3. 23）となります。
試用期間と解雇予告	3．**たとえ、1か月、3か月といった試用期間を定めていたとしても、労基法20条の解雇予告手続が除外されるのは、最初の14日間（試みの使用期間）のみです**（労基法21条）。また、試用期間は、必ず設けなければならないものでもなく、会社の自由裁量となっていますが、**就業規則や労働契約で試用期間を定めていない場合には、当初から本採用となり、この規定は適用されないと考えられます。**したがって、14日以内の解雇であっても、解雇予告手当の支払等が必要となります。
社会保険の加入	4．試用期間中とはいえ、社会保険は入社日から適用されるものですが、試用期間満了後（本採用が決定された時点）から社会保険の被保険者資格取得手続をすることが暗黙の了解となっている会社も見受けられます。社会保険加入の有無は、職業安定法に基づく労働条件等の明示事項であり、「加入有り」として採用した以上、入社日から加入させるべきです。
試用期間の延長	5．試用期間の延長は、従業員を不安定な地位に置くこととなるため、**就業規則上の根拠がなければ原則としてできません。**病気で欠勤が多く試用期間中だけでは適性を判断できない、もう少し改善できるか再チャンスを与えたい、という場合に延長できる規定

条文の見出し／キーワード	作成基準の解説
	が必要であれば、会社の裁量により延長できる旨を定めておくとよいでしょう。
試行雇用契約	6．当初から期間の定めのない雇用契約を締結するのではなく、試用を目的とする有期労働契約を締結することを「**試行雇用契約**」といい、近年採用する企業が増えています。 試用期間終了後の本採用拒否は、基本的に解雇に該当することになりますが、試行雇用契約満了後の本採用拒否は、有期労働契約の終了であり、解雇に該当しないのが原則です。ただし、判例では、**試用的な雇用の期間について、期間の満了により労働契約が当然に終了する旨の明確な合意が当事者間に成立しているなどの特段の事情が認められる場合**を除き、期間の定めのない契約における試用期間であると判断しています（神戸弘陵学園事件 最3小 平2.6.5）。 したがって、**試行雇用契約を採用する場合には、契約期間満了後に期間の定めのない契約の締結（本採用）がない限り、契約期間の満了によって労働契約が終了することを明示する必要があります。** 日本型雇用システムではジョブが限定されないので、試用期間の性格が曖昧になっているという指摘があります。規制改革会議雇用ワーキング・グループにおいて、ＪＩＬＰＴ統括研究員（当時）の濱口桂一郎氏は、「ジョブ型社会においては、試用期間とはあるジョブに採用した労働者が当該ジョブを遂行しうるかを判断するための期間。それゆえ、試用期間は個別解雇が緩やかとなる。ジョブ型正社員であれば、試用期間の性格は諸外国型となる。」といった指摘を行っています。すなわち他の職務への転換ができない以上、より職務への適性を慎重に見る必要があるということです。例えば、いわゆる正社員は、当初より無期雇用として従来どおりの試用期間とし、ジョブ型正社員については、無期雇用に先立つ有期雇用（更新規定なしの試行雇用期間）を置くといった工夫が考えられます。

（本採用拒否）

第15条　試用期間中の従業員が次の各号のいずれかに該当し、従業員として不適格であると認めるときは、会社は、採用を取り消し、本採用を行わない。

（1）遅刻・早退及び欠勤が多い、又は休みがちである等、出勤状況が悪いとき。

（2）所属長の指示に従わない、同僚との協調性がない、仕事に対する意欲が欠如している、又は勤務態度が悪いとき。

（3）必要な教育は施したが会社が求める能力に足りず、かつ、改善の見込みも薄い等、能力が不足すると認められるとき。

（4）暴力団員や暴力団関係者と関わりがあることが判明したとき。

（5）採用選考時又は採用決定時の提出書類に偽りの記載をし、又は面接時において事実と異なる経歴等を告知していたことが判明し、会社との信頼関係を維持することが困難になったとき。

（6）必要書類を提出しないとき。

（7）健康状態（精神の状態を含む。）が悪いとき。

（8）会社の従業員としてふさわしくないと認められるとき。

（9）第25条の遵守事項その他この規則の規定に従わない又は違反したとき。

（10）第100条の解雇事由に該当するとき。

（11）その他前各号に準ずる事由

2　採用の取消しは、試用期間満了前であっても行うことができる。この場合において、これが解雇に該当し、採用の日から14日を経過していたときは、第101条（解雇予告）の規定を準用する。

◆注意すべき条文◆

試用期間中に従業員として不適格と認められた場合は、直ちに解雇する。

＊「留保解約権の行使は、解約権留保の趣旨、目的に照らして客観的に合理的な理由が存し、社会通念上相当として是認され得る場合のみ許される」（三菱樹脂事件　最大　昭48.12.12）。本採用拒否も解雇に該当しますから、解雇に当たっての合理的な理由及び労基法上の手続が必要となります。

採用後3か月間は試用期間とし、試用期間中に従業員として不適格と認めた者は、その期間中にいつでも解雇する。

条文の見出し／キーワード	作成基準の解説
（本採用拒否）	1．**「本採用拒否」とは、従業員を雇い入れた会社が一定期間留保する解約権を行使することです。**会社が一方的に行使すれば、事実上の解雇となります。ただし、本人が会社とのミスマッチを自覚しているような場合には、合意解約もあり得ます。
解約権の留保	2．「解約権の留保」が認められる理由としては、新卒者等の採否決定の当初において、その者の資質、性格、能力その他の適格性の有無に関する調査や判定資料を収集することができないことが考えられるため、後日における調査や観察に基づく最終的決定を留保する趣旨とされています。判例では、このような留保約款を設けることは、実情に鑑み、**一定の合理的期間の限定の下であれば合理性をもつ**ものと判断しています（三菱樹脂事件　最大　昭48.12.12）。それゆえ、「（本採用拒否のような）留保解約権に基づく解雇は、これを通常の解雇とまったく同一に論ずることはできず、**前者については、後者の場合（通常の解雇）よりも広い範囲における解雇の自由が認められてしかるべきものといわなければならない**」（同判例）としています。つまり、通常の解雇に比べると合理的事由の範囲は広いと考えられます。 　このようなことから、**本採用拒否は、懲戒解雇や普通解雇とまったく同じものとはいえないため、単独の条項で規定するべきでしょう。**

＊試用期間中において、いつでも解雇できるものではありません。試用期間の開始後14日を超えて解雇する場合には、労基法20条の規定のとおり、30日前の解雇予告又は30日分の解雇予告手当の支払が必要となります。さらに労契法16条により解雇事由についての合理性、社会相当性が求められます。

第２節　配転等

（配　転）

第16条　会社は、業務上の必要があるときは、従業員に配転を命ずることができる。

2　従業員（職務又は勤務地に限定がないものに限る。）は、正当な理由がない限り配転を拒むことができない。

3　会社は、会社経営上のやむを得ない事由があるときは、職務又は勤務地に限定が設けられている正社員であっても、配転を命ずることがある。ただし、その場合には、あらかじめ本人の同意を得るものとし、その同意が得られない場合には、会社は、配転を命ずることはない。

4　第１項で定める配転とは、次のとおりとする。

（１）配置転換…同一事業場内での担当業務等の変更

（２）転勤…勤務地の変更を伴う所属部門の変更

（３）職種変更…職種の変更

（４）一時異動…災害その他避けることのできない事由により本来の事業場における就業が困難となり、臨時的に勤務場所を移転した場合における当該勤務場所への一時的な配転

（５）応援…会社の要請により所属事業場に在籍したまま行われる、一時的な他の担当業務又は勤務地における勤務

（６）海外転勤…日本国外の事業場への転勤（出向の場合は次条に定めるところによる。）

4　会社は、転勤を命じる場合において、子の養育又は家族の介護を行うことが困難となる従業員に対しては、当該従業員の子の養育又は家族の介護の状況に配慮するものとし、また、不利益が少なくなるよう努めるものとする。

5　配転命令は、辞令（様式第○号）を交付して行う。

6　配転の効力は、辞令の発効日をもって生ずる。

<📖：辞令（本書577頁）>

条文の見出し／キーワード	作成基準の解説

（配　転）

雇用指針

○「配転」とは労働者の配置の変更であって、職務内容又は勤務場所が相当の長期間にわたって変更される。同一勤務地（事業所）内の勤務箇所（所属部署）の変更が「配置転換」、勤務地の変更が「転勤」と称されることが多い。

日本では、長期的な雇用を予定した正規雇用労働者について、職務内容や勤務地を限定せずに採用され、企業組織内での労働者の職業能力・地位の向上や労働力の補充・調整のために系統的で広範囲な配転が広く行われている。

○　裁判例では、就業規則に業務上の都合により労働者に転勤や配置転換を命ずることができる旨の定めがあり、勤務地や職種を限定する合意がない場合には、企業は労働者の同意なしに転勤や配置転換を命じることできるとしている。ただし、配転命令権は無制約に行使できるものではなく濫用することは許されないとしている。

具体的には、業務上の必要性が存しない場合、又は業務上の必要性が存する場合であっても、他の不当な動機・目的をもってなされたものであるとき、若しくは労働者に対して通常甘受すべき程度を著しく越える不利益を負わせるものであるとき等、特段の事情が存する場合でない限りは、権利の濫用とはならないとしている。

○　また、裁判例では、退職させることを目的とした配転命令が違法とされた事例がある。

1．業務運営上の理由から就業場所や担当業務を変更することは会社の人事権として認められますが、従業員の意に沿わない場合に争いが生ずる可能性があるため、あらかじめ就業規則に明記しておくのがよいでしょう。なお、「配転」のことを「人事異動」「異

条文の見出し／キーワード	作成基準の解説
	動」と称することもあります。
	2．職種や勤務地を限定して採用した場合には、これらの者を、本人の同意なくして職種変更、限定勤務地外への転勤をさせることはできないとした判例もあります。事業の見直し等で職種変更が避けられないときのために、**職種限定従業員であっても配転の可能性があることを示しておく必要があります。**
	3．配転については、入社の際の労働契約書や就業規則に定める配転応諾義務を明示して、包括的に異動について同意を得ておくことは必要ですが、具体的な要件は求められていません。したがって、配転応諾義務のあることを規定しておけばよいでしょう（東亜ペイント事件 最2小 昭61.7.14、北海道放送事件　札幌地昭39.2.25)。
一時異動	4．平成23年3月の東日本大震災の折には、地震・津波等の直接被害のほか、放射能、計画停電等の影響により、本来の事業場での営業が困難となる事態も生じました。そこで、一時的に臨時の事業場に一部営業機能を移転する会社もありました。労基法15条の労働条件の明示事項に「就業の場所」が含まれることから、就業の場所の変更は労働条件の変更となります。**災害等やむを得ない事由により臨時的・一時的に就業の場所が変更されることがある旨をあらかじめ就業規則に定めておくとよいでしょう。** なお、実際に災害等が発生した場合の対応方法についてはモデル規則67条、69条を、賃金については同92条を参照してください。
応　援	5．原則として、勤務地限定特約を結んでいる従業員には、業務命令として転勤を命ずることはできません。ただし、緊急的に他の事業場での業務が集中し、一時的な応援が必要な場合であれば、このような従業員についても応援を命ずる余地はあると考えます。 なお、応援という制度は、多店舗展開をしている会社では、人員のやりくりをする必要から多くみられるものですが、就業規則に明確に規定している例は少ないようです。 あまりに無制限に行うと労働条件が不安定になりがちとなり、

条文の見出し／キーワード	作成基準の解説
	慣れない職場での作業から事故が発生することもあります。一定のルール化は必要でしょう。
海外出張	6．製造業の生産拠点の海外への移転等により、国内の事業場で就労していた従業員が海外で業務に従事するケースについては、大きく「海外出張」と「海外転勤」に分けられます。このうち「海外出張」とは、次のようなものです。すなわち、労働の提供の場は海外にありますが、所属はあくまでも国内の本店・支店（事業場）であり、当該国内の事業場の長から指揮命令を受けている場合です。 ① 商談 ② 技術・仕様等の打合せ ③ 市場調査・会議・視察・見学 ④ アフターサービス ⑤ 現場での突発的なトラブル対処 ⑥ 技術習得等のために海外に赴く場合 （厚生労働省リーフレットより）
海外出張と労災保険	7．海外出張の場合の労災保険の適用については、何ら特別の手続を要することなく、当該従業員が所属する国内の事業場の労災保険により給付を受けられます。
海外転勤	8．これに対して「海外転勤」とは、海外の事業場に所属して、当該海外の事業場の長の指揮命令に従って勤務することをいいます（なお、厚生労働省のリーフレット等では「海外派遣」と称しています）。 具体的には次のような場合です。 ① 海外関連会社（現地法人、合弁会社、提携先企業等）へ出向する場合 ② 海外支店、営業所等へ転勤する場合 ③ 海外で行う据付工事・建設工事（有期事業）に従事する場合（統括責任者、工事監督者、一般作業員等として派遣される場合） （厚生労働省リーフレットより）
海外転勤者の特別加入	9．海外転勤の場合の労災保険の適用については、当該海外転勤者

条文の見出し／キーワード	作成基準の解説
	に関して特別加入の手続を行っていなければ、労災保険による給付が受けられないこととなります。特別加入をしようとする場合には、派遣元の団体又は事業主が、日本国内において実施している事業（有期事業を除きます）について、労災保険の保険関係が成立していることが必要です（派遣先の事業については、有期事業でも構いません）。
	10. 海外転勤者の特別加入は、**通常の労災保険と異なり、海外転勤者の個人名の登録が必要となります**。したがって、海外転勤者を帰国させ、代替の者を派遣したときは、対象となる海外転勤者の異動の手続を行わなければならず、これを怠ると加入漏れで労災保険が適用されなくなるため、注意が必要です。
海外転勤の場合の健康診断	11. 会社が従業員を海外に６か月以上異動させようとするとき、又は海外に６か月以上異動させた従業員を帰国させるときは、次の項目について、医師による健康診断を行わなければなりません。

異動時	帰国時
①　腹部画像検査 ②　血液中の尿酸の量の検査 ③　Ｂ型肝炎ウイルス抗体検査	
④　ＡＢＯ式及びＲｈ式の血液型検査	④　糞便塗抹検査

条文の見出し／キーワード	作成基準の解説
育児を行う者等への配慮義務	12. 会社は、転勤を命ずることによってその子の養育又は家族の介護を行うことが困難となる従業員がいるときは、当該従業員の子の養育又は家族の介護の状況に配慮しなければならないものとされています（育児・介護休業法26条）。
転勤に関する雇用管理のヒントと手法	13. 転勤は、生活の本拠等を長期にわたり変更させ、従業員の暮らしに大きな影響を及ぼすことから、厚生労働省は、平成29年3月30日に、事業主が従業員の転勤の在り方を見直す際に参考にするためにまとめた資料「転勤に関する雇用管理のヒントと手法」を公表しました。これによれば、事業主には転勤を伴う配転命令権があるが、転勤の時期や期間などについて社内ルールがないと、従業員は将来の見通しや生活設計を立てにくいと指摘、その上で、**従業員が転勤を事前に把握しやすくするよう、目的や範**

【多様な正社員制度を採用する場合は以下を追加】

（勤務地の限定）

第16条の２　正社員の勤務地は、次の各号に掲げる区分に応じて当該各号に定めるところによる。

（１）総合型社員及びプロフェッショナル社員…原則として、勤務地の限定はなく、会社の営業範囲全域での変更（転居を伴うものを含む。）を前提として勤務するものとする。ただし、本人が次条の申出をし、会社がやむを得ないと認めるときは、勤務地は、本人が希望する地域内の事業所として、個別労働契約で定める。

（２）アソシエイト社員…勤務地は、採用時に決定した限定された地域内の事業所とする。

（３）勤務地限定社員…勤務地は、勤務地限定の特約を締結した際に本人が希望した事業所とする。ただし、本人の同意を得て、その勤務地を特定エリア内の他の事業所とすることができる。

（４）短時間社員…勤務地は、短時間社員となったときに勤務していた事業所とする。

条文の見出し／キーワード	作成基準の解説
	囲、時期、回数、期間などの方針を定め、社内で共有することが望ましいとしています。 また、「勤務地を限定しないことを原則とする場合」や「勤務地の変更の有無や範囲により雇用区分を分ける場合」など、複数のケースを想定した転勤に関する雇用管理の事例を紹介しています。
出　向	14. いわゆる出向（在籍出向、転籍）は、通常の配置転換の要件（業務命令等）の範囲で行うことはできません。また、労契法14条により、出向命令が権利濫用に該当すると無効になるため、別に条項を建ててきめ細かく規定すべきでしょう。
（勤務地の限定）	1．転勤、配置転換などの際の紛争の未然防止のため、職務や勤務地に限定がある場合には限定の内容について明示することが重要です。これにより、従業員にとってキャリア形成の見通しの明確化やワーク・ライフ・バランスの実現が容易になり、企業にとっては優秀な人材を確保しやすくなる効果があります。 2．労契法4条の書面による労働契約の内容の確認の対象としては、職務や勤務地の限定も含まれます。 ➢　労働契約法4条（労働契約の内容の理解の促進） 1　使用者は、労働者に提示する労働条件及び労働契約の内容について、労働者の理解を深めるようにするものとする。 2　労働者及び使用者は、労働契約の内容（期間の定めのある労働契約に関する事項を含む。）について、できる限り書面により確認するものとする。 3．モデル規則の内容をまとめると次のとおりです。 ①「職務の限定」「勤務地の限定」の順で区分した。 ②「職務の限定あり」については、高度専門職（プロフェッショナル社員）、高度専門ではない職務限定職（アソシエイト社員）に区分した。 ③「アソシエイト社員」については、「勤務地限定あり」を原則とし、本人の希望により「勤務地限定なし」を選択できるようにした。

（勤務地限定の申出）

第16条の３　勤務地に限定のない正社員が、次の各号のいずれかの事由に該当するときは、勤務地を限定することの申出をすることができる。この場合において、当該申出は、次の各号のいずれかの事由が生ずる○か月前までに（緊急に当該事由が生じたときは遅滞なく）、所定の申請書を会社に提出しなければならない。

（１）扶養する○親等内の親族の介護

（２）転居を伴う勤務地の変更が困難となる程度の本人の傷病等

（３）その他転居をすることが困難な特別な事情

２　前項の申出があったときは、会社は本人面接等を行い、要件を満たすと認めるときは、個別労働契約において勤務地を限定し、勤務地限定社員とする。ただし、事業の正常な運営を妨げる場合は、この限りでない。

３　第１項各号の事由がなくなったときは、会社は、本人の同意を得て、勤務地限定の特約を解除することができる。

勤務地限定の規定例

第○条　各社員における勤務地は次の各号に掲げるとおりとする。

<限定なしの例>

（１）総合職の勤務地は限定せず、会社の定める国内・海外の事業所とする。

（１）総合職は、勤務地の制限なく転居を伴う全国異動を前提として勤務するものとする。

<限定ありの例>

（２）地域限定社員の勤務地は、会社の定める地域内の事業所とする。

（２）地域限定社員の勤務地は、原則として、採用時に決定した限定された地区とする。

（２）地域限定社員は、勤務する地域を限定し、都道府県を異にし、かつ転居を伴う異動をしないものとする。

（２）地域限定社員は、原則として、本人の同意なく各地域ブロックを越えて転居を伴う異動を行わない。

条文の見出し／キーワード	作成基準の解説
	④「職務の限定なし」については、「勤務地限定なし」を原則とし、特約により「勤務地限定あり」を選択できるようにした。
(勤務地限定の申出)	1．この規定は、職務無限定のまま、特約によって勤務地を限定する場合を想定しており、総合型社員からプロフェッショナル社員への社員区分の転換は、第３章で規定しています。 2．上記特約の要件は、主に介護等の家庭の事情を想定しました。要件がなくなったときは、勤務地無限定に戻るのが原則ですが、念のため、本人の同意を得ることにしました。

ブロック区分	都道府県
北海道・東北ブロック	北海道、青森、岩手、秋田、宮城、山形、福島
関東ブロック	東京、神奈川、埼玉、千葉、茨城、栃木、群馬
東海ブロック	愛知、岐阜、静岡、三重
近畿ブロック	大阪、兵庫、京都、滋賀、奈良、和歌山

＜勤務地を通勤圏内に限定する雇用区分の例＞

（2）地域限定社員の勤務地は、採用時の居住地から通勤可能な事業所とする。

（2）地域限定社員は、本人の同意なく転居を伴う異動を行わないものとする。

（2）地域限定社員は、自宅から通勤可能なエリア内（おおむね通勤時間1時間30分以内とする。）で勤務するものとする。

＜勤務地を特定の事業場に固定する雇用区分の例＞

（2）地域限定社員の勤務場所は、1事業所のみとし、事業場の変更を伴う異動は行わないものとする。

（2）地域限定社員の勤務場所は、労働契約書に定める事業所とする。

（出　向）

第17条　会社は、次の各号に掲げる事由のいずれかに該当するときは、関係会社又は団体（以下「出向先」という。）＜及び特定の従業員＞との三者間の協定を締結し、一定期間、当該従業員との労働契約関係を維持したまま、当該従業員と出向先との間にも労働契約を締結させ、当該出向先においてその労務に従事させること（以下「出向」という。）を命ずることができる。

（1）出向先への経営及び技術の指導

（2）従業員の職業能力の形成及び発展

（3）事業部門の分社化等に伴う人事戦略

（4）その他会社の発展及び従業員のキャリア形成に資する事由

2　会社は、出向に際し、出向期間その他の労働条件を前項の協定に定めるものとし、労働条件が低下しないよう必要な措置を講ずるものとする。

3　第1項の協定は、出向協定書（様式第○号）を用いるものとする。

＜：出向協定書（本書579頁）＞

条文の見出し／キーワード	作成基準の解説

（出　向）

雇用指針

○「出向」とは、労働者が自己の雇用先の企業に在籍のまま、他の企業の労働者となって相当期間にわたって当該他企業の業務に従事することをいう。

日本では、長期的な雇用を予定した正規雇用労働者について、職務内容や勤務地を限定せずに採用され、子会社・関連会社の経営・技術指導、労働者の能力開発・キャリア形成、中高年のポスト不足への対応、雇用調整等の目的のために広く行われている。

○　労働契約法第 14 条では、「使用者が労働者に出向を命ずることができる場合において、当該出向の命令が、その必要性、対象労働者の選定に係る事情その他の事情に照らして、その権利を濫用したものと認められる場合には、当該命令は、無効とする」としている。

1．労契法でいう「出向」とは、「在籍出向」のことであり、「転籍」に関しての規定は設けられていません。転籍に関しては、民法

条文の見出し／キーワード	作成基準の解説
	625条1項が適用されます。
	2．出向命令は、就業規則に出向応諾義務が規定されており、これを提示することで包括的同意を得たとされます（古河電工事件　東京地　昭52.12.21)。しかし、これはグループ企業やあらかじめ予想され得る出向先の場合に限られます。**完全他社への出向やあらかじめ予想できない企業等への出向の可能性がある場合**は、モデル規則13条に規定する労働条件明示等が必要となります。
出向規程	3．就業規則本体に出向応諾義務のみ定め、別規程として出向規程を設け、出向における労働条件を定める方法があります。条項としては、少なくとも以下の項目が必要となります。 ①　出向先の範囲 ②　出向の際の手続 ③　出向期間 ④　出向中の労働条件 ⑤　復帰の際の手続 ⑥　復帰後の労働条件
在籍出向と派遣	4．在籍出向は、出向元・出向先の両方に雇用関係が生じ、派遣元のみに雇用関係が生じる「労働者派遣」と区別されます。なお、業として行われる在籍出向（偽装派遣の一種）は、職安法違反となります。
在籍出向の定義	5．労契法の当初案では、出向を「使用者が、その使用する労働者との間の労働契約に基づく関係を継続すること、第三者が当該労働者を使用すること及び当該第三者が当該労働者に対して負うこととなる義務の範囲について定める契約（以下「出向契約」という）を第三者との間で締結し、労働者が、当該出向契約に基づき、当該使用者との間の労働契約に基づく関係を継続しつつ、当該第三者との間の労働契約に基づく関係の下に、当該第三者に使用されて労働に従事することをいう」と定義していました。しかし、現実には出向の実態はさまざまであり、定義を設けることによりかえってその定義からこぼれる形態の者が法の保護を受けられなくなるおそれがあります。そのようなことから、法文化は見送ら

（転　籍）

第18条　会社は、前条第１項各号に掲げる事由（第１号の「出向先」は「転籍先」と読み替えるものとする。）のいずれかに該当するときは、特定の従業員の同意を得たうえで、会社との労働関係を終了させ、新たに転籍先との間に労働契約関係を成立させること（以下「転籍」という。）を命ずることができる。

2　会社は、転籍に際し、退職金の取扱い、転籍時に残余する年次有給休暇その他の労働条件を転籍先と協定し、労働条件が低下しないよう必要な措置を講ずるものとする。

（海外転勤）

第19条　会社は、従業員を海外に転勤又は出向させる場合、原則として着任日の３か月前までに従業員にその旨を通知する。

2　会社は、海外転勤の通知を行った後に、遅滞なく赴任地の就労ビザを手配するものとする。

3　従業員は、海外転勤の通知を受けたときは、速やかにパスポートの有効期間を確認し、必要に応じて申請又は更新の手続を行わなければならない。

4　海外転勤による海外勤務期間が６か月以上にわたる場合、会社は従業員に労働安全衛生法に定める項目並びに医師が必要と判断した項目、及び就労ビザに必要な項目についての健康診断を海外転勤前及び帰国後に受診させるものとする。また、必要な予防接種を受けさせるものとする。

5　会社は、海外転勤をする従業員に対し、労災保険について特別加入手続を行い、また海外旅行保険等の民間保険に加入させるものとする。また、従業員が赴任地

条文の見出し／キーワード	作成基準の解説
	れています。ただし、リスク回避の観点からは、在籍出向を検討する場合には、この定義の趣旨はよく理解しておくべきでしょう。
（転　籍）	1．**転籍は、労働契約上の地位の譲渡であり、転籍先と転籍元において合意が成立し、従業員が承諾する必要があります**（日立製作所横浜工場事件 最1小 昭48.4.12)。なお、民法625条1項では「使用者は、労働者の承諾を得なければ、その権利を第三者に譲り渡すことができない」と定めています。
三者間協定	2．個別同意の事実を明らかにするためには、**転籍協定書は、会社、転籍先（出向先)、従業員の三者間で協定することが効果的です。** リスク回避の観点からは、在籍出向においても、三者間協定を検討すべきです（本書914頁参照)。
転籍者の退職金・年次有給休暇	3．転籍に際しては、退職金を転籍元で支払ったうえで転籍させるか、退職金原資を転籍先に移換し、転籍先で支払うか、いくつか方法がありますが、トラブルになりやすい部分であるため、しっかりと協定する必要があります。年次有給休暇について、勤続期間を通算するかどうかについても同様です。
（海外転勤） 海外転勤と海外出張の違い	1．**海外転勤（厚生労働省でいう「海外派遣」）の場合は、労災保険の特別加入の対象となるため、海外転勤と海外出張の違いが問題となります。** 海外出張とは「国内の事業場に所属し、当該事業場の使用者の指揮に従って勤務する」ものであるのに対し、海外転勤は「海外の事業場に所属し、当該事業場の使用者の指揮に従って勤務する」ものです。したがって、海外滞在期間の長短は、判断区分の基準とはなりません。また、海外転勤の場合には、海外に事業場（支店、出張所、関連会社）が存在することが前提となります。
	2．当該海外勤務が、実態として海外転勤として取扱うべき事例の場合であって、特別加入の手続を行っていない場合は、事故が起こってから労災保険の救済を受けることは不可能であるため、注意が必要です。

で医療行為を受ける場合は、保険の対象範囲を確認し、対象範囲から外れる場合は総務部に相談しなければならない。

6　海外転勤中の従業員は、赴任地において災害・紛争・暴動に遭遇するおそれがある又は遭遇した場合は、直ちに総務部へ連絡し、指示を仰がなくてはならない。

7　その他海外転勤に関する細則については、別に定めるところによる。

（業務引継ぎ、着任）

第20条　人事異動等を命じられた者、退職する者及び解雇された者は、速やかに、かつ、確実に業務の引継ぎを完了しなければならない。

2　昇進する者及び人事異動等を命じられた者は、指定された日までに着任しなければならない。

3　前各項に違反し、引継ぎを怠った場合、不完全な引継ぎを行った場合又は指定された日までに着任しなかった場合、その他業務に支障をきたした場合には、懲戒処分の対象となる。

「業務引継ぎ」をより詳細に規定する場合

（業務引継ぎ義務）

第○条　人事異動等を命じられた者、退職する者及び解雇された者は、保管中の備品、書類のうち、会社に返還すべきものを直ちに会社に返還するとともに、後任者に対し指定期日までに業務の引継ぎを終了し、所属長にその旨を報告しなければならない。

2　前項の引継ぎを完了しない者及び十分な引継ぎを行わない者には、懲戒処分を行うものとする。また、退職者及び被解雇者にあっては、その退職金の全部又は一部を支給しないことができる。

（昇格・降格等）

第21条　会社は、人事評価制度規程に定めるところにより、職能〈職務〉グレードの昇格又は降格を行う。

2　会社は、人事評価制度規程、組織規程に定めるところにより、昇進又は降職を行う。

条文の見出し／キーワード	作成基準の解説
	3．就業規則では、「海外転勤」の際の手続を明確に規定し、海外出張との混同が起きないようにしておきます。
(業務引継ぎ、着任)	1．会社業務は人事異動があっても遅滞なく円滑に遂行されることが必要ですから、業務引継ぎは厳格に実行されなければなりません。しかし、自己保身のため後任者に仕事の成果・ノウハウなどの引継ぎを行わない者が見受けられます。企業内の情報共有化や人事政策を考えるうえでは、当該規定は特に重要となってくると思われます。 2．なお、退職時の年次有給休暇の一括申請に対しては、「業務の引継ぎを行わない場合は退職金を減額又は留保する」などという規定があれば、その行使を思いとどまらせる効果があります。**引継ぎ義務の規定は、退職にかかわる部分においてのみ機能するわけではなく、配転、昇進、出向などあらゆる人事異動の場面においてその有効性を発揮するといえます。**
(昇格・降格等) 昇進・昇格	1．「昇進」とは、企業内での従業員の位置付けについて下位の職階から上位の職階への移動を行うことをいいます。昇進には、職制上の地位の上方移動を伴わない、いわゆる「昇格」も含まれます。
職能資格制度における昇進・昇格	2．職能資格制度では、従業員の職務遂行能力によって職能資格の格付けがなされ、その職能資格を持った従業員の中から、当該資格に対応する役職につく者が選抜されますが、この場合において

条文の見出し／キーワード	作成基準の解説
	資格が上昇することを昇格、職位が上昇することを昇進といいます。
降格・降職	3.「降格」とは、企業内での従業員の位置付けについて上位の職階から下位の職階への移動を行うことをいい、昇進の反対の措置である場合（これを「降職」といいます。）と、昇格の反対の措置である場合の双方が含まれます。
	4．降格には人事権行使として行われる降格と懲戒処分として行われる降格があります。後者については、懲戒処分の規制に服することになります。例えば、懲戒規定が周知されていないような場合は、無効となります。
	5．**人事権行使としての職位の引下げは、就業規則等に明確な根拠規定がなくともなし得ると解されています**が、モデル規則では、あえて明記してみました。なお、労働契約上職位が限定されている場合には、それを下回る降格を一方的に行うことはできないとされています 。また、職位の引下げが労働契約上許容される範囲内のものであるとしても、その降格が使用者に付与された裁量権の範囲を逸脱し、社会通念上著しく妥当性を欠く場合には、権利濫用として違法・無効となります。

第3章　転換制度

（無期転換）

第22条　会社における有期労働契約期間を通算した期間（以下「通算契約期間」という。）が5年を超えることが見込まれるパートナー社員であって、引き続き雇用を希望するものは、会社に対し、無期労働契約へ転換すること（以下「無期転換」という。）の申込みをすることができるものとし、申込みをしたパートナー社員の労働契約は、現に締結している労働契約が満了する日の翌日から無期労働契約となる。

2　無期転換の申込みは、現に締結している有期労働契約の契約期間が満了する日の1か月前までに、書面で行わなければならない。

3　新たな労働契約を締結したことにより、通算契約期間が5年を超えることとなるパートナー社員であって、引き続き雇用されることを希望するものに対し、会社は、現に締結している有期労働契約の契約期間が満了する日の1か月前までに、無期転換の申込みをするよう勧奨することができる。

4　無期転換後の労働契約は、定年の定めがあるものとし、当該定年は、第107条（定年等）に定めるところによる。

5　無期転換後のパートナー社員の労働条件（契約期間及び定年を除く。）は、従前と同一とする。ただし、次条に定める正社員転換試験に合格した場合は、この限りでない。

＜無期転換後の労働条件を変更する場合＞

5　無期転換後のパートナー社員の労働条件は、パートナー社員就業規則に定めるところによる。

条文の見出し／キーワード	作成基準の解説
（無期転換）	１．有期契約労働者の雇用の安定又は有期労働契約の濫用的利用の抑制のため、労契法18条では、同一の使用者との間で締結された２以上の有期労働契約の契約期間を通算した期間（通算契約期間）が**５年を超えた場合**には，**労働者の申込により、期間の定めのない労働契約に転換させる仕組みが導入**されています。 ➢ 労働契約法18条（有期労働契約の期間の定めのない労働契約への転換） 同一の使用者との間で締結された二以上の有期労働契約（契約期間の始期の到来前のものを除く。以下この条において同じ。）の契約期間を通算した期間（次項において「通算契約期間」という。）が５年を超える労働者が、当該使用者に対し、現に締結している有期労働契約の契約期間が満了する日までの間に、当該満了する日の翌日から労務が提供される期間の定めのない労働契約の締結の申込みをしたときは、使用者は当該申込みを承諾したものとみなす。この場合において、当該申込みに係る期間の定めのない労働契約の内容である労働条件は、現に締結している有期労働契約の内容である労働条件（契約期間を除く。）と同一の労働条件（当該労働条件（契約期間を除く。）について別段の定めがある部分を除く。）とする。
通算契約期間の特例	２．大学等及び研究開発法人の教員等、研究者、技術者、リサーチアドミニストレーターについては、平成25年４月１日に遡って、原則「５年」である通算契約期間が「10年」に延長されます（研究開発システムの改革の推進等による研究開発能力の強化及び研究開発等の効率的推進等に関する法律（研究開発力強化法）、大学の教員の任期に関する法律（大学教員任期法））。
クーリング期間	３．1.の場合，同一の労働者と使用者との間で，一定期間をおいて有期労働契約が再度締結された場合、反復更新された有期労働契約の期間の算定において、一定の期間が存在することにより、従前の有期労働契約と通算されないこととなる期間（クーリング期間）が定められています。労契法ではこの期間を「空白期間」と称しており、空白期間は、当該期間に先立つ労働契約期間（通算されている場合は通算後の期間）が１年以上の場合は６か月、１年未満の場合はその２分の１に相当する期間（ただし、最短は１か月）とされています。

条文の見出し／キーワード	作成基準の解説

1年未満の期間を2分の1する場合、日単位の端数が生じることがありますが、この場合は、1月に切り上げると簡単に計算できます。また、2分の1した後の期間に端数が生じたときも1月に切り上げます。

> ➢　必要な空白期間（クーリング期間の計算方法）
> ・3月11日→ 4月に切上げ
> 　　4月× 1/2 = 2月（必要な空白期間）
> ・4月11日→5月に切上げ
> 　　5月× 1/2 = 2.5月≒3月（必要な空白期間）

無期転換後の労働条件

4．このモデル規則（及びパートナー就業規則）では、パートナー社員が勤続3年を超えた場合に正社員転換への応募権を付与し、ある程度責任ある仕事にもチャレンジできる道筋を設定しているため、無期転換後の労働条件は、定年を除き、労契法の原則に従いました（つまり、従前の条件を引き継ぐ）。

そうではなく、無期転換後は、ある程度責任ある働き方をしてもらいたいという会社の場合は、別途就業規則で労働条件を定めることも可能です。ちょうど総合職型正社員（無限定のいわゆる正社員）とパートタイマーの中間の社員を設けるイメージです。つまり、多様な正社員制度を導入し、「ジョブ型正社員」「短時間正社員」等への転換を含めた多様性・柔軟性のある社員区分を設ける方法です。

5．**無期転換後の労働条件は、別段の定めのない限り、労働契約期間を除き、従前のものが引き継がれます。**この場合、定年など有期契約労働者には通常適用されない労働条件を定める場合は、あらかじめ、就業規則等によりその内容を明確にしておくことが望まれます（質疑応答）。

6．無期転換後は、勤務地や職務を限定しないこととし、正社員並の責任を負わせる定めをすることは、就業規則に定めがあれば問題ありません。ただし、実務上の必要性がないにもかかわらず、無期転換の申込みを抑制する目的でそのような規定を設けることは、就業規則の制定・変更の合理性が認められない場合がありま

（正社員転換試験）

第23条　前条にかかわらず、通算契約期間が3年に達したパートナー社員は、正社

条文の見出し／キーワード	作成基準の解説
	す（質疑応答）。
無期転換の申込期限	7．後任者の採用など企業の人事労務管理上の必要から、無期転換の申込期限について、就業規則等でモデル規則2項のような規定を設けることは問題ないと解されています（質疑応答）。ただし、当該期限を過ぎてしまってもなお労契法18条の効力は有効であるため、結局、契約期間満了日まではいつでも申込みができることになってしまいます。したがって、**実務では、1か月前になった時点で本人の意向を確認する手続が必要になるでしょう。** なお、その際、本人が無期転換を申し込まない意思表示をした場合の問題があります。仮に当該契約期間中に申込みを留保した場合であっても、申込み権は残るため、次期契約時に申込みをしてくる可能性があります。このような不安定な状態が引き続くことは労使双方にとって望ましいことではなく、法の趣旨にも反します。「無期転換をしないこと」とは、引き続き雇用されたくないという意思表示とも考えられますので、会社としては雇止めとしたいところですが、難しいでしょう。したがって、モデル規則の3項にあるように、無期転換を促す規定も考えられると思います。
嘱託社員等の無期転換の特例	8．高収入かつ高度の専門的知識等を有する有期契約労働者については、厚生労働大臣の認定を受けることにより、プロジェクトの完了までの期間は無期転換申込権が発生しません。ただし、その期間が10年を超える場合には、無期転換申込権が発生することになります。
	9．定年に達した後に同一事業主又は特殊関係事業主に引き続いて雇用される高齢者については、厚生労働大臣の認定を受けることにより、当該事業主に継続して雇用されている期間は、通算契約期間に算入されないため、実質上、無期転換権は生じません（以上、専門的知識等を有する有期雇用労働者等に関する特別措置法）。
（正社員転換試験）	1．改正後のパート・有期雇用労働法により、今後は、パートタイマーだけではなく、契約社員も正社員転換制度の対象者となりま

員転換試験を受験することができるものとし、これに合格したときは、無期雇用契約とするほか、労働条件は、この規則に定めるものとする。正社員転換試験は、随時行うものとし、その詳細は、パートナー社員就業規則に定める。

2　正社員転換後の正社員区分及び職務等級並びに所定労働時間等は、正社員転換試験の結果及び本人の希望を勘案し、面談のうえ決定する。

3　正社員への転換の時期は、毎年○月○日とする。

【多様な正社員制度を採用する場合は次を追加】

（アソシエイト社員からの転換）

第23条の2　アソシエイト社員が、総合型社員又はプロフェッショナル社員への転換を希望するときは、所属長の推薦状を添付して、○月○日までに所定の申請書を会社に提出し、面接試験を受けなければならない。この場合において、その者は、職務等級○等級に○年以上該当し、直近の考課結果がA以上でなければならない。ただし、会社が特別の必要性を認めるときは、この限りでない。

2　総合型社員又はプロフェッショナル社員に転換された者は、1回に限り、アソシエイト社員へ転換することができる。

3　アソシエイト社員へ再転換した者は、1回に限り、総合型社員又はプロフェッショナル社員への再転換を認める。

4　転換の時期は、毎年○月○日とする。

＜別例＞

2　アソシエイト社員から総合型社員への転換を希望する者は、12月31日までに

条文の見出し／キーワード	作成基準の解説

すので、今のうちから規定しておくとよいでしょう。

【通常の労働者への転換】パート・有期雇用労働法13条

事業主は、通常の労働者への転換を推進するため、その雇用する短時間・有期雇用労働者について、次の各号のいずれかの措置を講じなければならない。

（1）通常の労働者の募集を行う場合において、当該募集に係る事業所に掲示すること等により、その者が従事すべき業務の内容、賃金、労働時間その他の当該募集に係る事項を当該事業所において雇用する短時間・有期雇用労働者に周知すること。

（2）通常の労働者の配置を新たに行う場合において、当該配置の希望を申し出る機会を当該配置に係る事業所において雇用する短時間・有期雇用労働者に対して与えること。

（3）一定の資格を有する短時間・有期雇用労働者を対象とした通常の労働者への転換のための試験制度を設けることその他の通常の労働者への転換を推進するための措置を講ずること。

2．転換後の正社員区分として、限定正社員・短時間正社員の区分を設けて、そこへ転換することは可能です。ただし、パートタイマーを契約社員へ転換するなど非正規同士の転換は、パート・有期雇用労働法でいう「正社員転換」には当たりません。

（アソシエイト社員からの転換）

1．アソシエイト社員から、総合型社員、プロフェッショナル社員への転換は、上位社員区分への「登用」のイメージです。したがって、下位区分への再転換は想定していません。しかし、本人の心身や家庭の事情等からあえて本人の希望があることも想定されます。その場合は、例外的に認めます。

2．上位社員区分への登用であるため、一定要件を課した上での選抜制とします。

所定の申請書を会社に提出しなければならない。

3　前項のアソシエイト社員は、係長級以上であって資格等級2級に2年以上在任したものであること。

4　会社は、登用試験、人事面接等の結果転換を認める場合、合格した者を4月1日付けで総合型社員に認定し、人事通知書により通知するものとする。

5　前項の総合型社員からアソシエイト社員への転換については、転換後3年以内は行わない。また、相互転換の回数は2回までとする。

＜転換の回数、役職・年齢等を制限しない例＞

2　アソシエイト社員から総合型社員への転換を希望する者は、12月31日までに所定の申請書を会社に提出しなければならない。

3　会社は、登用試験、人事面接等の結果転換を認める場合、合格した者を4月1日付けで総合型社員に認定し、人事通知書により通知するものとする。

会社都合により転換する例

第○条　会社は、やむを得ない業務上の都合により、アソシエイト社員に対し本人の同意を得て、期間を定め総合型社員として勤務を命ずることがある。

2　前項の場合、総合型社員として勤務する期間は、総合職としての処遇を受けるものとする。

（総合型社員からの転換）

第23条の3　総合型社員が、プロフェッショナル社員への転換を希望するときは、所属長の推薦状を添付して、○月○日までに所定の申請書を会社に提出し、面接試験を受けなければならない。この場合において、その者は、職務等級○等級に○年以上該当し、直近の考課結果がA以上でなければならない。ただし、会社が特別の必要性を認めるときは、この限りでない。

2　会社が必要と認めるときは、総合型社員に対し、プロフェッショナル社員への転換を打診することがある。この場合において、本人が同意したときは、プロフェッショナル社員へ転換するものとする。

3　プロフェッショナル社員に転換した者の総合型社員への再転換は、転換後○年以内は行わない。また、転換の回数は、○回までとする。

4　総合型社員からアソシエイト社員への転換は、原則として行わない。ただし、本人が希望し、かつ、会社が特別の必要性を認めるときは、この限りでない。

5　転換の時期は、毎年○月○日とする。

条文の見出し／キーワード	作成基準の解説
（総合型社員からの転換）	1．従業員のワーク・ライフ・バランスの実現などのため、いわゆる正社員（総合型社員）から多様な正社員へ転換できることが望まれます。他方、キャリア形成への影響やモチベーション維持のため、いわゆる正社員への再転換ができることが望まれます。 2．会社によっては、若いうちは、色々な業務を経験してもらい、得意分野が見つかった時点で、専門業務に特化してもらおうと考えるかもしれません。２項は、そのような場合に使える規定です。この場合には、会社が打診し、本人の同意の下、転換する仕組みも設けました。 3．総合型社員からアソシエイト社員への転換は、あまり想定できないケースかもしれません。しかし、本人の心身や家庭の事情等からあえて本人の希望があることも想定されます。その場合は、例外的に認めます。 4．労契法第３条第３項の「仕事と生活の調和への配慮」に、多様

転換の理由を問わず転換を認める例

（総合型社員から限定社員への転換）

第○条　総合型社員から限定社員（勤務地限定・職務限定）への転換を希望する者は、○か月前までに所定の申請書を会社に提出しなければならない。

2　会社は、人事面接等を行った結果転換を認める場合、限定社員に認定し、人事通知書により通知するものとする。

介護等の事由による場合の例

（総合型社員から限定社員への転換）

第○条　次のいずれかに該当する場合に、総合型社員から限定社員への転換を希望する者は、原則としてその事由が発生する○か月以内に、所定の申請書を会社に提出しなければならない。

（1）扶養する二親等内の親族の介護等が必要なとき。

（2）本人の傷病等により、転居を伴う異動が困難となったとき。

（3）その他転居を伴う異動を行うことが困難な特別の事情があるとき。

2　会社は、人事面接等を行った結果転換を認める場合、限定社員に認定し、人事通知書により通知するものとする。

3　会社は、第1項の事由がなくなったときは、本人の申出により総合型社員への転換を行うものとする。

転換の回数、役職・年齢等を制限する例

（総合型社員から限定社員への転換）

第○条　総合型社員から限定社員への転換を希望する者は、12月31日までに所定の申請書を会社に提出しなければならない。

2　前項の総合型社員は、係長級以上であって資格等級3級に2年以上在任したものであること。

3　会社は、人事面接等の結果転換を認める場合、4月1日付けで限定社員に認定し、人事通知書により通知するものとする。

4　前項の限定社員から総合型社員への転換については、転換後3年以内は行わない。また、相互転換の回数は2回までとする。

条文の見出し／キーワード	作成基準の解説
	な正社員への転換制度も含まれます。

留意事項

○　ワーク・ライフ・バランスの実現、企業による優秀な人材の確保・定着のため、いわゆる正社員から多様な正社員へ転換できることが望ましい。併せて、キャリア形成への影響やモチベーションの低下を軽減するため、多様な正社員からいわゆる正社員に再転換できることが望ましい。

○　転換の仕組みについて、就業規則等で定めず運用で実施するよりも、社内制度として明確化を図ることにより、転換の活用が促進され、また、紛争の未然防止に資する。

○　労働契約法第３条第３項では、労働契約は労働者及び使用者が仕事と生活の調和にも配慮しつつ締結し、又は変更すべきものであることを規定しており、これには転換制度も含まれる。同項を踏まえて転換ができるようにすることが望ましい。

○　他方、無制限な転換は、人材育成投資に影響を与えるので、企業毎の事情に応じて、転換の要件、回数制限、実施時期等についても制度化することが考えられる。転換は重要な労働条件の変更となることから、本人の同意が必要である。

○　いわゆる正社員から多様な正社員に転換する場合に、勤務地、職務、勤務時間が限定されることのみを理由に、直ちに「キャリアトラックの変更」として、いわゆる正社員とはキャリアトラックを区分し、職務の経験、能力開発、昇進・昇格のスピード・上限等に差を設けることも多いと考えられる。しかしながら、勤務地、職務、勤務時間が限定されても、その範囲やそれにより習得する能力がいわゆる正社員と差が小さい場合もあり、そうした場合にまでキャリアトラックの変更として、いわゆる正社員と雇用管理上のキャリアトラックを区分することは、紛争の未然防止、多様な正社員のモチベーションや生産性の維持・向上等の観点から、必ずしも望ましいものではない。また、労働者に転換制度の活用を躊躇させることも考えられる。限定の種類、範囲、期間、時期等によっては、キャリアトラックの変更ではなく、「労働条件の変更」として扱うのが適切な場合もあると考えられる。そのような場合には、いわゆる正社員と敢えてキャリアトラックを区分せず、きちんとした人事評価を行うことを前提に職務の経験、能力開発、昇進・昇格のスピード・

転換の回数、役職・年齢等を制限しない例

（総合型社員から限定社員への転換）

第○条　総合型社員から限定社員への転換を希望する者は、12月31日までに所定の申請書を会社に提出しなければならない。

2　会社は、人事面接等の結果転換を認める場合、4月1日付けで限定社員に認定し、人事通知書により通知するものとする。

本人の希望のみにより転換する例

（総合型社員から限定社員への転換）

第○条　総合型社員から限定社員への転換を希望する者は、12月31日までに所定の申請書を会社に提出しなければならない。

2　会社は、特別の事情がない限り、4月1日付けで限定社員に認定し、人事通知書により通知するものとする。

（プロフェッショナル社員からの転換）

第23条の4　プロフェッショナル社員が、総合型社員への転換を希望するときは、所属長の推薦状を添付して、○月○日までに所定の申請書を会社に提出し、面接試験を受けなければならない。この場合において、その者は、職務等級○等級に○年以上該当し、直近の考課結果がA以上でなければならない。ただし、会社が特別の必要性を認めるときは、この限りでない。

2　会社が必要と認めるときは、プロフェッショナル社員に対し、総合型社員への転換を打診することがある。この場合において、本人が同意したときは、総合型社員へ転換するものとする。

3　総合型社員に転換した者のプロフェッショナル社員への再転換は、転換後○年以内は行わない。また、転換の回数は、○回までとする。

4　プロフェッショナル社員からアソシエイト社員への転換は、原則として行わない。ただし、本人が希望し、かつ、会社が特別の必要性を認めるときは、この限りでない。

5　転換の時期は、毎年○月○日とする。

条文の見出し／キーワード	作成基準の解説
	上限に差を設けない、あるいは差をできるだけ小さくすることが考えられる。また、そのような場合には、いわゆる正社員と多様な正社員の間の転換・再転換を行う場合に、転換・再転換の要件を緩やかに設定して、転換・再転換が容易にできるようにすることが望ましいと考えられる。 厚生労働省『「多様な正社員」の普及・拡大のための有識者懇談会報告書　（別紙１）雇用管理上の留意点』（2014.7）
（プロフェッショナル社員からの転換）	１．相互転換の選択肢を多くするために規定しています。 ２．プロフェッショナル社員は、専門業務に特化した社員を想定しているため、総合型社員への転換希望は少ないかもしれません。しかし、会社がその必要を認め、多方面の業務を経験してもらった上で、幹部候補生として育成したい人材もいるでしょう。その場合には、本人との合意で転換ができる仕組みを設けました。 ３．プロフェッショナル社員からアソシエイト社員への転換は、あまり想定できないケースかもしれません。しかし、本人の心身や家庭の事情等からあえて本人の希望があることも想定されます。その場合は、例外的に認めます。

第４章　服務規律

第１節　従業員の義務

（服務の基本原則）

第24条　会社は社会的な存在と認識し、従業員は社会人として社会的なルール及びマナーを当然守らなければならない。

2　従業員は、この規則及びその他の諸規程を遵守し、業務上の指揮命令に従い、自己の業務に専念し、業務運営を円滑に行うとともに、相互に協力して職場の秩序を維持しなければならない。また、従業員は、相互の人権及び人格を尊重し合い、快適な職場環境を形成していかなければならない。

3　従業員は、本章の各条に掲げる事項を守り、服務に従い職務に精励しなければならず、これに違反したときは、原則として、この規則による懲戒の対象となることを認識しなければならない。

（遵守事項）

第25条　従業員は、次の各項に掲げる義務を遵守し、服務に精励しなければならない。

2　従業員は、労働時間及び職務上の注意力のすべてを職務遂行のために用い、会社の指揮命令のもと、職務のみに従事する義務（「職務専念義務」という。以下同じ。）を負い、次の各号に掲げる職務専念に関する事項を守らなければならない。

（１）労働時間中は許可なく職場を離れ、又は責務を怠る等の行為をしないこと。

（２）労働時間中に、職務上の必要がないにもかかわらずSNSにアクセスしたり、又は職務と関係のないWEBサイトを閲覧したりしないこと。

（３）会社の許可なく、労働時間中に政治活動、宗教活動、業務に関係のない放送、宣伝、集会、又は文書画の配布、回覧、掲示その他これに類する活動をしないこと。

（４）会社への届出なく、他の使用者に雇用され、又は自ら事業を行わないこと。

3　従業員は、職場環境を維持する義務（「職場環境維持義務」という。以下同じ。）

条文の見出し／キーワード	作成基準の解説

(服務の基本原則)

1. 企業秩序は、企業の存立と事業の円滑な運営の維持のために必要不可欠なものです。従業員は、労働契約を締結して会社に雇用されることによって、**会社に対し、労務提供義務を負うとともに、これに付随して、企業秩序遵守義務その他の義務を負うものとされています。**
2. 一方、会社は、企業秩序に違反する行為があった場合には、その違反行為の内容、態様、程度等を明らかにして、乱された企業秩序の回復に必要な業務上の指示、命令を発し、又は違反者に対し制裁として懲戒処分を行うため、事実関係の調査をすることができるものとされています（富士重工事件 最3小 昭52.12.13）。

　すなわち、**会社が服務規律を明確に定めれば、これが会社のルールすなわち労働契約の内容となり、これに従うこと自体を業務命令とすることができます。いわば就業規則の中核なのです。**

(遵守事項)

従業員の義務

1. 従業員は、会社と労働契約を締結することにより、これに付随してさまざまな義務を負います。これを整理すると次のとおりとなります。これらを遵守させる規定が服務規律です。

従業員の義務		内　容
労働時間中の義務	労務提供義務	単に出勤するだけでなく、労働契約の債務の本旨に従った労務を提供する義務
	業務命令遵守義務	従業員が、その職務を遂行することについて、法令に従い、かつ、会社の指示や指揮命令に忠実に従う義務
	職務専念義務	労働時間中は、職務の遂行に当たっては、その労働時間及び職務上の注意力のすべてをその職務遂行のために用い、全力を挙げてこれに専念する義務
会社施設内における義務	職場環境維持義務	職場における規律と協働を維持する義務
	施設管理権に服する義務	会社の許可なく、会社施設・備品を業務外に利用したり、持ち出したりしない義務
会社内外における義務	秘密保持義務	在職中及び退職後において、営業秘密等の企業秘密や個人情報を漏えいさせないよう管理する義務

メールアドレス等を記録する場合は、セキュリティー管理が可能な機種を選択し、私物の機器であっても会社が貸与する機器と同様に、善良な管理者の注意をもって取り扱うこと。

（6）会社への届出なく、会社の業務に関連する出版又は講演を行わないこと。

5　従業員は、会社内外を問わず会社の信用を失墜させることのないようにする義務（「信用保持義務」という。以下同じ。）を負い、次の各号に掲げる信用保持に関する事項を守らなければならない。

（1）暴力団員、暴力団関係者その他反社会的勢力と関わりを持ったり、交流したり、又はそのように誤解される行為をしないこと 。

（2）会社の内外を問わず、会社や会社に関係する者の名誉を傷つけたり、信用を害したり、体面を汚す行為をしないこと。

（3）職務に相応しい服装を心がけ、他人に不快感を与える服装又は行動は避けること。

（4）職務について、取引先から金品を受け取ることや、私事の理由で貸借関係を結ぶこと等の私的な利益を甘受しないこと。

（5）酒気を帯びて車両等を運転しないこと。

（6）過労、病気及び薬物の影響その他の理由により正常な運転ができないおそれがある状態で車両等を運転しないこと。

6　従業員は、次の各号に掲げる義務事項を守らなければならない。

（1）業務上の技術の研鑽向上に努めること。

（2）職務の権限を越えて専断的なことを行わないこと。

（3）外国人である従業員は、出入国管理及び難民認定法、その他在留外国人に関する法律を遵守すること。

（4）その他、会社の命令、注意、通知事項を遵守すること。

（5）会社の指示により受診した健康診断の結果を遅滞なく会社に提出すること。

（6）本章に抵触する行為の他、会社の利益を損じる行為をしないこと。

条文の見出し／キーワード	作成基準の解説

これは、勤務時間（労働時間）、注意力のすべてを職務に用いるべき包括的専念義務といえます。職務専念義務が争われた過去の判例では、この考え方を踏襲したものがあります。下記判決では、職務専念義務違反が成立するためには、実害の発生は要しないとまで言い切っています（この点については、業務に支障を及ぼしていないのであれば違反は成立しないという意見もあります）。

電電公社目黒電報電話局事件（最3小 昭52.12.13）

（「職員は、全力を挙げてその職務の遂行に専念しなければならない」旨の規定は、）職員がその勤務時間および職務上の注意力のすべてをその職務遂行のために用い職務にのみ従事しなければならないことを意味するものであり、**当該規定の違反が成立するためには現実に職務の遂行が阻害されるなど実害の発生を必ずしも要件とするものではないと解すべきである。**

いずれにせよ、職務専念義務は、従業員が負うべき義務の中でも最も重いものであることには変わりはなく、労基法等に規定がない以上、職場のルールの中核として第一に就業規則に定めるべきものでしょう。

7．従業員の義務に関する主な判例は次のとおりです。

職場環境維持義務

①　**職場環境維持義務**…「使用者は、職場環境を適正良好に保持し規律のある業務の運営態勢を確保するため、その物的施設を許諾された目的以外に利用してはならない旨を、規則をもって定めることができ、労働者はこの規則に従わなければならない。」（国鉄札幌駅事件 最3小 昭54. 10. 30）

すなわち、会社の施設管理権に服する義務のことです。これに違反した場合は、企業秩序を乱すものとして、懲戒処分の対象となることがあります。

秘密保持義務

②　**秘密保持義務**…「労働者は労働契約に基づく付随的義務として、信義則上、使用者の利益をことさらに害するような行為を避けるべき責務を負い、その一つとして使用者の業務上の秘密を洩らさないとの義務を負う。」（古河鉱業足尾製作所事件 東京高 昭55. 2. 18）

条文の見出し／キーワード	作成基準の解説
信用保持義務	③　**信用保持義務**…「従業員の職場外でされた職務遂行に関係のない所為であっても、企業秩序に直接の関連を有するものもあり、それが規制の対象となりうる。」（国鉄中国支社事件 最1小 昭49.2.28） つまり、従業員は、会社内外を問わず会社の信用を失墜させるような行為を行ってはなりません。

留意事項

雇用契約に付随する職務専念義務や信用・秘密保持、職場環境維持義務は、規定していなくても労働契約上従業員として負う義務が発生するため、これらに違反する場合は債務不履行として普通解雇の対象になり得ます。

しかし、会社には解雇事由明示義務があるため、規定が必要です。

この場合に規定すべきものは雇用契約上当然に発生する従業員の義務のみならず、就業規則に規定して初めて規制し得る会社独自のルールです。就業規則に規定しないと、トラブルに発展した場合に対処できないこととなるため、該当する事例をなるべく具体的に記載することが望ましいでしょう。

8．服務規律は一般的な心得や遵守すべき事項を定めたものであり、規定の内容は多種多様、多岐にわたるものですが、**できるだけ網羅的に列挙したほうがよいでしょう**。ただし、やみくもに羅列するのではなく、223頁の表を参照して体系的に整理するとよいでしょう。

服務規律と懲戒

9．服務規律によって維持される会社の秩序は懲戒処分によってその実効性が担保されます。しかし、服務規律違反があったからといって、当然に懲戒処分ができるわけではありません。以下の要件を満たす必要があります。

①　懲戒事由と懲戒手段が就業規則等に明記され、周知されていること（罪刑法定主義の原則）（フジ興産事件 最2小 平15.10.10）

②　懲戒の規定内容が**合理的**であること

③　**平等**な取扱いであること（同一事由同一処罰、平等取扱いの

条文の見出し／キーワード	作成基準の解説
	原則）（茨城急行自動車事件 東京地 昭58.7.19） ④　懲戒処分が規律違反に照らして相当であること（相当性の原則）（ダイハツ工業事件 最2小 昭58.9.16） ⑤　本人に弁明の機会を与えるなど適正な手続を経ること（西日本短期大学事件 福岡地 平10.10.21）
SNS（Social Networking Service）	**10.**「SNS」とは、人と人とのつながりを促進･サポートする、コミュニティ型のWebサービスのことで「Twitter」「Facebook」「Line」等が有名です。会社が広告のためにSNSを活用することがありますが、主に友人・知人間のコミュニケーションが目的であり、その内容も趣味等の職務とは関係がないものが中心です。 SNSを勤務時間中に私的に使用すると、書き込みに夢中になったり、反応が気になったりして職務に対する注意力は著しく低下します。また、自己顕示欲から会社の秘密情報や会社内での悪ふざけを投稿し、会社の信用を失墜させる事件も発生しており、情報管理の観点からも留意すべきです（モデル規則38条参照）。
SNSへの不適切な投稿	**11.** SNSへの不適切な投稿は、次のような服務規律違反をもたらし、重大な懲戒の対象となります。 ①　職務専念義務違反 ②　職場環境維持義務違反 ③　秘密保持義務違反 ④　信用保持義務違反
私生活上の行為と服務規律	**留意事項** 「企業は社会において活動するものであるから、その社会的評価の低下毀損は、企業の円滑な運営に支障をきたすおそれがあると客観的に認められるがごとき所為については、職務外でされた職務遂行に関係のないものであっても、なお広く企業秩序の維持確保のためにこれを規制の対象とすることが許される場合もありうるといわなければならない。」（国鉄中国支社事件 最1小 昭49.2.28） つまり、従業員は雇用契約上「企業秩序遵守義務」を負っているので、私生活上の行為であっても、企業の名誉信用を損なうような行為であれば規制の対象となります。

（不当利得等の禁止）

第26条　従業員は、通勤又は旅行経路の虚偽報告や費用の水増し等により、不当に利得を得てはならない。この場合において、会社は、不当に利得を得た従業員（当該行為を教唆した従業員を含む。）に対して、不当に得た利得を返還させ、及び懲戒処分の対象とするものとし、当該行為が刑法上の横領と認められるときは、併せて刑法上の手続をとることがある 。

（出退勤）

第27条　従業員は、出社及び退社に際しては、次の事項を守らなければならない。

（１）始業時刻には業務を開始できるように出勤し、終業時刻後は、特別な用務がない限り速やかに退社すること。

（２）退社するときは、機械、器具及び書類等を整理整頓し、安全及び火気を確認すること。

（３）出勤の事実並びに始業及び終業時刻を会社が適正に把握することができるよう、従業員は、自ら即時にタイムカード等により記録して、その事実につき所属長の確認を得ること。

（４）所定外労働又は休日出勤については、第56条（所定外労働及び休日出勤）の規定に従うこと。

2　前項第３号の記録を遅滞し、又は他の従業員に記録の代行をさせる等の行為により、記録の客観性を損なわせた場合は、本人又は記録を代行した者に対して懲戒を行う。

3　勤務時間中私用により外出する場合は、所属長の許可を受けなければならない。

4　出社及び退社（私用による外出の場合を含む。）において、日常携帯品以外の品物を持ち込み又は持ち出そうとするときは、会社の許可を受けなければならない。

（遅刻、早退、欠勤等）

第28条　従業員は、遅刻、早退又は欠勤のおそれがあるときは、直ちに所属長に届け出て、その対応について指示を受けなければならない。ただし、緊急やむを得ない理由で事前に届け出ることができなかった場合は、当該事実及びその理由を

条文の見出し／キーワード	作成基準の解説
（不当利得等の禁止）	不当利得とは、契約に基づく正当な理由（法律上の原因）なしに他人の財産又は労務によって利益を受け、そのために他人に損失を及ぼす行為及びそれによって受益者が得た利益そのものいいます。受益者は、その利益の存する限度において、これを返還する義務があるほか、損失者に損害があれば、その賠償をしなければなりません。
（出退勤）	従業員が守るべき基本的なルールとして次の事項を規定します。 ①　始業時刻までに出勤し、所定の方法で出勤の事実を明らかにすること。 ②　退勤時は、整理整頓及び安全確認の後、退勤の事実を明らかにし、速やかに退勤すること。 ③　出退勤の事実を明らかにする方法としては、タイムカードの打刻又は出勤簿によること、また、本人以外の者による不正打刻行為を禁止すること。 **留意事項** 労働時間とは、使用者の指揮命令の下に従業員が労働する時間のことですから、時間外及び休日労働の時間計算は、監督者が命じた時間外及び休日労働命令に基づく必要があります。労働時間管理は、確かに会社の責務ではありますが、その目的の一つに従業員が実労働時間に見合った生産性の高い業務を遂行しているかどうかをチェックすることがあります。その点でみれば労働時間管理は、使用者の権利ともいえ、その管理を従業員の自己申告に任せてしまうことは、自らの権利を放棄してしまう行為です。
（遅刻、早退、欠勤等）	１．遅刻、早退、欠勤については、**あらかじめ会社に届け出て承認又は許可を得ることとし、やむを得ず遅刻した場合には事後速やかに届け出て承認を得る等、明確に定める必要があります**。また、交通機関の遅延等本人の責任が及ばない理由による遅刻等、その

直ちに報告しなければならない。

2　欠勤の理由が傷病である場合、会社は、その日数にかかわらず、医師の証明書又は診断書その他勤務し得ない理由を明らかにする証明書類を求めることができる。

3　遅刻、早退又は欠勤の状況により、会社が必要と認めるときは、従業員に対して会社の指定する医師の診断を受けることを求めることができる。

4　遅刻、早退、欠勤及び職場離脱（許可なく行った私用面会及び私用外出をいう。）により勤務しなかった時間の賃金については、第91条（欠勤等の場合の時間割計算等）に定めるところにより控除の対象とする。

5　第1項の届出又は報告は、原則として、欠勤・遅刻・早退・外出許可申請書・届出書（様式第○号）により行うものとする。ただし、緊急の場合の届出は、電話又は電子メール等の適宜の方法により行い、事後直ちに当該事実及びその理由を報告するものとする。

＜：欠勤・遅刻・早退・外出許可申請書・届出書（本書584頁）＞

（無断欠勤）

第29条　正当な理由なく事前の届出をせず、また、当日の始業時刻までに、又は始業後1時間以内に電話又は電子メール等の適宜の方法による届出をせず欠勤したときは、無断欠勤とする。届出のある欠勤であっても正当な理由が認められないものについても同様とする。

（面　会）

第30条　従業員は、労働時間中に私用により外来者と面会又は私用により外出してはならない。ただし、緊急やむを得ない場合であって、会社の許可を受けた場合

条文の見出し／キーワード	作成基準の解説
	他の不就労の場合の例外的な取扱いについても明確に定めておくべきでしょう。
	２．欠勤の年次有給休暇への事後振替についても特別の事情がない限り、原則認めない等の方策も考慮する必要があります。
医師の診断書	３．１日、２日の欠勤が断続している従業員や、体の不調を訴えることが目に余るような従業員がいる場合等、欠勤理由自体に虚偽の疑いがあると思われる従業員に対しては、たとえ１日の欠勤でも診断書を求める必要があります。 したがって**欠勤については、日数に関係なく診断書の提出を求め、また、必要に応じて会社の指定医による診断を受けさせることができるように就業規則を整備しておくのがよいでしょう。** なお、欠勤理由に虚偽があることが判明した場合は、懲戒を与えるべきでしょう。特に、出勤不良で従業員を解雇することを想定している場合は、虚偽申告があったこと、欠勤の頻度、理由、改善状況等を総合的に勘案することとなります。
	４．時間給、日給であれば別ですが、賃金を月単位で定める以上、労務の提供のなかった時間、日の扱いは契約上のルールとして明確に定めるべきです。また、控除するのであれば、その計算根拠も必要です。ノーワークノーペイの原則があるからといって会社が任意に控除できるというものではありません。
（無断欠勤）	届出を怠った場合のみを「無断欠勤」とするような規定の場合、正当な理由のない欠勤でも届出をすれば無断欠勤に該当しないものとして取り扱われることになります。したがって、後段の記載が必要です。
（面　会）	１．私的行為である面会は、職場環境維持義務、職務専念義務の観点から、やむを得ない場合を除き、許可制とします。
職場離脱	２．私用面会や外出等の職場離脱については、その間は不就労とな

はこの限りでない。

2　前項の許可申請は、欠勤・遅刻・早退・外出許可申請書・届出書（様式第○号）により行うものとする。

<📖：欠勤・遅刻・早退・外出許可申請書・届出書（本書 584 頁）>

（各種届出義務）

第31条　従業員は、次の事項に異動が生じることとなる又は生じた場合には、あらかじめ、又は異動が生じた日から１週間以内に会社に届け出なければならない。

（１）氏名

（２）現住所、通勤経路

（３）扶養親族

（４）学歴、資格・免許

2　届出に遅滞があったことによる不利益は、原則として、従業員が負うものとする。

3　届出に故意による遅滞又は虚偽の記載があり、不当に利得を得たときは、会社はこれを返還させ、懲戒処分を行うことができる。また、当該行為が刑法上の横領と認められるときは、懲戒処分を行うとともに、刑事上の手続をとることができる。

4　前項の規定は、当該行為を教唆した従業員にも適用する。

（あらゆるハラスメントの禁止）

第32条　従業員は、他の従業員等（正社員、パートナー社員のほか、会社の指揮命令の下にある派遣労働者を含む。以下、本条において同じ。）の権利及び尊厳を尊重し、次の各号に掲げる行為又は言動（以下「ハラスメント」と総称する。）を行ってはならない。また、ハラスメントに対する従業員等の対応により当該従業員等の労働条件につき不利益を与えることも禁止する。

（１）職場における性的な言動に対する他の従業員の対応等により当該従業員の労働条件に関して不利益を与えること又は性的な言動により他の従業員の就業環境を害すること（いわゆる「セクシュアルハラスメント」）。この場合において、相手の性的指向又は性自認の状況に関わらないほか、異性に対する言動だけでなく、同性に対する言動も該当する。また、本号における「他の

条文の見出し／キーワード	作成基準の解説
	り、また、事故防止という観点からも規定により制限を加えるべきです。原則として休憩時間中に限るとし、緊急やむを得ない場合のみ会社の許可を得て面会又は外出できる旨を定めるべきでしょう。
(各種届出義務)	いわゆる身上異動の届出は、各従業員の責任で行わせます。届出遅滞による不利益は従業員自身が負います。偽りの届出により会社に損害を与えたとき（通勤費の虚偽申告等）は、懲戒処分の対象となります。
(あらゆるハラスメントの禁止)	1．使用者の職場環境配慮義務から要請される、セクシュアルハラスメント、パワーハラスメント、マタニティハラスメント、職場のいじめの防止等、企業が対応すべき措置の増加に比例して、従業員に求められる遵守事項も増加しています。
セクシュアルハラスメント	2．均等法11条により、以下のとおり会社に対してセクシュアルハラスメント（「セクハラ」）防止の措置義務が課せられます。会社には就業環境配慮義務があるためです（福岡セクハラ事件 福岡地 平4.4.16、京都セクハラ事件 京都地 平9.4.17）。 ①　職場におけるセクシュアルハラスメントの内容・セクシュアルハラスメントがあってはならない旨の方針を明確化し、管理・監督者を含む労働者に周知・啓発すること。

従業員」とは直接的に性的な言動の相手方となった被害者に限らず、性的な言動により就業環境を害されたすべての従業員を含むものとする。

（2）職務上の地位や人間関係などの職場内の優位性を背景に、業務の適正な範囲を超えて、精神的・身体的苦痛を与える又は職場環境を悪化させる行為や言動を行うこと（いわゆる「パワーハラスメント」）。

（3）職場において、上司や同僚が、男女従業員の妊娠・出産・育児、介護等に関する制度又は措置の利用に関する言動により従業員の就業環境を害すること並びに妊娠・出産等に関する言動により女性従業員の就業環境を害すること（いわゆる「マタニティハラスメント・ケアハラスメント」）。この場合において、業務分担や安全配慮等の観点から、客観的にみて、業務上の必要性に基づく言動によるものについては、本号のハラスメントには該当しない。

（4）前三号のほか、性的指向・性自認に関する言動によるものなど、職場内でのあらゆるいじめ行為及びこれらに該当すると疑われるような行為を行うこと。また、ハラスメントに対する従業員等の対応により当該従業員等の労働条件につき不利益を与えること。

2　従業員は、ハラスメントにより被害を受けた場合、又は被害を受けるおそれのある場合は、第142条（相談窓口）の相談窓口に対して相談及び苦情を申し立てることができる。これらの申立てを受けた場合は、会社は、速やかにその旨の報告、事実関係の調査に着手するとともに、申立人が申立後もハラスメントによる被害を受けないように対処するものとする。

3　会社は、従業員が、ハラスメントに関し相談をしたこと、又は事実関係の確認に協力したこと等を理由として、職場においては人事異動、人事評価等の人事管理上の処遇において、教育の場においては成績評価、単位認定、授業参加等において、相談者及び情報提供者等に不利益な取扱いをすることはない。

ハラスメント専門で相談窓口を設置する場合

（ハラスメントに係る相談窓口）

第○条　会社は、セクシュアルハラスメント、パワーハラスメント、及びその他の職場環境を悪化させるいやがらせ行為（以下「ハラスメント」という。）に関する被害の相談に対応するため、○○部に相談窓口を設置する。

2　相談窓口は、次の業務を担当する。

（1）ハラスメントに関する相談・苦情・通報を受け付けること。

条文の見出し／キーワード	作成基準の解説
	②　セクシュアルハラスメントの行為者については、厳正に対処する旨の方針･対処の内容を就業規則等の文書に規定し、管理･監督者を含む労働者に周知・啓発すること。 ③　相談窓口をあらかじめ定めること。 ④　相談窓口担当者が、内容や状況に応じ適切に対応できるようにすること。また、広く相談に対応すること。 ⑤　事実関係を迅速かつ正確に確認すること。 ⑥　事実確認ができた場合は、行為者及び被害者に対する措置を適正に行うこと。 ⑦　再発防止に向けた措置を講ずること（事実が確認できなかった場合も同様)。 ⑧　相談者・行為者等のプライバシーを保護するために必要な措置を講じ、周知すること。 ⑨　相談したこと、事実関係の確認に協力したこと等を理由として不利益な取扱いを行ってはならない旨を定め､労働者に周知･啓発すること。 3．「職場におけるセクシュアルハラスメント」には、「対価型」と「環境型」があります（平 18.10.11 厚労省告示 615 号）。 ①　**対価型**…「職場において行われる労働者の意に反する性的な言動に対する労働者の対応（拒否や抵抗）により、その労働者が解雇、降格、減給等（労働契約の更新拒否、昇進・昇格の対象からの除外、客観的に見て不利益な配置転換等）の不利益を受けること」 ②　**環境型**…「職場において行われる労働者の意に反する性的な言動により労働者の就業環境が不快なものとなったため、能力の発揮に重大な悪影響が生じる等その労働者が就業する上で看過できない程度の支障が生じること」
モラルハラスメント	4．「モラルハラスメント」とは、「言葉や態度、身振りや文書などによって、働く人間の人格や尊厳を傷つけたり、肉体的、精神的に傷を負わせて、その人間が職場を辞めざるを得ない状況に追い込んだり、職場の雰囲気を悪くさせること」（マリー＝フランス･

（2）相談・苦情・通報の内容について事実関係を確認すること。

（3）ハラスメントが認められる場合は総務部長に報告し、解決への対応と加害者の懲戒委員会への発議を促すこと。

3　相談窓口の担当者はできる限り男女２名で構成する。

4　ハラスメントを受けた又は目撃した従業員は、相談窓口に申し出ることができる。

5　ハラスメントに関する相談は、個室での面談、又は電子メールで受け付けることができる。メールで相談をする場合は、事案の発生日時、発生場所、具体的な状況を明示することとする。

6　相談窓口の担当者は、相談があった事実及び相談内容について漏えいしないように細心の注意を払わなければならない。また、相談内容に関する資料は鍵のかかったキャビネットに保管し、電子データはパスワードをかけて保存しなくてはならない。

7　相談窓口を利用する場合は、事実であることが明らかな情報をもって相談しなければならない。情報に虚偽があり、その内容が悪質な場合は、相談依頼者に懲戒処分を行うことができる。

条文の見出し／キーワード	作成基準の解説
	イルゴイエンヌ『モラル・ハラスメント―人を傷つけずにはいられない』102頁）で、幅広い意味を持ちます。
セクハラ指針の改正	5．いわゆるセクハラ指針（『事業主が職場における性的言動に起因する問題に関して雇用管理上講ずべき措置についての指針』平18厚生労働省告示615号）は、2017年1月1日に改正され、事業主が職場におけるセクシュアルハラスメントについて講ずべき措置として定める「相談に応じ、適切に対応するために必要な体制の整備」の内容及びその具体例として、次が追加されました。 ①　職場におけるセクシュアルハラスメントは、妊娠、出産等に関するハラスメント（マタハラ）、育児休業等に関するハラスメント（ケアハラ）その他のハラスメントと複合的に生じることも想定されることから、各種ハラスメントと一体的に職場におけるセクシュアルハラスメントの相談窓口を設置し、一元的に相談に応じることのできる体制を整備することが望ましいこと。 ②「被害を受けた者の性的指向又は性自認にかかわらず、当該者に対する職場におけるセクシュアルハラスメントも、本指針の対象となる」ことを明記する。
パワーハラスメント	6．パワーハラスメント（「パワハラ」）とは、モラルハラスメントの一種であり、会社といった上下関係のある組織で、上の者が下の者に行うものをはじめ、先輩・後輩間や同僚間などのさまざまな優位性を背景にして行われる嫌がらせ言動のことです。パワハラのうち、嫌がらせ言動が性的であればセクハラにも該当します。最近「パワハラ」の被害が増加しており、精神的苦痛から休職を余儀なくされたり、うつ病で治療を受けたりするケースも報告されています。
ハラスメント対策の強化	7．労働施策総合推進法の改正が予定（執筆当時）されており、国の施策に**「職場における労働者の就業環境を害する言動に起因する問題の解決の促進」**（ハラスメント対策）が明記されます。また、パワーハラスメント防止対策が法制化され、次の規定が整備される予定です。 ①　事業主に対して、パワーハラスメント防止のための雇用管理

条文の見出し／キーワード	作成基準の解説
	上の措置義務（相談体制の整備等）を新設することとあわせて、措置の適切・有効な実施を図るための指針の根拠規定を整備 ②　パワーハラスメントに関する労使紛争について、都道府県労働局長による紛争解決援助、紛争調整委員会による 調停の対象とするとともに、措置義務等について履行確保のための規定を整備 同時に同法のほか、男女雇用機会均等法、育児・介護休業法も改正され、次の規定が設けられます。 ①　セクシュアルハラスメント等に起因する問題に関する国、事業主及び労働者の責務の明確化 ②　労働者が事業主にセクシュアルハラスメント・パワーハラスメント・マタニティハラスメント等の相談をしたこと等を理由とする事業主による不利益取扱いを禁止 また、直接パワハラを受けていない従業員の士気の低下や、優秀な人材の流出といった影響も引き起こしています。会社には安衛法71条の2により、**快適な職場環境の形成**が求められていますが、今後はパワハラ対策を**人事施策**及び**メンタルヘルス対策**ととらえていくことが求められます。ただし、セクハラと異なりパワハラは、職務上の指導や人事処遇の一環と区別しづらいところがあります。苦情への対応は、事実関係の確認や職位に影響されない公平なヒアリングなどによって慎重に行うべきでしょう。
パワーハラスメントの類型	**8**．厚生労働省「職場のいじめ･嫌がらせ問題に関する円卓会議ワーキング・グループ報告」によれば、パワーハラスメントの類型として、次のようなものがあります。 ①　暴行・傷害（身体的な攻撃） ②　脅迫・名誉毀損・侮辱・ひどい暴言（精神的な攻撃） ③　隔離・仲間外し・無視（人間関係からの切り離し） ④　業務上明らかに不要なことや遂行不可能なことの強制、仕事の妨害（過大な要求） ⑤　業務上の合理性なく、能力や経験とかけ離れた程度の低い仕事を命じることや仕事を与えないこと（過小な要求）

（秘密情報保持義務）

第33条　従業員は、在職中又は退職後においても会社のノウハウ、技術情報等の営業秘密のほか、取引関係者・従業員等の個人情報（個人番号を含む。）、職務上知り得た秘密、プライバシー及びスキャンダル情報等いかなる情報であっても業務以外の目的で、開示、提供、利用、保管し、又は第三者に漏えいしてはならない。

2　従業員は、会社情報を第三者に発信しようとするときは、稟議決裁を経て、会社の確認を受けてからでなければ発信してはならない。

条文の見出し／キーワード	作成基準の解説
	⑥　私的なことに過度に立ち入ること（個の侵害）
マタニティハラスメント・ケアハラスメント	9．妊娠・出産、育児休業等を理由として解雇、不利益な異動、減給、降格など不利益な取扱い（いわゆる「マタニティハラスメント・ケアハラスメント」）を行うことは均等法9条3項、育児・介護休業法10条等で禁止されています。
妊娠等を理由とした不利益取扱いの禁止	10．平成26年に最高裁第一小法廷は、妊娠中の軽易業務への転換を契機として降格させる措置は、「妊娠した女性が自由な意思に基づいて同意するか、円滑な業務運営や人員の適正配置と女性の不利益の程度等を勘案し、均等法9条3項の趣旨、目的に実質的に反しないと認められる特段の事由ある場合を除き」均等法違反となるとしました（広島中央保険生活協同組合事件 最1小 平26.10.23）。これを受けて厚生労働省は、平成27年に通達改正を行い、均等法と育児・介護休業法に違反するか否かを判断するにあたって、妊娠・出産、育児休業等の事由を「契機として」それに「近接した時期」（原則1年以内）における不利益な取扱いを、原則として因果関係があるものとすることにしました（平27.1.23雇児発0123第1号）。
（秘密情報保持義務）	1．リスク回避のためには、どのような規模の会社であっても、会社の秘密情報及び個人情報を適正に管理する体制作りが必要です。これは、会社だけが負う義務ではなく、従業員についても自覚させ、規程遵守を求めるべきものです。
営業秘密	2．不正競争防止法に規定する「営業秘密」とは、①秘密として管理されていること（秘密管理性）、②有用な情報であること（有用性）、③公然と知られていないこと（非公知性）の三要件を満たす技術上、営業上の情報のことです。一般に会社が秘密としている技術、ノウハウ、経営情報、顧客情報等は、確かに「会社の秘密」ではありますが、不正競争防止法上の3要件を満たすとは限りません。 なお、営業秘密が従業員の不正行為により侵害された場合には、会社は差止請求及び損害賠償請求をすることができます（不正競

（個人情報・個人番号の取扱い）

第34条　従業員は、他の取引関係者及び従業員等に係る個人情報（個人番号を含む。以下同じ。）を取り扱うにあたっては、次の各号に掲げる事項を遵守しなければならず、これに違反したときは、この規則に定める懲戒の対象となる。

（1）不正な手段で個人情報を取得・収集しないこと。

（2）業務に関係のない個人情報を取得・収集しないこと。

（3）法律で定める場合のほか、自らの個人番号を他人に開示・提供しないこと。

（4）業務に関して知り得た個人情報の内容をみだりに他に知らせてはならないこと。退職後においても同様とする。

（5）業務の必要の範囲を超えて個人情報が含まれる書類又は電子データ等を複写又は複製してはならないこと。

条文の見出し／キーワード	作成基準の解説
	争防止法３条、４条）。
会社の秘密（守秘情報）	３．それでは、会社が守るべき秘密は、法律上の保護が厚い「営業秘密」だけなのか、といえばそのようなことはありません。数多い会社の秘密の中で、「営業秘密」を特定しつつも、秘密事項全体を幅広く保護するのが企業防衛上必要なことです。 　**したがって、就業規則で管理対象とし、守秘義務の対象とするのは何も「営業秘密」に限ったものではありません。守秘情報（守秘義務の対象となる秘密）の範囲をどの程度にするかは、会社が就業規則で任意に定めることができ、従業員はこれに対して守秘義務及び適正に管理する義務を負います。**
秘密保持誓約書	４．従業員は、一般的には、労働契約に基づき、又はこれに付随して信義則上秘密保持義務を負いますが、その内容等を就業規則によって明確化することが必要です。また、入社時に、個別の誓約書等を交わしておくのがよいでしょう。これら就業規則等による秘密保持義務の法的拘束力については、従業員が退職したことにより直ちに失われるものではないと考えられますが、退職後に負う秘密保持義務等の範囲を明確化するため、退職時にも、秘密保持誓約書を交わすとよいでしょう。この場合、退職時にも誓約書を交わすべきことは、入社時の誓約書においてあらかじめ誓約させておくとよいでしょう。
（個人情報・個人番号の取扱い） 個人番号と特定個人情報	１．個人番号を含む個人情報のことを「特定個人情報」といいますが、モデル規則ではあえてその用語は使っていません。氏名が含まれない情報であっても、個人が特定できるものであれば、「個人情報」にするのですが、この点が広く知られているとはいえません。 　「悉皆性」「唯一無二性」を有する個人番号は、それだけで個人情報であり、特定個人情報なのですが、「番号なので個人情報ではない」という誤解もあるようです。したがって、モデル規則では「個人番号」と強調して規定することにしました。
取扱規程等の策定	２．モデル規則の内容は、個人情報・個人番号を扱う際の基本的な

（6）個人番号及び個人番号を含む個人情報については、業務の必要の範囲を超えてデータベースを作成してはならないこと。
（7）アクセス制限のある個人情報には、権限の範囲を超えてアクセスしてはならないこと。
（8）個人情報を漏えい、滅失及びき損した場合、又はその兆候を把握した場合には、個人情報に係る管理責任者に速やかに報告し、その指示に従うこと。
（9）個人番号及び個人番号を含む個人情報については、これらが含まれる書類又は電子データ等は、業務の必要の範囲を超えて保管してはならず、業務に必要なくなった場合には、速やかに、廃棄処分とすること。
（10）配転又は退職に際し、自らが管理していた個人情報が含まれる書類又は電子データ等を速やかに返却しなければならないこと。

2　前項各号のほか、従業員等の個人情報の扱いについては、別に定める特定個人情報等取扱規程に定めるところによる。

特定個人情報等の取扱い

（特定個人情報等を取り扱う従業員の責務）

第○条　特定個人情報その他の雇用管理情報（以下「特定個人情報等」という。）は、会社がその取扱いについての権限を与えた者（以下「事務取扱担当者」）のみが、取り扱うことができものとし、係る権限を付与されていない者は、取り扱ってはならない。

2　事務取扱担当者は、業務上知り得た個人データの内容をみだりに第三者に知らせ、又は不当な目的に使用してはならない。その業務に係る職を退いた後も同様とする。

3　事務取扱担当者は、その責務の重要性を認識し、具体的な個人データの保護措置に習熟するため、会社が行う次の事項についての教育及び研修を受講しなければならない。

(1)　特定個人情報等の保管方法、廃棄等の取扱いに関すること。
(2)　特定個人情報等のアクセス管理に関すること。
(3)　特定個人情報等の処理を委託する場合の留意点に関すること。

＊特定個人情報といった雇用管理情報は、会社の秘密情報の中でも特にセンシティブなものであり、その漏えい事故等は従業員のモチベーションにも影響します。顧客情報や営業秘密等をそれほど取り扱っていない会社であっても、雇用管理情報は日常的に取り扱います。管理体制を別途設けることも検討します。

条文の見出し／キーワード	作成基準の解説
	事項を規定し、その他の規定は、別規程（特定個人情報等取扱規程）に委ねることにしました。 特定個人情報保護委員会の『特定個人情報に関する安全管理措置（事業者編）平 29.5.30』によれば、従業員 100 人以下の中小規模事業者以外の事業者は、特定個人情報等の具体的な取扱いを定める取扱規程等を策定しなければならないこととされています。中小規模事業者においては、必ずしも取扱規程等の策定が義務付けられているものではなく、特定個人情報等の取扱い等を明確化すればよいこととされていますが、ルールを明確に周知させる観点からは、簡単でもよいので、取扱規程等を策定するのがよいでしょう。

（パソコンの適正利用）

第35条　従業員は、次の事項を遵守してパソコン等の情報端末を使用し、適切な情報ネットワーク環境の維持及び社内情報の毀損又は漏えいの防止に努めなければならない。

（1）会社が従業員に貸与したパソコンを業務以外の目的で使用しないこと。

（2）私有のパソコンを業務目的で使用しないこと。

（3）会社が指定したウイルス・スパイウェア対策ソフトを適正に運用すること。

（4）会社内外を問わず、業務に使用するパソコンその他電子計算機類において、ファイル交換ソフトその他の情報管理上問題が発生する可能性があるソフトウェア又は業務に関係のないソフトウェアをインストールしないこと。

（5）会社の許可なく、私物のパソコン又はUSB等を会社のパソコンに接続しないこと。

（6）アクセス権限のない者が操作できないようにパスワード設定をすること。

2　会社は、必要に応じて従業員が送受信した電子メールの情報を閲覧することができる。

3　会社は、業務上の必要がある場合は、従業員に貸与したパソコンに保存されたデータを閲覧することができる。この場合、従業員は会社による閲覧を拒むことはできない。

条文の見出し／キーワード	作成基準の解説
（パソコンの適正利用）	1．今やパソコンは、単なる計算機ではなく、インターネットによって世界とつながるツールになっている点を十分に従業員に周知しなければなりません。そこで労使ともに情報セキュリティの重要性を認識し、情報リテラシーを高めていく必要があります。
情報セキュリティ	2．情報セキュリティとは、情報の機密性、完全性及び可用性（情報セキュリティのCIA）を維持することをいいます。情報セキュリティ体制の確立のためには、従業員に情報セキュリティの重要性を認識させることが必要です。

情報セキュリティのCIA
①　機密性（confidentiality）…許可されていない個人、団体等に対して、情報を使用不可又は非公開にすること
②　完全性（integrity）…情報資産の正確さ及び完全さを保護すること
③　可用性（availability）…許可されたエンティティが要求したときに、アクセス及び使用が可能とすること

条文の見出し／キーワード	作成基準の解説
情報リテラシー	3．パソコンを扱う従業員は、情報リテラシー（情報機器やネットワークを活用する基本的な能力）を身に着けるとともに、情報倫理（情報通信社会で必要とされる道徳やモラル）を身に着けることが重要です。
シャドーIT	4．最近は、個人所有のノートPCやスマートフォンの業務利用に関する問題があります。個人端末の利用が許可されていない状況で従業員がこれを業務に無断で使用する状態（いわゆる「シャドーIT」）が存在すると、会社でリスクの存在をコントロールすることができず、個人の不適切な運用等により情報流出等のインシデントが生ずるリスクが高まります。
BYOD（Bring Your Own Device）	5．これに対応するため、個人端末の利用を黙認・放置するのではなく、会社がこれをコントロールするために規程を整備し、利用申請と許可の仕組みがある状態で個人端末を業務活用していこうという考え方がBYOD（Bring Your Own Device）といわれるものです。会社としては、個人端末の利用については、徹底的に禁止をするのか、逆にBYODの導入により積極的な管理のもと、

条文の見出し／キーワード	作成基準の解説

これを活用していくのか、姿勢を明確にすることが求められます。

一般社団法人日本スマートフォンセキュリティ協会によるBYODの定義
リスクの認識をしたうえで、個人所有のスマートフォンの業務利用について組織として意思決定を行い、実際に業務を行うこと。

モニタリング

6．個人情報保護法に基づく経済産業分野ガイドラインでは、従業者に対するモニタリング実施上の留意点について次のような内容を定めています（個人情報の保護に関する法律についての経済産業分野を対象とするガイドライン 平26.12.12 ［厚生労働省・経済産業省告示4号、平29.5.30 廃止］）。

> 個人データの取扱いに関する従業者及び委託先の監督、その他安全管理措置の一環として従業者を対象とするビデオ及びオンラインによるモニタリング（以下「モニタリング」という。）を実施する場合は、次の点に留意する。
>
> その際、雇用管理に関する個人情報の取扱いに関する重要事項を定めるときは、あらかじめ労働組合等に通知し、必要に応じて、協議を行うことが望ましい。また、その重要事項を定めたときは、労働者等に周知することが望ましい。
>
> なお、本ガイドライン及び雇用管理に関する個人情報の適正な取扱いを確保するために事業者が講ずべき措置に関する指針（平成16年厚生労働省告示第259号）第三 九（一）に規定する雇用管理に関する個人情報の取扱いに関する重要事項とは、モニタリングに関する事項等をいう。
>
> ・モニタリングの目的、すなわち取得する個人情報の利用目的をあらかじめ特定し、社内規程に定めるとともに、従業者に明示すること。
>
> ・モニタリングの実施に関する責任者とその権限を定めること。
>
> ・モニタリングを実施する場合には、あらかじめモニタリングの実施について定めた社内規程案を策定するものとし、事前に社内に徹底すること。
>
> ・モニタリングの実施状況については、適正に行われているか監査又は確認を行うこと。

（個人端末の使用）

第36条　従業員は、会社の許可なく私物のモバイルＰＣ及びスマートフォン（以下「個人端末」という。）を業務に使用してはならない。

2　会社の許可を受けて個人端末を使用する場合には、インストールされているソフトを確認するなど定められた使用条件に従わなければならない。また、個人端末の利用に関する誓約書（様式第○号）に署名した後でなければ、使用してはならない。

3　全社的な個人端末の業務利用については、会社として明確な方針を定めるとともに、その手続を定めるものとする。

＜：私物端末の業務利用に関する誓約書（本書560頁）＞

（電子メール・インターネットの適正利用）

第37条　電子メール・インターネット等は、原則として業務利用に限るものとし、私用に使ってはならない。

2　会社は、電子メール・インターネット等の利用の適正化を図る目的のため、サーバーに保存されている情報を解析し、従業員ごとのインターネット等の利用履歴を確認することができる。また、電子メール利用の適正化を図る目的のため、従業員にその旨を通知したうえで、電子メールの内容を閲覧することができる。

3　従業員は、業務に直接関係のないホームページに意図的にアクセスしてはならない。また、会社は、コンピュータウィルス感染を予防するため、特定のホームページへのアクセスを制限することができる。

＜：特定個人情報等の取扱いに関する同意書（本書561頁）＞

（ソーシャルメディアの適正利用）

第38条　従業員がソーシャルメディアを利用する際には、次の各号に掲げる事項を遵守しなければならない。

条文の見出し／キーワード	作成基準の解説
（個人端末の使用）	１．私物のモバイルＰＣを業務に使用することは原則として禁止し、会社が許可した場合のみ定められた使用条件に従って使用することとしています。
BYOD の活用	２．一方で最近では、モバイルＰＣやスマートフォン端末の支給方法については、会社貸与だけではなく、最近では、個人所有の端末の利用（BYOD：Bring Your Own Device）も有力な選択肢といわれるようになってきています。BYOD については、会社が負担するコストが低く、従業員としても利便性が高いという大きなメリットがあります。その一方で、一つの端末で業務用とプライベート用のデータを用いるため、データの管理が難しくなります。リスクを認識したうえで、厳格なセキュリティ管理が必要であり、全社的なポリシーを確立したうえで導入する必要があります。
COPE (Corporate Owned Personally Enabled)	３．前記の BYOD のデメリットを軽減するために、会社支給のデバイスの個人使用（COPE）を認める会社も現れています。統一的なセキュリティ管理が可能となります。
（電子メール・インターネットの適正利用） 電子メール検査	電子メール検査（モニタリング）の留意点は次のとおりです（経済産業省「個人情報の保護に関する法律についての経済産業分野を対象とするガイドライン」）。 ①　モニタリングの目的をあらかじめ特定し、社内規程に定めるとともに、従業者に明示すること。 ②　実施に関する責任者とその権限を定めること。 ③　実施する場合には、あらかじめ社内規程案を策定するものとし、事前に社内に徹底すること。 ④　実施状況については、適正に行われているか監査又は確認を行うこと。
（ソーシャルメディアの適正利用）	１．ソーシャルメディアを効果的に活用すれば、会社の利益やイメージアップにつながります。マーケティングにも活用できる有用なツールです。

（1）会社の信用を失墜させるような発信は厳に慎むこと。
（2）会社及び他者の技術上、営業上、経営上の機密情報を発信してはならないこと。
（3）会社はもちろん、同僚、お客様や取引先その他いわゆる他人に対する中傷は発信してはならないこと。
（4）人種や宗教、性別等に関する中傷、特定の個人に対する侮辱やプライバシーを侵害する内容、わいせつな内容は発信してはならないこと。
（5）会社のロゴや商標を、会社の許可なく使用せず、その他、著作権、商標権、肖像権など第三者の権利を尊重し、侵害してはならないこと。
（6）所定労働時間中は、自らの副業・兼業の利益を誘導するような発信は行わないこと。
（7）常に誠実な態度で良識ある発信を行うよう、心がけること。
（8）会社に関連した事柄を発信する際には、身元（氏名、必要な場合には会社での所属）を明らかにし、一人称で行うこと。また、「このサイトの掲載内容は私個人の見解であり、会社の立場や意見を代表するものではありません」との免責文を入れること。
（9）読み手がどのような受止め方をするかを考え、内容、表現に留意すること。特に政治・宗教など意見が分かれる問題について発信するときには、より慎重に行うこと。
（10）発信してよいか迷ったら、上司や同僚に相談するか、発信しないようにすること。

（反社会的勢力の排除）

第39条　従業員は、反社会的勢力と一切の関係をもってはならない。これに違反した場合は、就業規則に定める懲戒解雇、その他の懲戒処分を行うものとする。

2　前項の「反社会的勢力」とは、暴力団員、暴力団員でなくなったときから5年を経過しないもの、暴力団準構成員、暴力団関係企業・団体、総会屋、社会運動等標ぼうゴロ等、特殊知能暴力団等その他反社会的勢力の構成員、その他これらに準じるものをいう。

条文の見出し／キーワード	作成基準の解説
	しかし、ソーシャルメディアでの利用・発信は、発信者の人間性が強く反映するといわれます。また、悪用される場合もあります。そこで、モデル規則では、ソーシャルメディアを利用するうえでの遵守事項を列挙しました。
ソーシャルメディア	2．ソーシャルメディアには次のようなものがあります。Facebook や Twitter のような SNS（ソーシャル・ネットワーキング・サービス）もソーシャルメディアの一種です。 ①　電子掲示板 ②　ブログ ③　ナレッジコミュニティ ④　ソーシャルブックマーク ⑤　ソーシャルニュース ⑥　ソーシャル・ネットワーキング・サービス
（反社会的勢力の排除）	『企業が反社会的勢力による被害を防止するための指針について犯罪対策閣僚会議幹事会申合せ』（平 19.6.19）によれば、反社会的勢力とは「暴力、威力と詐欺的手法を駆使して経済的利益を追求する集団又は個人」をいいます。具体的な範囲は会社が決めることになりますが、前記申合せによれば、「暴力、威力と詐欺的手法を駆使して経済的利益を追求する集団又は個人である『反社会的勢力』をとらえるに際しては、暴力団、暴力団関係企業、総会屋、社会運動標ぼうゴロ、政治活動標ぼうゴロ、特殊知能暴力集団等といった属性要件に着目するとともに、暴力的な要求行為、法的な責任を超えた不当な要求といった行為要件にも着目することが重要である」

（所持品検査）

第40条　会社は、必要に応じてその理由を明示のうえ、所持品の検査を行うことができる。この場合、従業員はこれに応じなければならない。

（入場禁止及び退場）

第41条　次の各号のいずれかに該当する者に対しては、事業場内への入場を禁止し、又は退場を命ずることができる。

（１）会社内の秩序及び風紀を乱し、又はそのおそれがあると思われる者

（２）火気、凶器、毒物、薬物その他業務遂行に不要なものを携帯する者

（３）酒気を帯び又は酒類を携帯する者

（４）その他会社が入場禁止を必要と認めた者

（ほう・れん・そうの義務）

第42条　会社内における、共有すべき職務に関連するすべての事項について、従業員は、ほう・れん・そう（日常的に行うべき報告、連絡、相談並びにあいさつ、合図、掛け声等をいう。）を心がけなければならない。

条文の見出し／キーワード	作成基準の解説
	としています。
（所持品検査）	所持品検査の留意点は次のとおりです（西日本鉄道事件 最２小昭43.8.2）。なお、「金品の不正隠匿の摘発・防止」を目的とした場合に限られます。 ①　所持品検査を必要とする合理的理由に基づくこと。 ②　一般的に妥当な方法と程度で行われること。 ③　制度として職場従業員に対して画一的に実施されるものであること。 ④　就業規則その他明示の根拠に基づき行われること。
（入場禁止及び退場）	会社が有する施設管理権及び職場秩序維持の観点から、これを侵害するおそれのある従業員の入場禁止・退場を規定したものです。
（ほう・れん・そうの義務）	報告、連絡、相談のいわゆる「ほう・れん・そう」をスローガンにしている会社は多くありますが、就業規則に義務付けする規定を設けているところは非常に稀です。規定する目的は、一歩進めて義務付け・ルール化することにより企業及び組織の緊張感、活力を増進させ、**コミュニケーションを欠かさぬ風土**をつくり、また、あらゆる申請、届出、許可の事前手続主義を徹底させるためです。 さらに合図や掛け声なども合わせて行うようにして労災予防に資するほか、従業員の身体・精神の不調の早期発見にも役立ち、従業員独断の行為に対するリスク対策ともなり得ます。 なお、過剰な「ほう・れん・そう」の強要は、作業効率の低下とモチベーション・ダウンを招くという意見もあり、本来の趣旨、目

第２節　副業・兼業

（副業・兼業の原則）

第43条　従業員は、所定労働時間外に、副業（本業以外に行う職業であって兼業以外のものをいう。）及び兼業（他の事業主に雇用されること又は役職に就くこと等をいう。以下「副業・兼業」と総称する。）を行おうとするときは、本節の定めるところによらなければならない。

2　副業・兼業とは、私的時間の有効活用の範囲として、これを通じて、会社の組織人としての知見・能力の向上を資して行われるべきことであることを認識しなければならない。

3　本節に定めるところにより、副業・兼業を行うことができる従業員は、入社後３年を経過した者とする。

条文の見出し／キーワード	作成基準の解説
	的から逸脱しない運用が必要です。
(副業・兼業の原則)	1．副業、兼業については、法律上明確な定義はありません。モデル規則の定義は事務管理の便に資するため、私案として付けたものです。一般的な使い分け、語感から次のように区分することが可能と考えます。 副業とは、「主・副」の「副」であることから、「主たる業務」が存在することが前提です。総務省統計局の調査では、「副業」を「主な仕事以外についている仕事をいう。」としており、やはり「主な仕事」があることを前提としています。つまり従業員が余暇の時間を使って、フリマアプリでものを売ったり、WEBサイトの作成を請け負って収入を得たりするほか、家賃収入を得たり、株式投資を行ったりすることはすべて「副業」といえます。 一方兼業は、「主・副」という考え方ではなく、本業と競合するイメージが強くなります。つまり、どちらが本業になるかわからなくなる懸念が生じる状態です。また、いわゆる「競業」が発生するのも兼業のケースが多いと考えられます。 ちなみに国家公務員法では、103条において民間企業への就職、104条において非営利団体への役職への就任を原則禁止していますが、これを「兼業」と称しています。 つまり、**副業のほうが幅広い概念といえ、現在国が推進している「非雇用型テレワーク」や「フリーランスとしての働き方」は、「副業」のカテゴリーに入ると考えられます。** 2．厚生労働省では、『働き方改革実行計画』(平29.3.28働き方改革実現会議決定)を踏まえ、副業・兼業の普及促進を図っており、平成29年10月から開催された「柔軟な働き方に関する検討会」での議論を踏まえ『副業・兼業の促進に関するガイドライン』を公表しています。

（副業・兼業の範囲）

第44条　副業・兼業とは、次の各号のいずれかに該当するものに限るものとする。ただし、いずれの場合もこの規則に定める職務専念義務に違反することがあってはならない。

（1）投資行為により、継続的に収益を上げることを目的とする行為をすること。

（2）自ら出版をし、又は講演を行うこと。

（3）第三者（法人を含む。）からの不定期の依頼に基づき、特定の業務を請け負うこと。

（4）第三者（法人を含む。）からの依頼に基づき、継続的に業務を請け負うこと。

（5）自ら事業を営むこと。

（6）他の会社等に雇用され、その業務に従事すること。

2　所定労働時間内の副業・兼業（インターネットを用いた業務を含む。）は、これを禁止する。ただし、会社の業務運営上、必要な場合はこの限りでない。

条文の見出し／キーワード	作成基準の解説

副業・兼業の促進に関するガイドライン　企業の対応
裁判例を踏まえれば、原則、副業・兼業を認める方向とすることが適当である。副業・兼業を禁止、一律許可制にしている企業は、副業・兼業が自社での業務に支障をもたらすものかどうかを今一度精査したうえで、そのような事情がなければ、労働時間以外の時間については、労働者の希望に応じて、原則、副業・兼業を認める方向で検討することが求められる。また、実際に副業・兼業を進めるにあたっては、労働者と企業双方が納得感を持って進めることができるよう、労働者と十分にコミュニケーションをとることが重要である。

３．副業・兼業の労務管理（特に労働時間）、労働社会保険の問題については、まだ解決できていない問題が山積しています。そこで、厚生労働省では、平成30年７月から「副業・兼業の場合の労働時間管理の在り方に関する検討会」を開催し、「労働者の健康確保や企業の予見可能性にも配慮した、事業主を異にする場合の実効性のある労働時間管理について」等について、検討を行っています。

（副業・兼業の範囲）

働き方改革の一環で副業・兼業の推進が叫ばれていますが、メリットばかりではありません。**適正な労働時間管理が困難になることによる過重労働への懸念や、会社情報の流出リスク等があります。**したがって、時流に乗って無制限に副業・兼業を認めるのではなく、会社にとってのメリット・デメリットをよく検討して、会社が容認できる範囲を明確に定め、これを就業規則に定めておくことは重要と考えます。

（副業・兼業の申請）

第45条　副業・兼業を行うことを希望する従業員は、あらかじめ「副業・兼業届」（様式第○号）を、所属長を経由して会社に提出しなければならない。

2　副業・兼業が前条第１項第６号に該当する場合は、勤務先の勤務日、勤務日ごとの始業・終業時刻を会社に届け出なければならない。

3　従業員は、前各項の内容に相違が生じた場合には、速やかにその内容を届け出なければならない。

4　会社は、適宜副業・兼業の実態についての調査・ヒアリング等を行うものとする。

5　従業員は、副業・兼業を終了した場合には速やかに会社に届け出なければならない。

＜：副業・兼業届（本書585頁）＞

（副業・兼業の制限）

第46条　副業・兼業が次の各号のいずれかに該当する場合には、会社は、これを禁止し、又は制限することができる。

（１）副業・兼業が所定労働時間中に行われる場合

（２）副業・兼業により職務専念義務等に違反し、労務提供上の支障がある場合

（３）競業（同業他社での兼業をいう。）により会社の利益を害する場合

（４）不正競争防止法による営業秘密の不正な使用又は開示を伴う場合

（５）企業秘密の漏えいのおそれがある場合

（６）長時間労働により本人又は第三者の生命や健康を害するおそれがある場合

（７）副業・兼業の態様により会社の社会的信用を失墜させる、又は信頼関係を破壊するおそれがある場合

2　副業・兼業を行う従業員は、前項各号の趣旨をよく理解し、自ら副業・兼業を行う時間の把握・管理及び健康状態の把握・管理を行わなければならない。

条文の見出し／キーワード	作成基準の解説
（副業･兼業の申請）	【副業・兼業の促進に関するガイドライン】　企業の対応 副業・兼業を認める場合、労務提供上の支障や企業秘密の漏洩等がないか、また、長時間労働を招くものとなっていないか確認する観点から、副業・兼業の内容等を労働者に申請・届出させることも考えられる。 その場合も、労働者と企業とのコミュニケーションが重要であり、副業・兼業の内容等を示すものとしては、当該労働者が副業・兼業先に負っている守秘義務に留意しつつ、例えば、自己申告のほか、労働条件通知書や契約書、副業・兼業先と契約を締結する前であれば、募集に関する書類を活用することが考えられる。
（副業･兼業の制限） 競　業	1．「兼業」とよく似た言葉に「競業」があります。これは、同業他社で兼業することを指します。在職中に競業をしない義務（競業避止義務）は、労働契約上の誠実・忠実義務（信義誠実の原則、民法1条2項）から導き出されるもので、これに違反する場合は、債務不履行（民法415条）又は不法行為（民法709条）となることが考えられます。また、在職中に同業他社に他の従業員を勧誘することも同様です（日本コンベンションサービス事件 最2小 平12.6.16）。 なお、**退職後の競業避止義務は、書面による合意、就業規則等の根拠が必要になります。**
副業・兼業の場合の労働時間管理	2．労基法38条では「労働時間は、事業場を異にする場合においても、労働時間に関する規定の適用については通算する」と規定されており、「事業場を異にする場合」とは事業主を異にする場合をも含みます（昭23.5.14 基発769号）。そこで、労働時間を通算した結果、法定労働時間を超えて労働させる場合には、使用者は、自社で発生した法定外労働時間について、36協定を締結し、また、同法37条に定める割増賃金を支払わなければなりません。

条文の見出し／キーワード	作成基準の解説

このときに、労基法上の義務を負うのは、当該従業員を使用することにより、法定労働時間を超えて当該従業員を労働させるに至った（すなわち、それぞれの法定外労働時間を発生させた）使用者となります。

したがって、一般的には、通算により法定労働時間を超えることとなる所定労働時間を定めた労働契約を時間的に後から締結した使用者が、契約の締結に当たって、当該従業員が他の事業場で労働していることを確認した上で契約を締結すべきことから、同法上の義務を負うこととなります。この場合において、通算した所定労働時間が既に法定労働時間に達していることを知りながら労働時間を延長するときは、先に契約を結んでいた使用者も含め、延長させた各使用者が同法上の義務を負うものとされています。

【副業・兼業の促進に関するガイドライン】企業の対応
特に、労働者が、自社、副業・兼業先の両方で雇用されている場合には、労働時間に関する規定の適用について通算するとされていることに留意する必要がある。また、労働時間や健康の状態を把握するためにも、副業・兼業の内容等を労働者に申請・届出させることが望ましい。

労災保険

3．副業・兼業をする従業員への労災保険給付額については、労働災害が発生した就業先の賃金分のみに基づき算定されます。また、労災保険法は、個別事業場ごとの業務に着目し、その業務に内在する危険性が現実化して労働災害が発生した場合に、保険給付を行うこととしていることから、副業・兼業している場合であっても、それぞれの就業先における労働時間は合算せず、個々の事業場ごとに業務の過重性を評価することになります。

4．２つの就業先で働く従業員が、１つ目の就業の場所で勤務を終え、２つ目の就業の場所へ向かう途中に災害に遭った場合、通勤災害となります。この場合、２つ目の会社の労災保険を使用して保険給付を受けることができます。

第５章　勤　務

第１節　所定労働時間等

（この章における用語の定義と適用範囲）

第47条　この章における用語の定義は、次の各号に定めるとおりとする。

（１）所定労働時間…会社が定める原則の始業時刻から終業時刻までの時間であって、会社の指揮命令に基づく業務を行うべき時間をいう。

（２）法定労働時間…労働基準法により定められた１週間につき40時間まで、及び１日につき８時間までの労働時間をいう。

（３）始業時刻…会社の指揮命令に基づく業務を開始すべき時刻をいう。

（４）終業時刻…会社の指揮命令に基づく業務を終了すべき時刻をいう。

（５）休憩時間…労働時間の途中に与える従業員が自由に利用できる時間をいう。

（６）所定外労働（残業）…会社の所定労働時間を超える労働をいう。

（７）時間外労働…１週間につき40時間又は１日につき８時間を超える労働をいう。

（８）休日出勤…第55条の会社の休日における労働をいう。

（９）休日労働…法定休日における労働をいう。

（10）深夜労働…午後10時から翌日の午前５時までの労働をいう。

（11）１週間…▼曜日から起算する連続した７日間をいう。

2　パートナー社員、嘱託＜、短時間社員＞については、本章の規定の一部を適用せず、別に定めるところによる。

条文の見出し／キーワード	作成基準の解説
（この章における用語の定義と適用範囲）	1．労働時間に関連する用語の定義を曖昧にしておくと、適切な労働時間管理を行うことができません。そこで労働時間に関連する章の中において独立した定義規定を設けることをお勧めします。 　また、一部の適用を除外する区分の従業員がいる場合は、ここで併せて規定しておきます。
週の起算日	2．就業規則に何ら定めを置かない場合の週の起算日は日曜日であると推定されますが、労働時間計算の根拠を明らかにする趣旨から就業規則には明記しておきましょう。基本的に週の起算日は任意に定めることができますが、「日曜日」とするほかは、次の点に留意して定めるとよいでしょう。 ①　週休2日（連続休日）の会社で休日出勤が想定される場合…**連続休日の初日（土日休日であれば土曜日）を週の起算日とする**と振替休日を行った場合の時間外労働を回避することができます。

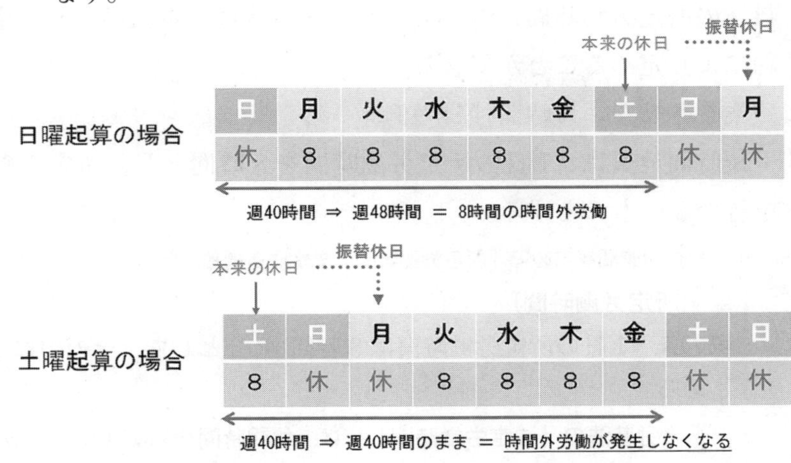

②　変形労働時間制を採用する場合…週の起算日を曜日で固定すると、対象期間の初めと終わりに端数期間（7日に満たない週）が生じてしまいます。**対象期間の初日を週の起算日とする**と端数期間は対象期間の終わりだけになります。なお、端数期間における週の法定労働時間は、「40時間×端数日数／7」で計算し

（所定労働時間、始業・終業時刻）

第48条　所定労働時間（休憩時間を除く。以下同じ。）は、原則として、1週間については40時間＜▼時間▼分＞とし、1日については8時間＜▼時間▼分＞とする。＜ただし、短時間社員については、1日6時間以上8時間未満の範囲で個別に定める。＞

2　始業時刻及び終業時刻は次のとおりとする。

（1）始業時刻…午前9時00分

（2）終業時刻…午後6時00分

3　従業員は、始業時刻に業務を開始できるよう余裕をもって出勤しなければならない。また、終業時刻（第56条（所定外労働及び休日出勤）の規定により所定外労働を行うときはその終了時刻）までに業務が終了するよう職務に専念しなければならず、業務終了後は、速やかに退社しなければならない。

4　第1項及び第2項の規定にかかわらず、パートナー社員、嘱託＜又は短時間社員＞の所定労働時間については、業務の態様、本人の希望に応じて、個別労働契約により定めることができる。

＜残業をさせない短時間社員の例＞

4　短時間社員は、1日の所定労働時間を8時間とし、所定労働時間を超える勤務を行わないものとする。

休憩時間を含めて「所定労働時間」を定める場合

（所定労働時間）

第○条　1日の所定労働時間は8時間30分として、その中に45分間の休憩を含める。

＊労基法の「法定労働時間」には、休憩時間を含めないため、就業規則で定める「所定労働時間」も休憩時間を含めずに規定している例が多いと思われます。しかし、シフト勤務の事業場では、休憩時間を含めて所定労働時間を定義したほうが、勤務カレンダーの設計が簡単になるため、所定労働時間に休憩時間を含めている場合があります。どちらが正しいという問題ではなく、当該事業場でいう「所定労働時間」には休憩時間が含まれているのか否かを明確にすることが大切です。

条文の見出し／キーワード	作成基準の解説
	ます（厚生労働省労働基準局編『平成22年版労働基準法』411頁）。
（所定労働時間、始業・終業時刻） 所定労働時間の定義	1.「所定労働時間」とは、一言で言えば、労働契約上の労働時間のことです。すなわち従業員は、労働契約に基づき所定労働時間労働し、会社はその対価として「所定賃金」を支払います。つまり、「所定労働時間」とは、従業員が義務（労務提供義務、職務専念義務）を負う時間のことです。一方で「法定労働時間」とは、労基法32条に基づき会社がそれを超えて労働させてはならないという上限時間（逆にいうとそれより短いのは自由）のことです。したがって、所定労働時間の長さは、**法定労働時間以内**でなければなりません。 この「以内」という文言でトラブルになった例があります。ある会社の就業規則に「1日の所定労働時間は8時間以内とする」と書いてあったのです。その会社では変形労働時間制を採用しており、月の所定労働日のほか、日々の所定労働時間を「8時間以内の範囲で勤務表に定める」という趣旨のようだったらしいのですが、それを読んだ従業員はそのようには解釈しませんでした。ある従業員が1時間遅刻した際、会社が賃金を控除しようとしたところ、その従業員からは「私は7時間勤務した。7時間は8時間以内なのでペナルティがあるのはおかしい。」と言われてしまったそうです。 話が脱線しましたが、就業規則内の用語は、漫然と使わずにその効果がどのようなものであるのか、をよく検討して使わなければなりません。 2.「所定労働時間」は、一般的には、**始業時刻から終業時刻までの時間数から休憩時間を除いた時間とされています**が、会社によっては、休憩時間を含んだ拘束時間を所定労働時間と称しています。休憩時間を除く所定労働時間は、1.で説明したとおり、労基法32条の労働時間（1週間40時間、1日8時間）以内の範囲で定めることが原則です。 なお、所定労働時間（時間数）は、就業規則の絶対的必要記載

なお、本規定例のように１日の実労働時間を７時間45分として１年単位の変形労働時間制を採用した場合、１年間の労働日数を269日以下（休日を96日以上）にすると、１週間の所定労働時間は、40時間以内となります（岩﨑仁弥・森紀男「労働時間管理完全実務ハンドブック」）。

所定労働時間と休憩時間を合わせて規定した場合

（所定労働時間）

第○条　就業時間は、次のとおりとする。

（１）本社に勤務する従業員の所定労働時間は８時間とし、60分を休憩時間とする。また、１週間の所定労働時間は40時間とする。

（２）店舗に勤務する従業員の所定労働時間は７時間45分とし、75分を休憩時間とする。また、１週間の所定労働時間は、労使協定を締結のうえ、１年単位の変形労働時間制を採用し、１年を平均して40時間以内とする。

＊所定労働時間と休憩時間を併記した例です。また、本社と店舗とで異なる労働時間管理を行っています。

週40時間制の範囲内でシフト勤務を行う場合

（各直の始業・終業時刻及び休憩）

第○条　各直（各シフト）の始業・終業時刻及び休憩時間は次のとおりとする。

（１）早番（１日６時間30分）

始業・終業時刻	休憩時間
始業　　午前７時00分	午前８時45分から午前９時00分まで 午前10時30分から午前11時30分まで 午後１時15分から午後１時30分まで
終業　　午後３時00分	

（２）中番（１日６時間30分）

始業・終業時刻	休憩時間
始業　　午後３時00分	午後４時45分から午後５時00分まで 午後６時30分から午後７時30分まで 午後９時15分から午後９時30分まで
終業　　午後11時00分	

（３）遅番（１日６時間30分）

始業・終業時刻	休憩時間
始業　　午後11時00分	午前０時45分から午前１時00分まで 午前２時30分から午前３時30分まで 午前５時15分から午前５時30分まで
終業　　午前７時00分	

条文の見出し／キーワード	作成基準の解説
	事項には含まれていません。記載しなければならないのはあくまでも「始業及び終業の時刻」です。 1か月単位の変形労働時間制を規定している就業規則において、「1週間を平均して40時間以内」など所定労働時間に関する記載はあるものの、**肝心の「始業及び終業の時刻」が抜けているものが見受けられるため、注意が必要です。**
1週間の所定労働時間	3．「1週間の所定労働時間は40時間とする」と定めている例が多いですが、週休2日制かつ祝日休みの会社では「32時間以下」の週も生じますから、「原則として」と入れておきましょう。
法定労働時間の定義	4．「労基法32条の労働時間とは、労働者が使用者の指揮命令下に置かれている時間をいい、右の労働時間に該当するか否かは、労働者の行為が使用者の指揮命令下に置かれたものと評価することができるか否かにより客観的に定まるものであって、労働契約、就業規則、労働協約等の定めのいかんにより決定されるものではない。」(三菱重工業長崎造船所事件　最1小　平12.3.9)
所定労働時間と法定労働時間の違い	5．所定労働時間と法定労働時間（労基法32条の労働時間）は、同じではありません。**法定労働時間は、「使用者の指揮命令下」にあるかどうかで客観的に定まるものとされていますが、所定労働時間はあくまでも契約で定められるものです。**就業規則では、法定労働時間と所定労働時間の混同に注意しましょう。
所定労働時間を超える労働（残業）の有無	6．「所定労働時間を超える労働の有無」は、労働条件の絶対的明示事項とされていますが、就業規則上でも規定すべきでしょう。
始業及び終業の時刻	7．始業及び終業の時刻は、所定労働時間の起点と終点となる時刻であるため、明確にする必要があります。
実労働時間主義	8．**始業及び終業の時刻を定める場合、これらが指揮命令に基づく業務の開始点及び終了点であることを明確にします。**すなわち、使用者たる会社が把握した実労働時間をもって労働時間とすることを明確にするのです。このように規定しておけば、仮に終業時刻を過ぎて仕事をしたとしても、指揮命令がない限り、「自動的に残業扱い」ということにはならず、命令に基づかない勝手な残

2　従業員ごとの始業時刻及び終業時刻は、会社が毎月▼日までに作成し各従業員に周知するシフト表によるものとする。

3　第１項の交替勤務の就業番は、原則として４日ごとに早番を中番に、中番を遅番に、遅番を早番に転換する。

4　就業番の転換は原則として休日に行い、継続する24時間の休息を確保するものとする。

条文の見出し／キーワード	作成基準の解説
	業・早出や休日出勤を防止することができます。 9．「始業時刻＝業務の開始時刻」という観点からすれば、始業時刻に出社しているからといって、それまでに業務開始の準備を整えている従業員と「始業時刻から1時間はウォーミングアップ」といった従業員を、同じ扱いにすることは均衡に欠けます。所定労働時間の中でフルにその能力を発揮することが労働契約（職務専念義務）の前提なのですから、**従業員の業務が適正に開始され、効率的に終了しているかを把握することは、会社の権利といえます。**「労働時間の把握」というとこれを義務と思うかもしれませんが、発想が逆です。**会社は従業員が効率よく仕事をしているかどうか、労働時間を把握する権利を有するのであって、これを確実に現認することによって、従業員のパフォーマンスが向上するのです。**
労働時間の適正な把握	10．労働基準法においては、労働時間、休日、深夜業等について規定を設けていることから、「労働時間の適正な把握のために使用者が講ずべき措置に関するガイドライン」（平29.1.20）では、使用者には、労働時間を適正に把握するなど労働時間を適切に管理する責務があるとしています。同ガイドラインでは、労働時間とは、「**使用者の指揮命令下に置かれている時間のことをいい、使用者の明示又は黙示の指示により労働者が業務に従事する時間は労働時間に当たる**」として次の時間も労働時間に当たるとしています。 ①　使用者の指示により、就業を命じられた業務に必要な準備行為（着用を義務付けられた所定の服装への着替え等）や業務終了後の業務に関連した後始末(清掃等)を事業場内において行った時間 ②　使用者の指示があった場合には即時に業務に従事することを求められており、労働から離れることが保障されていない状態で待機等している時間（いわゆる「手待時間」） ③　参加することが業務上義務づけられている研修・教育訓練の受講や、使用者の指示により業務に必要な学習等を行っていた

条文の見出し／キーワード	作成基準の解説
	時間 また、労働時間の把握（始業・終業時刻の確認及び記録）の方法については、次の２つを原則としています。 ① 使用者が、自ら現認することにより確認し、適正に記録すること。 ② タイムカード、ＩＣカード、パソコンの使用時間の記録等の客観的な記録を基礎として確認し、適正に記録すること。 自己申告制については、**労働時間を管理される側・管理する側に適正な申告・運用のための説明を行う、自己申告の時間と実労働時間が合致しているか必要に応じ調査・補正する、申告時間に上限を設けるなど適正な申告を阻害する措置を講じないこと等**の所要の要件を満たした場合のみ認められる例外措置としています。
安衛法における労働時間の状況の把握	**11.** このガイドラインでは、管理監督者やみなし労働時間制が適用される労働者は対象外となっていますが、安衛法において、長時間労働者に対する医師による面接指導の履行確保を図るため、労働安全衛生法を改正し、これらの者の労働時間の状況（いかなる時間帯にどのくらいの時間、労務を提供しうる状態にあったかという概念）についても、安衛則に規定する方法（タイムカードによる記録、PC等の使用時間の記録等の客観的な方法や使用者による現認）で把握しなければならないことになっています。 また、会社は、労働時間の状況の記録を作成し、３年間保存する必要があります。
労働時間と職務専念義務	**12.** 労働時間の把握については、会社自らが現認できない場合には、タイムレコーダー等客観的に把握できる手段によるのが望ましいでしょう。しかし、タイムレコーダーの位置から就業場所まで距離がある等、タイムレコーダーの打刻時刻と実作業開始時刻に差異時間が生じることがあります。この場合には、**実態に応じたルール**（例えば、10分間のタイムラグが生じるのであれば、タイムレコーダーは実作業開始時刻の10分前に打刻するといったルール）を、**労使で協議**して定めておくのが望ましいでしょう。また、

（始業、終業時刻等の変更）

第49条　交通ストその他やむを得ない事情がある場合又は業務上の必要がある場合は、全部又は一部の従業員について、始業、終業の時刻及び休憩時間を変更することができる。この変更は、所定労働時間の範囲内において行う。

条文の見出し／キーワード	作成基準の解説
	差異時間がたびたび生じるときは、本人に注意をします。
労働時間の自己申告制	13. 労働時間の自己申告制そのものは、適正に運用されていれば労基法上問題はありませんが、残業代稼ぎに過大申告をしたり、仕事が遅いと思われたくないため過少申告をすることも考えられます。たとえ自己申告制であっても、本人に任せきりではなく、その趣旨を十分説明したうえで運用し、定期的に実態調査を行うのがよいでしょう。
始業・終業時刻等が勤務態様により異なる場合	14. パートタイマー等のうち**本人の希望等**により勤務態様、職種等の別ごとに始業・終業時刻を画一的に定めないこととする場合、就業規則には、基本となる始業・終業時刻を定めるとともに、具体的には個別の労働契約等で定める旨の委任規定を設けても差し支えないという通達があります(昭63.3.14 基発150号)。ただし、これは例外的なケースであって、原則は、勤務態様、職種等の別ごとに始業・終業時刻が異なる場合には、就業規則に勤務態様、職種等の別ごとの始業・終業時刻を記載しなければなりません。
就業時転換	15.「就業時転換」とは、従業員を2つ以上の組（直）に分け、組ごとに異なった時間帯に就業させる場合、一定期日ごとにそれぞれの組の転換を行うことです。例えば、早番勤務と遅番勤務が1週間ごとに転換するといった規定です。
（始業、終業時刻等の変更） 就業時間帯の繰上げ・繰下げ	1．**いわゆる就業時間帯の繰上げ・繰下げは、変形労働時間制やフレックスタイム制には該当せず、就業規則の定めで実施することが可能です**。交通スト、天災事変等の場合のほか、業務上の必要に応じて繰上げ・繰下げが可能にしておくとよいでしょう。例えば、1時間遅刻した者に対し、その日の終業時刻を1時間遅く設定することにより、本来の終業時刻後1時間の労働を時間外労働の扱いとすることなく8時間労働させることが可能になります。
始業時刻変更等の措置	2．「1日の所定労働時間を変更することなく始業又は終業の時刻を繰り上げ又は繰り下げる制度」（始業時刻変更等の措置）は、小学校就学の始期に達するまでの子を養育する従業員のための措置として、これを講ずることが会社の努力義務となります（育児・

始業・終業時刻等の変更により「勤務間インターバル」を導入する例

（勤務間インターバル）

第○条　やむを得ない事由で深夜労働を行った場合は、当該者につき、深夜労働の終了時刻から翌日の業務開始時刻までに少なくとも、○時間の継続した休息時間を与える。

2　前項の休息時間の満了時刻が、次の勤務の所定始業時刻以降に及ぶ場合、翌日の始業時刻は、前項の休息時間の満了時刻まで繰り下げ、当該繰り下げ時間数に応じて終業時刻を繰り下げる。ただし、災害その他避けることができない場合は、この限りでない。

＊休息時間を確保した上で翌日の所定労働時間は変更しない場合の規定例です。翌日の所定労働時間も短縮する場合は、次の規定例となります。

（勤務間インターバル）

第○条　やむを得ない事由で深夜労働を行った場合は、当該者につき、深夜労働の終了時刻から翌日の業務開始時刻までに少なくとも、○時間の継続した休息時間を与える。

2　前項の休息時間の満了時刻が、次の勤務の所定始業時刻以降に及ぶ場合、翌日の始業時刻は、前項の休息時間の満了時刻まで繰り下げ、当該所定始業時刻から満了時刻までの時間は勤務したものとして取り扱う。ただし、災害その他避けることができない場合は、この限りでない。

（変形労働時間制）

第50条　会社は、業務の必要があるときは、この規則を変更したうえで、労使協定を締結し、又は労使委員会の決議を行い、労働基準法に定める変形労働時間制、フレックスタイム制を採用することができる。

条文の見出し／キーワード	作成基準の解説
	介護休業法24条)。
(勤務間インターバル)	1.「勤務間インターバル」とは、ある日の残業時間を含めた終業時刻の後、次の日の始業時刻の間に一定時間以上の「休息期間」を設けることで、従業員の生活時間や睡眠時間を確保しようとするものです。「勤務間インターバル」を導入した場合として、ある日の終業時刻が深夜遅くに及んだ場合、翌日の始業時刻を、休息期間を確保できるまで繰り下げる仕組みが考えられます。この他、ある時刻以降の残業を禁止し、次の始業時刻以前の勤務を認めないこととするなどにより「休息期間」を確保する方法も考えられます。 2．勤務間インターバルはすでに、EUにおいて制度化（24時間の間に連続した11時間の休息期間が必要）されており、例えば、夜23時に勤務が終了した場合、翌日の10時までは勤務免除となり、定時の始業時間が8時であっても、10時までは就業できないことになります。
(変形労働時間制)	モデル規則は、原則的労働時間制度を前提としたものであるため、変形労働時間制を採用する場合には、始業及び終業の時刻の定めに変更が生じますので、就業規則の変更が必要です。変更後の規定例は、各々囲みの規定例を参照してください。 各変形労働時間制を採用する場合の手続は次のとおりです。

①　1か月単位の変形労働時間制を採用する場合	・就業規則（始業及び終業の時刻の定め）を変更し、必要に応じて労使協定を締結する。 ・労使協定を締結したときは、労働基準監督署へ届け出る。
②　1年単位の変形労働時間制を採用する場合	・就業規則（始業及び終業の時刻の定め）を変更する。 ・労使協定を締結する。

1か月単位の変形労働時間制を採用する場合①

（1か月単位の変形労働時間制）

第○条　前条にかかわらず1か月単位の変形労働時間制を適用する従業員の所定労働時間は、毎月▼日を起算日とする1か月ごとに平均して、1週間当たり40時間以内とする。

2　前項における従業員の始業時刻及び終業時刻は、会社が毎月▼日までに作成し各従業員に周知する勤務シフト表によるものとする。

3　前項の始業時刻・終業時刻及び休憩時間を決定する勤務シフト表は、次の各号に掲げる勤務パターンにより作成するものとする。ただし、従業員の同意を得て所定労働時間の範囲内で、勤務パターンの一部を変更することができる。

（1）早番（1日▼時間）

始業・終業時刻	休憩時間
始業　　時　　分	時　　分から　　時　　分まで
終業　　時　　分	

（2）中番（1日▼時間）

始業・終業時刻	休憩時間
始業　　時　　分	時　　分から　　時　　分まで
終業　　時　　分	

（3）遅番（1日▼時間）

始業・終業時刻	休憩時間
始業　　時　　分	時　　分から　　時　　分まで
終業　　時　　分	

条文の見出し／キーワード	作成基準の解説

	・締結した労使協定を労働基準監督署へ届け出る。
③　1週間単位の非定型的変形労働時間制を採用する場合	・就業規則（始業及び終業の時刻の定め）を変更する。 ・労使協定を締結する。 ・締結した労使協定を労働基準監督署へ届け出る。
④　フレックスタイム制を採用する場合	・就業規則（始業及び終業の時刻の定め）を変更し、始業及び終業の時刻を従業員の決定に委ねることを定める。 ・労使協定を締結する（清算期間が1か月以内の場合は、労働基準監督署への届出は不要）。

（1か月単位の変形労働時間制）

1．会社は、労使協定により、又は就業規則その他これに準ずるものにより、1か月以内の一定の期間を平均し1週間当たりの労働時間が法定労働時間を超えない定めをしたときは、その定めにより、特定された週又は特定された日において法定労働時間を超えて、労働させることができます（労基法32条の2)。

勤務カレンダーによる変形労働時間制

2．勤務カレンダー（勤務ダイヤ）による1か月単位の変形労働時間制を採用する場合、「就業規則において各直（グループ）勤務の始業終業時刻、各直勤務の組合せの考え方、勤務割表の作成手続及びその周知方法等を定めておき、それにしたがって各日ごとの勤務割は、変形期間の開始前までに具体的に特定することで足りる」ものとされています（昭63.3.14基発150号)。1年単位の変形労働時間制の場合、勤務カレンダーの通知は、30日前までに過半数代表者等の同意を得て行うこととされていますが、1か月単位の変形労働時間制の場合は、そのような規定は設けられていません。

変形期間

3．1か月単位の変形労働時間制の変形期間は、1か月に限りません。法律上は「1か月以内」という制約のみであり、**4週間単位、2週間単位、10日単位でも構いません。**

変形労働時間制と1日の所定労働時間

4．変形労働時間制を採用した場合、法定労働時間の総枠の制約を受けるため、1日の所定労働時間を8時間と設定すると休日数を増やす必要があります。例えば、31日の月の場合、8日の休日だと1か月の総労働時間が184時間となるため、法定労働時間の総

＊労使協定を締結せず、就業規則の定めのみで１か月単位の変形労働時間制を採用した場合の例です。

１か月単位の変形労働時間制を採用する場合②

（１か月単位の変形労働時間制）

第○条　所定労働時間は、労使協定を締結し、毎月１日を起算日とする１か月単位の変形労働時間制によることができる。この場合には、１か月を平均して１週間当たり40時間以内の範囲で所定労働日、所定労働日ごとの始業及び終業の時刻を定める。

２　前項の規定による所定労働日、所定労働日ごとの始業及び終業の時刻は、従業員に対し、事前に文書で通知するものとする。

３　所定労働日、所定労働日ごとの始業及び終業時刻は、１か月単位の変形労働時間制に関する労使協定第○条に定めるところによる。

＊労働協定を締結し、始業及び終業時刻の定めを労使協定に委任する場合の規定例です。詳細は、作成基準の解説を参照ください。

条文の見出し／キーワード	作成基準の解説

枠（177.1 時間）を超えてしまいます。**月の休日日数を 9 日にするか、1 日の所定労働時間を 7 時間 40 分程度に短縮する必要があります。**

＊　1か月単位の変形労働時間制は、労使協定によらず、就業規則の定めのみで採用することもできます。1日の所定労働時間を変形させない場合には、このようにシンプルな規定も可能です。

労使協定との関係

5．労使協定により変形労働時間制を採用している場合、就業規則に「各日の始業・終業時刻は労使協定による」旨を定め、各日の始業・終業時刻を就業規則本体に明記しないことができるかという点については、労使協定の各条にそのまま就業規則の内容となり得るような具体的な始業・終業時刻が定められている場合に限って、そのような取扱いが認められます。このような場合には、就業規則の中に引用すべき労使協定の条文番号を明記し、かつ、就業規則の別紙として労使協定を添付することが必要です（平 6. 5. 31 基発 330 号）。

1日の所定労働時間と月間休日総数

6．1か月単位の変形労働時間制を採用した場合の1日の所定労働時間と月間休日総数の関係は、次のとおりとなります。

1か月の休日総数（総枠）／1日の所定労働時間	31日 総枠177.1時間	30日 総枠171.4時間	29日 総枠165.7時間	28日 総枠160時間
8時間00分	9日	9日	9日	8日
7時間45分	9日	8日	8日	8日
7時間40分	8日	8日	8日	8日
7時間30分	8日	8日	7日	7日
7時間00分	6日	6日	6日	6日
6時間45分	5日	5日	5日	5日

7．仮に週休3日制が可能であれば、1か月単位の変形労働時間制を採用すれば、その週の労働日の所定労働時間は40時間以内であればよいことになるため、1日の所定労働時間を、例えば10時間にすることも可能です。

1年単位の変形労働時間制を採用する場合

（1年単位の変形労働時間制）

第○条　前条にかかわらず1年単位の変形労働時間制を適用する従業員の所定労働時間は、1年単位の変形労働時間制に関する労使協定で定めた起算日から1年間（対象期間）を平均して1週間当たり40時間以内とする。

2　前項における従業員の始業時刻及び終業時刻は、会社が毎年、労使協定で定めた起算日の30日前までに作成し各従業員に通知する年間勤務カレンダーによるものとする。

3　前項の年間勤務カレンダーは、1年を通常期間と特定期間に区分し、それぞれの始業時刻・終業時刻及び休憩時間は次のとおりとする。

（1）通常期間（1日6時間30分）

始業・終業時刻	休憩時間
始業10時00分	12時00分から13時00分まで
終業17時30分	

（2）特定期間（1日8時間30分）

始業・終業時刻	休憩時間
始業9時00分	12時00分から13時00分まで
終業18時30分	

区分期間を設けて1年単位の変形労働時間制を採用する場合

（1年単位の変形労働時間制）

第○条　所定労働時間は、労使協定を締結し、一会計年度の初日から末日までの1年間を対象期間とする1年単位の変形労働時間制によることができる。この場合には、1年間を平均して1週間当たり40時間以内の範囲で所定労働日、所定労働日ごとの始業及び終業の時刻を定めるものとする。

2　前項の規定による所定労働日、所定労働日ごとの始業及び終業の時刻は、1か月ごとに月間勤務カレンダーで定めるものとし、当該月間勤務カレンダーは、各該当月の30日前までに文書で従業員へ通知するものとする。

条文の見出し／キーワード	作成基準の解説
（1年単位の変形労働時間制）	1．会社は、労使協定により、次に掲げる事項を定めたときは、対象期間として定められた期間を平均し1週間当たりの労働時間が40時間を超えない範囲内において、当該協定で定めるところにより、特定された週において40時間又は特定された日において8時間を超えて、労働させることができます（労基法32条の4）。 ① 対象従業員の範囲 ② 対象期間（その期間を平均し1週間当たりの労働時間が40時間を超えない範囲内において労働させる期間をいい、1か月を超え1年以内の期間に限るものとされています） ③ 特定期間（対象期間中の特に業務が繁忙な期間のことですが、必ず定めなければならないものではありません） ④ 対象期間における労働日及び当該労働日ごとの労働時間（1か月以上の期間ごとにカレンダーを作成する場合は、最初の期間のカレンダーについて労働日及び当該労働日ごとの労働時間を定め、以降のカレンダーについては、労働日数及び総労働時間のみを定めておきます） ⑤ 労使協定の有効期間 ⑥ 対象期間の起算日
所定労働時間の制限	2．法定労働時間を超える所定労働時間を定める場合、**1日については10時間以下、1週間については52時間以下**としなければなりません。また、対象期間が3か月を超える場合には、所定労働時間が48時間を超える週は連続3週以下、かつ、3か月以内に3週以下としなければなりません。
1日の所定労働時間と年間休日総数	3．1年単位の変形労働時間制を採用した場合の1日の所定労働時間と年間休日総数の関係は、次のとおりとなります。1日の所定労働時間を長くするためには、休日を増やす必要があり、休日を減らすためには、所定労働時間を短くする必要がある点は、1か月単位の変形労働時間制の場合と同じです。

1日の所定労働時間	休日総数	労働日数
8時間30分	120日	245日
8時間00分	105日	260日
7時間55分	102日	263日

1週間単位の非定型的変形労働時間制を採用する場合

（1週間単位の非定型的変形労働時間制）

第○条　会社は、労使協定を締結の上、1週40時間の範囲内で、各日の勤務時間が異なる勤務を命じることができる。

この場合の勤務時間については、当該労使協定の定めるところにより、前週の末日までに当該週の勤務時間を書面で各人ごとに通知するものとする。

2　変形期間中の始業・終業時刻は、所定労働時間1日10時間の範囲内において、各人ごとに定めるものとする。

フレックスタイム制を採用する場合

（フレックスタイム制）

第○条　会社が必要と認めた場合には、労使協定を締結し、毎月1日を起算日とするフレックスタイム制を実施することができる。この場合において、始業及び終業時刻並びに休憩時間（正午から午後3時までのうちの1時間とする。）は、次項に定める範囲で従業員の決定に委ねるものとする。

2　始業及び終業の時刻を従業員の決定に委ねる時間帯（以下「フレキシブル・タイム」という。）並びに勤務しなければならない時間帯（以下「コア・タイム」という。）は次のとおりとする。

条文の見出し／キーワード	作成基準の解説

7時間50分	99日	266日
7時間45分	96日	269日
7時間40分	93日	272日
7時間35分	90日	275日
7時間30分	87日	278日
7時間25分	85日（※）	280日（※）

（※）1年単位の変形労働時間制では、1年間の労働日数の限度が定められているため、年間休日総数は、最低でも85日となります。なお、うるう年の場合は休日総数を1日増やす必要があります。

（1週間単位の非定型的変形労働時間制）

労使協定（届出が必要）に次の事項を定めます。

① 変形労働時間制の対象となる1週間の労働時間が40時間以下となるよう定めること。

② 1週40時間、1日10時間の範囲内で1週間の各日の労働時間を定め、その1週間が始まる前に従業員に書面で通知すること。

③ ②の時間を超えて労働させた場合は割増賃金を支払うこと。

留意事項

1週44時間を適用し得る特例事業場（商業、映画・演劇業（映画の製作を除く）、保健衛生業、接客娯楽業で常時10人未満）が1週間単位の非定型的変形労働時間制を採用する場合でも、必ず1週40時間以内にしなければなりません。前述の1年単位の変形労働時間制も同様です。なお、1か月単位の変形時間労働制、フレックスタイム制は、特例事業場であれば、1週44時間以内の定めが可能です。

（フレックスタイム制）

1．会社は、就業規則その他これに準ずるものにより、その従業員に係る始業及び終業の時刻をその従業員の決定に委ねることとした従業員については、労使協定により、次に掲げる事項を定めたときは、清算期間を平均し1週間当たりの労働時間が法定労働時間を超えない範囲内において、1週間又は1日において法定労働時間を超えて、労働させることができます（労基法32条の3）。

① 対象となる労働者の範囲

② 清算期間（3か月以内）

フレキシブル・タイム	コア・タイム
始業 午前8時00分から午前10時00分まで	午前10時00分から午後3時00分まで
終業 午後3時00分から午後8時00分まで	

3　前項の規定にかかわらず、フレックスタイム制を適用する従業員の始業時刻及び終業時刻は、第○条及びフレックスタイム制に関する労使協定に定める事項に従って、当該従業員が業務の進捗状況を鑑みて決定することができる。

4　第2項のフレキシブル・タイム以外の時間帯に出社又は退社しようとするときは、あらかじめ所属長の許可を受けなければならない。

5　本条の対象者の範囲、清算期間、清算期間における総労働時間、標準となる1日の労働時間、その他の事項については労使協定で定めるものとする。

6　フレックスタイム制実施期間中であっても、緊急性若しくは業務上の必要性の高い会議、出張、打合せ又は他部署や他社との連携業務がある場合には、出社、出張等を命ずることができる。

7　本条のフレックスタイム制は、部門又は対象従業員を限定して実施することができる。

8　従業員が始業時刻及び終業時刻を決定する場合、業務の関係者における状況に留意し、従業員が業務を分担する必要性が高いと認められるときは、その業務に協力するように始業時刻及び終業時刻を決定しなければならない。

条文の見出し／キーワード	作成基準の解説
	③　清算期間における総労働時間（清算期間における所定労働時間。いわゆる契約時間） ④　標準となる1日の労働時間（1日の所定労働時間。完全週休2日制で法定労働時間の総枠を8時間×清算期間における所定労働日数とする特例を適用する場合には､「8時間」と協定する） ⑤　コアタイム（必ず労働しないといけない時間帯。任意） ⑥　フレキシブルタイム（始業・終業時刻を労働者の決定に委ねる時間帯。任意） ⑦　協定の有効期間（清算期間が1か月を超える場合のみ。そのほかは任意）
契約時間の定め方	2．契約時間の定め方としては、「毎月160時間」などと固定して定める方法と「各月の所定労働日数×標準となる労働時間」として定める方法があります。 後者の方法の場合、法改正により、2019年4月から要件が緩和されました。すなわち、完全週休2日制の下で働く従業員（1週間の所定労働日数が5日）については、曜日のめぐり次第で、1日8時間相当の労働で清算期間における総労働時間が法定総枠を超えた場合（※）であっても、当該超えた時間は違法なものと取り扱われないよう、次の式で計算した時間数を1週間当たりの労働時間の限度として認められることになります。 8×清算期間における所定労働日数 ÷ $\frac{\text{清算期間における暦日数}}{7}$ ※：例えば、31日月の場合、曜日のめぐりで土日が8日しかなかった場合、月の所定労働日数は23日となり、その合計は184時間（＝8時間×23日）と法定総枠（177.1時間＝40時間×31÷7）を上回りますが、当該上回った時間は許容されることになります。
フレックスタイム制における時間外労働となる時間	3．フレックスタイム制を採用した場合に時間外労働となるのは、清算期間における法定労働時間の総枠を超えた時間です。したがって、**労基法36条1項の規定による協定についても、1日について延長することができる時間を協定する必要はなく、清算期**

（事業場外の労働）

第51条　主として事業場外で労働する従業員の労働時間は、従業員の申告に基づく業務日報により算定する。ただし、労働時間を算定し難いときは、その日は所定労働時間労働したものとみなす。

2　出張中の従業員について、労働時間を算定し難いときの労働時間の算定は、前項ただし書を適用する。

＜追加規定：通常労働時間みなしを採用する場合＞

条文の見出し／キーワード	作成基準の解説
	間を通算して時間外労働をすることができる時間を協定すれば足ります（昭63.1.1基発1号、平11.3.31基発168号）。
フレックスタイム制における労働時間の把握	4．**フレックスタイム制の場合にも、会社に労働時間の把握義務があります**（昭63.3.14基発150号）。したがって、フレックスタイム制を採用する事業場においても各従業員の各日の労働時間の把握をきちんと行うべきです。
3か月単位のフレックスタイム制	5．2019年4月から、フレックスタイム制により、一層柔軟でメリハリをつけた働き方が可能となるよう、清算期間の上限が、従前の1か月から3か月に延長されました。実務上の注意点として、現在フレックスタイム制に係る労使協定は、労働基準監督署への届出は義務づけられていませんが、制度の適正な実施を担保する観点から、清算期間が1か月を超え3か月以内の場合に限り、労使協定の届出を要することとされました。
	6．清算期間が最長3か月になるということは、割増賃金の支払いが2か月又は3か月に1回になることを意味し、また各月の労働時間の柔軟性も増します。ただし、対象労働者の過重労働防止等の観点から、清算期間内の1か月ごとに1週平均50時間（完全週休2日制の場合で1日あたり2時間相当の時間外労働の水準。月換算で40～44時間程度）を超えた労働時間については、当該月における割増賃金の支払い対象となります。このことは、長時間労働が慢性化している事業場で複数月フレックスを採用すると、かえって賃金計算が複雑になることを意味しますので、採用の適否を慎重に検討する必要があります。
（事業場外の労働） 事業場外みなしとは	1．従業員が労働時間の全部又は一部について事業場外で業務に従事した場合において、労働時間を算定し難いときは、所定労働時間労働したものとみなすものとされています（労基法38条の2第1項）。この場合、労使協定の締結は不要です。事業場外みなしは、営業社員のみの規定と思われがちですが、**内勤者であっても、出張のような場合には、事業場外みなしの規定の適用が可能です**。就業規則に盛り込んでおきたい内容です。

3　事業場外労働に関する労使協定に定める対象従業員については、労働時間の全部又は一部について事業場外で業務を行う場合、通常の業務の遂行に必要とされる時間を当該労使協定に定め、事業場外での業務については、その時間の労働を行ったものとみなす。

4　前項における通常の業務の遂行に必要とされる時間と事業場内での労働時間の合計が法定労働時間を超える場合は、その超えた時間については通常の労働の賃金に２割５分の割増賃金を加算して支払う。

条文の見出し／キーワード	作成基準の解説
労使協定による事業場外みなし	2．事業場外労働に通常必要とされる時間が所定労働時間を超える場合には、通常必要とされる時間を労使協定で定めることが可能です。しかし、協定による事業場外みなしについては、運用解釈の相違によるトラブルが多いため、できるだけ避けたほうがよいでしょう。あくまでもみなしは所定労働時間の範囲内にとどめ、これを超える部分については、所定外労働として取り扱うほうがよいでしょう（岩﨑仁弥・森紀男「労働時間管理完全実務ハンドブック」）。

留意事項

1．いったん労使協定でみなし労働時間を定めてしまうと、事業場外労働はその時間労働したものとみなされますが、事業場内労働は、別途把握する必要があり、運用面での注意が必要となります（昭63. 3. 14基発150号）。

2．次のすべての要件を満たす場合には、在宅勤務に対して、みなし労働時間制を採用することができます。なお、在宅勤務の場合であっても労基法、最低賃金法、安衛法、労災法等の労働関係法令が適用されることになります（平16. 3. 5基発0305001号、平20. 7. 28基発0728002号）。

① 当該業務が、起居寝食等私生活を営む自宅で行われること
② 当該情報通信機器が、会社の指示により常時通信可能な状態におくこととされていないこと
③ 当該業務が、常時会社の具体的な指示に基づいて行われていないこと

3．次の場合は、労働時間の算定が可能と解され、みなしの適用はありません（昭63. 1. 1基発1号）。

① 出張メンバーの中に労働時間の管理をする者がいる。
② 無線やポケットベルで随時会社の指示を受けている。
③ 訪問先、帰社時刻等の具体的指示を受けそれに従い業務に従事し事業場へ戻る。

条文の見出し／キーワード	作成基準の解説
テレワークと事業場外みなし労働時間制	3．「テレワーク」とは、厚生労働省の定義では、「労働者が情報通信技術を利用して行う事業場外勤務」のことです。テレワークは、業務を行う場所に応じて、次のように分類されます。

（裁量労働制）

第52条　会社は、業務の必要があるときは、この規則を変更したうえで、労使協定を締結し、又は労使委員会の決議を行い、労働時間の算定について、労働基準法に定める裁量労働に係るみなし労働時間制を採用することができる。

条文の見出し／キーワード	作成基準の解説

分　類	業務を行う場所
①在宅勤務	従業員の自宅
②サテライトオフィス勤務	従業員の属するメインのオフィス以外に設けられたオフィス
③モバイル勤務	ノートパソコンや携帯電話等を活用して臨機応変に選択した場所

4．テレワークの場合においても、会社は労働時間の適正な管理を行う必要があるのが原則ですが、従業員が労働時間の全部又は一部についてテレワーク勤務をした場合において、会社の具体的な指揮監督が及ばず、労働時間を算定することが困難なときは、労基法38条の2で規定する事業場外みなし労働時間制が適用されます。この場合、次のいずれもの要件を満たす必要があります。

①　情報通信機器が、使用者の指示により常時通信可能な状態におくこととされていないこと。

②　随時使用者の具体的な指示に基づいて業務を行っていないこと。

（裁量労働制）

モデル規則は、原則的労働時間制度を前提としたものであるため、裁量労働時間制を採用する場合には、就業規則に規定を追加することが必要です。追加すべき規定例は、各々囲みの規定例を参照してください。

各裁量労働時間制を採用する場合の手続は次のとおりです。

①　専門業務型裁量労働制を採用する場合	・就業規則において専門業務型裁量労働制を採用する旨を規定する。 ・労使協定を締結する。 ・締結した労使協定を労働基準監督署へ届け出る。
②　企画業務型裁量労働制を採用する場合	・就業規則において企画業務型裁量労働制を採用する旨を規定する。 ・労使委員会を設置する。 ・労使委員会で企画業務型裁量労働制に係る決議を行う。 ・決議を労働基準監督署へ届け出る。

専門業務型裁量労働制を採用する場合

（専門業務型裁量労働制）

第○条　会社は、業務上の必要がある部門及び従業員（対象業務に就く者に限る。）について、労使協定を締結のうえ、専門業務型裁量労働制を適用し、業務遂行の手段及び時間配分の決定等を、従業員の裁量に委ね勤務させることができる。

2　前項の裁量労働制の対象業務及び対象従業員は、労使協定で定める。

3　始業及び終業の時刻並びに休憩時間は、それぞれ第48条（所定労働時間、始業・終業時刻）、第53条（休憩時間）の定めるところによるが、業務の遂行に必要な範囲において、対象従業員による弾力的運用を認めるものとする。

4　休日は第55条（会社の休日）の定めるところによる。

5　対象従業員が法定休日又は深夜に労働する場合においては、あらかじめ所属長の許可を得なければならない。

6　前項により許可を受けて法定休日に労働した場合は休日割増賃金を、深夜に労働した場合は深夜割増賃金を、第60条（割増賃金を支払う場合）の定めるところにより支払うものとする。

7　その他の取扱いについては、労使協定の定めによる。

条文の見出し／キーワード	作成基準の解説

（専門業務型裁量労働制）

1．専門業務型裁量労働制の対象業務は次のとおり法令で定められており、任意の業務で裁量労働制を採用することはできません（労基則24条の2の2、平9.2.14労働省告示7号）。

> ① 新商品又は新技術の研究開発等高度の科学的知識を必要とする業務
> ② 情報処理システムの分析又は設計の業務
> ③ 記事の取材又は編集の業務（新聞・出版の事業、放送番組の制作の事業）
> ④ 新たなデザインの考案の業務
> ⑤ プロデューサー又はディレクターの業務（放送番組、映画等の制作の事業）
> ⑥ コピーライターの業務
> ⑦ システムコンサルタントの業務
> ⑧ インテリアコーディネーターの業務
> ⑨ ゲーム用ソフトウェアの創作の業務
> ⑩ いわゆる証券アナリストの業務
> ⑪ 金融工学等の知識を用いて行う金融商品の開発の業務
> ⑫ 学校教育法に規定する大学における教授研究の業務（主として研究に従事するものに限る）
> ⑬ 公認会計士の業務
> ⑭ 弁護士の業務
> ⑮ 建築士の業務
> ⑯ 不動産鑑定士の業務
> ⑰ 弁理士の業務
> ⑱ 税理士の業務
> ⑲ 中小企業診断士の業務

専門業務型裁量労働制における労使協定

2．労使協定で定める事項のうち、次の事項は注意が必要です。これらは企画業務型裁量労働制における労使委員会の決議事項でもありますが、企画業務型裁量労働制において採られる措置と同等のものでなければなりません。

① 対象業務に従事する従業員の労働状況に応じた従業員の健康・福祉を確保するための措置の具体的内容

② 苦情の処理に関する措置

企画業務型裁量労働制を採用する場合

（企画業務型裁量労働制）

第○条　会社は、労使委員会を設置したうえで、事業運営に関する事項についての企画、立案、調査及び分析の業務（労使委員会の決議で定める対象業務に限る。）を行う従業員のうち、業務の性質上、その遂行の方法を従業員の裁量に委ねる必要がある業務として、労使委員会が決議した業務に従事するものについて、企画業務型裁量労働制を適用し、業務遂行の手段及び時間配分の決定等を、従業員の裁量に委ね勤務させることができる。

2　前項の労使委員会は、使用者委員及び従業員委員（従業員の過半数を代表する者を構成員とする。）同数で組織された労使協議会とし、企画業務型裁量労働制の実施に必要な事項その他の労働条件について協議する。

3　企画業務型裁量労働制により業務に従事する従業員（以下「対象従業員」という。）は、労使委員会の決議で定めた基準を満たす従業員であって、対象従業員となることについて本人が同意をした者でなければならない。

4　所定労働日の労働時間は、労使委員会の決議で定める1日当たりの時間数について労働したものとみなす。

5　始業及び終業の時刻並びに休憩時間は、それぞれ第48条（所定労働時間、始業・終業時刻）、第53条（休憩時間）の定めるところによるが、業務の遂行に必要な範囲において、対象従業員による弾力的運用を認めるものとする。

6　休日は第55条（会社の休日）の定めによる。

7　企画業務型裁量労働制を適用する従業員が、休日又は深夜に労働する場合については、あらかじめ、所属長の許可を受けなければならない。

8　前項により、許可を受けて休日又は深夜に労働した場合においては、会社は、第60条（割増賃金を支払う場合）に定めるところにより割増賃金を支払うものとする。

9　対象従業員は、常に在社時間が長時間にならないように心がけなければならず、会社は、対象従業員の在社時間等の状況に応じ、第119条（面接指導）の面接指導の受診及び業務遂行方法の改善を指示することができる。

10　その他の取扱いについては、労使委員会の決議による。

条文の見出し／キーワード	作成基準の解説
（企画業務型裁量労働制）	1．この裁量労働制の対象事業場は、「事業運営上の重要な決定が行われる事業場」に限定されませんが、対象業務が存在する事業場においてのみ実施することができます。
対象業務	2．2018年改正案では下記のとおり、企画業務型裁量労働制の対象業務の拡大が検討されていましたが、最終的に見送られました。参考まで紹介します。

検討されていた改正案	現行
① 事業の運営に関する事項について繰り返し、企画、立案、調査及び分析を行い、かつ、これらの成果を活用し、当該事項の実施を管理するとともにその実施状況の評価を行う業務 ② 法人である顧客の事業の運営に関する事項についての企画、立案、調査及び分析を行い、かつ、これらの成果を活用した商品の販売又は役務の提供に係る当該顧客との契約の締結の勧誘又は締結を行う業務	事業の運営に関する事項についての企画、立案、調査、分析の業務であって、当該業務の性質上これを適切に遂行するにはその遂行の方法を大幅に労働者の裁量にゆだねる必要があるため、当該業務の遂行の手段及び時間配分の決定等に関し使用者が具体的な指示をしないこととする業務

条文の見出し／キーワード	作成基準の解説
企画業務型裁量労働制の採用要件	3．所定の要件を満たす**労使委員会**において、次の事項について委員全員の**5分の4以上の議決**により決議し、**所轄労働基準監督署長に届け出る必要**があります。なお、決議には有効期間（できれば3年以内）を定めなければなりません。 ①「経営状態・経営環境等について調査及び分析を行い、経営に関する計画を策定する業務」といった、対象業務の具体的な範囲 ②「大学を卒業して5年程度の職務経験、主任（職能資格○級）以上の従業員」といった対象従業員の具体的な範囲 ③ 1日当たりのみなし労働時間

第２節　休憩及び休日

（休憩時間）

第53条　会社は、午後０時から午後１時まで、１時間の休憩を与える。

2　会社は、業務上の必要があるときは、前項の休憩時間の時間帯を繰り上げ、又は繰り下げることがある。

交代休憩で休憩時間帯のみを定める場合

（休憩時間）

第○条　会社は、労働時間の途中（午後０時から午後３時までの時間帯とする。）

条文の見出し／キーワード	作成基準の解説
	④ 会社が対象従業員に対して「代償休日又は特別な休暇を付与すること」といった健康及び福祉を確保するための措置の具体的内容 ⑤ 苦情の処理のための措置の具体的内容 ⑥ 従業員本人の同意を得なければならないこと及び不同意の従業員に対して不利益取扱いをしてはならないこと。 ⑦ 企画業務型裁量労働制の実施状況の記録を3年間保存すること等
	4．労使委員会は、次のすべての要件を満たさなければなりません。 ① 従業員代表委員が半数以上を占めていること。 ② 従業員代表委員は、過半数組合又は過半数代表者の指名を受けなければならないこと。 ③ 運営規程を、労使委員会の同意のうえ策定すること。 ④ 労使委員会開催のつど議事録を作成・保存（3年間）し、作業場への掲示等により従業員に周知すること。
企画業務型裁量労働制の効果	5．対象従業員は、実際の労働時間にかかわりなく労使委員会の決議により定められた労働時間労働したものとみなされます。ただし、休憩、法定休日、深夜業に係る規制の適用はあります。
企画業務型裁量労働制に係る定期報告	6．企画業務型裁量労働制を実施する会社は、①対象従業員の労働時間の状況、②当該従業員の健康及び福祉を確保するための措置の実施状況を6か月以内ごとに1回労働基準監督署長に届け出なければなりません。
（休憩時間） 休憩時間の長さ	1．会社は、労働時間が6時間を超える場合においては少なくとも45分、8時間を超える場合においては少なくとも1時間の休憩時間を労働時間の途中に与えなければなりません（労基法34条）。したがって、休憩時間を除く所定労働時間が7時間45分の事業場では、休憩時間は45分でよいことになりますが、所定外労働が発生し、労働時間が8時間を超える場合には、追加して15分の休憩を与える必要があります。この場合、休憩時間は労働時間

に1時間の休憩を与える。

2　前項の休憩は、<労使協定を締結し、>交替で与えるものとする。

残業時に休憩時間を加算する場合

（休憩時間）

第○条　休憩時間は、午後0時15分から午後1時までの45分とする。

2　時間外労働命令により、1日の所定労働時間が8時間を超えると見込まれるときは、本来の終業時刻から15分間を追加の休憩とする。この場合は、時間外労働は、休憩終了から開始しなければならない。

（休憩時間の利用）

第54条　従業員は、前条の休憩時間を自由に利用することができる。ただし、職場秩序及び風紀を乱す行為、施設管理を妨げる行為その他服務規律に反する行為を行ってはならない。

2　従業員が休憩時間中に事業場から外出することは原則として妨げないが、事故防止の観点から自動車を使用して外出をしてはならない。ただし、休憩時間終了後に営業用車両（使用許可のあるマイカーを含む。）で外出する予定がある場合はこの限りでない。

外出許可制を採用する場合

（外出の許可）

第○条　従業員は、休憩時間中に遠隔地（概ね2ｋｍ以上）に外出する場合は、休憩終了後に業務に戻ることができることを確認するため、事前に所属長に外出先を届け出て、外出の許可を得なければならない。

（外出の許可）

第○条　従業員は、休憩時間中に公共交通機関を利用して外出する場合は、休

条文の見出し／キーワード	作成基準の解説
	の途中に与える必要があるため、残業命令を行った後、15分の休憩を経てから残業を開始させるのがよいでしょう。もちろん、残業を見越して最初から休憩時間を60分として定めても構いません。 なお、連続16時間勤務・24時間勤務を採用している場合であっても休憩時間は60分で足ります。
休憩時間の位置	2．労基法上、休憩時間の位置を特定することは要求されていませんが、就業規則では少なくとも、与える時間帯と時間数は明示すべきでしょう。 もちろん、「午後0時から1時間」などと明確に特定できればそれに越したことはないでしょうが、**このような位置の特定は労働契約の内容となるため、業務の都合によりこれを変更（繰上げ・繰下げ）する場合には、その旨を就業規則に定めておかなければなりません。**
（休憩時間の利用） 自由利用の範囲	1．休憩時間の利用について事業場の規律保持上必要な制限を加えることは、休憩の目的を損なわない限り差し支えないものとされています（昭22.9.13発基17号）。
施設管理権	2．「職場の秩序を維持し環境を整備するため、施設管理権及び人事権に基づいて、会社構内における従業員の行動に関し、必要限度の制限を行い得る」（川崎重工事件　神戸地　昭41.12.24）、「休憩時間中は労務提供とそれに直接付随する職場規律に基づく制約は受けないが、右以外の企業秩序維持の要請に基づく規律による制約は免れない」（目黒電報電話局事件　最3小　昭52.12.13）。

憩終了後に業務に戻ることができることを確認するため、事前に所属長に外出先を届け出て、外出の許可を得なければならない。

＊セキュリティ上の観点から、休憩時間中の外出を許可制にすることも可能です。しかし、事業場内に食堂が用意されていない事業場等では、運用が難しいこともあります。許可制にするためには、相応の理由が必要でしょう。

（会社の休日）

第55条　会社の休日は次のとおりとする。

（1）日曜日
（2）土曜日
（3）国民の祝日に関する法律に定める国民の祝日〈別例：休日〉
（4）夏季休暇（労使協定に基づく計画年休とすることができる。）
（5）年末年始休暇（12月▼日から翌年1月▼日までの間の会社の定める日）
（6）その他会社が指定する日

＜規定例1：法定休日の曜日を特定する場合＞

2　法定休日は▼曜日とする。

＜規定例2：法定休日の曜日を特定しない場合＞

2　法定休日は、1週間における最後の1日の休日とする。

3　会社は、会社行事その他の業務上の都合によりやむを得ない場合は、あらかじめ振替休日（休日に振り替えられる労働日をいい、できる限り同一週内の日を指定するものとする。）を指定して、当初休日とされた日に労働させることができる。あらかじめ振替休日を指定できないときは、第59条（代休）に定めるところによる。

4　前項の休日の振替は、月の初日を起算日とする4週間に4日の休日が確保できる範囲で行うものとする。

5　当初休日とされた日に労働する場合、当該日は通常の労働日として、原則として第48条（所定労働時間、始業・終業時刻）に定める所定労働時間により業務を行わなければならない。

6　振替休日の指定は、振替休日指定書（様式第○号）によるものとし、原則として振替休日の再振替は認めない。

＜📄：振替休日指定書（本書586頁）＞

条文の見出し／キーワード	作成基準の解説
（会社の休日） 休日と休暇	1.**「休日」とは就業規則、労働契約で定められた労働日以外のことであり、そもそも労働義務のない日のことです。「休暇」とは労働義務のある日について労務提供義務が消滅する日のことです。**「休日」は労働義務がないため賃金は発生しません。「休暇」は民法536条により、会社の賃金支払義務は消滅しますが、有給としても構いません（年次有給休暇、代替休暇のように法律上有給が義務付けられている休暇もあります）。
法定休日	2.会社は、従業員に対して、毎週少なくとも1回の休日を与えなければなりません。ただし、この規定は、4週間を通じ4日以上の休日を与える会社については適用しないこととされています（労基法35条)。ここでいう1週間に1回の休日及び4週間に4日の休日を「法定休日」といいます。**完全週休2日制の事業場であっても、法定休日は1週間に1回の休日です。**
変形休日制	3.シフト制の事業場等では、就業規則において当初から「休日（公休日）は4週間に〇日とする」と規定することがあります。これを「変形休日制」といいます。変形休日制を採用する場合、就業規則等で4日以上の休日を与えることとする4週間の起算日を明らかにする必要がありますが、**労使協定等は必要ありません**（労基則12条の2)。なお、変形休日制を採用した場合に1週間の所定労働時間が40時間を超えることが見込まれる場合には、「変形労働時間制」を採用することになります。いずれの週も40時間以内で収まる場合は、変形休日制の定めだけで足ります。
	4.職場の業務が顧客の都合やイベント開催などの理由で休日に勤務する必要が生じる場合で、休日を他の労働日に振り替える必要がある場合は、3項のように振替休日の定めを設ける必要があります。
	5.その場合、週の頭に所定休日があれば、同一週後半の労働日と

変形休日制によらず年間カレンダーで休日を定める場合（週休制）

（会社の休日）

第○条　会社の休日は、年間110日とし、毎年定める年間勤務カレンダーのとおりとする。この場合において、各週につき最低２日間を休日とする。

2　前項の年間勤務カレンダーは、当該年の初日の属する月の前月末日までに各従業員に周知する。

＊４週間に４日の休日が確保できていれば、休日は必ずしも就業規則でその曜日を特定する必要はありません。参考規定例のように、あらかじめ勤務カレンダーで定めることとしてもよいことになります。この例では、毎週２日の休日が確保されるため、法定労働時間を超える週は存在しないので、変形労働時間制に係る労使協定を締結する必要はありません。

変形休日制で月間カレンダーで休日を定める場合（４週４休）

（会社の休日）

第○条　会社の休日は、１か月につき最低９日（１か月の暦日が28日の場合は８日）とし、あらかじめ毎月定める月間勤務カレンダーのとおりとする。

2　前項の月間勤務カレンダーは、当該月の前月末日までに各従業員に周知する。

＊この例は、毎月の休日数のみ定め、週２日を休日にするといった縛りは設けていません。したがって、カレンダーの組み方によっては、法定労働時間を超える週が生じる可能性があるため、このような定めを置く場合には、別途変形労働時間制の労使協定を締結する必要があります。

シフト勤務の場合（１か月変形＋週休制）

＊特定の週の所定労働時間が40時間を超える場合には、併せて１か月単位の変形労働時間制の採用も必要です。

（会社の休日）

第○条　シフト制により勤務する従業員の休日は、第○条で定める勤務シフト表において定める。

2　勤務シフト表で定める休日は、少なくとも１週間に１日の休日が確保できる範囲で定める。

3　勤務シフト表で定める休日は、原則として２月は８日以上、その他の月は９日以上とする。

4　法定休日は、月の初日を起算日とする４週間における最後の４日の休日とする。

条文の見出し／キーワード	作成基準の解説
	振り替えられるため、週40時間以内の労働時間で時間外割増を発生させずに休日を振り替えることができるので、土曜を週の起算日とすることがお勧めです。
	6．なお、勤務カレンダー（シフト表）により休日を設定する場合は、最低与える休日数と勤務カレンダーの周知手続きを規定する必要があります。
	7．週休制の事業場であっても、振替休日の結果、1週間に1回も休日が確保されなくなった場合には、労基法35条違反となります。このような場合には、原則は週休制ですが、4週4日の休日を採用することがある旨を就業規則に定めておけば、1週の休日がゼロであっても、4週4日の要件を満たす以上、法違反とはなりません。
法定休日の特定	8．休日出勤の場合の割増賃金率は、当該出勤日が法定休日に該当するかどうかによって異なってくることから、実務上は、法定休日をあらかじめ就業規則等で特定しておくことが望ましいものです（平21.5.29基発0529000号）。なお、**法定休日が特定されていない場合で、暦週（日曜日から土曜日）の日曜日及び土曜日の両方に労働した場合は、当該暦週において後順に位置する土曜日における労働が法定休日労働となります。また、4週4日の休日制を採用する事業場においては、ある休日に労働させたことにより、以後4週4日の休日が確保されなくなるときは、当該休日以後の休日労働が法定休日労働となります**（改正労働基準法に係る質疑応答）。
	9．法定休日を特定すると、その日の出勤は割増賃金率が高くなるため、その日にばかり出勤されるので特定しないほうがよいという意見がありますが、本末転倒と考えます。**法定休日とは、本来、健康確保や仕事と生活の調和のための日であり、これを労働条件として明確にすべきものであり、割増賃金の心配をするのであれば、原則出勤禁止の日とすればよいのです。**
振替休日	10．労働契約の内容である休日の位置を個別合意により、あるいは就業規則に基づき集団的にこれを変更することを振替休日といい

5　勤務シフト表で定める休日は、原則として他の労働日と振り替えることはできない。ただし、やむを得ない事由があり、勤務シフト表の調整が可能である場合は、できる限り同一週内の日を指定して振り替えるものとする。

＊労働条件の明示及び事務簡便の観点から法定休日は曜日を特定することが望ましいものですが、変形労働時間制等により曜日を特定しがたい場合には、4項のような規定方法も可能です。

シフト勤務の場合（1か月変形＋変形休日制）

＊特定の週の所定労働時間が40時間を超える場合には、併せて1か月単位の変形労働時間制の採用も必要です。

（会社の休日）

第○条　シフト制により勤務する従業員の休日は、第○条で定める勤務シフト表において定める。

2　勤務シフト表で定める休日は、少なくとも月の初日を起算日とする4週間に4日の休日が確保できる範囲で定める。

3　勤務シフト表で定める休日は、原則として2月は8日以上、その他の月は9日以上とする。

4　法定休日は、1日を起算日とする4週間における最後の4日の休日とする。

5　勤務シフト表で定める休日は、原則として他の労働日と振り替えることはできない。ただし、やむを得ない事由があり、勤務シフト表の調整が可能である場合は、できる限り同一週内の日を指定して振り替えるものとする。

1年単位の変形労働時間制の場合

（会社の休日）

第○条　1年単位の変形労働時間制の適用を受ける従業員の休日は、第○条で定める年間休日カレンダーにおいて定める。

2　年間休日カレンダーにおいて定める休日は、対象期間の初日を起算日とする1週間ごとに1日以上、1年間に85日以上となるようにしなければならない。

3　前項の月間休日カレンダーは、少なくとも対象期間の初日の30日前までに各従業員に周知するものとする。

曜日を定めない法定休日の場合

（法定休日）

第○条　休日出勤により1週間のうち1日も休日が確保されなかったときは、

条文の見出し／キーワード	作成基準の解説

ます。契約内容を変更する約定であることから、**休日の条項で規定する**のがよいでしょう。なお、振替休日は休日の位置の変更であることから、振替後の労基法上の規制を受けます。例えば、1年単位の変形労働時間制を採用した場合、少なくとも1週間に1日の休日を確保すべきことが求められますが、休日を振り替えたことによりこれを満たさなくなった場合は、法違反となります。

11. 就業規則において休日を振り替えることができる旨の規定を設け、これによって休日を振り替える前に**あらかじめ振り替えるべき日を特定して振り替えた場合は、当該休日は労働日となり、休日に労働させることになりません**（昭63.3.14基発150号）。

12. 振替休日の合意は、事前に行われるべきものと解されており、事後における振替の合意は通達上認められていないため、その運用は注意を要します。すなわち、**事前の合意なく休日出勤命令を行った場合、当該休日が法定休日であれば休日労働の事実が発生し、事後に代償的に休日（代休）を与えたとしても、当該事実を取り消すことはできません（休日割増賃金の支払義務が生じます）**。このように、振替休日と代休とでは法的効果が異なってきます。従来は「振替休日と代休」を一つの条項で定めるケースが多かったのですが、混乱のもとであり、今後は別々の条項で規定すべきでしょう（例えば､「振替休日」は「休日」の条項に規定し、「代休」は別の条項に規定する等）。

振替休日	事前の振替	休日を労働日に変えてしまうためのもの
代　休	事後の振替	休日労働の疲労を回復させるためのもの

国民の祝日

13. 国民の祝日に関する法律2条では、1月1日の元日から11月23日の勤労感謝の日までの16日（2019年は天皇誕生日がないため15日）が「国民の祝日」とされています。また、同3条では、国民の祝日が休日であると同時に、国民の祝日が日曜日と重なった場合の月曜日等の休日について規定しています。すなわち、同法でいうところの「国民の祝日」と「休日」とでは後者の方が、

その週の最後の日を法定休日として、その日の労働について休日割増賃金を支払う。

（法定休日）

第○条　公休日は毎月9日とし、毎月月間休日カレンダーで当該公休日を通知する。

2　前項の公休日に出勤したときは、5日目までの出勤は法定外休日労働として時間外割増賃金を支払い、残る公休日の出勤は法定休日労働として休日割増賃金を支払う。

夏季休暇を特別休暇・計画的付与による年休とする場合

（夏季休暇）

第○条　7月から9月までの3か月間を夏季休暇取得期間として、会社が指定する日数の夏季休暇（特別休暇）を付与する。夏季休暇の取得手続及び賃金は、第○条の年次有給休暇の取得の規定を準用する。

（夏季休暇）

第○条　毎年8月は、年次有給休暇を計画的に付与する期間とする。付与日数、付与する時季等は、毎年労使協定で定めるものとする。

2　前項の労使協定で定められた休暇の日は一斉休業とし、従業員の個人的事情により変更することはできない。

＊モデル規則では、夏季休暇は「休日扱い」となっていますが、休日が多くなると労働日数が減少し、それに連動して割増賃金の単価が上昇するというデメリットがあります。これを回避するためには、この例のように「特別休暇」「計画付与による年次有給休暇」とする方法があります。なお、1年単位の変形労働時間制を採用することにより一定日数以上の休日を確保することが必要な場合は、休日扱いとするのがよいと思います。

第3節　所定外労働等

（所定外労働及び休日出勤）

第56条　会社は、業務の都合により所定外労働又は休日出勤を命ずることができる。この場合における時間外労働及び休日労働については、会社はあらかじめ従業員の過半数を代表する者と締結する労使協定（以下「36協定」という。）の範囲内でこれを行う。

2　臨時的な業務の必要があるときは、36協定の特別条項に定めるところにより、1か月及び1年間についての労働時間の延長時間を更に延長することができる。

条文の見出し／キーワード	作成基準の解説
	日数が多いことになります。会社の休日を定める場合はいずれにするかを明確にしてください。なお、「国民の祝日」は、労基法上の休日とする義務はありませんので、例えば、「国民の祝日に関する法律に基づく国民の休日のうち会社が定める10日間を休日とする。」と規定することも可能です。
(所定外労働及び休日出勤) 所定外労働と時間外労働	1．モデル規則では、所定労働時間を超える労働を「所定外労働」と称しています。労基法36条でいう「時間外労働」と区別するためです。所定労働時間と法定労働時間の長さが同一である事業場（1日の所定労働時間が8時間）では、どちらでも同じかもしれませんが、今後の働き方の多様化の進展からすると、そのような事業場は減っていく可能性があります。**短時間正社員制度が普及すれば、所定労働時間8時間の正社員と6時間の正社員が同じ**

この場合における、更に延長する時間数、延長する場合の手続、当該延長時間に係る割増賃金率等は、36協定に定めるところによる。

3　所定外労働及び休日出勤は、業務命令として、従業員は、正当な理由なくこれを拒否することはできない。

4　所定外労働及び休日出勤は、所属長の命令に基づき行うことを原則とする。ただし、従業員が業務の遂行上必要と判断した場合は、事前に会社又は所属長に申請をし、許可を受けて行うことができる。

5　前項にかかわらず、事前に許可を受けることができないときは、事後直ちに届け出てその承認を得なければならない。

6　第4項の命令若しくは許可申請又は前項の届出は、所定外労働・休日出勤許可申請書（様式第○号）により行う。

7　短時間社員については、第1項の規定は適用せず、所定外労働又は休日出勤の可否及びその範囲を個別に定めることができる。

＜別例＞

7　会社は、短時間社員については、その所定労働時間を延長して勤務することを命じないものとする。

8　本条の規定にかかわらず、時間外労働及び休日労働を合算した時間数は、1か月について100時間未満でなければならず、かつ、2か月から6か月までを平均して月80時間を超過してはならない。また、時間外労働時間数は、年間720時間を超えてはならない。ただし、新商品の開発業務に従事し、労働基準法第36条の一部の適用が除外されている者については、この限りでない。

9　会社は、従業員の健康及び福祉を確保すること及び前項の規定を従業員に遵守させるため、時間外労働及び休日労働を合算した時間が月80時間を超えたときは、速やかに、当該者に対し、その情報を通知するものとする。

＜：所定外労働・休日出勤許可申請書（本書587頁）＞

条文の見出し／キーワード	作成基準の解説
	職場で働くことになるのです。あるいは、変形労働時間制を採用した場合、所定労働時間は、「7時間40分」等と短めに設定することがあります。このような場合、6時間あるいは7時間40分を超えて残業命令をすることがある場合は、就業規則でその旨を規定しておかなければなりません（所定外労働）。そして、残業が法定労働時間（8時間）を超える場合には、加えて36協定の締結・届出が必要なのです（時間外労働）。このような区分が曖昧な就業規則を多く見かけますが、**「所定外労働」「時間外労働」の区別は、これからは重要になってきます。**
休日出勤と休日労働・所定外労働	2．休日に労働させる場合も同様です。当該出勤日が「法定休日」に該当していれば「休日労働」ですが、「法定外休日」であれば「所定外労働」に該当します。モデル規則では、これらの労働を「休日出勤」と総称することにしました。割増賃金の扱いも異なることから、「法定休日」「法定外休日」は明確に区分すべきです。
時間外労働と休日労働	3．法定労働時間（1週40時間、1日8時間）を超え、又は法定休日（1週1日又は4週4日の休日）に労働させる場合、36協定の締結及び労働基準監督署長への届出と割増賃金の支払が必要となります（労基法36条、37条）。 なお、非常災害等で臨時の必要がある場合は、労基法33条により、36協定がなくても、労働基準監督署長の許可を受けて、法定労働時間を超え、又は法定休日に労働させることができます（モデル規則57条）。
所定外労働等の申請・許可制	4．法定休日に労働させる場合においてあらかじめ休日に振り替えるべき日を決めていれば、割増賃金は発生しません。また、所定外労働や休日出勤は、本来会社の命令によって行うべきものであり、従業員の裁量で行わせるものではありません。効率の良い働き方を労使双方が積極的に進めるためにも、所定外労働や休日出勤は、「申請・許可制」にするのがよいでしょう。
36協定	5．36協定をはじめとする「労使協定」は、計画年休に係るものを除き、それ自体で従業員に義務を課すことはできないと考えられています。すなわち、36協定の効力は、時間外労働等をさせ

条文の見出し／キーワード	作成基準の解説
	たとしても労基法32条違反として取り扱わないこととする免罰的効力のみであり、**時間外労働等を命ずることは、労働条件として就業規則に定める必要があります。**
過半数代表者	6．労使協定の締結当事者は、原則は、「会社」と「事業場の従業員の過半数で組織する労働組合」ですが、そのような労働組合が存在しない会社においては、従業員側の締結当事者は、「事業場の従業員の過半数を代表する者」（過半数代表者）となります。
36協定における従業員代表	7．36協定の締結の際の「従業員代表」は次のいずれにも該当しなければなりません。 ①　労基法41条に規定する監督又は管理の地位にあるものではないこと。 ②　労使協定の締結等を行う者を選出することを明らかにして実施される投票、挙手等の方法により選出された者であること。 ③　会社の意向に基づき選出されたものでないこと。
	8．従業員代表とは、全従業員の過半数代表者のことですが、ここでいう全従業員とは、時間外労働が禁止される年少者、時間外労働の規制がない管理監督者、他社へ派遣されている派遣従業員も含まれます。
	9．会社は、従業員が従業員代表となったこと等を理由として不利益な取扱いをしないようにしなければなりません。また、会社は、過半数代表者が法に規定する協定等に関する事務を円滑に遂行することができるよう必要な配慮を行わなければなりません（労基則6条の2）。
改正労基法に基づく絶対的上限規制	**留意事項** 従前の労基法では、36協定に関する内容は、労基法36条のほか、施行規則（則16条）・限度基準告示（労働省告示154号）にそれぞれ分けて規定されていましたが、改正労基法施行（大企業は2019年4月、中小企業は2020年4月）後は、施行規則・限度基準告示（改正法施行後は廃止）の内容の多くが労基法36条に規定されることになりました。そのことを踏まえ、以下改正労基法に基づき36協定締結の留意事項をまとめました（下線は改正箇所）。

条文の見出し／キーワード	作成基準の解説

1．36協定においては、次に掲げる事項を定めます。
① 36協定により労働時間を延長し、又は休日に労働させることができることとされる労働者の範囲
② 対象期間（この条の規定により労働時間を延長し、又は休日に労働させることができる期間をいい、1年間に限るものとする。）
③ 労働時間を延長し、又は休日に労働させることができる場合
④ 対象期間における1日、1か月及び1年のそれぞれの期間について、労働時間を延長して労働させることができる時間又は労働させることができる休日の日数
⑤ 36協定（労働協約による場合を除く。）の有効期間の定め
⑥ 対象期間の起算日
⑦ 新労基法第36条第6項第2号及び第3号に定める要件を満たすこと
⑧ 限度時間を超えて労働させることができる場合
⑨ 限度時間を超えて労働する労働者に対する健康及び福祉を確保するための措置
⑩ 限度時間を超えた労働に係る割増賃金の率
⑪ 限度時間を超えて労働する場合における手続

2．1．の労働時間を延長して労働させることができる時間は、当該事業場の業務量、時間外労働の動向その他の事情を考慮して通常予見される時間外労働の範囲内において、限度時間を超えない時間に限られます。

3．2．の限度時間は、1か月について45時間及び1年について360時間（1年単位の変形労働時間制の対象期間として3か月を超える期間を定めて労働させる場合にあっては、1か月について42時間及び1年について320時間）です。

4．36協定においては、1①から⑤までに掲げるもののほか、当該事業場における通常予見することのできない業務量の大幅な増加等に伴い臨時的に3．の限度時間を超えて労働させる必要がある場合において、1か月について労働時間を延長して労働させ、及び休日において労働させることができる時間（1の④に関して協定した時間を含め100時間未満の範囲内に限る。）並びに1年について労働時間を延長して労働させることができる時間（1の④に関して協定した時間を含め720時間を超えない範囲内に限る。）を定めることができるものとすること。この場合において、36協定に、併せて

条文の見出し／キーワード	作成基準の解説

対象期間において労働時間を延長して労働させる時間が１か月について45時間（１年単位の変形労働時間制の対象期間として３か月を超える期間を定めて労働させる場合にあっては、１か月について42時間）を超えることができる月数（１年について６か月以内に限る。）を定めなければならないものとされています。

5．使用者は、36協定で定めるところによって労働時間を延長して労働させ、又は休日において労働させる場合であっても、次に掲げる時間について、それぞれ後段に定める要件を満たすものとしなければならないものとされています。

① 坑内労働その他厚生労働省令で定める健康上特に有害な業務について、１日について労働時間を延長して労働させた時間…2時間を超えないこと。

② １か月について労働時間を延長して労働させ、及び休日において労働させた時間…100時間未満であること。

③ 対象期間の初日から１か月ごとに区分した各期間に当該各期間の直前の１か月、２か月、３か月、４か月及び５か月の期間を加えたそれぞれの期間における労働時間を延長して労働させ、及び休日において労働させた時間の１か月当たりの平均時間…80時間を超えないこと。

6．厚生労働大臣は、労働時間の延長及び休日の労働を適正なものとするため、36協定で定める労働時間の延長及び休日の労働について留意すべき事項、当該労働時間の延長に係る割増賃金の率その他の必要な事項について、労働者の健康、福祉、時間外労働の動向その他の事情を考慮して指針を定めることができるものとされています。

7．36協定をする使用者及び労働組合又は労働者の過半数を代表する者は、当該協定で労働時間の延長及び休日の労働を定めるに当たり、当該協定の内容が6.の指針に適合したものとなるようにしなければならないものとされています。

8．行政官庁は、６．の指針に関し、36協定をする使用者及び労働組合又は労働者の過半数を代表する者に対し、必要な助言及び指導を行うことができるものとされます（中小企業に対しては、当分の間、中小企業における労働時間の動向、人材確保の状況、取引の実態その他の事情を踏まえて行うよう配慮する経過措置が設けられています）。

◆注意すべき条文◆

1　女子従業員の時間外労働は、1か月につき24時間、1年間につき150時間を上限とする。

2　女子従業員に対しては、休日労働及び深夜業は行わせない。

＊平成9年の改正により、「女子」という呼称は「女性」に置き換えられています。また、時間外労働、休日労働、深夜業の規制も撤廃されています。上記のような規定は、現在では均等法に抵触する可能性があります。

（災害等による臨時の必要がある場合の時間外労働等）

第57条　災害その他避けることのできない事由により臨時の必要がある場合は、36協定の定めによらず、所轄労働基準監督署長の許可を受け又は事後に遅滞なく届け出ることにより、その必要の限度において時間外労働又は休日労働を命ずることができる。

条文の見出し／キーワード	作成基準の解説
	9．8．の助言及び指導を行うに当たっては、労働者の健康が確保されるよう特に配慮しなければならないものとされています。 10．2．から4．まで及び5．（②及び③に係る部分に限る。）は、新たな技術、商品又は役務の研究開発に係る業務については適用しないものとされます。
安衛法の労働時間状況把握義務	**10.** 安衛法に規定されている医師による面接指導制度に関し、管理監督者を含む、すべての労働者を対象として、労働時間の状況の把握について、客観的な方法（タイムカード、PCの使用時間）その他適切な方法によらなければならない旨が、2019年4月から同法に定められました（安衛法66の8の3）。 　それに伴い、会社は、従業員の1週間当たり40時間を超えて労働させた場合におけるその超えた時間が1月当たり80時間を超えたときは、速やかに（2週間以内に）、当該労働者にその旨の情報を通知しなければなりません（安衛則52条の2）。また、産業医選任の義務のある事業場については、当該情報を労働者の氏名とともに産業医に提供しなければなりません（安衛則14条の2）。
女性の深夜業等	**11.** 現在では、女性の時間外及び休日労働並びに深夜業についての労基法の規制は設けられていません。女性であることのみを理由として、就業規則や36協定において男性と異なる取扱いをすることや、女性であるが故に深夜に及ぶ時間外労働をさせない定めをすることは、均等法の趣旨に反することになります（均等法1条、2条）。
（災害等による臨時の必要がある場合の時間外労働等）	1．災害、緊急、不可抗力その他客観的に避けることができない場合において、行政官庁の事前の許可（あるいは事後の承認）を受けて法定労働時間等の制限を解除する規定です。許可の基準は概ね次のとおりですが、厳格に運用すべきものとされています（昭26.10.11基発696号）。経営上の必要性によるものや恒常的なものについては、36協定の締結、シフト制の導入、人員増等によ

（年少者及び妊産婦の時間外労働等）

第58条　満18歳未満の者に対しては、原則として、時間外労働、休日労働及び深夜業を命じない。

2　妊娠中又は産後1年を経過していない者が請求した場合は、時間外労働、休日労働及び深夜業を命じない。

条文の見出し／キーワード	作成基準の解説

り対応すべきものです。

① 単なる業務の繁忙その他これに準ずる経営上の必要	認められない（不許可）
② 急病、ボイラーの破裂その他人命又は公益を保護するための必要	認められる（許可）
③ 事業の運営を不可能ならしめるような突発的な機械の故障の修理	認められる（許可）
④ 通常予見される部分的な修理、定期的な手入れ	認められない（不許可）
⑤ 電圧低下により保安等の必要がある場合	認められる（許可）

改正労基法後の33条の位置付け

2．従前は36協定による時間外労働・休日労働が主なので、本規定はあまり使われることはありませんが、時間外労働の上限規制が始まると登場する場面が多くなるかもしれません。政府では、次のような事象については、労基法33条の適用を想定しているようです。

① サーバーへの攻撃によるシステムダウン対応

② 大規模リコール対応

（年少者及び妊産婦の時間外労働等）

年少者の時間外労働等

1．18歳未満の年少者については、36協定による時間外労働、休日労働（労基法60条）及び深夜業（同61条）が、原則として禁止されています。ただし、深夜業については、交替制による場合に限り、16歳以上の男性を働かせることができます。

災害等の場合

2．労基法33条（災害等による臨時の必要がある場合の時間外労働等）による場合は、18歳未満の年少者であっても時間外労働及び休日労働を行わせることができます。深夜業については、同条1項の場合（災害等の場合）は、行わせることができますが、3項の場合（公務のため臨時の必要がある場合）は、行わせることができません。

妊産婦の時間外労働等

3．妊産婦については、本人の請求があるときは、時間外労働、休日労働及び深夜業を行わせることはできません。

（代　休）

第59条　会社は、所定外労働をさせたとき、又は振替休日の手続によらず休日に出勤させたときは、当該所定外労働の時間数分又は休日出勤の日数分の休暇（以下「代休」という。）を与えることができる。

2　前項の代休の時間及び日は、無給とする。ただし、時間外労働が生じているときは時間外割増賃金のうち割増部分（0.25等）の額を、休日労働が生じているときは休日割増賃金のうち割増部分（0.35）の額を、深夜労働が生じているときは深夜割増賃金（0.25）を支払う。

3　代休は、従業員の申請により付与するものとし、申請期限は、○か月とする。ただし、年次有給休暇の取得日数が５日に満たない者は、代休を申請することはできないものとする。

4　代休を取得しようとする従業員は、取得希望日の１週間前までに、代休取得届（様式○号）を会社に提出しなければならない。

＜：代休取得届（本書589頁）＞

条文の見出し／キーワード	作成基準の解説
(代 休)	1．振替休日の規定のみであると、事前に振替日が特定できなかった場合の対応ができないため、代休の規定も設けるべきでしょう。
代休とは	2．代休（代償休日）とは、休日労働等の事実が生じた後、その代償として休日を与えることをいいます。**いったん発生した休日労働等の事実は除去することはできません（昭63.3.15基発150号）が、従業員に休息を与えることによる健康確保措置としての効果があります。** 労基法上は、代休に係る規定は設けられておらず、代休を与えるかどうかは任意です（**労基法上は、法定休日に労働させた場合であっても、割増賃金を支払えば法違反となりません**）。
所定外労働と代休	3．労働時間等設定改善指針において、所定外労働を行わせた場合に代休の付与等により総実労働時間の短縮を図る方法が紹介されています。この場合の「代休の付与」とは、法定時間外労働については割増賃金を支払ったうえで代償措置として法定時間外労働時間分の休日を与えるという趣旨であり、割増賃金部分を代休の対象とすること（つまり、代休を与えて割増賃金を支払わないこと）は、原則として認められていません。 なお、代替休暇制度（本書335頁参照）を採用した場合には5割増し（0.5）の割増賃金のうち0.25の部分のみ休暇に替えることができます。
代休を無給とする場合の留意点	4．「（代休の法的効果については）多くの場合は、労働契約上、労働者が負っている当該日に労務を提供すべき義務の免除としての効果を持つことになろう。この場合は、使用者による一方的な債務免除であるので、労働者が使用者に対して有している反対債権（賃金債権）には影響を受けない。**代休日についての賃金債権を消滅させるためには、労働契約上の根拠**（個別の合意、あるいは就業規則等の規定。ただし就業規則の場合は、賃金債権の消滅という措置をとることについての合理的理由が必要とされよう）**が必要である。**」（東京大学労働法学研究会「注釈労働時間法」395頁）。
代休と振替休日の割増賃金率	5．代休と振替休日の割増賃金率を整理すると次のとおりです。

（割増賃金を支払う場合）

第60条　所定外労働をさせた場合において、次の各号に掲げる時間があるときは、第83条（割増賃金の額）に定めるところにより、時間外割増賃金を支払う。

（1）1日については、8時間を超えて労働した時間

（2）1週間については、40時間を超えて労働した時間（前号の時間を除く。）

<追加規定：変形労働時間制を採用する場合>

（3）変形期間については、変形期間における法定労働時間の総枠を超えて労働した時間（前各号の時間を除く。）

2　前項の時間を計算するときは、1日又は1週間の労働時間は実労働時間を用いるものとし、欠勤、遅刻、早退及び職場離脱のほか、年次有給休暇（時間単位年休を含む。）及び特別休暇の時間を含めない。

条文の見出し／キーワード	作成基準の解説

休日出勤した休日の区分等	割増賃金率
法定休日	1.35
所定休日（週40H超）	1.25
所定休日（週40H以内）	1.0

前提：日曜日起算、週５日勤務、１日所定労働時間８時間

代休等	休日出勤した休日の区分	代休等の取得時期	割増賃金率 ※１
代休	法定休日	同一週内	0.35
		翌週以降	0.35
	所定休日（週40H超）	同一週内	0.0
		翌週以降	0.25
	所定休日（週40H以内）※２	同一週内	0.0
		翌週以降	0.0
振替休日	法定休日	同一週内	0.0
		翌週以降	0.25 ※３
	所定休日（週40H超）	同一週内	0.0
		翌週以降	0.25
	所定休日（週40H以内）	同一週内	0.0
		翌週以降	0.0

※１：就業規則において代休日を無給とする旨を定めている前提です。

※２：祝日等により休日が３日以上であった週、年休を１日以上取得した週における休日出勤を想定しています。

※３：事前の振替えにより休日労働の事実は消えるが、休日出勤の結果、週労働時間が40時間を超えた場合における時間外割増賃金率

（割増賃金を支払う場合）

１．割増賃金に関する事項は、付属規程（賃金規程）に定めるものという思い込みがありますが、賃金規程に定めるのは、割増賃金の計算方法であり、**どういう場合に割増賃金を支払うべきかという労働契約上の重要事項は、本則の労働時間の章にきちんと定めるのがよいでしょう。**

時間外労働のカウント

２．日単位の法定労働時間（１日８時間）は、週単位の規制（１週40時間）の特別法に該当するものと解されます。よって**時間外労働は、まず日々の時間外労働からカウントすべき**であり、これにより確定した時間外労働は取り消すことはできないことになります。また、週の時間外労働をカウントする場合、**既に日々の時間外労働として確定された時間はダブルカウントする必要はあり**

3　法定休日に労働させた時間があるときは、第83条（割増賃金の額）に定めるところにより、休日割増賃金を支払う。また、法定休日以外の休日に労働させた時間があるとき（振替休日を与えた場合を含む。）であって、第1項第2号に該当するときは、同条に定めるところにより、時間外割増賃金を支払う。

4　労働時間が深夜の時間帯（午後10時から翌日の午前5時までをいう。）にあるときは、第83条（割増賃金の額）に定めるところにより、深夜割増賃金を加算して支払う。

5　第62条（適用除外）に該当する者には、本条（深夜割増賃金を除く。）は適用しない。

＜追加規定：1年単位の変形労働時間制を採用する場合＞

6　1年単位の変形労働時間制を適用する従業員のうち、異動、休職及び退職等により労働した期間が当該対象期間より短い従業員については、当該従業員が労働した期間を平均して1週間当たり40時間を超えて労働させた時間（第1項の規定による割増賃金を支払った時間を除く。）に対して、通常の労働の賃金の0.25の割増賃金を支払うものとする。

所定労働時間方式を採用する場合

（割増賃金を支払う場合）

第○条　次の各号のいずれかに該当した場合は、賃金規程第○条に基づき、それぞれ当該各号に掲げる割増賃金を支払う。

（1）所定終業時刻を超えて勤務した場合又は所定始業時刻前に勤務した場合…時間外手当＜。ただし、遅刻、早退があった場合は、当該時間数を差し引く。＞

（2）所定休日に勤務した場合…時間外手当＜。ただし、同一週に他の所定休日が確保されているとき及び年次有給休暇を取得したときを除く。＞

（3）法定休日に勤務した場合…休日手当＜。ただし、法定休日があらかじめ振替えられている場合を除く。＞

＊割増賃金の支払ルールとして、必ずしも、モデル規則の「実労働時間方式」をとる必要はありません。ここで紹介する所定労働時間方式は、システムも簡素で済むというメリットもあり、意外と大企業でも多く採用されています。モデル規則の方式は、事務が繁雑になることは否めません。そこで、「実労働時間方式」のほうを就業規則にうたいながら、実務ではこちらの所定労働時間方式を採用している場合があります。この場合、＜＞内のただし書きの規定も、実務上はそこまで細かく管理していない、というケースになると、「実労働時間方式」よりも多くの額の割増賃金を支払うことにもなります。多く支払う

条文の見出し／キーワード	作成基準の解説
	ません。なお、1日8時間超かつ1週40時間超の時間外労働が発生した場合であっても、日々の時間外労働が優先されるため、割増賃金率は0.25でよいことになります（0.25 + 0.25 = 0.5とはなりません）（岩崎仁弥・森紀男「労働時間管理完全実務ハンドブック」、東京大学労働法学研究会「注釈労働時間法」164～165頁参照）。
法定労働時間の総枠	3．変形期間（清算期間）における法定労働時間の総枠は次のとおりです。
年次有給休暇の期間	4．年次有給休暇の期間を「労働したものとみなす」と勘違いしている人がいます。年次有給休暇の期間は、労務の提供がないのですから、**基本的には欠勤期間と同じ**です。ただし、労基法39条の規定により年休手当の支払が強制されているのであり、年休手当について通常の賃金を支払う場合に限り、「通常の出勤をしたものとして取り扱えば足る」（昭27.9.20基発675号）としているだけなのです（あくまでも賃金請求権の話であり、労働したとみなしているのではありません）。**労働していない期間ですから、時間外労働をカウントする場合には、実労働時間主義を採る以上、これを算入する必要はありません。したがって、午前中に2時間の時間単位年休を取得した者が終業時刻後2時間の残業をした場合であっても、実労働時間が8時間以内であれば割増賃金の支払は不要です。**

（項目3の計算式）

※：基本式　40時間　×　週数　＝　法定労働時間の総枠

28日の月　⇒40時間 × $\frac{28日}{7}$ ＝ 160時間

29日の月　⇒40時間 × $\frac{29}{7}$ ≒ 165.7時間　（小数点二位以下切捨て）

30日の月　⇒40時間 × $\frac{30}{7}$ ≒ 171.4時間　（〃）

31日の月　⇒40時間 × $\frac{31}{7}$ ≒ 177.1時間　（〃）

1年　⇒40時間 × $\frac{365}{7}$ ≒ 2085.7時間（〃）

1年（閏年）⇒40時間 × $\frac{366}{7}$ ≒ 2091.4時間（〃）

※：上記時間は小数点以下を切り捨てても合法です。切り上げるのは、切上げ前の時間を上回ることがあるので違法です。

> ことは労基法上は問題はないものの、実務と規則にずれがあると、社員にとってよかれと思って給与計算をしていたにもかかわらず「就業規則違反」を犯していたということになりかねませんので、運用には十分に注意してください。

（育児等を行う従業員の所定外労働等）

第61条　3歳に満たない子を養育する従業員が当該子を養育するため、又は要介護状態にある対象家族を介護する従業員が当該家族を介護するために請求した場合には、第56条（所定外労働及び休日出勤）の規定にかかわらず、事業の正常な運営に支障がある場合を除き、所定外労働をさせることはない。

2　小学校就学の始期に達するまでの子を養育する従業員が当該子を養育するため、又は要介護状態にある対象家族を介護する従業員が当該家族を介護するために請求した場合には、第56条（所定外労働及び休日出勤）の規定及び36協定にかかわらず、事業の正常な運営に支障がある場合を除き、時間外労働は、1か月につ

条文の見出し／キーワード	作成基準の解説
割増賃金を支払うべき休日労働	5．0.35 以上の割増賃金を支払わなければならないのは、法定休日のみです。 なお、法定外休日の労働により週の法定労働時間（40 時間）を超える場合には、時間外労働の割増賃金の支払を要します（昭 63. 3. 14 基発 150 号）。
休日割増賃金と法定休日	6．振替休日の結果、週 1 回、4 週 4 日の休日が確保できなくなった場合には、労基法 35 条違反が生じますが、振替休日を行わず、**休日に出勤した日を休日労働として割増賃金を支払えば、法違反は生じません**（平 11. 3. 31 基発 168 号）。この点は、その後に代休を与えなかった場合でも同様です。
深夜割増賃金	7．労働時間が深夜の時間帯（午後 10 時から午前 5 時まで）に及ぶときは、**通常賃金に 0. 25 分の深夜割増賃金が加算**されます。 したがって、深夜の時間帯が所定労働時間内であれば、通常の賃金の 1.25 分（1 ＋ 0.25）、時間外労働であれば、通常の賃金の 1.5 分（1 ＋ 0.25 ＋ 0.25）を支払う必要があります。大企業であって時間外労働が 1 月 60 時間を超えている場合には、1.75 分（1 ＋ 0.5 ＋ 0.25）となります。
管理監督者の適用除外	8．いわゆる管理監督者については、時間外割増賃金、休日割増賃金の規定は適用が除外されます。ただし、深夜割増賃金は適用対象となりますが、役職手当等に深夜労働分の賃金をあらかじめ含めることができます（本書 409 頁～参照）。
(育児等を行う従業員の所定外労働等) 所定外労働の制限	1．会社は、3 歳に満たない子を養育する従業員又は要介護状態の家族を介護する従業員であって一定の要件を満たすものが当該子を養育するために請求した場合においては、所定労働時間を超えて労働させてはなりません。ただし、事業の正常な運営を妨げる場合は、この限りではありません（育児・介護休業法 16 条の 8 第 1 項、16 条の 9 第 1 項）。
時間外労働の制限	2．会社は、労基法第 36 条第 1 項本文の規定により同項に規定する労働時間を延長することができる場合において、小学校就学の始期に達するまでの子を養育する従業員又は要介護状態の家族を

いて24時間、1年について150時間を限度とする。

3　小学校就学の始期に達するまでの子を養育する従業員が当該子を養育するため、又は要介護状態にある対象家族を介護する従業員が当該家族を介護するために請求した場合には、事業の正常な運営に支障がある場合を除き、深夜の時間帯に労働させることはない。

4　この規則において「対象家族」とは、配偶者（婚姻の届出をしていないが、事実上婚姻関係と同様の事情にある者を含む。）、父母、子、祖父母、兄弟姉妹、孫及び配偶者の父母とする。

5　本条の規定による請求ができる従業員の範囲、請求方法、請求の時期、効力期間及びその他の取扱いについては、育児・介護休業規程及び労使協定の定めるところによる。

労使協定を締結して代替休暇を採用する場合

（代替休暇）

第○条　会社は、月間60時間を超えて時間外労働をさせた場合であって、従業員が希望するときは、労使協定に定めるところにより、代替休暇を与えるものとする。

2　代替休暇を取得することができる期間は、直前の賃金締切日の翌日から起算して2か月以内とする。

3　代替休暇は、半日（▼時間とする。）又は1日を単位として与える。

4　代替休暇の時間数は、月間60時間を超える時間外労働時間数に換算率（25%とする。）を乗じて得た時間数とする。なお、代替休暇の時間数（直近2か月分の時間数を合算することができ、この場合には、最後の月の時間数から代替休暇に換算するものとする。）が半日又は1日に満たないときは、当該不足する時間数分の特別休暇を加え、半日又は1日の休暇として取得することができる。

5　代替休暇の取得を希望する従業員は、60時間を超える時間外労働を行った月の賃金締切日までに、その取得意向を会社に申し出たうえで、取得日の前々日までに、代替休暇の日を申し出なければならない。

6　前項の申出があったときは、代替休暇に換算された時間数（代替休暇の時間数を換算率で除して得た時間数をいう。）については、割増賃金率は「0.5」に替えて「0.25」として計算して割増賃金を支払う。ただし、従業員が、代替休暇を取得できなかったときは、会社は、従業員が代替休暇を取得できない

条文の見出し／キーワード	作成基準の解説
	介護する従業員であって一定の要件を満たすものが請求したときは、制限時間（1月について24時間、1年について150時間をいう）を超えて労働時間を延長してはなりません。ただし、事業の正常な運営を妨げる場合は、この限りではありません（育児・介護休業法17条1項、18条1項）。
深夜労働の制限	3．会社は、小学校就学の始期に達するまでの子を養育する従業員又は要介護状態の家族を介護する従業員であって一定の要件を満たすものが請求した場合においては、午後10時から午前5時までの間において労働させてはなりません。ただし、事業の正常な運営を妨げる場合は、この限りではありません（育児・介護休業法19条1項、20条1項）。
（代替休暇）	1．0.5以上の率による割増賃金が支払われる従業員に対して、労使協定により、当該割増賃金の支払に代えて、通常の労働時間の賃金が支払われる休暇（年次有給休暇を除きます）を与えることを定めた場合において、当該従業員が当該休暇を取得したときは、当該従業員の1か月当たり60時間を超えた時間外労働のうち当該取得した休暇に対応するものとして厚生労働省令で定める時間の労働については、0.5以上の率による割増賃金を支払うことを要しなくなります。具体的には、従来からの0.25分の割増賃金を支払えばよく、加算分の0.25分は休暇（有給に限ります）に替えることができます。
労使協定の定め	2．会社は、代替休暇の協定をする場合には、次の各号に掲げる事項について、協定しなければなりません（労基則19条の2）。 ① 代替休暇として与えることができる時間の時間数の算定方法 ② 代替休暇の単位（1日又は半日） ③ 代替休暇を与えることができる期間（2か月以内とされています）
就業規則の定め	3．労使協定の締結によって代替休暇を実施する場合には、代替休暇に関する事項を労基法89条1号の「休暇」として就業規則に記載する必要があります（平21.5.29基発0529001号）。

ことが確定した賃金計算期間に係る賃金支払日に、代替休暇に換算された時間数について、0.25の割増賃金率による割増賃金を追加して支払う。

7　会社は第５項の申出がなかったとき（申出が確認できなかった場合を含む。）は、当該月に行われた時間外労働に係る割増賃金の総額を通常の賃金支払日に支払うものとし、賃金が支払われた場合には、第２項の期間内であっても、従業員は代替休暇を取得することはできない。

8　年次有給休暇付与の要件となる出勤率の算定に当たっては、１日の代替休暇を取得した日は年次有給休暇の算定基礎となる所定労働日に含めないものとする。また、午前又は午後のみ代替休暇を取得した日（時間単位年休を併用して１日の休暇とした日を含む。）は、出勤したものとして扱う。

条文の見出し／キーワード	作成基準の解説
換算率	4．2. ①の代替休暇の時間数は、1か月について60時間を超えて延長して労働させた時間の時間数に、従業員が代替休暇を取得しなかった場合に当該時間の労働について労基法37条1項ただし書の規定により支払うこととされている割増賃金の率と、従業員が代替休暇を取得した場合に当該時間の労働について同項本文の規定により支払うこととされている割増賃金の率との差に相当する率（「換算率」といいます。通常は25％です）を乗じるものとされています。例えば、60時間を超える時間外労働が32時間であれば、8時間（＝32時間×25％）となり、所定労働時間8時間の事業場であれば1日の代替休暇が取得できます。
代替休暇の時間と端数処理	5．60時間を超える時間外労働が25時間の場合、代替休暇の時間数は6.25時間（＝25時間×25％）となりますが、分単位を切り上げて「7時間」とすることはできません。この場合は、代替休暇の取得単位である「1日」に切り上げることになります。実務上は、6.25時間の代替休暇と1.75時間の特別休暇を付与することになります。なお、6.25時間を翌月に繰り越し、翌月発生の代替休暇と合算して1日又は半日の代替休暇として取得することもできます。
適用猶予	6．次のいずれかに該当する中小企業（規模要件は「事業場単位」ではなく「企業単位」）は、「60時間超の時間外労働に係る5割以上の割増賃金率の規定」「代替休暇制度」は、2023年3月31日までは、適用が猶予されます。もちろん、中小企業が独自の判断で5割以上の割増賃金率を設定して代替休暇制度を導入することは任意です。

①　資本金の額又は出資の総額が	
小売業	5,000万円以下
サービス業	5,000万円以下
卸売業	1億円以下
上記以外	3億円以下

又は

②　常時使用する労働者数が	
小売業	50人以下
サービス業	100人以下
卸売業	100人以下
上記以外	300人以下

第4節　適用除外

（適用除外）

第62条　監督若しくは管理の地位にある者又は機密の事務を取り扱う者については、労働時間、休憩及び休日の規定は適用しない。

2　前項に該当する従業員については、労働時間の管理は自ら行うものとするが、当該従業員の健康確保のため、会社はタイムカード等により労働時間の状況を把握するものとする。

◆注意すべき条文◆

会社が管理職として処遇するものであって、課長職以上の職位にあるものは、労働基準法第41条第2号（管理監督者）に該当するものとして、労働時間、休日及び休憩の規定は適用しない。

＊管理監督者に該当するかどうかを会社で決めることはできません。課長職以上の職位にあっても、その就業実態等から管理監督者に該当しない場合があります。

【高度プロフェッショナル制を採用する場合】

（高度プロフェッショナル制）

第62条の2　会社は労使委員会を設置したうえ、厚生労働省令で定める対象業務に従事する従業員であって、会社から具体的な指示を受けずに業務を遂行し、一定以上の業績を上げることができると認める者について、労使委員会の決議を経て、かつ、本人が同意した場合は、労働基準法第41条の2に定めるところ（以下「高

条文の見出し／キーワード	作成基準の解説
（適用除外）	1．労働時間、休憩、休日の適用除外となる者には、管理監督者、機密の事務を取り扱う者、監視又は断続的業務に従事する者がいます（労基法41条）。ただし、これらは、**名称にとらわれず実態で判断すべきものであり、単に課長だから、社長秘書だからといって単純に適用除外とすることはできません**（いわゆる名ばかり管理職の問題）。通達上の基準では、「部長、工場長等労働条件の決定その他労務管理について経営者と一体的な立場にある者」とされています（昭63.3.14基発150号）。 　具体的には、次の点に留意して管理監督者であるかどうかが判断されます。 ①　職務内容、責任の権限、勤務態様 ②　賃金等の待遇面 　判例では、経営者と一体となって銀行経営を左右する仕事に携わっているとはいえない銀行の支店長代理、労働時間管理を受けているファミリー・レストランやファーストフード店の店長などが管理監督者に該当しないとされています（静岡銀行事件　静岡地　昭53.3.28、レストランビュッフェ事件 大阪地 昭61.7.30、日本マクドナルド事件 東京地 平20.1.18）
管理監督者の深夜労働割増賃金	2．管理監督者が労働時間、休憩、休日に関して適用を除外されていても、深夜労働は除外されません。このため労働基準監督署の調査が入った場合に、過去に深夜労働の割増賃金を支払った形跡がなければ、「管理監督者の夜10時以降の労働がないのはおかしい、調査のうえ支払うように」と是正勧告される可能性もあります。対応策としては、管理監督者についても、健康確保の観点から、労働時間（在社時間）を管理しておくことです。
（高度プロフェッショナル制）	3．「高度プロフェッショナル制」とは、高度の専門的知識等を有し、職務の範囲が明確で一定の年収要件（1,075万円）を満たす従業員を対象として、労使委員会の決議（5分の4以上の多数による議決）及び従業員本人の同意を前提として、年間104日以上、かつ、4週間を通じ4日以上の休日確保措置や健康管理時間の状況

度プロフェッショナル制度」という。）により当該業務に従事させることができる。

2　前項の同意は、決議の有効期間ごとに個々の従業員から高度プロフェッショナル制度の適用を受けることに関する同意書に署名を得る方法によるものとし、これに同意した者を高プロ対象従業員と称する。なお、会社は、同意をしなかった従業員に対して解雇その他不利益な取扱いをしてはならない。

3　高プロ対象従業員については、労働時間、休憩、休日及び深夜の割増賃金に関する規定を適用しない。

4　高プロ対象従業員の始業・終業時刻及び休憩時間は、第48条（所定労働時間、始業・終業時刻）及び第53条（休憩時間）の規定にかかわらず、本人の裁量により就業する時間帯、時間配分等を決定し、会社は指示できないものとする。この場合において、本人が決定した就業する時間帯等（事業場外で勤務した時間を含む。以下「健康管理時間」という。）については、会社は、高プロ対象従業員の健康管理のため、タイムカード等による客観的な方法で把握する措置を講じなければならない。高プロ対象従業員は当該健康管理時間把握に協力しなければならない。

5　休日は、第55条（会社の休日）の規定にかかわらず、毎年、高度プロフェッショナル制度の適用開始日から1年間で104日以上、かつ、4週間を通じ4日以上与えるものとする。この休日の指定は、高プロ対象従業員が自ら行うものとし、あらかじめ、年間の休日の取得予定を決定して会社に通知し、また、休日の取得状況を明らかにするものとする。この場合、会社は、高プロ対象従業員に対し、疲労の蓄積を防止する観点から、長期間の連続勤務とならないよう休日を適切に取得することが重要であることについて、あらかじめ周知し、助言することができる。

6　会社は、高プロ対象従業員に対し、労使委員会が対象業務ごとに決議した措置に応じて、次のいずれかの措置を実施する。高プロ対象従業員は、当該措置の実施に関し、協力しなければならない。

（1）就業時間帯の終了から次の開始までに11時間以上の休息時間の確保及び深夜時間帯に労働させる回数を1か月4回以内にすること。

（2）高プロ対象労働者の1週間当たりの健康管理時間が40時間を超えた場合におけるその超えた時間の上限として、1か月について100時間以内又は3か月について240時間以内とすること。

（3）1年間に1回以上の連続2週間の休日を付与すること。ただし、高プロ対

条文の見出し／キーワード	作成基準の解説

に応じた健康・福祉確保措置等を講ずることにより、労働基準法に定められた労働時間、休憩、休日及び深夜の割増賃金に関する規定を適用しない制度です。主なポイントは次のとおりです。

① 対象労働者は、一定の年収要件を満たし、高度な専門的知識等を要する業務（※）に就く者に限定される。

② 対象労働者には、労働基準法に定められた労働時間、休憩、休日及び割増賃金に関する規定が適用されない。

③ 対象労働者には、始業・終業時刻が指定されないなど、働く時間帯の選択や時間配分について自らが決定できる広範な裁量を認める。

※ 具体的対象業務は次のとおりです。対象業務に従事する時間に関し使用者から具体的な指示を受けて行うものではないことが必要です。

① 金融工学等の知識を用いて行う金融商品の開発の業務

② 資産運用（指図を含む。以下同じ。）の業務又は有価証券の売買その他の取引の業務のうち、投資判断に基づく資産運用の業務、投資判断に基づく資産運用として行う有価証券の売買その他の取引の業務又は投資判断に基づき自己の計算において行う有価証券の売買その他の取引の業務

③ 有価証券市場における相場等の動向又は有価証券の価値等の分析、評価又はこれに基づく投資に関する助言の業務

④ 顧客の事業の運営に関する重要な事項についての調査又は分析及びこれに基づく当該事項に関する考案又は助言の業務

⑤ 新たな技術、商品又は役務の研究開発の業務

象従業員が請求した場合は、1年間で2回以上の連続1週間の休日を付与することに代えることができる。

（4）高プロ対象従業員について1週間当たり40時間を超えた健康管理時間が1か月当たり80時間を超えた場合又は高プロ対象従業員からの申出があった場合に臨時の健康診断を実施すること。

7　前項にかかわらず、高プロ対象従業員について1週間当たり40時間を超えた健康管理時間が1か月当たり100時間を超えた場合には、本人の申出がなくとも、会社は医師による面接指導（問診その他の方法により心身の状況を把握し、これに応じて面接により必要な指導を行うことをいう。）を行わなければならない。

8　高プロ対象従業員が時間外、休日及び深夜に業務を行った場合であっても、第60条（割増賃金を支払う場合）の規定を適用しない。

9　高プロ対象従業員が第1項の同意の撤回を申し出た場合には、撤回後の配置、処遇等の労働条件について、撤回前の部門において、同職種の従業員に適用される人事評価制度規程○条により決定するものとする。なお、会社は、高プロ対象従業員が同意を撤回したことを理由として、撤回後の配置、処遇等の労働条件について不利益な取扱いをしてはならない。

10　会社は、前項までの事項の他に労使委員会の決議について、必要な措置を講ずることとする。

条文の見出し／キーワード	作成基準の解説

第６章　　休暇及び休業

（年次有給休暇の付与）

第63条　入社日（月の中途に入社した場合は当該月の初日に入社したものとみなす（以下同じ。）後６か月間、所定労働日の８割以上出勤した従業員に対しては、入社日後６か月を経過した日（以下「６か月経過日」という。）に10日の年次有給休暇を付与する。

2　前項の６か月経過日後はそれぞれ次表のとおり勤続期間に応じて、下欄に定める日数分の年次有給休暇を、上欄の勤続期間に達した日の翌日（以下「基準日」という。）に付与する。ただし、それぞれの直近１年間は所定労働日の８割以上出勤したことを要する。

勤続期間	１年 ６か月	２年 ６か月	３年 ６か月	４年 ６か月	５年 ６か月	６年 ６か月以上
付与日数	11日	12日	14日	16日	18日	20日

3　従業員は、年次有給休暇取得の趣旨をよく理解し、年間５日以上の取得を心がけなければならない。

4　年次有給休暇の有効期間は、付与日から２年間とする。

5　年次有給休暇の日については、通常の賃金を支払うものとし、その日は通常の出勤をしたものとして取り扱う。

◆注意すべき条文◆

＜昭和時代の規定＞

1　従業員の採用初年度において、会社は入社日に、次表のとおり入社日に応じた年次有給休暇を与える。

入社日	4/1	4/2～ 4/末	5/1～ 5/末	6/1～ 6/末	7/1～ 7/末	8/1～ 8/末	9/1～ 9/末	10/1～ 10/末	11/1～ 11/末	12/1～ 12/末	1/1～ 1/末	2/1～ 2/末	3/1～ 3/末
日数	10日	9日	9日	8日	8日	7日	7日	6日	5日	4日	3日	2日	1日

2　採用翌年度は、４月１日入社の者には11日、４月１日以後入社の者には10日の年次有給休暇を付与し、以降勤務期間に応じて次表のとおり加算した年次有給休暇を与える。

＊年次有給休暇の当初付与日が、１年経過日だった時代によくみられた規定例です。基本的な考え方は、入社時に法定の年次有給休暇の全部又は一部を付与し、入社翌年度からは、会社が定めた基準日（以下、本書では「所定基準日」といいます）に付与する「斉一的取扱い」の例です。付与時期を前倒しにし、４月１日採用の新卒者を優

条文の見出し／キーワード	作成基準の解説
（年次有給休暇の付与）	1．年次有給休暇は、6か月間継続して勤務し、全労働日の8割以上出勤した従業員に対して最低10日を与えなければなりません（労基法39条1項）。
	留意事項 平成6年の改正前までは、勤続6か月目以降は1年間継続勤務するごとに1日を加算すればよかったのですが、平成11年4月1日より施行の法改正によって、本規則のとおり、2年6か月目以降1年間継続勤務するごとに2日ずつ加算しなければならなくなりました（労基法39条2項）。 年次有給休暇中の賃金の不払いは、裁判所による付加金制度の対象となります。また、年次有給休暇を取得したことを理由とする賃金の減額その他不利益な取扱いもしないようにしなければならないものとされています（労基法114条、附則136条）。
基準日	2．労基法上、4月1日入社の従業員の場合、初回の基準日は、10月1日となります。初回以外の基準日は、以降1年ごとの応当日（毎年10月1日）になります。 なお、モデル規則63条1項のかっこ書きにより、例えば、5月16日入社の者は、5月1日入社とみなされるため、初回の基準日は11月1日となります。この場合、短縮された15日間は、出勤したものとみなします。
比例付与	3．いわゆるパートタイマー等のうち、週所定労働時間が30時間未満であって、かつ、週所定労働日数が4日以下又は1年間の所定労働日数が216日以下の従業員に対しては、通常の従業員の所定労働日数との比率を考慮して、労基則で定める日数を付与しなければなりません（労基法39条3項）。 逆にこの要件に該当しない場合（例えば、週の所定労働時間が35時間の場合）には、パートタイマー等といえども通常の労働者と同じ日数の年次有給休暇を付与する必要があります。
年次有給休暇の消滅時効	4．年次有給休暇は**2年**の消滅時効が認められます（昭22.12.15基発501号）。

遇し、中途採用者の当初付与日を入社時期に応じて逓減させていきます（昭和時代は中途採用者が冷遇されていたのです）。一見合理的に見えますが、現行法では年次有給休暇の最初の基準日（以下、労基法 39 条 1 項・2 項の基準日のことを「法定基準日」といいます）が 6 か月経過日なので、4 月 2 日から 9 月 30 日までに入社した者については、入社時点で労基法 39 条 1 項の年次有給休暇（入社 6 か月目に付与される年次有給休暇）の一部しか与えられていないため、現行法では問題が生じます（図表 1：※ 1）。また、入社日に 39 条 1 項の年次有給休暇の一部が与えられていることから、労基法上は分割付与の扱いとなり、その結果、39 条 2 項の年次有給休暇（入社 1 年 6 か月目に付与される年次有給休暇）の基準日が 6 か月繰り上がるため、入社翌年度の途中から付与日数が 10 日では 1 日足らなくなり、さらに法違反が生じます（※ 2）。つまり、次の図のうち、法に適合しているのは網のかかっている月だけで、かかっていない月は違法状態であり、まったく使えない規定といえます。しかしながら就業規則診断をする中で、まだまだ目にすることのある規定です。

●図表 1（問題あり）

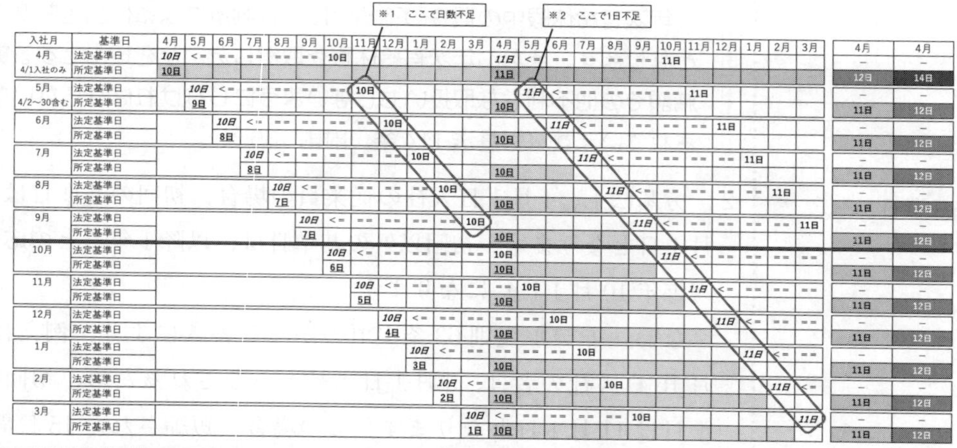

入社月	基準日	4月	5月	6月	7月	8月	9月	10月	11月	12月	1月	2月	3月	4月	5月	6月	7月	8月	9月	10月	11月	12月	1月	2月	3月	4月	4月
4月	法定基準日	10日	<=	==	==	==	==	10日						11日	<=	==	==	==	==	11日						–	–
4/1入社のみ	所定基準日	10日												11日												12日	14日
5月	法定基準日		10日	<=	==	==	==	==	10日						11日	<=	==	==	==	==	11日					–	–
4/2～30含む	所定基準日		9日											10日												11日	12日
6月	法定基準日			10日	<=	==	==	==	==	10日						11日	<=	==	==	==	==	11日				–	–
	所定基準日			8日										10日												11日	12日
7月	法定基準日				10日	<=	==	==	==	==	10日						11日	<=	==	==	==	==	11日			–	–
	所定基準日				8日									10日												11日	12日
8月	法定基準日					10日	<=	==	==	==	==	10日						11日	<=	==	==	==	==	11日		–	–
	所定基準日					7日								10日												11日	12日
9月	法定基準日						10日	<=	==	==	==	==	10日						11日	<=	==	==	==	==	11日	–	–
	所定基準日						7日							10日												11日	12日
10月	法定基準日							10日	<=	==	==	==	==	10日						11日	<=	==	==	==	==	–	–
	所定基準日							6日						10日												11日	12日
11月	法定基準日								10日	<=	==	==	==	==	10日						11日	<=	==	==	==	–	–
	所定基準日								5日					10日												11日	12日
12月	法定基準日									10日	<=	==	==	==	==	10日						11日	<=	==	==	–	–
	所定基準日									4日				10日												11日	12日
1月	法定基準日										10日	<=	==	==	==	==	10日						11日	<=	==	–	–
	所定基準日										3日			10日												11日	12日
2月	法定基準日											10日	<=	==	==	==	==	10日						11日	<=	–	–
	所定基準日											2日		10日												11日	12日
3月	法定基準日												10日	<=	==	==	==	==	10日						11日	–	–
	所定基準日												1日	10日												11日	12日

<とりあえず手直しを施した規定>

従業員の採用初年度において、会社は入社日に、次表のとおり採用日に応じた年次有給休暇を与える。

入社日	4/1～9/末	10/1～10/末	11/1～11/末	12/1～12/末	1/1～1/末	2/1～2/末	3/1～3/末
日数	10 日	6 日	5 日	4 日	3 日	2 日	1 日

＊それでは、というので年度の前半に入社した者を現行基準に合わせるため、一律 10 日付与にした事例です（後半入社はそのまま）。これもよく見かけるのですが、これがまた実にいびつな規定です。従業員からみれば「なぜ年度の前半に入社したというだけで当初から 10 日の年休がもらえる者がいるのに、後半に入社した我々は 10 日もらえないのだ」となるでしょう。また、翌年以降の年次有給休暇も年の前半に入社した者より少ないままです。中途入社が多い会社だとたちまち不満紛糾でしょう。また、前述のとおり、入

条文の見出し／キーワード	作成基準の解説
年次有給休暇の時効	5．年次有給休暇の消滅時効に関しては、以前より、年次有給休暇の取得を繰越し分から取得させるのか、新規発生分から取得させるのかの議論があります。議論になるのは次の図解にあるように残日数が異なってくるからです。

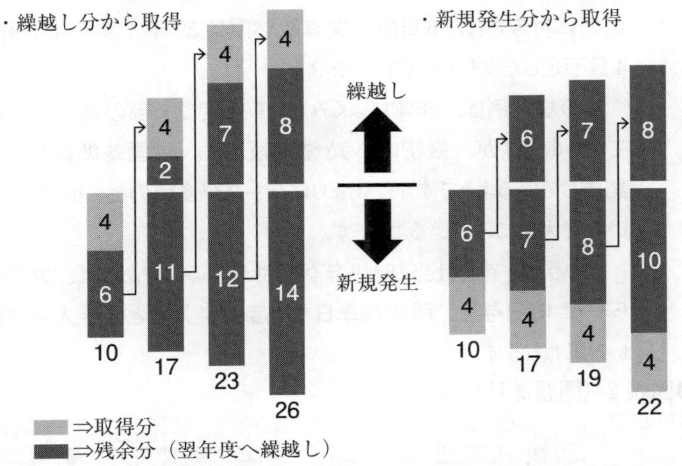

このように年次有給休暇は、新規発生分から取得させたほうが残日数が少なくなります。そのため、就業規則に「新規発生分から取得する」と規定する例がありますが、現在は、「労働者が繰越し年休と当年度の年休の双方を有する場合は、労働者の時季指定権行使は繰越し分からなされていくと推定すべきである」（菅野和夫『労働法第11版補正版』544頁）とする考え方が一般的になっています。

6．一般債権の消滅時効については、民法において、10年間の消滅時効期間及び使用人の給料に係る債権等の短期消滅時効期間が定められていますが、この規定については、2020年4月1日施行予定の改正民法によって、消滅時効の期間の統一化や短期消滅時効の廃止等が行われます。現行の労基法においては、この民法に定められている消滅時効の特則として賃金等請求権の消滅時効期間の特例（2年）が定められていますが、厚生労働省では、「賃金等請求権の消滅時効の在り方に関する検討会」を開催し、その在り方について、法技術的・実務的な論点整理が行われています。議論

社当初から年休を付与すると、その日数が10日に満たなくてもその日が最初の法定基準日とされてしまうため、11日必要な39条2項の年次有給休暇の法定基準日も繰り上がる（図表2：※1）ため、年度の後半に入社した者も4月1日に付与すべき日数は「10日」ではなく「11日」にすべきです（※2。つまりこの事例でも違法状態が生じる）。

それでは、年の後半入社の翌年度の所定基準日の付与日数を年の前半入社の者と同じ「11日」にすればそれで解決かというとそうではありません。10月入社の者を例にとるならば、所定基準日に11日付与されたとしても、それは本来翌年10月に付与されるべき39条2項の年次有給休暇である11日分が前渡しされただけです。ということは入社当初に付与された6日の年次有給休暇は39条1項の年次有給休暇に該当するので、4日不足したままなのです（※3）。

この規定例は、非常によくみかける規定で一部の書籍にもモデル規定として紹介されているのですが、厳密にいうと法違反です。労働基準監督署でもこの規定の問題点を認識しているようですが、あまりにケースが多いのと、従業員への不利益の程度も少ないので大目にみているようです。

というわけで入社当初から年休を付与するのであれば、次の規定例のように、当初から一律10日与え、所定基準日を年度前半入社と後半入社で別々に設定する方式がよいと思われます。

●図表2（問題あり）

入社月	基準日	4月	5月	6月	7月	8月	9月	10月	11月	12月	1月	2月	3月	4月	5月	6月	7月	8月	9月	10月	11月	12月	1月	2月	3月	4月	4月
4月	法定基準日	10日	<=	==	==	==	==	10日						11日	<=	==	==	==	==	11日						—	—
	所定基準日	10日												11日												12日	14日
5月	法定基準日		10日	<=	==	==	==	==	10日						11日	<=	==	==	==	==	11日					—	—
	所定基準日		10日											11日												12日	14日
6月	法定基準日			10日	<=	==	==	==	==	10日						11日	<=	==	==	==	==	11日				—	—
	所定基準日			10日										11日												12日	14日
7月	法定基準日				10日	<=	==	==	==	==	10日						11日	<=	==	==	==	==	11日			—	—
	所定基準日				10日									11日												12日	14日
8月	法定基準日					10日	<=	==	==	==	==	10日						11日	<=	==	==	==	==	11日		—	—
	所定基準日					10日								11日												12日	14日
9月	法定基準日						10日	<=	==	==	==	==	10日						11日	<=	==	==	==	==	11日	—	—
	所定基準日						10日							11日												12日	14日
10月	法定基準日							10日	<=	==	==	==	==	10日						11日	<=	==	==	==	==	—	—
	所定基準日							6日						10日												11日	12日
11月	法定基準日								10日	<=	==	==	==	==	10日						11日	<=	==	==	==	—	—
	所定基準日								5日					10日												11日	12日
12月	法定基準日									10日	<=	==	==	==	==	10日						11日	<=	==	==	—	—
	所定基準日									4日				10日												11日	12日
1月	法定基準日										10日	<=	==	==	==	==	10日						11日	<=	==	—	—
	所定基準日										3日			10日												11日	12日
2月	法定基準日											10日	<=	==	==	==	==	10日						11日	<=	—	—
	所定基準日											2日		10日												11日	12日
3月	法定基準日												10日	<=	==	==	==	==	10日						11日	—	—
	所定基準日												1日	10日												11日	12日

※3　ここは「10日」にしないと労基法39条1項違反

※2　ここは「11日」にしないと労基法39条2項違反

※1　ここで1日不足

基準日を年2回設け、入社当初から年休を付与する規定例

第○条　会社は、従業員に対し、入社日に、初年度分として10日の年次有給休暇を付与する。この場合において、年次有給休暇に係る年度は、従業員の入社時期に応じて次のとおり区分して管理するものとする。

（1）4月1日から9月30日までに入社した者…4月1日を会社が定める基準日（以下「所定基準日」という。）として、4月1日から翌年3月31日までを一年度（初年度は入社月の初日から起算する。）とする。

条文の見出し／キーワード	作成基準の解説
	の方向性によっては、年次有給休暇の消滅時効が5年になることも予測されるため、年次有給休暇取得が低調な会社では、早いうちから年次有給休暇取得促進の方策を立てておく必要があります。
年次有給休暇の賃金	7．年次有給休暇期間中については、就業規則により、「平均賃金」又は「通常の賃金」を支払います（年休手当）。ただし、労使協定により、健康保険の「標準報酬日額」に相当する金額を支払う旨を定めたときは、これによることになります。この場合も年次有給休暇期間中の賃金として就業規則に定める必要があります。したがって、年休手当の算定方式を付与の都度会社が任意に変更することはできません。
通常出勤扱い	8．日給者、月給者の年休手当について、「通常の賃金」を支払うこととしている場合には、事務の簡素化を目的として、別途年休手当を支払うのではなく、**賃金計算上、通常の出勤をしたものとして取り扱えばよい**という特例が認められています（昭27.9.20基発675号）。モデル規則では、この方法を採用しています。なお、この規定は「みなし労働時間制」ではなく、賃金計算上、出勤扱いになったからといって、**年次有給休暇の日が労働時間になることはありませんので注意してください**（本書331頁参照）。すなわち、労働時間管理上、年次有給休暇の日を出勤日や実労働時間に計上することは適当ではありません。
分割付与	9．分割付与として4月1日に入社した者に入社時に5日、法定の基準日である10月1日に残りの5日を付与する会社の場合、**その会社における基準日は最初に付与した4月1日**となるため、翌年の4月1日に11日の年次有給休暇を与えなければなりません（平6.1.4基発1号）。
休業、休職中の年次有給休暇	10．負傷又は疾病等による休業期間中に年次有給休暇を請求した場合は年次有給休暇を与えなければなりませんが、休職期間中のように労働義務のない日については請求する余地がありません（昭24.12.28基発1456号、昭31.2.13基収489号）。
退職、解雇時の年次有給休暇	11．解雇予定日が20日後である従業員が20日の年休権を有し、年休取得を申し出たとき、「当該20日間の年次有給休暇の権利が労

（2）10月1日から翌年3月31日までに入社した者…10月1日を所定基準日として、10月1日から翌年9月30日までを一年度（初年度は入社月の初日から起算する。）とする。

2　二年度目以降については、所定基準日に次表に掲げる日数の年次有給休暇を付与する。

年度	二年度	三年度	四年度	五年度	六年度	七年度以降
日数	11日	12日	14日	16日	18日	20日

3　第1項による年次有給休暇（時間単位年休を除く。）のうち5日分（4月及び10月入社以外の者については、入社初年度と二年度目に限り、両年度の月数を合算した期間（以下「履行期間」という。）に応じて次表に掲げる日数とする。以下同じ。）については、会社は、所定基準日から1年以内（次表が適用される者については履行期間内）に、従業員の希望を聴いた上で時季を指定して取得させることがある。ただし、時季指定前に従業員本人が時季を指定して取得した日数分（半日の取得を会社が認めた場合は0.5日分とする。）又は計画的付与によって取得する日数分についてはその限りではない。時季指定の方法については、次条に定める。

入社月	5月/11月入社	6月/12月入社	7月/1月入社	8月/2月入社	9月/3月入社
履行期間の月数	23月	22月	21月	20月	19月
時季指定の日数	10日	9.5日	9日	8.5日	8日

＊この規定例の場合、39条7項による時季指定義務との関係が問題となります（図表3）。本規定によれば、使用者は基準日から1年以内に時季を定めて年休を付与する義務を負うわけですが、本規定のように法定の基準日を前倒しにして入社月から年休を与え（この場合は入社したときが最初の基準日（労基則24条の5第2項の第一基準日）となり、次の特定の日（所定基準日）に2回目の基準日（労基則24条の5第2項の第二基準日）が巡るような規定を設けた場合、入社月（本規定例では、4月入社と10月入社以外の者の場合）により、第一基準日から第二基準日までの期間が1年に満たない場合が生じます。つまり、次図の「期間1」（第一基準日から1年間）と「期間2」（第二基準日から1年間）で重複する期間が生じるためです（ダブルトラック）。このような場合は、①第一基準日から、②第二基準日から1年を経過する日までを一つの期間（履行期間）として、その期間中に次の算式による日数の年次有給休暇を付与することができます。つまり、履行期間中の時季指定日数を期間の短縮に応じて法令按分することができるのです。

履行期間の月数　÷　12日　×　5日

それを規定したのが第3項です。

なお、履行期間が経過した場合は、その翌日を「みなし基準日」として、以降1年ごとに年次有給休暇を付与すればよいことになりますが、その場合の時季指定義務の日数は一律に5日となります。

条文の見出し／キーワード	作成基準の解説
	基法に基づくものである限り、当該労働者の解雇予定日を超えての時季変更は行えない」とされています（昭49.1.11基収5554号）。退職の場合も同様で、退職を申し出ている従業員が、残っている年休を取得して辞めたいという場合も、請求を認めざるを得ないと考えられます。
年次有給休暇の買取り	12. 年次有給休暇については、事前に買取りを規定することはできません。ただし、**結果として退職する従業員の残余年次有給休暇を買い上げることは差し支えありません。**
基準日方式	13. 年次有給休暇の付与日について、法定要件によらず全従業員同じにする斉一的取扱い（基準日方式）は、付与日数が法定を上回るのであれば認められています。新卒採用が中心で、中途採用者があまりいない事業場では有効な方法です。特に平成6年までは、当初の有給休暇付与要件が勤続1年の継続勤務であったため、4月1日を基準日として、全従業員の有給休暇を統一管理することが可能でした。あるいは、 新卒採用者には、入社時から法定日数を付与し、中途採用者にはそれより少ない日数とし、新卒採用者を優遇する規定方法も可能でした。 　しかし、現在では当初付与要件が勤続6か月となったことから、図表1、2で説明したとおり、従来の発想ではうまく設計はできません。図表3にあるように所定基準日を年に2回設けると不公平感の少ない制度が設計できます。 　次に当初付与日を法定基準日とし、かつ、斉一的取扱を採用する場合ですが、こちらは、所定基準日を4月にしようと、10月にしようと、年2回にしようと法定基準日と所定基準日が近接する現象が起きます（例えば図表5の入社月9月の場合）。それを解消するため、多少入社月ごとに不公平が生じるものの、シンプルで運用しやすいものとして図表6がお勧めです。 　入社月に付与したいが、その日数をコントロールしたい場合は、図表8がお勧めです。

●図表 3

入社月	基準日	4月	5月	6月	7月	8月	9月	10月	11月	12月	1月	2月	3月	4月	5月	6月	7月	8月	9月	10月	11月	12月	1月	2月	3月	4月/10月	4月/10月
4月	法定基準日	*10日*	<=	==	==	==	==	10日						*11日*	<=	==	==	==	==	11日						–	–
	所定基準日	10日												11日												12日	14日
	期間1																									履行期間	24月
	期間2																									Wトラック	0月
	時季指定義務日数	(5日)												(5日)												(5日)	(5日)
5月	法定基準日		*10日*	<=	==	==	==	==	10日						*11日*	<=	==	==	==	==	11日					–	–
	所定基準日		10日											11日												12日	14日
	期間1																									履行期間	23月
	期間2																									Wトラック	1月
	時季指定義務日数		(23月÷12×5日≒9.58日≒10日)																							(5日)	(5日)
6月	法定基準日			*10日*	<=	==	==	==	==	10日						*11日*	<=	==	==	==	==	11日				–	–
	所定基準日			10日										11日												12日	14日
	期間1																									履行期間	22月
	期間2																									Wトラック	2月
	時季指定義務日数			(22月÷12×5日≒9.17−9.5日)																						(5日)	(5日)
7月	法定基準日				*10日*	<=	==	==	==	==	10日						*11日*	<=	==	==	==	==	11日			–	–
	所定基準日				10日									11日												12日	14日
	期間1																									履行期間	21月
	期間2																									Wトラック	3月
	時季指定義務日数				(21月÷12×5日−8.75日≒9日)																					(5日)	(5日)
8月	法定基準日					*10日*	<=	==	==	==	==	10日						*11日*	<=	==	==	==	==	11日		–	–
	所定基準日					10日								11日												12日	14日
	期間1																									履行期間	20月
	期間2																									Wトラック	4月
	時季指定義務日数					(20月÷12×5日≒8.33日≒8.5日)																				(5日)	(5日)
9月	法定基準日						*10日*	<=	==	==	==	==	10日						*11日*	<=	==	==	==	==	11日	–	–
	所定基準日						10日							11日												12日	14日
	期間1																									履行期間	19月
	期間2																									Wトラック	5月
	時季指定義務日数						(19月÷12×5日≒7.92日≒8日)																			(5日)	(5日)
10月	法定基準日							*10日*	<=	==	==	==	==	10日						*11日*	<=	==	==	==	==	–	–
	所定基準日							10日												11日						12日	14日
	期間1																									履行期間	24月
	期間2																									Wトラック	0月
	時季指定義務日数							(5日)												(5日)						(5日)	(5日)
11月	法定基準日								*10日*	<=	==	==	==	==	10日						*11日*	<=	==	==	==	–	–
	所定基準日								10日											11日						12日	14日
	期間1																									履行期間	23月
	期間2																									Wトラック	1月
	時季指定義務日数								(23月÷12×5日≒9.58日≒10日)																	(5日)	(5日)
12月	法定基準日									*10日*	<=	==	==	==	==	10日						*11日*	<=	==	==	–	–
	所定基準日									10日										11日						12日	14日
	期間1																									履行期間	22月
	期間2																									Wトラック	2月
	時季指定義務日数									(22月÷12×5日≒9.17−9.5日)																(5日)	(5日)
1月	法定基準日										*10日*	<=	==	==	==	==	10日						*11日*	<=	==	–	–
	所定基準日										10日									11日						12日	14日
	期間1																									履行期間	21月
	期間2																									Wトラック	3月
	時季指定義務日数										(21月÷12×5日−8.75日≒9日)															(5日)	(5日)
2月	法定基準日											*10日*	<=	==	==	==	==	10日						*11日*	<=	–	–
	所定基準日											10日								11日						12日	14日
	期間1																									履行期間	20月
	期間2																									Wトラック	4月
	時季指定義務日数											(20月÷12×5日≒8.33日≒8.5日)														(5日)	(5日)
3月	法定基準日												*10日*	<=	==	==	==	==	10日						*11日*	–	–
	所定基準日												10日							11日						12日	14日
	期間1																									履行期間	19月
	期間2																									Wトラック	5月
	時季指定義務日数												(19月÷12×5日≒7.92日≒8日)													(5日)	(5日)

◆注意すべき条文◆

<入社当初には年次有給休暇を付与せず、所定基準日を年に１回>

第○条　会社は、従業員に対し、入社日から６か月間継続勤務し全労働日の８割以上出勤した者に、初年度分として、６か月を経過した日に、10日の年次有給休暇を与える。

２　２回目以降の年次有給休暇の付与は、10月１日を基準日とし、10月１日から翌年９月30日までを一年度として、基準日の前日までの勤続年数に応じて次の表のとおり付与する。

勤続年数	６月超 １年６月 以下	２年６月 以下	３年６月 以下	４年６月 以下	５年６月 以下	６年６月 以下	以降１年 度ごと
休暇日数	11日	12日	14日	16日	18日	20日	20日

＊この方式は、4月入社の者の6か月経過日（法定基準日）である10月1日を全員の所定基準日（労基則24条の5第2項の「第二基準日」）と定めた場合の例となります。本規定例では、当初の付与は法定基準日に行うため、斉一的取扱が行われるのは、入社翌年度からです。しかし、この方式には、次の2つの問題が生じます（図表4）。

① 入社月にかかわらず、当初付与される日数は10労働日であるため、入社月が遅いと当初の基準日と所定基準日が近接してしまうため、短期間に年休付与日が集中することがあります。例えば、3月入社の場合は、9月に10労働日、10月に11労働日と2か月間で21労働日の年休付与が生じてしまいます。

② 年次有給休暇の時季指定について、基準日から1年以内に5労働日の付与義務が会社に生じるが、本規定例では、5月入社以降の者については、当初の基準日からの1年間と所定基準日（第二基準日）からの1年間とで重複期間（ダブルトラック）が生じます。

●図表4

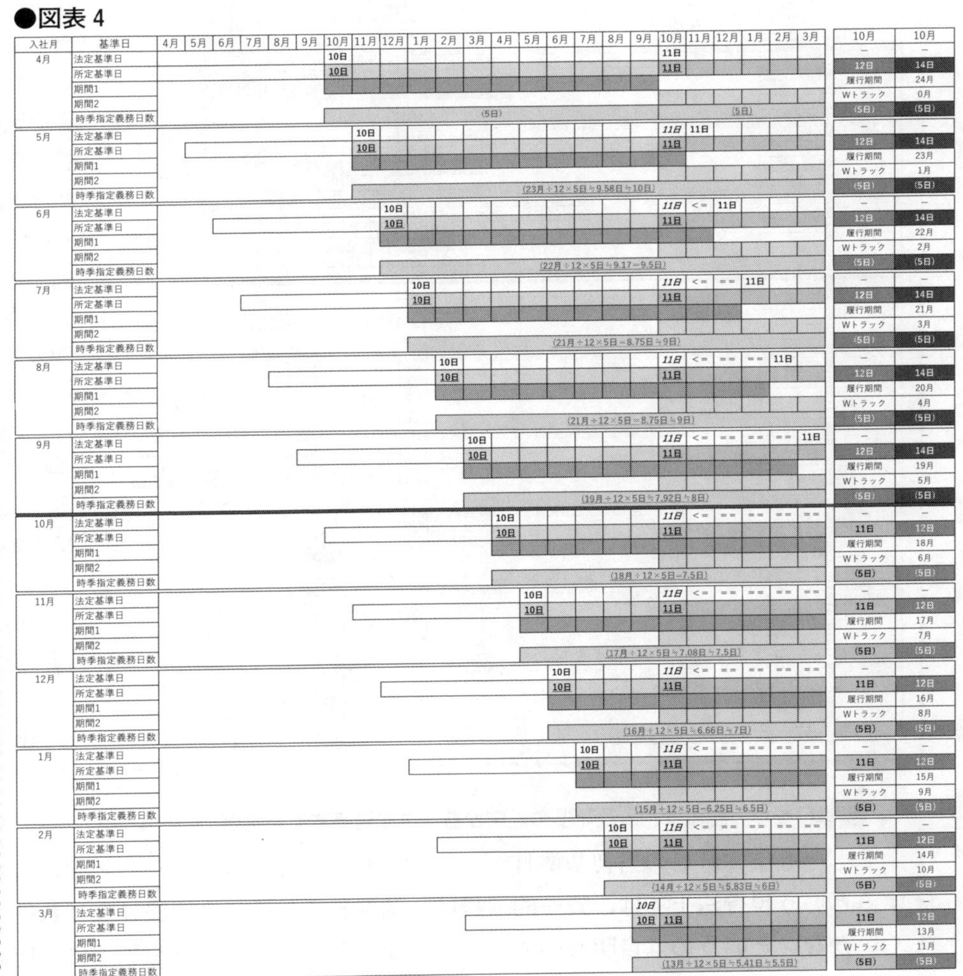

この方式を採る場合、所定基準日を4月に統一するケースもありますが、これもまたいびつな制度で運用に難ありです（図表5）。まず、年度の後半入社の者のうち11月以降入社については、6か月経過日が所定基準日を飛び越えてしまうので、前半入社の者よりも早い時期に年休が付与されることです。確かに所定基準日に付与されるのは10日ですが、そうすると年度の前半入社と後半入社とでは付与日数がずれたままになってしまうのです。

●図表5

入社月	基準日	4月	5月	6月	7月	8月	9月	10月	11月	12月	1月	2月	3月	4月	5月	6月	7月	8月	9月	10月	11月	12月	1月	2月	3月	4月	4月
4月	法定基準日							10日						11日	<=	==	==	==	==	11日						—	—
	所定基準日							10日						11日												12日	14日
	期間1																									履行期間	18月
	期間2																									Wトラック	6月
	時季指定義務日数													(18月÷12×5日=7.5日)												(5日)	(5日)
5月	法定基準日								10日					11日	<=	==	==	==	==	==	11日					—	—
	所定基準日								10日					11日												12日	14日
	期間1																									履行期間	17月
	期間2																									Wトラック	7月
	時季指定義務日数													(17月÷12×5日≒7.08日≒7.5日)												(5日)	(5日)
6月	法定基準日									10日				11日	<=	==	==	==	==	==	==	11日				—	—
	所定基準日									10日				11日												12日	14日
	期間1																									履行期間	16月
	期間2																									Wトラック	8月
	時季指定義務日数													(16月÷12×5日≒6.66日≒7日)												(5日)	(5日)
7月	法定基準日										10日			11日	<=	==	==	==	==	==	==	==	11日			—	—
	所定基準日										10日			11日												12日	14日
	期間1																									履行期間	15月
	期間2																									Wトラック	9月
	時季指定義務日数													(15月÷12×5日=6.25日≒6.5日)												(5日)	(5日)
8月	法定基準日											10日		11日	<=	==	==	==	==	==	==	==	==	11日		—	—
	所定基準日											10日		11日												12日	14日
	期間1																									履行期間	14月
	期間2																									Wトラック	10月
	時季指定義務日数													(14月÷12×5日≒5.83日≒6日)												(5日)	(5日)
9月	法定基準日												10日	11日	<=	==	==	==	==	==	==	==	==	==	11日	—	—
	所定基準日												10日	11日												12日	14日
	期間1																									履行期間	13月
	期間2																									Wトラック	11月
	時季指定義務日数													(13月÷12×5日≒5.41日≒5.5日)												(5日)	(5日)
10月	法定基準日													10日												—	—
	所定基準日													10日												11日	12日
	期間1																									履行期間	–
	期間2																									Wトラック	–
	時季指定義務日数													(5日)												(5日)	(5日)
11月	法定基準日													10日	10日											—	—
	所定基準日													10日												11日	12日
	期間1																									履行期間	–
	期間2																									Wトラック	–
	時季指定義務日数													(5日)												(5日)	(5日)
12月	法定基準日													10日	<=	10日										—	—
	所定基準日													10日												11日	12日
	期間1																									履行期間	–
	期間2																									Wトラック	–
	時季指定義務日数													(5日)												(5日)	(5日)
1月	法定基準日													10日	<=	==	10日									—	—
	所定基準日													10日												11日	12日
	期間1																									履行期間	–
	期間2																									Wトラック	–
	時季指定義務日数													(5日)												(5日)	(5日)
2月	法定基準日													10日	<=	==	==	10日								—	—
	所定基準日													10日												11日	12日
	期間1																									履行期間	–
	期間2																									Wトラック	–
	時季指定義務日数													(5日)												(5日)	(5日)
3月	法定基準日													10日	<=	==	==	==	10日							—	—
	所定基準日													10日												11日	12日
	期間1																									履行期間	–
	期間2																									Wトラック	–
	時季指定義務日数													(5日)												(5日)	(5日)

基準日を年2回設け、入社年度の途中から年休を付与する規定例

そもそも年休付与の当初基準日が入社から6か月経過日（1年の半分）に到来するという**現行法上では、斉一的取扱は、基準日を年度に2回設けなければうまくいかないというのは自明**なのです。にもかかわらず、基準日を年度に2回設けることを「制度が複雑になる」「面倒だ」と考える人は考え直すべきです。基準日が年度に１回なのは現行法に合わないので余計に複雑で面倒になるのです。入社当初には年休を付与しない場合は、所定基準日を年２回設けた次の方法を採ると、第一基準日から第二基準日までの期間が１年間で統一されるため、ダブルトラックの問題も生じず、すっきりした規定になります（図表６：入社月によって付与日までの月数が短縮される難点はありますが）。

（年次有給休暇の付与）

第○条　会社は、従業員を入社月に応じて次の各号に区分し、当該各号に掲げる通り、年次有給休暇を付与する。

（１）４月１日から９月 30 日までに入社した者…10 月１日を会社が定める基準日（以下「所定基準日」という。）として、10 月１日から翌年９月 30 日までを一年度とし、10 日の年次有給休暇を付与する。

（２）10 月１日から翌年３月 31 日までに入社した者… ４月１日を所定基準日として、４月１日から翌年３月 31 日までを一年度とし、10 日の年次有給休暇を付与する。

2　二年度目以降については、所定基準日に次表に掲げる日数の年次有給休暇を付与する。

年度	二年度	三年度	四年度	五年度	六年度	七年度以降
日数	11 日	12 日	14 日	16 日	18 日	20 日

3　第１項による年次有給休暇（時間単位年休を除く。）のうち５日分については、会社は、所定基準日から１年以内に、従業員の希望を聴いた上で時季を指定して取得させることがある。ただし、時季指定前に従業員本人が時季を指定して取得した日数分（半日の取得を会社が認めた場合は 0.5 日分とする。）又は計画的付与によって取得する日数分についてはその限りではない。

●図表 6

入社月	基準日	4月	5月	6月	7月	8月	9月	10月	11月	12月	1月	2月	3月	4月	5月	6月	7月	8月	9月	10月	11月	12月	1月	2月	3月	4月/10月	4月/10月
4月	法定基準日							10日												11日						–	–
	所定基準日							10日												11日						12日	14日
	期間1																									履行期間	–
	期間2																									Wトラック	–
	時季指定義務日数							(5日)												(5日)						(5日)	(5日)
5月	法定基準日							10日	10日											11日						–	–
	所定基準日							10日												11日						12日	14日
	期間1																									履行期間	–
	期間2																									Wトラック	–
	時季指定義務日数							(5日)												(5日)						(5日)	(5日)
6月	法定基準日							10日	<=	10日										11日						–	–
	所定基準日							10日												11日						12日	14日
	期間1																									履行期間	–
	期間2																									Wトラック	–
	時季指定義務日数							(5日)												(5日)						(5日)	(5日)
7月	法定基準日							10日	<=	==	10日									11日						–	–
	所定基準日							10日												11日						12日	14日
	期間1																									履行期間	–
	期間2																									Wトラック	–
	時季指定義務日数							(5日)												(5日)						(5日)	(5日)
8月	法定基準日							10日	<=	==	==	10日								11日						–	–
	所定基準日							10日												11日						12日	14日
	期間1																									履行期間	–
	期間2																									Wトラック	–
	時季指定義務日数							(5日)												(5日)						(5日)	(5日)
9月	法定基準日							10日	<=	==	==	==	10日							11日						–	–
	所定基準日							10日												11日						12日	14日
	期間1																									履行期間	–
	期間2																									Wトラック	–
	時季指定義務日数							(5日)												(5日)						(5日)	(5日)

月	区分														
10月	法定基準日	10日												–	–
	所定基準日	10日												11日	12日
	期間1													履行期間	–
	期間2													Wトラック	–
	時季指定義務日数	(5日)												(5日)	(5日)
11月	法定基準日	10日	10日											–	–
	所定基準日	10日												11日	12日
	期間1													履行期間	–
	期間2													Wトラック	–
	時季指定義務日数	(5日)												(5日)	(5日)
12月	法定基準日	10日	<=	10日										–	–
	所定基準日	10日												11日	12日
	期間1													履行期間	–
	期間2													Wトラック	–
	時季指定義務日数	(5日)												(5日)	(5日)
1月	法定基準日	10日	<=	==	10日									–	–
	所定基準日	10日												11日	12日
	期間1													履行期間	–
	期間2													Wトラック	–
	時季指定義務日数	(5日)												(5日)	(5日)
2月	法定基準日	10日	<=	==	==	10日								–	–
	所定基準日	10日												11日	12日
	期間1													履行期間	–
	期間2													Wトラック	–
	時季指定義務日数	(5日)												(5日)	(5日)
3月	法定基準日	10日	<=	==	==	==	10日							–	–
	所定基準日	10日												11日	12日
	期間1													履行期間	–
	期間2													Wトラック	–
	時季指定義務日数	(5日)												(5日)	(5日)

＊この方式にはもう一つ利点があります。それは４月入社の者の基準日が 10 月のままで推移する点です。法定付与方式を採用していた会社が、斉一的取扱いに切り替える場合、切り替え前の法定付与された年休は失効しませんので、一時的に付与日数が増大してしまう時期が発生することです（図表７）。例えば、４月入社の者の場合、法定付与日は 10 月１日になるため、４月基準日に切り替えてしまうと重複期間が６か月生じてしまいます（９月入社だと 11 か月間）。しかし、10 月基準日に切り替えた場合、重複期間ゼロです（９月入社でも５か月間ですむ）。

●図表７

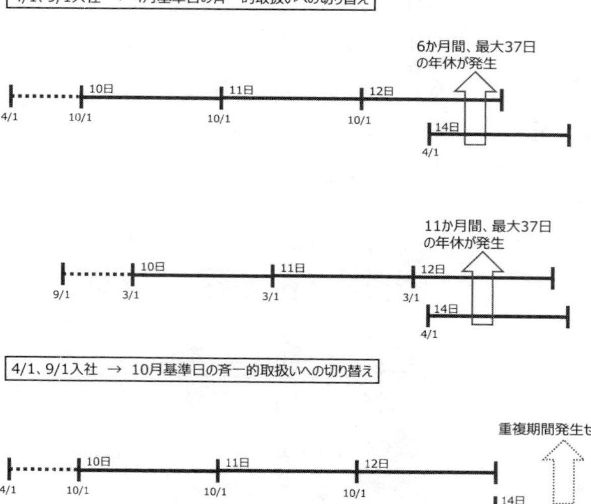

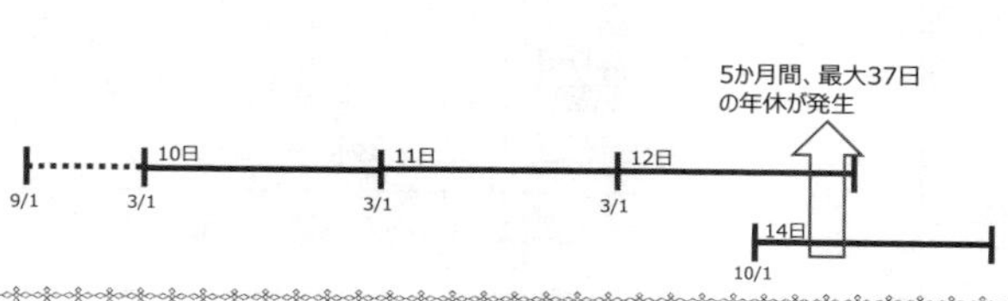

基準日を年2回設け、分割付与を行う場合の規定例

入社月にまったく年休がないとなると、従業員も不安でしょうし、何より中途採用の募集においてマイナスポイントとなります。かといってフルの10日を付与するにも躊躇する会社はあるでしょう。そこで当初は10日未満の年次有給休暇を付与し、次の基準日（第一基準日）に法定要件に追いつくように年次有給休暇を追加付与する「分割付与」というアイデアがあります。この場合、最初に10労働日未満の年次有給休暇を付与した日が6か月経過日とみなされるので、第一基準日には、「10労働日になるように」ではなく、先渡しで11労働日になるように追加付与しなければならないため、注意が必要です（平6.1.4基発1号）。

次に紹介する規定例は、入社月から最初の所定基準日までの月数に応じた日数を先渡しする方法で、毎月1日ずつ付与する方法でも構いません。そして最初の所定基準日に法定日数に達するように加算が行われるため、その日が、労基則24条の5第2項の最後の特定日となり、同時に第一基準日となります。そして、法定基準日が最初の特定日まで繰り上がることから、次の所定基準日も繰り上げ、4月入社の場合、その6か月目の10月に設定し、以降これで固定します。そうすると履行期間は4月1から10月1日から1年目の翌年の3月31日までの18か月となり、履行期間における時季指定日数は7.5日となります（図表8）。図表8をご覧になるとおわかりのとおり、この事例の場合は、履行期間は一律18月となります。

（年次有給休暇の付与）

第○条　会社は、従業員を入社月に応じて次の各号に区分し、当該各号に掲げるとおり、年次有給休暇を付与する。

（1）4月1日から9月30日までに入社した者…初年度に限り10月1日を会社が定める基準日（以下「所定基準日」という。）として10月1日から翌年3月31日までの6か月を一年度とみなし、初年度分として10日の年次有給休暇を付与する。ただし、その年次有給休暇の一部は次表下欄の日数を＜毎月1日ずつ＞前渡しで付与する。

入社月	4月	5月	6月	7月	8月	9月
日数	6日	5日	4日	3日	2日	1日

（2）10月1日から翌年3月31日までに入社した者…初年度に限り4月1日を所定基準日として翌年4月1日から9月30日までの6か月を一年度とみなし、初年度分として10日の年次有給休暇を付与する。ただし、その年次有給休暇の一部は次表下欄の日数を＜毎月1日ずつ＞前渡しで付与する。

入社月	10月	11月	12月	1月	2月	3月
日数	6日	5日	4日	3日	2日	1日

2　二年度目以降については、前項第1号に掲げる者については4月1日から翌年3月31日までを一年度とし、その初日を所定基準日として、前項第2号に掲げる者については10月1日から翌年9月30日までを一年度とし、その初日を所定基準日として、それぞれ当該基準日に次表に掲げる日数の年次有給休暇を付与する。

年度	二年度	三年度	四年度	五年度	六年度	七年度以降
日数	11日	12日	14日	16日	18日	20日

3　第1項による年次有給休暇（時間単位年休を除く。）のうち5日分（入社初年度と二年度目に限り、両年度の月数を合算した期間（以下「履行期間」という。）内で7.5日分。以下同じ。）については、会社は、所定基準日から1年以内（入社初年度と二年度目に限り、履行期間内）に、従業員の希望を聴いた上で時季を指定して取得させることがある。ただし、時季指定前に従業員本人が時季を指定して取得した日数分（半日の取得を会社が認めた場合は0.5日分とする。）又は計画的付与によって取得する日数分についてはその限りではない。

●図表8

入社月	基準日	4月	5月	6月	7月	8月	9月	10月	11月	12月	1月	2月	3月	4月	5月	6月	7月	8月	9月	10月	11月	12月	1月	2月	3月	4月/10月	4月/10月
4月	法定基準日	*10日*	<=	==	==	==	==	10日						*11日*	<=	==	==	==	==	11日						−	−
	所定基準日	1日	1日	1日	1日	1日	1日	4日						11日												12日	14日
	期間1																									履行期間	18月
	期間2																									Wトラック	6月
	時季指定義務日数														(18月÷12×5日=7.5日)											(5日)	(5日)
5月	法定基準日		*10日*	<=	==	==	==	==	10日					*11日*	<=	==	==	==	==	==	11日					−	−
	所定基準日		1日	1日	1日	1日	1日	5日						11日												12日	14日
	期間1																									履行期間	18月
	期間2																									Wトラック	6月
	時季指定義務日数														(18月÷12×5日=7.5日)											(5日)	(5日)
6月	法定基準日			*10日*	<=	==	==	==	==	10日				*11日*	<=	==	==	==	==	==	==	11日				−	−
	所定基準日			1日	1日	1日	1日	6日						11日												12日	14日
	期間1																									履行期間	18月
	期間2																									Wトラック	6月
	時季指定義務日数														(18月÷12×5日=7.5日)											(5日)	(5日)
7月	法定基準日				*10日*	<=	==	==	==	==	10日			*11日*	<=	==	==	==	==	==	==	==	11日			−	−
	所定基準日				1日	1日	1日	7日						11日												12日	14日
	期間1																									履行期間	18月
	期間2																									Wトラック	6月
	時季指定義務日数														(18月÷12×5日=7.5日)											(5日)	(5日)
8月	法定基準日					*10日*	<=	==	==	==	==	10日		*11日*	<=	==	==	==	==	==	==	==	==	11日		−	−
	所定基準日					1日	1日	8日						11日												12日	14日
	期間1																									履行期間	18月
	期間2																									Wトラック	6月
	時季指定義務日数														(18月÷12×5日=7.5日)											(5日)	(5日)
9月	法定基準日						*10日*	<=	==	==	==	==	10日	*11日*	<=	==	==	==	==	==	==	==	==	==	11日	−	−
	所定基準日						1日	9日						11日												12日	14日
	期間1																									履行期間	18月
	期間2																									Wトラック	6月
	時季指定義務日数														(18月÷12×5日=7.5日)											(5日)	(5日)
10月	法定基準日							*10日*	<=	==	==	==	==	10日						*11日*	<=	==	==	==	==	−	−
	所定基準日							1日	1日	1日	1日	1日	1日	4日						11日						12日	14日
	期間1																									履行期間	18月
	期間2																									Wトラック	6月
	時季指定義務日数																				(18月÷12×5日=7.5日)					(5日)	(5日)
11月	法定基準日								*10日*	<=	==	==	==	==	10日					*11日*	<=	==	==	==	==	−	−
	所定基準日								1日	1日	1日	1日	1日	5日						11日						12日	14日
	期間1																									履行期間	18月
	期間2																									Wトラック	6月
	時季指定義務日数																				(18月÷12×5日=7.5日)					(5日)	(5日)
12月	法定基準日									*10日*	<=	==	==	==	==	10日				*11日*	<=	==	==	==	==	−	−
	所定基準日									1日	1日	1日	1日	6日						11日						12日	14日
	期間1																									履行期間	18月
	期間2																									Wトラック	6月
	時季指定義務日数																				(18月÷12×5日=7.5日)					(5日)	(5日)
1月	法定基準日										*10日*	<=	==	==	==	==	10日			*11日*	<=	==	==	==	==	−	−
	所定基準日										1日	1日	1日	7日						11日						12日	14日
	期間1																									履行期間	18月
	期間2																									Wトラック	6月
	時季指定義務日数																				(18月÷12×5日=7.5日)					(5日)	(5日)
2月	法定基準日											*10日*	<=	==	==	==	==	10日		*11日*	<=	==	==	==	==	−	−
	所定基準日											1日	1日	8日						11日						12日	14日
	期間1																									履行期間	18月
	期間2																									Wトラック	6月
	時季指定義務日数																				(18月÷12×5日=7.5日)					(5日)	(5日)
3月	法定基準日												*10日*	<=	==	==	==	==	10日	*11日*	<=	==	==	==	==	−	−
	所定基準日												1日	9日						11日						12日	14日
	期間1																									履行期間	18月
	期間2																									Wトラック	6月
	時季指定義務日数																				(18月÷12×5日=7.5日)					(5日)	(5日)

◆注意すべき条文◆

当該年度に行使しなかった年次有給休暇は、当該年度付与分に限り、翌年度に繰り越すことができる。

＊年度ごとに基準日を設けて斉一的に年次有給休暇を付与しているような事業場であれば、上記規定は有効なように思えます。しかし、現行法上は、入社初年度においては、年度の中途で年次有給休暇が付与されるケースがあるため、上記規定が有効なのは入社2年度目以降の従業員のみです。例えば、入社初年度の従業員に対し、2019年10月1日に10日の年次有給休暇を付与した場合、当該年次有給休暇は平成2021年9月30日まで繰り越せるはずですが、上記規定では翌年度の末日（2021年3月31日）までしか繰り越せないことになります。

◆年休手当を通常の賃金以外で支払う場合◆

（年次有給休暇の賃金）

第○条　年次有給休暇の日については、平均賃金の1日分の額を年休手当として支払うものとする。

＊有給休暇日に対して平均賃金を支払う場合、当該日について、月又は週によって支給される賃金があるときは、当該賃金については、その1日当たりの額を差し引いて支給すればよいことになります。もちろん、その全額を支給し、結果として二重払いとなっても、労基法上は差し支えありません（昭23.4.20基発628号）。

（年次有給休暇の賃金）

第○条　年次有給休暇の日については、労使協定を締結し、健康保険の標準報酬日額を年休手当として支払うものとする。

＊年休手当を健康保険の標準報酬日額とする場合には、あらかじめ労使協定を締結し、就業規則に年次有給休暇の賃金として定める必要があります。この労使協定は、労働基準監督署への届出は必要ありません。

◆労使協定を締結して時間単位年休を採用する場合◆

（時間単位年休）

第○条　会社は、労使協定に定めるところにより、前条の年次有給休暇の日数（繰越し分を含む。）のうち、一年度につき5日を限度として、1時間を1単位として、年次有給休暇を付与することができる。ただし、次の各号に掲げる者を除く。

（1）製造ラインの作業に従事する従業員

（2）裁量労働制が適用される従業員

（3）第62条（適用除外）に該当する従業員

2　時間単位年休を付与する場合における1日の年次有給休暇に相当する時間数は、1日当たりの所定労働時間数（1時間未満の端数があるときは、これを

条文の見出し／キーワード	作成基準の解説
(時間単位年休)	1．**会社は、労使協定により、所定の事項を定めた場合**において、当該協定に定める範囲に属する従業員が年次有給休暇を時間を単位として請求したときは、法定の年次有給休暇の日数のうち一定の日数（5日以内）については、当該協定で定めるところにより時間を単位として年次有給休暇を与えることができます（労基法39条4項）。なお、採用するかどうかは、任意です。
時間単位年休の協定事項	2．協定事項は次のとおりです（労基則24条の4）。 ①　時間を単位として有給休暇を与えることができることとされ

1時間に切り上げる。以下同じ。）とする。ただし、日によって所定労働時間が異なる従業員については、一年度における1日平均の所定労働時間数とする。

3　時間単位年休は1時間単位で付与する。

4　時間単位年休の時間については、通常の賃金を支払うものとし、その時間は通常の出勤をしたものとして取り扱う。

5　遅刻・早退を時間単位年休に振り替えることはできない。

時間単位年休の賃金

（時間単位年休の賃金）

第○条　年次有給休暇の日については、労使協定を締結し、健康保険の標準報酬日額をその日の所定労働時間数で除して得た額を年休手当として支払うものとする。

＊年休手当の根拠は日単位の年休と同じでなければなりません。日単位の年休について平均賃金を支払い、時間単位年休について通常の賃金を支払うといったことは認められません。

半日単位年休を採用する場合

（半日単位年休）

第○条　従業員は、会社に事前に申請した場合、半日単位で年次有給休暇を取得することができる。ただし、半日単位の取得は年度あたり▼日を限度とする。

2　前項に基づき、半日単位で取得した場合の始業時刻及び終業時刻は、次の各号に掲げるとおりとする。

（1）前半休…午後2時から午後6時まで

（2）後半休…午前9時から午後1時まで

（半日単位年休）

第○条　会社は、年次有給休暇を午前と午後の半日ずつに分割して付与することができる。従業員が半日単位年休を取得したときは、0.5労働日の年次有給休暇を取得したものとして取り扱う。

＊半日単位年休は、労使協定の締結なく採用できます（その付与が会社に義務付けられることもありません）。また、上限日数はありません。ただし、時間単位年休と区別する必要があります。例えば、半日年休を「4時間分の年休取得」として管理した場合、時間単位年休と判断される可能性があります。

条文の見出し／キーワード	作成基準の解説

る従業員の範囲

② 時間を単位として与えることができることとされる年次有給休暇の日数（5日以内に限る）

③ 時間を単位として与えることができることとされる年次有給休暇1日の時間数（1日の所定労働時間数（日によって所定労働時間数が異なる場合には、1年間における1日平均所定労働時間数。④において同じ）を下回らないものとする）

④ 1時間以外の時間を単位として時間単位年休を与えることとする場合には、その時間数（1日の所定労働時間数に満たないものとする）

時間単位年休の賃金

3．時間単位年休の賃金として、通常の賃金を選択した場合は通常の出勤をしたものとして取り扱えば足り、年休手当の支給を省略することができます。この場合、当該時間単位年休の時間を実労働時間に計上する必要がないことはいうまでもありません。

（半日単位年休）

年次有給休暇の取得単位は、基本的には暦日単位ですが、会社の裁量により半日単位の取得を認めることもできます。「使用者は労働者に半日単位で付与する義務はない」（昭63.3.14 基発150号）とされ、**従業員が半日単位で請求してきても、会社は与える義務はないということであり、会社が認めるのであればかまわないと解釈されます。**

（出勤率）

第64条　前条第２項の出勤率の算定に当たり、次の各号に掲げる期間は出勤したものとみなす。

（１）業務上の負傷、疾病による療養のための休業期間

（２）産前産後の休業期間

（３）育児・介護休業法に基づく育児休業及び介護休業期間

（４）年次有給休暇を取得した日

（５）従業員の責めに帰すべき事由によるとはいえない不就労日（次項の（７）から（９）までを除く。）

2　前条第２項の出勤率の算定につき、次の各号に掲げる期間であって労働しなかった日は、同項の所定労働日に含めない。

（１）第67条（特別休暇）の期間

（２）第68条（裁判員休暇）の期間

（３）第69条（会社都合による休業）の期間

（４）第72条（母性健康管理のための休暇等）の期間

（５）第77条（子の看護休暇及び介護休暇）の期間

（６）第95条（休職期間）の期間

（７）会社側に起因する経営、管理上の障害による休業の期間

（８）正当な同盟罷業その他正当な争議行為により労務の提供が全くなされなかった期間

（９）前各号に掲げるほか、不可抗力による休業の期間

＜追加規定：代替休暇制度を採用する場合＞

（10）第○条（代替休暇の期間）

条文の見出し／キーワード	作成基準の解説
（出勤率）	1．8割以上の出勤率は次の算式で計算します。 出勤率　＝　出勤した日数／全労働日（所定労働日） 出勤率を計算する場合、労務に服さなかった期間について「出勤したものとみなす」のか、そもそも全労働日に含めないのかが問題となります。出勤した日数に含める（出勤したものとみなす）かどうかは、労基法及び通達により明確になっており、モデル規則はそれに従いました。
出勤率８割以上	2．出勤率の算定に当たっては、以下の期間は**出勤したものとして扱わなければなりません**（労基法39条10項）。 ①　業務上傷病し、又は疾病にかかり療養のため休業した期間 ②　産前産後の休業期間 ③　育児・介護休業法に基づく育児休業期間・介護休業期間 なお、**年次有給休暇を取得した日**については、労基法が権利として保障した休暇であり、その権利発生の要件としての出勤率算定に当たってこれを欠勤として取り扱うことは、法の趣旨からも望ましくないため、通達により、出勤したものとして取り扱うこととしています（昭22.9.13発基17号）。 上記①～③と年次有給休暇を取得した日が出勤みなしの特例であり、その他の休暇、休業日は、出勤率の基礎となる全労働日から除くことが原則となりますが、細かく取扱いが異なってくる部分もあるため、**3.** ～ **10.** で詳説します。
出勤率の基礎となる全労働日	3．年次有給休暇算定の基礎となる全労働日の日数は就業規則その他によって定められた所定休日を除いた日をいい、各従業員の職種が異なること等により異なることがあり得ます。したがって、**所定の休日に労働させた場合には、その日は、全労働日に含まれません**（平25.7.10基発0710第3号）。
全労働日に含めるかどうかの基準	**4．不就労の理由が使用者の責めに帰すべき事由である場合は、その日を全労働日から除くべきではないとする判例があります。** 無効な解雇の場合のように労働者が使用者から正当な理由なく就労を拒まれたために就労することができなかった日は、労働者の責めに帰すべき

条文の見出し／キーワード	作成基準の解説

> 事由によるとはいえない不就労日であり、このような日は使用者の責めに帰すべき事由による不就労日であっても当事者間の衡平等の観点から出勤日数に算入するのが相当でなく全労働日から除かれるべきものとはいえないから、法39条1項及び2項における出勤率の算定に当たっては、出勤日数に算入すべきものとして全労働日に含まれるものというべきである。
>
> 八千代交通事件　最判小平25.6.6

この判決に基づき、全労働日に含めるかどうかの基準に関する通達が改正されているため、注意が必要です。労働者が使用者から正当な理由なく就労を拒まれたために就労することができなかった日については、出勤率算定上、分母の全労働日に含めると同時に分子の出勤日数にも含めることになります（出勤みなし）。

> 1　（略）
>
> 2　労働者の責に帰すべき事由によるとはいえない不就労日は、3に該当する場合を除き、出勤率の算定に当たっては、出勤日数に算入すべきものとして全労働日に含まれるものとする。
>
> 例えば、裁判所の判決により解雇が無効と確定した場合や、労働委員会による救済命令を受けて会社が解雇の取消しを行った場合の解雇日から復職日までの不就労日のように、労働者が使用者から正当な理由なく就労を拒まれたために就労することができなかった日が考えられる。
>
> 3　労働者の責に帰すべき事由によるとはいえない不就労日であっても、次に掲げる日のように、当事者間の衡平等の観点から出勤日数に算入するのが相当でないものは、全労働日に含まれないものとする。
>
> ①　不可抗力による休業日
>
> ②　使用者側に起因する経営、管理上の障害による休業日
>
> ③　正当な同盟罷業その他正当な争議行為により労務の提供が全くなされなかった日
>
> （平25.7.10基発0710第3号）

なお、全労働日に含まれない日については、当然に出勤も生じないものであり、出勤率は、その日を除いた期間で判断することになります。

代替休暇と出勤率

5．代替休暇を取得した日を出勤率の算定上、どのように扱うかについては、通達では、当該日が正当な手続により労働者が労働義務を免除された日であることから、年次有給休暇の算定基礎となる全労働日に含まれないものとして取り扱われます（平21.5.29基発0529001号）。

条文の見出し／キーワード	作成基準の解説
慶弔休暇と出勤率	6．慶弔休暇は、就業規則の所定の事由が発生したことを条件として使用者が労働義務を免除したものと考えることもでき、その意味においては、会社の休業日と同様に労働日から除外すべきものと考えられています。ただし、休暇の意味合いが、「欠勤理由に鑑み労働義務不履行の責任を問わない」程度のものであれば、出勤率算定に当たり欠勤扱いとすることもできます（厚生労働省労働基準局編『平成22年版 労働基準法　下』594頁）。もちろん、このような場合でも出勤扱いにすることは問題ありません。
裁判員休暇と出勤率	7．裁判員休暇は、法律上の義務を果たすために会社が休暇を与えるという趣旨から、労働日から除くべきものと考えます。
生理休暇と出勤率	8．生理休暇日は、就業規則などに別段の定めのない限り、出勤率の算定上欠勤として取り扱われます（昭23.7.31基収2675号）。
子の看護休暇・介護休暇と出勤率	9．育児休業及び介護休業をした期間については、平成6年前までは、出勤率の算定上全労働日に含まないものとして取り扱われていましたが、改正により、出勤日数に算入すべきものとして全労働日に含まれる（つまり、出勤みなし）ものとなりました。一方で、子の看護休暇・介護休暇は、このようには取り扱われていません。したがって、これらの休暇については、その趣旨から、全労働日に含まれないものとして取り扱うべきものと考えます。
休職期間と出勤率	10．休職期間については、明確な通達があるわけではありませんが、会社都合による休職期間は、4.の通達で紹介したように「使用者の責めに帰すべき事由による不就労日」の扱いとして、出勤みなしとすべきでしょう。私傷病休職の場合は、長期欠勤として扱うのが妥当と考えますが、就業規則により、異なる定めをすることもできます。 この場合、出勤みなしとすると従業員に有利になりすぎてしまうため、所定労働日に含めない扱いが妥当と思われます。例えば、欠勤2か月経過を休職要件とした会社の例で見てみます。 次図の事例では、8月から翌年3月までの休職期間を出勤みなしにすると出勤率は、「0.833…」と8割を超えるため、翌年度の年次有給休暇の取得が可能になります。8月から翌年3月までの

（年次有給休暇の取得手続）

第65条　従業員が年次有給休暇を取得しようとするときは、原則として1週間前までに、遅くとも前々日までに会社に届け出なければならない。

2　従業員が年次有給休暇を取得し、休日を含めて1週間以上勤務から離れるときは、原則として1か月前までに、遅くとも2週間前までに所定の手続により、会社に届け出なければならない。

3　年次有給休暇は本人の届出による時季に与えるものとする。ただし、その時季に与えることが事業の正常な運営を妨げる場合には、他の時季に変更することができる。

4　突発的な傷病その他やむを得ない事由により欠勤した場合で、あらかじめ届け出ることが困難であったと会社が承認した場合には、事後の速やかな届出により当該欠勤を年次有給休暇に振り替えることができる。ただし、当該承認は会社又は所属長の裁量に属するものとし、必ず行われるものではない。

5　第63条（年次有給休暇）の規定により付与する年次有給休暇（繰越し分を含む。）のうち、5日を超える分については、労使協定を締結し、当該協定の定めるところにより年次有給休暇の時季を指定することができる。この場合において従業員は、会社が特に認めた場合を除き、当該協定の定めるところにより年次有給休暇を取得しなければならない。

6　年次有給休暇取得の届出は、年次有給休暇取得届（様式第○号）により行う。

<：年次有給休暇取得届（本書590頁）>

条文の見出し／キーワード	作成基準の解説
	休職期間を所定労働日から除く扱いの場合は、出勤率は5割で翌年度の年次有給休暇はなくなります。また、年度の全期間休業した場合も翌年度の年次有給休暇は発生しません（出勤みなしだと発生してしまいます）。

4月	5月	6月	7月	8月	9月	10月	11月	12月	1月	2月	3月
出	出	欠勤	欠勤	休職							

なお、休職期間中も労働契約自体は存続していることから、年次有給休暇の勤続年数判断については、休職期間も含めて取り扱うものとされています（昭63.3.14基発150号）。

（年次有給休暇の取得手続）

1．有給休暇を希望する者には必ず事前に申出をさせます。2.にあるように申出による時季が事業の正常な運営を妨げる場合には、会社は、これを変更することができ（時季変更権）るので、会社が時季変更権の要否を検討し、その行使に時間を要するためです。**前々日までに請求するように定めた規定は有効**（電電公社此花電報電話局事件 最1小 昭57.3.18）とされ、「必ず1週間前までに請求」という規定では合理性に欠け年休行使を妨げるものとして無効となるおそれがあります。

時季指定権と時季変更権

2．会社は、有給休暇を従業員の請求する時季（モデル規則では「届出による時季」）に与えなければなりません。ただし、請求された時季に有給休暇を与えることが事業の正常な運営を妨げる場合においては、他の時季にこれを与えることができます（労基法39条5項）。

年次有給休暇の成立要件

3．判例では、「年次有給休暇の成立要件として、労働者の『休暇の請求』や、これに対する使用者の『承認』の観念を容れる余地はないものといわなければならない」としています（白石営林署事件 最2小 昭48.3.2）。つまり、**年休の取得を会社の許可にかからしめることは認められません**。

◆注意すべき条文◆

傷病による欠勤を年次有給休暇に振り替える場合であって、欠勤期間が7日以上に及ぶときは、医師の診断書を提出しなければならない。

＊欠勤後の有給休暇への事後振替が恒常化している従業員に関しては、たとえ1日の欠勤であっても医師の診断を求める必要があります。本人の健康管理の面からも望ましくない状態であり、場合によっては詐病の可能性もあるからです。

年次有給休暇を取得する場合は、所定の手続により所属長に届け出なければならない。

＊通常は、事前に所定の用紙に休暇取得の日時、期間などを記入して会社に提出させ、会社は時季についての判断をします。「何日前まで」あるいは少なくとも「事前に」などを記載するべきでしょう。

年次有給休暇を取得しようとする場合には、所定の届書に利用目的を記載したうえ、あらかじめ会社の承諾を受けなければならない。会社は利用目的がふさわしくないと認めるときは、承諾しないことがある。

＊「年次有給休暇の利用目的は労基法の関知しないところであり、休暇をどのように利用するかは、使用者の干渉を許さない従業員の自由である、とするのが法の趣旨であると解するのが相当である」との判例があります（白石営林署事件　最2小　昭48.3.2）。

年次有給休暇を取得しようとする従業員は、少なくとも2日前までに所属長の許可を受けなければならない。

＊休暇権は法律上当然に発生するため、「許可」とは相容れないものです。

◆長期年次有給休暇の場合◆

（長期年次有給休暇）

第○条　従業員が2週間以上の長期にわたり、年次有給休暇を取得しようとするときは、遅くとも2週間前までに会社に届け出たうえで、当該休暇期間中の業務の遂行等について、会社と事前に調整しなければならない。

＊「労働者が、使用者の業務計画、他の労働者の休暇予定等との事前の調整を経ることなく、始期と終期を特定して長期かつ連続の年次有給休暇の時季指定をした場合には、時季変更権の行使において、休暇の時期、期間の修正、変更に関し、使用者にある程度の裁量的判断が認められるが、右判断は、労働者の年次有給休暇権を保障する労働基準法39条の趣旨に沿う合理的なものであることを要する」（時事通信社長期休暇事件 最3小 平10.7.17）

条文の見出し／キーワード	作成基準の解説
年次有給休暇の利用目的	4．判例では、「年次有給休暇をどのように利用するかは、使用者の干渉を許さない労働者の自由である」としています（同上）。
欠勤の事後振替	5．「請求により欠勤を年休に振り替えることができる」とだけ規定してある場合、これが従業員の権利といった誤った認識をさせることがあり、事後請求を助長させ、事業の運営に影響を及ぼしかねません。**事後の振替請求は、基本的には急病といった事態を想定したものであり、あくまでも会社の「承認」という裁量に委ねられていると規定すべきでしょう。** なお、欠勤が目に余るような従業員については、事後振替に際し、診断書の提出を求めたり、これを認めないこととしたりすることを考慮する必要があります。
計画的付与	6．年次有給休暇の消化率を改善するため、計画的付与の制度があります（労基法39条6項）。労使協定により、各従業員の年次有給休暇のうち5日を超える日数についてのみ、計画的に付与できるものです。5日を超える日数の年次有給休暇がない者を休ませる場合には、労基法26条の休業手当の問題が生じますが、通常は特別休暇を付与して処理することが一般的のようです（昭63.1.1基発1号）。
	7．労使協定に基づいて実施された計画年休については、これに反対する従業員も拘束されることになります。

（会社による時季指定）

第66条　会社が付与した年次有給休暇が10日以上（前年度からの繰越し分を除く。）ある者に対しては、そのうちの5日分（時間単位年休を除く。）を上限として、基準日から1年以内に、会社が時季を指定することにより取得させることがある。ただし、会社による時季指定前に従業員本人が時季を指定して取得した日数分（半日の取得を会社が認めた場合は0.5日分とする。）又は計画的付与によって取得する日数分についてはこの限りではない。

2　会社は、前項本文の規定により、年次有給休暇の時季を定めようとするときは、その時季について当該従業員の意見を聴くものとし、会社は、当該意見を尊重するよう努めるものとする。

3　前項の意見聴取は、基準日から6か月を経過した時点において、年休取得日数が5日に満たない者に対して行う。意見聴取の方法は、所属長との面談とする。

＜別例＞

3　前項の意見聴取は、基準日までに従業員が年次有給休暇取得計画申告書を提出することによって行い、これに基づき会社が作成する年次有給休暇取得計画表に基づき、各自年次有給休暇を取得するものとする。

4　第2項にかかわらず、取得希望日に沿った時季指定が困難なときは、従業員と面談のうえ、時季を決定する。また、会社が時季指定した日に、年次有給休暇を付与することが困難な事情が生じたときは、従業員と面談のうえ、代替の日を決定する。

5　従業員は、原則として、会社が時季指定した日を変更することはできない。ただし、やむを得ない事情があると会社が認めるときは、この限りでない。この場合には、従業員と面談のうえ、代替の日を決定する。

6　会社が時季指定した日が到来する前に、従業員自らが年次有給休暇を取得し、又は計画的付与が行われたときは、会社は、これらの日数分、当該時季指定した日を取り消すことができる。

7　この規定により時季が指定された年次有給休暇は、従業員の心身の回復のため必要最低限のものであることから、従業員はその趣旨をよく理解し、時季が指定された日に出社することのないようにしなければならない。仮に出社した場合であっても、会社は当該者に対して、会社への入場を禁止する。

条文の見出し／キーワード	作成基準の解説
（会社による時季指定）	2019年4月から、会社は、労基法39条1項から3項（比例付与）までの規定により付与しなければならない年次有給休暇の日数が10労働日以上である従業員に係る当該日数のうち、5日については、基準日から1年以内の期間に、従業員ごとにその時季を定めることにより与えなければならない（取得させなければならない）こととされました（労基法39条7項）。その本質は、条文に「与えなければならない」とあるとおり、会社が時季指定して取得させることの義務化であり、決して従業員に強制を課するものではありません。 そこで年次有給休暇を与えるに当たっては、使用者は、あらかじめ、その旨を労働者に明らかにした上で、時季について当該労働者の意見を聴く義務があり、聴取した意見を尊重するよう努めなければならないこととされました（同則24条の6）。この点は、今回改正の重要なポイントで、その趣旨は就業規則で明らかにしておく必要があるでしょう。 なお、従業員自らが年次有給休暇を取得した場合（労基法39条5項）、会社全体で計画的付与が行われた場合（労基法39条6項）は、当該取得された日数は5日の義務日数から控除されます（労基法39条8項）。 すなわち、今回の改正により年休の付与方式は次の3つになったと考えることができます。 ①　労働者の時季指定権に応じた付与（39条5項） ②　労使協定による計画的な付与（39条6項） ③　労働者の意見を聴いた上での使用者の時季指定による付与（39条7項） ②については、従業員の年次有給休暇のうち、5日を超える部分についてのみ可能であり、③については、5日を超える部分の時季指定が認められません。また、いずれについても、時間単位の付与はできません。
意見聴取の方法	就業規則では、主に会社による意見聴取の方法を規定する必要があります。厚生労働省のリーフレットでは、意見聴取の方法として、年次有給休暇取得計画表によるもの、個別に意見聴取をする方法が

＜：年次有給休暇取得計画届（本書 591 頁）＞
＜：年次有給休暇取得計画表（本書 592 頁）＞

（特別休暇）

第67条　従業員が次の各号に掲げる事由に該当し、会社がその必要を認めたときは、当該各号に定める日数（原則として連続する暦日数）の特別休暇を与える。

（1）本人が結婚するとき…結婚式又は入籍のいずれか遅い日から起算して○か月以内の５日

（2）子が結婚するとき…子の結婚式当日を含む２日

（3）妻が出産するとき…出産予定日又は出産日を含む２日

（4）父母、配偶者又は子が死亡したとき…死亡した日から５日

（5）祖父母若しくは配偶者の父母又は兄弟姉妹が死亡したとき…死亡した日から２日

（6）その他前各号に準じ会社が必要と認めたとき…会社の認めた日数

2　従業員が次の各号に掲げる事由に該当し、会社がその必要を認めたときは、当該各号に必要な時間又は日数の特別休暇を与えることができる。

（1）従業員が自ら職業に関する教育訓練を受けるとき。

（2）業務に必要な職業能力検定等を受けるとき。

（3）疾病の感染を予防する必要があるとき（第 117 条の就業禁止に該当する場合を除く。）。

（4）天災事変等によりその者の出勤が困難又は危険なとき。

（5）その他会社が必要と認めるとき。

3　前二項の特別休暇は有給とし、その期間については、通常の賃金を支払うものとする。

条文の見出し／キーワード	作成基準の解説
	採り上げられています。前者は、従業員全員を対象として制度化するとよいでしょう。この場合、基準日について会社が統一的基準日を定める斉一的取扱を行っているほうがスムーズです（もちろんそれ以外の会社でも導入は可能です）。後者の場合は、年休取得が進まない特定の従業員を対象に行うため、まずは従業員全員の年休取得状況を会社が把握しておく必要があります。繰り返しますが、既に従業員自らの請求に基づき５日の年休が取得が確実な者については、取得日数が５日に達した時点で、使用者からの時季指定をする必要はなく、また、することもできないことにも留意しましょう。
（特別休暇）	１．休暇・休業には、年次有給休暇、産前産後休業といった「法定休暇」と、特別休暇、慶弔休暇といった会社が任意に定める「所定休暇」があります。法定休暇の賃金は、年次有給休暇のように有給が義務付けられるもの、産前産後休業のように無給か有給かを使用者が定めることができるものがあります。「所定休暇」を無給にするか有給にするかは、使用者が定めることができますが、慶弔休暇等の特別休暇は有給とされる場合が多いでしょう。いずれにせよ、それぞれの休暇が有給なのか無給なのかは、賃金規程だけではなく、就業規則本則にも明確に規定しておきましょう。 ２．特別休暇は労基法上特に付与しなければならないものではなく、会社が労務管理上の配慮や慣習などから任意に付与できるもので、主に慶弔休暇がこれに該当します。就業規則の相対的必要記載事項であり、また、権利関係を明確にする意味で、付与の事由、休暇の日数、休暇請求の手続、休暇中の賃金等の取扱いを明確に規定しておく必要があります。
特別休暇の付与時期	３．参考までに国家公務員の特別休暇の概要を紹介します。

公民権行使	選挙権等の公民権の行使をする場合	必要と認められる期間
官公署出頭	裁判員等として官公署へ出頭する場合	必要と認められる期間
骨髄等ドナー	骨髄又は末梢血幹細胞の提供者となる場合	必要と認められる期間

4　従業員が特別休暇を取得しようとするときは、あらかじめ特別休暇取得届（様式第○号）を、会社に提出しなければならない。この場合において会社は従業員に対し、必要最小限の書類を提出させることができる。

5　第2項第1号及び第2号の事由が長期に及ぶことが見込まれるとき（概ね1週間以上を目安とする。）は、第69条（会社都合による休業）に定める会社都合による休業又は在宅勤務若しくは一時異動を命ずることができるものとし、この場合には、特別休暇は付与しない。

＜追加規定：代替休暇制度を採用する場合＞

6　代替休暇を実施する場合に代替休暇の時間数が半日又は1日に満たないときは、その不足する時間数は特別休暇として付与するものとする。

＜📄：特別休暇取得届（本書593頁）＞

◆注意すべき条文◆

特別休暇の日数は、暦日で計算し、その日数には休日を含めるものとする。特別休暇の期間は有給とする。

＊特別休暇の期間に休日を含めるかどうかは自由です。しかし、特別休暇の期間を有給とする旨を規定する場合、規定の仕方に工夫が必要です。この例のように「特別休暇の期間は有給とする」と続けてしまうと、本来賃金が発生しない「休日」に賃金が発生する結果になってしまうからです。「特別休暇の期間（休日を除く。）は有給とする」とするか、休日日数そのものを「○労働日」というように労働日単位で定める方法があります。

7　勤務時間中に特別休暇の取得事由が発生した場合は、その当日については早退を認め、翌日を起算日として特別休暇の取得を認める。

8　特別休暇を取得した日については、通常の給与を支払うものとする。ただし、取得した日が休日にあたる場合を除く。

◆**教育訓練休暇**◆

（教育訓練休暇）

第○条　会社は、全ての従業員が自発的に教育訓練や各種検定、キャリアコンサルティングを受講する場合に教育訓練休暇を付与する。

2　教育訓練休暇は無給とし、1年間に、労働日単位の場合は10日、時間単位の場合は80時間を付与する。

3　教育訓練休暇を取得するために必要な教育訓練や検定、キャリアコンサルティングは従業員の職業能力の開発を目的としたものでなければならない。

4　教育訓練を受講する場合は社外の教育訓練機関を、各種検定の場合は社外

条文の見出し／キーワード	作成基準の解説	
ボランティア	ボランティア活動に参加する場合	一の年において５日の範囲内の期間
結　婚	職員が結婚する場合	結婚の日（※）の５日前の日から結婚の日後１月を経過する日までの期間における連続する５日の範囲内の期間 ※「結婚の日」とは、社会的に結婚したと認められる日であり、「婚姻届の日」、「結婚式の日」等が該当。「結婚の日」としうる日が複数ある場合、いずれの日を「結婚の日」とするかは、当該職員が選択することができる。
産　前	産前の場合	６週間（多胎妊娠の場合にあっては、14 週間）以内に出産する予定である女子職員が出産の日までに申し出た期間
産　後	産後の場合	出産の日の翌日から８週間を経過する日までの期間
保育時間	生後１年に達しない子を保育する場合	１日２回それぞれ 30 分以内の期間（男子職員にあっては、それぞれ 30 分から配偶者が取得している時間を差し引いた時間）
妻の出産	妻が出産する場合	妻の出産に係る入院等の日から当該出産の日後２週間を経過する日までの期間における２日の範囲内の期間
男性の育児参加	育児参加をする場合	妻の出産予定日の６週間（多胎妊娠の場合にあっては 14 週間）前の日から当該出産の日後８週間を経過する日までの期間における５日の範囲内の期間
子の看護	子の看護をする場合	一の年において５日（子が２人以上の場合にあっては、10 日）の範囲内の期間
短期介護	負傷、疾病又は老齢により２週間以上の期間にわたり日常生活を営むのに支障がある配偶者、父母、子等（要介護者）の短期の介護その他の世話をする場合	一の年において５日（要介護者が２人以上の場合にあっては、10 日）の範囲内の期間

の施設で策定された検定、キャリアコンサルティングは社外のキャリアコンサルティングにてそれぞれ受講するものとする。

忌引休暇の日数

（忌引休暇）

第○条　従業員の親族（次表に掲げるものに限る。）が死亡した場合で、従業員が葬儀、服喪その他親族の死亡に伴い必要と認められる行事等のため勤務しないことが相当であると認められるときは、親族に応じ次表の日数欄に掲げる連続する日数（葬儀のため遠隔の地に赴く場合にあっては、往復に要する日数を加えた日数）の範囲内の期間、忌引休暇を与える。忌引休暇の期間（休日を除く。）は、有給とする。

親　族	日　数
配偶者	7日
父母	
子	5日
祖父母	3日（従業員が代襲相続し、かつ、祭具等の承継を受ける場合にあっては、7日）
孫	1日
兄弟姉妹	3日
おじ又はおば	1日（従業員が代襲相続し、かつ、祭具等の承継を受ける場合にあっては、7日）
父母の配偶者又は配偶者の父母	3日（従業員と生計を一にしていた場合にあっては、7日）
子の配偶者又は配偶者の子	1日（従業員と生計を一にしていた場合にあっては、5日）
祖父母の配偶者又は配偶者の祖父母	1日（従業員と生計を一にしていた場合にあっては、3日）
兄弟姉妹の配偶者又は配偶者の兄弟姉妹	
おじ又はおばの配偶者	1日

＊人事院規則（国家公務員の就業規則に当たる）の内容を参考に作成したモデル規則です。親族の区分がきめ細かく規定されている点が特徴です。日数のかっこ書きで従業員が喪主を務める場合や親族と同居していた場合には、一定の日数を加算することになっています。なお、ここでいう日数は休日を含めた連続日数のことです。

条文の見出し／キーワード	作成基準の解説

忌　引	親族が死亡した場合	親族に応じて連続する日数の範囲内の期間（例：父母の場合は７日）
父母の追悼	父母を追悼する場合	１日の範囲内の期間
夏季休暇	夏季における心身の健康の維持・増進等の場合	一の年の７月から９月までの期間内における原則として連続する３日の範囲内の期間
現住居の滅失等	現住居の滅失・損壊等の場合	原則として連続する７日の範囲内の期間
出勤困難	災害・交通機関の事故等により出勤が困難な場合	必要と認められる期間
退勤途上	退勤途上の危険を回避する場合	必要と認められる期間

特別休暇の種類

4．次のようなものがあります。
① 慶弔休暇（慶弔時に与える）
② リフレッシュ休暇（勤続年数の節目に与える）
③ 教育訓練休暇（職業能力開発促進法に基づき与える）
④ ボランティア休暇（災害時ボランティア等への参加の場合に与える）
⑤ ドナー休暇（骨髄移植のための骨髄液提供に要する期間等について与える）
⑥ 再就職支援休暇（希望退職や退職勧奨の場合に与える）
⑦ 犯罪被害者の被害回復のための休暇（「第二次犯罪被害者等基本計画」（平 23.3.25 閣議決定）において、犯罪等の被害に遭った労働者等が被害を回復するための休暇制度の必要性が掲げられており、その趣旨に基づいた休暇）

特に配慮を必要とする労働者に対する休暇制度

5．厚生労働省は、労働時間等の設定の改善を通じた仕事と生活の調和を推進する一環として、労働者の個々の事情に応じて与えられる特別な休暇制度の普及促進を図っていくことが重要としています。ボランティア休暇等、従業員の個々の事情に対応しつつ、会社において労使の話合いで任意に設定される法定外の休暇制度（**特に配慮を必要とする労働者に対する休暇制度**）の普及促進を図ることは、従業員の仕事と生活の調和の実現や従業員の健康の回復を図るために極めて有効です。

条文の見出し／キーワード	作成基準の解説
特別休暇期間中の賃金	6．賃金の取扱いは会社が任意に定めることになります。通常は、有給扱いとしているようですが、リフレッシュ休暇やボランティア休暇など長期にわたる休暇は無給としているケースもあります。付与事由により、無給にしたり、6割のみの支給としたりする運用も考えられます。 当該時間について賃金を支払うべきかどうか判断に迷う事案については、「有給の特別休暇を与えることができる」旨の規定を置き、これを与えるかどうかの裁量権を会社に与えておく方法が考えられます。特に感染症による自宅待機命令のように賃金支払義務がグレーであるケースには有効と考えます。
天災事変による臨時休業	7．震災等により、緊急的に会社が休業状態となってしまうことがあります。極めて危険を伴う非常事態のもとで会社が従業員に対し無理矢理就労を命じれば、安全配慮義務違反を問われかねません。その場合には、とりあえず会社を臨時休業にする（あるいは早退させる）といった対応が必要となりますが、この期間をどのように考えるのかという問題があります。欠勤とするなら無給であるし、使用者の責めということあれば6割支給です。しかし、実際にはこのような事態に遭遇した会社の多くは「通常の賃金」を支払っています。 **非常事態では従業員の命を守ることが第一義であり、賃金を払うかどうかは瞬時に判断できるわけがありません**。であれば危険回避のための臨時休業期間の賃金については、特別休暇（有給）とするかどうかを後で判断すればよいのでは、というのがモデル規則67条2項2号の趣旨です。 とはいえ、臨時休業が長期にわたってしまう場合には、全期間を特別休暇にするわけにもいきません。その場合には、モデル規則第69条の「自宅待機」へ移行し、長期スパンで事業再開を検討することになります。
パート・契約社員に対する慶弔休暇	8．これに関しては同一労働同一賃金指針では次のとおりとされています。

（裁判員休暇）

第68条　従業員が次のいずれかの事由に該当する場合は、次のとおり休暇を与える。

（1）裁判員又は補充裁判員として裁判に参加する場合…必要な日数

（2）裁判員候補者として裁判所に出頭する場合…必要な時間

2　裁判員休暇を取得した日については、所定労働時間労働したときに支払われる通常の賃金を支払う。ただし、旅費及び宿泊費は支給しない。

3　裁判員休暇を取得する従業員は、裁判所から第１項に関する通知を受け取ったとき、及び裁判に参加又は裁判所に出頭したときは、出社後速やかに会社に報告しなければならない。

4　裁判員休暇取得の届出は、特別休暇取得届の例による。

条文の見出し／キーワード	作成基準の解説

同一労働同一賃金指針　有給の保障
短時間・有期雇用労働者にも、通常の労働者と同一の慶弔休暇の付与並びに健康診断に伴う勤務免除及び有給の保障を行わなければならない。

同一労働同一賃金指針　法定外の有給の休暇その他の法定外の休暇
法定外の有給の休暇その他の法定外の休暇（慶弔休暇を除く。）であって、勤続期間に応じて取得を認めているものについて、通常の労働者と同一の勤続期間である短時間・有期雇用労働者には、通常の労働者と同一の法定外の有給の休暇その他の法定外の休暇（慶弔休暇を除く。）を付与しなければならない。なお、期間の定めのある労働契約を更新している場合には、当初の労働契約の開始時から通算して勤続期間を評価することを要する。

（裁判員休暇）

1．裁判員として裁判に参加すること及び裁判員候補者として裁判所に出頭することは公の職務に当たりますので、その職務を執行するために必要な時間については公民権行使の保障として労働を免除しなければなりません（労基法７条）。また、裁判員としての職務のために仕事を休んだこと等を理由に、解雇などの不利益な扱いをすることは法律により禁止されています(裁判員法100条)。

2．裁判員制度に関する職務を執行するにあたり、裁判員休暇として特別休暇を設けることについては、義務付けられているものではありません。また、有給か無給かの判断や、旅費、宿泊費の支給についても各企業の判断にゆだねられています。しかしながら、「最高裁判所ホームページ／裁判員制度Ｑ＆Ａ」によれば、「裁判員としての仕事を行うための特別な有給休暇制度を作っていただくことが重要であると考えられます」としていることから、モデル規則では、公民権行使の時間（モデル規則70条）とは別に、有給の裁判員休暇を設けたものです。

守秘義務と会社への報告

3．裁判員法101条１項では、何人も、裁判員や裁判員候補者等の氏名、住所その他の個人を特定するに足りる情報を公にしてはならないとされています。そして、「公にする」とは、そのような

（会社都合による休業）

第69条　経営上又は業務上の必要があるときは、会社は従業員に対し休業（以下「会社都合による休業」という。）を命ずることができる。会社都合による休業を命じられた者は、労働時間中、自宅に待機し、会社が出社を求めた場合は直ちにこれに応じられる態勢をとらなければならず、正当な理由なくこれを拒否することはできない。

2　会社都合による休業の期間は、原則として、第92条（休暇等の賃金）第3項の休業手当の額を基準に定める賃金を支払うものとするが、事情によってその額を増額し、又は不可抗力等会社の責めに帰さない事情があるときに限り減額することができる。また、会社都合による休業に代えて在宅勤務又は臨時の勤務場所への一時異動を命ずることができる。

条文の見出し／キーワード	作成基準の解説
	情報を不特定又は多数人の知り得る状態に置くことをいいますから、裁判員等が、休暇の取得のためその他の理由から、自分が裁判員等であることを会社に報告したとしても、この規定に違反するものではないと考えられます。
(会社都合による休業)	1．ここでは、自宅待機命令全般のうち懲罰的なもの以外のものを規定しています。懲罰的なものは、モデル規則137条によります。
懲戒以外の自宅待機命令	2．会社には労働契約により、従業員を就労させる権利と賃金を支払う義務が生じ、従業員には就労の義務と賃金請求権が生じます。ここで重要なのは、**会社には労働契約により労働を受領しなければならないという義務が生じるわけではないということです。** 　したがって、会社はいつでも自由に経営上の理由で従業員を休業させ、自宅待機を命じることが可能であり、就業規則にも懲戒処分とは別に経営上の理由で自由に自宅待機を命じることができる旨を明記しておくことができます。ただし、自由にできるといえども、**業務上の必要性が希薄であるにもかかわらず自宅待機を命じ、あるいはその期間が不当に長期にわたるような場合は違法となります**（ネッスル事件 静岡地 平2.3.23）。
一時帰休	3．自宅待機のうち、特に会社の経営上の必要性に基づくものを「一時帰休」といいます。原則として、会社には労基法26条に基づく休業手当の支払義務が生じます（モデル規則92条3項参照）。当該休業手当については、雇用保険二事業から雇用調整助成金として助成が行われることがあります。 　なお、雇用調整助成金は、労基法第26条に定める使用者の責めに帰すべき事由による休業に該当するか否かにかかわらず、事業主が休業についての手当を支払う場合には助成対象となり得ることとされています（東日本大震災に伴う労働基準法等に関するQ＆A（第3版））。すなわち、実務上は、自宅待機と一時帰休の区別は緩やかなものですが、**会社が従業員に何らかの所得補償を行ったときは、当該休業の理由が「使用者の責め」によらず、不可抗力による場合であっても、雇用調整助成金の対象となり得るということです。**

（公民権行使の時間）

第70条　従業員が労働時間中に選挙その他公民としての権利を行使するため、また、公の職務に就くため、あらかじめ届け出た場合は、それに必要な時間又は日を与えるものとする。ただし、業務の都合により、時刻を変更することができる。

2　前項の時間又は日は、原則として無給とする。

3　第１項の時間又は日の届出は、特別休暇取得届の例による。

条文の見出し／キーワード	作成基準の解説
災害時の自宅待機	４．モデル規則67条２項２号の「災害時の特別休暇」は、緊急突発的な休業を想定したものです。したがって、会社が計画的に従業員に自宅待機を命ずるような場合は想定していません。震災等により事業活動が縮小したような場合に**10割の賃金を保障する特別休暇を付与し続けるのは現実的ではありません**。一方で、長期にわたる休業が「使用者の責め」に該当しないケースであったとしても、**長期間にわたって無給扱いとするのではなく、生活保障として６割程度の賃金は支払えるルールを設ける必要もあるでしょう**。そのような中間的なケースについても臨機応変に対応しようとするのがモデル規則の趣旨です（モデル規則92条の作成基準の解説を参照）。

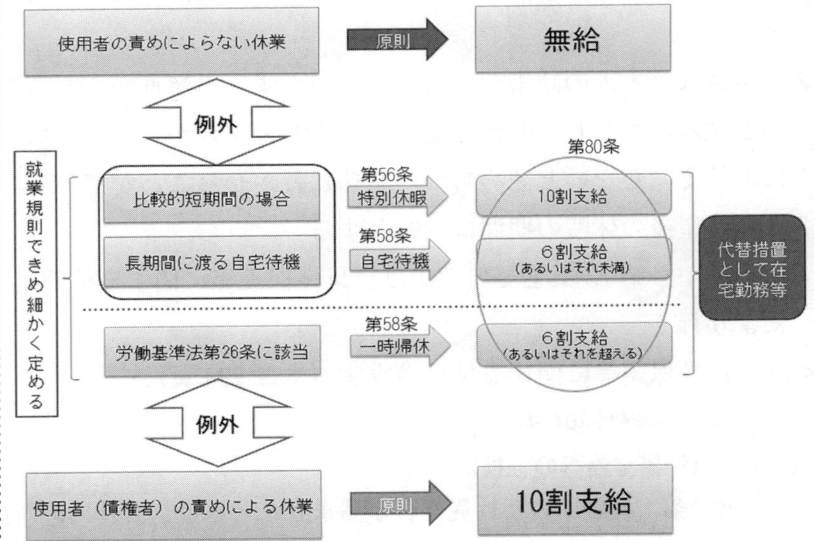

（公民権行使の時間）	１．公民権行使に該当するものとして、①公職の選挙権及び被選挙権、②最高裁判所裁判官の国民審査、③住民投票、国民投票、④地方自治法による住民の直接請求などが挙げられます。また、公の職務に該当するものとして、①衆議院議員その他の議員、労働審判員、裁判員、②民事訴訟法による証人、③選挙立会人の職務などが挙げられます。議員就任の場合は休職の扱いも関係してくるでしょう。

（産前産後の休暇）

第71条　6週間以内（多胎妊娠の場合は14週間以内。以下本項において同じ。）に出産予定の女性従業員が請求した場合には、産前6週間以内の休暇を与えるものとする。

2　産後は、本人の請求の有無にかかわらず、出産日から8週間の休暇を与えるものとする。ただし、産後6週間を経過し、本人から請求があった場合には、医師により支障がないと認められた業務に就かせることができる。

3　産前産後の休暇の期間は無給とする。

4　本条から第73条までの請求は、母性保護等に関する休暇請求書（様式第○号）により行う。

＜📖：母性保護等に関する休暇請求書（本書594頁）＞

軽易業務への転換

（軽易業務への転換）

第○条　妊娠中の女性従業員が請求したときは、会社は、当該従業員を軽易な業務に就かせることがある。この場合における賃金は、業務の程度に応じてその都度定める。

条文の見出し／キーワード	作成基準の解説
	２．業務の都合による時刻の変更はできますが、日にちの変更はできません。
	３．裁判員として刑事裁判の審理に参加する行為は「公の職務」に該当し、労基法７条の適用を受けます。また、裁判員として参加する場合は、１日１万円の日当が裁判所から支給されますが、そもそも所得保障ではないこと、審理には１日のみならず複数の日数を要しますから、その間については、特別休暇を与える等の措置を講じることも必要です。
（産前産後の休暇）	１．産前の女性従業員については、その請求により６週間（多胎妊娠の場合は14週間）の休暇を、産後の女性従業員については、本人の請求の有無を問わず８週間の休暇（就業禁止期間）を与えなければなりません。ただし、産後６週間を経過した女性が請求した場合であって医者が支障ないと認めた業務に就かせることは可能となります（労基法65条）。有給にするか無給にするかは当事者の自由です。なお、この期間中は健康保険の出産手当金（標準報酬日額の３分の２が支給）の対象になります。

留意事項

① 産前休業期間は分娩予定日を基準とします（昭 26.4.2 婦発 113 号）。

② 出産当日は産前に含めます（昭 25.3.31 基収 4057 号）。

③ 産後休業期間は現実の出産日の翌日を基準とします（昭 26.4.2 婦発 113 号、昭 25.3.31 基収 4057 号）。

④ 産前産後休業を取得したことを理由とした解雇は禁止されます。また、出産したことを退職理由として定めることはできません（均等法９条）。

条文の見出し／キーワード	作成基準の解説
軽易業務への転換	２．妊娠中の女性従業員が請求した場合には軽易な業務へ転換させる必要がありますが、このような場合には当然に賃金が低下することが考えられます。賃金が低下するならば、その旨を規定する必要があります。
	３．軽易な業務がない場合には、わざわざそれを創設してまで転換

（母性健康管理のための休暇等）

第72条　妊娠中又は産後1年を経過しない女性従業員が、所定労働時間内に、母子保健法に基づく保健指導又は健康診査を受けるために、通院休暇を請求した場合には、次の範囲で休暇を与えるものとする。ただし、不就労時間に対する部分は無給とする。

（1）産前の場合…次による。ただし、医師等がこれと異なる指示をしたときは、その指示により必要な時間とする。

①	妊娠23週まで	4週間に1回
②	妊娠24週から35週まで	2週間に1回
③	妊娠36週から出産まで	1週間に1回

（2）産後（1年以内）の場合…医師等の指示により必要な時間とする。

2　妊娠中又は産後1年を経過しない女性従業員から、保健指導又は健康診査に基づき勤務時間等について医師等の指導を受けた旨の申出があった場合には、次の措置を講ずるものとする。ただし、不就労時間に対する部分は無給とする。

（1）通勤時の混雑を避けるよう指導された場合は、妊娠中の通勤の緩和措置…1時間以内の時差出勤

（2）休憩時間について指導された場合は、妊娠中の休憩措置…休憩回数の増加、休憩時間の延長

（3）妊娠中、出産後の諸症状の発生又はそのおそれがあると指導された場合は、妊娠中、出産後の諸症状に対応する措置…勤務時間の短縮、休業等

3　第1項の請求及び前項の申出をする者は、医師等の指示又は指導内容が記載された証明書を会社に提出しなければならない。

＜📖：母性保護等に関する休暇請求書（本書594頁）＞

（生理日の措置）

第73条　生理日の就業が著しく困難な女性従業員が請求した場合には、1日又は半

条文の見出し／キーワード	作成基準の解説
	させる必要はなく（昭61.3.20基発151号）、休職させればよいでしょう。なお、この場合であっても労基法26条の休業手当は不要です。
（母性健康管理のための休暇等）	1．女性従業員が母子保健法の規定による保健指導又は健康診査を受けるために必要な時間の休業を申し出た場合、会社は申出に応じなければなりません（均等法12条）。 2．妊娠中又は出産後1年を経過していない女性従業員が、医師等から健康診査に基づいた指導を受け、この指導事項を守るための措置について申出をした場合、会社は申出に応じ、勤務時間の変更、勤務の軽減等の必要な措置を講じなければなりません（均等法13条）。
（生理日の措置）	1．以前は「生理休暇」と呼ばれていましたが、半日や時間単位の付与もあることから「措置」と称し、「休暇」とは区別するよう

日若しくは請求があった時間における就労を免除する。

2　前項の措置による不就労時間に対する部分は無給とする。

<📄：母性保護等に関する休暇請求書（本書594頁）>

（育児時間）

第74条　生後1年未満の子を育てる女性従業員が請求した場合には、休憩時間のほかに1日2回、各々30分の育児時間を与えるものとする。

2　前項の措置による不就労時間に対する部分は無給とする。

（育児休業及び育児短時間勤務）

第75条　1歳（育児・介護休業規程で定める特別の事情がある場合には、1歳6か月又は2歳。以下同じ。）に満たない子を養育する従業員（日雇従業員を除く。以下第77条までにおいて同じ。）が、その必要のため、会社に申し出たときは、育児・介護休業規程に定めるところにより育児休業を与えるものとする。この場合において、従業員の養育する子について、当該従業員の配偶者が当該子の1歳到達日以前のいずれかの日において当該子を養育するために育児休業をしているときは、その子が1歳2か月に達するまでの間（育児休業期間は最長1年間とする。）の育児休業を認める。

2　3歳に満たない子を養育する従業員であって育児休業を取得しないものが、その必要のため、会社に申し出たときは、育児のための所定労働時間の短縮の措置（以下「育児短時間勤務」という。）を適用するものとする。

3　前二項の申出は、育児休業を開始しようとする日又は育児短時間勤務の適用を

条文の見出し／キーワード	作成基準の解説
	にします。ただし、休暇の事項として就業規則には記載すべきです。有給にするか無給にするかは当事者の自由です。 2．取得の要件はあくまで「生理日の就業が著しく困難な女性が請求した場合」であり、生理日になれば取得できるわけではありません。ただし、診断書のような厳格な証明は求めることはできません（昭63.3.14基発150号）。 3．年次有給休暇に係る出勤率の計算に関しては、生理日の措置によって就業しなかった期間は労基法上出勤したものとはみなされませんが、当事者の合意によって出勤したものとみなすことも差し支えないこととされています（昭23.7.31基収2675号）。
（育児時間）	1．育児時間は生後満1年に達しない子を育てている女性従業員に、授乳その他育児のために世話をする時間として、一般の休憩時間とは別に請求できます。また、**休憩時間と異なり、労働時間の途中に限らず、労働時間の最初又は最後に与えることもできます。**つまり、早退等も可能です（昭33.6.25基収4317号）。 2．育児短時間勤務の適用を受けている者にも、請求があれば、与える必要があります。
（育児休業及び育児短時間勤務）	1．従業員は、その養育する1歳（パパ・ママ育休プラスに該当するときは1歳2か月）に満たない子について、その事業主に申し出ることにより、育児休業をすることができます。また、その養育する1歳から1歳6か月又は2歳に達するまでの子について、一定の要件に該当する場合に限り、会社に申し出ることにより、育児休業をすることができます（育児・介護休業法5条）。 2．3歳に満たない子を養育する従業員に対し、育児短時間勤務の措置を講ずることが義務付けられています（育児・介護休業法23条）。
育児休業と就業規則	3．就業規則の絶対的必要記載事項として「休暇」が挙げられており、この「休暇」の中には、育児休業も含まれています。したがって、**育児休業の対象となる従業員の範囲等の付与要件、育児休業取得に必要な手続、休業期間については、就業規則に記載する必**

受けようとする日の１か月前までに行わなければならない。

4　育児休業及び育児短時間勤務の適用を受けることができる従業員の範囲その他必要な事項については、育児・介護休業規程及び労使協定の定めるところによる。

5　育児休業の期間及び育児短時間勤務の適用により短縮された所定労働時間に対する部分は無給とする。

（介護休業及び介護短時間勤務）

第76条　要介護状態にある対象家族を介護する従業員が、その必要のため、会社に申し出たときは、育児・介護休業規程に定めるところにより介護休業を与えるものとする。

2　要介護状態にある対象家族を介護する従業員であって、介護休業を取得しないものが、その必要のため、会社に申し出たときは、介護のための所定労働時間の短縮の措置（以下「介護短時間勤務」という。）を適用するものとする。

3　前二項の申出は、介護休業を開始しようとする日又は介護短時間勤務の適用を受けようとする日の２週間前までに行わなければならない。

条文の見出し／キーワード	作成基準の解説
	要があります。 4．就業規則の本則において育児休業制度の大綱、要旨を規定するとともに、具体的な委任規定を設け、別途規則を一括して定めることは差し支えありません。介護休業等においても同様です。 5．育児休業期間中に賃金が支払われないのであればその旨、育児休業期間中に通常の就労時と異なる賃金が支払われるのであれば、その決定、計算及び支払の方法、賃金の締切り及び支払の時期について記載しなければなりません（平11.3.31基発168号）。 **留意事項** ①　産前産後休業中及び育児休業期間中の社会保険料（健康保険料（介護保険料を含む）、厚生年金保険料）は、会社が申出をすることによって、被保険者、事業主ともに免除となります。 ②　雇用保険より育児休業給付制度・介護休業給付制度が実施されています。 ③　休業期間中に賞与が支給される場合に、休業中であるからという理由で賞与を支払わないといった取扱いはできません。支給日に休業中で出勤していないことを理由に賞与を支給しないことは、不利益取扱いの禁止（育児・介護休業法10条、16条）に反することになります。算定期間中の休業日数を日割り計算するなどして、現実に就労していない部分を支払わないことは差し支えありませんが、休業期間、休業日数分を超えて支払わない場合は不利益取扱いに該当します。
（介護休業及び介護短時間勤務）	1．育介法の改正により、平成29年1月1日から介護休業の分割取得が可能となりました。また、介護短時間勤務について、介護休業とは別に、3年の間で2回以上の利用が可能となりました。なお、要介護状態とは、2週間以上の期間にわたり常時介護を必要とする状態のことです。 2．育児・介護休業を取得していた従業員が、休業前の職場に復帰することを求める権利はありません。ただし、指針においては「原職又は原職相当職に復帰させることが多く行われていることに配慮すること」とあり、統計上もそのような扱いにしている会社も

4　介護休業の期間は、1人の対象家族につき通算して93日（分割する場合は3回まで）を限度とする。また、介護短時間勤務の利用は、対象家族1人につき、介護休業とは別に、利用開始の日から連続する3年の期間で2回までを限度とする。

5　介護休業及び介護短時間勤務の適用を受けることができる従業員の範囲その他必要な事項については、育児・介護休業規程及び労使協定の定めるところによる。

6　介護休業の期間及び介護短時間勤務の適用により短縮された所定労働時間に対する部分は無給とする。

（子の看護休暇及び介護休暇）

第77条　小学校就学の始期に達するまでの子を養育する従業員が、負傷し、又は疾病にかかった当該子の世話をするため、又は当該子に予防接種や健康診断を受けさせるため、会社に申し出たときは、第63条に規定する年次有給休暇とは別に、当該子が1人の場合は一年度につき5労働日（半日単位＜又は時間単位＞とする。以下本条において同じ。）、2人以上の場合は一年度につき10労働日を限度とし、子の看護休暇を与えるものとする。

2　要介護状態にある対象家族を介護する従業員が、その介護のため、又は当該対象家族の通院等の付添い、当該対象家族が介護サービスの提供を受けるために必要な手続の代行その他の対象家族に必要な世話のため、会社に申し出たときは、第63条に規定する年次有給休暇とは別に、当該対象家族が1人の場合は一年度につき5労働日、2人以上の場合は一年度につき10労働日を限度とし、介護休暇を与えるものとする。

3　前二項の申出は、原則として、休暇の日の前日までに行わなければならないが、やむを得ない理由があるときは、当日の始業時刻前までの申出を認める。

4　子の看護休暇及び介護休暇の適用を受けることができる従業員の範囲その他必要な事項については、育児・介護休業規程及び労使協定の定めるところによる。

5　子の看護休暇及び介護休暇の期間は無給とする。

条文の見出し／キーワード	作成基準の解説
	多く必要な配慮は望まれますが、請求権を認めるような規定まで設ける必要はないでしょう。
（子の看護休暇及び介護休暇） 子の看護休暇	1．小学校就学の始期に達するまでの子を養育する従業員は、申出により、一の年度において5労働日（その養育する小学校就学の始期に達するまでの子が2人以上の場合にあっては、10労働日）を限度として、傷病の子の世話や予防接種等のための休暇（子の看護休暇）を取得することができます（育児・介護休業法16条の2）。
介護休暇	2．要介護状態にある対象家族の介護その他の世話を行う従業員は、申出により、一の年度において5労働日（要介護状態にある対象家族が2人以上の場合にあっては、10労働日）を限度として、当該世話を行うための休暇（介護休暇）を取得することができます（育児・介護休業法16条の5）。
休暇の申出	3．**子の看護休暇等の申出については、会社はこれを拒否できないというのが原則です（時季変更権が定められていない）**。直前の申出であっても基本的に拒否できません。したがって、申出は書面によることとし、事後の提出を認める一方で医療機関等の領収書や保育所を欠席したことが明らかとなる連絡帳の写し等を添付させるようにしたほうがよいでしょう。もちろん、**これらの書類の添付が申出者にとって過度の負担とならないように配慮する必要があります**。
半日単位の付与	4．育介法の改正により、平成29年1月1日から子の看護休暇及び介護休暇につき、半日単位での取得が可能となりました。
時間単位の付与	5．時間単位の付与は法定を上回る措置なので差し支えありません（指針）。
休暇期間中の賃金	6．休暇期間中の賃金の支払義務はありません。

第7章　賃　金

【注】賃金規程を別規程とする会社が多いと思われます。しかし、賃金規程が就業規則の一部であることを忘れられがちであり、メンテナンスが行き届かない事例が見受けられます。最近では賃金に関するトラブルが増えていることや労基法の改正もあり、賃金に関する規定もメンテナンスが必要です。

　本書ではあえて賃金を就業規則本則に定め、詳細な解説を加えることにしました。賃金規程を別規程としている会社もぜひ参考にしてください。

第1節　賃金の決定

（賃金体系）

第78条　賃金体系は次のとおりとする。

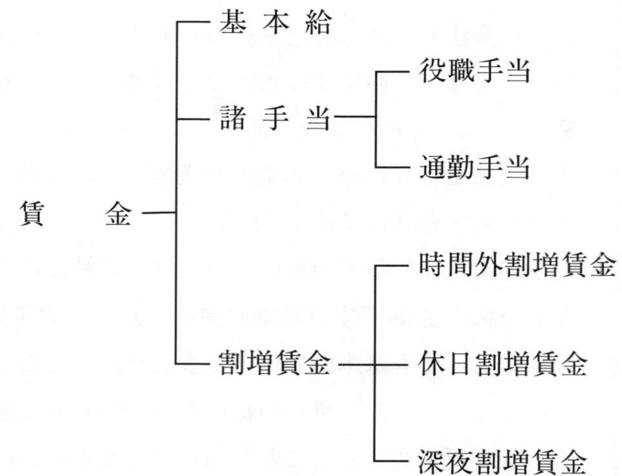

条文の見出し／キーワード	作成基準の解説
（賃金体系） 賃金規程	1．賃金規程を就業規則の付属規定として別に設ける場合が多いですが、別規程であっても就業規則の一部であり、周知・届出が必要です。
賃金構成の規定方法	2．最近ではモデル規則のようにチャートで示すのが一般的ですが、別にこれによる必然はありません。わかりやすい表記を心がければよいでしょう。
所定内給与と所定外給与	3．厚生労働省の賃金統計では、毎月決まって支払われる賃金（すなわち固定部分）を**所定内給与**と、基本給・諸手当以外の割増賃金（すなわち変動部分）を**所定外給与**と称しています。
基準内賃金と基準外賃金	4．**基準内賃金、基準外賃金**という区分が用いられることもあります。この用語は、いわゆる「電産型賃金体系」（日本電気産業労働組合が1946年の産別10月闘争によって獲得した賃金体系）で用いられたものです。概ね所定内給与、所定外給与の区分と同じなのですが、「通勤手当」を基準外賃金に含める点が異なります（また、賞与等は基準外賃金として扱います）。すなわち所定内・所定外というのは、「固定給なのか変動給なのか」に着目した区分であり、基準内・基準外というのは、それに会計的な視点を加えたものと整理することができます。 なお、割増賃金の算定基礎に含まれる賃金を「基準内賃金」と称している会社もあります。基本的に呼称と定義の定め方は自由

各手当を定義を含めて号により列挙する場合

（賃　金）

第○条　賃金体系は次のとおりとする。

（１）基本給（1か月の基本賃金）

（２）諸手当

①　役職手当（役職における役割に対する賃金）

②　通勤手当（1か月の通勤交通費として支給する賃金）

（３）割増賃金

①　時間外割増賃金（時間外労働に対する割増賃金）

②　休日割増賃金（休日労働に対する割増賃金）

③　深夜割増賃金（深夜労働に対する割増賃金）

各手当の趣旨を明確にした規定例

（特殊作業手当）

第○条　○○業務等、業務に伴う危険度が高いなど作業環境が従業員へ与える負担が高い業務に就く従業員に対しては、次の各号に掲げる業務に就く間、当該各号に掲げる金額の特殊作業手当を支給する。

（１）○○業務…月額○円

：

（特殊勤務手当）

第○条　深夜勤務等、通常の就労形態と異なる業務に就く従業員に対しては、次の各号に掲げる業務に就く間、当該各号に掲げる金額の特殊作業手当を支給する。

（１）○○業務…月額○円

：

（精皆勤手当）

第○条　会社は、従業員の皆勤を奨励し、人員体制、シフト体制を維持することを目的とし、一賃金支払期の間に欠勤が１日もなかった者に対し、月額○○円の精皆勤手当を支給する。

（単身赴任手当）

第○条　会社は、単身赴任者に対し、二重生活等から来る費用負担、帰省費用等を補助する目的から、本人の実家から単身赴任先までの距離数に応じ、次の各号に掲げる単身赴任手当を支給する。

（１）距離○○キロメートル以上…月額○円

：

条文の見出し／キーワード	作成基準の解説

です。

<table>
<tr><td>特別給与</td><td>臨時に支払われた賃金、賞与など</td><td rowspan="4">基準外賃金</td></tr>
<tr><td rowspan="2">所定外給与</td><td>割増賃金（時間外、休日、深夜）</td></tr>
<tr><td>宿日直手当、深夜勤務手当など
（通常の労働以外に対して支払われるもの）</td></tr>
<tr><td rowspan="6">所定内給与</td><td>通勤手当</td></tr>
<tr><td>1か月を超える期間ごとに支払われる賃金</td><td rowspan="5">基準内賃金</td></tr>
<tr><td>子女教育手当、別居手当</td></tr>
<tr><td>家族手当、住宅手当</td></tr>
<tr><td>職能手当、職務手当、役職手当など</td></tr>
<tr><td>基本給</td></tr>
</table>

（※）網がけは、割増賃金の算定基礎となるもの

実費弁償

5．国家公務員法よれば、公務について生じた実費の弁償は、給与（民間の賃金に該当する）には含まれないこととされています。例えば、出張旅費などは、本来会社が業務のために負担すべき実費であり、賃金ではありません。通勤手当を「実費弁償として支給する」としている就業規則例がありますが、正しい記載ではありません。会社までの通勤費は本来従業員が負担すべきものですが、これを会社が「賃金」として支給しているのであり、実費弁償ではありません。

給与と給料

6．いずれも公務員の用語です。「給与」のうち、諸手当を除いた基本給を「給料」といいます（地方自治法第204条、地方公務員法第24条ほか）。

＊同一労働同一賃金指針に従って、各種手当の性質・目的を明確にして、支給対象者を明確にすることが求められます。なお、上記の手当は、正規・非正規間で不合理な格差を設けることはできません。

【多様な正社員制度を採用した場合は次条に置き換え】

（賃金体系）

第78条　総合型社員の賃金体系は、次の各号に掲げる区分により、その定義は、当該各号に掲げるところによる。

（１）基本給…基本給テーブルに基づき額を決定する賃金をいう。

（２）諸手当…次の区分に従い基本給に附加して支払う賃金をいう。その詳細は、賃金規程に定めるところによる。

①　総合職手当

②　役職手当

③　通勤手当

④　割増賃金

＜その他、企業の実情により規定＞

2　職務限定社員の賃金体系は、次の各号に掲げる区分により、その定義は、当該各号に掲げるところによる。

（１）基本給…基本給テーブルに基づき額を決定する賃金をいう。この場合において、アソシエイト社員については異なる基本給テーブル用いることがある。

（２）諸手当…次の区分に従い基本給に附加して支払われる賃金をいう。その詳細は、賃金規程に定めるところによる。

①　職務手当（プロフェッショナル社員は職務手当Ａ、アソシエイト社員は職務手当Ｂとする。）

②　役職手当

③　地域手当（プロフェッショナル社員であって、勤務地限定の特約がない者に限り支給する。）

④　通勤手当

⑤　割増賃金

3　正社員に勤務地の限定特約が設けられていないときは、基本給テーブルにより決定された基本給に110％の係数を乗じて得た額をその者の基本給額とする。

4　短時間社員の賃金体系は、前各項に準ずる。ただし、賃金の決定額は、次の賃

条文の見出し／キーワード	作成基準の解説

金指数を乗じて得た額とする。

$$賃金指数 = \frac{短時間社員の所定労働時間}{会社の所定労働時間}$$

5　正社員に転換しなかった無期転換後のパートナー社員の賃金形態、その他各種手当については、パートナー社員就業規則及び本条の規定を参考にしつつ、転換時に締結した労働契約書の内容に従うものとする。

賃金係数を規定する例

（賃金係数）

第○条　基本給の決定に際し、全国をⅠ～Ⅲ地域に区分し、各地域に次の賃金係数を設定する。

（1）Ⅰ地域…100

（2）Ⅱ地域…95

（3）Ⅲ地域…90

2　勤務地限定のない総合職は、賃金係数100を適用する。

3　勤務地が限定された限定社員の基本給、職務手当は、第1項の地域区分及び賃金係数を適用する。

（賃金係数）

第○条　基本給、職務手当等については、その合計額に異動コース別の賃金係数を乗じた額を支給する。

（1）全国異動コース…100

（2）エリア異動コース…95

（3）転居転勤なしコース…85

転勤プレミアムを規定する例

第○条　勤務地限定のない総合職には、基本給等月例給の5%～10%の範囲で転勤手当を支給する。

（基本給）

第79条　正社員である従業員の基本給は、当該者の職務内容に応じた職務遂行能力等をグレードに区分した基本給テーブルにより、決定するものとする。基本給テーブルの詳細及びその運用方法については、人事評価制度規程に定めるところによる。

条文の見出し／キーワード	作成基準の解説
(基本給)	
基本給の定義	1．基本給とは、所定内給与から、諸手当を除いた賃金額のベースとなる部分をいいます。諸手当（例えば役職手当）の額が、「基本給の○％」として定められる場合もあり、その決定は賃金制度設計上は重要なポイントとなります。
基本給の決定方式	2．大きく分けると、属人的要素を重視する「属人給」と、仕事内容を重視する「仕事給」があります。両者を組み合わせる場合も

総合決定給の場合

（基本給）

第○条　基本給は、従業員各人の業務の内容、責任の程度、成果、意欲、遂行能力、経験及び年齢等を総合考慮のうえ決定する。

基本給に定額残業代を含める場合

（割増賃金を含めた基本給）

第○条　基本給に、あらかじめ▼時間分の時間外割増賃金相当額を含めることができる。この場合において、実際の時間外労働時間数が▼時間を超えるときは、別途時間外割増賃金を支払う。

＊基本給に割増賃金を含めてしまう方式です（定額給方式）。参考規定例として提示しましたが、あまりお勧めできる方式ではありません。

（役職手当）

第80条　役職手当は、当該役職に係る役割及び責任に応じてその金額を定め、当該役職に就く従業員に支給する。

（１）部長　　月額▼▼円

（２）課長　　月額▼▼円

（３）係長　　月額▼▼円

（４）主任　　月額▼▼円

2　課長以上の役職にある者に支給する役職手当には、あらかじめ深夜割増賃金を含めることができる。

条文の見出し／キーワード	作成基準の解説
	あります。現在の主流は「仕事給」ですが、これをさらに細分化すると、ポテンシャルを重視する「職能給」と、パフォーマンスを重視する「職務給」に分かれます。
割増賃金の定額払い（定額給方式）	3．時間外労働の有無あるいは長短にかかわらず、当初から基本給に割増賃金が含まれているとして一定額の総賃金を支払うことがあります。このような場合には、当該一定額について割増賃金とそれ以外の部分が区別されていないと違法性が問われます。その理由は、当該区分がないと、実際には所定時間外労働をしたにもかかわらず、その対価が支払われないおそれがあり、サービス残業を助長することにつながるからです（小里機材事件 最1小 昭63. 7. 14）。
割増賃金の定額払い（定額手当方式）	4．割増賃金の定額払いには、3. で紹介した**一定時間分の割増賃金を込みにする方法**（定額給方式）のほか、**割増賃金とは異なる名称で定額の手当を支給したり、所定手当のうち一定額を割増賃金として扱う方法**（定額手当方式）があります（モデル規則本条の参考規定例参照）。このような規定があった場合であっても、現実に発生した割増賃金と比べ、**不足する額が生じるならば、その差額の支給義務が発生します**。したがって、**定額給方式、定額手当方式にかかわらず、会社は労働時間を正確に把握しなければなりません**。
（役職手当）	1．我が国では本来社会保障で補うべき金銭補償（児童手当、住宅補助等）の充実が遅れたため、会社独自に給与に上乗せして補った歴史的経緯があります。そのため、**我が国の賃金体系は諸手当が多い**という特徴があるといわれています。しかし、最近では諸手当の見直しが進んでおり、職務と関連しない手当（家族手当等）を廃止する会社が増えてきています。役職手当は、職務と密接な関係がある手当であり、従業員のモチベーションともなり、有効な活用が考えられます。
管理監督者の深夜割増賃金	2．いわゆる管理職が、労基法41条の管理監督者に該当した場合であっても、深夜の割増賃金の支払が必要かどうかという問題が

役職手当に定額残業代を含める場合

（割増賃金を含めた役職手当）

第○条　役職手当のうち、▼▼円は、時間外・休日・深夜割増賃金として支払う。

＊一定額の割増賃金を手当として支給することも可能です（定額手当方式）。ただし、何時間分に該当するかは把握しておく必要があります。

条文の見出し／キーワード	作成基準の解説

あります。

労基則54条1項6号では、賃金台帳の記載事項として時間外・休日・深夜労働時間数を定めていますが、同条5項では、管理監督者については「これを記入することを要しない」と明文でうたっています。これを見る限り、管理監督者については、深夜労働時間数の把握が不要であり、割増賃金の支払が不要であるように解せます。しかし、通達では「深夜業については適用が排除されるものではない」（昭63.3.14基発第150号）、「深夜労働時間数は賃金台帳に記載する」（昭23.2.3基発161号）という解釈が示されています。

一方で管理監督者に深夜労働時間数のみ把握して法所定の割増賃金を支払っている会社は少数派と思われます。つまり、法律、解釈、実務にそれぞれ齟齬があるのです。

3．しかしながら、この問題には、次の判例により答えが示されました。

> 労基法における労働時間に関する規定の多くは，その長さに関する規制について定めており、同法37条1項は、使用者が労働時間を延長した場合においては、延長された時間の労働について所定の割増賃金を支払わなければならないことなどを規定している。他方、同条3項は、（略）労働が1日のうちのどのような時間帯に行われるかに着目して深夜労働に関し一定の規制をする点で、労働時間に関する労基法中の他の規定とはその趣旨目的を異にすると解される。
>
> また、労基法41条は、同法第4章、第6章及び第6章の2で定める労働時間、休憩及び休日に関する規定は、同条各号の一に該当する労働者については適用しないとし、これに該当する労働者として、同条2号は管理監督者等を、（略）定めている。一方、同法第6章中の規定であって年少者に係る深夜業の規制について定める61条をみると、同条4項は、上記各事業については同条1項ないし3項の深夜業の規制に関する規定を適用しない旨別途規定している。こうした定めは、同法41条にいう「労働時間、休憩及び休日に関する規定」には、深夜業の規制に関する規定は含まれていないことを前提とするものと解される。
>
> （ことぶき事件 最2小 平21.12.18）

この判決は、「総店長は管理監督者に該当する。そうすると、その余の点について判断するまでもなく時間外賃金（深夜割増賃

（通勤手当）

第81条　通勤手当は、従業員の通勤に係る費用負担の補助として、通勤に電車、バス等の交通機関を利用する従業員に対して、1か月定期代相当額を支給する。ただし、通勤の経路及び方法は、最も合理的かつ経済的であると会社が認めたもの

条文の見出し／キーワード	作成基準の解説
	金を含む）の支払請求も理由がない」とした高裁判決を差し戻したものであり、管理監督者にも深夜割増賃金の支払が必要であることを示した判例です。 この判例は、同時に、「管理監督者の所定賃金が労働協約、就業規則その他によって一定額の深夜割増賃金を含める趣旨で定められていることが明らかな場合には、その額の限度で深夜割増の支払いは必要ない」点も再確認しました。以上を踏まえ、さらに審理を尽くすよう「原審差し戻し」となったものです。 多くの会社において管理監督者に深夜割増を支払っていないのは、「高額の所定賃金の中には、当然、深夜割増賃金が含まれている」として運用しているからでしょう。しかし、このような運用をしていた場合であっても、この判例を機に、その額が法所定の額を上回るのかどうかで争われる時代に入ったのかもしれません。 一方で、管理監督者の深夜割増賃金の法所定の額を特定するには、いくつかの問題があります。まず、管理監督者の多くが完全月給制、年俸制で賃金が定められていると思われますが、この場合、支払うべき割増賃金が1.25なのか0.25なのかという問題があります。また、労働時間数を把握せず、深夜時間数だけ把握するということが日常の運用で可能なのかという問題もあります。 したがって、当面は、「深夜割増賃金が所定賃金に含まれる」旨を規定しておき、それを見越した所定賃金を支払う一方で、改正安衛法の観点から、最低限出退社時刻の記録を取っておく、というのが現実的対応かもしれません。仮に争いになったら、所定賃金に含まれる深夜割増賃金が法所定の額を上回るのかどうかは、裁判所の判断にゆだねるしかないでしょう。
(通勤手当)	1．通勤手当は、所得税の課税対象とならないことから賃金ではないと考える向きもありますが、正しい理解ではありません。**本来、会社への出勤費用は従業員が準備するのが労働契約上の原則**ですが、これを労働条件として会社が負担するのですから**「賃金」**に

に限ることとし、所得税の非課税限度額を超える場合には非課税限度額を限度として支給する。

2　住居、通勤経路若しくは通勤方法を変更し、又は通勤のため負担する運賃等の額に変更があった場合には、1週間以内に会社に届け出なければならない。この届出を怠ったとき、又は不正の届出により通勤手当その他の賃金を不正に受給したときは、その返還を求めるほか、懲戒処分の対象となる。

非課税限度額をそのまま採用した場合

（通勤手当の月額）

第○条　通勤手当は、次の各号に掲げる従業員（従業員の住居より勤務地までの距離が 2 kmを超える者に限る。）に当該各号に掲げる額を支給する。

（1）通勤のため交通機関を利用してその運賃を負担することを常例とする従業員…1 か月定期代相当額（定期券を発行しない交通機関の場合は、回数乗車券等の通勤 21 回分の額）を支給する。ただし、その額が 150,000 円を超えるときは、150,000 円を支給する。

（2）自動車等を使用することを常例とする従業員…次の自動車等の使用距離（以下「使用距離」という）に応じて定める額を支給する。

①　使用距離が片道 2 km以上 10km未満である従業員…4,200 円
②　使用距離が 10km以上 15km未満…7,100 円
③　使用距離が 15km以上 25km未満…12,900 円
④　使用距離が 25km以上 35km未満…18,700 円
⑤　使用距離が 35km以上 45km未満…24,400 円
⑥　使用距離が 45km以上 55km未満…28,000 円
⑦　使用距離が 55km以上…31,600 円

（3）通勤のため交通機関等を利用してその運賃を負担するほか、併せて自動車等を使用することを常例とする従業員…前二号に準じて計算した額の合算額を支給する。ただし、その額が 150,000 円を超えるときは、150,000 円を支給する。

＊所得税法の非課税限度額をそのまま規定化したものです。これを超える通勤手当は、所得税の課税対象となるため、この金額は上限の目安になります。実際の額は、これと同額か低い額（例えば、定期代の上限を 55,000 円にするなど）で会社ごとに定めます。あるいは、通勤手当の対象は、上記例の(1)、(2)のみとし、(3)は削除することも考えられます。

条文の見出し／キーワード	作成基準の解説

該当します。これに対し、旅費規程等に定める出張手当（交通費）は、本来会社が負担すべき実費弁償的な金銭であり基本的に賃金ではありません。通勤手当は、実費弁償でないことから、受領後の用途は従業員の自由です。したがって、通勤定期券等の現物をもって通勤手当を支払うことは禁止されており、現物支給を行うためには、労働組合との労働協約の締結が必要です。この労働協約は労使協定での代替は認められておらず、いいかえるなら、**労働組合のない会社では、通勤手当の支払に代えて通勤定期券を支給することは、例外なく違法となります。**

通勤手当の上限

2．通勤手当の上限は、就業規則で定めるべきでしょう。その額は任意ですが、所得税の非課税限度額を用いる場合が多いと思われます。

通勤手当の非課税限度額

3．非課税限度額は、次のとおりです。

区 分		課税されない金額
① 交通機関又は有料道路を利用		150,000円（※1）
② 自転車や自動車などの交通用具を使用	通勤距離が片道55km以上	31,600円
	通勤距離が片道45km以上55km未満	28,000円
	通勤距離が片道35km以上45km未満	24,400円
	通勤距離が片道25km以上35km未満	18,700円
	通勤距離が片道15km以上25km未満	12,900円
	通勤距離が片道10km以上15km未満	7,100円
	通勤距離が片道2km以上10km未満	4,200円
	通勤距離が片道2km未満	全額課税
③ 交通機関を利用している者に支給する通勤定期乗車券		150,000円（※1）
④ 交通機関又は有料道路を利用するほか、交通用具も使用		150,000円（※2）

（※1）「1か月当たりの最も経済的かつ合理的な運賃等の額」（運賃相当額）であることが必要です。新幹線鉄道の料金等は、運賃相当額に含まれますが、グリーン料金は含まれません（全額課税）。

なお、非課税限度額は、150,000円となっています。

（※2）運賃相当額と②の額（距離比例額）の合計で150,000円が非

（賃金の改定）

第82条　基本給及び諸手当等の賃金の改定（昇給及び降給のほか、据え置きも含む。以下同じ。）については、原則として毎年▼月▼日に行うものとし、改定額については、会社の業績及び従業員の勤務成績等を勘案して各人ごとに決定する。また、特別に必要があるときは、臨時に賃金の改定を行うことができる。

第２節　割増賃金

（割増賃金の額）

第83条　時間外割増賃金は、次の算式による額とする。ただし、代休を取得したときは、それぞれの算式の「1」の部分は支給しない。

<規定例１：大企業の場合（原則）>

（１）月間45時間以内の時間外労働がある場合
　　通常の労働時間の賃金×（1 ＋ 0.25）×当該時間数

（２）月間45時間超60時間以内の時間外労働がある場合
　　通常の労働時間の賃金×（1 ＋ X）×当該時間数

（３）前二号にかかわらず年間360時間超の時間外労働（前号による割増賃金の対象となった時間外労働を除き、月間60時間以内の時間外労働に限る。）がある場合
　　通常の労働時間の賃金×（1 ＋ Y）×当該時間数

（４）月間60時間超の時間外労働がある場合（労使協定に定める代替休暇に替えた時間は第１号の算式による。）

条文の見出し／キーワード	作成基準の解説
	課税限度額となります。
通勤経路の不正届出	4．通勤手当は、一般的な交通費を参考にしてその額が決定される賃金といえます。その決定に当たっては、従業員の申告に基づくのが一般的ですが、虚偽の申告によって多額の通勤手当を受け取ることは、会社に対する重大な背信行為となります。賃金とは労働契約上の重要な要素であることから、かかる不正を戒める規定は就業規則において十分に周知しておく必要があるでしょう。
(賃金の改定) 昇給及び降給	就業規則の絶対的必要記載事項には「昇給に関する事項」が含まれています。しかし、近年の労働条件設定の多様化の観点からは、「降給」も明記するとよいでしょう。ただし、降給規定を設ける場合、降給も想定しうる賃金決定方式を採用しておく必要があり、場合によっては当該決定基準を従業員に開示しておく必要があります。
(割増賃金の額) 時間外割増賃金率	1．時間外割増賃金率は次のとおりです（これらの率は最低基準であり上回ることは差し支えありません)。割増賃金として支払うときは、通常賃金も支払うため、それぞれの率に「1」を加算します。 ①　限度時間以内の時間外労働…0.25（割増賃金は1 + 0.25） ②　限度時間超の時間外労働（3. を参照） ③　1か月当たり60時間超の時間外労働…0.5（割増賃金は1 + 0.5）（2. を参照）
5割以上の率による割増賃金	2．大企業においては、月間60時間を超えて時間外労働をさせた場合には、割増賃金率は0.5となります。なお、加算された0.25分について割増賃金に代えて休暇を与える制度（代替休暇）もありますが、労使協定締結が必要です。
限度時間を超える時間外労働に係る割増賃金率	3．特別条項付きの36協定では、モデル規則の「X」(時間外労働が1か月の限度時間を超える場合の率)、「Y」(時間外労働が年

通常の労働時間の賃金×（1 + 0.5）×当該時間数

＜規定例２：中小企業の場合（適用猶予）、なお、2023年４月１日からは大企業と同じ＞

（１）月間45時間以内の時間外労働がある場合

通常の労働時間の賃金×（1 + 0.25）×当該時間数

（２）月間45時間超の時間外労働がある場合

通常の労働時間の賃金×（1 + X）×当該時間数

（３）前二号にかかわらず年間360時間超の時間外労働（前号による割増賃金の対象となった時間外労働を除く。）がある場合

通常の労働時間の賃金×（1 + Y）×当該時間数

2　休日割増賃金は、次の算式による額とする。

通常の労働時間の賃金×（1 + 0.35）×休日労働時間数

3　時間外労働又は休日労働が深夜に及んだ場合に時間外割増賃金又は休日割増賃金に加算して支払う深夜割増賃金は、次の算式による額とする。

通常の労働時間の賃金× 0.25 ×深夜労働時間数

条文の見出し／キーワード	作成基準の解説
	間360時間を超える場合の率）の率を定めなければなりません。これらの率については、0.25を超える努力義務が課せられています。「X」「Y」は同じ率でもよいし、異なる率でもよいのですが、**給与計算実務上は同じ率としておくことをお勧めします**。なお、36協定においてこれらの率を定めたときは、就業規則にも定めなければなりません。
休日割増賃金率	4．法定休日に労働した場合の休日割増賃金率は「0.35」とされています。割増賃金を支払う場合には、代休を無給としてこれを与えた場合には「0.35」を、代休を与えなかった場合には「1＋0.35」を支払います。当然に代休を有給とすることは差し支えありません。
休日割増賃金と法定休日	5．休日に労働させ、週1回・4週4日の休日が確保されていない場合でも、休日割増賃金を支払った日と実際の休日日数を合計して週1回・4週4日の休日が確保されている場合には、労基法違反とはなりません（平11.3.31基発168号）。
深夜割増賃金率	6．午後10時から午前5時までの深夜の時間帯の労働については、「0.25」の率による割増賃金を支払わなければなりません。これは、深夜の労働が所定労働時間内に行われた場合も同様です（この場合は「1＋0.25」を割増賃金として支払います）。
時間外労働が深夜に及んだとき	7．時間外労働が深夜の時間帯に及んだときの割増賃金率は、0.5（その時間のうち60時間を超える延長に係るものについては、大企業（2023年4月1日からは中小企業も）の場合、0.75）となります（労基則20条）。つまり、時間外労働に係る深夜の割増賃金は、「1＋0.5」「1＋0.75」の2種類となります。一方で、深夜割増賃金率は、時間帯に対するものであるため、時間外割増賃金率等に「0.25を加算する」ものとして規定する方法があります（モデル規則はこの方式です）。後者のほうが給与計算は簡単です。どちらの方式を採るかは自由ですが、一方を選択した場合、就業規則の規定と給与計算方式を統一する必要があります。混在していると正しい労働条件を明示できません。

（通常の労働時間の賃金）

第84条　前条でいう「通常の労働時間の賃金」とは、次の算式による額とする。

（基本給＋役職手当）÷１か月平均所定労働時間数

定額残業代を採用した場合

（通常の労働時間の賃金）

第○条　基本給及び役職手当にあらかじめ時間外割増賃金相当額が含まれているときは、当該額を控除した額を通常の労働時間の賃金の額とする。

＊割増賃金を割増賃金の算定基礎にすることはできません。

条文の見出し／キーワード	作成基準の解説
割増賃金の端数処理	**留意事項** ①　1か月における時間外労働、休日労働、深夜労働の各々の時間数の合計に1時間未満の端数がある場合、30分未満の端数を切り捨て、それ以上を1時間に切り上げることは適法 ②　1時間当たりの賃金額及び割増賃金額に1円未満の端数が生じた場合、50銭未満の端数を切り捨て、それ以上を1円に切り上げることは適法 ③　1か月における時間外労働、休日労働、深夜労働の各々の割増賃金の総額に1円未満の端数が生じた場合、50銭未満の端数を切り捨て、それ以上を1円に切り上げることは適法 ①～③以外の規定（例えば1時間未満の時間外労働を切り捨てる等）は違法な取扱いとなるので注意を要します。
(通常の労働時間の賃金)	1．通常の労働時間の賃金（労基則19条1項） ①　時間によって定められた賃金については、その金額 ②　日によって定められた賃金については、その金額を1日の所定労働時間数（日によって所定労働時間数が異なる場合には、1週間における1日平均所定労働時間数）で除した金額 ③　週によって定められた賃金については、その金額を週における所定労働時間数（週によって所定労働時間数が異なる場合には、4週間における1週平均所定労働時間数）で除した金額 ④　月によって定められた賃金については、その金額を月における所定労働時間数（月によって所定労働時間数が異なる場合には、1年間における1月平均所定労働時間数）で除した金額 ⑤　月、週以外の一定の期間によって定められた賃金については、①～④に準じて算定した金額 ⑥　出来高払制その他の請負制によって定められた賃金については、その賃金算定期間（賃金締切日がある場合には、賃金締切期間）において出来高払制その他の請負制によって計算された賃金の総額を当該賃金算定期間における、総労働時間数で除した金額

（割増賃金の適用除外）

第85条　第62条（適用除外）に該当する従業員には、第60条（割増賃金を支払う場合）に定める割増賃金は、深夜割増賃金を除き、支払わないものとする。また、役職手当に深夜割増賃金相当額が含まれるときは、別途深夜割増賃金は支払わないものとする。

第3節　賃金の計算及び支払方法等

（賃金の計算期間及び支払日）

第86条　賃金は、前月16日から当月15日までの分について、その月の25日に支払う。<日にちは任意>ただし、賃金支払日が休日にあたるときは、その直前の休日でない日に支払う。<日にちは任意>

賃金計算を暦に合わせた場合

（賃金の計算期間及び支払日）

第○条　賃金は、その月の初日から末日までの分について、翌月の15日に支払う。

＊賃金計算期間を暦日に合わせた例です。

条文の見出し／キーワード	作成基準の解説
除外賃金	2．次の賃金は、1. の通常の労働時間の賃金（夜勤手当等は通常賃金ではありません）から除いてよいものとされています（除外賃金）。これら以外の賃金を除くことはできません（労基法37条5項、労基則21条）。 ① 家族手当 ② 通勤手当 ③ 別居手当 ④ 子女教育手当 ⑤ 住宅手当 ⑥ 臨時に支払われた賃金 ⑦ 1か月を超える期間ごとに支払われる賃金
(割増賃金の適用除外)	正確には「労働時間、休憩及び休日」の適用除外のことです。賃金の観点からみると割増賃金の適用除外ということもできます。ただし、深夜労働は適用が除外されていないため、規定上注意を要します。
(賃金の計算期間及び支払日) 絶対的必要記載事項	賃金に関し就業規則に必ず記載すべき事項は、「賃金（臨時の賃金等を除く。）の決定、計算及び支払の方法、賃金の締切り及び支払の時期並びに昇給に関する事項」です（労基法89条）。なお、モデル規則では、賃金は労務の提供があった後に支払う民事上の原則に従っています（民法624条）が、前払の期間が含まれても構いません。ただし、欠勤期間が生じたときの精算が問題となり得ます。

◆注意すべき条文◆

賃金は、毎月１日から末日までの分について、その月の15日に支払う。

＊賃金は後払いが原則ですが、特約としての前払いも可能です（基本給部分は当月払いの前払いとし、割増賃金、欠勤控除等を翌月払いにすることもできます）。この規定では毎月16日から末日までの賃金が前払い扱いになっています。規定そのものは、法律上の問題はありませんが、従業員が16日以降に欠勤した場合のリスクは考慮すべきです。このような場合には、翌月分の賃金で過払い調整をしなければなりません。賃金の前払いがある会社では、過払い調整についても規定化（本書426頁参照）が必要です。

（非常時払い）

第87条　前条の定めにかかわらず、次の各号のいずれかに該当するときは、従業員（本人が死亡したときはその者の収入によって生計を維持されていた者）の請求により、賃金支払日以前であっても既往の労働に対する賃金を支払う。

（１）従業員又はその収入によって生計を維持する者が出産し、疾病にかかり、又は災害を受けた場合

（２）従業員又はその収入によって生計を維持する者が結婚し、又は親族の葬儀を行い、その臨時の費用を必要とする場合

（３）従業員が死亡した場合

（４）従業員又はその収入によって生計を維持する者がやむを得ない事情により１週間以上にわたって帰郷する場合その他特別の事情があると会社が認めた場合

（賃金の支払方法）

第88条　賃金は通貨で直接本人にその全額を支払う。ただし、従業員の同意を得たときは、その指定する金融機関等の口座への振込みにより賃金の支払いを行う。

2　前項の同意は、賃金の口座振込に関する同意書（様式第○号）により行う。

＜📖：賃金の口座振込に関する同意書（本書565頁）＞

条文の見出し／キーワード	作成基準の解説
(非常時払い)	会社は、従業員が出産、疾病、災害その他厚生労働省令で定める非常の場合の費用に充てるために請求する場合においては、支払期日前であっても、既往の労働に対する賃金を支払わなければなりません（労基法25条）。
(賃金の支払方法)	1．賃金は、通貨で、直接従業員に支払わなければなりません。ただし、法令もしくは労働協約に別段の定めがある場合（労働協約に基づき通勤定期券を現物支給するような場合）又は厚生労働省令で定める賃金について確実な支払の方法で厚生労働省令で定めるものによる場合（銀行振込等の場合）においては、通貨以外のもので支払うことができます（労基法24条）。
同意の方法	2．ここでいう「同意」とは、労働者の意思に基づくものである限り、その形式は問わないものとされています（昭63.1.1基発1号）。 一方で、別の通達では、同意は書面によるものとされており、次の事項を記載することになっています（平10.9.10基発530号）。 ① 口座振込み等を希望する賃金の範囲及びその金額

（賃金の控除）

第89条　次に掲げるものは、賃金から控除する。

（1）源泉所得税

（2）住民税

（3）健康保険料（介護保険料を含む。）及び厚生年金保険料の被保険者負担分

（4）雇用保険料の被保険者負担分

（5）労使協定により賃金から控除することとしたもの

過払い調整規定を設ける場合

（過払い調整）

第○条　賃金に過払いが発生したときは、翌月の賃金から当該過払い分を控除することができる。

＊賃金の前払いがある場合、過払いが生じた場合、翌月で精算する過払い調整は、労基法24条違反とは取り扱われないため、労使協定がなくても賃金控除が可能です。しかし、労働条件を明確にする趣旨から、就業規則に定めるのがよいでしょう。

（中途入社時等の場合の日割計算）

第90条　賃金計算期間の途中に入社、退職、休職又は復職した場合は、1日当たりの基本給を労働日数分支払うものとする。

2　諸手当の扱いについては、当該月の労働日数等を考慮してその都度判断するものとする。

条文の見出し／キーワード	作成基準の解説
	②　指定する金融機関店舗並びに預金又は貯金の種類及び口座番号、又は指定する金融商品取引業者店舗並びに証券総合口座の口座番号
労使協定	3．平10.9.10基発530号では、口座振込開始に当たり、労使協定を締結すべきとしていますが、法律上の義務ではありません。
(賃金の控除)	賃金は、その全額を支払わなければなりません。ただし、法令に別段の定めがある場合（所得税や社会保険料）又は労使協定（24協定、賃金控除協定）がある場合においては、賃金の一部を控除して支払うことができます（労基法24条）。
	留意事項 次の取扱いは、賃金の全額払の原則に抵触しません（昭63.3.14基発150号）。 ①　1か月の賃金支払額に100円未満の端数が生じた場合、50円未満の端数を切り捨て、それ以上を100円に切り上げて支払うことは適法 ②　1か月の賃金支払額に生じた1,000円未満の端数を翌月の賃金支払日に繰り越して支払うことは適法
(中途入社時等の場合の日割計算)	1．一般的に、欠勤等があった場合に控除を行う賃金支払形態を「日給月給制」と称し、控除をしないものを「完全月給制」と称しているようです。しかしながら、一般的な月給制度では、月の暦日にかかわらず月単位で基本給額を定めているのですから、欠勤控除があるからといって「日給月給制」に分類するのは疑問が残ります（筆者私見）。いわば「賃金控除特約のある完全月給制」と解すべきです。例えば、基本給のみを日割り控除の対象とする会社がありますが、**これは完全月給制の控除特約と考えることができます**（事務軽減の効果もあります）。
日割りによる支払額	2．給与を日割りで支給する場合、日割り額を計算する場合、暦日

条文の見出し／キーワード	作成基準の解説
	で除するべきか所定労働日で除するべきかが問題となります。基本的には民事上のルールとなるのでしょうが、強いていえば、**労基法は休日には賃金が発生しない建前をとることから労働日で除するべきものと考えます**。この場合、1月当たりの平均所定労働日数で除するべきかその月の所定労働日数で除するべきかも問題となります。労基則25条では、通常賃金を年休手当とする場合、「月給をその月の所定労働日数で除した額」としていることから、**その月の所定労働日数で除するのが合理的です**。この場合、その月の所定労働日数が多い場合、従業員に不利になると主張する人がいますが、月平均所定労働日数を使えばその月の所定労働日数が少ない場合に従業員に不利になるのであり、あまり説得力はありません。それよりは、19日労働の月に1日勤務したら1/19分支払い、21日労働の月に1日勤務したら1/21分支払うほうが合理的です（後者は勤務していない日が2日多いですから1日当たりの額は少なくてよいです）。 　なお、給与計算事務を簡素化するため、多少の不公平は目をつむり平均所定労働日数で除することとしても、賃金全額払違反まで問われることはないと考えます。ただし、これが欠勤等の控除額の問題であれば、ある程度の割り切りは可能でしょうが、この問題は労働の対価の支払の問題であり、慎重を要する問題である点は認識しておきましょう。会社によっては、入社日は1日と16日のみ（退職日は15日と末日のみ）とし、1日入社・末日退職は全額、16日入社・15日退職は半額と定めている会社もあります。賃金計算期間が会社によって異なるため、すべての会社で採用できる方法ではありませんが、合理的な方法の1つでしょう。

条文の見出し／キーワード	作成基準の解説

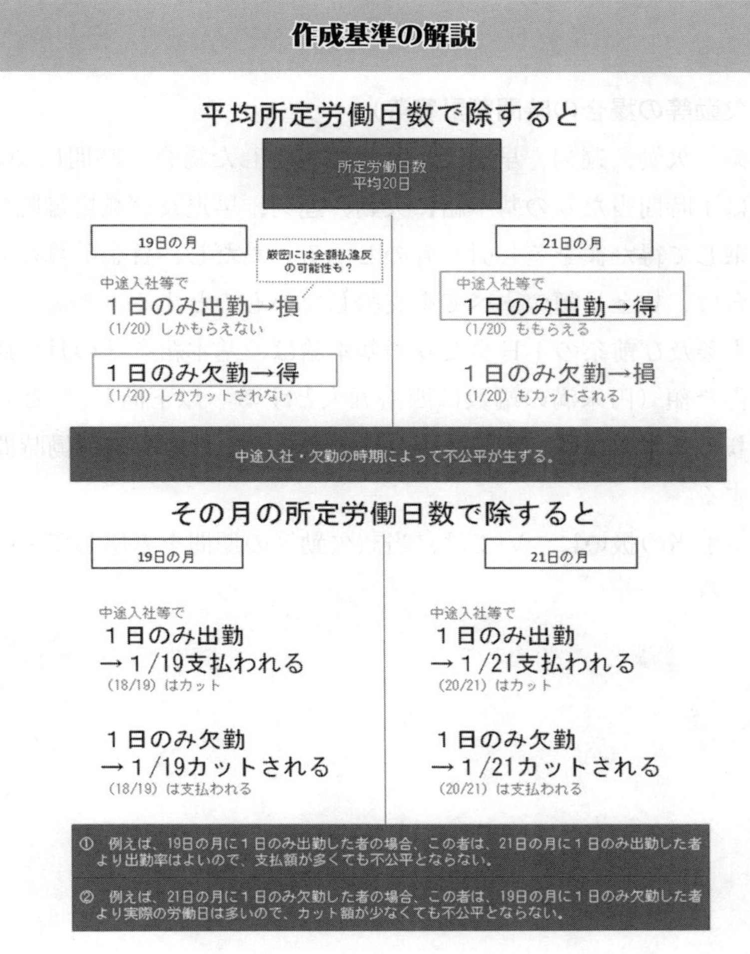

なお、日割り減額を年平均の月所定労働日数を分母にして計算すると色々と不具合が乗じます。例えば、年平均の月所定労働日数が21日の場合、賃金30万円の者が月所定労働日数が20日の月に10日欠勤したとします。この場合、月の半分しか出勤していないのだから控除は15万円で然るべきでしょう。しかし、平均で計算すると控除額は約142,857円（＝300,000円×10/21）となってしまいます。

3．諸手当の日割りについては、通勤手当や家族手当等については、日割り規定を置かないケースもあります。ただし、月末に入社した者について、1日のみの就労で100％の手当を支給すべきかは判断に迷うところであり、このあたりは、**民事上のルールとしてケースバイケースで対応すべきと考えます。**

（欠勤等の場合の時間割計算等）

第91条　欠勤、遅刻、早退又は職場離脱をした場合の時間については、１日当たり又は１時間当たりの基本給に欠勤、遅刻、早退及び職場離脱の合計日数・時間数を乗じて得た額を差し引くものとする。ただし、賃金計算期間の全部を休業した場合は、賃金月額のすべてを支給しないものとする。

2　本条及び前条の１日当たりの基本給は、基本給をその月の所定労働日数で除して得た額（円未満の端数は四捨五入とする。以下同じ。）とし、本条の１時間当たりの基本給は、１日当たりの基本給をその日の所定労働時間数で除して得た額とする。

3　諸手当の扱いについては、当該欠勤等の期間を考慮してその都度判断するものとする。

条文の見出し／キーワード	作成基準の解説
（欠勤等の場合の時間割計算等）	1．月を単位として賃金額を決定しているのであれば、**欠勤（遅刻）減額については、ノーワークノーペイの原則があるとしても、契約上の特約として就業規則に定めておくのがトラブル回避のため必要です**。なお、1か月のうち、1日も労働実績がないのであれば、全額不支給とすることには合理性があると考えます。
日割りによる控除額	2．日割り控除額を算出する際、月平均所定労働日数で除すると、日割りによる支払額と逆の問題が生じます。例えば、月平均所定労働日数20日とするならば、19日労働の月に欠勤した者は得をして（本来1/19分控除されるべきところ1/20分の控除で済みます）、21日労働の月に欠勤した者は割を食います（本来1/21分の控除でよいところ1/20分控除されます）。 一方で、後者は前者に比べ、その月は2日多く働くのであり控除額が少なくても合理的理由があります。すなわち、その月の所定労働日数で除するほうが公平なのです。時間割り控除額についても、変形制の場合もあるため、同様にその日の所定労働時間数で除するのが公平でしょう。
	3．もっとも先ほどの日割りによる支払額と日割りによる控除額について、同一の算式によるべき必然はありません。なぜならば、前者は、一定期間のみの労働の対価をどのように合理的に算定するかの問題であり、後者は、本来全額を支払うべき月給をペナルティとしてどのように控除するかという問題であり、**そもそもの問題の所在が異なるからです**。例えば、支払額では役職手当を日割りするが、控除額では対象としないこととすることや、支払額ではその月の所定労働日数で除するが、控除額では一律の数字（例えば、20や30）で除することとすること等は、問題ありません。ちなみに公務員の給与計算では、支払額と控除額とでは、次のように異なる算式を用います（一般職の職員の給与に関する法律9条の2、19条）。 ○棒給（基本給）の日割りによる支払額 棒給（基本給）× 勤務した日数 ／ その期間の暦日数－休日日数

（休暇等の賃金）

第92条　年次有給休暇、特別休暇及び裁判員休暇の期間は、所定労働時間労働したときに支払われる通常の賃金を支給する。

2　次の休暇及び休業期間等は無給とする。

（1）公民権行使の時間（第70条）

（2）産前産後の休暇の期間（第71条）

（3）母性健康管理のための休暇等の時間（第72条）

（4）生理日の措置の日又は時間（第73条）

（5）育児時間（第74条）

（6）育児・介護休業期間（勤務時間の短縮の場合は短縮された時間）（第75条・第76条）

（7）子の看護休暇及び介護休暇の期間（第77条）

（8）休職期間（第95条）

3　会社の責めに帰すべき事由により、休業したときは、休業手当を支給する。休業手当の額は、1日につき平均賃金の6割とする。

4　第69条（会社都合による休業）の期間の賃金は次のとおりとする。

（1）会社の経営上の理由その他会社の都合による場合…原則として、前項の休業手当を支払うが、事情により平均賃金の6割を超える額又は通常の賃金を支払うことがある。

条文の見出し／キーワード	作成基準の解説

○日割り（時間割）による控除額

$$（棒給（基本給）+所定の手当） \times 12 \times \frac{欠勤した時間数}{40時間 \times 52週}$$

遅刻時間の切上げ

4．ある日の5分の遅刻を30分の遅刻として賃金カットをすることは、25分についてのカットが賃金不払いに該当し、賃金全額払いの原則に違反します。ただし、このような措置を**労基法91条の減給の制裁の範囲内で行うことは、就業規則に定めておけば可能です**。なお、一賃金支払期における1か月間の合計については、30分未満を切り捨て、30分以上を1時間に切り上げる端数処理は認められると考えられます（時間外労働の計算において認められているため。本書421頁参照）。

（休暇等の賃金）

1．休暇等の賃金は、有給・無給との区別を明確にする必要があります。それぞれの休暇規定において、その都度定めるほか、賃金の章で改めて、整理して規定し直しておくことは、労働条件をわかりやすく明示する趣旨からもよい方法です。

休業手当

2．使用者の責めに帰すべき事由（会社都合）による休業の場合においては、会社は、休業期間中は、従業員に対し、その平均賃金の100分の60（6割）以上の休業手当を支払わなければなりません（労基法26条）。6割以上の何割にするかは就業規則で定めておく必要があります。よく「6割以上」と法文どおり規定している例がありますが、これだと6割以上なら何割でもよいことになってしまうため、休業手当の額を就業規則で定めたことにはなりません。

民法536条との関係

3．労基法26条でいう「使用者の責めに帰すべき事由」と民法536条2項（債権者＜使用者＞の責めに帰すべき事由によって債務を履行することができなくなったときは、債務者＜労働者＞は、反対給付を受ける権利を失わない）でいう「債権者の責めに帰すべき事由」との関係が問題となります。前者は後者より広い概念とされています（ノースウェスト航空事件 最2小 昭62.7.17、国際産業事件 東京地 昭25.8.10）。

（2）不可抗力等会社の責めに帰さない事由による自宅待機命令の場合…平均賃金の３分の１以上６割以下の範囲で会社が定める額を支払う。
（3）在宅勤務又は一時異動の場合…通常の賃金を支払う。

条文の見出し／キーワード	作成基準の解説

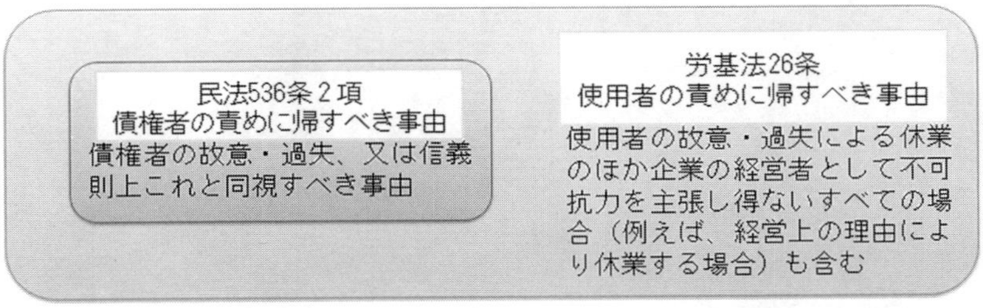

民法536条2項 債権者の責めに帰すべき事由	労基法26条 使用者の責めに帰すべき事由
債権者の故意・過失、又は信義則上これと同視すべき事由	使用者の故意・過失による休業のほか企業の経営者として不可抗力を主張し得ないすべての場合（例えば、経営上の理由により休業する場合）も含む

使用者の責めに帰すべき事由の具体例

4．休業が「使用者の責めに帰すべき事由」によるものでない場合には、会社に休業手当の支払義務はありません。その理由が不可抗力による場合には賃金の支払義務も生じませんが、就業規則等によりこれと異なる定めをすることは差し支えありません。
（昭 23. 6. 11 基収 1998 号、東日本大震災に伴う労働基準法等に関するＱ＆Ａ（第３版）ほか）。

①　経営不振による休業	使用者の責めに帰すべき事由による休業
②　親会社の経営難から下請け工場の資材、資金難による休業	
③　事業設備の欠陥による休業	
④　採用内定者の自宅待機	
⑤　地震により、事業場の施設・設備は直接的な被害を受けていないが、取引先や鉄道・道路が被害を受け、原材料の仕入、製品の納入等が不可能となったことにより従業員を休業させる場合	
❶　労働関係調整法の争議行為としての作業所閉鎖による休業	使用者の責めに帰すべき事由による休業に該当しない
❷　労基法 33 条による代休付与命令による休業	
❸　法令に基づくボイラーの検査のための休業	
❹　安衛法 66 条の健康診断の結果に基づいた休業や労働時間の短縮	
❺　地震で、事業場の施設・設備が直接的な被害を受け従業員を休業させる場合（天災事変等の不可抗力の場合）	

不可抗力の要件

5．天災事変等の不可抗力の場合による休業は、使用者の責めに帰すべき事由には該当しませんが、ここでいう不可抗力とは、①その原因が事業の外部より発生した事故であること、②事業主が通常の経営者として最大の注意を尽くしてもなお避けることのできない事故であることの２つの要件を満たすものでなければならないと解されています（東日本大震災に伴う労働基準法等に関するＱ＆Ａ（第３版）ほか）。

一部休業の場合の休業手当

6．１日の所定労働時間のうち一部について休業させる場合（早退

（賞　与）

第93条　会社は、会社の業績、従業員各人の査定結果、会社への貢献度等を考慮して、賞与を支給するものとする。ただし、会社の業績状況等により支給しないことがある。

2　賞与の支給時期は、原則として、毎年6月及び12月の会社が定める日とする。

3　賞与支給額の算定対象期間は、次の各号のとおりとする。

（1）6月支給分…下期決算期（前年10月1日から当年3月31日まで）

条文の見出し／キーワード	作成基準の解説
	命令等）は、必ずしも当該休業させた時間分の賃金の6割を保障しなければならないということではありません。1日全体で支払われた賃金をみて、その額が1日の平均賃金の6割を下回っていれば差額を支払えばよいのであり、結果として6割以上の賃金が支払われているのであれば休業手当の支払は要しません（昭27.8.7基収3445号）。
自宅待機等の賃金	7．自宅待機等の賃金については、その理由が会社都合の場合は、少なくとも休業手当を支払う必要があります。事情によっては、10割の賃金支払が求められるケース（業務上の必要性が希薄と考えられる場合）もあり得るため、**トラブル回避のため、裁量により通常賃金も支払える余地を残したモデル規則としました。** 不可抗力による場合は、本来無給でもよいのですが、モデル規則では、宿日直の場合の賃金（昭22.9.13発基17号、平均賃金の3分の1）を基準にしてみました。無給の休業となれば、従業員は労務に服する義務から完全に解放されることになってしまいますが、自宅待機といえども従業員には事業継続のための心構えは持ってもらいたいと考えたからです。**「不可抗力による休業だから無給で休ませればよい」という発想では従業員のモチベーションは下がるばかりで事業継続計画（BCP）の観点からも大きなリスクを負いかねません。** 在宅勤務を命ずる場合ですが、従業員の希望による在宅勤務については、賃金を減額する例もありますが、本条のようなケースでは通常賃金を支払うべきと考えます。
（賞　与）	1．臨時の賃金等（退職手当を除きます）及び最低賃金額の定めをする場合においては、これに関する事項を就業規則に記載する必要があります（労基法89条、相対的必要記載事項）。「賞与」は、臨時の賃金等に該当します。
賞与の支給日在籍要件	2．通常の賃金については、算定対象期間中に就労していれば、たとえ支給日に在籍していなくとも、支払期日が到来すればその請求権が発生するのが原則です。これに対して、賞与（決算賞与を

（2）12 月支給分…上期決算期（当年 4 月 1 日から当年 9 月 30 日まで）

4　前二項のほか、会社の業績に応じて決算賞与を支給することがある。

5　賞与（決算賞与を除く。）の支給対象者は、賞与支給日において在籍する者とする。

条文の見出し／キーワード	作成基準の解説
	除く。これについては3.で解説します）に関しては、支給日に在籍しない者には支給しないこととすることは、それが合理的な根拠を有するものであれば労働契約の内容として有効なものとなります。また、**このような規定（賞与の支給日在籍者要件）が就業規則において定められており、周知がなされていれば、当該規定は有効なものとなります**（大和銀行事件 最2小 昭57.10.7）。賞与は、直接就労に対応する報酬という側面のほか、将来的な勤労への期待等も勘案して支給されるものであると考えられるためです。 一方で、定年退職のように退職日を自ら選択できない場合にまで、支給日在籍者要件を課することは従業員に不利益ではないかという見解がありますが、判例では、このような場合でも支給日在籍者要件を認めています（カツデン事件 東京地 平8.10.29）。
決算賞与	3．通常年2回の賞与のほかに、会社業績が良かった場合に決算賞与を支給する場合があります。この場合は、次の要件のすべてを満たす場合に、当該賞与は全額損金として処理することができます。 ① 同時期に支給を受けるすべての使用人（従業員）に、各人別に支給額を通知していること ② 決算日の翌日から1か月以内に支払っていること ③ 通知した日の属する期間で損金経理していること この場合に注意していただきたいのは、法人が支給日に在籍する使用人のみに賞与を支給することとしている場合（つまり、支給日在籍要件を設けている場合）のその支給額の通知は、①でいう「通知」には該当しないとされていることです（法人税法基本通達9-2-43）。 つまり、**決算日現在の在籍者であれば、たとえ支給日に退職していた者がいても、これらの者に対しても支給されるものでなければならない**ということになります。

第８章　休職及び復職

（休　職）

第94条　従業員が、次の各号のいずれかに該当したときは、休職を命ずる。ただし、原則として、復職が見込まれることを前提とする。

（１）業務外の傷病により労務不能の状態が、次のいずれかの場合に該当し、業務に支障をきたすものと認められるとき。

①　労務不能の日数が、休日を含め、連続30日を超えた場合

②　労務不能による欠勤があり、最初の欠勤日から３か月間における出勤率が２割に満たなかった場合

（２）出勤はしているものの、精神又は身体上の疾患により労務提供が不完全であると認めるとき。

（３）出向等により、他の会社又は団体の業務に従事するとき。

（４）その他業務上の必要性又は特別の事情があって休職させることを適当と認めるとき。

◆注意すべき条文◆

従業員が逮捕、拘留又は起訴され、業務に従事できないときは、会社が必要と認める間、休職とする。

＊公務員・大企業の規定（起訴休職）をそのまま流用した事例です。果たしてこのようなケースは何年に１度あるのでしょうか。このようなレアケースまで想定して休職制度を広げて大丈夫でしょうか。そこまで従業員の身分保障が必要なのか、身の丈にあった規定にすべきです。万が一の場合は、モデル規則４号の「業務上の必要性又は特別の事情」で対応することを検討しましょう。

条文の見出し／キーワード	作成基準の解説
（休　職） 休職の定義	1．「休職」とは、最大公約数的にいえば、ある従業員について労務に従事させることが不能又は不適当な事由が生じた場合に、使用者がその従業員に対し労働契約関係そのものは維持させながら労務への従事を免除すること又は禁止することをいいます（菅野和夫『労働法』第11版補正版697頁）。
適用の範囲	2．試用期間中の従業員やパートタイマー等の長期雇用を前提としない従業員については、適用除外にしておくとよいでしょう。休職は法定事項でないため、内容や対象者等は会社が独自に決定できます。
休職の効果	3．判例では、「業務外の傷病による長期欠勤が一定期間に及んだとき、使用者がその従業員に対し、労働契約関係そのものは維持させながら、労務の従事を免除する休職制度であるところ、この趣旨とするところは、労使双方に解雇の猶予を可能とすることにあると解される」としています（岡田運送事件　東京地　平14.4.24）。
精神疾患の従業員の休職	4．うつ等の精神疾患がある場合、労務提供の質と量が不完全になる場合があります。また、その症状に変動がある場合があり、断続的に欠勤することがあるため、「1か月以上欠勤が続いたとき」という規定で休職を命じることは難しくなります。**欠勤が継続していなくても不完全な労務提供しかできないとの理由で休職の取扱いができるようにしておくべきでしょう**。そして休職期間中は治療に専念できるよう配慮が必要です。
精神疾患の従業員の職場復帰	5．職場復帰だけでなく職場復帰後も継続して雇用するための対策も立てておく必要があります。仕事や職業生活に対する強い不安、悩み、ストレスを訴える従業員が増加してきており、企業に採用されてから精神障害を有するに至った者の雇用の継続が行政課題とされているためです。
職場復帰支援	6．職場復帰に当たっては、**円滑な職場復帰プログラムと就業の機会の付与**の準備が必要です。無理な職場復帰による症状の増悪も考えられるため、**在宅勤務**も選択肢の一つでしょう。 　なお、職場復帰に関しては厚生労働省からガイドラインが示さ

（休職期間）

第95条　前条の休職期間は、書面により会社が指定した日（以下「発令日」という。）を起算日とし、次の各号に掲げる場合に応じて当該各号に定める期間とする。ただし、休職の事由又は程度を勘案し、会社は、その裁量により、休職を認めず、又はその期間を短縮することができる。

（1）前条第1号及び第2号に該当する場合…次表のとおりとする。

勤続期間	休職期間
1年未満	1か月
1年以上3年未満	3か月
3年以上	6か月

（2）前条第3号及び第4号に該当する場合…会社が必要と認める期間

2　従業員が復職後6か月以内に同一又は類似の事由により完全な労務提供ができない状況に至ったときは、復職を取り消し、直ちに休職させる。この場合の休職期間は、復職前の休職期間の残存期間とする。この場合において、残存期間が3か月未満のときは、休職期間を3か月とする。

3　第1項の規定にかかわらず、休職期間中に第104条に定める退職事由が生じたときは、その日をもって休職期間が満了したものとみなす。

4　従業員が休職する場合、会社は、従業員に対し休職事由を証明する書類を提出させることができる。また、当該書類に有効期間の定めがある場合は、有効期間満了の都度再提出させることができる。

5　従業員に前条第1号又は第2号（以下「私傷病休職」という。）の事由が認められる場合、休職させる必要性の判断をするために、会社は従業員に会社の指定する医師の診察を受けさせ診断書の提出を命じることができる。また、診断書に記された就業禁止期間満了の都度再提出させることができる。

6　休職期間、起算日、休職事由等は、休職に関する確認書（様式第○号）により、書面で通知する。

<📄：休職に関する確認書（本書595頁）>

条文の見出し／キーワード	作成基準の解説
	れています（平成21年3月『心の健康問題により休業した労働者の職場復帰支援の手引き』）。
(休職期間)	1．休職者の休職期間を定めた場合の当該期間は、実質的な休職状態が始まった時からではなく、正式に休職が発令された日から起算します。 休職期間に先立つ欠勤期間（従業員の債務不履行の期間）や年休を取得した期間は、休職期間には含めないのが通常の運用と考えられます。 今後も継続するであろう普通解雇事由に該当する「労務不提供」の期間を会社命令の休職にすることにより、解雇を回避する猶予期間に転化するのが休職制度の目的と考えられるからです（筆者私見）。
発令の日	2．発令（いわゆる辞令を交付すること）は、採用、本採用、昇進、退職といった、節目節目の日付を明確に証拠として残しておく効果があります。辞令の交付が行われていない場合には、「会社が指定した日」でよいでしょう。いずれにせよ**休職開始日が明確になるものを書面で残しておくことが将来のトラブル防止のため必要です。**
同一事由による休職の扱い	3．いったん復職したものの、しばらくしてから再度同一の疾病又はそれに伴う別個の傷病により休職を繰り返す場合、復職する都度休職期間を最初から適用していては休職制度の本来の意味が損なわれてしまいます。同一の傷病又はそれに伴う別個の傷病であっても、一定期間内の再発であれば期間を通算する等の規定も必要となります。

◆注意すべき条文◆

休職の起算日は、会社の裁量によって定めるものとする。

＊会社が正式に「休職を発令した日」とすべきです。休職期間の算定が不明確となり、トラブルの原因となるためです。

（休職期間の取扱い）

第96条　休職期間は、会社の業務の都合による場合及び会社が特別な事情を認めた場合を除き、前条の勤続期間、退職金算定における勤続期間に通算しないものとする。ただし、第63条に定める年次有給休暇の付与に関する勤続期間については、通算するものとする。

2　休職期間中の健康保険料（介護保険料を含む。）、厚生年金保険料、住民税等であって、従業員の月例賃金から通常控除されるものについては、会社は従業員に対しあらかじめ請求書を送付する。従業員は当該請求書に記載された保険料、税金等を指定期限までに会社に支払わなければならない。

3　休職期間中は、無給とする。

（復　職）

第97条　従業員の休職事由が消滅したと会社が認めた場合、又は休職期間が満了した場合は、原則として、休職前の職務への復職を命ずる。ただし、旧職務への復帰が困難な場合又は不適当と会社が認める場合には、旧職務とは異なる職務に配置することができる。

2　休職中の従業員が復職を希望する場合には、所定の手続により会社に申し出なければならない。

3　休職期間が満了しても復職できないときは、原則として、休職期間満了の日をもって退職とする。

4　本条に定める手続は、次の各号に掲げるところにより行う。

条文の見出し／キーワード	作成基準の解説
（休職期間の取扱い） 休職期間と勤続期間	１．休職期間中も労働契約関係は存続するため、基本的には勤続期間となります。ただし、退職金算定等に当たり、当該期間を除外することが、合理的な定めであると認められるのであれば、モデル規則のような定めも可能です。 ２．休職期間中は、労働義務が免除されているため、従業員は年次有給休暇を取得することはできません。
休職と年休付与に係る出勤率	３．また、当該期間は労働日ではないため、年休付与に係る出勤率については、全労働日は「０」として計算します（会社都合による場合を除きます。本書369頁参照）。出勤日数も「０」なので休職期間中の出勤率は０割となります。したがって、出勤率をみる期間に休職期間とそれ以外の期間があれば、それ以外の期間のみで出勤率を計算します。 なお、休職により年休付与要件を満たさず年休が付与されなかった場合であっても、モデル規則63条１項に定める勤続期間（６か月、１年６か月など）は通算されます。
（復　職）	１．休職期間中に休職事由がなくなった場合は、当然休職が解除され、復職となりますが、円滑な職場復帰を図るためにも、**「復職願の提出」「審査のうえ」等の一定条件を付すのがよいでしょう。**
休職期間満了時のトラブル防止	２．休職期間が満了しても復職できない場合について、あらかじめ**「期間満了時において、なお休職事由があるときは退職とする」**等明確に規定しておくのが望ましいでしょう。この場合は、定年による退職と同じ**規定退職**（あらかじめ定められた契約内容に基づく退職のことで「自然退職」ともいいます）の扱いになります（昭27.7.25基収1628号、学校法人電機学園事件　東京地　昭30.9.22）。 ３．従前の職場復帰に関しては、①小規模事業場で配置転換するこ

（１）従業員が復職を希望するとき…復職申出書（様式第○号）に主治医の意見書を添付して届け出る。

（２）復職を命ずるとき…復職に関する確認書（様式第○号）を交付する。

（３）休職期間が満了しても復職できないとき…休職期間満了通知書（様式第○号）により通知する。

<□：復職願（本書 596 頁）>

<□：復職に関する確認書（本書 597 頁）>

<□：休職期間満了通知書（本書 598 頁）>

◆注意すべき条文◆

休職期間が満了しても復職できないときは、解雇する。

＊休職制度は、一定期間解雇を猶予する効果があり、労使ともにメリットがあるものです。したがって復職できないときは「自然退職」とし、休職満了時に改めて解雇予告を必要とするような規定を設ける必要はないでしょう。

（私傷病休職中の服務）

第98条　私傷病休職の場合、従業員は当該傷病の治療に専念しなくてはならない。治療目的から逸脱する行動及び会社の信用を失墜させるような行為が認められた場合は、休職を打ち切り、懲戒処分にすることがある。

2　休職期間中に会社から状況の報告を求められた場合、従業員はこれに応じなければならない。会社からの請求があるにもかかわらず、従業員が正当な理由なく状況報告を怠り又は拒否した場合は、休職を打ち切り、休職期間が満了したものとみなすことがある。

3　会社は、必要があると認める場合、本人の同意を得たうえで、会社が指定する医師（産業医）に主治医の復職等に関する意見を求めさせ、会社に報告させることがある。

4　主治医、家族その他社外の者からの情報収集又は情報提供は、原則として本人の同意を得て行うものとし、同意のあった目的以外に使用しない。ただし、次の各号のすべてに該当する場合は、この限りでない。

（１）人の生命、身体又は財産の保護のために個人情報を取得する必要がある場合

（２）個人情報の取得について本人の同意を得ることが困難である場合

条文の見出し／キーワード	作成基準の解説
	とができない場合、②職務を限定して雇い入れられた従業員の場合、③専門的業務に従事する従業員の場合、について特に中小零細企業では、職種変更してまで雇用を継続することができない可能性もあるので、規定化には注意が必要です。また、職務内容、職種変更により給与に変更がある場合は、具体的な規定を定めておく必要もあります。
（私傷病休職中の服務）	1．休職は、解雇を猶予する措置をとる制度です。本来、労働契約で約束した労務提供ができない場合は従業員の債務不履行ですが、休職期間に療養して将来的に労務提供できる状態に治ゆすることを期待して解雇を猶予するものです。すなわち、従業員は解雇を猶予される権利を受ける代わりに療養に専念する義務があるといえます。
休職期間中の服務	2．休職期間中であっても会社との労働契約を締結している以上、従業員に信義則上の義務、すなわち、会社の信用を失墜させない信用維持義務や、職場の秩序を維持する義務が課せられています。私傷病で休職する従業員が旅行や飲み会に度を越して参加することは、まじめに勤務する従業員の不満の元となり職場の秩序を乱しかねませんので、治療目的から逸脱する行動をしないように釘を刺しておくことも必要です。
休職期間中の状況報告	3．会社は、休職中の従業員の状況を把握して復職に備える必要があります。その際、主治医の所見等が重要な判断材料になりますが、従業員の病状に関する情報は個人情報であるため、当該医師から収集するときは、原則として本人の同意が必要になります。

（3）個人情報の取得が急を要する場合

5　従業員は、適宜会社の求めに応じて、休職者近況報告書（様式第○号）により近況を報告しなければならない。

＜📄：休職者近況報告書（本書 599 頁）＞

（私傷病休職の場合の復職）

第99条　私傷病休職に係る第 97 条第 1 項の「従業員の休職事由が消滅したと会社が認めた場合」とは、休職者から復職の申出があったとき又は休職期間満了時において、傷病等が治ゆ（休職前に行っていた通常の業務を遂行できる程度に回復すること又は回復が見込まれることをいう。）し、かつ、次の各号のいずれにも該当し、又は該当するものと会社が判断したときとする。

（1）職場復帰に対して十分な意欲があること。

（2）独力で安全に通勤ができること。

（3）会社が設定している勤務日に所定労働時間の就労が継続して可能であること。

（4）業務に最低限度必要とされる作業（事務処理、パソコンの操作、軽度の身体的作業）を遂行することができること。

（5）日々の業務による疲労が翌日まで蓄積することがないこと。

（6）適切な睡眠覚醒リズムが整っていること。

（7）投薬の影響等による昼間の眠気がないこと。

（8）業務遂行に必要な最低限度の注意力及び集中力が回復していること。

（9）健康時に行っていた通常の業務を遂行することができる程度の健康状態に回復していること。

2　会社は、前項の判断を行うために、主治医の診断書の提出、休職者との面談及び会社が指定する医師の診断を指示することができる。当該指示を拒否した場合であって、復職の判断が不能であるときは、原則として、休職期間満了による退職とする。

3　復職日は、第 1 項の判断に基づき会社が決定するものとする。この場合において、主治医の意見と会社が指定する医師の意見が異なるときは、会社が指定する医師の意見を優先する。

4　復職した者については、本人の健康状態、業務の都合等を勘案し、その就業場所、職種又は職務を転換することができる。

条文の見出し／キーワード	作成基準の解説
(私傷病休職の場合の復職)	1．私傷病休職において、最もトラブルの可能性が高いのが復職の可否の判断となります。特に復職できないことによる自然退職となった場合、退職トラブルとなる可能性があるため、会社は復職の判断について、規定上具体的に定めておくほうがよいでしょう。
治　ゆ	2．会社が職場復帰は難しいと判断しても、従業員の申出や医師の診断書では職場復帰可能と訴えてくることがありますが、医師の判断する治ゆと会社が求める治ゆでは程度が異なるときがあります。職場復帰が認められるための「治ゆ」した状態とは、単に出社できる、軽作業や事務仕事ができるという意味ではありません。 **「休職前に行っていた通常の業務を遂行することができる程度に回復した状態」**であると明確に定義する必要があります。 「通常の業務」とは、職務を特定されて採用されたスペシャリストなどの場合はその特定された職務を基準とし、大企業における総合職のようなゼネラリストの場合は、職務転換も踏まえて考えられる職務すべてを含めて考えることとなります。診断書を提出させても、医師は現実の業務内容までは把握しておらず、一般的な判断で復帰可能と診断する傾向もあるため、ケースによっては**会社の指定医（産業医）の健康診断書を提出させる旨の規定も必要でしょう。**

留意事項

① 職務復帰を希望するに当たって、復職の要件である治癒、すなわち従前の職務を通常の程度行える健康状態に復したかどうかを、使用者が確認することは当然必要なことである（大建工業事件 大阪地 平15.4.16）。

② 使用者（債務者）は、労働者（債権者）に対し、医師の診断あるいは医師の意見を聴取することを指示できるし、労働者（債権者）としてもこれに応じる義務がある（同上）。

③ （所定の休職期間が満了してもなお当該従業員の傷病が治癒せず

＜休職期間の延長を認める場合＞

5　休職期間満了日までに復職日が決定できないときは、第97条（復職）第3項に基づき退職とするのが原則であるが、復職が見込まれるものの医学的に治ゆの特定が困難な場合等特段の事情を認めるときは、＜1回に限り、＞会社の指定する医師の意見を聴き、必要な期間（最長○か月とする）休職期間を延長し、又はリハビリ出勤等の措置を講じることができる。

条文の見出し／キーワード	作成基準の解説
	勤務に復帰しえない場合に、当然に契約が終了して自然退職となる旨を定めた）自然退職の規定は、休職期間満了時になお休職事由が消滅していない場合に、期間満了によって当然に復職となったと解したうえで改めて使用者が当該従業員を解雇するという迂遠の手続を回避するものとして合理性を有する（エール・フランス事件　東京地　昭59.1.27）。

第9章　解　雇

（解　雇）

第100条　従業員が次の各号のいずれかに該当する場合は解雇とする。

（1）私傷病によって労働能力を喪失したとき。

（2）体調不良、心身虚弱等の状態が続き、職務に堪えられない、又は労務提供が不完全と認められるとき。

（3）職務の遂行に必要な能力を著しく欠き、会社が行う体系的な教育、指導にもかかわらず向上が見込めず、他の職務に転換させることもできないとき。

（4）勤務意欲が低く、業務命令に従わず、これに伴い、勤務成績・業務能率全般が不良で、業務に適さないと認められるとき。

（5）特定の地位、職種又は一定の能力を条件として雇い入れられた者にもかかわらず、能力又は適格性に欠け、果たすべき職責が全うできないと認められるとき。

（6）勤務態度不良・協調性がない等、職場秩序を維持する意欲が認められず、会社が行う体系的な教育、指導にもかかわらず改善が見込めないとき。

（7）正当な理由のない遅刻及び早退、並びに欠勤及び直前の休暇請求が多く、職務懈怠により労務提供が不完全であると認められるとき。

（8）会社内外を問わず、暴力・暴言等社会的規範から逸脱した非違行為を繰り返し、従業員としての適性がないと認められるとき。

（9）重大な懲戒事由に該当するとき。

（10）前号に該当しない懲戒事由に該当する場合であって、改悛の情が認められなかったり、繰り返したりして、改善が見込めないとき。

（11）事業の縮小その他会社にやむを得ない事由がある場合で、かつ、他の職務に転換させることができないとき。

（12）天災事変その他やむを得ない事由により、事業の継続が不可能となり、雇用を維持することができなくなったとき。

（13）その他前各号に準ずるやむを得ない事由があるとき。

2　前項各号に該当した場合において、解雇に先立ち、会社は当該従業員に退職を勧奨することがある。

3　退職勧奨による雇用の終了に際しては、会社は、当該従業員と退職合意書（社

条文の見出し／キーワード	作成基準の解説

（解　雇）

雇用指針

○　期間の定めのない労働契約について、原則として、使用者は30日前に予告すれば、解雇をする権限を有している。

○　しかしながら、判例では、使用者の解雇権の行使は、それが客観的に合理的な理由を欠き社会通念上相当として是認することができない場合には、権利の濫用として無効になるとしており（解雇権濫用法理）、判例法理を法文化した労働契約法第16条では、「解雇は、客観的に合理的な理由を欠き、社会通念上相当であると認められない場合は、その権利を濫用したものとして、無効とする」としている。

※　労働契約法第17条では、期間の定めのある労働契約については、やむをえない事由がある場合でなければ、契約期間が満了するまでの間、解雇をすることができないとされている。

○　解雇事由については、労働基準法により就業規則に定めることとされており、「客観的に合理的な理由」の主張立証は、就業規則に定める解雇事由該当性が中心的な争点となる。そして解雇事由該当性ありとされる場合においても、なお解雇の相当性が検討される。

○　「客観的に合理的な理由」については、概ね次のように分類することができる。

①　労働者の労務提供の不能による解雇
②　能力不足、成績不良、勤務態度不良、適格性欠如による解雇
③　職場規律違反、職務懈怠による解雇
④　経営上の必要性による解雇
⑤　ユニオンショップ協定による解雇

1．民法の規定では、期間の定めのない雇用契約（労働契約）においては、各当事者が行う解約の申入れは2週間経過すれば効力が発生することになっています。これに従えば使用者が行う解雇予告は2週間前までに行えばよいことになりますが、労基法ではこの点に修正を加え、会社側がなす解約の申入れ（解雇予告）については、30日前までに行わなければならないこととしています。

即時解雇

2．懲戒解雇で即時解雇する場合には、あらかじめ労働基準監督署

内様式第○号）を取り交わすものとする。

＜：退職合意書（本書601頁）＞

◆注意すべき条文◆

その他やむを得ぬ理由から解雇の必要が生じたとき。

＊解雇の必要とはどのようなときか、解雇基準としては極めてあいまいです。

地位特定者等の解雇事由

（地位特定者等の解雇事由）

第○条　専門職（一定以上の技能及び職務遂行能力があることを前提に採用した者）及び地位特定者（その有する能力から職務上の地位を特定して採用した者）が、その有する能力を発揮せず、又は当該地位における適格性がないと認められるときは、解雇する。

【多様な正社員制度を採用する場合は以下を追加】

（職務限定社員の雇用終了）

第100条の2　職務に限定が設けられている正社員については、担当する職務がなくなったときは、会社は当該者に対し、他の職務にも対応できるよう能力開発の機会を付与し、総合型社員への転換を打診するものとする。この場合において、当該転換について、本人の同意がないときは、雇用は終了する。＜別例：解雇とする＞

（勤務地限定社員の雇用終了）

第100条の3　勤務地に限定が設けられている正社員については、当該勤務地がなくなったときは、会社は当該者に対し、当該特約を解除したうえで他の勤務地への転勤を打診するものとする。この場合において、当該特約の解除及び転勤について、本人の同意がないときは、雇用は終了する。＜別例：解雇とする＞

条文の見出し／キーワード	作成基準の解説
	長に申請し、その認定を受けなければなりません。 また、認定を受けず即時解雇する場合は平均賃金の30日分以上の解雇予告手当を支給しなければなりません（労基法20条）。
解雇権濫用法理	3.「**解雇は、客観的に合理的な理由を欠き、社会通念上相当であると認められない場合は、その権利を濫用したものとして、無効とする。**」（労契法16条）
解雇の無効	4. 従業員（派遣従業員等も含む）が公益通報をしたことを理由とする解雇（派遣契約の解除を含む）は、無効となります。このほか、降格、減給その他不利益な取扱いをしてはならないこととされています（公益通報者保護法3条ほか）。 5. 妊娠中の女性従業員及び出産後1年を経過しない女性従業員に対してなされた解雇は、原則として、無効となります（均等法9条）。
解雇の禁止	6. 労基法をはじめとして各法律において解雇禁止が定められているので、その点にも留意する必要があります。 ①　産前産後の休業中、業務上の災害による療養中の解雇（労基法19条） ②　従業員の国籍、信条、社会的身分を理由とする解雇（労基法3条） ③　従業員が監督機関に申告したことを理由とする解雇（労基法104条、安衛法97条） ④　a. 女性従業員が婚姻し、妊娠し、出産し又は産前産後休業をしたことを理由とした解雇、b. 性差別やセクシュアルハラスメントに関し都道府県労働局長の援助を求めたことを理由とした解雇、c. 性差別やセクシュアルハラスメントに関し紛争調整委員会に調停を申請したことを理由とした解雇（均等法9条、17条、18条）。 ⑤　a. 従業員が育児休業、介護休業、所定外労働の制限、時間外労働の制限、深夜業の制限、所定労働時間の短縮、子の看護休暇、介護休暇の申出・請求をしたことを理由とする解雇、b. 育児休業等に関し都道府県労働局長の援助を求めたことを理由とした解雇、c. 育児休業等に関し紛争調整委員会に調停を申

条文の見出し／キーワード	作成基準の解説
	請したことを理由とした解雇（育児・介護休業法10条ほか） ⑥ a. パートタイム労働法に定める事項に関し都道府県労働局長の援助を求めたことを理由とした解雇、b. パートタイム労働法に定める事項に関し紛争調整委員会に調停を申請したことを理由とした解雇（パートタイム労働法21条、22条） ⑦ 従業員が労働組合の組合員であること、労働組合に加入し、又はこれを結成しようとしたこと、労働組合の正当な行為をしたこと等を理由とする解雇（労組法7条） ⑧ 従業員が個別労働紛争解決制度に基づく援助を求めたことを理由とする解雇（個別労働紛争解決促進法4条） ⑨ 公益通報したこと、裁判員であること等を理由とした解雇（公益通報者保護法3条、裁判員法100条）
就業規則の解雇事由と解雇の効力	7.「解雇の効力を争う訴訟の実際においては、使用者による『客観的に合理的な理由』の主張立証は就業規則上の解雇事由に該当する事由が存在することの主張立証として行われ、**就業規則の解雇事由該当性が中心的争点となる**。就業規則に解雇事由が列挙されていれば、それに基づかずに行われた解雇は『客観的に合理的な理由』なしと事実上推定されてしまうためである。」（菅野和夫『労働法』第11版補正版752～753頁）
懲戒事由に該当したことによる普通解雇	8. モデル規則100条は、主に普通解雇について規定しています。懲戒解雇は、懲罰としての側面と解雇としての側面を有するため、解雇権濫用法理の適用上普通解雇より厳しい規制を受けます。しかし、「使用者は同一非違事実につき普通解雇事由にも該当するとして予備的に普通解雇の意思表示をなすことは妨げられない」（菅野和夫『労働法』第11版補正版757頁）と考えられており、**懲戒事由該当を普通解雇事由とすることができます。**
普通解雇における「客観的に合理的な理由」	9. 業務外の傷病や治ゆ後の障害のための労働能力の喪失、勤務成績の著しい不良、中傷誹謗による信頼関係の喪失、従業員の著しい非違行為（懲戒解雇事由にも該当）、専門職（一定以上の技能及び職務遂行能力があることを前提に採用した従業員）や地位特定者（その有する能力から職務上の地位を特定して採用した従業

条文の見出し／キーワード	作成基準の解説
	員）の成績不良･適格性不足などがあります（菅野和夫『労働法』第11版補正版738～739頁ほか）。
整理解雇の4要素	10. 事業の継続が不可能となった場合における「整理解雇」（経営上の必要性に基づく普通解雇といえます）については、次の4つが解雇有効性の判断要素となります。 ① 人員削減の必要性 ② 解雇回避努力義務 ③ 人選の妥当性 ④ 手続の妥当性
包括的条項	11.「その他前各号に準ずるやむを得ない事由があるとき」という包括的条項について、裁判例では､「**必ずしも具体的に各号に該当する必要はなく、包括的にみて解雇を相当とするすべての場合を含む**」（日経新聞社事件 東京地 昭45.6.23）と解されています。
退職勧奨	12. 日本においては、**解雇に至る前に、退職勧奨が行われることが多く、雇用の終了につき、労使の話合いによる解決が図られています**。従業員が退職勧奨に応じて退職する場合は、解雇には該当せず、471頁で解説する「合意解約」となります（退職勧奨による退職の場合、退職理由は、「自己都合」ではなく「会社都合」となります）。ただし、被勧奨者の自由な意思決定を妨げる退職勧奨は、違法な権利侵害に当たると判断されることになります。 雇用の終了については、会社からの意思表示であれ、従業員からの意思表示であれ、労使で話合いが持たれ、合意解約で解決するのが望ましいものです。解決手段として、会社から金銭的な補償、再就職の支援（退職パッケージ）を提示することも行われています。話合いが決裂して、一方的な意思表示（会社からは「解雇」、従業員からは「辞職」）により雇用が終了すると、紛争に繋がることになります。

条文の見出し／キーワード	作成基準の解説

解雇の紛争解決の実態

雇用指針

○ なお、日本においては、行政機関への相談件数をみても一定数の解雇が行われていることが確認できる（※１）。

解雇について紛争に至った場合でも、訴訟で争われる事案は比較的少なく、都道府県労働局に設置される紛争調整委員会によるあっせん、労働審判制度による調停、審判（※２）等により迅速で柔軟な解決が行われている。

また、解雇について訴訟に至った場合には、解雇の有効・無効、すなわち労働契約上の権利を有する地位を確認する判断がなされる判決が下されるが、実際には、判決に至る事案は少なく、多くは和解手続により金銭の支払いと引き替えに労働者が合意解約する等、柔軟な解決が図られている（※ 3）。

なお、最終的に判決に至った事案では、認容判決と棄却・却下判決の割合は、ほぼ同程度である（※４）。

※１　総合労働相談コーナーにおける解雇に関する紛争に対する相談件数 57,785 件、あっせん件数 2,415 件（平成 23 年度）

※２　労働審判における解雇等に関する申立て新受件数 1,747 件、調停の成立 1,242 件（平成 23 年）

※３　第一審通常訴訟における解雇等の訴え（金銭に関する訴え以外の訴え）新受件数 926 件、和解 437 件（平成 23 年）

※４　第一審通常訴訟における解雇等の訴え（金銭に関する訴え以外の訴え）の判決 284 件（平成 23 年）。このうち、認容判決 148 件、棄却・却下 136 件。

失踪従業員・連絡の取れない従業員

留意事項

① 解雇の場合であっても、相応の業務の引継ぎや、会社へ返却する物品等に関する事項について記載する必要があります（モデル規則 20 条、109 条参照）。

② 従業員が何も言わずに突然出社しなくなった場合、あるいは何日も連絡が取れない場合等、無断欠勤が相当期間続いた場合、就業規則の懲戒解雇事由の中に「無断欠勤が 14 日以上に及んだとき」等の定めがあれば、この規定が懲戒解雇の理由となります。

なお、意思表示は「黙示」による場合も有効とされますから、行方不明が本人の「黙示」の退職の意思表示と認められる場合に

（解雇予告）

第101条　前条の定めにより、従業員を解雇するときは、次の各号に掲げる場合を除き、30日前に本人に予告し、又は平均賃金の30日分に相当する解雇予告手当を支給する。

（1）日々雇い入れられる者で雇用期間が1か月を超えない者を解雇する場合

（2）2か月以内の期間を定めて雇用した者を当初の契約期間中に解雇する場合

（3）試用期間中であって採用日から14日以内の者を解雇する場合

（4）本人の責めに帰すべき事由によって解雇するときであって、所轄労働基準監督署長の認定を受けた場合

（5）天災事変その他やむを得ない事由のため事業の継続が不可能となったことにより解雇するときであって、所轄労働基準監督署長の認定を受けた場合

2　前項の予告日数については、予告手当を支払った日数だけ短縮することができる。

条文の見出し／キーワード	作成基準の解説

は「自然退職」として取り扱うことも可能となります。就業規則に「本人が行方不明となって30日を経過した場合は退職とする。」旨の定めがあれば自動的に退職とみなすことができます。

（解雇予告）

1．解雇予告については、原則として少なくとも30日前に予告するか、又は平均賃金の30日分以上の解雇予告手当を支払うことが必要ですが、解雇予告の日数は、平均賃金を支払った分だけ短縮することができます。ただし、次の場合は解雇予告又は解雇予告手当の支払は不要です（労基法20条）。

① 天災事変その他やむを得ない事由のために事業の継続が不可能となったときであって、所轄労働基準監督署長の認定を受けたとき。

② 従業員の責めに帰すべき事由（重大な服務規律違反等従業員の悪質な行為など）に基づく場合であって、事前に所轄労働基準監督署長の認定を受けたとき。

天災事変

2．「天災事変」とは、いわゆる「天災地変」（暴風、地震、落雷、洪水等の災害）のみならず不可抗力に基づくやむを得ない事由も含みます（昭63.3.14基発150号）。

① 事業場が火災により焼失した場合（事業主の故意・重大な過失による場合を除く）	やむを得ない事由に該当する
② 震災に伴う工場、事業場の倒壊、類焼等により事業の継続が不可能となった場合	
❶ 事業主が経済法令違反のため強制収容され、又は購入した諸機械、資材等を没収された場合	やむを得ない事由には該当しない（解雇予告・解雇制限の適用除外は認められない）
❷ 税金の滞納処分を受け事業廃止に至った場合	
❸ 事業経営上の見通しの齟齬のごとき事業主の危険負担に属すべき事由に起因して資材入手難、金融難に陥った場合	
❹ 従来の取引事業場が休業状態となり、発注品なく、ために事業が金融難に陥った場合	

解雇予告手当の支払時期

3．解雇予告手当を支払わなければ即時解雇そのものが成立しませんから、その支払は解雇の申渡しと同時に行わなければなりません。ただし、解雇予告と解雇予告手当を併用するときは、実際の解雇日までに支払えば足ります（昭23.3.17基発464号）。

（解雇制限）

第102条　従業員が次の各号に該当するときは、当該各号に定める期間中は解雇しない。ただし、天災事変その他やむを得ない事由のため、事業の継続が不可能となった場合、又は第123条の打切補償を行った場合には、この限りでない。

（1）業務上の傷病による療養のために休業する期間及びその後30日間

（2）産前産後の女性従業員が休業する期間及びその後30日間

2　従業員が療養の開始後3年を経過した日において労働者災害補償保険法に基づく傷病補償年金を受けているときは当該3年を経過した日、又は療養の開始後3

条文の見出し／キーワード	作成基準の解説
予告なしの解雇	4．解雇予告手当を支払わずに行った即時解雇は、即時解雇としては無効となりますが、会社に解雇の意思があり、かつ、即時解雇にこだわらないというのであれば、その即時解雇の通知は、30日前の解雇予告としての効力を有することになります。この場合、当該30日間は従業員の就労義務は残るため、会社が就労させなかった場合には、休業手当の問題が生じます（昭24．5．13基収1483号、昭24．7．27基収1701号）。
	5．解雇予告手当の性質上、時効の問題は生じませんし、他の債務との相殺の問題も生じません（あくまでも支払わなければ解雇が成立しません）。なお、事後速やかに精算されるのであれば概算払いは認められています（昭27.5.17基収1906号、昭24.1.8基収54号、昭24.7.2基収2089号）。
解雇予告の適用除外	6．以下の従業員に対しては解雇予告又は解雇予告手当の支払の必要はありません（労基法21条）。 ①　日々雇い入れられる従業員（1か月を超えて引き続き雇用された者を除く） ②　2か月以内の期間を定めて使用される従業員（その期間を超えて引き続き雇用された者を除く） ③　季節的業務に4か月以内の期間を定めて使用される従業員（その期間を超えて引き続き雇用された者を除く） ④　試みの使用期間中の従業員（14日を超えて引き続き雇用された者を除く）
（解雇制限）	1．以下の場合は、解雇制限があります（労基法19条）。 ①　従業員の業務上の傷病による休業期間とその後30日間 ②　産前6週間（多胎妊娠の場合は14週間）以内又は産後8週間以内の女性従業員が休業する期間（産前産後の休業の期間）とその後30日間
解雇制限の例外	2．以下の場合は、解雇制限が解除されます。 ①　労基法81条の規定によって打切補償を支払った場合 ②　天災事変その他やむを得ない事由のために事業の継続が不可

年を経過した日後において傷病補償年金を受けることとなった場合は当該傷病補償年金を受けることとなった日において、それぞれ、前項ただし書の打切補償を行ったものとみなす。

（解雇理由証明書）

第103条　従業員は、解雇の予告がなされた日から退職の日までの間において、当該解雇の理由について会社に対し証明書を請求することができ、会社は当該請求があった場合には、遅滞なくこれを交付するものとする。ただし、解雇の予告がなされた日以後に従業員が当該解雇以外の理由で退職した場合は、この限りでない。

条文の見出し／キーワード	作成基準の解説
	能となったときで、事前に所轄労働基準監督署長の認定を受けた場合 ③　業務上の負傷、疾病により療養している従業員が療養開始後3年を経過した日又は療養の開始後3年を経過した日後において、傷病補償年金を受けることとなった場合 3．2. ①でいう「打切補償」とは、「労基法75条の療養補償」を受ける従業員が、療養開始後3年を経過しても負傷・疾病がなおらない場合に行われるものです。ところが、現在では、ほとんどの会社が労災保険に加入しているため、会社が「労基法75条の療養補償」を行うことはほとんどありません。したがって、実務では「労基法75条の療養補償」を「労災保険法の療養補償給付」と読み替え、打切補償を行って解雇制限期間中の従業員を解雇することは可能と解されています。
(解雇理由証明書)	1．従業員を解雇する場合、解雇予告の日から当該解雇による退職の日までに、解雇を予告された従業員から解雇の理由を記載した証明書の交付を請求された場合は、遅滞なく、当該解雇の理由を記載した証明書の交付をしなければならないこととされています(労基法22条2項)。なお、解雇後についても同様となります。 2．解雇の理由については、具体的に示す必要があり、就業規則の一定の条項に該当することを理由として解雇した場合には、**就業規則の当該条項の内容及び当該条項に該当するに至った事実関係を証明書に記入しなければなりません**(平15.10.22基発1022001号)。

第10章　退職及び定年

（退　職）

第104条　従業員が、次の各号のいずれかに該当するに至ったときは退職とし、次の各号に定める事由に応じて、それぞれ定められた日を退職の日とする。

（1）本人が死亡したとき。…死亡した日
（2）定年に達したとき。…定年年齢に達した日の属する年度の末日
（3）休職期間が満了しても休職事由が消滅しないとき。…期間満了の日
（4）本人の都合により退職を申し出て会社が承認したとき。…会社が退職日として承認した日
（5）前号の承認がないとき。…退職を申し出て2週間を経過した日
（6）役員に就任したとき。…就任日の前日
（7）従業員の行方が不明となり、1か月以上連絡がとれない場合であって、解雇手続をとらないとき。…1か月を経過した日
（8）解雇されたとき。…解雇の日
（9）その他、退職につき労使双方が合意したとき。…合意により決定した日

◆注意すべき条文◆

従業員の行方が不明となり、14日以上連絡が取れないときは、解雇とする。

＊この規定には、次のような問題があります。

①　労基法20条によって、使用者が一方的に解雇の申入れをする場合の予告期間は、民法の原則である2週間（14日）から30日に延長されており、不足する16日間の問題が生じます。

②　当該事案を即時解雇が認められる従業員の責めに帰すべき場合として、通達による「原則として2週間以上正当な理由なく無断欠勤し、出勤の督促に応じない場合」（昭31.3.1 基発111号）に該当すると考えることもできますが、当該行方不明が「正当な理由なく」生じているものであるかどうかは、使用者に立証責任が発生します。また、通達では「出勤の督促」を条件としますが、行方不明の場合には、これは事実上不可能です。

③　仮に「行方不明欠勤14日以上」が解雇事由として妥当性があるとした場合であっても、解雇の意思表示をいかに相手方に到達させるのかという問題が生じます。確かに簡易裁判所に公示送達を申し立てれば、公示後2週間を経過した時点で解雇の意思表示は行方不明従業員本人に到達したものとみなされますが、当該手続は煩雑であり、時間と費用がかかります。

条文の見出し／キーワード	作成基準の解説
(退　職)	1．労働契約の終了事由は「退職」と「解雇」に区分されます。退職事由には以下のものがあります。解雇との違いは①を除き、あらかじめ定められた退職要件に該当した場合に、労使双方又はいずれか一方の意思表示を伴わず、自動的に雇用契約終了の効力が発生することです。よって、それぞれの退職事由に対応した退職の日付を、具体的に定めておく必要があります。 ①　任意退職（自己都合退職） ②　定年 ③　死亡 ④　期間満了（有期労働契約の場合） ⑤　休職期間が満了しても復職できない場合
辞職と合意解約の違い	2．辞職とは、従業員の意思による労働契約の解約のことです。民法の定めによれば、期間の定めのない雇用契約については、従業員は2週間の予告期間を置けばいつでも解約できるものとされています。 　一方、「合意解約」とは、「従業員と使用者が合意によって労働契約を将来に向けて解約することであり、解雇ではないので、労基法上の解雇規制や解雇権濫用規定の規制を受けない。ただし、民法上の法律行為（意思表示）に関する規定や諸法理（民法90条、93条～96条）の適用を受ける」とされています（菅野和夫『労働法』第11版補正版703頁）。裁判例では、合意解約の申込みとしての退職願について、使用者の承諾の意思表示がなされるまでの間は撤回できるとした事例があります（雇用指針）。 　なお、モデル規則の(4)、(9)は合意解約を、(5)は辞職をそれぞれ想定したものです。
休職期間満了による退職	3．休職期間満了による退職は定年による退職と同様、あらかじめ定められた雇用契約の終了として取り扱うことができます（昭27.7.25基収1628号、学校法人電機学園事件　東京地　昭30.9.22）。
失踪した従業員の退職・解雇	4．休職期間の満了や定年退職、死亡のように自動的に退職となる場合（自然退職あるいは規定退職）を除き、退職に関しては本人

以上から、モデル規則にあるとおり、労働契約解約までの猶予期間を「1か月」としたうえで、「解雇」ではなく「自然退職（規定による退職）」で対応するのが望ましいと考えられます。

発令日をもって退職日とする場合

（退職日）

第○条　会社が退職届を受理し、これを承認したときは、発令の日をもって退職日とする。

＊労働契約終了の日については、退職辞令の発令等の手続により、必ず文書で記録を残しておきましょう。

（合意解約による退職手続）

第105条　従業員が自己の都合により退職しようとするときは、原則として退職予定日の２か月前までに、会社に申し出なければならない。退職の申出は、やむを得ない事情がある場合を除き、退職願を提出することにより行わなければならない。

2　退職願が、所属長により受理されたときは、会社がその意思を承認したものとみなす。この場合において、原則として、従業員はこれを撤回することはできない。

3　退職願を提出した者は、退職日までの間に必要な業務の引継ぎを完了しなければならず、退職日からさかのぼる２週間は現実に就労しなければならない。これに反して引継ぎを完了せず、業務に支障をきたした場合は、懲戒処分に該当し、退職金の全部又は一部を支給しないことがある。

4　業務の引継ぎは、関係書類を始め保管中の金品等及び取引先の紹介その他担当職務に関わる一切の事柄につき確認のうえ、確実に引継ぎ者に説明し、又は引き渡す方法で行わなければならない。

条文の見出し／キーワード	作成基準の解説
	の意思表示が必要です。しかし、何の連絡もなく突然出社しなくなったという場合は本人の意思表示がなく、法的に退職は成立しません。そこで「従業員の行方が不明となり、1か月以上連絡がとれない場合」を退職事由に定め、これを周知しておけば本人の意思表示がなくても退職が有効に成立することも考えられます。 5.「炭鉱労働者の無断退山を民法627条によって取り扱い、無断退山は労働者の解約申入れの黙示の意思表示と解釈し、退山後2週間を経過した後、籍を抜いている措置は、無断退山が明らかに労働者の解約申入れの意思表示と認められる限り、解雇手続は不要である。」（昭23. 3.31基発513号）
（合意解約による退職手続） 期間の定めのない雇用の解約の申入れ	1．期間の定めのない雇用契約の場合、従業員は、いつでも退職を申し出ることができます。民法では退職申出後2週間以上経過すれば、労働契約は解除されるとしており、会社の「承認」や「許可」を要件としていません（民法627条1項）。 「当事者が雇用の期間を定めなかったときは、各当事者は、いつでも解約の申入れをすることができる。この場合において、雇用は、解約の申入れの日から2週間を経過することによって終了する。」 **結果として、1か月前までの申出を定めたとしても、本人の辞職の意思が固ければ、2週間（14日）経過後に労働契約は終了します。モデル規則の趣旨は、むしろ、急な退職申出を抑制する点にあります。** 2．退職時期は、当該退職が合意解約の結果である以上、労使の合意で定めることができます。この場合の退職日は会社が承認した日とすることも可能です。また、退職願を14日より前に提出することを求めることも差し支えありませんし、退職時期を例えば、30日後とすることも自由です。なお、あまりに長い予告期間を設けることは、従業員を不当に拘束することにもなりかねないため、注意が必要です。

引継ぎの手続を明確にする場合

（業務の引継義務）

第○条　従業員は、退職又は解雇の際は、遅滞なく業務引継書を起案するとともに、会社の指定する者に業務の引継ぎを行わなければならない。これに反して引継業務を行わない場合は退職金を減額することができる。

条文の見出し／キーワード	作成基準の解説
退職願の撤回	3．退職の申出を従業員からの労働契約解約の一方的告知（辞職）と考えるならば、その意思表示は撤回できないことになります（ただし、脅迫、心裡留保などの場合は取消しが可能）。しかし、実務上は、従業員からの退職の申出は、雇用の終了予告すなわち合意解約の申込みである場合が多いと考えられます（一方的に「辞表を叩きつける」ような場合を除きます）。 このような従業員による雇用契約の合意解約の申込みは、これに対する使用者の承諾の意思表示が従業員に到達し、雇用契約終了の効果が発生するまでは、使用者に不測の損害を与えるなど信義に反すると認められるような特段の事情がない限り、従業員においてこれを撤回することができるものとされています（白頭学院事件 大阪地 平 9.8.29）。 逆にいえば、承諾の意思表示が明確であれば、従業員は撤回できないことになり、承諾のルールが重要となります。**撤回が可能な不安定な状態が継続することは、会社にとってリスクとなるからです。**

参考となる判例
◇　人事部長に退職願を提出して同部長が受理した後、翌日になって本人が退職願の撤回を申し出たものの会社がこれを拒否したことについて、裁判所は、退職願の撤回を認めなかった事案。 ◇　人事部長に退職承認の決定権があるならば、人事部長が退職願を受理したことをもって雇用契約の合意解約の申込みに対する即時承諾の意思表示がなされ、雇用契約の合意解約が成立するので、退職願による合意解約の申込みは撤回できない。 （大隈鐵工所事件 最 3 小 昭 62.9.18）

条文の見出し／キーワード	作成基準の解説
退職願の受理	4．希望退職、退職勧奨等を進める中で、せっかく退職願をとっても、よくよく考えて撤回した、ということが繰り返されると労務管理上も問題があります。対策としては、**事前に退職願の受理及び承諾権限を有する者を明確に規定し、従業員から退職願が提出されたら即刻、権限者に報告、承諾の決定がされる体制をとることです。** 特に本社と工場などが離れている場合や、全国展開の会社では

条文の見出し／キーワード	作成基準の解説
	各事業場の長にはその権限を付与したうえで、念のために権限委任の規定も設けておくとよいでしょう。このような規定がなければ、承諾権者は、社長、人事担当役員、人事部長に限定されると考えておいたほうが無難です。
業務の引継ぎ	5．従業員の退職が決まった場合であっても、業務の引継ぎ等退職の日まで誠実に勤務する旨を規定しておくとよいでしょう。
退職願と退職届	6．辞職は、従業員が一方的に雇用の終了（退職）を通告するものなので「退職届」を提出し、合意解約は、退職の時期を願い出るものなので「退職願」を提出するものと、厳密に使い分けるべきという意見があります。撤回の効果でいえば、「退職届」は撤回不能、「退職願」は承諾の意思表示があるまでは撤回可能ということになりますが、実務では、そこまで厳密に考えなくてもよい気がします。「届」と「願」の一字の違いでトラブルの種を増やしても仕方がないと考えるからです。 本書では、「転職願」を基本としていますが、その代わり速やかに受理が行われる体制をルール化し、撤回のリスクを軽減できるようにしています。
退職時の年休の扱い	7．退職間際に年休の請求があった場合には、他の時季に変更する余地がなく、会社の時季変更権は認められません。このような場合にすべての年休を消化し終えるまで退職日を遅らせるという措置をとることがありますが、その結果、基準日をまたがって新たな年休が発生してしまったり、年休取得期間中に再就職が決まってしまうなどのトラブルが生じることがあります。退職しようとする従業員を不必要に引き留めることにもなり、望ましい措置とはいえません。ある程度の期間は、業務引継のため出社してもらい、やむを得ず消化しきれない分は、買い上げてしまうことを検討します。この場合、民法上の職務の適正誠実遂行義務の一環として「**引継ぎ業務を行わない場合は退職金を減額又は留保する**」などといった規定を設ければ、過剰な権利行使を思いとどまらせる効果があります。

（辞　職）

第106条　従業員の退職の意思が強く前条の定めによることができないときは、民法第627条各項の規定により、雇用を終了し、退職することができる。

2　前項の場合の退職の申出は、辞職届（様式第○号）を提出することにより行わなければならない。また、当該辞職届は、いかなる場合であっても撤回することができない。

3　辞職届を提出した者は、退職日までの間に必要な業務の引継ぎを完了しなければならない。

（定年等）

第107条　従業員の定年は、満60歳に達した日とし、60歳に達した日の属する年度の末日を定年退職日として退職とする。

2　無期転換者の定年は、無期転換後の労働契約の初日が属する日における年齢により、次の各号に区分し、当該各号に掲げる日とし、それぞれの年齢に達した日の属する年度の末日を定年退職日として退職とする。

（1）60歳未満…60歳に達した日

（2）60歳以上65歳未満…65歳に達した日

（3）65歳以上…無期転換の日から起算して1年を経過した後に最初に到来する誕生日の前日

<規定例1：希望者全員再雇用の場合>

3　前項にかかわらず、定年に達した従業員（前項第1号の者に限る。）が希望する場合は、最長65歳まで嘱託として継続雇用するものとする。

<規定例2：対象者基準を用いる場合>

3　前項にかかわらず、定年に達した従業員（前項第1号の者に限る。）が希望する場合は、<平成25年3月31日までに締結した>継続雇用に係る対象者基準に係る労使協定に定める基準（以下「基準」という。）のいずれも満たす者については、最長65歳まで嘱託として継続雇用し、基準のいずれかを満たさない者については、次表右欄の年齢（以下「基準の適用年齢」という。）まで嘱託として継続雇用するが、その後は雇用しない。この場合における基準の適用年齢は、次表左欄に掲げる期間ごとに定めるものとする。

条文の見出し／キーワード	作成基準の解説
（辞　職）	民法627条2項は、「期間によって報酬を定めた場合には、解約の申入れは、次期以後についてすることができる。ただし、その解約の申入れは、当期の前半にしなければならない」と定めることから、純然たる月給者の場合には、この規定を適用すべきとの見解があります。ただし、この規定は、完全月給のように、賃金日割が難しい場合の規定といえます。また、この規定に従えば、退職の意思表示の時期により、2週間より長い予告期間が求められることから適当でないとする見解もあります。
（定年等）	1．定年は自然退職であることを明確に定めておく必要があります。 2．定年を定める場合は、「60歳を下回ることはできない」とされています（高齢者法8条）。なお、定年を定めないことは違法ではありません。 3．定年は基本的に解雇には該当しないため、解雇予告の問題は生じませんが、本人に定年を自覚させるため、30日前を目安に本人に通知するルールを設けておいてもよいでしょう。 **留意事項** ①　定年退職の期日をいつにするかについて、定年年齢に達した日の属する月の末日又は年度末、定年年齢に達した当日又は前日等があり、具体的に設定しておく必要があります。定年による退職日を「定年年齢に達した日（誕生日の前日）」と定めた場合は、賃金計算の際、日割りが生じ事務が繁雑となるため、「定年年齢に達した日が属する賃金支払期の締切日」と定めてもよいでしょう。 ②　定年退職者を嘱託社員として再雇用する場合は通常の退職手続をとり、退職金を支給のうえ、再雇用します。嘱託社員は退職金の支給対象から除外し、有期労働契約を締結し1年更新とするのが一般的です。 ③　雇用保険より高年齢雇用継続給付制度が実施されています。また、厚生年金保険では、60歳以上70歳未満の被保険者で、報酬等が一定の基準以下の場合、在職老齢年金が支給されます。これらを組み合わせることにより、本人にとって最も手取りがよく、かつ、会社の賃金コストの削減にもなるパターンを検討するのもよいでしょう。

期　間	基準の適用年齢
平成25年4月1日から平成28年3月31日まで	61歳
平成28年4月1日から平成31年3月31日まで	62歳
平成31年4月1日から平成34年3月31日まで	63歳
平成34年4月1日から平成37年3月31日まで	64歳

なお、労使協定に定める基準のいずれかを満たさない場合であっても、高度な技術・技能を有する等、会社が特に必要と認めた者については、雇用継続の対象とすることができる。

4　嘱託としての労働契約は、最長1年間の有期労働契約とし、会社は、当該労働契約の更新に際しては、次の各号に掲げる判断基準により、次期契約の有無を判断するものとする。

（1）契約期間満了時の業務量

（2）本人の勤務成績、態度

（3）本人の能力

（4）会社の経営状況

5　更新後の労働契約に係る労働条件は、更新の都度見直すものとし、嘱託が会社の提示する労働条件に合意した場合に限り、新たな労働契約を締結するものとする。

6　嘱託として継続雇用されることを希望する者は、継続雇用規程に定めるところにより、継続雇用申請書（様式第○号）を提出しなければならない。

<📖：継続雇用申請書（本書603頁）>

（継続雇用しない事由）

第108条　前条の規定にかかわらず、従業員が希望する場合であっても、次の各号のいずれかに該当する者については、定年をもって退職とするものとし、継続雇用は行わない。

（1）私傷病によって労働能力を喪失したとき。

（2）体調不良、心身虚弱等の状態が続き、職務に堪えられない、又は労務提供が不完全と認められるとき。

（3）職務の遂行に必要な能力を著しく欠き、会社が行う体系的な教育、指導にもかかわらず向上が見込めず、他の職務に転換させることもできないとき。

（4）勤務意欲が低く、業務命令に従わず、これに伴い、勤務成績・業務能率全

条文の見出し／キーワード	作成基準の解説
高年齢者雇用確保措置の実施義務	4．定年（65歳未満のものに限る）の定めをしている事業主は、その雇用する高年齢者の65歳（経過措置あり）までの安定した雇用を確保するため、①定年の引上げ、②継続雇用制度の導入、③定年の定めの廃止のいずれかの措置を講じなければなりません（高齢者法9条）。 　なお、高齢者法に基づく雇用義務は、「65歳まで」であるため、あえて嘱託社員としての終期を「65歳に達した日の属する年度の末日」等にしていません。これにより、嘱託社員としての期間は、常に5年未満となるため、事務の不手際等により、有期労働契約期間が5年を超えてしまうことを回避することができます。
継続雇用制度に係る基準	5．継続雇用制度は、再雇用を希望する者全員を対象としなければなりませんが、平成25年3月31日までは、労使協定により、継続雇用制度の対象となる高年齢者の基準を設けることができました。平成25年4月1日以降は、定年退職時に基準を適用することはできなくなりましたが、2025年3月31日までの間は、一定の年齢（モデル規則を参照）以上の継続雇用について、この基準を適用することができます。
（継続雇用しない事由）	1．平成25年の法改正により、60歳時点で継続雇用制度の対象者を限定する労使協定を締結することはできなくなりましたが、就業規則の解雇事由又は退職事由と同じ内容を、継続雇用しない事由として、別に規定することは可能です。 　心身の故障のため業務に堪えられないと認められること、勤務状況が著しく不良で引き続き従業員としての職責を果たし得ないこと等就業規則に定める解雇事由又は退職事由（年齢に係るものを除く。以下同じ。）に該当する場合には、継続雇用しないことができる。 『高年齢者雇用確保措置の実施及び運用に関する指針』（平24.11.9厚生労働省告示560号） 2．なお、就業規則の解雇事由又は退職事由のうち、例えば試用期

般が不良で、業務に適さないと認められるとき。

（5）特定の地位、職種又は一定の能力を条件として雇い入れられた者にもかかわらず、能力又は適格性に欠け、果たすべき職責が全うできないと認められるとき。

（6）勤務態度不良・協調性がない等、職場秩序を維持する意欲が認められず、会社が行う体系的な教育、指導にもかかわらず改善が見込めないとき。

（7）正当な理由のない遅刻及び早退、並びに欠勤及び直前の休暇請求が多く、職務懈怠により労務提供が不完全であると認められるとき。

（8）会社内外を問わず、暴力・暴言等社会的規範から逸脱した非違行為を繰り返し、従業員としての適性がないと認められるとき。

（9）重大な懲戒事由に該当するとき。

（10）前号に該当しない懲戒事由に該当する場合であって、改悛の情が認められなかったり、繰り返したりして、改善が見込めないとき。

（11）事業の縮小その他会社にやむを得ない事由がある場合で、かつ、他の職務に転換させることができないとき。

（12）天災事変その他やむを得ない事由により、事業の継続が不可能となり、雇用を維持することができなくなったとき。

（13）本人が死亡したとき。

（14）休職期間が満了しても休職事由が消滅しないとき。

（15）本人の都合により退職を願い出たとき。

（16）役員に就任したとき。

（17）従業員の行方が不明となり、1か月以上連絡がとれない場合であって、解雇手続をとらないとき。

（18）その他、退職につき労使双方が合意したとき。

（退職及び解雇時の手続）

第109条　従業員が退職し、又は第100条（解雇）の規定により解雇された場合は、会社から貸与された物品その他会社に属するものを直ちに返還し、会社に債務があるときは退職又は解雇の日までに精算しなければならない。また、返還のないものについては、相当額を弁済しなければならない。

2　従業員が、退職し、又は解雇されたときは、会社は、賃金等について次の各号に定める時期に支払うものとする。

条文の見出し／キーワード	作成基準の解説
	間中の解雇のように継続雇用しない事由になじまないものを除くことは差し支えありません。しかし、**解雇事由又は退職事由と別の事由を追加することは、継続雇用しない特別な事由を設けることになるため、認められません。**
	3．モデル規則では、「普通解雇事由」を列挙するほか、定年以外の「退職事由」に該当する場合も継続雇用しないことを明確にしました。継続雇用しないことについては、客観的に合理的な理由があり、社会通念上相当であることが求められると考えられることに留意する必要があります（平24.11.9厚生労働省告示560号）。
（退職及び解雇時の手続） 退職時の手続	1．賃金等及び会社から貸与された物品その他の返還や会社に債務があるときの精算についても記載する必要があります。なお、7日以内に賃金を精算しなければならない等とする労基法の「金品の返還」の規定は、権利者の請求が前提となります（労基法23条）。
退職時の証明	2．従業員から使用期間、業務の種類、その事業での地位・賃金及び退職事由（解雇の場合はその理由も含む）について証明書を求められた場合、求められた事項について証明書を交付しなければ

（1）通常の賃金……退職日を含む賃金支払期間に係る賃金支払日

（2）臨時の賃金……原則、前号と同様。ただし、退職又は解雇した者から請求があった場合に限り、請求があった日から7日以内

（3）退職金……退職日後1か月から○か月までの範囲内で退職金規程に定める時期

3　会社は、その他必要な手続を行う。また、従業員の権利に属する金品について返還するものとする。

4　退職し、又は解雇された従業員が、次の各号に掲げる事項のいずれかについて、退職証明書（様式第○号）又は解雇理由証明書（様式第○号）を請求したときは、会社は遅滞なくこれを交付するものとする。

（1）使用期間

（2）業務の種類

（3）その事業における地位

（4）賃金

（5）退職の事由（退職の事由が解雇である場合は、その事由も含む）

5　退職し、又は解雇された従業員は、退職し、又は解雇された後もその在職中に行った職務、行為並びに離職後の守秘義務に対して責任を負わなければならない。

6　退職し、又は解雇された従業員が、前項に違反し、会社が損害を受けたときは、その損害を賠償しなければならない。

7　定年退職、自己都合退職、解雇の区別を問わず、従業員は退職又は解雇となる場合には、退職日の30日前までに、退職後の秘密保持及び競業避止義務に関する誓約書（様式第○号）を会社に提出しなければならない。

8　前項の誓約書を提出しないときは、退職金の全部又は一部を支給しないことがある。

<：退職証明書（本書604頁）>

<：解雇理由証明書（本書605頁）>

<：退職後の秘密保持及び競業避止義務に関する誓約書（本書606頁）>

条文の見出し／キーワード	作成基準の解説
	なりません（労基法22条1項）。証明するのは、従業員が請求する事項のみですから、従業員が「解雇の事実」のみの証明を請求したのに「解雇の理由」まで記載するのは、違法です。
解雇理由証明書	3．従業員が解雇を予告されたときから退職の日までの間において、解雇の理由について証明書を請求した場合、会社は遅滞なくこれを交付しなければなりません（同条2項、モデル規則103条参照）。
	4．3. の解雇理由証明書は、従来の退職証明書（主に再就職先に提示するために用いる）とは異なり、解雇によるトラブル防止の趣旨から設けられているものです。就業規則においては、「解雇」の部分に規定しておくのがよいでしょう。
	5．解雇理由証明書は、従業員が退職日前に請求するものですが、従業員が解雇予告期間中に解雇以外の理由で退職した場合（自己都合退職した場合）は、会社は証明義務を免れます。また、即時解雇の場合は、解雇理由証明書の交付義務はありませんが、解雇後に従業員が、退職証明により解雇理由の証明を求めたときはそれに応じなければなりません。
	6．解雇理由証明書の交付期日は「遅滞なく」とされていますから、予告期間が短い場合等、やむを得ない理由から実際の交付日が解雇日を過ぎていてもよいと考えられます。
秘密保持誓約書	7．秘密保持に関する誓約書を提出させるタイミングとしては、①入社時、②在職中（特定のプロジェクトへの参画時等）、③退社時、があります。①の入社時の契約では、秘密保持義務の対象の特定は困難ですが、②の在職中、③の退社時には、具体的な特定が徐々に容易になることを踏まえ、双方の納得感が得られるような手続を工夫し、タイミングに応じた秘密保持契約の締結を図る必要があります。 ①　採用時誓約書…入社の際に従業員から何らかの誓約書を提出してもらっていると思いますが、ここに秘密保持の内容を記載します。 ②　退職時誓約書…営業秘密の流出のリスクが高いのは、その者の在職中よりも、退職後においてであるため、秘密保持に関し

（退職後の競業避止義務）

第110条　従業員のうち役職者又は新商品の企画・立案若しくはコンサルティングの職務に従事していた者が退職し、又は解雇された場合は、会社の秘密保全の観点から、会社の承認を得ずに離職後６か月間は、日本国内において会社と競業する業務を行ってはならない。また、会社在職中に知り得た顧客と離職後１年間は、会社と競合する取引をしてはならない。

条文の見出し／キーワード	作成基準の解説
	ては、退職時にも提出してもらいます。退職時には、入社時に提出した誓約書の内容を覚えていないことも考えられるため、再確認の意味もあります。 ③　プロジェクト参画時の誓約書…場合によっては、営業秘密に関連するプロジェクトや部署に配属されるときにも、誓約書を取る必要があります。
秘密保持誓約書と就業規則の定め	8．7．の誓約書を取るときは、必ずその旨を就業規則に定め、その提出が会社のルールであることを明らかにしておきます。
秘密保持誓約書の留意点	9．秘密保持誓約書等を作成する際、当該誓約の実効性を高めるため、「対象となる情報の範囲」を明確に特定することが重要です。

（退職後の競業避止義務）

雇用指針

○　退職後の競業避止義務について、裁判例では、競業の制限が合理的範囲を超え、職業選択の自由を不当に拘束する場合には、公序良俗に反して無効であるとしており、合理的範囲内か否かの判断に当たっては、制限の期間、場所的範囲、制限の対象となる職種の範囲、代償の有無等について、企業の利益、退職者の不利益から検討することが多い。

○　また、裁判例では、退職後の競業を制限する規則や特約が無い場合には、退職者が同業他社を通じて使用者の取引先と取引を開始したことについて、元使用者の営業秘密を用いたり、その信用をおとしめるなどしていないため、競業行為が社会通念上自由競争の範囲を逸脱しておらず、不法行為に当たらないとした事例がある。

○　なお、裁判例では、同業他社への就職をある程度の期間制限することは直ちに職業選択の自由を不当に拘束するものではなく、退職金規則の定めに基づいて同業他社へ就職した場合に退職金の額を半額とすることも、退職金が功労報償的な性格を合わせ有することにかんがみれば、合理性が無い措置であるとはいえないとした事例がある。

条文の見出し／キーワード	作成基準の解説
職業選択の自由との関係	1．退職時において、退職後の競業避止義務を課すことがあります。しかし、競業避止義務は、直接的に「職業選択の自由」を制限し従業

条文の見出し／キーワード	作成基準の解説
	員（退職者）が被る不利益が大きくなる可能性があるため、秘密保持契約とは別として義務の内容を限定したほうがよいでしょう。
競業避止誓約書と就業規則の定め	2．競業避止誓約書を提出させる場合、退職の時点で突然誓約書を求めると、退職者のほうから拒否してくる可能性があります。退職時に競業避止義務に関する誓約書を提出させることは、就業規則に定めておき、事前に周知しておくことが必要です。
競業避止誓約書の留意点	3．退職後一定期間内に競業他社に就職した場合に、退職金の全部又は一部を減額する旨の規定を設け、違反があった場合に当該金額を支払わないあるいは返還請求を行うこともありますが、職業選択の自由等を不当に拘束する内容のものは認められません。したがって、期間や業種の限定等が必要です。
秘密保持誓約書と競業避止誓約書	4．本来、秘密保持誓約書と競業避止誓約書は別のものですが、「秘密を保持するために競業に制限を設けたい」という趣旨であれば、一体の誓約書とすることができます。 　なお、競業避止義務の有無は、「秘密管理性」の判断とは別個のものです。
在職中の競業避止義務	5．なお、在職中の従業員は、労働契約上の信義則に基づく競業避止義務を当然に負うものとされています。

第11章　退職金

（退職金等）

第111条　従業員の退職金は、別に定める退職金規程により支給する。

2　在職中の勤務成績が特に優秀で、会社の業績に功労が顕著であったと会社が認めた従業員に対し、特別功労金を支給することがある。

◆注意すべき条文◆

退職金は、従業員が退職した後7日以内に支払う。

＊退職金は賃金に該当し、労基法23条1項で、「労働者の退職の場合に労働者からの請求があれば、7日以内に支払わなければならない」ものとされています。ただし、就業規則に支払時期が定められていれば、その時期に支払うことで足ります。したがって、7日以内に支払う必要がなければ任意の支払時期を定めることができます。

◆退職金の不支給・減額規定を設ける場合◆

（退職金の不支給）

第○条　従業員が懲戒解雇に処せられたときは、退職金の全部又は一部を支給しない。また、退職後の場合であっても、在職中の行為が懲戒解雇事由に該当すると判明した場合、退職金の全部又は一部を支給しない。この場合、既に支払っているものについて、会社は返還を求めることができる。

2　従業員のうち、課長以上の役職にあった者、研究開発、営業部門に従事していた者で、退職後6か月以内に当社と営業上競業する会社に転職した者及び競業する業務を自営する者に対しては、退職金の一部を減額又は返還させる。

（退職金の支払時期等）

第○条　退職金は、退職後3か月後に本人に支払う。

2　前項にかかわらず、会社は退職金の一部については、退職後3年をかけて1年に▼回ずつ、分割して支払うことができる。

3　退職金は、長年の功労に対する報奨として支払うものとし、第▼条の秘密保持、競業避止義務に違反した場合、若しくは退職時の秘密保持、競業避止契約に違反した場合等、会社に対する背信性のある行為又は事由が判明した場合には、これを支払わないことがある。また、既に支払っているものについて、会社は返還を求めることがある。

条文の見出し／キーワード	作成基準の解説

（退職金等）

1．退職金については、就業規則の相対的必要記載事項であり、制度そのものがなければ就業規則への記載は不要です。ただし、最近では制度を設けていない会社であっても、「退職金（退職手当）は支給しない」と記載する場合が多くなっています。我が国では、一時期までは退職手当を支給することが一般的（現在でも支給する会社のほうが多い）であったことから、労働条件を明確にする趣旨からです。なお、退職手当については、原資の保全方法、計算方法等、規定内容は多岐にわたるため、別規程として定める場合が多いようです。この場合の別規程は就業規則の一部であり、届出・周知が必要です。

退職金の就業規則への記載

2．退職手当の定めをする場合においては、適用される従業員の範囲、退職手当の決定、計算及び支払の方法並びに退職手当の支払の時期に関する事項を就業規則に記載する必要があります（労基法89条、相対的必要記載事項）。

退職金の不支給・返還

3．「懲戒解雇の場合、退職金は支給しない又は減額する」との規定は一応有効と考えられますが、この場合、懲戒解雇の処分が現実に実施されなければなりません。退職後に懲戒解雇事由に相当するような不正が発覚した場合は、後から懲戒解雇措置をとることはできないため、発覚前に退職してしまった以上、その者は退職金請求権を有することとなります。

なお、退職金の全額没収は、使い込みや著しい背任などのような「これまでの会社に対する貢献をすべて抹消するような顕著な背信行為があった場合のみ有効」との裁判例（中部日本広告社事件　名古屋高　平2.8.31）があるので、これらの運用には注意が必要です。

退職金支払留保規定

4．就業規則等で支給条件が明確である退職金は賃金の性格を有し、支払時期を定めていない場合に従業員から請求があれば7日以内に支払わなければなりません。退職金規程に、支払時期が明記されればこの限りではありません。その時期は**懲戒事由行為の存在調査などのために退職後1～2か月程度の余裕を設けておくべき**

（退職金の支給）

第112条　勤続○年以上の従業員が退職し又は解雇されたときは、別に定める退職金規程に基づき算定した退職金を支給する。ただし、第134条（懲戒の事由）第2項により懲戒解雇された者には、退職金の全部又は一部を支給しないことがある。

2　継続雇用制度の対象者については、定年時に退職金を支給することとし、その後の嘱託としての期間については退職金を支給しない

（退職金の支払方法及び支払時期）

第113条　退職金は、支給事由の生じた日から○か月以内に、退職した従業員（死亡による退職の場合はその遺族）に対して支払う。

条文の見出し／キーワード	作成基準の解説
	でしょう。 　また、競業避止や守秘義務を徹底させるため、退職金の支払を一定期間留保する取扱いも考えられますが、全額払いや職業選択の自由を不当に拘束するものと解されるおそれもあり、**退職金の一部については退職年金のように、分割払いとして支払時期及び回数を段階的に定め、離職時に取り交わした誓約書や契約書と併せて運用を図ることが無難といえます。**
(退職金の支給)	1．労基法89条は、就業規則の記載事項として「退職手当の定めをする場合においては、適用される労働者の範囲、退職手当の決定、計算及び支払の方法並びに退職手当の支払の時期に関する事項」を挙げています。つまり、労使間において、労働契約等によってあらかじめ支給条件が明確になっている退職金制度があれば、これを就業規則に定めなければならないということです。公務員の場合と異なり、我が国では、民間企業の従業員に対する法律上の退職金支給義務は使用者に課されていないため、退職金制度を設けていない会社の場合は、就業規則への記載は不要です。 　なお、会社が、中小企業退職金共済制度や企業年金制度等の社外積立型の退職金制度を利用している場合も、退職金制度が存在していることになるため、就業規則への記載が必要です。 2．退職金について不支給事由又は減額事由を設ける場合には、「退職手当の決定及び計算の方法に関する事項」に該当するので、就業規則への記載が必要です。
(退職金の支払方法及び支払時期) 小切手払い	1．退職金については、本人の同意があれば、従業員指定の本人名義預金口座への振込での支払ができるほか、所定の要件を満たせば、銀行振出小切手・銀行支払保証小切手・郵便為替での支払もできます。
支払時期	2．労基法23条は、会社は、権利者からの請求があればその日から7日以内に賃金等労働者の権利に属する金品を支払わなければ

条文の見出し／キーワード	作成基準の解説
	ならないとしています。退職金も、就業規則等で支給条件が明確になっている場合は、労基法上の賃金となります。ただし、退職金は、通常の賃金とは異なり、あらかじめ就業規則等で定められた支払時期があれば当該時期に支払えばよく、請求があったとしても、7日以内に支払う必要はないとされています（昭63.3.14基発150号）。 3．支払時期は、資金の準備や適正な金額の検討（退職事由や不正行為が存在していないか等の調査）の時間を考慮して、1か月以上の猶予を持って支払うのがよいでしょう。

第12章　　安全衛生及び災害補償

第1節　安全及び衛生

（安全及び衛生）

第114条　会社及び従業員は、安全衛生に関する諸法令及び会社の諸規程を守り、災害の防止と健康の保持増進に努めなければならない。

（自己保健義務）

第115条　従業員は、日頃から自らの健康の保持、増進及び傷病予防に努め、会社が実施する所定の健康診断は必ず受診し、健康に支障を感じた場合には、進んで医師の診療を受ける等して、会社に申し出てその回復のため療養に努めなければならない。

条文の見出し／キーワード	作成基準の解説
（安全及び衛生）	1．会社には「安全配慮義務」があり、従業員には安全衛生等の法令、規則の遵守、職場環境の維持継続等が求められています。
安全配慮義務	2．川義事件判決（最3小 昭59.4.10）では、「(使用者は、) 労働者が労務提供のために設置する場所、設備もしくは器具等を使用し又は使用者の指示のもとに労務を提供する過程において、**労働者の生命及び身体等を危険から保護するよう配慮すべき義務**（「安全配慮義務」という）を負っている」ものとしました。その根拠は民法1条2項の信義誠実の原則であり、「安全配慮義務は、**ある法律関係に基づいて特別の社会的接触の関係に入った当事者間において、当該法律関係の付随義務として当事者の一方又は双方が相手方に対して信義則上負う義務として一般的に認められるべきもの**（陸上自衛隊八戸駐屯地事件 最3小 昭50.2.25）」とされています。会社が、従業員の生命及び身体等の安全を確保するということは、安全衛生管理体制とその履行のことであり、安全衛生管理規程、安全衛生委員会規則、業務上災害補償規程等の安全衛生・健康管理に関する諸規程の整備が必要です。 なお、労契法は「労働者の安全への配慮」について、「使用者は、労働契約に伴い、労働者がその生命、身体等の安全を確保しつつ労働することができるよう、必要な配慮をするものとする」と定めています（労契法5条）。
（自己保健義務）	電通過労自殺事件（最2小 平12.3.24）以後、過重労働に対する使用者責任が厳しく問われるようになりました。しかし、会社はあらゆる場面において、すべての危険、健康被害から従業員を守るべきものかというとそうではなく、例えば、私生活上の問題や、通常予想し得ない範囲によるものや従業員が当然遵守すべき注意義務を怠った場合には守りようがありません。 川崎製鉄渡辺過労自殺事件（岡山地 平10.2.23）では、うつ病

受診義務の規定

（受診義務）

第○条　会社は、伝染病の疾病のほか、精神的疾患その他就業上影響のある疾病の疑いがある場合、配転、復職等の人事異動に伴い必要な場合、又は業務上予防することが必要な疾病の健診を行う場合には、従業員に対し産業医、嘱託医、又は会社の推薦、指定する医師の受診を命ずることがある。

（就業制限）

第116条　会社は、法令に定める危険又は有害な業務若しくは重量物を取り扱う業務に、女性及び年少者である従業員を就かせない。

2　会社は、法令に定める危険業務に、必要な技能又は経験のない従業員を就かせない。

（就業禁止）

第117条　会社は、次の各号のいずれかに該当する者については、あらかじめ、産業医その他専門医の意見を聴いて、その就業を禁止する。

（1）病毒伝ぱのおそれのある伝染性の疾病にかかった者

（2）心臓、腎臓、肺等の疾病で労働のため病勢が著しく増悪するおそれのあるものにかかった者

（3）前各号に準ずる疾病で厚生労働大臣が定めるもの及び感染症予防法で定める疾病にかかった者

2　前項の規定にかかわらず、会社は、次の各号のいずれかに該当する者については、その就業を禁止することがある。

（1）従業員の心身の状況が業務に適しないと判断したとき。

（2）当該従業員に対して、国等の公の機関から、外出禁止又は外出自粛の要請があったとき。

条文の見出し／キーワード	作成基準の解説
	による過労自殺について使用者責任を認めたものの、当該従業員が毎晩相当量のアルコールを摂取していたこと、病院での受診を自ら中止した等の事情から、従業員の過失を認め、損害賠償額を5割減額しています。 このように、仮に問題が生じた場合であっても、すべて会社がその責めを負うものではなく、**自己保健義務を規定し、これに基づき従業員側の過失がなかったかどうか問えるようにしておきたいものです。**
（就業制限）	以下のような就業制限があります。 ①　クレーン運転その他の業務で免許等を必要とする業務の就業制限（安衛法61条） ②　伝染性の疾病等にかかった従業員に対する就業制限（安衛法68条） ③　危険有害業務についての年少者の就業制限（労基法62条） ④　危険有害業務についての女性の就業制限（労基法64条の3）
（就業禁止）	1．会社は、次の各号のいずれかに該当する者については、その就業を禁止しなければなりません。ただし、①に掲げる者について伝染予防の措置をした場合は、この限りではありません（安衛則61条）。 ①　病毒伝ぱのおそれのある伝染性の疾病にかかった者 ②　心臓、腎臓、肺等の疾病で労働のため病勢が著しく増悪するおそれのあるものにかかった者 ③　前各号に準ずる疾病で厚生労働大臣が定めるものにかかった者
産業医の意見	2．会社は、1.の規定により、就業を禁止しようとするときは、あらかじめ、産業医その他専門の医師の意見をきかなければなりません（安衛則61条2項）。
賃金の取扱い	3．平成21年に流行した新型インフルエンザ（A／H1N1）につ

3　会社は、前二項の規定により、就業を禁止しようとするときは、あらかじめ、会社が指定する医師の意見を聴くものとする。また、従業員は、前二項に該当するおそれがあるときは、直ちに会社に届け出なければならない。

4　第１項及び第２項の規定により、就業を禁止された期間は、無給とする。ただし、会社が必要と認めるときは、有給の特別休暇を付与し、又は在宅での軽易な業務を命ずることができる。

（健康診断）

第118条　常時雇用される従業員に対しては、入社の際及び毎年１回定期的に健康診断を行う。

2　深夜業を含む業務等に従事する者及び法令で定める有害業務に従事する者には、別途法令に基づく回数及び特別の項目による健康診断を付加する。これ以外の場合であっても、会社が必要と判断した場合はこれに準じて扱う。

3　会社は、前二項の健康診断の結果を本人に速やかに通知するとともに、異常の所見があり、必要と認めるときは、就業を一定期間禁止し、又は配置転換を行い、その他健康保健上必要な措置を命ずることができる。

条文の見出し／キーワード	作成基準の解説
	いては、安衛則61条1項1号の「病毒伝ぱのおそれのある伝染性の疾病」には該当せず、「労働者がこれに感染したことのみをもって、就業禁止の措置を講ずることは要しない」ものとされました（厚生労働省「新型インフルエンザ（A／H1N1）に関する事業者・職場のQ＆A」）。この場合、感染した従業員を会社が任意に休業させた場合の賃金の取扱いが問題となります。**仮に行政の要請等により休業させた場合には、会社には賃金の支払義務は生じませんが、会社の自主的な判断による場合は、少なくとも休業手当の支払いが必要です**（愛知労働局からの照会に対する、厚生労働省労働基準局監督課による平15.5.22付回答ほか）。 一方で、「使用者の責めに帰すべき事由」であるかどうかの判断も一概に行えるものではありません。そこでモデル規則では、賃金は無給とすることを原則としたうえで、**必要に応じて有給の特別休暇を与える**規定内容としています。
（健康診断）	1．会社には採用時と毎年定期に健康診断実施義務があり、健康診断結果の記録を作成し、5年間保存しなければなりません（安衛法66条、則43条、則44条、則51条）。一方、従業員にも健康診断を受診する義務があります。会社が実施する健康診断を受診しない場合は、他の医師の健康診断を受けて、その結果を証明する書面を提出しなければなりません（安衛法66条5項）。
特定業務に従事する者の健康診断	2．深夜業を含む業務等の特定業務に従事する従業員に対しては、当該業務への配置替えの際及び6か月以内ごとに1回、定期健康診断と同じ項目の健康診断を行わなければなりません。 また、深夜業を含む業務に従事する従業員であって、一定の要件に該当する者（常時使用される従業員であって、当該健康診断を受けた日前6か月間を平均して1か月に4回以上の深夜業に従事した者）は、自ら受けた健康診断（自主的健康診断）の結果を会社に提出することができ、会社は提出された健康診断結果により、定期健康診断と同様の事後措置等を講じる必要があります（安衛法66条の2）。

（面接指導）

第119条　休憩時間を除き1週間当たり40時間を超えて労働させた場合におけるその超えた時間が1か月当たり80時間を超え、かつ、疲労の蓄積が認められる従業員が申し出たときは、会社は、医師による面接指導（問診その他の方法により心身の状況を把握し、これに応じて面接により必要な指導を行うことをいう。）を行うものとする。

2　新商品の開発業務に従事し、労働基準法第36条の規定の一部が除外されている者については、前項の時間が100時間を超えたときは、本人の申出がなくとも、会社は医師による面接指導を行わなければならない。

3　会社は、面接指導を行ったときは、医師の意見を勘案し、その必要があると認めるときは、当該従業員の実情を考慮して、就業場所の変更、作業の転換、労働時間の短縮、深夜業の回数の減少等の措置を講ずるほか、当該意見を衛生委員会（安全衛生委員会）に報告するものとする。

（心理的な負担の程度を把握するための検査及び面接指導）

第120条　会社は、従業員に対し、医師、保健師又は一定の研修を受けた看護師若しくは精神保健福祉士（以下「医師等」という。）による心理的な負担の程度を把握するための検査を行う。実施の細目については、関係法令の定めるところにより会社が決定する。

2　前項の検査の結果は、当該検査を行った医師等から検査を受けた従業員に通知されるものとし、あらかじめ当該従業員の同意を得た場合に限り、当該医師等より会社にも結果が提供されるものとする。

3　会社は、前項の通知を受けた従業員であって法令で定める要件に該当するものが申し出たときは、当該従業員に対し、医師による面接指導を行う。

4　会社は、前項の面接指導の結果に基づき、当該従業員の健康を保持するために必要な措置について医師の意見を聴くものとする。

5　会社は、前項の医師の意見を勘案し、その必要があると認めるときは、当該従

条文の見出し／キーワード	作成基準の解説
特殊健診	3．放射線業務等、法令で定める有害業務に従事する者については、法定の健診項目のほかに特殊健診を行わなければなりません。
（面接指導） 面接指導のポイント	1．対象従業員は、1週40時間を超える労働時間が1か月80時間を超え疲労の蓄積が認められる者（ただし、直近1か月に面接指導を受けた等の理由で医師が必要ないと認めた場合を除く）です。 2．労働時間の算定は、毎月1回以上、一定の期日を定めてこれを行わなければなりません。 3．面接指導は、要件に該当する従業員の申出によって行われますが、産業医は、このような従業員に対して、申出を行うよう勧奨することができます。
（心理的な負担の程度を把握するための検査及び面接指導） ストレスチェック制度	1．ストレスチェック制度は、定期的に労働者のストレスの状況について検査を行い、本人にその結果を通知して自らのストレスの状況について気付きを促し、個人のメンタルヘルス不調のリスクを低減させるとともに、検査結果を集団ごとに集計・分析し、職場におけるストレス要因を評価し、職場環境の改善につなげることで、ストレスの要因そのものも低減させるものです。 これによって、メンタルヘルス不調のリスクの高い者を早期に発見し、医師による面接指導につなげることで、労働者のメンタルヘルス不調を未然に防止します。ストレスチェックの結果の通知を受けた労働者のうち、高ストレス者として面接指導が必要と評価された労働者から申出があったときは、医師による面接指導を行うことが会社の義務になります（従業員数50人未満の場合は、努力義務）。

業員の実情を考慮して、就業場所の変更、作業の転換、労働時間の短縮、深夜業の回数の減少等の措置を講ずる。
<労働者数 50 人未満は努力義務>

（指定医健診）

第121条　従業員が次の各号のいずれかに該当する場合、会社は従業員に対し、会社の指定する医師の健康診断を受けさせることができる。なお、これは業務上の必要性に基づくものであるため、従業員は正当な理由なくこれを拒むことはできない。

（1）傷病による欠勤が連続７日間を超える場合
（2）長期の傷病欠勤後出勤を開始しようとする場合
（3）傷病を理由にたびたび欠勤する場合
（4）傷病を理由に労働時間の短縮又は休暇、職種若しくは職場の変更を希望する場合
（5）業務の能率、勤務態度等により、身体又は精神上の疾患に罹患していることが疑われる場合
（6）海外における勤務に従事する者で、健診の必要のある場合
（7）その他会社が必要と認める場合

条文の見出し／キーワード	作成基準の解説
	2．ストレスチェックの調査票には、「仕事のストレス要因」、「心身のストレス反応」及び「周囲のサポート」の3領域を全て含められます。どのような調査票を用いるかは会社が自ら選択可能ですが、国では標準的な調査票として「職業性ストレス簡易調査票（57項目）」を推奨しています。
	3．ストレスチェックの結果は実施者から直接本人に通知し、本人の同意がない限り、会社に提供してはいけません。
集団分析の実施	4．職場の一定規模の集団（部、課など）ごとのストレス状況を分析し、その結果を踏まえて職場環境を改善することが努力義務とされています。
（指定医健診） 受診命令	保健医療に関する個人情報は、センシティブ情報（機微な個人情報）とされ、取扱いに慎重を要します。しかし、**就業規則上の根拠があれば、法定外のものであっても健診を義務付けることは可能で、さらに、会社の指定医に受診させることも医師選択の自由に反しないとされます**（帯広電報電話局事件　最1小　昭61.3.13）。したがって、就業規則上に明確な根拠規定をおくことが無難でしょう。

第２節　災害補償

（災害補償）

第122条　従業員の業務上の傷病に対する療養補償、休業補償、障害補償及び業務上の死亡に対する遺族補償、葬祭料については、労働基準法の定めるところによりこれを行う。

（打切補償）

第123条　労働基準法に基づく療養補償又は労働者災害補償保険法に基づく療養補償給付を受ける従業員が療養開始後３年を経過しても、負傷又は疾病が治ゆしない場合は、労働基準法の定めるところにより、打切補償を行い、その後の補償は行わない。

（災害補償と法令との関係）

第124条　従業員が同一の事由について、労働者災害補償保険法その他の法令によ

条文の見出し／キーワード	作成基準の解説
(災害補償)	業務災害により休業する場合の最初の３日間は、労災保険からの休業補償が行われないので、会社は、労基法に基づいて平均賃金の60％以上の休業補償をしなければなりません（労基法 76 条）。
(打切補償)	１．労基法 75 条（療養補償）の規定によって補償を受ける従業員又は労災保険法の規定によって療養補償給付を受ける従業員が、療養開始後３年を経過しても負傷又は疾病がなおらない場合においては、会社は、平均賃金の 1,200 日分の打切補償を行い、その後はこの法律の規定による補償を行わなくてもよいことになります（労基法 81 条、本書 467 頁参照）。
打切補償の判例	２．業務上疾病により休業し労災保険法に基づく療養補償給付及び休業補償給付を受けている従業員について、療養開始後３年を経過しても疾病等が治らない場合には、使用者は、当該従業員につき、労基法 81 条の打切補償を支払って、同法 19 条１項ただし書による解雇制限解除の適用を受けることができるかどうかが争われた裁判では、第一審・第二審判決では、「労災保険法」に基づく療養補償が支払われている場合は、解雇制限の解除が認められないとしていました。 これに対して最高裁判所は、労災保険上の療養補償給付・休業補償給付を受けていた従業員について、労基法 81 条（「労基法」に基づく療養補償を受ける従業員が、療養開始後３年を経過しても負傷又は疾病がなおらない場合においては、使用者は、平均賃金の 1,200 日分の打切補償を行い、その後は労基法の規定による補償を行わなくてもよい）の従業員に当たるとして、打切補償を支払えば、労基法 19 条１項ただし書きの要件を満たし、解雇制限は解除されることを明らかにしました（学校法人専修大学事件　最２小　平 27.6.8）。
(災害補償と法令との関係)	労基法に規定する災害補償の事由について、労災保険法等に基づいて災害補償に相当する給付が行われるべきものである場合におい

る給付を受ける場合は、その価額の限度において、会社は第122条（災害補償）の規定に基づく補償を行わない。

労災上乗せ保険に加入する場合

（上積補償等）

第○条　従業員又はその家族若しくは相続人（以下「従業員等」という。）が労災上積保険、弔慰金、見舞金その他名称を問わず、業務上の災害により、会社から労災保険等以外の給付を受ける場合には、従業員等はその価額の範囲内の民事損害賠償請求権を放棄しなければならない。

条文の見出し／キーワード	作成基準の解説
	ては、会社は、補償の責めを免れます。 　また、会社は、災害補償を行った場合においては、同一の事由については、その価額の限度において民法による損害賠償の責めを免れます（労基法 84 条）。
（上積補償等）	1．業務災害の被災従業員又はその遺族は、労基法上の労災補償や労災保険法上の保険給付とは別に、会社に対して、「安全配慮義務違反」を理由に損害賠償請求を求めることができます。労災が発生したことにより、会社に損害賠償責任が認められる場合、上積補償による給付を損害賠償から控除することができるかどうかは、上積補償制度をどのようなものとして規定するかによることとなります。一般的には、上積補償を行うことによって、その価額の限度で同一事由につき被災労働者又はその遺族に対して負う損害賠償責任を免れると考えられます。しかし、**紛争防止のためには、上積補償制度について明確に定め、従業員に周知しておかなければなりません**。 　特に次の 2 点に留意が必要です。 ①　上積補償は労災保険給付の不足分を補うために上積みする趣旨であるので、原則として労災補償給付との支給調整は行わない取扱い（昭 56. 10. 30 基発 696 号）であること。 ②　参考規定例のような損害賠償の予定である旨の規定（すなわち、上積補償以外には民事損害賠償を行わないこととする規定）を設けても、上積の金額が事故による被害の大きさに応じた相当の金額でなければ、当該規定は無効となること。
民事損害賠償との調整	2．上積補償を行うに当たっては、特別な合意がない限り、上積補償を行った後にさらに慰謝料等の民事損害賠償請求を提訴される可能性もあります。実務上は、十分な上積金であれば、交付と同時に民事損害賠償請求権を放棄する旨の念書を取ることも検討できるでしょう。 　なお、上積補償の原資として団体生命保険等を利用する場合は、被災従業員（遺族）補償分と会社の逸失利益分とを明確に分けて契約する必要があります。

第13章　教育訓練及び福利厚生

第1節　教育訓練

（自己啓発義務）

第125条　従業員は、会社の行う教育訓練を受ける義務を有するとともに、自らも進んで自己啓発に努め、自己研鑽及び自己の職業能力開発及び向上に積極的に取り組まなければならない。

（教育研修）

第126条　会社は、従業員に対して、業務に関する知識を高め、技術の向上を図るため必要な教育を行う。

2　従業員は、会社が行う教育の受講を命じられたときは、正当な理由なくこれを拒むことはできない。

3　会社が業務上の必要性を認め、会社の業務命令により行われる教育研修は、原則として所定労働時間内に実施するものとする。研修が所定労働時間外に及ぶときは、所定外労働とし、会社の休日に行われるときは、あらかじめ他の労働日と振り替える。

条文の見出し／キーワード	作成基準の解説
（自己啓発義務）	1．「当社の従業員には自己啓発、自己研鑽して常に能力の向上に努める義務がある」ということを明示しておくことが「不況を克服する人事」として必要なことではないかと思われます。これからの企業の成長には個々のマンパワー、個々の能力に依存する部分がますます大きくなるといえます。人事政策としては、個々の自助努力、自己啓発なども評価の対象とすべきでしょう。
教育訓練の権利・義務	2．教育は、企業発展のためにも経営上重要な施策です。しかし、このような重要な施策であるにもかかわらず、受ける側は不平、不満を言ったり、出席しても居眠りしたりという状況が多いのが実状でしょう。 3．人間は「権利」を強調しないと、「義務」の履行を認識しにくいという傾向があるので、教育を受ける権利と義務を明確化するような規定が、心理的にもまた会社の姿勢を表すものとしても、有効になると思われます。
（教育研修） 留学・研修費用の返還	1．会社が費用負担した留学や資格取得後の退職は、企業にとっての損失も大きいでしょう。しかし、留学前に「○年間は退職しません」という誓約書をとったとしても、民法627条により期間の定めのない労働契約であれば辞職は自由であるため、その効力はありません。また、負担金額の返済規定は、労基法16条（賠償予定の禁止）に抵触するおそれがあります。判例では、その留学に業務性があれば無効（富士重工事件 東京地 平10.3.17）とされ、業務性を帯びない自発的なものであれば有効（長谷工コーポレーション事件 東京地 平9.5.26）という判断です。 　次の参考規定例のように、一定期間の継続勤務があれば弁済免除するという、留学費用の金銭消費貸借契約とし、費用返還が労働契約の履行・不履行と無関係に定められている場合は、労基法

留学費用の返還規定

（留学費用）

第○条　会社は、留学する従業員に対し、次の各号の費用を貸与するものとし、貸与は必要に応じて随時行う。この貸付金は無金利とする。

2　留学終了後、会社に復帰して5年以上勤務した場合は、前項により貸与した留学費用の返還を免除する。また、留学した従業員が、留学中又は帰任後5年以内に死亡又はその他やむを得ない理由により返還不能となった場合、健康上の理由により留学の辞退がやむを得ないと認められる場合には、貸与費用の全部又は一部の返済を免除することがある。

（セルフ・キャリアドック）

第127条　会社は、正社員に、ジョブ・カードを活用したキャリアコンサルティングを定期的に行う。

2　キャリアコンサルティングは職業能力開発促進法第30条の3に規定されているキャリアコンサルタントにより行われるものとする。

3　キャリアコンサルティングを実施する時期は、毎年、年度末に実施している人事評価の面接時に併せて実施するものとする。

4　キャリアコンサルティングを受けるために必要な経費は、会社が全額負担する。

第2節　福利厚生

（慶弔金）

第128条　従業員の慶事及び弔事に対して、会社は慶弔金を支給することができる。

2　会社は、従業員の死亡等（高度障害、傷病等の保険事故を含む。）に係る弔慰金や退職慰労金、上積補償の支払基盤を充実確保するための財源として、会社を保険契約者及び保険金受取人とする団体生命保険等の保険金を充てることができる。この場合、当該保険金（解約返戻金を含む。）は全額会社に帰属するものとする。

3　従業員等に対して支給する慶弔金は、従業員の勤続年数及び会社に対する貢献度、死亡又は障害、傷病等の経緯等を総合考慮のうえ、合理的な金額を支払うものとする。

条文の見出し／キーワード	作成基準の解説
	16 条に抵触しないと考えられます（労働基準法研究会報告書平成 5 年 5 月）。なお、一定の期間は、民法 626 条との均衡から「5 年以内」が望ましいでしょう。
国家公務員の留学費用	2.「国家公務員の留学費用の償還に関する法律」において、国家公務員が留学中又はその終了後原則として 5 年以内に離職した場合、その国家公務員は、留学費用相当額の全部又は一部を償還しなければならないこととなっています。民間ルールとしても参考になるでしょう。
（セルフ・キャリアドック）	セルフ・キャリアドックとは、従業員にキャリアコンサルティング（従業員が主体的にキャリア・プラン（働き方や職業能力開発の目標や計画）を考え、それらに即して働こうとする 意欲を高めるための相談）を定期的に提供する仕組みのことをいいます。
（慶弔金） 弔慰金、退職慰労金と生命保険	1．弔慰金や退職慰労金等の原資として、団体生命保険が利用されていることがあります。この場合、生命保険契約の当事者以外の者を被保険者とする死亡保険契約となるため、保険法 38 条により、被保険者の同意が必要になるため、本人に帰属するものと誤解させない必要があります。 2．保険金を受け取った会社と死亡した従業員の遺族との間の争いは非常に多く、裁判例の蓄積により、「付保規定の趣旨目的、従業員の同意の有無と加入目的の理解の程度と内容、勤続年数・貢献度、保険料・税金の負担関係、保険金の額、税務上の処理、弔慰金規程の有無・内容などを総合的に勘案する」との判断が定着しています。

（その他の福利厚生）

第129条　会社が講ずる福利厚生制度は、毎年度予算の範囲内でこれを行うものとし、その内容は、別に定める福利厚生ハンドブックにより、従業員に周知する。

条文の見出し／キーワード	作成基準の解説
	保険内容を就業規則に規定し、周知していたならば、ある程度の理解のうえでの同意があったことを説明できるようになります。
(その他の福利厚生) 法定福利厚生と法定外福利厚生	1．福利厚生は、法定福利厚生と法定外福利厚生に分類されます。法定福利厚生とは、法律によって使用者に実施が義務付けられている福利厚生、すなわち、社会保険料の拠出を指します。本条で定めるのは、これではなく、法定外福利厚生についてです。 　法定外福利厚生は、法律によって義務付けられているものではなく、会社が任意で行うさまざまな制度を指します。具体的には、次のようなものがあります。 ①　慶弔・災害見舞金 ②　社宅・独身寮 ③　がん検診等の法定健康診断への上積み ④　法定の育児・介護休業への上積み ⑤　運動施設や保養所などの余暇施設 ⑥　文化・体育・レクリエーション活動の支援 ⑦　資格取得や自己啓発の支援 ⑧　財形貯蓄制度・社内預金 ⑨　社員食堂・託児施設　など
パートタイマーと福利厚生施設	2．パートタイム労働法では、会社は、正社員に対して利用の機会を与える福利厚生施設であって、健康の保持又は業務の円滑な遂行に資するものとして厚生労働省令で定めるものについては、その雇用するパートタイマーに対しても、利用の機会を与えるように配慮しなければならないとしています。 　具体的には、次の施設を指します。 ①　給食施設 ②　休憩室 ③　更衣室

第14章　表彰及び懲戒

第1節　表　彰

（表彰の基本原則）

第130条　会社は、会社の発展に大きく寄与した従業員に対し、その優れた功績を周知することにより他の従業員とともに栄誉を称え、感謝の意を表するために表彰するものとする。

（表　彰）

第131条　従業員が次の各号のいずれかに該当する場合には、審査のうえ表彰することができる。

（1）品行方正、技術優秀、業務熱心で他の者の模範と認められる者

（2）災害を未然に防止し、又は災害の際、特に功労のあった者

（3）業務上有益な発明、改良又は工夫、考案のあった者

（4）永年にわたり無事故で継続勤務した者

（5）社会的功績があり、会社及び従業員の名誉となった者

（6）その他前各号に準ずる程度に善行又は功労があると認められる者

2　前項の表彰は、賞状、賞品又は賞金を授与し、これを行う。

条文の見出し／キーワード	作成基準の解説
（表彰の基本原則） 表彰制度	1．表彰制度の在り方については、専ら労使間の問題であり労基法として触れるところではありませんが、表彰の「種類及び程度」に関する事項を就業規則に記載すべきとされています。
表彰の意義	2．とはいえ、表彰制度は、法的義務はないものの労務管理的側面において重要な意味を持ちます。表彰を通じて会社として公式に制度として従業員を承認する（ほめる）ことは、従業員の心の中の満足感を高める「動機付け要因」になります。表彰は、賃金や報酬などによる動機付け（衛生要因）よりも強力で、永続的にモチベーションを高める効果が期待されます。
（表　彰）	1．表彰は従業員の士気向上（モラールの向上）を目的として行われるもので、賞状を授与し、副賞として記念品等を授与するのが通例です。 2．記念品については、所得税の課税対象になることがあります。

第2節　懲　戒

（懲戒の基本原則）

第132条　会社は、第４章の服務規律に従わず、是正が必要な従業員に対し、適切な指導及び口頭注意を行うものとする。口頭注意は、当該従業員に非違行為の内容を口頭で指摘し、必要な助言を行い、改善策を求めることにより行う。

2　前項にかかわらず、なお改善が行われず企業秩序を維持するために必要があると認めるときは、本章に定める懲戒処分を行うことができる。

条文の見出し／キーワード	作成基準の解説
（懲戒の基本原則）	**雇用指針** ○　服務規律や企業秩序を維持するため、規律違反や秩序違反に対する制裁として「懲戒処分」が行われる。企業においては、就業規則で懲戒解雇、諭旨解雇（勧告に応じて退職しない場合には懲戒解雇することを前提とした退職の勧告）、出勤停止、減給、戒告、訓告、譴責等として制度化されている場合も多い。 ○　懲戒事由としては、①経歴詐称、②職務懈怠、③業務命令違背、④業務妨害、⑤職場規律違反、⑥労働者たる地位・身分による規律違反（私生活上の非行、無許可兼職、誠実義務違反等）等がある。 ○　懲戒処分の法的根拠について、判例では、使用者は、広く企業秩序を維持し、もって企業の円滑な運営を図るために、その雇用する労働者の企業秩序違反行為を理由として、当該労働者に対し、一種の制裁罰である懲戒を行うことができるとしている。 ○　また、判例では、使用者が労働者を懲戒するには、あらかじめ就業規則において懲戒の種別及び事由を定めておくことを要するとされ、就業規則が法的規範としての性質を有するものとして、拘束力を生ずるためには、その内容を適用を受ける事業場の労働者に周知させる手続がとられていることを要するとしている。
会社の懲戒権	1．従業員は、労働契約を締結して雇用されることによって、会社に対して労務提供義務を負うとともに、企業秩序を遵守すべき義務を負います。一方で、会社は、その雇用する従業員の企業秩序違反行為を理由として、当該従業員に対し、懲戒を課すことができます（関西電力事件　最1小　昭58.9.8）。 2．会社が従業員を懲戒するには、あらかじめ就業規則において懲戒の種別及び事由を定めておくことが必要であり、**その就業規則の内容を、適用を受ける従業員に周知させる手続を採っておくことが必要です**（フジ興産事件　最2小　平15.10.10）。

（懲戒の種類、程度）

第133条　懲戒の種類及び程度は、その情状により次のとおりとする。

（1）譴責…始末書を提出させ、書面において警告を行い、将来を戒める。この場合、事前に面接を行う場合と、行わない場合とがある。

（2）減給…始末書を提出させて、減給する。ただし、1回につき平均賃金の1日分の半額、総額においては一賃金支払期の賃金総額の10分の1を超えない範囲でこれを行う。

（3）出勤停止…始末書を提出させ、14労働日以内の出勤を停止する。その期間の賃金は支払わない。

（4）諭旨解雇…懲戒解雇相当の事由がある場合で、本人に反省が認められるときは退職届を提出するように勧告する。ただし、勧告に従わないときは懲戒解雇とする。

（5）懲戒解雇…予告期間を設けることなく即時解雇する。この場合において、労働基準監督署長の認定を受けたときは、解雇予告手当を支給しない。

2　懲戒は、当該非違行為に関する教育指導とともに前項第1号から第4号又は第5号の順に段階的に行うものであり、各号の懲戒を行ったにもかかわらず、改悛の見込みがなく、かつ、非違行為を繰り返す場合には、上位の懲戒を行うことを原則とする。

◆注意すべき条文◆

懲戒解雇事由に該当したときは、予告期間を設けないで即時解雇する。

＊この条文では、懲戒解雇であれば簡単に解雇できると誤解される可能性があります。

懲戒解雇事由に該当したときは、所轄労働基準監督署長の認定を得たうえで、予告期間を設けず即時解雇する。

＊この条文は、所轄労働基準監督署長の認定を即時解雇だけでなく解雇そのものの要件としていると読めてしまうため、適切ではありません。解雇要件はあくまでも就業規則に定める懲戒事由です。所轄労働基準監督署長は、当該事実を認定するのみです。

条文の見出し／キーワード	作成基準の解説
（懲戒の種類、程度）	1．就業規則において、表彰及び制裁（懲戒）の定めをする場合においては、その種類及び程度に関する事項を記載する必要があります（労基法89条9号）。
懲戒内容の制限	2．通常行われている懲戒の種類としては、譴責、減給、出勤停止、懲戒解雇などがありますが、「減給の制裁」について、労基法91条によりその額の上限が定められていること以外には、懲戒の種類やその内容について、労基法上の規制はありません。 **なお、「懲戒処分は制裁罰との性格をもち刑事処罰と類似性をもつため、罪刑法定主義類似の諸原則を満たすものでなければならない」と解釈されています（水町勇一郎『労働法』第2版155頁）。** **留意事項** 労契法15条は、「使用者が労働者を懲戒することができる場合において、当該懲戒が、当該懲戒に係る労働者の行為の性質及び態様その他の事情に照らして、客観的に合理的な理由を欠き、社会通念上相当であると認められない場合は、その権利を濫用したものとして、当該懲戒は、無効とする」と定めています。
在籍出向者の懲戒権の所在	3．在籍出向中の者は出向元、出向先それぞれに労働契約関係が存在するため、懲戒処分をすることにつき双方で処分を行うと、二重処罰に該当する可能性があります。二重処罰であるにもかかわらず有効とした判決もありますが、多くの批判、疑問があり、実務としては二重処罰を避けるよう規定することが重要です。出向契約などの特約がない限り、原則、懲戒権は出向元（あるいは出向先）に属するなどと規定しておくことが無難といえます。
	4．懲戒の規定の方法は、すべての懲戒事由を列挙してどのレベルの懲戒とするかその都度判断するものと、懲戒の種類ごとに懲戒事由を列挙するものとがあります。 **留意事項** 始末書の提出拒否をもって、新たな懲戒処分を下すことは、「一事不再理の原則」から許されないのが原則です。ここでいう「一事不再理の原則」のことを「二重処罰の禁止」ということがあります。ただし、「二重処罰の禁止」には2つの意味合いがあるため注意が必要です。

条文の見出し／キーワード	作成基準の解説

一つが「一事不再理の原則」であり、これは、一度処罰が確定した事案について重ねて処罰をすることができないとする刑事訴訟法上の原則を指します。つまり、一事案について、Aという処罰と次に科すBという処罰との間にタイムラグがある場合の問題です。

これに対して、本規則にある「始末書を提出させ、減給する」といった規定についても「二重処罰の禁止」に該当し無効ではないかという意見があります。この場合の「二重処罰」は「併科」の問題であり、「一事不再理の原則」とは関係ありません。むしろ、併科することに相当性があるかどうかの権利濫用の問題となります。一般的には、減給と同時に始末書提出を求めることは、その点だけでみれば権利濫用の問題は生じないものと考えられます。

留意事項

会社の秩序を維持するために、従業員はどのような行動をしてはならないのかを認識すべきなので、懲戒の内容を理解するためには、懲戒のそれぞれの種類とこれに対応した懲戒事由を定めておくとよいでしょう。

減給の制裁

5．減給は労基法91条で厳しく制約されており、1回の懲戒事由では平均賃金の半日分以内、総額で一賃金計算期間で1割以内しか減給できません。

6．「2回の遅刻をもって1日の欠勤とみなす」といった規定は、「1回の遅刻」という1事案についての減給が平均賃金の半額を超えていないため、一見有効のように思えますが、一般的には無効と判断されます。「2回の遅刻」をもって1事案とみなしていることと、懲戒の程度が重く権利濫用と考えられるためです。

SA8000

7．社会的説明責任へのコミットメントを実証することができる国際規格として、SA8000があります。この規格は、児童労働、強制労働、健康と安全、結社の自由と団体交渉権、差別、懲罰、労働時間、報酬、マネジメントシステムといった問題を取り扱っており、米国のSocial Accountability International（SAI）によって策定されたものです。当該規格では、減給が懲戒目的で行われないことを求めています。

条文の見出し／キーワード	作成基準の解説
懲戒解雇と解雇予告手当	8．モデル規則では、懲戒解雇の場合は、即時解雇としています。この場合、通常は解雇予告手当の支払が必要となりますが、労働基準監督署長の認定を受けることにより、その支払が免除されます。

> **➢　労働基準法20条（解雇の予告）**
>
> 1　使用者は、労働者を解雇しようとする場合においては、少くとも30日前にその予告をしなければならない。30日前に予告をしない使用者は、30日分以上の平均賃金を支払わなければならない。但し、天災事変その他やむを得ない事由のために事業の継続が不可能となった場合又は労働者の責に帰すべき事由に基いて解雇する場合においては、この限りでない。
>
> 2　（略）
>
> 3　前条第2項の規定（編注：天災事変等の場合の解雇制限除外認定の規定）は、第1項但書の場合にこれを準用する。

なお、労働基準監督署長が認定を行う場合の判断基準は、次のとおりとされています（昭23.11.11基発1637号、昭31.3.1基発111号）。概ね懲戒事由と一致すると考えられ、その趣旨から、**モデル規則において懲戒解雇の場合は、予告手当なしの即時解雇が可能なように規定したものです。**

労働者の責めに帰すべき事由
①　原則として、極めて軽微なものを除き、事業場内における盗取、横領、傷害等刑法犯に該当する行為のあった場合、また一般的にみて「極めて軽微」な事案であっても、使用者があらかじめ不祥事件の防止について諸種の手段を講じていたことが客観的に認められ、しかもなお労働者が継続的に又は断続的に盗取、横領、傷害等の刑法犯又はこれに類する行為を行った場合、あるいは事業場外で行われた窃盗、横領、傷害等刑法犯に該当する行為であっても、それが著しく当該事業場の名誉もしくは信用を失ついするもの、取引関係に悪影響を与えるもの又は労使間の信頼関係を喪失せしめるものと認められる場合 ②　賭博、風紀紊乱等により職場規律を乱し、他の労働者に悪影響を及ぼす場合。また、これらの行為が事業場外で行われた場合であっても、それが著しく当該事業場の名誉もしくは信用を失ついするもの、取引関係に悪影響を与えるもの又は労使間の信頼関係を喪失せしめるものと認められる場合

（懲戒の事由）

第134条　従業員が、第４章（服務規律）の各規定その他この規則及び諸規程に違反したときは、前条に定めるところにより、懲戒処分を行う。

２　前項にかかわらず、従業員が次の各号のいずれかに該当するときは、諭旨解雇又は懲戒解雇とする。ただし、情状により、前条に定める譴責、減給又は出勤停止とすることができる。

（１）正当な理由なく、欠勤が14日以上に及び、出勤の督促に応じない又は連絡が取れないとき。

（２）故意又は重大な過失により、会社の施設、設備に損害を与える等、会社に重大な損害を与えたとき。

（３）重要な経歴を偽り採用されたとき、及び重大な虚偽の届出又は申告を行ったとき。

（４）正当な理由なく配転等の重要な職務命令に従わず、職場秩序を乱したとき。

（５）会社に届出することなく副業・兼業をし、又は同業他社にて副業・兼業をし、企業秘密を漏えいし、又は会社の信用を失墜させるなどして、会社に損害を与えたとき。

（６）暴力、暴言その他の素行の不良で、著しく会社内の秩序又は風紀を乱したとき（ハラスメントによるものを含む。）。

（７）会社及び関係取引先の重大な秘密個人情報（個人番号を含む。）その他の情報を、故意に漏えいし、又は漏えいしようとしたとき。

（８）会社及び会社の従業員、又は関係取引先を誹謗若しくは中傷し、又は虚偽の風説を流布若しくは喧伝し、会社業務に重大な支障を与えたとき。

条文の見出し／キーワード	作成基準の解説

③　雇入れの際の採用条件の要素となるような経歴を詐称した場合及び雇入れの際、使用者の行う調査に対し、不採用の原因となるような経歴を詐称した場合
④　他の事業場へ転職した場合
⑤　原則として２週間以上正当な理由なく無断欠勤し、出勤の督促に応じない場合
⑥　出勤不良又は出欠常ならず、数回にわたって注意を受けても改めない場合

（懲戒の事由）

1．**何が懲戒処分の対象となるのかを明示し、かつ、その場合の懲戒処分の内容もあらかじめ特定しておく必要があります**。規定方法としては、すべての服務規律違反を懲戒事由として、どのレベルの懲戒とするかは非違行為の程度に応じ段階的に規定する方法と、懲戒の種類ごとに懲戒事由を列挙する方法があります。モデル規則は前者によるものです。後者の方法だと、すべての懲戒の種類ごとに懲戒事由を対応させてしまうことになり、具体的事由が発生した場合、どのレベルの懲戒処分に該当するのか判断に迷う場合があります。

なお、モデル規則のように懲戒事由を「すべての服務規律違反」と包括的に規定する場合であっても、諭旨解雇、懲戒解雇については、別に条項を設けるのがよいでしょう（モデル規則 134 条２項）。

懲戒解雇事由

2．就業規則の絶対的必要記載事項には、「解雇の事由」が含まれています。また、「懲戒処分には就業規則上の根拠規定を要するし、同規則上の懲戒事由や手段の列挙は限定列挙である」（菅野和夫『労働法』第 11 版補正版 659 頁）ことから、**就業規則における懲戒解雇事由は、限定列挙であるべきものと解されています。**

留意事項

「使用者が労働者を懲戒するには、あらかじめ就業規則において懲戒の種類及び事由を定めておくことを要する。」「就業規則が法的規範としての性質を有するものとして、拘束力を生ずるためには、その内

（９）刑罰法規の適用を受け、又は刑罰法規の適用を受けることが明らかとなり、会社の信用を害したとき。
（10）会計、決算、契約にかかわる不正行為又は不正と認められる行為、職務権限の逸脱等により、金銭、会計、契約等の管理上ふさわしくない行為を行い、会社に損害を与え、その信用を害すると認められるとき。
（11）暴力団員や暴力団関係者と関わりがあることが判明したとき。
（12）例え軽微な非違行為であっても、再三の注意、指導にかかわらず改悛又は向上の見込みがないとき。
（13）▼▼に違反する重大な行為があったとき。
（14）第４章（服務規律）に違反し、その結果が重大であるとき。
（15）その他この規則及び諸規程に違反し、又は非違行為を繰り返し、あるいは前各号に準ずる重大な行為があったとき。

懲戒事由を懲戒の種類ごとに列挙する場合

（懲戒の事由）

第○条　従業員が次の各号のいずれかに該当するときは、情状に応じ、譴責、減給又は出勤停止とする。
（１）正当な理由なく欠勤をしたとき。
（２）正当な理由なくしばしば遅刻、早退し、又はみだりに任務を離れる等誠実に勤務しないとき。
（３）過失により会社に損害を与えたとき。
（４）虚偽の届出又は申告を行ったとき。
（５）重大な報告を疎かにした、又は虚偽の報告を行ったとき。
（６）職務上の指揮命令に従わず職場秩序を乱したとき。
（７）素行不良で、会社内の秩序又は風紀を乱したとき（ハラスメントによるものを含む。）。
（８）会社内で暴行、脅迫、傷害、暴言又はこれに類する行為をしたとき。
（９）会社に属するコンピュータ、電話（携帯電話を含む。）、ファクシミリ、インターネット、電子メールその他の備品を無断で私的に使用したとき。
（10）過失により会社の建物、施設、備品等を汚損、破壊、使用不能の状態等にしたとき、又はサーバ、ハードディスクその他電子媒体に保存された情報を消去又は使用不能の状態にしたとき。
（11）会社及び会社の従業員、又は関係取引先を誹謗若しくは中傷し、又は虚偽の風説を流布若しくは喧伝し、会社業務に支障を与えたとき。
（12）会社及び関係取引先の秘密及びその他の情報を漏らし、又は漏らそう

条文の見出し／キーワード	作成基準の解説

容を適用を受ける事業場の労働者に周知させる手続が採られていることを要する。」（フジ興産事件 最2小 平15.10.10）

懲戒の加重

3．別規定例では、同じような懲戒事由をその程度に応じ各項に規定しています。分類の方法は次のようなものです。

①　非違行為の程度によるもの

例）

譴責、減給又は出勤停止（1項）	諭旨解雇又は懲戒解雇（2項）
第4章（服務規律）に違反したとき	第4章（服務規律）に違反する重大な行為があったとき

②　非違行為が、繰り返されているのかどうか、これについて注意・警告を行っているかどうか

例）

譴責、減給又は出勤停止（1項）	諭旨解雇又は懲戒解雇（2項）
正当な理由なくしばしば遅刻、早退し、又はみだりに任務を離れる等誠実に勤務しないとき	正当な理由なく頻繁に遅刻、早退又は欠勤を繰り返し、再三の注意を受けても改めないとき

4．手順を踏まずに、いきなり重い懲戒を適用すると、懲戒権の濫用と判断されることがあります。通常は次のような段階を経ます。

口頭注意→譴責→減給・出勤停止→諭旨解雇・懲戒解雇

出勤停止までの段階では、それぞれ始末書をとり、反省を促す一方で、非違行為の記録をとっておく必要があります。

としたとき。
(13) 職務に対する熱意又は誠意がなく、怠慢で業務に支障が及ぶと認められるとき。
(14) 職務の怠慢又は監督不行届きのため、災害、傷病又はその他の事故を発生させたとき。
(15) 職務権限を越えて重要な契約を行ったとき。
(16) 信用限度を超えて取引を行ったとき。
(17) 偽装、架空、未記帳の取引を行ったとき。
(18) 部下に対して、必要な指示、注意、指導を怠ったとき。
(19) 部下の懲戒に該当する行為に対し、監督責任があるとき。
(20) 第4章（服務規律）に違反したとき。
(21) その他この規則及び諸規程に違反し、又は非違行為若しくは前各号に準ずる不都合な行為があったとき。

2　従業員が次の各号のいずれかに該当するときは、諭旨解雇又は懲戒解雇に処する。ただし、情状により減給又は出勤停止とする場合がある。
(1) 正当な理由なく、欠勤が14日以上に及び、出勤の督促に応じない又は連絡が取れないとき。
(2) 正当な理由なく頻繁に遅刻、早退又は欠勤を繰り返し、再三の注意を受けても改めないとき。
(3) 正当な理由なく頻繁に業務上の指示又は命令に従わないとき。
(4) 故意又は重大な過失により、会社に重大な損害を与えたとき。
(5) 重要な経歴を偽り採用されたとき、及び重大な虚偽の届出又は申告を行ったとき。
(6) 重大な報告を疎かにした、又は虚偽の報告を行った場合で、会社に損害を与えたとき又は会社の信用を害したとき。
(7) 正当な理由なく配転・出向命令等の重要な職務命令に従わず、職場秩序を乱したとき。
(8) 素行不良で、著しく会社内の秩序又は風紀を乱したとき（ハラスメントによるものを含む。）。
(9) 会社内で暴行、脅迫、傷害、暴言又はこれに類する重大な行為をしたとき。
(10) 会社に属するコンピュータ、電話（携帯電話を含む。）、ファクシミリその他の備品によりインターネット、電子メール等を無断で私的に使用して猥褻物等を送受信し、又は他人に対する嫌がらせ、ハラスメント等反社会的行為に及んだとき。

条文の見出し／キーワード	作成基準の解説

(11) 故意又は重大な過失によって会社の建物、施設、備品等を汚損、破壊、使用不能の状態等にしたとき、又はサーバー、ハードディスクその他電子媒体に保存された会社の重要な情報を消去若しくは使用不能の状態にしたとき。
(12) 会社及び会社の従業員、又は関係取引先を誹謗若しくは中傷し、又は虚偽の風説を流布若しくは喧伝し、会社業務に重大な支障を与えたとき。
(13) 会社及び関係取引先の重大な秘密及びその他の情報を漏らし、又はあるいは漏らそうとしたとき。
(14) 再三の注意及び指導にもかかわらず、職務に対する熱意又は誠意がなく、怠慢で業務に支障が及ぶと認められるとき。
(15) 職務の怠慢又は不注意のため、重大な災害、傷病又はその他の事故を発生させたとき。
(16) 職務権限を越えて重要な契約を行い、会社に損害を与えたとき。
(17) 信用限度を超えて取引を行い、会社に損害を与えたとき。
(18) 偽装、架空の取引等を行い、会社に損害を与え又は会社の信用を害したとき。
(19) 会社内における窃盗、横領、背任又は傷害等刑法等の犯罪に該当する行為があったとき。
(20) 刑罰法規の適用を受け、又は刑罰法規の適用を受けることが明らかとなり、会社の信用を害したとき。
(21) 会計、経理、決算、契約にかかわる不正行為又は不正と認められる行為等、金銭、会計、契約等の管理上ふさわしくない行為を行い、会社の信用を害すると認められるとき。
(22) 前項の懲戒を受けたにもかかわらず、又は再三の注意、指導にもかかわらず改悛又は向上の見込みがないとき。
(23) 第4章（服務規律）に違反する重大な行為があったとき。
(24) その他この規則及び諸規程に違反し、又は非違行為を繰り返し、あるいは前各号に準ずる重大な行為があったとき。

（懲戒の手続）

第135条 会社が懲戒処分を行おうとするときは、処分の内容、非違行為、懲戒の事由等を懲戒処分通知書（様式第○号）で従業員に通知するものとする。

2 懲戒解雇に該当するときであって、行方が知れず懲戒解雇処分の通知が本人に対してできない場合は、届出住所又は家族の住所への郵送により懲戒解雇の通知

条文の見出し／キーワード	作成基準の解説
（懲戒の手続） 弁明の機会と黙秘権	1．懲戒を行うときは、弁明の機会を与え、事情をよく聴取するなど、適正な手続によるべきものとされています（西日本短期大学事件 福岡地 平4.9.9）。 懲戒処分の有効性と合理性を判断する場合に、弁明の機会を与えたかなどの手続上の適正さも判断される場合があります。しか

が到達したものとみなす。

3　諭旨解雇又は懲戒解雇に該当するおそれのあるときは、当該従業員に対し、弁明の機会を付与する。

＜追加規定：同僚の立ち会いを認める場合＞

4　弁明の機会について、従業員は、自ら選んだ会社所属の従業員1名を立ち会わせることができる。

＜：懲戒処分通知書（本書608頁）＞

（損害賠償）

第136条　従業員及び従業員であった者が故意又は重大な過失によって会社に損害を与えたときは、当該従業員又は従業員であった者に対し、損害の全部又は一部の賠償を求めることができる。ただし、従業員は、損害賠償を行ったことによって懲戒を免れることはできない。また、懲戒処分を受けたことによって損害賠償の責めを免れることはできない。

（自宅待機及び就業拒否）

第137条　この規則に違反する行為があったと疑われる場合で、調査・処分決定までの前置措置として必要があると認められるときは、会社は、従業員に対し自宅待機を命ずることができる。自宅待機を命じられた者は、自宅待機していること自体が労務の提供であり、労働時間中自宅に待機し、会社が出社を求めた場合には、直ちにこれに応じられる態勢をとらなければならず、正当な理由なくこれを拒否することはできない。また、会社は自宅待機中は、通常の賃金を支払うものとする。

2　前項にかかわらず、従業員の行為が懲戒解雇事由に該当し、若しくはそのおそれがある場合又は不正行為の再発若しくは証拠隠滅のおそれがある場合においては、会社は調査及び審議が終了するまでの間、就業を拒否することができる。この場合、その期間中は無給とする。

条文の見出し／キーワード	作成基準の解説

し、弁明の機会を与えなければならないといった義務はなく、事情聴取の際等においては従業員には黙秘権もないと考えられます（従業員はむしろ積極的に疑いを晴らすなどの努力が求められます)。弁明の機会を与えることがもちろん望ましいのですが、懲戒処分を行う際に、むやみに権利を考慮するような規定にする必要はありません。

懲戒事由の書面通知

2. トラブル回避のため、懲戒事由等は書面で通知するとよいでしょう。

(損害賠償)

損害賠償請求については、損害の公平な分担という見地から信義則上相当と認められる限度（4分の1程度）に制限されています（茨石事件 最1小　昭51.7.8)。

(自宅待機及び就業拒否)

自宅待機には懲戒処分として命じるもの（出勤停止）のほかに、例えば従業員の言動による職場秩序の乱れを沈静化するためや、不正行為が発覚して調査・処分決定までの間の前置措置のために行うことがあります。自宅待機をめぐっては争いは少なくなく、慰謝料請求や賃金請求などトラブルになりやすいのが実情ですから、就業規則にその規定を設けて目的を明らかにすることが望ましいといえます。

自宅待機には2つの性格があります。一つは**自宅待機していること自体を労務の提供の業務命令とする場合**で、当然賃金は支払う必要があります。もう一つは、**会社が労務提供を拒否している場合**ですが、これも会社の責めに帰すべき事由による休業として休業手当や賃金請求権があるとされます。ただし、後者の労務提供拒否の理由が、懲戒解雇に相当するような悪質な行為があり、かつ実態の正確な把握・調査や不正行為の再発を防ぐのが目的といった特段の事

（管理監督責任）

第138条　本章に定める懲戒の対象となった従業員の非違行為について、上司の管理監督責任が問われる場合においては、当該上司についても、本章に定める懲戒の対象とすることができる。

条文の見出し／キーワード	作成基準の解説
	由があれば従業員の責めによるとして賃金請求権が否定されると考えられています。
（管理監督責任）	管理監督の地位にある者に、指導上の措置として、部下の非違行為に対してその監督責任を確認し将来を戒めるための懲戒処分又は口頭注意等の行為を行うことがあります。

第15章　職務発明等及び内部通報者の保護等

第1節　職務発明等

（職務発明等の取扱い）

第139条　従業員が自己の現在又は過去における職務に関連して発明、考案をした場合、会社の要求があれば、特許法、実用新案法、意匠法等により特許、登録を受ける権利又はその他の権利は、発明者及び会社が協議のうえ定めた額を会社が発明者である従業員に支払うことにより、会社に譲渡又は承継されるものとする。

（著作権の帰属）

第140条　会社の発意に基づき、従業員が職務上作成し、会社名義の下に公表した著作物（プログラムを除く。）及びプログラム著作物は、職務著作としてその権利は会社に帰属するものとする。

条文の見出し／キーワード	作成基準の解説
（職務発明等の取扱い） 職務発明	1．職務発明については、特許法では、特許権は原始的に当該従業者（従業員）である発明者に帰属するという発明者主義をとり、使用者（会社）への承継に際しては相当の対価（補償金）を承継する権利が従業者にあるというのが原則とされていました。 しかし、平成 27 年 7 月に公布された改正特許法によれば、職務発明について、契約や就業規則等においてあらかじめ使用者（会社）に特許を受ける権利を取得させることを定めたときは、その特許を受ける権利は、その発生した時から使用者に帰属するものとなります（平 28.4.1 施行）。 2．また、契約や就業規則の定めにより、職務発明についての特許を受ける権利を従業員から会社に承継することをあらかじめ予約しておいた（予約承継）ときは、従業員は、相当の対価の支払を受ける権利を有しており、この「相当の対価」について、現行法では、諸般の状況等を考慮して合理的なものでなければならない旨規定されています。この点については、改正により、対価を金銭その他の経済上の利益と定めるとともに、経済産業大臣が産業構造審議会の意見を聴いて、その内容を決定するための手続に関する指針（ガイドライン）が公表されています。
（著作権の帰属）	著作権についても、職務上のものは、職務著作となるべき要件の明記は必要となるでしょう。

第２節　内部通報者の保護等

（内部通報者の保護）

第141条　会社は、従業員から組織的又は個人的な法令違反行為等に関する相談又は通報があった場合には、内部通報者保護規程に定めるところにより処理を行う。

（相談窓口）

第142条　会社は、次の事項に係る従業員からの相談及び苦情の申出を受け付けるため、人事部に相談窓口を設けるものとする。相談窓口は人事部長が統括管理する。

（１）第74条（育児休業及び育児短時間勤務）から第76条（子の看護休暇及び介護休暇）までに定める育児休業等に関する事項

（２）第32条（あらゆるハラスメントの禁止）に定めるハラスメント等に関する事項

（３）第13条第１項第９号に定めるパートナー社員の雇用管理の改善等に関する事項に係る相談窓口

条文の見出し／キーワード	作成基準の解説
職務上作成する著作物の著作者	**留意事項** 著作権法15条 1　法人その他使用者（以下この条において「法人等」という。）の発意に基づきその法人等の業務に従事する者が職務上作成する著作物（プログラムの著作物を除く。）で、その法人等が自己の著作の名義の下に公表するものの著作者は、その作成の時における契約、勤務規則その他に別段の定めがない限り、その法人等とする。 2　法人等の発意に基づきその法人等の業務に従事する者が職務上作成するプログラムの著作物の著作者は、その作成の時における契約、勤務規則その他に別段の定めがない限り、その法人等とする。
(内部通報者の保護)	近年、事業者内部からの通報（いわゆる内部告発）を契機として、国民生活の安心や安全を損なうような企業不祥事が相次いで明らかになりました。このため、そうした法令違反行為を従業員が通報した場合、解雇等の不利益な取扱いから保護し、事業者のコンプライアンス（法令遵守）経営を強化するために、公益通報者保護法が平成18年4月から施行されています。
(相談窓口) 苦情処理機関	モデル規則によるほか、法に定める苦情処理機関（会社を代表する者及び従業員を代表する者を構成員とする従業員の苦情を処理する機関）の設置を検討してもよいでしょう（均等法15条、育児・介護休業法52条の2、パートタイム労働法22条による努力義務）。

＜規定例１＞

第142条　会社は、この規則に関する事項や日常業務における問題点等の相談及び苦情の申出については適宜受け付けるものとする。

（改　定）

第143条　この規則（付属規程を含む。）を改定する場合は、会社の全従業員の過半数を代表する者の意見を聴いて行うものとする。

附　　則

1　この規則には次の規程が付属する。

（１）継続雇用規程

（２）育児・介護休業規程

（３）退職金規程

（４）▼▼規程

（５）▼▼に関する労使協定

2　この規則は平成▼年▼月▼日から施行する。

3　この規則は平成▼年▼月▼日から改定施行する。

（改定条文：第▼条、第▼条、第▼条）

条文の見出し／キーワード	作成基準の解説
（改　定）	就業規則は、会社が一方的に定め得るものであり、改定（変更）を行う場合も、労基法上は、改定後に過半数代表者からの意見聴取を行えば足ります。しかし、今後は、労使協議のもと、労働条件を決定することが広まることも考えられ、モデル規則では、あえて改定に先立ち意見聴取を行う規定としました。
（附　則）	就業規則の最後に附則を記載し、就業規則が制定された年月日、また、改定（変更）があった場合、その年月日を記載しておくとよいでしょう。さらに改定した条項の番号を記載しておくのもよいでしょう。形式は表形式でも構いません。

Ⅵ 社内様式ひな形

1 労働契約書
2 労働契約書（パートナー社員用）
3 内定通知書
4 採用時誓約書（服務等）
5 採用時誓約書（秘密保持）
6 採用時誓約書（中途採用者秘密保持）
7 私物端末の業務利用に関する誓約書
8 特定個人情報等の取扱いに関する同意書
9 身元保証書
10 住民票記載事項の証明書
11 賃金の口座振込に関する同意書
12 労働条件通知書（一般労働者用；常用、有期雇用型）（記入例）
13 労働条件通知書（短時間労働者・派遣労働者用；常用、有期雇用型）（記入例）
14 労働条件通知書（一般労働者用；日雇型）（記入例）
15 労働条件通知書（派遣労働者用；日雇型）（記入例）
16 試用期間満了・本採用決定通知書
17 辞令（記入例）
18 出向協定書
19 欠勤、遅刻、早退、外出許可申請書・届書
20 副業・兼業届
21 振替休日指定書
22 所定外労働・休日出勤許可申請書
23 所定外労働・休日出勤許可申請書（別例）
24 代休取得届
25 年次有給休暇取得届
26 年次有給休暇取得計画届
27 年次有給休暇取得計画表
28 特別休暇取得届
29 母性保護等に関する休暇請求書
30 休職に関する確認書
31 復職願
32 復職に関する確認書
33 休職期間満了通知書
34 休職者近況報告書
35 退職合意書
36 継続雇用申請書
37 退職証明書
38 解雇理由証明書
39 退職後の秘密保持及び競業避止義務に関する誓約書
40 懲戒処分通知書

※必要に応じてゴシック体で記入例を入れてあります。CD-ROM には記入例はありません。

1　労働契約書

社内様式第○号（第３条関連）

労働契約書

○○株式会社（以下「甲」という。）及び○○　（以下「乙」という。）は、下記のとおり労働契約（以下「本契約」という。）を締結する。

記

（労働契約）

第１条　乙は甲の事業に関し使用されて労働することを約し、甲はこれに対する賃金を支払うことを約した。

（信義誠実の原則）

第２条　甲及び乙は、相互の人格を尊重し、相互協力して誠実に社業の発展に努めなければならない。

（権利の濫用の禁止）

第３条　甲及び乙は、労働契約に基づく権利の行使に当たっては、これを濫用することがあってはならない。

（安全配慮義務）

第４条　甲は乙がこの契約を履行するに際し、その生命、身体等の安全を確保しつつ労働することができるよう、必要な配慮をするものとする。

（職務専念義務）

第５条　乙は甲の指揮に従い誠実勤勉を旨とし、甲の定める就業規則を遵守し労働する。

また、勤務中は、不正の行為はもちろん、許可を得ないで他の事業に従事するようなことをしてはならない。

（秘密保持義務）

第６条　乙は、職務上知り得た秘密は、在職中はもちろん、退職後においても決して他に漏えいしてはならない。

（労働条件の明示）

第７条　乙の労働条件は、本契約に定めるほか、就業規則に定めるものとし、甲は本契約の締結に際し、労働条件通知書及び就業規則を交付する。

（就業場所等）

第８条　乙の就業の場所及び従事する業務は、労働条件通知書に定めるものとする。

＜限定正社員の場合＞

（就業場所等）

第８条　乙の就業場所は、＿＿＿＿＿とし、従事すべき業務は、次の各号に掲げるものとする。

（１）　○○○○の業務

（２）　○○○○の業務

（３）　その他前各号に附随する業務

２　甲は、乙の同意を得て、前項の勤務地及び業務の内容を変更することがある。

（変更後の労働条件の明示）

第９条　本契約の締結後、就業規則の変更によりこの契約の内容に変更があるときは、甲は遅滞なくこれを明示する。

（就業規則との関係）

第10条　本契約にない事項については、就業規則に定めるところによる。

（就業規則の変更による労働条件の変更）

第11条　本契約による労働条件は、就業規則を変更することにより変更されることがある。ただし、就業規則の変更によってもその内容が変更されないことが、甲及び乙の間において合意がある部分については、この限りでない。

（紛争解決）

第12条　本契約に基づく争いは、当事者の自主的な解決を原則とするが、自主的な解決が困難であると認めるときは、個別労働関係紛争の解決の促進に関する法律に定める紛争調整委員会のあっせん等の手続により解決を図るものとする。

甲と乙は以上のとおり合意し、その成立の証として本契約書２通を作成し、甲と乙は各自署名捺印のうえ、それぞれ１通を保管する。

年　　月　　日

甲	所在地	乙	住所
	○○株式会社		氏名　　　　　　㊞
	代表取締役　　　　　　㊞		

2　労働契約書（パートナー社員用）

※この社内様式はⅦ「パートナー社員就業規則」とセットでご利用ください。

社内様式第○号（パートナー社員就業規則第５条関連）

労働契約書

○○株式会社（以下「甲」という。）と、○○（以下「乙」という。）は、パートナー社員として、次のとおり労働契約（以下「本契約」という。）を締結する。

記

（労働契約）

第１条　乙は甲の事業に関し使用されて労働することを約し、甲はこれに対する賃金を支払うことを約した。

（労働契約期間の定め）

第２条　本契約は有期労働契約とし、その期間は、○年○月○日から○年○月○日までとする。

<無期転換後>

（労働契約期間の定め）

第２条　本契約はその期間の定めを置かない。

（就業場所等）

第３条　乙の就業場所は、＿＿＿＿とし、従事すべき業務は、次の各号に掲げるものとする。

（１）　○○○○の業務

（２）　○○○○の業務

（３）　その他前各号に附随する業務

２　甲は、乙の同意を得て、前項の勤務地及び業務の内容を変更することがある。

（所定勤務日数）

第４条　乙の勤務日数は、１週○日とする。

（始業・終業時刻、休憩時間）

第５条　第３条第１項の就業場所における乙の始業時刻、終業時刻及び休憩時間は、次のとおりとする。

始　　業（　　時　　分）　終　業（　　時　　分）

休憩時間（　　時　　分～　　時　　分）

2　前項にかかわらず、業務の都合上やむを得ない場合、又は乙からの申出を甲が承認した場合は、これを変更することができる。

（所定外労働等）

第6条　原則として、所定外労働及び休日出勤は禁止とするが、業務の都合により、これを命ずる場合がある。

（所定休日）

第7条　所定勤務日以外の日は、休日とする。

2　甲は、乙又は甲の業務の都合により、あらかじめ、前項の休日を他の日と振り替えることができる。

（年次有給休暇）

第8条　年次有給休暇については、法定どおり付与する。

（賃　金）

第9条　乙の賃金は、次のとおりとする。

（1）　基本給　時間給　円

（2）　通勤手当

（3）　時間外手当　法定を超えるもの25%

（4）　休日手当　法定休日35%

（5）　深夜手当　⑶、⑷に25%加算する。

2　賃金は、毎月○日締切、○日払とする。

3　基本給に関する昇給は、本契約期間中はないものとする。ただし、新たに契約を締結する際に、基本給を改定することがある。

4　賞与は支給しない。

5　退職金は支給しない。

（退職日）

第10条　乙が、次の各号のいずれかに該当するときは、それぞれに定める日をもって退職とする。

（1）　在職中に死亡したとき　死亡日

（2）　本契約期間が満了したとき　その満了日

（3）　退職を申し出たとき　甲が退職日と認めた日

2　乙は、自己の都合によって退職しようとするときには、退職を予定する日の14日前までに、甲にその旨を願い出なければならない。

（解　雇）

第11条　乙が次のいずれかに該当するときは、契約期間中であっても解雇とする。

（1）　身体又は精神の障害により職務に耐えられないと認められるとき。

（2）　勤務成績が著しく不良で、職務に適さないと認められるとき。

（3）　業務上の指示命令に従わないとき。

（4）　天災事変等やむを得ない事由により事業の継続が不可能なとき。

（5）　事業の縮小・休止・廃止等やむを得ないとき。

（6）　その他、前各号に準ずるやむを得ない事情があるとき。

（新たな労働契約）

第12条　本契約に期間の定めがある場合であっても、甲は、乙の勤務成績、勤務態度、労働期間満了時の業務量及び甲の経営状況等を考慮した上で、新たに労働契約を締結することがある。

2　前項の新たな労働契約を締結するかどうかは、本契約の30日前までに、甲は乙に通知をする。

（無期労働契約への転換）

第13条　乙の甲における有期労働契約期間を通算した期間（以下「通算契約期間」という。）が5年を超えた場合であって、引き続き雇用を希望するときは、乙は甲に対し、期間の定めのない労働契約へ転換すること（以下「無期転換」という。）の申込みをすることができる。

2　無期転換後の労働条件は、本契約に基づく労働条件（契約期間及び定年の定めを除く。）と同一のものとする。ただし、乙の同意を得た場合には、この限りではない。

3　無期転換の申込みは、本契約期間が満了する日の1か月前までに、書面で行わなければならない。この場合において、甲は、あらかじめ、無期転換の申込みをするよう勧奨することがある。

＜雇用年数の上限を定める場合＞

（雇用年数）

第13条　前条にかかわらず、乙の甲における雇用年数は3年を上限とする。

（相談窓口）

第14条　甲は、○○部に雇用管理の改善等に関する事項に係る相談窓口を設けるものとする。

甲と乙は以上のとおり合意し、その成立の証として本契約書2通を作成し、甲と乙は各自署名捺印のうえ、それぞれ1通を保管する。

○年○月○日

（甲）	所在地	（乙）	住　所
	○○株式会社		氏　名　　　　　㊞
	代表取締役　　　　　㊞		

3　内定通知書

社内様式第○号（第８条関連）

年　　月　　日

氏名：○○○○　様

○○株式会社
代表取締役　○○○○　㊞

内定通知書

採用試験について厳正に審査を行った結果、貴殿を採用することを内定しましたので、通知します。つきましては、○月○日までに下記書類を当社総務部へご郵送ください。

１．最終学校卒業証明書
２．誓約書（本通知書に同封）
３．身元保証書（本通知書に同封）
４．住民票記載事項の証明書
５．その他（　　　　　　　　　　　　）

ただし、下記のいずれかの事由に該当する場合は、採用の内定を取り消すことがありますので、あらかじめご了承ください。

１．上記提出書類を締切日までに郵送できない場合
２．入社日の前日までに在籍学校を卒業できない場合
３．病気、怪我等により入社日以降出勤できない場合
４．会社の名誉、信用及び社会的評価を損なう反社会的な行為が認められた場合
５．その他、前各号に準ずる程度の不都合な事情が認められたとき

本件に関するお問合せにつきましては、総務部担当○○までご連絡ください。

担当：総務部　○○○○
電話：00-0000-0000
Email：xxx@xxx.co.jp

4　採用時誓約書（服務等）

社内様式第○号（第10条関連）

年　　月　　日

○○株式会社

代表取締役　○○○○　様

採用時誓約書（服務等）

私は、従業員として○○株式会社（以下「会社」という。）に採用され入社するに当たり、下記の事項を十分に理解し、厳守することを誓います。もしこれに違反した場合には、会社の規程に基づき懲戒処分を受け、契約を解除されることがあることについて異存はありません。

記

1　会社の就業規則、諸規程及びその他の諸規則により定められた内容を十分に理解し、これを遵守します。

2　会社の経営方針、所属長・上司の指揮命令に従い誠実に勤務します。また、会社の業務にかかわるすべての関係者に対し、相手を尊重して明朗快活に接し、良好な人間関係を築きます。

3　会社の業務に専念し、会社の事業目標の達成に貢献するよう勤務します。また、会社の利益に相反する不当な活動及び競業的行為を一切行いません。

4　社内外を問わず会社の名誉、信用その他の社会的評価を害し、企業秩序を乱すことのないように行動します。また、演説、出版、放送、取材及びインターネット等により不当な情報を流布することはありません。

5　会社の業務を遂行する上で必要な情報はすべて正確に社内関係者と共有し、また、所属長・上司からの求めに応じて正確に報告します。

6　会社に提出した履歴書、その他入社手続関係資料類の記載事項、及び採用選考時等に口述した内容は事実に相違ありません。

7　会社の業務の必要に応じて、担当職務、勤務形態の変更、転勤、及び出向等を命ぜられた場合はこれに従います。

8　会社の事業推進に十分な力を発揮するために、自らの精神的及び身体的な健康を維持するよう、私生活においても十分に留意します。

9　定期健康診断、その後の二次診断、及び会社が随時指定する医師の診断について会社の指示に従って受診し、その結果をすべて遅滞なく報告します。また、会社の健康管理上の指示についても従います。

10　会社の企業秘密、営業秘密、顧客及び関係者等の企業秘密並びに個人情報、その他職務上の秘密を守り、不正な使用、複製、複写及び開示をしません。また、退職後においても同様とします。

11　会社が必要に応じて行う所持品検査、及び情報端末の使用履歴並びに保存情報の調査を行う場合は、これに進んで協力します。

12　自らが暴力団員、暴力団関係者及びその他の反社会的勢力ではなく、現在から将来にわたってこれらとの関係を持つことはありません。

13　会社の業務にかかわる関係者が、法令違反その他の反社会的行為を行っている事実を知り得たときは、可能な限り損害を防止する措置を講じたうえで、直ちに会社の所属長・上司に報告します。

14　故意又は重大な過失により会社に損害を与えたときはその責任を負い、会社が被った損害を賠償します。

15　以上各項の他、社業の発展に進んで協力し、それを妨げる言動は行いません。

以上

住所：○○県○○市○○町○丁目○番○号

署名：　　　　　　　　　　　　　㊞

5　採用時誓約書（秘密保持）

社内様式第○号（第10条関連）

年　　月　　日

○○株式会社
代表取締役　　　　　　　　様

採用時誓約書（秘密保持）

私は、貴社に採用されるにあたり、下記事項を遵守することを誓約いたします。

記

（秘密保持義務）

第1条　貴社就業規則、営業秘密等管理規程、特定個人情報等取扱規程及びこれらに付随する規程・マニュアルを遵守し、次に示される貴社の技術上・営業上の秘密情報、取引関係者・従業員等の個人情報（個人番号を含む。以下「秘密情報」という。）について、貴社の許可なく、いかなる方法をもってしても、業務以外の目的で、開示、提供、利用、保管し、又は第三者に漏えいしないことを誓約いたします。

（1）　営業秘密その他会社が保有する有用で一般的に知られていない情報（研究開発中の製品、試作品等に関する情報、各種ノウハウ等）
（2）　知的財産権に関する情報
（3）　会社経営上の秘密情報（営業戦略、経営計画、提携企業に関する情報等）
（4）　財務上の秘密情報（経営状況に関する情報、原価計算に関する情報等）
（5）　顧客情報等の個人情報
（6）　貴社の役員、従業員等（正社員のみならず、パート・アルバイト、契約社員及び派遣社員を含む。）、採用応募者等及び退職者の個人情報（個人番号を含む。）
（7）　所属長・上司又は営業秘密等管理責任者により秘密情報として指定された情報
（8）　前各号のほか、貴社が特に秘密保持対象として指定した情報

（秘密情報の帰属）

第2条　貴社により秘密情報として指定された情報の範囲に含まれるものについて、その創出又は取得に関わった場合には、遅滞なくその内容を貴社に報告することとし、当該情報については、私がその創出又は取得に携わった場合であっても、貴社業務上作成したものであることを確認し、当該情報の帰属が貴社にあることを確認いたします。また、当該情報について私に帰属する一切の権利を貴社に譲渡し、その権利が私に帰属する旨の主張をいたしません。

（在職中のメールモニタリングの同意）

第３条　私は、貴社の情報システム及び情報資産の一切が貴社に帰属していることを認め、貴社が情報システム及び情報資産の保護のために必要であると認める場合には、私の職務上利用する電子メール等を私に断りなくモニタリングすることがあることを承知し、これに同意します。

（退職時の秘密情報の返還義務）

第４条　私は、貴社を退職する場合には、その時点で私が管理し、若しくは所持している貴社の秘密情報及び記録媒体の一切を、退職時までにすべて貴社に返還し、返還以後は、私の手元には一切の秘密情報及び記録媒体が残存していないことを誓約いたします。

（退職後の秘密保持）

第５条　秘密情報については、貴社を退職した後においても、開示、漏えい又は使用しないことを約束いたします。また、退職時には、本誓約を確認するため、再度誓約書を提出いたします。

（損害賠償）

第６条　本誓約書の各条項に違反して、貴社の秘密情報を開示、漏えい又は使用した場合、法的な責任を負担するものであることを確認し、これにより貴社が被った一切の損害（社会的な信用失墜を含みます。）を賠償することを約束いたします。

以上

住所：＿＿＿＿＿＿＿＿＿＿＿＿＿＿＿

署名：＿＿＿＿＿＿＿＿＿＿＿＿＿＿㊞

6　採用時誓約書（中途採用者秘密保持）

社内様式第〇号（第 10 条関連）

年　　月　　日

〇〇株式会社
代表取締役　　　　　　　様

採用時誓約書（中途採用者秘密保持）

私は、貴社に採用されるにあたり、下記事項を遵守することを誓約いたします。

記

（秘密保持義務）

第１条　貴社就業規則、営業秘密等管理規程、特定個人情報等取扱規程及びこれらに付随する規程・マニュアルを遵守し、次に示される貴社の技術上・営業上の秘密情報、取引関係者・従業員等の個人情報（個人番号を含む。以下「秘密情報」という。）について、貴社の許可なく、いかなる方法をもってしても、業務以外の目的で、開示、提供、利用、保管し、又は第三者に漏えいしないことを誓約いたします。

（１）　営業秘密その他会社が保有する有用で一般的に知られていない情報（研究開発中の製品、試作品等に関する情報、各種ノウハウ等）
（２）　知的財産権に関する情報
（３）　会社経営上の秘密情報（営業戦略、経営計画、提携企業に関する情報等）
（４）　財務上の秘密情報（経営状況に関する情報、原価計算に関する情報等）
（５）　顧客情報等の個人情報
（６）　貴社の役員、従業員等（正社員のみならず、パート・アルバイト、契約社員及び派遣社員を含む。）、採用応募者等及び退職者の個人情報（個人番号を含む。）
（７）　所属長・上司又は営業秘密等管理責任者により秘密情報として指定された情報
（８）　前各号のほか、貴社が特に秘密保持対象として指定した情報

（秘密情報の帰属）

第２条　貴社により秘密情報として指定された情報の範囲に含まれるものについて、その創出又は取得に関わった場合には、遅滞なくその内容を貴社に報告することとし、当該情報については、私がその創出又は取得に携わった場合であっても、貴社業務上作成したものであることを確認し、当該情報の帰属が貴社にあることを確認いたします。また、当該情報について私に帰属する一切の権利を貴社に譲渡し、その権利が私に帰属する旨の主張をいたしません。

（在職中のメールモニタリングの同意）

第３条　私は、貴社の情報システム及び情報資産の一切が貴社に帰属していることを認め、貴社が情報システム及び情報資産の保護のために必要であると認める場合には、私の職務上利用する電子メール等を私に断りなくモニタリングすることがあることを承知し、これに同意します。

（退職時の秘密情報の返還義務）

第４条　私は、貴社を退職する場合には、その時点で私が管理し、若しくは所持している貴社の秘密情報及び記録媒体の一切を、退職時までにすべて貴社に返還し、返還以後は、私の手元には一切の秘密情報及び記録媒体が残存していないことを誓約いたします。

（第三者の秘密情報）

第５条　私は、第三者が保有するあらゆる秘密情報を、当該第三者の事前の書面による承諾なくして貴社に開示し、又は貴社に使用若しくは出願（以下「使用等」という。）させたり、貴社が使用等するように仕向けたり、貴社が使用等しているとみなされるような行為を貴社にとらせたりしないことを約束いたします。

（第三者に対する守秘義務等の遵守）

第６条　私は、貴社に入社する前に第三者に対して守秘義務又は競業避止義務を負っている場合は、必要な都度その旨を所属長・上司に報告し、当該守秘義務及び競業避止義務を守ることを約束いたします。

（退職後の秘密保持）

第７条　秘密情報については、貴社を退職した後においても、開示、漏えい又は使用しないことを約束いたします。また、退職時には、本誓約を確認するため、再度誓約書を提出いたします。

（損害賠償）

第８条　本誓約書の各条項に違反して、貴社の秘密情報を開示、漏えい又は使用した場合、法的な責任を負担するものであることを確認し、これにより貴社が被った一切の損害（社会的な信用失墜を含みます。）を賠償することを約束いたします。

以上

住所：＿＿＿＿＿＿＿＿＿＿＿＿＿＿＿

署名：＿＿＿＿＿＿＿＿＿＿＿＿＿＿㊞

7　私物端末の業務利用に関する誓約書

社内様式第○号（第 36 条関連）

年　　月　　日

○○株式会社
代表取締役　○○○○　様

私物端末の業務利用に関する誓約書

私は、私物端末を業務利用するにあたり、以下の事項を誓約します。

記

（秘密保持の確認）
第１条　私は、貴社の重要な秘密情報を認識し、業務以外の目的で私物端末を利用して業務上の情報にアクセスしないこと等、漏えいしないように万全の注意を払います。

（届出端末以外の利用の禁止）
第２条　業務に利用する私物端末は、自己名義で契約したものであって、事前に貴社に届け出たものとし、当該私物端末以外の端末から業務上の情報にアクセスし、又は業務上の情報を保存いたしません。

（報告義務）
第３条　私は、業務に利用する私物端末について以下の事由に該当したときは、直ちに貴社に届け出るとともに、秘密情報が第三者に漏洩しないように必要な措置をとります。
（１）　紛失（盗難を含む）したとき
（２）　機種変更（廃棄を含む）を行うとき
（３）　第三者に所有権を譲渡するとき
（４）　ウィルスに感染した等、業務上の情報が漏えいし、又は漏えいした可能性があるとき

（遵守事項）
第４条　私は、業務に利用する私物端末について以下の事項を遵守します。
（１）　端末、ＯＳ、アプリの改造を行わないこと
（２）　信頼できないアプリのダウンロードや信頼できない WEB サイトへのアクセスを行わないこと
（３）　業務システム、業務用メール、クラウド上に保存された業務に関する情報にアクセスする際は、ＩＤ、パスワードに関する情報を端末に残さないこと
（４）　業務に利用する私物端末を家族や友人、第三者に使用させないこと

（損害の賠償）
第５条　本誓約書の各条項に違反して、故意又は重大な過失により貴社の秘密情報を開示、漏えい又は使用した場合、就業規則第●条の懲戒処分の対象となることを確認するとともに、貴社が被った一切の損害（社会的な信用失墜を含みます。）を賠償することを約束いたします。

以上

住所：○○県○○市○○町○丁目○番○号

署名：　　　　　　　　　　　　　　　　㊞

8　特定個人情報等の取扱いに関する同意書

様式第○号（第10条及び第37条関連）

特定個人情報等の取扱いに関する同意書

○○年○○月○○日

○○株式会社
代表取締役　○○○○　様

氏名＿＿＿＿＿＿＿＿㊞

　私は、下記の定めに従い、○○株式会社（以下「会社」といいます。）が私の特定個人情報等を収集・保管・利用・提供すること及び私が特定個人情報等を提供すること（個人番号の提供に当たり本人確認に応じることを含みます。）に同意いたします。

記

1. 特定個人情報等の利用目的
　会社は、みなさんが就業するうえで必要となる特定個人情報等（個人番号など人事労務管理に必要な個人情報をいいます。）を、次の目的にのみ収集し、それ以外の目的には利用しません。
　なお、⑴、⑵については、みなさんの個人番号を利用することになりますので、併せてご了解ください。個人番号については、みなさんから本人確認のうえ、適正に収集いたします。
⑴　法令に定める社会保険に係る諸手続（健康保険・厚生年金保険資格取得届の作成等）
⑵　法令に定める所得税、地方税に係る諸手続（給与の源泉徴収事務等）
⑶　前二号以外の会社が行う給与計算（各種手当支給）及び支払手続
⑷　法令に従った医療機関又は健康保険組合からの健康情報の取得
⑸　会社内における人員配置
⑹　昇降給の決定
⑺　教育管理
⑻　福利厚生等の各種手続
⑼　万が一のことがあった際の緊急連絡先の把握
⑽　前各号のほか、会社の人事政策及び雇用管理の目的を達成するために必要な事項

2. 特定個人情報等責任者
　会社の特定個人情報等責任者は、次の者とします。
　　総務部長　○○○○

3. 特定個人情報等の第三者への提供
　会社が取得した個人番号以外の特定個人情報等については、本書の同意のもと、4.の各号に掲げる目的のため、第三者へ提供することがあります。これ以外の事項については、4.のただし書きに該当する場合及び個別のみなさんの同意がない限り、第三者への提供は行いません。
　また、1.⑴、⑵の目的のために収集した個人番号を含む特定個人情報等は、第三者に提供することはありません。

4. 第三者への提供の例外
⑴　賃金の振込みのため、本人の氏名、口座番号等を郵送・電送で銀行、郵便事業会社等に提供することがあります。
⑵　社会保険関連の手続きのため、本人の氏名、勤務先等を社会保険関連機関に提供するこ

とがあります。
⑶　健康管理のため、本人の氏名、健康保険証番号等を医療機関又は医師に提供することがあります。
⑷　他社への出向・移籍手続のため、本人の氏名、人事情報等を出向先・移籍先会社に提供することがあります。

ただし、次の各号に掲げる場合は、関係法令に反しない範囲で、本人の同意なく本人の特定個人情報等（個人番号を含む場合は第１号及び第２号に限ります。）を開示・提供することがあります。
⑴　法令に基づく場合
⑵　人の生命、身体又は財産の保護のために必要がある場合であって、本人の同意を得ることが困難であるとき。
⑶　公衆衛生の向上又は児童の健全な育成の推進のために特に必要がある場合であって、本人の同意を得ることが困難であるとき。
⑷　国の機関又は地方公共団体又はその委託を受けた者が法令の定める事務を遂行することに対して協力する必要がある場合であって、本人の同意を得ることにより当該事務の遂行に支障を及ぼすおそれがあるとき。

なお、人事労務管理業務等を目的として、個人番号を含む特定個人情報等を外部に業務委託する場合があります。

5. 扶養親族等の個人番号の収集等

法令に定めるところにより、みなさんの扶養親族の個人番号の収集（本人確認を含みます。）は、みなさん自身で行っていただきます。また、第三号被保険者たる配偶者の個人番号の収集（本人確認を含みます。）については、会社がみなさんに委任いたします。

6. みなさんが特定個人情報等を提供することの任意性とこれを拒んだ場合に生じる結果等について

会社が要求する特定個人情報等の提供に応じるか否かは任意ですが、提供いただけない特定個人情報等がある場合、利用目的に掲げてある業務に支障が生じ、その影響がみなさんに及ぶことがあることにご留意ください。

なお、給与・賞与・各種手当等の支給、税務・社会保険事務等、会社が使用者として当然に義務を負う業務に必要な特定個人情報等については、就業規則等に定めるところにより、提供しなければなりません。

7. 特定個人情報等の開示等について

会社は、みなさんからの求めにより、開示対象となる特定個人情報等の利用目的の通知・開示、内容の訂正・追加・削除、利用の停止・消去、第三者への提供の停止（番号法に基づき提供された個人番号を除きます。）に応じます。やむを得ず応じられないときは、その理由を明らかにして通知します。

8. メール等のモニタリングの実施について

会社は、みなさんが使用するパソコンからの特定個人情報等その他の個人情報及び企業秘密の流出を防止するため、不適切なＷＥＢページへのアクセスが行われていないかについて、常に監視を行います。また、必要に応じて、みなさんが送受信するメールの内容をチェックしますのでご留意ください。

9. 特定個人情報等の取扱いに関する苦情・問合せ、開示等請求先

特定個人情報等責任者　総務部長　○○○○

9　身元保証書

社内様式第○号（第 10 条関連）

年　　月　　日

○○株式会社
代表取締役　○○○○　様

身元保証書

このたび、貴社において下記の者が採用されるにあたり、本人の身元を保証いたします。

記

1．社員に関する事項

現住所　＿＿＿＿＿＿＿＿＿＿＿＿＿＿＿＿
社員氏名　＿＿＿＿＿＿＿＿＿＿＿＿＿＿＿＿
生年月日　＿＿＿＿＿＿年＿＿＿＿月＿＿＿＿日

2．保証事項

⑴　上記社員が、雇用契約に違反し、又は故意若しくは重大な過失により、貴社に損害を与えたときは、本人と連帯して損害額を賠償するものとする。
⑵　本書による保証期間は、本日より向こう５年間とする。

身元保証人(※)　現住所　＿＿＿＿＿＿＿＿＿＿＿＿＿＿＿＿
電話番号　＿＿＿＿＿＿＿＿＿＿＿＿＿＿＿＿
社員との関係＿＿＿＿＿＿＿＿＿＿＿＿＿＿＿＿
保証人氏名　＿＿＿＿＿＿＿＿＿＿＿＿＿＿＿㊞
生年月日　＿＿＿＿＿＿年＿＿＿＿月＿＿＿＿日

以上

※本書提出に際し、印鑑登録証明（原本）を添付してください。

10　住民票記載事項の証明書

社内様式第○号（第10条関連）

住民票記載事項の証明書
住民票記載事項証明願

年　　月　　日

○○市長殿

申請者　　住所

氏名　　　　　　　　　㊞

下記のとおり住民基本台帳に記載があることを証明願います。

住所	○○市		世帯主	
氏　名	生年月日		性　別	続　柄
	年　月　日		男・女	
	年　月　日		男・女	
	年　月　日		男・女	
	年　月　日		男・女	
	年　月　日		男・女	
	年　月　日		男・女	
	年　月　日		男・女	
	年　月　日		男・女	
	年　月　日		男・女	
	年　月　日		男・女	

上記願出のとおり相違ないことを証明する。

年　　月　　日

○○県○○市長　　○○○○

※番号確認のため必要である場合を除き、個人番号は記載しないでください。

11　賃金の口座振込に関する同意書

社内様式第○号（第10条及び第88条関連）

年　　月　　日

○○株式会社
代表取締役　○○○○　様

氏名：○○○○　㊞

賃金の口座振込に関する同意書

私は、○○年○月○日以降に支給する給与及び賞与について、下記の件につき同意します。

記

1．会社は、下記に指定する銀行口座に振込むことにより給与及び賞与を支払います。また、この手続のため会社取引銀行に下記の情報を提供します。

銀行名（銀行番号）	（　　　　）								
支店名（支店番号）	（　　　　）								
口座の種類	普通・当座	口座番号							
口座名義	（姓）	（名）							
カタカナ									

2．給与は、○日から○日までの分について、その月の○日に支払います。ただし、給与支払日が休日にあたるときは、その直前の休日でない日に支払います。
3．賞与は、原則として、毎年○月及び○月の会社が定める日に支払います。ただし、会社の業績状況等により支給しないこともあります。
4．会社は、給与及び賞与より、法令により定められたもののほか、労使協定により定めた以下に掲げるものを控除することができます。ただし、一つの支払期における控除額は賃金債権の４分の１以内とし、これを超える場合は翌月以降に控除することとします。
　⑴　社宅家賃
　⑵　互助会会費
　⑶　会社立替金による返済金および利息
　⑷　団体扱いの生命保険・損害保険の保険料
　⑸　過払い給与の精算
　⑹　その他、労使協定により定めたもの

以上

12　労働条件通知書（一般労働者用；常用、有期雇用型）

社内様式第○号（第13条関連）

（一般労働者用；常用、有期雇用型）

①総合職正社員、無期雇用

労働条件通知書

<table>
<tr><td colspan="2">○○年○○月○○日
○○　○○　殿
事業場名称・所在地　**○○県○○市○○町0-0-0　○○株式会社**
使 用 者 職 氏 名　**代表取締役　○○　○○**</td></tr>
<tr><td>契約期間</td><td>期間の定めなし（○）、期間の定めあり（　年　月　日～　年　月　日）
※以下は、「契約期間」について「期間の定めあり」とした場合に記入
1　契約の更新の有無
［自動的に更新する・更新する場合があり得る・契約の更新はしない・その他（　　）］
2　契約の更新は次により判断する。
・契約期間満了時の業務量　・勤務成績、態度　・能力
・会社の経営状況　・従事している業務の進捗状況
・その他（　　）
【有期雇用特別措置法による特例の対象者の場合】
無期転換申込権が発生しない期間：Ⅰ（高度専門）・Ⅱ（定年後の高齢者）
Ⅰ　特定有期業務の開始から完了までの期間（　年　か月（上限10年））
Ⅱ　定年後引き続いて雇用されている期間</td></tr>
<tr><td>就業の場所</td><td>**入社時は本社、その後転勤の可能性あり**</td></tr>
<tr><td>従事すべき業務の内容</td><td>**営業補助、試用期間満了後職務転換の可能性あり**
【有期雇用特別措置法による特例の対象者（高度専門）の場合】
・特定有期業務（　　開始日：　　完了日：　）</td></tr>
<tr><td>始業、終業の時刻、休憩時間、就業時転換((1)～(5)のうち該当するもの一つに○を付けること。)、所定時間外労働の有無に関する事項</td><td>1　始業・終業の時刻等
(1)（○）始業（　9時　00分）　終業（　18時　00分）
【以下のような制度が労働者に適用される場合】
(2) 変形労働時間制等；（　）単位の変形労働時間制・交替制として、次の勤務時間の組み合わせによる。
始業（　時　分）終業（　時　分）（適用日　　）
始業（　時　分）終業（　時　分）（適用日　　）
始業（　時　分）終業（　時　分）（適用日　　）
(3) ﾌﾚｯｸｽﾀｲﾑ制；始業及び終業の時刻は労働者の決定に委ねる。
（ただし、ﾌﾚｷｼﾌﾞﾙﾀｲﾑ（始業）　時　分から　時　分、
（終業）　時　分から　時　分、
ｺｱﾀｲﾑ　時　分から　時　分）
(4) 事業場外みなし労働時間制；始業（　時　分）終業（　時　分）
(5) 裁量労働制；始業（　時　分）終業（　時　分）を基本とし、労働者の決定に委ねる。
○詳細は、就業規則第○条～第○条、第○条～第○条、第　条～第　条
2　休憩時間（60）分
3　所定時間外労働の有無（（有）,　無　）</td></tr>
<tr><td>休　日</td><td>・定例日（○）；毎週　**土・日**曜日、国民の祝日、その他（　　）
・非定例日；週・月当たり　日、その他（　　）
・1年単位の変形労働時間制の場合－年間　日
○詳細は、就業規則第○条～第○条、第○条～第○条</td></tr>
<tr><td>休　暇</td><td>1　年次有給休暇　6か月継続勤務した場合→　10日
継続勤務6か月以内の年次有給休暇　（有・（無））
→　か月経過で　日
時間単位年休（有・（無））
2　代替休暇（有・（無））
3　その他の休暇　有給（　**特別休暇**　）
無給（　**育児・介護休暇、生理休暇等**）
○詳細は、就業規則第○条～第○条、第○条～第○条</td></tr>
</table>

（次頁に続く）

<table>
<tr><td>賃　　金</td><td>1　基本賃金　(イ) 月給（　200,000円）、ロ　日給（　　　　円）
ハ　時間給（　　　　円）、
ニ　出来高給（基本単価　　　円、保障給　　　円）
ホ　その他（　　　円）
ヘ　就業規則に規定されている賃金等級等
［　　　　　　　　　　　　　　　　　　］

2　諸手当の額又は計算方法
イ（通勤手当　5,000円　／計算方法：　距離に応じて支給　）
ロ（皆勤手当　5,000円　／計算方法：　無遅刻・無欠勤の場合に支給　）
ハ（　　手当　　　円　／計算方法：　　　　　　　　）
ニ（　　手当　　　円　／計算方法：　　　　　　　　）
3　所定時間外、休日又は深夜労働に対して支払われる割増賃金率
イ　所定時間外、法定超　月６０時間以内（　25）％
月６０時間超　（　50）％
所定超　（　25）％
ロ　休日　法定休日（　35）％、法定外休日（　25）％
ハ　深夜（　25）％
4　賃金締切日（基本給、通勤手当、皆勤手当、割増賃金）－毎月末日、（　　　）－毎月日
5　賃金支払日（基本給、通勤手当）－毎月25日、（皆勤手当、割増賃金）－毎月翌月25日
6　賃金の支払方法（本人が指定する口座に振り込む）
7　労使協定に基づく賃金支払時の控除（無　，(有)(親睦会費））
8　昇給（時期等　毎年4月（業績等によっては昇給しない場合がある）　）
9　賞与（(有)(時期、金額等　業績等を勘案して年2回（6月、12月）　，　無　）
10　退職金（(有)(時期、金額等　退職金規程に従う　）　，　無　）</td></tr>
<tr><td>退職に関する事項</td><td>1　定年制　（(有)　（　60歳）　，　無　）
2　継続雇用制度（(有)(　65歳まで）　，　無　）
3　自己都合退職の手続（退職する　30日以上前に届け出ること）
4　解雇の事由及び手続
［1.天災その他やむを得ない場合、2.事業縮小等当社の都合、3.職務命令に対する重大な違反行為、4.業務上の不正行為があった場合その他手続等は就業規則第○条に定める］
○詳細は、就業規則第○条～第○条、第○条～第○条</td></tr>
<tr><td>そ　の　他</td><td>・社会保険の加入状況（(厚生年金)(健康保険) 厚生年金基金　その他（　　　））
・雇用保険の適用（(有)，　無　）
・その他［　　　　　　　　　　］

※以下は、「契約期間」について「期間の定めあり」とした場合についての説明です。
労働契約法第18条の規定により、有期労働契約（平成25年4月1日以降に開始するもの）の契約期間が通算５年を超える場合には、労働契約の期間の末日までに労働者から申込みをすることにより、当該労働契約の期間の末日の翌日から期間の定めのない労働契約に転換されます。ただし、有期雇用特別措置法による特例の対象となる場合は、この「５年」という期間は、本通知書の「契約期間」欄に明示したとおりとなります。</td></tr>
</table>

※　以上のほかは、当社就業規則による。
※　労働条件通知書については、労使間の紛争の未然防止のため、保存しておくことをお勧めします。

社内様式第○号

（一般労働者用；常用、有期雇用型）

②継続雇用の高齢者（嘱託再雇用者）、有期雇用

労働条件通知書

<table>
<tr><td colspan="2">○○年○○月○○日
○○　○○　殿
事業場名称・所在地　○○県○○市○○町0-0-0　○○株式会社
使用者職氏名　代表取締役　○○　○○</td></tr>
<tr><td>契約期間</td><td>期間の定めなし、（期間の定めあり）（○○年4月　1日～○○年　3月　31日）
※以下は、「契約期間」について「期間の定めあり」とした場合に記入
1　契約の更新の有無
［自動的に更新する・（更新する場合があり得る）・契約の更新はしない・その他（　　　）］
2　契約の更新は次により判断する。
・契約期間満了時の業務量　・（勤務成績、態度）　（・能力）
・会社の経営状況　・従事している業務の進捗状況
・その他（　健康状態　）

【有期雇用特別措置法による特例の対象者の場合】
無期転換申込権が発生しない期間：　Ⅰ（高度専門）・（Ⅱ）（定年後の高齢者）
Ⅰ　特定有期業務の開始から完了までの期間（　　年　　か月（上限10年））
（Ⅱ）　定年後引き続いて雇用されている期間</td></tr>
<tr><td>就業の場所</td><td>○○支店</td></tr>
<tr><td>従事すべき業務の内容</td><td>経理事務

【有期雇用特別措置法による特例の対象者（高度専門）の場合】
・特定有期業務（　　　開始日：　　　完了日：　　　）</td></tr>
<tr><td>始業、終業の時刻、休憩時間、就業時転換（(1)～(5)のうち該当するもの一つに○を付けること。）、所定時間外労働の有無に関する事項</td><td>1　始業・終業の時刻等
（(1)）始業（　9時　00分）　終業（　18時　00分）
【以下のような制度が労働者に適用される場合】
(2) 変形労働時間制等；（　　）単位の変形労働時間制・交替制として、次の勤務時間の組み合わせによる。
始業（　時　分）終業（　時　分）　（適用日　　　）
始業（　時　分）終業（　時　分）　（適用日　　　）
始業（　時　分）終業（　時　分）　（適用日　　　）
(3) ﾌﾚｯｸｽﾀｲﾑ制；始業及び終業の時刻は労働者の決定に委ねる。
（ただし、ﾌﾚｷｼﾌﾞﾙﾀｲﾑ（始業）　時　分から　時　分、
（終業）　時　分から　時　分、
ｺｱﾀｲﾑ　時　分から　時　分）
(4) 事業場外みなし労働時間制；始業（　時　分）終業（　時　分）
(5) 裁量労働制；始業（　時　分）　終業（　時　分）を基本とし、労働者の決定に委ねる。
○詳細は、就業規則第○条～第○条、第○条～第○条、第　条～第　条
2　休憩時間（60）分
3　所定時間外労働の有無（　有　，　（無）　）</td></tr>
<tr><td>休日</td><td>・（定例日）；毎週　土・日曜日、国民の祝日、その他（　　　）
・非定例日；週・月当たり　　日、その他（　　　）
・1年単位の変形労働時間制の場合－年間　　日
○詳細は、就業規則第○条～第○条、第○条～第○条</td></tr>
<tr><td>休暇</td><td>1　年次有給休暇　6か月継続勤務した場合→　　日
継続勤務6か月以内の年次有給休暇　（有・無）
→　か月経過で　　日
定年退職時の有給休暇残日数の繰越し及び継続勤務期間の通算を行う。
時間単位年休（有・（無））
2　代替休暇（有・（無））
3　その他の休暇　有給（　特別休暇　）
無給（　育児・介護休暇、生理休暇等）
○詳細は、就業規則第○条～第○条、第○条～第○条</td></tr>
</table>

<table>
<tr><td>賃　　金</td><td>1　基本賃金　イ　月給（　160,000円）、ロ　日給（　　　　　円）
ハ　時間給（　　　　円）、
ニ　出来高給（基本単価　　　　円、保障給　　　　円）
ホ　その他（　　　　円）
ヘ　就業規則に規定されている賃金等級等
[　　　　　　　　　　　　　　　]
2　諸手当の額又は計算方法
イ（通勤手当　5,000円　／計算方法：　距離に応じて支給　）
ロ（職務手当　10,000円　／計算方法：　担当職務の内容に応じて支給　）
ハ（　　手当　　　　円　／計算方法：　　　　　）
ニ（　　手当　　　　円　／計算方法：　　　　　）
3　所定時間外、休日又は深夜労働に対して支払われる割増賃金率
イ　所定時間外、法定超　月６０時間以内（　25）％
月６０時間超　（　50）％
所定超　（　25）％
ロ　休日　法定休日（　35）％、法定外休日（　25）％
ハ　深夜（　25）％
4　賃金締切日（基本給、通勤手当、職務手当、割増賃金）－毎月末日、（　　　）－毎月日
5　賃金支払日（基本給、通勤手当、職務手当）－毎月25日、（割増賃金）－毎月翌月25日
6　賃金の支払方法（本人が指定する口座に振り込む）
7　労使協定に基づく賃金支払時の控除（無　，(有)（親睦会費））
8　昇給（時期等　原則として昇給は無だが、契約更新時に賃金額を見直すことがある　　　）
9　賞与（　有（時期、金額等　　　　　　　　　，(無)　）
10　退職金（　有（時期、金額等　　　　　）　，(無)　）</td></tr>
<tr><td>退職に関する事項</td><td>1　定年制　（(有)　（　60歳）　，　無　）
2　継続雇用制度（(有)（　65歳まで）　，　無　）
3　自己都合退職の手続（退職する　30日以上前に届け出ること）
4　解雇の事由及び手続
（1. 天災その他やむを得ない場合、2. 事業縮小等当社の都合、3. 職務命令に対する重大な違反行為、4. 業務上の不正行為があった場合その他手続き等は就業規則第○条に定める）
○詳細は、就業規則第○条～第○条、第○条～第○条</td></tr>
<tr><td>そ　の　他</td><td>・社会保険の加入状況（(厚生年金)(健康保険)　厚生年金基金　その他（　　　　））
・雇用保険の適用（(有)，　無　）
・その他（　　　　　　　　　　）
※以下は、「契約期間」について「期間の定めあり」とした場合についての説明です。
労働契約法第18条の規定により、有期労働契約（平成25年4月1日以降に開始するもの）の契約期間が通算５年を超える場合には、労働契約の期間の末日までに労働者から申込みをすることにより、当該労働契約の期間の末日の翌日から期間の定めのない労働契約に転換されます。ただし、有期雇用特別措置法による特例の対象となる場合は、この「５年」という期間は、本通知書の「契約期間」欄に明示したとおりとなります。</td></tr>
</table>

※　以上のほかは、当社就業規則による。
※　労働条件通知書については、労使間の紛争の未然防止のため、保存しておくことをお勧めします。

社内様式第○号

③高度専門職、有期雇用

（一般労働者用；常用、有期雇用型）

労働条件通知書

<table>
<tr><td colspan="2">○○年○○月○○日
○○　○○　殿
事業場名称・所在地　○○県○○市○○町0-0-0　○○株式会社
使 用 者 職 氏 名　代表取締役　○○　○○</td></tr>
<tr><td>契約期間</td><td>期間の定めなし、期間の定めあり（○○年10月　1日～○○年　9月　30日）
※以下は、「契約期間」について「期間の定めあり」とした場合に記入
1　契約の更新の有無
［自動的に更新する・更新する場合があり得る・契約の更新はしない・その他（　　　）］
2　契約の更新は次により判断する。
・契約期間満了時の業務量　・勤務成績、態度　・能力
・会社の経営状況　・従事している業務の進捗状況
・その他（やむを得ない事由によりプロジェクトが中止になった時は更新しないことがある）
【有期雇用特別措置法による特例の対象者の場合】
無期転換申込権が発生しない期間：Ⅰ（高度専門）・Ⅱ（定年後の高齢者）
Ⅰ　特定有期業務の開始から完了までの期間（　6年　0か月（上限10年））
Ⅱ　定年後引き続いて雇用されている期間</td></tr>
<tr><td>就業の場所</td><td>本社システム部システム設計課</td></tr>
<tr><td>従事すべき業務の内容</td><td>新商品「○○」の開発に必要な社内システムの開発
【有期雇用特別措置法による特例の対象者（高度専門）の場合】
・特定有期業務（新表品「○○」開発プロジェクト 開始日：平成27年10月1日 完了日：平成33年9月30日）</td></tr>
<tr><td>始業、終業の時刻、休憩時間、就業時転換((1)～(5)のうち該当するもの一つに○を付けること。)、所定時間外労働の有無に関する事項</td><td>1　始業・終業の時刻等
(1) 始業（　　時　　分）終業（　　時　　分）
【以下のような制度が労働者に適用される場合】
(2) 変形労働時間制等；（　　）単位の変形労働時間制・交替制として、次の勤務時間の組み合わせによる。
始業（　時　分）終業（　時　分）（適用日　　　）
始業（　時　分）終業（　時　分）（適用日　　　）
始業（　時　分）終業（　時　分）（適用日　　　）
(3) ﾌﾚｯｸｽﾀｲﾑ制；始業及び終業の時刻は労働者の決定に委ねる。
（ただし、ﾌﾚｷｼﾌﾞﾙﾀｲﾑ（始業）　時　分から　時　分、
（終業）　時　分から　時　分、
ｺｱﾀｲﾑ　時　分から　時　分）
(4) 事業場外みなし労働時間制；始業（　時　分）終業（　時　分）
(5) 裁量労働制；<s>始業（　時　分）終業（　時　分）を基本とし、</s>労働時間を10時間として労働者の決定に委ねる。
○詳細は、就業規則第○条～第○条、第○条～第○条、第○条～第○条
2　休憩時間（60）分
3　所定時間外労働の有無（有，無）時間外労働はみなし労働時間に含める</td></tr>
<tr><td>休　日</td><td>・定例日；毎週　土・日曜日、国民の祝日、その他（　　　）
・非定例日；週・月当たり　　日、その他（　　　）
・１年単位の変形労働時間制の場合－年間　　日
○詳細は、就業規則第○条～第○条、第○条～第○条</td></tr>
<tr><td>休　暇</td><td>1　年次有給休暇　６か月継続勤務した場合→　10日
継続勤務６か月以内の年次有給休暇　（有・無）
→　か月経過で　日
時間単位年休（有・無）
2　代替休暇（有・無）
3　その他の休暇　有給（　特別休暇　　）
無給（　育児・介護休暇、生理休暇等）
○詳細は、就業規則第○条～第○条、第○条～第○条</td></tr>
</table>

（次頁に続く）

<table>
<tr><td>賃　　金</td><td>1　基本賃金　イ　月給（　　　　円）、ロ　日給（　　　　円）
ハ　時間給（　　　　円）、
ニ　出来高給（基本単価　　　円、保障給　　　円）
ホ　その他（　　　　円）
㋬　就業規則に規定されている賃金等級等
特別職 S-2 号（年俸職務給）の 16 分の 12 を毎月支給
2　諸手当の額又は計算方法
イ（通勤手当　5,000円　／計算方法：　距離に応じて支給　）
ロ（　　手当　　　　円　／計算方法：　　　　　　　）
ハ（　　手当　　　　円　／計算方法：　　　　　　　）
ニ（　　手当　　　　円　／計算方法：　　　　　　　）
3　所定時間外、休日又は深夜労働に対して支払われる割増賃金率
イ　所定時間外、法定超　月６０時間以内（　25）％
月６０時間超　（　50）％
所定超　（　25）％
ロ　休日　法定休日（　35）％、法定外休日（　25）％
ハ　深夜（　25）％
4　賃金締切日（年俸職務給、通勤手当）－毎月末日、（　　　）－毎月　日
5　賃金支払日（年俸職務給、通勤手当）－毎月25日、（　　　）－毎月　日
6　賃金の支払方法（本人が指定する口座に振り込む）
7　労使協定に基づく賃金支払時の控除（無　，㊒（親睦会費））
8　昇給（時期等　契約更新時に賃金等級を見直すことがある。）
9　賞与（㊒（時期、金額等　年俸制の16分の4を年2回（6月、12月）支給，　無　）
10　退職金（　有（時期、金額等　　　　　）　，㊮）</td></tr>
<tr><td>退職に関する事項</td><td>1　定年制　（　有　（　　歳）　，㊮）
2　継続雇用制度（　有（　　歳まで）　，㊮）
3　自己都合退職の手続（退職する30日以上前に届け出ること）
4　解雇の事由及び手続
（1. 天災その他やむを得ない場合、2. 事業縮小等当社の都合、3. 職務命令に対する重大な違反行為、4. 業務上の不正行為があった場合その他手続き等は就業規則第○条に定める）
○詳細は、就業規則第○条～第○条、第○条～第○条</td></tr>
<tr><td>そ　の　他</td><td>・社会保険の加入状況（（厚生年金）（健康保険）厚生年金基金　その他（　　　））
・雇用保険の適用（㊒，　無　）
・その他（　　　　　）
※以下は、「契約期間」について「期間の定めあり」とした場合についての説明です。
労働契約法第18条の規定により、有期労働契約（平成25年4月1日以降に開始するもの）の契約期間が通算５年を超える場合には、労働契約の期間の末日までに労働者から申込みをすることにより、当該労働契約の期間の末日の翌日から期間の定めのない労働契約に転換されます。ただし、有期雇用特別措置法による特例の対象となる場合は、この「５年」という期間は、本通知書の「契約期間」欄に明示したとおりとなります。</td></tr>
</table>

※　以上のほかは、当社就業規則による。
※　労働条件通知書については、労使間の紛争の未然防止のため、保存しておくことをお勧めします。

13　労働条件通知書（短時間労働者・派遣労働者用；常用、有期雇用型）

社内様式第○号

（短時間労働者用；常用、有期雇用型）
（派遣労働者用；常用、有期雇用型）

労働条件通知書

○○年○○月○○日 ○○　○○　殿 事業場名称・所在地　**○○県○○市○○町0-0-0　○○株式会社** 使用者職氏名　**代表取締役　○○　○○**	
契約期間	期間の定めなし、期間の定めあり（○○年10月　1日～○○年　9月　30日） ※以下は、「契約期間」について「期間の定めあり」とした場合に記入 1　契約の更新の有無 ［自動的に更新する・更新する場合があり得る・契約の更新はしない・その他（　　　）］ 2　契約の更新は次により判断する。 ・契約期間満了時の業務量　・勤務成績、態度　・能力 ・会社の経営状況　・従事している業務の進捗状況 ・その他（　　　） 【有期雇用特別措置法による特例の対象者の場合】 無期転換申込権が発生しない期間：Ⅰ（高度専門）・Ⅱ（定年後の高齢者） Ⅰ　特定有期業務の開始から完了までの期間（　　年　　か月（上限10年）） Ⅱ　定年後引き続いて雇用されている期間
就業の場所	**スーパー○○店**
従事すべき業務の内容	**レジ打ち、商品の陳列整理およびこれに付随する業務** 【有期雇用特別措置法による特例の対象者（高度専門）の場合】 ・特定有期業務（　　　開始日：　　　完了日：　　　）
始業、終業の時刻、休憩時間、就業時転換((1)～(5)のうち該当するもの一つに○を付けること。)、所定時間外労働の有無に関する事項	1　始業・終業の時刻等 (1) 始業（　　時　　分）　終業（　　時　　分） 【以下のような制度が労働者に適用される場合】 (2) 変形労働時間制等；（　　）単位の変形労働時間制・交替制として、次の勤務時間の組み合わせによる。 始業（10時00分）　終業（16時00分）　（適用日　**平日勤務の場合**） 始業（16時00分）　終業（22時00分）　（適用日　**土日祝日勤務の場合**） 始業（　時　分）　終業（　時　分）　（適用日　　　） (3) フレックスタイム制；始業及び終業の時刻は労働者の決定に委ねる。 （ただし、フレキシブルタイム（始業）　時　分から　時　分、 （終業）　時　分から　時　分、 コアタイム　時　分から　時　分） (4) 事業場外みなし労働時間制；始業（　時　分）終業（　時　分） (5) 裁量労働制；始業（　時　分）　終業（　時　分）を基本とし、労働者の決定に委ねる。 ○詳細は、就業規則第○条～第○条、第○条～第○条、第○条～第○条 2　休憩時間（30）分 3　所定時間外労働の有無 （有（1週　15時間、1か月　45時間、1年　360時間），無　） 4　休日労働（有（1か月　4日、1年　48日），無　）
休日及び勤務日	・定例日；毎週　　曜日、国民の祝日、その他（　　　） ・非定例日；週・月当たり　6日、その他（**会社カレンダーに従う**） ・1年単位の変形労働時間制の場合－年間　　日 （勤務日） 毎週（　　　）、その他（　　　） ○詳細は、就業規則第○条～第○条、第○条～第○条
休暇	1　年次有給休暇　6か月継続勤務した場合→　10日 継続勤務6か月以内の年次有給休暇　（有・無） →　か月経過で　　日 時間単位年休（有・無） 2　代替休暇（有・無） 3　その他の休暇　有給（　**特別休暇**　） 無給（　**育児・介護休暇、生理休暇等**） ○詳細は、就業規則第○条～第○条、第○条～第○条

（次頁に続く）

賃　　金	1　基本賃金　イ　月給（　　　　　円）、ロ　日給（　　　　　円） （ハ）時間給（1,000円）、 ニ　出来高給（基本単価　　　円、保障給　　　円） ホ　その他（　　　円） ヘ　就業規則に規定されている賃金等級等 ［　　　　　　　　　　　　　　　　］ 2　諸手当の額又は計算方法 イ（**通勤**手当　5,000　円　／計算方法：**距離に応じて支給**　） ロ（　　手当　　　円　／計算方法：　　　　　　　　） ハ（　　手当　　　円　／計算方法：　　　　　　　　） ニ（　　手当　　　円　／計算方法：　　　　　　　　） 3　所定時間外、休日又は深夜労働に対して支払われる割増賃金率 イ　所定時間外、法定超　月６０時間以内（　25）％ 月６０時間超　（　50）％ 所定超　（　0）％ ロ　休日　法定休日（　35）％、法定外休日（　0）％ ハ　深夜（　25）％ 4　賃金締切日（**基本給、通勤手当**）－毎月**末**日、（　　　）－毎月　日 5　賃金支払日（**基本給、通勤手当**）－毎月**翌月10**日、（　　　）－毎月　日 6　賃金の支払方法（**本人が指定する口座に振り込む**） 7　労使協定に基づく賃金支払時の控除（無　，（有）（**親睦会費**）） 8　昇給（　有（時期、金額等　　　　　）　，（無）） 9　賞与（　有（時期、金額等　　　　　）　，（無）） 10　退職金（　有（時期、金額等　　　　　）　，（無））
退職に関する事項	1　定年制　（　有　（　　歳）　，（無）） 2　継続雇用制度（　有（　　歳まで）　，（無）） 3　自己都合退職の手続（退職する30日以上前に届け出ること） 4　解雇の事由及び手続 （**1. 天災その他やむを得ない場合、2. 事業縮小等当社の都合、3. 職務命令に対する重大な違反行為、4. 業務上の不正行為があった場合その他手続等は就業規則第○条に定める**） ○詳細は、就業規則第**○**条～第**○**条、第**○**条～第**○**～第　条
そ　の　他	・社会保険の加入状況（　厚生年金　健康保険　厚生年金基金　その他（　　　　）） ・雇用保険の適用（（有），　無　） ・雇用管理の改善等に関する事項に係る相談窓口 部署名　**総務部長**　担当者職氏名　**○○○○**　（連絡先　**XX-XXXX-XXXX**） ・その他（　　　　　　　　　　　　） ・具体的に適用される就業規則名（　**パート・契約社員就業規則**　） ※以下は、「契約期間」について「期間の定めあり」とした場合についての説明です。 労働契約法第18条の規定により、有期労働契約（平成25年4月1日以降に開始するもの）の契約期間が通算５年を超える場合には、労働契約の期間の末日までに労働者から申込みをすることにより、当該労働契約の期間の末日の翌日から期間の定めのない労働契約に転換されます。ただし、有期雇用特別措置法による特例の対象となる場合は、この「５年」という期間は、本通知書の「契約期間」欄に明示したとおりとなります。

※　以上のほかは、当社就業規則による。

※　本通知書の交付は、労働基準法第15条に基づく労働条件の明示及び短時間労働者の雇用管理の改善等に関する法律第６条に基づく文書の交付を兼ねるものであること。

※　登録型派遣労働者に対し、本通知書と就業条件明示書を同時に交付する場合、両者の記載事項のうち一致事項について、一方を省略して差し支えないこと。

※　労働条件通知書については、労使間の紛争の未然防止のため、保存しておくことをお勧めします。

14　労働条件通知書（一般労働者用；日雇型）

社内様式第○号（参考）

（一般労働者用；日雇型）

労働条件通知書

○○○○　殿	○○年○○月○○日 事業場名称・所在地　○○県○○市○○町0-0-0　○○株式会社 使用者職氏名　代表取締役　○○○○
就労日	○○年○○月○○日
就業の場所	○○株式会社　レストラン○○店
従事すべき業務の内容	接客業務及びこれに付随する業務
始業、終業の時刻、休憩時間、所定時間外労働の有無に関する事項	1　始業（　8　時　30　分）　終業（　17　時　30　分） 2　休憩時間（　60　）分 3　所定時間外労働の有無（（有）、　無　）
賃　　金	1　基本賃金　イ　時間給（　　　円）、（ロ）日給（　8,000　円） ハ　出来高給（基本単価　　　円、保障給　　　円） ニ　その他（　　　円） 2　諸手当の額又は計算方法 （イ）（　通勤手当　1,000 円　／計算方法：　一律　） ロ（　　手当　　　円　／計算方法：　　　） 3　所定時間外、休日又は深夜労働に対して支払われる割増賃金率 イ　所定時間外、法定超（　25　）％、所定超（　）％、 ロ　深夜（　25　）％ 4　賃金支払日　（（就業当日）・その他（　　　）） 5　賃金の支払方法　（　全額現金払い　） 6　労使協定に基づく賃金支払時の控除（（無），有（　　　））
そ　の　他	・社会保険の加入状況（　厚生年金　健康保険　厚生年金基金　その他（　　　）） ・雇用保険の適用（（有），　無　） ・その他〔　　　〕

※　以上のほかに、当社就業規則による。
※　労働条件通知書については、労使間の紛争の未然防止のため、保存しておくことをお勧めします。

15　労働条件通知書（派遣労働者用；日雇型）

社内様式第○号（参考）

（派遣労働者用；日雇型）

労働条件通知書

<table>
<tr><td colspan="2">○○年○○月○○日
○○○○　　殿
事業場名称・所在地　**○○県○○市○○町0-0-0　○○株式会社**
使用者職氏名　**代表取締役　○○○○**</td></tr>
<tr><td>就労日</td><td>**○○年○○月○○日**</td></tr>
<tr><td>就業の場所</td><td>**○○株式会社　○○支店**</td></tr>
<tr><td>従事すべき業務の内容</td><td>**データ入力及びこれに付随する業務**</td></tr>
<tr><td>始業、終業の時刻、休憩時間、所定時間外労働の有無に関する事項</td><td>1　始業（　8　時　00　分）　終業（　17　時　00　分）
2　休憩時間（　60　）分
3　所定時間外労働の有無（（有）（　3　時間）、　無　）</td></tr>
<tr><td>賃　金</td><td>1　基本賃金　イ　時間給（　　　円）、（ロ）　日給（　8,000　円）
ハ　出来高給（基本単価　　　円、保障給　　　円）
ニ　その他（　　　円）
2　諸手当の額又は計算方法
イ（　　手当　　　円　／計算方法：　　　　）
ロ（　　手当　　　円　／計算方法：　　　　）
3　所定時間外、休日又は深夜労働に対して支払われる割増賃金率
イ　所定時間外、法定超（25）%、所定超（25）%、
ロ　深夜（25）%
4　賃金支払日（（就業当日）・その他（　　　　））
5　賃金の支払方法（　**全額現金払い**　）
6　労使協定に基づく賃金支払時の控除（（無），有（　　　））</td></tr>
<tr><td>その他</td><td>・社会保険の加入状況（　厚生年金　健康保険　厚生年金基金　その他（　　　））
・雇用保険の適用（　有　，（無））
・具体的に適用される就業規則名（　**臨時従業員就業規則**　）
・その他（　　　　）</td></tr>
</table>

※　以上のほかは、当社就業規則による。

※　労働条件通知書については、労使間の紛争の未然防止のため、保存しておくことをお勧めします。

16　試用期間満了・本採用決定通知書

社内様式第○号（第 14 条関連）

年　　月　　日

氏名：○○○○　様

○○株式会社

代表取締役　○○○○　㊞

試用期間満了・本採用決定通知書

貴殿の試用期間の勤務実績や勤務態度等を評価した結果、就業規則第○条により、試用期間を終了し、正社員として本採用することに決定しましたので、通知します。

今後も、社業の発展と自己の成長のために精勤されることを期待しています。

試用期間	年　　月　　日　から　　　　年　　月　　日　まで
本採用日	年　　月　　日
本採用後の労働条件	□　試用期間中と同じ（改めて雇用契約書は交付しません。） □　試用期間中と異なる（別途、雇用契約書を交付します。）

17 辞　令

社内様式第○号（第16条関連）

辞　　令

（氏　　　名） ○○　○○	（現所属／役職） ○○部○○課係長
（異動内容） ○○課課長代理職を命ずる。	
○○年○○月○○日 任命権者　　代表取締役　　　　○○○○　　　㊞	

※　着任日までに、後任に対し業務の引継ぎを行い、所属長の確認を受けること。

※　勤務地を異にする場合は、会社の備品、貸与品を返却し、必要に応じた清算を行うこと。

辞令文一覧

異動の種類	「(異動内容)」への記載方法
1　採用	○○部○○課に配属する。 　役職：○○職　　基本給：000000円
2　昇進	○○部○○課○○職に任命する。 　基本給：000000円
3　異動	(1)　配置換えさせる場合 　ア　○○課○○職を命ずる。 　イ　○○課勤務を命ずる。 (2)　出向させる場合 　　株式会社○○へ出向を命ずる。詳細は出向協定書において定める。
4　兼務	ア　兼ねて○○課○○職を命ずる。 　イ　兼ねて○○課勤務を命ずる。 　ウ　○○課○○職兼務を解く。 　エ　○○課兼務を解く。
5　昇給	基本給000000円を支給する。
6　休職	就業規則○条○項○号により休職を命ずる。 　休職期間は　　　年　　月　　日までとする。 　休職期間は無給とする。(基本給000000円を支給する。)
7　復職	復職を命ずる。詳細は復職に関する確認書によるものとする。
8　降任	就業規則○条○項○号により○○に降任する。 　基本給：000000円 注）従業員の意により降任する場合は、就業規則の根拠条項を記載しない。
9　譴責	就業規則○条○項○号の規定により譴責とする。
10　減給	就業規則○条○項○号の規定により、　　　年　　月　　日から 　　　年　　月　　日まで基本給を000000円とする。
11　出勤停止	就業規則○条○項○号の規定により、　　　年　　月　　日から 　　　年　　月　　日まで出勤停止とする。
12　諭旨解雇	就業規則○条○項○号の規定により諭旨解雇とする。
13　懲戒解雇	就業規則○条○項○号の規定により懲戒解雇とする。
14　依願退職	退職願により本職を免ずる。

18　出向協定書

社内様式第○号（第17条関連）

出向協定書

○○株式会社（以下「甲」という。）から、○○株式会社（以下「乙」という。）へ出向させる従業員（以下「丙」という。）に関する取扱いについては、下記のとおりとし、甲と乙と丙は、当該規定に基づき出向協定を締結した。

記

（出向従業員）

第１条　丙は、甲の従業員の身分でありながら、丙の労働提供義務の指揮権に係る乙の就業規則その他の規程及びこれらに基づく指揮命令等を守り、誠実かつ忠実に就業するものとする。

２　丙の氏名、乙における役職、主な業務内容及び勤務場所は、別紙１のとおりとする。ただし、乙の指示命令により配置転換を行うことがある。

３　乙は、丙を甲との雇用関係を有しながら乙の指揮監督下におくことを確認し、使用者としての責任を果たすものとする。

（出向期間）

第２条　丙の出向期間は、別紙１のとおりとする。

２　出向期間が満了したとき、本協定は終了する。

３　次の各号のいずれかの事由に該当するときは、甲及び乙は本協定を解除できる。その場合、甲及び乙は解除する１か月前までに相手側に申し出なければならない。

（１）　出向の目的を達成したとき。

（２）　出向の目的を達成することが困難であるとき。

（３）　乙において丙を解雇する事由が生じたとき。

（４）　甲が丙の復職の必要を認めたとき。

３　甲又は乙に出向期間の延長又は短縮の必要が生じたときは、それぞれの申出により、出向期間満了日又は解除予定日の１か月前までに双方が協議のうえ決定するものとする。

（服務及び勤務）

第３条　丙の乙における就業時間、休憩時間及び休日・休暇等勤務に関する事項（年次有給休暇の付与日数及び付与条件等を除く。）は、乙の規定による。

２　丙の年次有給休暇の付与日数及び付与条件等については、甲の規定による。ただし、年次有給休暇の使用単位及び請求手続は、乙の規定による。

（賃金等の支払方法）

第４条　丙に対する賃金等は、甲が甲の規定により支給する。

（経費負担）

第５条　乙は丙に係る経費に関し、別紙２に定める金員を、毎月末日までに甲の指定する金融機関に振り込むものとする。

２　前項の金員の額は、毎事業年度必要に応じ見直すことができるものとする。

（社会保険及び災害補償等）

第６条　丙に係る健康保険、厚生年金保険、介護保険、雇用保険は甲において加入し、保険料は甲の基準により甲が負担するものとする。

２　丙に係る労働者災害補償保険は、甲の丙に対する総賃金に基づいて乙がその加入手続をとり、かつ、その保険料の負担及び納付を行うものとする。

３　丙が、乙において業務上又は乙への通勤途上負傷し、疾病にかかり又は死亡した場合は、乙が乙の規定により補償するものとする。

４　福利厚生費については、甲の制度により、甲が負担するものとする。

（旅費等）

第７条　丙の乙への赴任及び甲への帰任の旅費は、甲が甲の負担において丙に支給するものとする。

２　丙の乙における出張等に伴う旅費等及び日当等は、乙が乙の基準により丙に支給するものとする。

３　丙に係る通勤費については、乙の負担により丙に支給するものとする。

（懲　戒）

第８条　丙が、乙において懲戒事由に該当するに至った場合は、その都度甲乙協議のうえ扱いを決定するものとする。

２　前項の場合において、懲戒事由が解雇に該当するに至った場合は、甲は丙の出向を終了させるものとする。

（健康診断）

第９条　丙の健康診断等は、甲の基準により甲において行うものとする。

（人事考課）

第10条　乙は、丙に関して、甲から人事考課の要請があった場合は、甲乙協議のうえ、丙の人事考課を行うものとする。

（勤続年数）

第11条　出向期間は、甲における丙の勤続年数に通算するものとする。

（通　知）

第12条　甲乙双方は、丙に関して別紙3の事項につき相互に連絡をとるものとする。

（守秘義務）

第13条　丙は、乙に対して競業避止及び業務上知り得た秘密（取引先関係者の秘密を含む。）の守秘義務を将来にわたって負うものとする。

2　丙は、前項で定める守秘義務等に関し、別紙4の誓約書を乙に提出する。

（出向従業者の義務）

第14条　丙は、乙に対し自らの職業能力の開発及び向上に努めるとともに他の乙の職員と協調し、業務の促進と目的の達成に努めることを約するものとする。

2　丙は、乙の名誉及び信用を保持し、対外的においても乙及び乙の従業員並びに利害関係人に悪影響を与えるような不正又は背信的行為若しくは品位を害するようなことを行ってはならない。

（出向契約の終了）

第15条　出向契約終了にあたり、契約終了日までに、丙は、乙に対し、乙に帰属する備品及び書類等の返還、債務の精算、及び業務の引継ぎを行い、乙は、丙の退職手続を行うものとする。

2　出向契約終了後は、甲は、丙の出向前の職務及び出向契約における職務並びに業務成績を勘案して、丙の配属及び職務を決定する。

（協議等）

第16条　本協定書に定めのない事項、又は本協定書の内容又はその実施に関し疑義が生じたときは、その都度甲及び乙両者の協議の上決定するものとする。

2　甲と丙の間、乙と丙の間に労使間の紛争が生じた場合において、自主的な解決が困難であると認めるときは、個別労働関係紛争の解決の促進に関する法律に定める紛争調整委員会のあっせん等の手続により解決を図るものとする。

本協定書は３通作成し、甲乙丙三者が各１通を保有する。

以上

年　　月　　日

甲　　所在地
　　　○○○○株式会社
　　　　　○○　○○　　㊞

乙　　所在地
　　　○○○○株式会社
　　　　　○○　○○　　㊞

丙　　住所
　　　氏名　○○　○○　　㊞

（別紙１）

出向者氏名 （生年月日）	出向期間	乙における 主な業務内容	乙における 役職	乙における 主たる勤務場所
（　　　　）	年　月　日 ～　　年　月　日			
（　　　　）				

（別紙２）

１．協定書第５条第１項の金員

　　　　　月額　　　　　　万円

　ただし、月の途中から出向し又は復帰する場合は、暦日により日割り計算を行う

２．振込先金融機関

　　　　　銀行　　支店

　普通・当座　口座番号

　口座名義

（別紙３）

１．甲から乙への連絡事項

　①　丙の賃金総支給額

　②　別紙１及び２の事項及びその他必要事項

２．乙から甲への連絡事項

　①　丙の出勤簿

　②　その他必要事項

（別紙４）

社内様式第○号　採用時誓約書（中途採用者秘密保持）（本書558頁）

19　欠勤・遅刻・早退・外出許可申請書・届出書

社内様式第○号（第28条及び第30条関連）

年　　月　　日

人事部長　様

職名：○○部○○課○○職

氏名：○○○○　㊞

欠勤・遅刻・早退・外出許可申請書・届書

□ 下記のとおり、申請します。

種別	欠勤　・　遅刻　・　早退　・　外出
日時	年　　月　　日 時　　分～　　時　　分まで　　※欠勤時は不要
請求理由	

□ 下記のとおり、報告します。

種別	欠勤　・　遅刻　・　早退　・　外出
日時	年　　月　　日 時　　分～　　時　　分まで　　※欠勤時は不要
理由	
事前連絡	なし　・　あり　（連絡先：　　　　連絡手段：　　　）
証明書等の有無	なし　・　あり　（　　　　　　　　　　）

20　副業・兼業届

社内様式第○号（第45条関連）

年　　月　　日

○○株式会社
代表取締役　○○○○　様

職名：○○部○○課○○職
氏名：○○○○　㊞

副業・兼業届

下記の通り副業・兼業を届出いたします。

<table>
<tr><th colspan="2">項目</th><th colspan="4">内容</th></tr>
<tr><td rowspan="2">申請者</td><td>所属</td><td colspan="4">部　　　　　　課</td></tr>
<tr><td>氏名</td><td colspan="2">㊞</td><td>社員番号</td><td></td></tr>
<tr><td rowspan="5">副業
・兼業先</td><td>会社名</td><td colspan="2"></td><td>□業務請負</td><td>□自ら事業を営む</td></tr>
<tr><td>事業内容</td><td colspan="4"></td></tr>
<tr><td>職務内容</td><td colspan="4"></td></tr>
<tr><td>勤務地</td><td colspan="3"></td><td>□自宅</td></tr>
<tr><td>緊急連絡先</td><td colspan="4"></td></tr>
<tr><td rowspan="3">副業
・兼業予定</td><td>期間</td><td colspan="4">始期　　年　　月　　日　～　終期　　年　　月　　日
・期間の定めなし</td></tr>
<tr><td rowspan="2">兼業・
副業</td><td>曜日</td><td colspan="3">月・火・水・木・金・土・日</td></tr>
<tr><td>時間数</td><td colspan="2">時間/日</td><td>時間/月</td></tr>
<tr><td>雇用の場合のみ記入</td><td>賃金等</td><td colspan="2">通常賃金　　　　円(時給)</td><td colspan="2">割増賃金　　　　円(時給)</td></tr>
</table>

誓　約	副業・兼業に関する規定をよく読んで理解いたしましたので、同規程を遵守して副業・兼業に従事することを約束いたします。 年　　月　　日　＿＿＿＿＿＿＿＿＿＿＿＿㊞

<table>
<tr><th>最終判定</th><th>基準
届出にかかわらず下記要件を満たさないときは副業・兼業を認めないことがあります。</th><th>判定</th></tr>
<tr><td rowspan="8">可・否
原則、全項目○で可</td><td>1. 副業･兼業が就業時間中に行われない</td><td></td></tr>
<tr><td>2. 副業･兼業の内容が、会社（グループ会社含む）の業務と競業しない</td><td></td></tr>
<tr><td>3. 副業・兼業により社内の機密や個人情報の保護が損なわれない</td><td></td></tr>
<tr><td>4. 副業・兼業時間と会社における残業時間との合計が月80時間以内である</td><td></td></tr>
<tr><td>5. 主副を合わせて4週間で4日以上の休日を確保できる</td><td></td></tr>
<tr><td>6. 副業・兼業先での労働時間について割増賃金が支給される(雇用の場合のみ)</td><td></td></tr>
<tr><td>7. 副業・兼業の内容が会社の名誉や信用を損なわない</td><td></td></tr>
<tr><td>8. その他、副業・兼業により社内秩序への悪影響がない</td><td></td></tr>
</table>

21　振替休日指定書

社内様式第○号（第55条関連）

年　　月　　日

職名：○○部○○課○○職

氏名：○○○○　様

人事部長　○○○○　㊞

振替休日指定書

就業規則第○条に基づき、下記の休日を出勤日とし、下記の出勤日に休日を振り替えます。

休日から出勤日となる日	年　　月　　日
出勤日から休日となる日	年　　月　　日

※　休日から振り替えられた出勤日は、原則として所定労働時間の勤務をしなければなりません。

※　出勤日から振り替えられた休日は、原則として勤務することはできません。再振り替えもできません。

※　振り替える出勤日は、できるだけ同一週内の日としてください。

22　所定外労働・休日出勤許可申請書

社内様式第○号（第 56 条関連）

年　月　日

所定外労働・休日出勤許可申請書

人事部長　様

職名：○○部○○課○○職
氏名：　○○○○　㊞

1．下記のとおり、所定外労働・休日出勤を申請します。

（1）　所定外労働（三六協定第○条第１項　　号の理由による・その他）
予定終業時刻：　時　分

【業務内容】

（2）　休日出勤（三六協定第１条第２項　　号の理由による・その他）
予定勤務日時：　年　月　日、　時　分から　時　分まで

【業務内容】

※：原則として所定外労働等は、36 協定に定める事由以外で行うことはできません。やむを得ずその他の理由で行う場合には、業務内容は特に詳細に記載して下さい。

○○○○　様

2．下記のとおり、所定外労働又は休日出勤を命じます。

（1）　所定外労働（三六協定第１条第１項　　号の理由による・その他）
本日　時　分までの範囲内で勤務することを命じる。ただし、命令した業務が終了し次第、すぐに退勤すること。

【業務内容】

（2）　休日出勤（三六協定第１条第２項　　号の理由による・その他）
年　月　日、　時　分から　時　分まで（1 時間の休憩を含む。）の勤務を命じる。ただし、原則として残業を認めないため、終業時刻に退勤できるように計画的に業務を行うこと（やむを得ない場合は○時間までの延長を認める）。

【業務内容】

23　所定外労働・休日出勤許可申請書（別例）

社内様式第○号（第56条関連）

所定外労働及び休日出勤命令簿

年度	月	所属名	職名	氏　名	
				従業員番号	

命令又は許可欄				勤務確認欄										
所属長印	従事日	業務内容	時間	従事した時間			時間外勤務代休時間の勤務				（備考）	事後確認印		変更承認印
					うち勤務時間数	うち休憩時間数		+50	+25	+15		従事者	確認者	
			自　: 至　:	自　: 至　:	:	:	:	:	:	:				
			自　: 至　:	自　: 至　:	:	:	:	:	:	:				
			自　: 至　:	自　: 至　:	:	:	:	:	:	:				
			自　: 至　:	自　: 至　:	:	:	:	:	:	:				
			自　: 至　:	自　: 至　:	:	:	:	:	:	:				
			自　: 至　:	自　: 至　:	:	:	:	:	:	:				
			自　: 至　:	自　: 至　:	:	:	:	:	:	:				
			自　: 至　:	自　: 至　:	:	:	:	:	:	:				
			自　: 至　:	自　: 至　:	:	:	:	:	:	:				
			自　: 至　:	自　: 至　:	:	:	:	:	:	:				
				計			:	:	:	:				

24　代休取得届

社内様式第○号（第 59 条関連）

年　　月　　日

人事部長　様

職名：○○部○○課○○職
氏名：○○○○　㊞

代休取得届

下記のとおり、代休の取得を申請します。

申出日	年　　月　　日（　　）
代休取得希望日	年　　月　　日（　　）
種　　別	所定外労働に対する代休　・　休日出勤に対する代休
代休の根拠となる勤務実態	年　　月　　日（　　） 始業：　　時　　分 終業：　　時　　分（実働　　時間　　分）

※　代休取得届は、取得希望日の１週間前までに提出しなければなりません。

＜会社記入欄＞

（１） 申請された希望日に代休を付与する。
（２） 次の日に代休を与える。　＿＿＿＿年　　月　　日＿＿
（３） 申請を却下する。

【備考】

25　年次有給休暇取得届

社内様式第○号（第65条関連）

年　　月　　日

人事部長　様

職名：○○部○○課○○職
氏名：○○○○　㊞

年次有給休暇取得届

下記のとおり、年次有給休暇の取得を申し出ます。

<table>
<tr><td>申出日</td><td colspan="2">年　　月　　日（　　）</td></tr>
<tr><td rowspan="2">年次有給休暇
取得希望日</td><td>年　　月　　日（　　）から</td><td rowspan="2">［　　　日間　］</td></tr>
<tr><td>年　　月　　日（　　）まで</td></tr>
<tr><td>引継ぎ・
連絡事項</td><td colspan="2"></td></tr>
</table>

※　年次有給休暇取得届は、原則として取得希望日の１週間前までに提出する必要があります。

※　年次有給休暇を取得することにより、２週間以上勤務しない場合の届出は、原則として取得希望日の２週間前までに行う必要があります。

26　年次有給休暇取得計画届

社内様式第○号（第66条関連）

年次有給休暇取得計画届（半期に1回提出）

所属　○○課　　　　○○○○　様

あなたの今年度の年次有給休暇は　　　日です。

そのうち5日については労働基準法第39条第7項の規定に基づき、会社が時季を指定して付与します。ついては下部の申告欄に取得を希望する日を記入し、人事部に届け出てください。

※：4月期分（4月～9月）／10月期分（10月～3月）＜どちらかに○＞

第一希望	第二希望
月　　日（　）	月　　日（　）
月　　日（　）	月　　日（　）
月　　日（　）	月　　日（　）
月　　日（　）	月　　日（　）
月　　日（　）	月　　日（　）

※1：本用紙の上半分は、あなたの控ですので大切に保管してください。

※2：本用紙の下半分の届書を人事部に各半期の期限までに提出してください。

・4月期分（4月～9月）　⇒　4月10日まで

・10月期分（10月～3月）　⇒　10月10日まで

※3：4月期・10月期を通算して最低5日間取得できるよう申告してください。5日を超える分の申告は任意です。注）

※4：申告までに申請により取得日が確定している年次有給休暇は含めないでください。

＊＊＊＊＊＊＊＊＊＊＊＊＊＊＊＊切り取って提出＊＊＊＊＊＊＊＊＊＊＊＊＊＊＊＊＊

所属　　　氏名　　　　　　　　　　　　㊞

年次有給休暇取得計画届

上半期（4月～9月）・下半期（10月～3月）※どちらかに○

第一希望	第二希望
月　　日（　）	月　　日（　）
月　　日（　）	月　　日（　）
月　　日（　）	月　　日（　）
月　　日（　）	月　　日（　）
月　　日（　）	月　　日（　）

注）4月基準日の者は、4月期分、10月期分を通算して、10月基準日の者は前年度の10月期分、4月期分を通算します。

27　年次有給休暇取得計画表

社内様式第○号（第66条関連）

年次有給休暇取得計画表

所属　○○課　　　　○○○○　様

あなたの（4月期分・10月期分）の年次有給休暇取得計画は下記のとおりです。やむを得ない事由により変更したい場合には、○日前までに所属長に連絡をし、速やかに代替の日を決めてください。

月　　　日（　）
月　　　日（　）
月　　　日（　）
月　　　日（　）
月　　　日（　）

なお、業務遂行上やむを得ない事由のため上記の日に出勤を要する場合には、会社は就業規則第○条に基づき、上記の指定日を変更することができるものとします。

以上

28　特別休暇取得届

社内様式第○号（第 67 条関連）

年　　月　　日

人事部長　様

職名：○○部○○課○○職
氏名：○○○○　㊞

特別休暇取得届

下記のとおり、特別休暇の取得を申請します。

申出日	年　　月　　日（　　）	
特別休暇取得希望日	年　　月　　日（　　）から 年　　月　　日（　　）まで	［　　日間］
取得事由	□ 本人の結婚　［入籍日・結婚式の日　：　月　　日］ □ 子の結婚　［結　婚　式　の　日　：　月　　日］ □ 妻の出産　［出　産　（予　定）日　：　月　　日］ □ 家族の死亡　［続柄：　　　死亡日：　月　　日］ □ 裁判員等関連［主な参加日・出頭日　：　月　　日］ □ その他の事由［　　　　　　　　　］	
引継ぎ・連絡事項		

<会社記入欄>

（1）　申請された希望日に特別有給休暇を付与する。

（2）　次の日に特別有給休暇を与える。　＿＿＿年　　月　　日

（3）　申請を却下する。

【備考】

29　母性保護等に関する休暇請求書

社内様式第○号（第71条から第73条関連）

年　　月　　日

人事部長　様

職名：○○部○○課○○職

氏名：○○○○　㊞

母性保護等に関する休暇請求書

下記のとおり、休暇の取得を請求します。

請求日	

□ 生理日の措置

就労免除期間	年　　月　　日	：　〜　：

※　休暇取得後、速やかに提出してください。

□ 通院休暇

出産予定日	年　　月　　日（現在、妊娠　　週目）
休暇請求日	年　　月　　日（前回：　　月　　日）
医師等の指導	

※　医師等の指導がある場合は、診断書等の写しを総務部へ提出してください。

□ 産前産後休暇

出産予定日		年　　月　　日（□ 多胎妊娠の場合）
産前休暇開始日		年　　月　　日から
産後休暇終了日		出産日から　□8週間後継続して育児休業（要育休申請） □8週間後の翌日に復職 □　＿＿日後の翌日に復職（要診断書）
休暇中連絡先	住　所	〒
	電話番号	

※　産後8週未満の産後休暇を希望する場合、少なくとも産後6週の休暇を取得し、復職後の業務は医師の診断により就業可能な業務に限ります（要診断書）。

30　休職に関する確認書

社内様式第○号（第 95 条関連）

年　　月　　日

職名：○○部○○課○○職
氏名：○○○○　様

○○株式会社
代表取締役　○○○○　㊞

休職に関する確認書

貴殿の休職の取扱いに関する次の事項を確認してください。

1．休職の取扱い

休職の事由	
休職発令日	○○年○月○日
休職の期限	○○年○月○日（就業規則第○条第○項第○号）

2．復職を希望するときの手続き

復職願（社内様式第○号）を会社に提出してください。休職の事由が業務外の傷病若しくは精神又は身体上の疾患によるものである場合は、主治医の診断書（意見書）を添付してください。

3．その他休職に関する確認事項

⑴　休職期間中は、無給とします。

⑵　休職期間中であっても服務規律が及ぶことを確認し、休職事由に応じた目的から逸脱する行動及び会社の信用を失墜させるような行為をしてはなりません。

⑶　休職の事由が私傷病によるものである場合は、当該傷病の治療に専念し、規律正しい生活をしなければなりません。

⑷　休職期間中は、自ら事業を行い、又は他に雇用されて就業してはなりません。

⑸　休職期間中に会社から状況の報告を求められた場合は、休職者近況報告書（社内様式第○号）を提出しなければなりません。

⑹　会社は、必要があると認める場合、貴殿の同意を得たうえで、会社が指定する医師（産業医）に主治医等の復職等に関する意見を求めさせ、会社に報告させることがあります。

⑺　休職期間中の社会保険料の自己負担分は、会社が指定した銀行口座に指定期日までに振り込んでください。

⑻　前各号の事項に従わない場合は、会社は休職を打ち切り、休職期間が満了したものとみなすことがあります。

31　復職願

社内様式第〇号（第 97 条関連）

年　　月　　日

人事部長　様

職名：〇〇部〇〇課〇〇職
氏名：〇〇〇〇　㊞

復職願

私は、就業規則第〇条に基づき、　年　月　日から休職を命ぜられていましたが、添付資料のとおり休職事由が消滅し勤務可能となったため、復職する意思がありますので、
　　年　　月　　日から復職いたしたく、お願い申し上げます。

【添付資料】

・診断書
・その他（　　　　　　　　　　　　　　　　　　）

【復職するにあたっての確認事項】 該当する回答にチェックを入れてください。

睡眠・覚醒のリズムは安定していますか？	□ はい　□ いいえ
昼間に眠気はありますか？（投薬によるものを含む。）	□ はい　□ いいえ
ウォーキング等軽度の運動は可能ですか？	□ はい　□ いいえ
通常の経路・方法で通勤できますか？	□ はい　□ いいえ
就業可能な程度に集中力が持続できますか？	□ はい　□ いいえ

32　復職に関する確認書

社内様式第○号（第97条関連）

年　　月　　日

職名：○○部○○課○○職
氏名：○○○○　様

人事部長　○○○○　㊞

復職に関する確認書

就業規則第○条○項○号に基づき、復職を命じます。
なお、復職申出書及びその添付書類等を総合的に判断し、以下の条件での勤務とします。

<table>
<tr><td>復職日</td><td colspan="2">年　　月　　日</td></tr>
<tr><td>配属部門</td><td colspan="2">□ 原職復帰
□ 配置の措置を講ずる（　　　　　　　　）</td></tr>
<tr><td rowspan="4">労働時間</td><td colspan="2">□ 所定通り
□ 勤務時間短縮の措置を講ずる</td></tr>
<tr><td>始業・終業時刻</td><td></td></tr>
<tr><td>フレックスの適用</td><td></td></tr>
<tr><td>所定外労働の制限</td><td>1日○時間以内、週○時間以内</td></tr>
<tr><td rowspan="2">業務制限</td><td colspan="2">□ なし
□ あり</td></tr>
<tr><td>制限の種類</td><td>□ 危険作業　□ 運転作業　□ 高所作業
□ 窓口業務　□ 苦情処理業務
□ その他（　　　　　　　　）</td></tr>
<tr><td>賃金</td><td colspan="2">基本給：　　　　円（休職前：　　　　円）
※業務の状況及び就業上の措置の有無等により、賃金を見直します。</td></tr>
<tr><td>年休残日数</td><td colspan="2">日</td></tr>
<tr><td>その他の条件</td><td colspan="2"></td></tr>
</table>

※　ただし、復職後6か月以内に同一又は類似の事由により完全な労務提供ができない状況に至ったときは、復職を取り消し、直ちに休職を命じます。この場合の休職期間は、原則として復職前の休職期間の残存期間とし、残存期間が3か月未満のときは、休職期間を3か月とします。

33　休職期間満了通知書

社内様式第○号（第 97 条関連）

年　　月　　日

職名：○○部○○課○○職

氏名：○○○○　様

人事部長　○○○○　㊞

休職期間満了通知書

記

貴殿は、病気療養のため、当社就業規則第　　条の規定により、　　年　　月　　日付け発令により休職されています。

貴殿もご承知のとおり、当社就業規則第　　条には、休職期間は　　月間を限度とし、この期間満了までに復職できないときは当社を退職となる旨が規定されています。

貴殿につきましては、　　年　　月　　日をもって上記休職期間が満了し、同日付で退職となりますので本書をもってこの旨通知します。

以上

34 休職者近況報告書

社内様式第○号（第98条関連）

年 月 日

人事部長 様

職名：○○部○○課○○職
氏名：○○○○ ㊞

休職者近況報告書

休職期間における近況について、生活記録表とともに以下のとおり報告します。

最近の平均睡眠時間	約 時間	
直近1か月の就寝時間	最も早いとき	およそ 時頃
	最も遅いとき	およそ 時頃
直近1か月の起床時間	最も早いとき	およそ 時頃
	最も遅いとき	およそ 時頃
食欲はありますか？	ある ・ ふつう ・ ない	
軽い運動をしていますか？	週約○時間 1日約○時間 主な内容：	
最近体調（気分）に変化はありますか？		
医師の指示に従い生活していますか（食事・アルコールの制限、薬の服用等）？	はい ・ いいえ （必要に応じて回答ください）	

直近１週間の生活記録表

（　　　月　　　日　〜　　　月　　　日）

時間	（月）	（火）	（水）	（木）	（金）	（土）	（日）	記入例
5								睡眠
6								
7								朝食
8								
9								散歩
10								
11								読書
12								昼食
13								
14								
15								読書
16								
17								買い物
18								
19								夕食
20								
21								ＴＶ
22								
23								
0								
1								
2								睡眠
3								
4								
睡眠時間								7.5 時間
気分								良好
食欲								良好
備考								

35　退職合意書

社内様式第○号（第100条関連）

退職合意書

○○株式会社（以下「甲」という。）と、○○○○（以下「乙」という。）とは、甲乙間の雇用契約に関して、下記の通り合意する。

記

第１条　甲と乙は、当事者間の雇用契約を　　年　　月　　日限り、甲の退職勧奨により合意解約する。

第２条　前条により、乙の雇用保険の離職証明書の離職理由は、「３事業主からの働きかけによるもの（３）退職勧奨②その他（合意による退職）」と記載される。

第３条　甲は、乙に対して、次の通り計算した金額　　　　円を退職合意金として　　年　　月　　日限り、乙の指定する預金口座（乙が下段に記載）に振込む方法で支払う。

銀行名	支店名	預金の種類	口座番号
		普通　・　当座	

２　前項の金額の振込手数料は甲の負担とする。

第４条　退職日以降、甲の施設内に乙の私有物がある場合、乙は甲にその処分を委任する。

第５条　乙は、現在居住の社宅を社宅規程に基づき、　　年　　月　　日までに退去するものとし、期日までに退去しない場合には、第３条に定める退職合意金は支給しない。
２　乙は、社宅規程に基づき、修繕費用等を支払う義務がある場合には、社宅規程の定めに従い甲に対してこれを支払う。

第６条　乙は、在籍中に従事した業務において知り得た甲が秘密として管理している技術上及び営業上の情報並びに顧客、会員、業務委託先及び従業員の個人情報（個人番号を含む。）について、退職後においても、これを他に開示・漏えいしたり、自ら使用しないことを誓約する。
２　乙は、前項にかかる情報については、製本、電子データ、複写等の別を問わず、すべて甲に返却しており、現在は一切所持していないことを誓約する。

第７条　甲と乙は、本件合意解約並びに本合意書の成立及び内容を第三者に開示しないものとし、今後相互に誹謗中傷しないものとする。

第８条　甲は、今後乙の不利益となる情報を開示又は流言をせず、乙の信用を失墜させる行為を行わないものとする。

第９条　甲乙は、本件合意解約に関し、本合意書に定めるほか、何らの債権債務がないことを相互に確認し、今後一切の異議申し立て、又は請求等の手続（あっせん申立て、仲裁申立て、調停・訴訟手続等の一切）を行わない。

本合意書の証として本書を２通作成し、記名押印の上、各々１通を保管するものとする。

年　　月　　日

甲	乙
所在地	住所
○○株式会社	
代表取締役　　　　　　　　㊞	氏名　　　　　　　　㊞

36　継続雇用申請書

社内様式第○号（第107条関連）

年　　月　　日

代表取締役　○○○○　様

継続雇用申請書（第　　回目）

次のとおり、定年後の継続雇用について申請いたします。

部門		社員番号		氏名	㊞
生　年　月　日	年　　月　　日				
定年退職予定日	年　　月　　日				
継続雇用の希望の有無	①　定年後の継続雇用を希望します。 ②　定年後の継続雇用を希望しません。				

【希望条件等】（定年後の継続雇用を希望する者のみ記入してください）

希望する職務及び勤務地	①　現在の職務・勤務地の継続を希望します。 ②　現在の職務の継続を希望し、勤務地は（　　　　　　　　）を希望します。 ③　職務は（　　　　　　　　　　）を希望し、現在の勤務地を希望します。 ④　現在の職務・勤務地以外を希望します。 （具体的に：　　　　　　　　　　　　）
勤務形態等の希望	①　フルタイム勤務を希望します。 ②　短時間勤務を希望します。 勤務時間　　　　時間／日 出勤日数　　　　日／週（日・月・火・水・木・金・土）
継続雇用期間の希望	満　　　歳に達する日の属する月の末日まで
健康状態	①　持病・通院の有無（　なし　・　あり　） ②　就労上注意すべき点（　なし　・あり　） ※上記について「あり」と回答された方については、別途面談させていただくことがあります。
その他の要望事項	

37　退職証明書

社内様式第○号（第109条関連）

年　　月　　日

氏名：○○○○　様

○○株式会社
代表取締役　○○○○　㊞

退職証明書

貴殿の退職に関し、下記のとおり証明します。

記

1．使用期間

入社日	年　　月　　日
退職日	年　　月　　日　（使用期間：　　年　　か月）

2．業務の種類及びその事業における地位

年	月	部門	地位	業務の種類

3．賃金

基本給	円	通勤手当	円
役職手当	円	その他手当（　　　）	円
家族手当	円	その他手当（　　　）	円
住宅手当	円	その他手当（　　　）	円
		最終月額賃金合計	円

4．退職の事由（該当項目に○を付け、解雇の場合等には具体的な理由を枠内に記入すること。）

①　貴殿の自己都合による退職（②を除く。）
②　弊社の勧奨による退職
③　定年による退職
④　契約期間満了による退職
⑤　移籍出向による退職
⑥　その他

具体的には、
による退職

⑦　解雇
（1）　天災その他やむを得ない理由
（2）　事業縮小等弊社の都合
（3）　職務命令に対する重大な違反行為
（4）　業務について不正な行為
（5）　相当長期間にわたる無断欠勤をしたこと等勤務不良であること
（6）　懲戒解雇
（7）　その他

具体的には、
による解雇

以上

38　解雇理由証明書

社内様式第○号（第109条関連）

年　　月　　日

氏名：○○○○　様

○○株式会社

代表取締役　○○○○　㊞

解雇理由証明書

貴殿に対する　　　年　月　日に行った解雇予告につき、貴殿から解雇理由証明書の交付が求められましたので、本書をもって通知いたします。

記

証明書交付請求日	年　　月　　日
解雇予告日	年　　月　　日
解雇日	年　　月　　日
解雇理由	
就業規則適用条文	就業規則第○条○項○号

以上

39　退職後の秘密保持及び競業避止義務に関する誓約書

社内様式第○号（第109条及び第110条関連）

年　　月　　日

○○株式会社
代表取締役　○○○○　様

退職後の秘密保持及び競業避止義務に関する誓約書

私は　　　年　　月　　日付にて貴社を退職いたしますが、貴社の秘密情報等に関して、下記の事項を遵守することを誓約いたします。

記

（秘密保持の確認）

第１条　私は貴社を退職するにあたり、以下に示される貴社の秘密情報について、原本はもちろん、そのコピー、電磁的記録及び関係資料等を、貴社に返還し、自ら保有しないことを確認いたします。

（１）　営業秘密その他会社が保有する有用で一般的に知られていない情報（研究開発中の製品、試作品等に関する情報、各種ノウハウ等）

（２）　知的財産権に関する情報

（３）　会社経営上の秘密情報（営業戦略、経営計画、人員計画、提携企業に関する情報等）

（４）　財務上の秘密情報（経営状況に関する情報、原価計算に関する情報等）

（５）　顧客情報等の個人情報

（６）　貴社の役員、従業員等（正社員のみならず、パート・アルバイト、契約社員及び派遣社員を含む。）、採用応募者等及び退職者の個人情報（個人番号を含む。）

（７）　所属長・上司又は営業秘密等管理責任者により秘密情報として指定された情報

（８）　在職中に知り得た次の内容に関する情報

　①　○○プロジェクトに関する情報

　②　取引先○○株式会社に関する情報

（９）　前各号のほか、貴社が特に秘密保持対象として指定した情報

（秘密情報の帰属）

第２条　秘密情報については、私がその秘密の形成、創出に関わった場合であっても、貴社の業務上作成したものであることを確認し、当該秘密の帰属が貴社にあることを確認いたします。この場合において、当該秘密情報について私に帰属する一切の権利を貴社に譲渡し、その権利が私に帰属する旨の主張をいたしません。

（退職後の秘密保持の誓約）

第３条　第１条各号の秘密情報は、退職後においても、不正に開示又は不正に使用しないことを約束いたします。ただし、第１条各号の秘密情報が公知となった場合は、当該秘密情報については、この限りではありません。

（競業避止義務の確認）

第４条　私は、本誓約書の趣旨にのっとり、貴社退職後▼年間にわたり▼▼の地域内において、▼▼の業務については、次の行為を行わないことを約束いたします。

（１）　貴社の従業員に対し、貴社と競業関係に立つ事業への就職等を勧誘すること。

（２）　貴社と競業関係に立つ事業を自ら開業し、又は設立すること。

（３）　貴社と競業関係に立つ事業又はその提携先企業に就職し、又は役員に就任すること。

（損害賠償）

第５条　本誓約書の各条項に違反して、貴社の秘密情報を開示、漏えい又は使用した場合、法的な責任を負担するものであることを確認し、これにより貴社が被った一切の損害（社会的な信用失墜を含みます。）を賠償することを約束いたします。

＜補償手当を支給する場合＞

（補償手当）

第６条　私は、本誓約書各条の遵守のため、給与及び退職金のほか、補償手当▼▼円の交付を受けたことを確認いたします。

以上

住所：○○県○○市○○町○丁目○番○号

署名：＿＿＿＿＿＿＿＿＿＿＿＿＿＿㊞

40　懲戒処分通知書

社内様式第○号（第135条関連）

年　　月　　日

職名：○○部○○課○○職

氏名：○○○○　様

○○株式会社

代表取締役　○○○○　㊞

懲戒処分通知書

この度、貴殿を懲戒に処することを決定いたしましたので、下記のとおり通知します。

記

処分の種類及び程度	
就業規則根拠条文	
その他の違反事項	
（処分の理由）	
（交付年月日） 年　　月　　日	

以上

VII

パートナー社員 就業規則

【参考資料】

- ●短時間労働者及び有期雇用労働者の雇用管理の改善等に関する法律（以下「パート･有期雇用労働法」）
- ●短時間労働者及び有期雇用労働者の雇用管理の改善等に関する法律施行規則（以下「パート・有期雇用労働則」）
- ●短時間・有期雇用労働者及び派遣労働者に対する不合理な待遇の禁止等に関する指針（平 30.12.28 厚生労働省告示第 430 号。以下「同一労働同一賃金指針」）
- ●短時間・有期雇用労働者及び派遣労働者に対する不合理な待遇の禁止等に関する法律の施行について（平 31.1.30 基発 0130 第 1 号／職発 0130 第 6 号／雇均発 0130 第 1 号／開発 0130 第 1 号。以下「パート・有期雇用通達」）
- ●厚生労働省労働基準局労働条件政策課策定の質疑応答（以下「質疑応答」）
- ●高﨑真一『コンメンタール パートタイム労働法』労働調査会
- ●労働契約法（以下「労契法」）
- ●労働契約法の施行について（平 24.8.10 基発 0810 第 2 号、平 25.3.28（改））（労働契約法通達）
- ●有期労働契約の締結、更新及び雇止めに関する基準（平 15.10.22 厚生労働省告示 356 号、改正：平 20.11.28 厚生労働省告示 532 号）（有期労働契約基準）

そのほかの通達、判例は適宜文末に表記した。

（目的等）

第１条　この規則は、○○株式会社（以下「会社」という。）の従業員のうち、パートナー社員についての労働条件、服務規律その他就業に関する事項を定めるものである。

２　パートナー社員は、この規則を遵守し、信義に従い誠実に権利を行使し、及び義務を履行すべきものであり、その債務の本旨に従った労務の提供を心がけなければならない。

条文の見出し／キーワード	作成基準の解説
（目的等） 非正規雇用	1．2020年（中小企業は2021年）4月1日から、現行のパートタイム労働法が改正施行され、現行の労契法20条の内容を包括した形で、パート・有期雇用労働法として生まれ変わります。そこで現在では有期雇用契約のパートタイマー（※1）、無期雇用契約のパートタイマーのみが保護の対象であった法律が、有期雇用契約のフルタイマー（※2、※3）も保護の対象に加え、労働者派遣法（本書では派遣労働者の解説は省略します）と相まって非正規雇用（※4）で働く人たちすべてを保護する法体系が整います。 ※1：パート・有期雇用労働法では、パートタイマーを「短時間労働者」と称しています。「短時間労働者」とは、1週間の所定労働時間が同一の事業主に雇用される通常の労働者（当該事業主に雇用される通常の労働者と同種の業務に従事する当該事業主に雇用される労働者にあっては、厚生労働省令で定める場合を除き、当該労働者と同種の業務に従事する当該通常の労働者）の1週間の所定労働時間に比し短い労働者をいいます。 ※2：パート・有期雇用労働法では、「有期雇用労働者」とは、事業主と期間の定めのある労働契約を締結している労働者をいいます。当然に短時間労働者であって有期雇用労働者である者も存在します（典型的なパートタイマー）。今回、法の保護に加わったのは、短時間ではないフルタイマーの有期雇用労働者です。本解説では「契約社員」と称します。 ※3：パート・有期雇用労働法では、「短時間・有期雇用労働者」とは、短時間労働者及び有期雇用労働者をいいます。本解説では「パート・契約社員」と称します。 ※4：「非正規雇用」とは、法律上統一された定義はありません。統計上の定義、会社内での呼称などにより様々な類型、区分があり、就業形態も多様です。一般的には、パートタイマー・アルバイト、契約社員、派遣社員、嘱託社員などが非正規雇用に分類されます。 なお、厚生労働省『望ましい働き方ビジョン』（平24.3.28厚生労働省職業安定局）では、以下の①～③に着目して、これら

条文の見出し／キーワード	作成基準の解説

のすべてを満たすものを「正規雇用」（いわゆる正社員）とし、それ以外を「非正規雇用」としています。改正後のパート・有期雇用労働法に基づく同一労働同一賃金指針でも同様の考え方をとっています。

① 労働契約の期間の定めがない

② 所定労働時間がフルタイムである

③ 直接雇用である（労働者派遣のような契約上の使用者ではない者の指揮命令に服して就労する雇用関係（間接雇用）ではない）

パートナー社員

2．多くの会社では、1.のカテゴリーに属する従業員をいわゆる正社員とは異なる雇用管理区分（社員区分）で管理しています。ここでは、2020年以降の改正を見越して1.のカテゴリーに属する従業員を対象としてモデル就業規則を作成してみました（よって以下の解説も法改正後の内容になります）。そして非正規雇用の従業員の総称として「パートナー社員」という呼称を設けました。

気を付けていただきたいのは、本規則が想定するパートナー社員は、国が想定する非正規雇用とは若干範囲が異なる点です。国が想定する非正規雇用の場合だと、フルタイムの契約社員が無期転換した場合、1.※4の非正規雇用の定義からはずれてしまいますので、パート・有期雇用労働法の保護からはずれてしまいます。しかし、実際には、フルタイムの契約社員が無期転換した場合、従前の労働条件はそのまま引き継がれる場合があります。そうなると、外形的には無期雇用だが中身は非正規のままという状態になります。今後、同一労働同一賃金の流れの中で正規・非正規の待遇格差については、是正が図られることになりますが、そのような状態であると、格差是正の流れから取り残されてしまう懸念があるため、無期転換をしたとしても、同時に正社員転換しない限り、非正規のカテゴリーで管理し続けることを想定しています。

非正規雇用の就業規則

3．次に、わざわざ少数派である非正規雇用の就業規則を作る必要があるのか、という問題があります。通常の会社では、正規・非正規間は役割に区分を設け、その待遇についても相違を設けてい

条文の見出し／キーワード	作成基準の解説

るのが一般的です。であれば、合理的内容の正社員就業規則と同じく合理的内容の非正規雇用の就業規則を並列することにより、その間の相違が不合理なものでないことを明らかにしておく必要があると考えます。仮に正社員のみに就業規則を設けた場合、他方の非正規雇用に就業規則がない状態とするならば、すべての従業員を対象とした就業規則作成を義務づける労基法89条の趣旨に反するほか、参照する先がない労働条件については、すべて正社員就業規則によるべきという解釈にもなりかねません。

次に、参照すべき労働条件は、労働条件通知書にある、とした場合はどうなるでしょう。多くの場合、正規・非正規の待遇差については、正規が優遇され、非正規がそれを下回るケースが多いでしょう（基本給の決定、賞与など）。そうなると労契法12条の問題が生じます。

労働契約法12条（就業規則違反の労働契約）
就業規則で定める基準に達しない労働条件を定める労働契約は、その部分については、無効とする。この場合において、無効となった部分は、就業規則で定める基準による。

この場合、非正規の労働条件が正規を下回る場合（例えば、正社員は夏期賞与が基本給の2か月分、契約社員は5万円の一時金）、何が起こるかというと、契約社員の賞与5万円の部分が無効となり、正社員の基本給2か月分が適用されることになります（**強行的・補充的効力**）。それでは労働契約ではなく契約社員の就業規則を作って、「賞与を5万円とする」と書けばよいのかというと、そういうことではありません。すなわち、正社員の基本給2か月分という水準と5万円という金額との相違の妥当性が問われることになります。この場合、その相違が、当該賞与の性質及び当該賞与を支払う目的に照らして適切と認められる要素等を考慮して、不合理なものとして認定されれば、5万円の定めは無効になるでしょう（パート・有期雇用労働法8条）。

しかし、この後そのまま正社員と同じ賞与が支払われるかというと必ずしもそうではありません。その場合、司法のほうで契約

条文の見出し／キーワード	作成基準の解説

社員に相応しい賞与水準（正社員と同じかもしれないが）が判定され、その差額を損害賠償として請求する流れになるのでしょう。これは、就業規則はそれを下回る労働条件を定めた労働契約を規律することができるのに対し、**仮に下回る労働条件を定めていたとしても、当該就業規則を規律することができないからです。**

ハマキョウレックス事件（最判平30.6.1）
労契法20条が有期契約労働者と無期契約労働者との労働条件の相違は「不合理と認められるものであってはならない」と規定していることや、その趣旨が有期契約労働者の公正な処遇を図ることにあること等に照らせば、同条の規定は私法上の効力を有するものと解するのが相当であり、有期労働契約のうち同条に違反する労働条件の相違を設ける部分は無効となるものと解される。 もっとも、同条は、有期契約労働者について無期契約労働者との職務の内容等の違いに応じた均衡のとれた処遇を求める規定であり、文言上も、両者の労働条件の相違が同条に違反する場合に、当該有期契約労働者の労働条件が比較の対象である無期契約労働者の労働条件と同一のものとなる旨を定めていない。 そうすると、有期契約労働者と無期契約労働者との労働条件の相違が同条に違反する場合であっても、同条の効力により当該有期契約労働者の労働条件が比較の対象である無期契約労働者の労働条件と同一のものとなるものではないと解するのが相当である。 正社員に適用される就業規則である本件正社員就業規則及び本件正社員給与規程と、契約社員に適用される就業規則である本件契約社員就業規則とが、別個独立のものとして作成されていること等に鑑みると、同条違反の場合に、本件正社員就業規則・給与規程の定めが契約社員であるＸに適用されることとなると解することは、就業規則の合理的な解釈としても困難である。

労働契約法20条（期間の定めがあることによる不合理な労働条件の禁止） ※2020年4月1日にパート・有期雇用労働法に移動
有期労働契約を締結している労働者の労働契約の内容である労働条件が、期間の定めがあることにより同一の使用者と期間の定めのない労働契約を締結している労働者の労働契約の内容である労働条件と相違する場合においては、当該労働条件の相違は、労働者の業務の内容及び当該業務に伴う責任の程度（以下この条において「職務の内容」という。）、当該職務の内容及び配置の変更の範囲その他の事情を考慮して、不合理と認められるものであってはならない。

条文の見出し／キーワード	作成基準の解説

4．なお、就業規則は労基法89条の要請に基づき作成が義務づけられるものであり、パート・契約社員用の就業規則を作成した場合でも、「すべての」従業員の過半数を代表する者等からの意見聴取が求められますが、当該代表者がパート・契約社員の要望を理解しているとは限りません。そこでパート・有期雇用労働法は、次のように定めます。

パート・有期雇用労働法7条（就業規則の作成の手続）
1　事業主は、短時間労働者に係る事項について就業規則を作成し、又は変更しようとするときは、当該事業所において雇用する短時間労働者の過半数を代表すると認められるものの意見を聴くように努めるものとする。 2　前項の規定は、事業主が有期雇用労働者に係る事項について就業規則を作成し、又は変更しようとする場合について準用する。この場合において、「短時間労働者」とあるのは、「有期雇用労働者」と読み替えるものとする。

雇用管理区分

5．「**雇用管理区分**」とは、職種、資格、雇用形態、就業形態等の区分その他の従業員についての区分であって、当該区分に属している従業員について他の区分に属している従業員と異なる雇用管理を行うことを予定して設定しているものをいいます。雇用管理区分が同一か否かについては、当該区分に属する従業員の従事する職務の内容、転勤を含めた人事異動の幅や頻度等（編注：いわゆる「**人材活用の仕組み**」のことです）について、同一区分に属さない従業員との間に、客観的・合理的な違いが存在しているか否かにより判断されます（労働者に対する性別を理由とする差別の禁止等に関する規定に定める事項に関し、事業主が適切に対処するための指針 平18.10.11厚生労働省告示第614号）。

均衡待遇

6．ここまでは、異なる雇用管理区分といえども不合理な待遇の相違を設けることが禁止されていることを説明しました。これを日本型同一労働同一賃金の世界では「**均衡待遇**」といいます。本書出版現在では、この均衡待遇は、パートタイマーについてはパートタイム労働法8条、契約社員については、既に紹介した労契法20条に規定があります。共通するルールは、正規・非正規間と

条文の見出し／キーワード	作成基準の解説

の待遇差については、次の３つの考慮要素を考慮して不合理なものであってはなりません。

① 職務の内容

② 職務の内容及び配置の変更の範囲（いわゆる人材活用の仕組み・運用等）

③ その他の事情

2020年４月１日以降は両者の規定は統合され、次のようになります。

パート・有期雇用労働法８条（不合理な待遇の禁止）
事業主は、その雇用する短時間・有期雇用労働者の基本給、賞与その他の待遇のそれぞれについて、当該待遇に対応する通常の労働者の待遇との間において、当該短時間・有期雇用労働者及び通常の労働者の業務の内容及び当該業務に伴う責任の程度（以下「職務の内容」という。）、当該職務の内容及び配置の変更の範囲その他の事情のうち、当該待遇の性質及び当該待遇を行う目的に照らして適切と認められるものを考慮して、不合理と認められる相違を設けてはならない。

均等待遇

7．日本型同一労働同一賃金のメルクマールは均衡待遇だけではなく、「**均等待遇**」といわれるものがあります。パート・有期雇用労働法９条では、職務の内容が通常の労働者と同一のパート・契約社員がいたとして、当該者が、当該事業所における慣行その他の事情からみて、当該事業主との**雇用関係が終了するまでの全期間**において、その職務の内容及び配置が当該通常の労働者の職務の内容及び配置の変更の範囲と同一の範囲で変更されることが見込まれるもの（つまり、人材活用の仕組み・運用等が正社員と同じ場合）については、パート・契約社員であることを理由として、基本給、賞与その他の待遇のそれぞれについて、差別的取扱いをしてはならないとしています。

8．ここで気になるのが、「当該事業主との雇用関係が終了するまでの全期間」とはいつから起算して雇用関係が終了するまでの間が問われるのか、ということです。例えば、パート・契約社員が入社当初は補助的業務に就いていたため、正社員と職務内容が異

条文の見出し／キーワード	作成基準の解説

なっていたとします。となると「全期間」同一ということにはなりません。

パート・有期雇用通達では、「『当該事業主との雇用関係が終了するまでの全期間』とは、当該短時間・有期雇用労働者が通常の労働者と職務の内容が同一となり、かつ、職務の内容及び配置の変更の範囲（人材活用の仕組み、運用等）が通常の労働者と同一となってから雇用関係が終了するまでの間であること。すなわち、**事業主に雇い入れられた後、上記要件を満たすまでの間に通常の労働者と職務の内容が異なり、また、職務の内容及び配置の変更の範囲（人材活用の仕組み、運用等）が通常の労働者と異なっていた期間があっても、その期間まで「全期間」に含めるものではなく、同一となった時点から将来に向かって判断するものである**」としていますので、意外と対象者の範囲は広がるかもしれません。

パート・有期雇用労働法９条 （通常の労働者と同視すべき短時間・有期雇用労働者に対する差別的取扱いの禁止）
事業主は、職務の内容が通常の労働者と同一の短時間・有期雇用労働者（第11条第１項において「職務内容同一短時間・有期雇用労働者」という。）であって、当該事業所における慣行その他の事情からみて、当該事業主との雇用関係が終了するまでの全期間において、その職務の内容及び配置が当該通常の労働者の職務の内容及び配置の変更の範囲と同一の範囲で変更されることが見込まれるもの（次条及び同項において「通常の労働者と同視すべき短時間・有期雇用労働者」という。）については、短時間・有期雇用労働者であることを理由として、基本給、賞与その他の待遇のそれぞれについて、差別的取扱いをしてはならない。

（定義及び区分）

第２条　この規則におけるパートナー社員の区分及び定義は、次のとおりとする。

（１）　パートタイム…パートナー社員であって、１日又は１週間の所定労働時間が正社員（短時間社員を除く。第２号において同じ。）より短いものをいう。

（２）　フルタイム…パートナー社員であって、１日又は１週間の所定労働時間が正社員と同じものをいう。

（３）　テンポラル…パートナー社員であって、臨時的に雇用されるものであり、予定される勤続期間がおおむね３年以内のものをいう。

（４）　有期社員…パートナー社員のうち、会社と期間の定めのある労働契約（以下「有期労働契約」という。）を締結しているものをいう。

（５）　無期社員…パートナー社員（テンポラルを除く。）のうち、第13条（無期労働契約への転換）の規定により、会社と期間の定めのない労働契約を締結しているものをいう。

条文の見出し／キーワード	作成基準の解説

（定義及び区分）

1．本規則の社員区分は、無期転換後の契約社員も非正規雇用と位置づけたことから、シンプルなものになっています。

パートタイマー

		労働時間	
		短い	長い
雇用契約	有期	パートタイム ※：テンポラル	フルタイム ※：テンポラル
	無期	パートタイム	フルタイム

※：テンポラルは、短期の雇用を目的とした純粋な有期雇用者として位置づけ

2．社員区分ごとの呼称をどのようにするかは、会社の自由なので、それぞれの呼称の付け方は様々です。ある会社では、非正規雇用に「契約社員」「パートタイマー」という2つの区分がありましたが、所定労働時間は両者とも同じでした（つまり共にフルタイム）。何が違うかといえば、前者は月給者で後者は時給者でした。このような場合は、なぜそのような相違ができてしまったのか、その経緯を遡ることです。当時は意味があった区分だったのでしょう。しかし、同一労働同一賃金が求められる現在、職務内容等で説明がつかない区分は廃止した方がよいです。両者とも月給者（あるいはその逆）ではダメなのか、日常の両者の職務内容等をいま一度リサーチをして、区分をシンプルにすることの検討も必要と考えます。

通常の労働者

3．「**通常の労働者**」とは、基本的には、いわゆる正規型の労働者を指します。ただし、パートタイマーと同じ業務に従事する者の中にいわゆる正規型の労働者がいない場合は、当該業務に基幹的に従事するフルタイマーが「通常の労働者」として扱われます。

この場合において、いわゆる正規型の労働者とは、社会通念に従い、当該労働者の雇用形態、賃金体系等（例えば、労働契約の期間の定めがなく、長期雇用を前提とした待遇を受けるものであるか、賃金の主たる部分の支給形態、賞与、退職金、定期的な昇給又は昇格の有無）を総合的に勘案して判断します。つまり、私

（労働条件）

第3条 パートナー社員の労働条件は、この規則に定めるところによる。ただし、パートナー社員と会社が、個別の労働契約において、この規則の内容と異なる労働条件を合意していた部分については、当該労働契約による労働条件がこの規則を下回る場合を除き、個別の労働契約による労働条件を優先する。

2　この規則に定める労働条件及び服務規律等は、法律の改正及び経営環境の変化その他の業務上の必要により、変更することができる。

3　変更後の労働条件は、会社はその内容を文書で通知し、パートナー社員はその内容をよく理解するよう努めなければならない。

（有期労働契約）

第4条 パートナー社員との当初の労働契約は、有期労働契約を原則とする。

2　一の有期労働契約期間は、原則として、１年間とする。ただし、次条の試行雇

条文の見出し／キーワード	作成基準の解説
	たちが一般的にイメージする「いわゆる正社員」が「通常の労働者」に該当するということです。
（労働条件） 非正規雇用の就業規則がない場合	1．例えば、正社員就業規則のみが存在し、正社員就業規則に「パート・契約社員の労働条件は個別の労働契約書による」とあり、待遇の相違に関する争いが生じた場合、パート就業規則、契約社員就業規則などが存在しない以上、正社員就業規則が当該会社のすべての従業員に適用される就業規則と判断されてしまうリスクが生じます。また、前述の労契法12条の問題も生じます。 　ちなみに、**個別の労働契約の内容が就業規則よりも有利な場合は、労契法12条の問題は生じません**。例えば、正社員の始業・終業時刻が午前9時・午後6時と画一的に定められているところ、パートタイマーについては、本人の希望等により勤務態様、職種等の別ごとに始業・終業時刻を画一的に定めず、個別の労働契約で定めることは問題ありません（昭63.3.14基発150号）。
個別の労働契約による特約	3．すなわち、正社員就業規則と個別の労働契約で定める労働条件が相違する場合であっても、**個別の労働契約で定める労働条件が有利**なものであれば、当該労働条件が無効になることはなく、**当該パートタイマーとの合意があれば特約として有効**となるわけです。

労働契約法7条（労働契約の成立）

　労働者及び使用者が労働契約を締結する場合において、使用者が合理的な労働条件が定められている就業規則を労働者に周知させていた場合には、労働契約の内容は、その就業規則で定める労働条件によるものとする。ただし、労働契約において、労働者及び使用者が就業規則の内容と異なる労働条件を合意していた部分については、第12条に該当する場合を除き、この限りでない。

条文の見出し／キーワード	作成基準の解説
（有期労働契約） 有期労働契約期間に関する規制	1．有期労働契約期間の上限は、民法626条によれば「5年間」ということになりますが、労基法14条により、「3年間」に短縮されています。ただし、次の例外があります。

用期間を設ける場合を除く。

3　一の有期労働契約は、契約期間満了をもって終了する。ただし、所要の基準を満たした場合に限り、新たに雇用契約を締結することができる。

4　継続勤務期間が３年を超えることとなるときは、業務の内容、責任の程度、職務の成果、意欲、能力又は経験その他の就業の実態に関する事項等を勘案し、契約内容を全面的に見直すものとする。

5　テンポラルについては、有期労働契約を締結することができる期間は、初めて会社と労働契約を締結した日から▼年間を限度とする。

条文の見出し／キーワード	作成基準の解説

要　件	期間の上限
原　則	3年間
高度の専門的知識等を有する労働者がそれを必要とする業務に就く場合	5年間
満60歳以上の労働者の場合	
一定の事業の完了に必要な期間を定める場合	その必要な期間（上限なし）

適正な有期労働契約期間

2．『平成23年有期労働契約に関する実態調査』（厚生労働省）によれば、有期労働契約の期間は、「6か月超～1年以内」とするものが59.8％と最も多く、「1年超」とするものは、10％程度です（2年超～3年以内は1.8％）。このように長期間の契約が少ない理由として、有期労働契約を締結している場合、労契法17条により、期間途中の解雇が制限されているため、会社のほうには、有期労働契約の期間を短く定めて、「契約更新」という節目を置くことにより、継続雇用の可否を判断したいという要請があるためと考えられます。

しかし、一方で、必要以上に有期労働契約期間を短く設定することは、いたずらに更新事務を増大させることにもなり、かえって紛争の端緒をもたらすことにもなりかねません。そこで労契法17条2項では、会社に対し、次のような配慮を求めています。

労働契約法17条2項
2　使用者は、有期労働契約について、その有期労働契約により労働者を使用する目的に照らして、必要以上に短い期間を定めることにより、その有期労働契約を反復して更新することのないよう配慮しなければならない。

契約期間を定める目的

3．労契法17条2項で留意すべきポイントは、この条文は「**労働者を使用する目的**」について触れているということです、例えば、ある契約社員（有期契約のパートタイマーを含む。以下同じ）を採用する場合、夏の時季だけ働いてもらいたいという目的があれば、当該労働契約期間は、たとえ3～4か月という短期のものであっても労契法に抵触するものではありません。しかし、春夏秋

[illegible]

2. 「平成23年有期労働契約に関する実態調査」[illegible]によれば、有期労働契約の期間[illegible]
[illegible]

条文の見出し／キーワード	作成基準の解説
	冬を問わず通年で働いてもらいたいという目的があれば、契約期間は１年間とすべきでしょう。**「いつでも雇止めができるように」ということで当該期間を短くすることは、目的の濫用と判断されかねません。**
正社員登用制度との関係	4．このモデル規則では、パート・契約社員共に、継続勤務３年を一つの節目と考えました。正社員登用にチャレンジするか、ある程度の責任を持った仕事に就くかを選択してもらいます。
無期転換制度との関係	5．無期転換が行われると会社にとってもメリットがあります。それは、契約更新の手続が不要になるということです。特に多数の有期契約労働者を雇用しており、これらの者が会社にとっての戦力となっている会社にはメリットが大きいでしょう。 モデル規則の場合では、無期転換権を有する契約社員は、それなりの意欲を有する者である前提なので、引き続き雇用することについて会社はそれほどのデメリットはないでしょう。もっとも補助的な業務で10年も20年も勤めるというのは、本人にとっても望ましい選択とはいえない場合もあるので自ずと淘汰されていくのではないでしょうか。 あるいは、さらにスキルアップをして長期間勤めたいというニーズがあるのであれば、単なる無期転換だけではなく、いわゆる「**多様な正社員**」として、**多様な働き方を選択できるようにしておくとよいでしょう。**
無期転換の回避	6．一方で、契約社員の活用は、あくまでも臨時的・一時的な労働力の補充であると割り切っている会社にとっては、無期転換制度はデメリットになるかもしれません。このような会社の場合は、あらかじめ有期労働契約の更新に回数制限を設けたり、雇用期間の上限制限を行います。
更新回数の制限	7．「**更新回数制限**」とは、継続勤務期間が３年を超えないようにするため１年契約の更新を２回まで、５年を超えないようにするため１年契約の更新を４回までを上限とする方法です。ただし、このモデル規則では、１年契約の本契約に先立つ試行雇用期間も想定しているため、回数制限では規定が複雑になってしまいます。

条文の見出し／キーワード	作成基準の解説

また、更新そのものに目が向いてしまう規定方法であり、むしろ労契法の趣旨に鑑み継続勤務期間(同一の会社での通算契約期間)に着目し、**当該期間そのものに上限**を設ける方法がよいでしょう。

ちなみに、このように更新回数や期間の制限を設けること自体は、労契法上禁止されるものではありません（質疑応答)。ただし、質疑応答では、このような合意をした後に5年以内で雇止めをした場合であっても、本人に雇用継続への合理的な期待が認められる場合は、労契法19条の適用があるものとしており、疑義のある解釈ですが、運用上、齟齬が生じないようよく説明をする必要があると考えます。

労働契約法19条（有期労働契約の更新等）
有期労働契約であって次の各号のいずれかに該当するものの契約期間が満了する日までの間に労働者が当該有期労働契約の更新の申込みをした場合又は当該契約期間の満了後遅滞なく有期労働契約の締結の申込みをした場合であって、使用者が当該申込みを拒絶することが、客観的に合理的な理由を欠き、社会通念上相当であると認められないときは、使用者は、従前の有期労働契約の内容である労働条件と同一の労働条件で当該申込みを承諾したものとみなす。 ⑴　当該有期労働契約が過去に反復して更新されたことがあるものであって、その契約期間の満了時に当該有期労働契約を更新しないことにより当該有期労働契約を終了させることが、期間の定めのない労働契約を締結している労働者に解雇の意思表示をすることにより当該期間の定めのない労働契約を終了させることと社会通念上同視できると認められること。 ⑵　当該労働者において当該有期労働契約の契約期間の満了時に当該有期労働契約が更新されるものと期待することについて合理的な理由があるものであると認められること。

雇用年数の制限

8．したがって、当該会社が契約社員、特に有期パートタイマーを臨時的、補助的な雇用として位置付け、あくまでも業務量の中期的な調整を目的とするならば、雇用年数を「1年」あるいは「3年」と短く定めておくとよいでしょう。この場合、雇用年数は、原則的な労働契約期間の上限である「3年」を目安とすべきであり、「5年」（あるいはそれに近い期間）を上限と設定することは、無期

（試行雇用期間）

第５条　前条の規定にかかわらず当初の有期労働契約の期間を３か月以内とし、試行雇用期間とすることができる。

２　前項の有期労働契約は、更新されることはなく、パートナー社員としての適性が認められない場合は、雇用は当然に終了する。ただし、適性が認められた場合には、前条の有期労働契約を締結する。

条文の見出し／キーワード	作成基準の解説
	転換前のギリギリの期間までパートタイマーを雇用したうえで、無期転換を回避していると判断される可能性が高いものです（回数制限も同様）、特に無期転換権が法律上保障された権利であることから、本人の継続雇用への期待権も大きいと考えます。 9．なお、無期転換申込権を行使しないことを更新の条件とする等、**有期契約労働者にあらかじめ無期転換申込権を放棄することを約束させることは**、**公序良俗に違反して無効**となります（労契法通達）。
（試行雇用期間）	1．契約社員、特に有期パートタイマーは、職務が限定されることが多く、仮に当該職務に適性が認められない場合であっても、他の職務に配置転換させることができないことがあります。したがって、正社員以上に試用期間の持つ意味が大きいことになります。しかし、一の有期労働契約期間（1年間とします）のうち当初の3か月を試用期間としたとしても、本採用拒否を行う場合、有期契約期間の途中での解約に該当し、労契法17条（民法628条）の問題が生じます。

労働契約法17条1項（契約期間中の解雇等）
1　使用者は、期間の定めのある労働契約（以下この章において「有期労働契約」という。）について、やむを得ない事由がある場合でなければ、その契約期間が満了するまでの間において、労働者を解雇することができない。

民法628条（やむを得ない事由による雇用の解除）
当事者が雇用の期間を定めた場合であっても、やむを得ない事由があるときは、各当事者は、直ちに契約の解除をすることができる。この場合において、その事由が当事者の一方の過失によって生じたものであるときは、相手方に対して損害賠償の責任を負う。

2．かといって、初めて雇う者について、1年間という期間限定ながら、いきなり本採用することは躊躇があります。そのような場合は、労働契約期間は1年間を原則としつつ、最初の契約期間を

条文の見出し／キーワード	作成基準の解説

試用期間として短く設定することを検討しましょう。つまり、1年間の労働契約期間の中に試用期間を設けるのではなく、最初の労働契約期間を、試用期間としての独立した有期労働契約期間とするのです（このような期間を「試行雇用期間」といいます)。「適性を見る期間」という目的が明確であれば、労契法17条2項の趣旨にも見合うものです。

労働契約法17条2項（再掲）
2　使用者は、有期労働契約について、その有期労働契約により労働者を使用する目的に照らして、必要以上に短い期間を定めることにより、その有期労働契約を反復して更新することのないよう配慮しなければならない。

有期労働契約基準との関係

3．なお、労基法14条に基づいて定められている有期労働契約基準では、その3条に次のような規定があります。

有期労働契約基準3条（契約期間についての配慮）
使用者は、期間の定めのある労働契約（当該契約を1回以上更新し、かつ、雇入れの日から起算して1年を超えて継続勤務している者に係るものに限る。）を更新しようとする場合においては、当該契約の実態及び当該労働者の希望に応じて、契約期間をできる限り長くするよう努めなければならない。

これに従えば、たとえ試用期間といえども契約社員が希望した場合には、労働契約期間を長くしなければならないように読めます。

しかし、1行目の「労働契約」に後続するかっこ書きに注目してみてください。この規定は、「1回以上更新し、かつ、雇入れの日から起算して1年を超えて継続勤務している」場合のみ適用があり、「最初に締結する有期労働契約」及び「最初に締結してから1年以内の有期労働契約」には、適用がありません。したがって、試用期間という目的が明らかであれば、少なくとも最初の契約期間は短期のものでもよいということであり、必要に応じて1年以内であれば、これを反復更新してもよいということになります。

（労働契約書及び採用決定時の提出書類）

第６条　新たにパートナー社員となった者は、労働条件通知書兼労働契約書の内容をよく理解して、これに署名をし、会社に提出した後でなければ就労してはならない。

2　新たにパートナー社員となった者は、最初の出勤日に次の書類を提出しなければならない。ただし、会社が認めた場合は、提出期限を延長し、又は提出書類の

条文の見出し／キーワード	作成基準の解説
試行雇用期間の留意点	4．前述のとおり、契約社員の場合は、職務の範囲を限定して採用することが多く、配置転換の余地が少ないため、ある意味で試用期間は正社員以上に意味を持つことになります。この場合、最初から本契約の中に試用期間を溶け込ませてしまうと試用期間そのものの趣旨が曖昧になりがちであり、試行雇用期間のほうが望ましいのですが、当該期間は１年間の本契約とは異なるのだということを明確に表明したほうがよいと思われます。 5．なお、その場合の留意点としては、**試行雇用期間が契約社員の適性を見る期間であることの目的を明確にし、その目的を満たした場合、当該労働契約は当然に終了するといった点まで定めておく必要があります**。したがって、試行雇用期間の更新を認めることはお勧めしません。 使用者が労働者を新規に採用するに当たり、その雇用契約に期間を設けた場合において、その設けた趣旨・目的が労働者の適性を評価・判断するためのものであるときは、右期間の満了により右雇用契約が当然に終了する旨の明確な合意が当事者間に成立しているなどの特段の事情が認められる場合を除き、右期間は契約の存続期間ではなく、試用期間であると解するのが相当である。 神戸弘陵学園事件（最判平 2.6.5） 例えば、上記判例では、「右期間の満了により右雇用契約が当然に終了する旨の明確な合意が当事者間に成立しているなどの特段の事情」が認められなかったため、独立した試行雇用期間が認められず、本契約の中に含まれる試用期間に過ぎないと判断されました。
（労働契約書及び採用決定時の提出書類）	1．入社時の提出書類は、準備に時間を要する書類はないため、原則として、最初の出勤日にすべて提出してもらいます。また、契約社員の場合は、労働契約書に個別条件を定めることが多いため、労働契約書に署名しない場合は、就業を認めないこととします。
労働契約書	2．労働条件通知書の末尾に本人署名欄を設け、これを労働契約書の代わりとしてもよいでしょう。労働契約内容を相互に確認する

一部を省略することができる。

（１）　身元保証書（臨時雇用の場合は省略できる。）

（２）　住民票記載事項の証明書

（３）　源泉徴収票（入社の年に給与所得のあった者に限る。）

（４）　年金手帳（既に交付を受けている者に限る。）

（５）　雇用保険被保険者証（既に交付を受けている者に限る。）

（６）　給与所得者の扶養控除等（異動）申告書

（７）　健康保険被扶養者届（被扶養者がいる者に限る。）

（８）　賃金支払に関する銀行口座等への振込同意書（賃金の口座支払を希望しない者を除く。）

（９）　その他会社が必要とする書類

3　前項各号に掲げるいずれかの書類の提出を拒んだ場合又は書類に不正が認められた場合は、採用を取り消す。

4　第２項各号の書類の記載事項に変更が生じたときは、速やかに書面で会社にこれを届け出なければならない。

5　会社は、第２項各号の書類から取得したパートナー社員の個人情報及びパートナー社員本人から取得した個人番号を、次の各号の目的のために利用する。ただし、個人番号の利用は、第１号及び第２号に限るものとする。

（１）　パートナー社員（扶養親族等を含む。）に係る事務

　①　給与所得・退職所得の源泉徴収票の作成

　②　雇用保険の届出

　③　健康保険・厚生年金保険の届出

（２）　パートナー社員の配偶者に係る事務

　①　国民年金の第三号被保険者の届出

（３）　給与計算（各種手当支給）及び支払手続のため

（４）　法令に従った医療機関又は健康保険組合からの健康情報の取得のため

（５）　会社内における人員配置のため

（６）　昇降給の決定のため

（７）　教育管理のため

（８）　福利厚生等の各種手続のため

（９）　万が一のことがあった際の緊急連絡先の把握のため

（10）　前各号のほか、会社の人事政策及び雇用管理の目的を達成するために必要

条文の見出し／キーワード	作成基準の解説
	意味もあります。

な事項のため

6　採用された者は、会社が行うパートナー社員からの個人番号の取得及び本人確認（扶養親族等に係るものを含む。）に協力しなければならない。この場合において、協力しなかったことによる不利益は本人が負うものとする。

（労働条件の明示）

第７条　会社は、パートナー社員との有期労働契約の締結に際し、労働条件通知書兼労働契約書（以下「労働契約書」という。）及びこの規則を交付して、次の各号に掲げる事項を明示する。

（１）　労働契約の期間

（２）　労働契約に期間の定めがあるときは、当該契約の更新の有無及び更新がある場合におけるその判断基準

（３）　就業の場所及び従事する業務

（４）　始業及び終業の時刻、所定労働時間を超える労働の有無、休憩時間、休日及び休暇

（５）　賃金の決定、計算及び支払の方法、賃金の締切日及び支払の時期並びに昇給及び降給

（６）　定年、退職となる事由、退職の手続、解雇の事由及び解雇の手続並びに退職金制度の対象の有無

（７）　退職金制度の対象となるパートナー社員にあっては、退職金の決定、計算及び支払方法並びに退職金の支払時期

（８）　昇給の有無

（９）　退職金の有無

（10）　賞与の有無

（11）　第47条に定める相談窓口

2　パートナー社員との無期労働契約の締結に際し、労働条件通知書（兼労働契約書）を交付して、前項各号（第２号を除く。）に掲げる事項を明示する。

3　前二項に定めるほか、パートナー社員の就業の場所及び従事する業務その他の労働条件に変更があったときは、その都度労働条件通知書（兼労働契約書）を交付して必要事項を明示する。

条文の見出し／キーワード	作成基準の解説

（労働条件の明示）

労働条件の明示事項

1．2013年4月1日から、有期労働契約で雇用される場合の労働条件明示事項が追加されています（労基法施行規則5条1号の2）。

労働基準法施行規則5条
使用者が法第15条第1項前段の規定により労働者に対して明示しなければならない労働条件は、次に掲げるものとする。ただし、第1号の2に掲げる事項については期間の定めのある労働契約であって当該労働契約の期間の満了後に当該労働契約を更新する場合があるものの締結の場合に限り、第4号の2から第11号までに掲げる事項については使用者がこれらに関する定めをしない場合においては、この限りでない。 ⑴　労働契約の期間に関する事項 ⑴の2期間の定めのある労働契約を更新する場合の基準に関する事項 ⑵～⑾（略）

労働条件に関する文書の交付等

2．また、パート・契約社員については、1.のほか、パート・有期雇用労働法6条に定める労働条件明示事項があります。これを「特定事項」といいますが、特定事項は次の4つです（パート・有期雇用労働則2条1項）。

①　**昇給の有無**

②　**退職手当の有無**

③　**賞与の有無**

④　**短時間・有期雇用労働者の雇用管理の改善等に関する事項に係る相談窓口**

パート・有期雇用労働法6条（労働条件に関する文書の交付等）
事業主は、短時間・有期雇用労働者を雇い入れたときは、速やかに、当該短時間・有期雇用労働者に対して、労働条件に関する事項のうち労働基準法第15条第1項に規定する厚生労働省令で定める事項以外のものであって厚生労働省令で定めるもの（次項及

（雇入時の説明等）

第8条　会社はパートナー社員を雇い入れたときは、第7条第1項各号に掲げる事項のほか、次の各号に掲げる事項について、説明を行うものとする。

（1）　会社は、正社員とパートナー社員の基本給、賞与その他の待遇について、それぞれ不合理と認められる相違を設けていないこと。

（2）　会社は、職務内容及び人材活用の仕組み・運用等からみて正社員と同視すべきパートナー社員については、基本給、賞与その他の待遇について、それぞれ差別的取扱いを行っていないこと。

（3）　会社は、パートナー社員の賃金の決定については、正社員との均衡を考慮しつつ、職務内容等の就業の実態に関する事項をできるだけ勘案していること。

（4）　教育訓練の計画及び実施状況

（5）　給食施設、休憩室、更衣室について、正社員と同様に利用できること。

（6）　第11条に定める正社員転換制度に関すること。

2　前項各号のほか、次の各号に掲げる事項について、会社は、パートナー社員から説明を求められたときは、当該パートナー社員に説明するものとする。

（1）　パートナー社員と正社員との間の待遇の相違の内容及び理由

（2）　労働条件通知書の明示事項に関すること。

（3）　パートナー社員就業規則の変更に係るパートナー社員の過半数を代表する者からの意見聴取に関すること。

条文の見出し／キーワード	作成基準の解説

び第14条第1項において「特定事項」という。）を文書の交付その他厚生労働省令で定める方法（次項において「文書の交付等」という。）により明示しなければならない。

3．2.の規定の違反については罰則が設けられています（10万円以下の過料）。また、この事項についての是正指導は、2017年度において6,185件実施されており、雇用環境・均等部（室）でも特に力を入れている事項といえます。改正法施行後はさらに増加することが懸念されます。

（雇入時の説明等）

1．現行のパートタイム労働法14条1項は、パートタイマーから求めがあるか否かにかかわらず、事業主は、パートタイマーを雇い入れたときは、速やかに、同法9条から13条までによって措置を講ずべきこととされている事項に関し、講ずることとしている措置の内容について、パートタイマーに説明しなければならないと規定しています。これは、パートタイム労働者は、正社員に比べて労働時間や職務の内容が多様であり、その労働条件が不明確になりやすいことから、正社員の待遇との違いを生じさせている理由がわからず、不満を抱く場合も少なくないことから、事業主に説明義務を課しています。**2020年（中小企業は2021年）からは、フルタイムの契約社員についても、上記規定の適用がはじまり、その対象者が拡大します。もともと守られていない実態のある規定ですが、新たな対象となる契約社員は、正社員との職務内容の相違が見つけられにくく、会社としても説明しづらい場面が予想されます。早めに準備して想定問答集等の準備を心がけるとよいでしょう。**

これらの説明は、個々のパート・契約社員ごとに説明を行う方法のみならず、雇入れ時の説明会等において、複数のパート・契約社員に同時に説明を行う方法でもよいとされています（パート・有期雇用通達）。

3　会社は、前項の説明の求めを行ったパートナー社員に対し、当該求めを行ったことを理由として、解雇その他不利益な取扱いはすることはない。

条文の見出し／キーワード	作成基準の解説

求めがあったときの説明

2．1.のほか、パートタイム労働法14条2項は、事業主は、パートタイマーから求めがあった場合には、同法の定めによって措置を講ずべきこととされている事項に関する決定をするに当たって考慮した事項について、当該パートタイマーに説明しなければならないと規定しています。同様に改正後はフルタイムの契約社員にも、その適用範囲は広がり、説明項目も追加されます。

1. 2. の説明事項の項目を表でまとめます。下線箇所が改正パート・有期雇用労働法で加わる箇所です。

説明事項	雇入れ時の説明	求めがあったときの説明
①労働条件に関する文書の交付等		○
②就業規則の作成手続		○
③短時間・有期雇用労働者と通常の労働者との間の待遇の相違の内容及び理由		○
④賃金	○	○
⑤教育訓練	○	○
⑥福利厚生施設	○	○
⑦通常の労働者への転換	○	○

パート・契約社員と正社員との間の待遇の相違の内容及び理由

3．ここから6.までの各項において③の説明のポイントを解説します。

待遇の相違の内容については、会社は次の①及び②に掲げる事項を説明します。

① 正社員とパート・契約社員との間の待遇に関する基準の相違の有無

② 次の(a)又は(b)に掲げる事項

(a) 正社員とパート・契約社員の待遇の個別具体的な内容

(b) 正社員とパート・契約社員の待遇に関する基準

4．会社は、正社員とパート・契約社員の職務の内容、職務の内容及び配置の変更の範囲その他の事情のうち、待遇の性質及び待遇を行う目的に照らして適切と認められるものに基づき、待遇の相

条文の見出し／キーワード	作成基準の解説

違の理由を説明しなければなりません。

5．説明の方法として、会社は、パート・契約社員がその内容を理解することができるよう、**資料を活用の上、口頭により説明することが基本**とされます。ただし、説明すべき事項をすべて記載したパート・契約社員が容易に理解できる内容の資料を用いる場合には、当該資料を交付する等の方法でも差し支えありません。資料を活用し、口頭により行う場合において、活用する資料としては、**就業規則、賃金規程、正社員の待遇の内容のみを記載した資料が考えられます**。

6．3.①の「待遇に関する基準」を説明する場合、例えば賃金であれば、賃金規程や等級表等の支給基準の説明をする必要があります。ただし、説明を求めたパート・契約社員が、比較の対象となる正社員の待遇の水準を把握できるものである必要があります。すなわち、**「賃金は、各人の能力、経験等を考慮して総合的に決定する」等の説明では十分ではありません**（3.～6.パート・有期雇用通達）。

7．以上からおわかりのとおり、待遇の相違の内容と理由の説明には相当な労力を要することが予想されます。この説明は、相手が納得することまでは要求されていませんが、不十分な説明の場合、その説明義務を果たしていないと判断されることが考えられます。このような場合には、どのような影響があるのか、通達では次のように述べています。つまり、正規・非正規の待遇の相違が「不合理なもの」であることを裏付ける要素の一つになってしまうということです。

> 法第14条第2項に基づく待遇の相違の内容及びその理由に関する説明については労使交渉の前提となりうるものであり、事業主が十分な説明をせず、その後の労使交渉においても十分な話し合いがなされず、労使間で紛争となる場合があると考えられる。「その他の事情」に労使交渉の経緯が含まれると解されることを考えると、このように待遇の相違の内容等について十分な説明をしなかったと認められる場合には、その事実も「その他の事情」に含まれ、不合理性を基礎付ける事情として考慮されうると考えられるものである

（職務内容の限定及び変更）

第９条　パートナー社員の職務内容（業務の内容、当該業務に伴う責任の程度をいう。以下同じ。）は、原則として、労働契約書に定めるものとする。ただし、会社は、経営上の都合により、その職務内容の範囲を変更することがある。

２　会社は、できるだけパートナー社員の職務内容の範囲を具体的に明確にし、その範囲を本人に明示するものとする。

条文の見出し／キーワード	作成基準の解説
	こと。 パート・有期雇用通達
	8．事業主は、パート・契約社員が2.の説明の求めをしたことを理由として、当該パート・契約社員に対して解雇その他不利益な取扱いをしてはなりません。
(職務内容の限定及び変更) パート・有期雇用労働法8条の趣旨	1．パート・有期雇用労働法8条は、事業主が、その雇用する短時間・有期雇用労働者の基本給、賞与その他の待遇のそれぞれについて、当該待遇に対応する通常の労働者の待遇との間において、当該短時間・有期雇用労働者及び通常の労働者の職務の内容、当該職務の内容及び配置の変更の範囲その他の事情のうち、当該待遇の性質及び当該待遇を行う目的に照らして適切と認められるものを考慮して、不合理と認められる相違を設けることを禁止したものです（パート・有期雇用通達）。
パート・有期雇用労働法9条の趣旨	2．パート・有期雇用労働法9条は、職務の内容が通常の労働者と同一の短時間・有期雇用労働者であって、当該事業所における慣行その他の事情からみて、当該事業主との雇用関係が終了するまでの全期間において、その職務の内容及び配置が当該通常の労働者の職務の内容及び配置の変更の範囲と同一の範囲で変更されることが見込まれるもの（以下「通常の労働者と同視すべき短時間・有期雇用労働者」という。）については、短時間・有期雇用労働者であることを理由として、基本給、賞与その他の待遇のそれぞれについて、差別的取扱いをしてはならないものとしたものです（パート・有期雇用通達）。
職務の内容	3．「**職務の内容**」とは、「**業務の内容及び当該業務に伴う責任の程度**」の総称であり、労働者の就業の実態を表す要素のうちの最も重要なものです。ここでいう「**業務**」とは、職業上継続して行う仕事のことであり、「**責任の程度**」とは、業務に伴って行使するものとして付与されている権限の範囲・程度等をいい、具体的には次のものを指します。

条文の見出し／キーワード	作成基準の解説
	①　授権されている権限の範囲（単独で契約締結可能な金額の範囲、管理する部下の数、決裁権限の範囲等） ②　業務の成果について求められる役割 ③　トラブル発生時や臨時・緊急時に求められる対応の程度 ④　ノルマ等の成果への期待の程度等 　また、責任の程度を比較する際には、所定外労働も考慮すべき要素の一つとなり、トラブル発生時、臨時・緊急時の対応として、また、納期までに製品を完成させるなど成果を達成するために所定外労働が求められるのかどうかを実態として判断します（パート・有期雇用通達）。
職務の内容及び配置の変更の範囲	4.「**職務の内容の変更**」とは、配置の変更によるものであるか、業務命令によるものであるかを問わず、職務の内容が変更される場合を指します。「**配置の変更**」とは、人事異動等によるポスト間の移動を指し、結果として職務の内容の変更を伴う場合もあれば、伴わない場合もあります。それらの変更の「範囲」とは、変更により経験する職務の内容又は配置の広がりを指します（パート・有期雇用通達）。 　「**職務の内容及び配置の変更の範囲**」のことを「**人材活用の仕組み・運用等**」ということがあります。単に事業所が１つしかなく正規・非正規ともに転勤がないから「人材活用の仕組み・運用等」が同じだということにはなりません。転勤は「配置の変更」であり、「配置の変更」がなくとも同一の事業場内でポスト間の移動等があり、異なる職務内容を経験することになった場合は、「職務内容の変更」があったということになります。また、転勤の有無は、「配置の変更の範囲」の問題となります。
配置転換がない会社の場合	5．ある程度の規模の会社であれば、複数の社員区分を設けることは可能なのですが、小さい会社だと難しくなります。特に正社員とパート・契約社員が渾然一体となって働いている職場では、経験のあるパート・契約社員と正社員の区分が付けにくくなるおそれがあります。 　特に正社員にも配置転換がないというような場合、人材活用の

（昇　進）

第10条　会社は、その者をリーダーとして処遇することが会社経営上必要であると認めるときは、本人の同意を得て、リーダー職位に昇進させることがある。

（正社員転換制度）

第11条　３年を超えて継続勤務するパートナー社員であって、次項の要件を満たすものは、いつでも所属長に申し出て、正社員転換試験を受験することができる。

2　正社員転換試験を受験することができるパートナー社員は、次に掲げる要件をすべて満たしたうえで、所属長の推薦状の交付を受けた者とする。

（１）　役割等級が２グレード以上であること。

（２）　職務に対する意欲があり、心身ともに健康であること。

（３）　協調性があり、他の従業員と協力し合って仕事ができること。

（４）　過去３年間の勤務成績が優良であること。

（５）　正社員就業規則に従った働き方ができ、かつ、転勤に応じられること。

3　第１項の正社員転換試験は、必要に応じ随時、筆記試験及び面接試験により行う。

4　試験の出願方法その他の手続の詳細は、別に定める。

正社員転換制度として「求人情報の周知」の措置を講ずる場合

（正社員転換制度）

第11条　会社は、正社員（現在及び将来的に会社の基幹的業務に従事する従業員であって正社員として雇用するものをいう。以下同じ。）への転換を図る措置として、公共職業安定所等に正社員募集の申込みをする場合、

条文の見出し／キーワード	作成基準の解説

仕組みをどこで区分するかはより難しくなります。このような場合は、事業所内における職務の内容の変更の態様について比較判断されます（パート・有期雇用通達）。したがって、パート・契約社員を補助的業務のための社員区分と位置付けるのであれば、業務内容をあまり頻繁に変える（人材活用の範囲を広げる）ことは避けたほうがよいといえます。

（昇　進）

本人が補助的業務を希望して契約社員、特に有期パートタイマーとして就労している場合、昇進はプレッシャーとなる可能性があるため、同意を要件とします。

また、昇進を当然のものと会社が考えていると、人材活用の仕組みが正社員と同一と判断されかねません。

（正社員転換制度）

パート・有期雇用労働法13条の正社員転換措置（選択的措置義務）

1．通常の労働者への転換制度（正社員転換措置）については、会社は必ず措置を講じておかなければなりません。もっとも希望があれば、必ず正社員に転換させなければならないというわけではありません。

パート・有期雇用労働法13条（通常の労働者への転換）
事業主は、通常の労働者への転換を推進するため、その雇用する短時間・有期雇用労働者について、次の各号のいずれかの措置を講じなければならない。 ⑴　通常の労働者の募集を行う場合において、当該募集に係る事業所に掲示すること等により、その者が従事すべき業務の内容、賃金、労働時間その他の当該募集に係る事項を当該事業所において雇用する短時間・有期雇用労働者に周知すること。 ⑵　通常の労働者の配置を新たに行う場合において、当該配置の希望を申し出る機会を当該配置に係る事業所において雇用する短時間・有期雇用労働者に対して与えること。 ⑶　一定の資格を有する短時間・有期雇用労働者を対象とした通常の労働者への転換のための試験制度を設けることその他の通常の労働者への転換を推進するための措置を講ずること。

正社員転換制度の趣旨

2．パートタイム労働法13条の趣旨は、各会社において多様な雇

その募集内容を会社内でも掲示するほか、社内メール、回覧等でパートナー社員に対して周知を行う。

2　パートナー社員は、前項の募集に対して自由に応募することができる。ただし、外部からの応募があった場合であっても、選考手続は対等のものとして取り扱う。

3　応募の条件は、各募集の際の募集要項による。

正社員転換制度として「社内公募の際の応募機会の付与」の措置を講ずる場合

（正社員転換制度）

第11条　会社は、正社員への転換を図る措置として、新たに正社員を配置しようとする場合には、その募集内容を会社内で掲示するほか、社内メール、回覧等で従業員に対して周知を行い、正社員への転換を希望する者の応募を優先的に受け付けるものとする。

2　応募のあった者の中から公正な選考を行い、その結果、該当者がないときは、公共職業安定所等に正社員募集の申込みを行う。

3　応募の条件は、各募集の際の募集要項による。

（転換後の処遇）

第12条　正社員転換後の労働条件は、正社員就業規則によるものとする。

2　正社員としての職務ランクは、原則として、正社員役割等級▼級に格付けるものとする。ただし、本人の業績、経験を鑑み、格付会議により個別に定めることができる。

3　正社員としての勤続年数を計算する場合、パートナー社員としての勤続年数は通算する。ただし、パートタイム（週の所定労働日数が短い者に限る。）については、勤続年数を比例按分することがある。

4　転換後の職務内容に著しい変動があるときは、試用期間を設けることができる。

条文の見出し／キーワード	作成基準の解説
	用形態間の移動の障壁を除去する措置をとることを求めるものです（パート・有期雇用通達）。
正社員転換制度に対する是正指導	3．通常の労働者への転換措置を講じていなかったことに対する是正指導は、2017年度は4,832件行われており、全体の割合の18.9％を占め、最も多く行われています。
正社員転換制度の留意点	4．正社員転換制度が、公正・客観的な制度となっていなかったり、転換の要件として必要以上に厳しい要件を課した仕組みの場合は、措置として十分とはいえません。また、制度は設けたが、長期間にわたって正社員に転換させた実績がない場合については、転換を推進するための措置を講じたとはいえないと判断される可能性があります。規定だけは設けたが応募しにくいといった制度の形骸化の防止も留意すべきでしょう。
（転換後の処遇）	1．転換後は正社員となるのですから、就業規則については正社員のものが適用されます。契約形態も有期契約から無期契約に転換します。場合によっては、多様な正社員の一類型である短時間正社員制度を検討してもよいでしょう。
多様な正社員	2．『「多様な形態による正社員」に関する研究会報告書』（厚生労働省）では、「多様な正社員」を次のように分類しています。 ①　職種限定…就業規則や労働契約で仕事の範囲を限定していないが、実際の範囲は限定されている、あるいは就業規則や労働契約で仕事の範囲を限定している。 ②　労働時間限定Ａ…所定労働時間が、同一企業における他の雇用区分に比べ、相対的に短い【短時間勤務】。 ③　労働時間限定Ｂ…就業規則や労働契約で、所定外労働を行うこともあると定めていない【残業なし】。 ④　勤務地限定…就業規則や労働契約で、勤務地を「転居を伴わない地域への異動」に限定している、あるいは就業規則や労働契約で、勤務地を「採用時の勤務地のみ」に限定している。

（無期労働契約への転換）

第13条　会社における有期労働契約期間を通算した期間（以下「通算契約期間」という。）が５年を超える有期社員であって、引き続き雇用を希望するものは、会社に対し、期間の定めのない労働契約へ転換すること（以下「無期転換」という。）の申込みをすることができる。

2　前項の申込みをしたときは、申込みをした有期社員は、現に締結している労働契約が満了する日の翌日からこの規則に定める無期社員となる。

3　無期社員の労働条件は、現に締結している有期労働契約の内容である労働条件（契約期間及び定年の定めを除く。）と同一のものとする。ただし、無期社員との合意のうえ、異なる労働条件を定めることができる。

4　無期転換の申込みは、現に締結している有期労働契約の契約期間が満了する日の１か月前までに、書面で行わなければならない。

5　新たな労働契約を締結したことにより、通算契約期間が５年を超えることとなる有期社員であって、将来的に引き続き雇用されることを希望するものに対し、会社は、現に締結している有期労働契約の契約期間が満了する日の１か月前までに、無期転換の申込みをするよう勧奨することができる。

条文の見出し／キーワード	作成基準の解説
短時間正社員	3．**短時間正社員**とは、他の正社員と比べて、その所定労働時間（所定労働日数）が短い正社員をいいます（2.の②、場合によっては③に該当）。短時間正社員は、いわゆる正社員として、次の要件も満たすことになります。 ①　期間の定めのない労働契約を締結していること。 ②　時間当たりの基本給及び賞与・退職金等の算定方法等が同一事業所に雇用されるフルタイムの正社員と同等であること。
ワーク・ライフ・バランスとの関係	4．短時間正社員制度は、ワーク・ライフ・バランスの観点から政府も推奨しています。内閣府の「仕事と生活の調和推進のための行動指針」の数値目標では、『短時間勤務を選択できる事業所の割合（短時間正社員制度等）』を2020年に29％にするとしています。
（無期労働契約への転換）	1．無期転換した後の労働条件ですが、基本は従前と変わりません。労契法18条1項の「別段の定め」をすることにより、期間の定め以外の労働条件を変更することは可能です。ここでいう「別段の定め」とは、労働協約、就業規則及び個々の労働契約（無期労働契約への転換に当たり従前の有期労働契約から労働条件を変更することについての有期契約労働者と使用者との間の個別の合意）をいいます。すなわち就業規則に定めがあれば、転換後の労働条件を転換前のものから変更することは可能ということです。 　であれば、会社としてはせっかく無期雇用になったのだから大いに実力を発揮していただきたいと契約社員当時より職務内容、人材活用の仕組み等を拡大したいと考えるかもしれません。すなわち、無期転換すると同時に限定正社員に登用し、ある程度責任ある仕事についていただく。あるいは総合職正社員に登用し、全国転勤にも応じていただく。このようなことは可能でしょうか。労契法通達では次のように述べています。 （無期転換後の労働条件を変更する場合、）無期労働契約への転換に当たり、職務の内容などが変更されないにもかかわらず、無期転

（服務の原則）

第14条　会社は社会的な存在と認識し、パートナー社員は社会人として社会的なルール及びマナーを当然守らなければならない。

2　パートナー社員は、この規則及びその他の諸規程を遵守し、業務上の指揮命令に従い、自己の業務に専念し、業務運営を円滑に行うとともに、相互に協力して職場の秩序を維持しなければならない。また、パートナー社員は、相互の人権及び人格を尊重し合い、快適な職場環境を形成していかなければならない。

3　パートナー社員は、この規則を守り、服務に従い職務に精励しなければならない。これに違反したときは、この規則による懲戒の対象とする。

条文の見出し／キーワード	作成基準の解説
	換後における労働条件を従前よりも低下させることは、無期転換を円滑に進める観点から望ましいものではないこと。 なお、就業規則により別段の定めをする場合においては、法第18条の規定が、法第7条から第10条までに定められている就業規則法理を変更することになるものではないこと。 この通達では、職務内容等が同一であるにもかかわらず、従前より過重な労働条件（例えば、全国転勤、長時間の残業など）を課することは望ましくないとしています。逆にいえば、職務内容等を変更すればそれに応じた労働条件に変更することは可能ということになります。結果として、正社員登用を条件に無期転換を選択いただく結果になるのですが、ロジック上は可能です。 2．本モデル規則は、この方法はとりません。無期転換権が発生するより早い時期、すなわち勤続3年経過の時点で正社員登用の門戸を開き、その後に無期転換の申出ができるようにしています。無期転換の法律上の趣旨は、契約社員の方にも安心して長く勤めていただける環境を整備することです。 そこで、従来の労働条件のまま長く勤めるか、そうではなくチャレンジして正社員登用を目指すか、ご本人に選択していただこうとしたものです。
（服務の原則）	社会人としての心構えそのものを規定しておきます。上司の命令に従う義務、職務専念義務などの重要性を規定します。

（遵守事項）

第15条　パートナー社員は、次の各項に掲げる義務を遵守し、服務に従い職務に精励しなければならない。

2　パートナー社員は、労働時間及び職務上の注意力のすべてを職務遂行のために用い、会社の指揮命令の下、職務のみに従事する義務を負い、次の各号に掲げる職務専念に関する事項を守らなければならない。

（１）　労働時間中は許可なく職場を離れ、又は責務を怠る等の行為をしないこと。

（２）　労働時間中に、職務上の必要がないにもかかわらずＳＮＳにアクセスしたり、又は職務と関係のないＷＥＢサイトを閲覧したりしないこと。

（３）　会社の許可なく、労働時間中に政治活動、宗教活動、業務に関係のない放送、宣伝、集会、又は文書画の配布、回覧、掲示その他これに類する活動をしないこと。

（４）　会社への届出なく、他の使用者に雇用され、又は自ら事業を行わないこと。

3　パートナー社員は、職場環境を維持する義務を負い、次の各号に掲げる職場環境維持に関する事項を守らなければならない。

（１）　この規則その他これに付随する会社の諸規程を遵守し、これらに定める禁止事項を行わないこと。

（２）　他のすべての従業員、経営者との円滑な交流をなし、行動に品位を保つなどして、職場環境の向上に努めること。

（３）　常に職場を整理整頓し、気持ちよく勤務ができるように努めること。

4　パートナー社員は、秘密を保持する義務を負い、次の各号に掲げる秘密保持に関する事項を守らなければならない。

（１）　会社内外を問わず、在職中又は退職後においても、会社・取引先等の秘密情報、ノウハウ、企画案並びに顧客情報等の個人情報、従業員の個人情報（個人番号を含む。）ＩＤ及びパスワード等を第三者に開示、漏えい、提供又は不正に使用しないこと。

（２）　会社が貸与する携帯電話、パソコン、その他情報関連機器（保存されている情報も含む。）を、紛失又は破損しないこと。また、当該情報関連機器を紛失又は破損した場合は、直ちに、情報漏えいの防止の対策を行うとともに、会社に報告すること。

条文の見出し／キーワード	作成基準の解説
（遵守事項）	1．服務の内容を具体的に定めます。就業規則の主要な部分であり、業務の実態に合わせてさらに詳細に規定するとよいでしょう。 2．同一の職場内で勤務する以上、遵守事項に正社員・契約社員の区別があるわけではありません。よく別々の就業規則にしている場合、遵守事項の項目や規定振りが異なっている例があります。区別すべきものは区別すべきですが、そうでないものは統一を図りましょう。

（３）　会社の許可なく、私物のパソコン、携帯電話、その他電子機器類に顧客に関する情報、その他秘密情報を記録しないこと。やむを得ず顧客の電話番号、メールアドレス等を記録する場合は、セキュリティー管理が可能な機種を選択し、私物の機器であっても会社が貸与する機器と同様に、善良な管理者の注意をもって取り扱うこと。

5　パートナー社員は、会社内外を問わず会社の信用を失墜させることのないようにする義務を負い、次の各号に掲げる信用維持に関する事項を守らなければならない。

（１）　暴力団員、暴力団関係者その他反社会的勢力と関わりを持ったり、交流したり、又はそのように誤解される行為をしないこと。

（２）　会社の内外を問わず、会社や会社に関係する者の名誉を傷つけたり、信用を害したり、体面を汚す行為をしないこと。

（３）　職務に相応しい服装を心がけ、他人に不快感を与える服装又は行動は避けること。

（４）　職務について、取引先から金品を受け取ることや、私事の理由で貸借関係を結ぶこと等の私的な利益を甘受しないこと。

（５）　酒気を帯びて車輌等を運転しないこと。

6　前各項のほか、職場における遵守事項及び心構えについては、職場ハンドブック及びクレドに定めるところによる。

（副業・兼業）

第16条　パートナー社員は、所定労働時間外に、副業・兼業を行おうとするときは、あらかじめ会社に届け出て、承認を得なければならない。

2　副業・兼業を行うことができるパートナー社員は、入社後３年以上経過した者とする。

3　所定労働時間内の副業・兼業（インターネットを用いた業務を含む。）は、これを禁止する。ただし、会社の業務運営上、必要な場合はこの限りでない。

4　副業・兼業により、次の各号のいずれかに該当する場合には、会社は、これを禁止又は制限することができる。

（１）　職務専念義務違反等、労務提供上の支障がある場合

（２）　営業秘密等が漏えいするおそれがある場合

（３）　会社の名誉や信用を損なう行為や、信頼関係を破壊する行為がある場合

条文の見出し／キーワード	作成基準の解説

（副業・兼業）

厚生労働省の『副業・兼業の促進に関するガイドライン』によれば、副業・兼業のメリットと留意点は次のとおりです。

【労働者からみた】

メリット	①　離職せずとも別の仕事に就くことが可能となり、スキルや経験を得ることで、労働者が主体的にキャリアを形成することができる。
	②　本業の所得を活かして、自分がやりたいことに挑戦でき、自己実現を追求することができる。
	③　所得が増加する。
	④　本業を続けつつ、よりリスクの小さい形で将来の起業・転職に向けた準備・試行ができる。

（４）　競業により、会社の利益を害する場合

（あらゆるハラスメントの禁止）

第17条　パートナー社員は、他の従業員等（正社員、パートナー社員のほか、会社の指揮命令の下にある派遣労働者を含む。以下、本条において同じ。）の権利及び尊厳を尊重し、次の各号に掲げる行為又は言動（以下「ハラスメント」と総称する。）を行ってはならない。また、ハラスメントに対する従業員等の対応により当該従業員等の労働条件につき不利益を与えることも禁止する。

（１）　性的な言動により他の従業員等の働く環境を悪化させ能力の発揮を妨げる等の行為により、他の従業員等の職業生活を阻害すること（いわゆる「セクシュアルハラスメント」）。

（２）　職務上の地位や人間関係などの職場内の優位性を背景に、業務の適正な範囲を超えて、精神的・身体的苦痛を与える又は職場環境を悪化させる行為や言動を行うこと（いわゆる「パワーハラスメント）。

（３）　妊娠・出産したこと、育児休業・介護休業等の申出・利用をしたこと等を理由として、その従業員の就業環境を害する言動を行うこと。

条文の見出し／キーワード	作成基準の解説

留意点	①　就業時間が長くなる可能性があるため、労働者自身による就業時間や健康の管理も一定程度必要である。
	②　職務専念義務、秘密保持義務、競業避止義務を意識することが必要である。
	③　１週間の所定労働時間が短い業務を複数行う場合には、雇用保険等の適用がない場合があることに留意が必要である。

【使用者からみた】

メリット	①　労働者が社内では得られない知識・スキルを獲得することができる。
	②　労働者の自律性・自主性を促すことができる。
	③　優秀な人材の獲得・流出の防止ができ、競争力が向上する。
	④　労働者が社外から新たな知識・情報や人脈を入れることで、事業機会の拡大につながる。
留意点	①　必要な就業時間の把握・管理や健康管理への対応、職務専念義務、秘密保持義務、競業避止義務をどう確保するかという懸念への対応が必要である。

（あらゆるハラスメントの禁止）

1．男女雇用機会均等法11条に基づくセクシュアルハラスメント防止措置を講ずる必要があります。措置の対象となる従業員は、いわゆる正社員のみならず、パートタイマー、契約社員等非正規従業員を含む会社が雇用する従業員のすべてとなります。
2．育児・介護休業法の改正により、2017年1月1日から、上司・同僚からの、妊娠・出産、育児休業、介護休業等を理由とする嫌がらせ等（いわゆるマタハラ、パタハラなど）の防止措置を講ずることが義務付けられました。

（４）　性的指向・性自認に関する言動によるものなど、職場内でのあらゆるいじめ行為及びこれらに該当すると疑われるような行為を行ってはならない。また、ハラスメントに対する従業員等の対応により当該従業員等の労働条件につき不利益を与えることも禁止する。

2　パートナー社員は、ハラスメントにより被害を受けた場合、又は被害を受けるおそれのある場合は、第47条（相談窓口）の相談窓口に対して相談及び苦情を申し立てることができる。

3　前項の申立てを受けた場合は、会社は、速やかにその旨の報告、事実関係の調査に着手するとともに、申立人が申立後もハラスメントによる被害を受けないように対処するものとする。また、対処する過程において、会社は、申し立てたパートナー社員のプライバシー等を配慮し、本人の不利益にならないよう細心の注意を払うものとする。

（懲戒処分）

第18条　懲戒の種類及び程度は、その情状により次のとおりとする。手続の詳細は別に定める。

（１）　譴責…書面において警告を行い、始末書を提出させ、将来を戒める。

（２）　減給…始末書を提出させて、減給する。ただし、１回につき平均賃金の１日分の半額、総額においては一賃金支払期の賃金総額の10分の１を超えない範囲でこれを行う。

（３）　出勤停止…始末書を提出させ、14労働日以内の出勤を停止する。その期間の賃金は支払わない。

（４）　諭旨解雇…懲戒解雇相当の事由がある場合で、本人に反省が認められるときは退職届を提出するように勧告する。ただし、勧告に従わないときは懲戒解雇とする。

（５）　懲戒解雇…予告期間を設けることなく即時解雇する。この場合において、労働基準監督署長の認定を受けたときは、解雇予告手当を支給しない。懲戒解雇事由は正社員従業規則に準ずる。

2　懲戒は、パートナー社員が、第15条（遵守事項）その他この規則に違反したときに行うものとする。この場合において、当該非違行為に関する教育指導とともに前項第１号から第４号又は第５号の順に段階的に行うものであり、各号の懲戒を行ったにもかかわらず、改悛の見込みがなく、かつ、非違行為を繰り返す場合

条文の見出し／キーワード	作成基準の解説
（懲戒処分）	さほど長期の雇用が見込まれないパート・契約社員については、段階的に懲戒の程度を加重する方法は冗長過ぎるという意見がありました。すなわち処分は注意処分のみとして繰り返すようであればそのまま雇い止めというわけです。しかしながら人手不足の昨今、本当に短期の雇用であれば別として、そのようにあっさりとした規定でよいでしょうか。「パートナー社員」というものが、本人が選択した働き方の一種と捉えるならば、そこには正社員の働き方に対する優劣というものはないはずです。 モデル規定はやや簡素な書きぶりにしていますが、考え方はモデル就業規則のものと同じです。

には、上位の懲戒を行うことを原則とする。

3　有期社員については、第１項第１号から第３号までの処分を受けてもなお改善が見込まれないときは、次期の契約の更新は行わない。

（労働時間及び休憩時間）

第19条　所定労働時間は、１週間40時間以内及び１日８時間以内の範囲で１時間単位で個別に定めることができる。

2　原則となる始業及び終業の時刻並びに休憩時間は、次のとおりとし、本人の希望、勤務態様等を勘案して、この範囲内で個別に定め労働契約書に明記する。

始業・終業時刻	休憩時間
始業　　８時 00 分	12 時 00 分から 13 時 00 分まで
終業　　17 時 00 分	

（休憩時間の利用）

第20条　パートナー社員は、前条の休憩時間を自由に利用することができる。ただし、職場秩序及び風紀を乱す行為、施設管理を妨げる行為その他服務規律に反する行為を行ってはならない。

条文の見出し／キーワード	作成基準の解説
（労働時間及び休憩時間）	就業規則に基本的な始業・終業時刻を定め、個々の始業・終業時刻を本人の希望等により個別に定めることは、就業規則を下回る労働条件を定めることにはならないため、モデル規則のように個別の労働契約に委ねる委任規定を設けることは差し支えありません。 パートタイム労働者等のうち本人の希望等により勤務態様、職種等の別ごとに始業及び終業の時刻を画一的に定めないこととする者については、就業規則には、基本となる始業及び終業の時刻を定めるとともに、具体的には個別の労働契約等で定める旨の委任規定を設けることで差し支えない。なお、個別の労働契約等で具体的に定める場合には、書面により明確にすること。 昭 63.3.14 基発 150 号 ただし、本人の希望等によらずに会社が複数の始業・終業時刻を一方的に定める場合は、すべての始業・終業時刻を就業規則に定める必要があり、就業規則に何も定めずに個別労働契約に委任するといったことはできません（労基法 89 条違反に該当）。
（休憩時間の利用）	1．休憩時間の利用についてパート・契約社員特有の問題として、パート・契約社員も会社施設を自由に利用できるかどうかが問題となることがあります。 なお、会社は、福利厚生施設のうち、**給食施設（社内食堂）**、**休憩室**、**更衣室**を正社員が利用している場合は、**パート・契約社員にも利用の機会を与えなければなりません。** パートタイム労働法では、利用の機会を「与えるように配慮しなければならない」でしたたが、改正法では「与えなければならない」となります。これは、当該施設の利用については正社員とパート・契約社員との間で差を設けるべきではないとしたもので、施設の増築などまで求めるものではありませんが、当該施設を正社員と同様に利用する権利が確保される措置を求めるものです。

（所定休日）

第21条　パートナー社員の休日は、所定の出勤日以外の日（少なくとも週2日）とする。

2　前項の休日は、やむを得ない事情があるときは、会社とパートナー社員との合意のうえ、その日を変更することができる。ただし、週２日の休日は確保しなければならない。

3　前項にかかわらず、週２日の休日が確保できなかったときは、当該最後の出勤日の労働時間は、次条の所定外勤務として割増賃金を支払う。この場合であっても、週１日の休日は確保しなければならない。

条文の見出し／キーワード	作成基準の解説

パート・有期雇用労働法12条（福利厚生施設）

事業主は、通常の労働者に対して利用の機会を与える福利厚生施設であって、健康の保持又は業務の円滑な遂行に資するものとして厚生労働省令で定めるものについては、その雇用する短時間・有期雇用労働者に対しても、利用の機会を与えなければならない。

（所定休日）

1．所定休日は、労基法上、曜日を特定することまでは求められていません。もちろん、ワーク・ライフ・バランスや適正な労働時間把握の観点からは、曜日が特定されているほうが望ましいことはいうまでもありません。しかしながら、シフト勤務のような場合は、毎月の休日は、カレンダーで定めることになりますし、人によって曜日が異なることも考えられます。モデル規則では、必要最低限のことのみを規定しました。すなわち、（カレンダーや個別労働契約書で定める）出勤日以外の日はすべて休日であるという原理原則を明らかにしています。

2．2項のような規定を設けた理由は、「休日の時季に年次有給休暇を時季指定する」というトラブルを回避するためです。24条4項の規定とセットになります。

所定休日の日数

3．所定休日の日数を「少なくとも週2日」と定めた理由は、仮に7時間勤務であった場合、週1日の休日だと所定労働時間が42時間（＝7時間×6日）となり、変形労働時間制の採用が必要となるためです。もちろん、6時間勤務の場合は、週1日の休日でも労基法上の問題は生じません。

休日の変更

4．業務繁忙のためのいわゆる「振替休日」「代休」については、週の労働時間が40時間以内となる前提で「出勤日の変更」と規定しました。もちろん、40時間を超えるときは、割増賃金が必要です。

振替休日

5．正社員の場合は、多忙のため休日を振り替えたとしても、結局多忙のまま休日をとることができないケースが多いため、振替休日はあまりお勧めできない制度なのですが、「休日の変更」という形で規定しました。

（所定外勤務、休日勤務及び深夜労働）

第22条　パートナー社員は、原則として、所定労働時間を超える労働（以下「所定外勤務」という。）及び所定休日の労働（休日の振替を除く。以下「休日勤務」という。）を禁止する。ただし、やむを得ない事情があり、会社が命ずるときは、この限りでない。

2　前項の所定外勤務が労働基準法の制限を超えるときは、会社は従業員代表と書面による協定を締結し、これを所轄の労働基準監督署長に届け出たうえで、１か月について24時間、１年について150時間を限度として労働させることができる。

3　前項の場合であっても、午後10時から午前５時までの労働は、原則として、禁止する。ただし、やむを得ない事情があり、会社が命ずるときは、この限りでない。

4　やむを得ない事由で所定外勤務を行った場合であって、パートナー社員が申請したときは、代休を与える。代休の取得は、休日勤務から４週間以内の日とし、当該日は無給とする。

5　やむを得ない事由で深夜労働を行った場合は、当該深夜労働の終了時刻から翌日の始業時刻までの間に11時間以上の休息時間を確保しなければならない。

（割増賃金を支払う場合）

第23条　所定外労働により、１日又は１週間の労働時間が正社員（短時間社員を除く。本項において同じ。）の所定労働時間を超えたときは、当該超えた時間について、割増賃金を支払う。また、休日出勤及び深夜労働に係る割増賃金についても正社員と同様とする。

2　前項の１週間は、▼曜日を起算日とする。

条文の見出し／キーワード	作成基準の解説
代　休	6．休日出勤は禁止しているため、代休の規定はなくてもよいでしょう（代休は労基法上の義務でもありません）。やむを得ない事情で休日出勤をした場合は、割増賃金で精算することになります。
（所定外勤務、休日勤務及び深夜労働）	1．パートタイマーは、時間単位の契約のもとで就労するものであり、そもそも所定労働時間以外の就労を予定するものではありません。したがって、原則として所定外労働等は禁止とし、例外的に認めるものとします。 2．仮に36協定に従って時間外労働をさせる場合であっても、その上限時間は、正社員よりも短く設定します。
深夜労働	3．所定外労働や休日出勤が深夜に及ぶことは、原則禁止とします。もちろん、所定の就業時間帯が深夜の時間帯となる場合は、3項の規定は不要です。
（割増賃金を支払う場合）	割増賃金については、同一労働同一賃金指針において次の記述があります。 通常の労働者の所定労働時間を超えて、通常の労働者と同一の時間外労働を行った短時間・有期雇用労働者には、通常の労働者の所定労働時間を超えた時間につき、通常の労働者と同一の割増率等で、時間外労働に対して支給される手当を支給しなければならない。 つまり、割増率は正社員のものと同じにする必要があります。また、正社員は8時間未満の所定労働時間を超える部分から支払うのに対し、パート・契約社員には8時間を超える部分にしか支払わな

（年次有給休暇）

第24条　入社日（月の中途に入社した場合は当該月の初日に入社したものとみなす。以下同じ。）後６か月間、所定労働日の８割以上出勤した従業員に対しては、入社日後６か月を経過した日（以下「６か月経過日」という。）に10日の年次有給休暇を付与する。ただし、所定労働時間が30時間未満であり、週所定労働日数が４日以下又は年間所定労働日数が216日以下の者に対する年次有給休暇の日数は、次表のとおりとする。

週所定 労働日数	年間所定 労働日数	勤続期間
		６か月
４日	169～216日	７日
３日	121～168日	５日
２日	73～120日	３日
１日	48～72日	１日

2　前項の６か月経過日後はそれぞれ次表のとおり勤続期間に応じて、勤続期間ごとに定める日数分の年次有給休暇を、当該勤続期間に達した日の翌日（以下「基準日」という。）に付与する。ただし、それぞれの直近１年間は所定労働日の８割以上出勤したことを要する。

週所定 労働日数	年間所定 労働日数	勤　続　期　間					
		１年 ６か月	２年 ６か月	３年 ６か月	４年 ６か月	５年 ６か月	６年 ６か月以上
５日	－	11日	12日	14日	16日	18日	20日
４日	169～216日	８日	９日	10日	12日	13日	15日
３日	121～168日	６日	６日	８日	９日	10日	11日
２日	73～120日	４日	４日	５日	６日	６日	７日
１日	48～72日	２日	２日	２日	３日	３日	３日

3　パートナー社員が年次有給休暇を取得するときは、原則として前々日までに所定の手続により、会社に届け出なければならない。

4　年次有給休暇は、所定の出勤日以外の日について取得することはできない。

5　会社が付与した年次有給休暇が10日以上（前年度からの繰越し分を除く。）あ

条文の見出し／キーワード	作成基準の解説
	いというのも問題があります。
（年次有給休暇） 比例付与	1．**週所定労働時間が30時間未満のパートタイマーの年次有給休暇の日数は、その勤務日数（週所定労働日数）に応じて比例付与されます。**日数はモデル規則にあるとおりです。 なお、パートタイマーであっても、週所定労働時間が30時間以上あるか、週所定労働時間が30時間未満であっても週の勤務日数が5日以上の場合は、正社員と同じ日数の年次有給休暇を付与しなければなりませんので、注意が必要です。
時間単位年休	2．パートタイマーという働き方を選択する理由として、私生活とのバランスを考えた柔軟な働き方というものがあります。したがって、時間単位年休はニーズが高いかもしれません。特にパートタイマーの場合は、時間で賃金を定めているため、**時間単位年休との親和性は高いと考えられます。**逆に正社員については、より統一的な管理が必要となることから、あまりに細切れの時間単位年休は向かないかもしれません。この辺りの規定を変えておくことも社員区分を明確にしたことになると考えられます。
年次有給休暇と休日の関係	3．平日であればいつでも年休が取得できるわけではありません。その者の出勤日は、火曜日、水曜日、木曜日の3日間であれば、平日であってもそれ以外の曜日（月曜日、金曜日）は年休を取得することはできません。この点を明記しておきます。
年次有給休暇の賃金	4．日によって所定労働時間が異なる場合には、平均賃金を用いることを検討する会社もありますが、**パートタイマー（時給者）の平均賃金には、最低保障額があるため、注意が必要です。**

る者に対しては、そのうちの５日分（第６項によるものを除く。）を上限として、基準日から１年以内に、会社が時季を指定することにより取得させることがある。ただし、時季指定前に従業員本人が時季を指定して取得した日数分（半日の取得を会社が認めた場合は0.5日分とする。）又は計画的付与によって取得する日数分についてはこの限りではない。

6　会社は、前項本文の規定により、年次有給休暇の時季を定めようとするときは、その時季について当該パートナー社員の意見を聴くものとし、会社は、当該意見を尊重するよう努めるものとする。この場合の意見聴取は、基準日から６か月を経過した時点において、年休取得日数が５日に満たない者に対して面談により行う。

7　会社は、労使協定に定めるところにより、各年度にパートナー社員に付与する年次有給休暇のうち５労働日分については、１時間を１単位として年次有給休暇を付与することができる。

8　年次有給休暇の有効期間は、付与日から２年間とする。

9　年次有給休暇の日については、その日の所定労働時間労働した場合に支払われる通常の賃金を支払うものとし、その日は通常の出勤をしたものとして取り扱う。

（慶弔休暇）

第25条　パートナー社員が次の各号に掲げる事由に該当し、会社がその必要を認めたときは、当該各号に掲げる日数（原則として連続する暦日数）の慶弔休暇を与える。慶弔休暇の日は有給とする。

（１）　父母、配偶者又は子…５日

（２）　祖父母若しくは配偶者の父母又は兄弟姉妹…２日

（３）　前各号の親族以外で会社が必要と認めた者…１日

2　パートタイム（週の所定労働日数が少ない者に限る。）については、休日の振替をもって慶弔休暇の取得とみなすことができる。ただし、振替が困難な場合は、前項に定めるところによる。

条文の見出し／キーワード	作成基準の解説

（慶弔休暇）

1．慶弔休暇については、同一労働同一賃金指針において次の記述があります。

> 短時間・有期雇用労働者にも、通常の労働者と同一の慶弔休暇の付与並びに健康診断に伴う勤務免除及び有給の保障を行わなければならない。
> （問題とならない例）
> 　Ａ社においては、通常の労働者であるＸと同様の出勤日が設定されている短時間労働者であるＹに対しては、通常の労働者と同様に慶弔休暇を付与しているが、週２日の勤務の短時間労働者であるＺに対しては、勤務日の振替での対応を基本としつつ、振替が困難な場合のみ慶弔休暇を付与している。
> ※：ここでいう「有給の保障」とは、慶弔休暇並びに健康診断に伴う勤務免除及び当該健康診断を勤務時間中に受診する場合の当該受診時間に係る給与の保障をいう。

慶弔休暇以外の特別休暇

2．また、慶弔休暇以外の特別休暇については、同一労働同一賃金指針において次の記述があります。

（公民権行使の時間）

第26条　パートナー社員が勤務時間中に選挙その他公民としての権利を行使するため、また、公の職務に就くため、請求したときは、それに必要な時間又は日を与える。ただし、業務の都合により、時刻を変更する場合がある。

2　前項の時間又は日は、原則として無給とする。

（産前産後の休暇）

第27条　6週間以内（多胎妊娠の場合は14週間以内。以下本項において同じ。）に出産予定の女性パートナー社員が請求したときは、産前6週間以内の休暇を与える。

2　産後は請求の有無にかかわらず、出産日から8週間の休暇を与える。ただし、産後6週間を経過し、本人から請求があった場合には、医師により支障がないと認められた業務に就かせることがある。

3　産前産後の休暇の期間は無給とする。

（母性健康管理のための休暇等）

第28条　妊娠中又は産後1年を経過しない女性パートナー社員から、母子保健法に基づく通院休暇の請求があったときは、法定の休暇を与える。ただし、不就労時

条文の見出し／キーワード	作成基準の解説
	法定外の有給の休暇その他の法定外の休暇（慶弔休暇を除く。）であって、勤続期間に応じて取得を認めているものについて、通常の労働者と同一の勤続期間である短時間・有期雇用労働者には、通常の労働者と同一の法定外の有給の休暇その他の法定外の休暇（慶弔休暇を除く。）を付与しなければならない。なお、期間の定めのある労働契約を更新している場合には、当初の労働契約の開始時から通算して勤続期間を評価することを要する。 （問題とならない例） Ａ社においては、長期勤続者を対象とするリフレッシュ休暇について、業務に従事した時間全体を通じた貢献に対する報償という趣旨で付与していることから、通常の労働者であるＸに対しては、勤続10年で3日、20年で5日、30年で7日の休暇を付与しており、短時間労働者であるＹに対しては、所定労働時間に比例した日数を付与している。
（公民権行使の時間）	裁判員休暇については、特に定めを置いていません。
（産前産後の休暇）	労基法に基づく規定です。
（母性健康管理のための休暇等）	男女雇用機会均等法に基づく規定です。

間に対する部分は無給とする。

2　妊娠中又は産後1年を経過しない女性パートナー社員から、医師等の指導に基づく勤務時間等に関する措置についての申出があったときは、所定の措置を講ずることとする。ただし、不就労時間に対する部分は無給とする。

3　第1項の請求及び前項の申出をする者は、医師等の指示又は指導内容が記載された証明書を会社に提出しなければならない。

（生理日の就業が著しく困難な女性パートナー社員に対する措置）

第29条　生理日の就業が著しく困難な女性パートナー社員が請求したときは、1日又は半日若しくは請求があった時間における就労を免除する。

2　前項の措置による不就労時間に対する部分は無給とする。

（育児時間）

第30条　生後1年未満の子を育てる女性パートナー社員が請求したときは、休憩時間のほかに、30分の育児時間を1日2回（1日の所定労働時間が4時間以内の者は1回）与えるものとする。

2　前項の措置による不就労時間に対する部分は無給とする。

（育児休業及び育児短時間勤務）

第31条　パートナー社員は、育児・介護休業規程に定めるところにより、育児休業を申し出ることができる。ただし、有期社員にあっては、次の各号のいずれにも該当するものに限る。

（1）　引き続き雇用された期間が1年以上あること。

（2）　子が1歳6か月になるまでに労働契約期間が満了し、更新されないことが明らかでないこと。

2　パートナー社員は、育児・介護休業規程に定めるところにより、育児短時間勤務制度の利用を申し出ることができる。ただし、労使協定により、その適用が除外されている者を除く。

3　育児短時間勤務中の1日の所定労働時間は、7時間、6時間又は5時間のいずれかとし、始業及び終業時刻は、個別に定める。

4　育児休業の期間及び育児短時間勤務の利用により短縮された所定労働時間に対する部分は無給とする。

条文の見出し／キーワード	作成基準の解説
(生理日の就業が著しく困難な女性パートナー社員に対する措置)	時間単位の請求も認めるとよいでしょう。
(育児時間)	この規定は、1日の所定労働時間が短い場合も適用があります。ただし、4時間以内の場合は、回数は1回でも構いません(昭36.1.9 基収 8996 号)。
(育児休業及び育児短時間勤務)	1．モデル規則1項各号のいずれかに該当しない契約社員は、育児休業の適用除外者となります。この適用除外については、労使協定の締結は必要ありません。 2．モデル規則1項各号のいずれにも該当する者であっても、1週間の所定労働日数が2日以下のものについては、労使協定により、育児休業の適用を除外することができます。
短時間勤務	3．短時間勤務とは、**原則として1日6時間の勤務**をいいますが、6時間を含む選択式にすることは差し支えありません。

（介護休業及び介護短時間勤務）

第32条　パートナー社員は、育児・介護休業規程に定めるところにより、介護休業を申し出ることができる。ただし、有期社員にあっては、次の各号のいずれにも該当するものに限る。

（1）　引き続き雇用された期間が1年以上あること。

（2）　介護休業開始予定日から93日を経過する日から6か月を経過する日までに労働契約期間が満了し、更新されないことが明らかでないこと。

2　パートナー社員は、育児・介護休業規程に定めるところにより、介護短時間勤務制度の利用を申し出ることができる。ただし、労使協定により、その適用が除外されている者を除く。

3　介護短時間勤務中の1日の所定労働時間は、7時間、6時間又は5時間のいずれかとし、始業及び終業時刻は、個別に定める。

4　介護休業の期間及び介護短時間勤務制度の利用により短縮された所定労働時間に対する部分は無給とする。

（子の看護休暇及び介護休暇）

第33条　小学校就学の始期に達するまでの子を養育するパートナー社員が、負傷し、又は疾病にかかった当該子の世話をするため、又は当該子に予防接種や健康診断を受けさせるため、会社に申し出たときは、第24条に規定する年次有給休暇とは別に、当該子が1人の場合は一年度につき5労働日（1時間単位の申出を認める。以下、本条において同じ。）、2人以上の場合は一年度につき10労働日を限度とし、子の看護休暇を与えるものとする。ただし、労使協定により、その適用が除外されている者を除く。

2　要介護状態にある対象家族を介護するパートナー社員が、その介護のため、又は当該対象家族の通院等の付添い、当該対象家族が介護サービスの提供を受けるために必要な手続の代行その他の対象家族に必要な世話のため、会社に申し出たときは、第24条に規定する年次有給休暇とは別に、当該対象家族が1人の場合は一年度につき5労働日、2人以上の場合は一年度につき10労働日を限度とし、介護休暇を与えるものとする。ただし、労使協定により、その適用が除外されている者を除く。

条文の見出し／キーワード	作成基準の解説
(介護休業及び介護短時間勤務)	モデル規則1項各号のいずれかに該当しない契約社員は、介護休業の適用除外者となります。この適用除外については、労使協定の締結は必要ありません。
(子の看護休暇及び介護休暇)	1．子の看護休暇及び介護休暇の適用については、モデル規則31条1項各号、32条1項各号のような制限は設けられておらず、勤続6か月を超えればいつでも申出ができることになります。 2．契約社員の家庭生活を考慮して時間単位の付与を検討してもよいでしょう。 なお、休暇の期間は有給とする必要はありません。
所定労働時間に関する措置	3．育児・介護休業法では、請求に基づく所定外労働の制限、時間外労働の制限、深夜業の制限の規定を設けていますが、モデル規則で想定するパートタイマーには、これらの勤務を予定していないため、規定はシンプルなものにしてあります。もちろん深夜業従事者がいる場合等は、規定を追加する必要があります。 4．育児・介護休業法上の努力義務である育児目的休暇は省略しました。

3　前二項の休暇は、半日（所定労働時間の半分とする。）を単位として取得することができる。ただし、所定労働時間が4時間以下であるパートナー社員を除く。
4　子の看護休暇及び介護休暇の期間は無給とする。

（賃　金）
第34条　賃金は、時給制＜月給制＞とし、月当たりの総額を毎月▼日に、前月▼日から前月▼日までの分を支払う。
2　パートナー社員の基本給は、本人の職務内容、職務の成果、意欲、経験及び会社への役割貢献を総合勘案し、次の役割等級表及び等級別昇給表を基準として決定する。

役割等級	役割定義
Ⅳグレード （正社員転換資格有り）	●全体の業務を熟知した幅広い視点から自社において培われた知識・スキルを体系化し、下位者に対して教示した上で、チームメンバー全員のレベルアップを図っている ●部門の調整役としてチームメンバーや正社員との連携を図り、快適な職場環境作りに努めている
Ⅲグレード （正社員転換資格有り）	●担当の業務における専門的な知識・スキルを有し、新規採用者に対して適切な指導教育を行っている ●主体的なアプローチ、顧客ニーズの把握、ニーズに沿った提案を徹底し、顧客満足向上に努めている
Ⅱグレード （正社員転換資格有り）	●豊富な知識・スキルを有し、期待どおりのサービスを提供している ●担当業務についての問題意識を常に持ち、上位者や正社員に対して改善提案を行っている
Ⅰグレード	●基本的な知識・スキルを有し、与えられた仕事を1人で着実にこなしている ●他メンバーに対して、積極的にフォローを行っている ●日々の業務を通じて、少しでも仕事を早く覚えられるよう、努力している

3　遅刻、欠勤、早退に係る時間の賃金は支払わない。ただし、会社がやむを得ないと認める理由による場合は、この限りでない。

条文の見出し／キーワード	作成基準の解説

（賃　金）

賃金の決定基準・ルールに違いを設ける場合、同一労働同一賃金指針で次のように述べられている点に留意すべきです。

> 通常の労働者と短時間・有期雇用労働者との間に基本給、賞与、各種手当等の賃金に相違がある場合において、その要因として通常の労働者と短時間・有期雇用労働者の賃金の決定基準・ルールの相違があるときは、「通常の労働者と短時間・有期雇用労働者との間で将来の役割期待が異なるため、賃金の決定基準・ルールが異なる」等の主観的又は抽象的な説明では足りず、賃金の決定基準・ルールの相違は、通常の労働者と短時間・有期雇用労働者の職務の内容、当該職務の内容及び配置の変更の範囲その他の事情のうち、当該待遇の性質及び当該待遇を行う目的に照らして適切と認められるものの客観的及び具体的な実態に照らして、不合理と認められるものであってはならない。

すなわち**職務内容等に照らして不合理といわれないような理由付けが必要となります**。

（賃金構成）

1．均衡待遇、均等待遇でいう「待遇」の主要な部分が、「基本給」「賞与」ということになります。均衡・均等の不合理性の判断をするにあたっては、「待遇」の「それぞれ」をみていくことになります。そこで判断要素は、「基本給」「賞与」のみならず「諸手当」も含まれます。これらについては、その性質・目的をみていくことになります。

諸手当の性質・目的

2．同一労働同一賃金指針では、**諸手当についてその性質・目的の観点から**、正規・非正規間での取扱いについて述べていますが、これを整理してみました。

待遇の種類	待遇の性質、目的	指　針
役職手当	役職の内容に対して支給	同一の内容の役職に就くときは同一の支給、役職の内容に一定の相違があれば相違に応じた役職手当を支給

（賃金構成）

第35条　賃金の構成は、基本給、通勤手当（通勤に係る実費の負担軽減のための手当）、時間外割増賃金、休日割増賃金、深夜割増賃金とする。また、必要に応じて、役職手当（役職の内容及び責任の程度に応じて支給する手当）、職務手当（職務の難易度、習熟に係る本人の負担等に応じた手当）を支給することがある。

（賞与・退職金）

第36条　賞与（最大年２回の支給とする。）は、別に定める基準に従い支給する。

2　比較的短期の雇用を前提としたパートナー社員には、退職金は、原則として、支給しない。ただし、会社に対する貢献が著しいと認めるものについては、特別功労金を支給することがある。

パートナー社員にも業績賞与を支給する場合

（業績賞与）

第36条　賞与は、原則として毎年○月○日及び○月○日に在籍するすべての従業員（パートナー社員を含む。）に対し、会社の業績等への貢献等を

条文の見出し／キーワード	作成基準の解説

特殊作業手当（業務の危険度・作業環境に応じた）	業務に伴う危険度・作業環境に対して支給	同一の危険度・作業環境の業務に就くときは同一の支給
特殊勤務手当（交替制勤務等の勤務形態に応じた）	勤務形態（休日・深夜での労働等）に対して支給	同一の勤務形態で業務に従事するときは同一の支給
精皆勤手当	出勤日数・皆勤を奨励する必要性のため支給	同一の業務内容のときは同一の支給
時間外・深夜・休日労働手当	所定外・深夜・休日労働時間の場合の割増賃金等	同一の所定外・深夜・休日労働時間を行った場合は同一の支給
通勤手当・出張旅費	通勤・出張に係る実費の負担補助	同一の支給
食事手当	食費の負担補助（労働時間の途中に食事のための休憩時間がある場合）	同一の支給
単身赴任手当	単身赴任の負担補助（二重生活、帰省費用等）	同一の支給要件を満たす場合は同一の支給
地域手当（特定の地域で働く場合）	物価の高い地域で勤務する場合の負担補助	同一の地域に勤務する場合は同一の支給

（賞与・退職金）

賞　与

1．賞与（業績に基づくもの）については、同一労働同一賃金指針において次の記述があります。

> 賞与であって、会社の業績等への労働者の貢献に応じて支給するものについて、通常の労働者と同一の貢献である短時間・有期雇用労働者には、貢献に応じた部分につき、通常の労働者と同一の賞与を支給しなければならない。また、貢献に一定の相違がある場合においては、その相違に応じた賞与を支給しなければならない。
>
> （問題とならない例）
> イ　賞与について、会社の業績等への労働者の貢献に応じて支給し

勘案して○月○日及び○月○日に支給する。ただし、会社の業績の著しい低下その他やむを得ない事由がある場合には、支給時期を延長し、又は支給しないことがある。

2　前項の賞与の額は、会社の業績に応じた賞与原資を従業員ごとの業績評価ポイントにより分配した額を考慮して各人ごとに決定する。

3　賞与の額の算定に当たっては、次の賃金係数を設定する。

Ⅰ　総合職　1.0　　Ⅱ　地域限定職　0.9　　Ⅲ　地域限定＋補助職　0.8

4　パートタイムについては、当該者の所定労働時間を8で除して得た数を係数として用いる。

（退　職）

第37条　パートナー社員が、次の各号のいずれかに該当するに至ったときは退職とし、次の各号に定める事由に応じて、それぞれ定められた日を退職の日とする。

条文の見出し／キーワード	作成基準の解説
	ているA社において、通常の労働者であるXと同一の会社の業績等への貢献がある有期雇用労働者であるYに対し、Xと同一の賞与を支給している。 ロ　A社においては、通常の労働者であるXは、生産効率及び品質の目標値に対する責任を負っており、当該目標値を達成していない場合、待遇上の不利益を課されている。その一方で、通常の労働者であるYや、有期雇用労働者であるZは、生産効率及び品質の目標値に対する責任を負っておらず、当該目標値を達成していない場合にも、待遇上の不利益を課されていない。A社は、Xに対しては、賞与を支給しているが、YやZに対しては、待遇上の不利益を課していないこととの見合いの範囲内で、賞与を支給していない。 （問題となる例） イ　賞与について、会社の業績等への労働者の貢献に応じて支給しているA社において、通常の労働者であるXと同一の会社の業績等への貢献がある有期雇用労働者であるYに対し、Xと同一の賞与を支給していない。 ロ　賞与について、会社の業績等への労働者の貢献に応じて支給しているA社においては、通常の労働者には職務の内容や会社の業績等への貢献等にかかわらず全員に何らかの賞与を支給しているが、短時間・有期雇用労働者には支給していない。
退職金	2．退職金については、同一労働同一賃金指針では特に触れられていません。また、現在は、退職金は、職務内容等を勘案して賃金を決定すべき努力義務の対象の賃金から除外されています。しかし、法改正により、退職金もその態様によっては、職務関連賃金として、職務内容等を勘案して賃金を決定すべき賃金ではないかという議論のもと、パート・有期雇用労働法の努力義務賃金の除外賃金から除外されます（パート・有期雇用労働法10条）。これが実務上どのような意味をもたらすのか注視する必要があります。
（退　職）	1．退職の日を明確にしてトラブル防止に資するための規定です。
契約期間満了日	2．契約期間満了日が退職日であることは、言わずもがななのですが、最もトラブルが起きやすいタイミングなので、就業規則に明

（1）　労働契約の期間が満了したとき…契約期間満了日。ただし、その翌日に新たに労働契約を締結したときは、引き続き雇用する。

（2）　本人が死亡したとき…死亡した日

（3）　本人の都合により退職を願い出て会社が承認したとき…会社が退職日として承認した日

（4）　前号の承認がないとき…退職届を提出して２週間を経過した日

（5）　退職につき労使双方が合意したとき…合意により決定した日

（6）　無期社員が定年に達したとき…定年年齢に達した日の属する年度の末日

（自己都合による退職手続）

第38条　パートナー社員は、民法第628条の規定にかかわらず、労働契約の期間中いつでも自由に退職することができる。ただし、次項に定めるところによる。

2　パートナー社員が自己の都合により退職しようとするときは、できる限り１か月前までに、少なくとも14日前までに、会社に願い出なければならない。退職の願い出は、やむを得ない事情がある場合を除き、退職願を提出することにより行うものとする。

3　退職願による退職日は、会社とパートナー社員が合意により決定することができる。ただし、合意ができないときは、願い出た日の翌日から起算して14日を経過した日とする。

4　退職の申出が、所属長により受理されたときは、会社がその意思を承認したものとみなす。この場合において、原則として、パートナー社員はこれを撤回することはできない。

（契約更新の上限年齢）

第39条　パートナー社員（有期社員に限る。）が、その契約期間満了日において、正社員の雇用義務年齢を超えるときは、原則として、新たな労働契約は締結しない。

条文の見出し／キーワード	作成基準の解説
	確に規定し、周知しておくことです。
（自己都合による退職手続）	1．労基法附則137条では、1年を超える有期労働契約について、民法628条の規定にかかわらず、当該労働契約の期間の初日から1年を経過した日以後においては、従業員に任意退職の自由を認めています。 この規定に従えば、1年以内の期間を定めた有期契約従業員については適用がなく、民法の原則に従い、やむを得ない事由がない限り、期間途中の任意退職はできないことになります。しかし、労基法の規定は、長期の身分拘束を回避する観点から設けられたものであり、この規定にとらわれず契約社員に任意退職の自由を与えることは、契約社員の保護の観点から労基法の基準を上回ることになるため、モデル規則の1項の規定は有効と考えます。
任意退職の場合の損害賠償	2．確かに民法の原則に従えば、やむを得ない事由を伴わない任意退職は契約違反であり、会社は、退職した契約社員に対して損害賠償を請求することも可能ですが、補助的業務に従事する契約社員が1人辞めたといってその損害額を算定することは実務上困難と考えます。また、概算見込みで賠償額を算定したとしても労基法16条（賠償予定の禁止）に抵触するおそれがあり、実際には請求は難しいでしょう。実務的な観点から、任意退職は認めるのがよいでしょう。
（契約更新の上限年齢） 有期契約労働者の定年	1．定年は、期間の定めのない労働契約において、その終期を定めるものですが、有期労働契約においては、そのような概念は存在しないのが原則です。したがって、有期労働契約については、一定年齢以上の者について、契約を更新しないという、契約の開始

（無期社員の定年）

第40条　無期社員であるパートナー社員の定年年齢は、無期転換後の労働契約の初日が属する日における年齢により、次の各号に区分し、当該各号に掲げる年齢とする。

（１）　60歳未満…60歳

（２）　60歳以上65歳未満…65歳

（３）　65歳以上…無期転換の日から起算して１年を経過した後に最初に到来する誕生日の年齢

2　60歳定年の者が希望するときは、最大65歳まで有期社員として再雇用する。ただし、定年時に第37条（退職）各号（第６号を除く。）、第42条（解雇）各号のいずれかに該当する者を除く。

条文の見出し／キーワード	作成基準の解説
	（雇入れ）の問題となります。この場合、労働施策総合推進法（2018.7.6 雇用対策法を改正施行）の年齢制限の問題が生じる可能性があります。
	2．正社員の定年年齢を基準にする考え方もありますが、65 歳までの雇用義務を考えると当該規定が有効となるかどうかは疑問です。
（無期社員の定年）	1．そもそも定年の定めのない契約社員が無期転換した場合、「定年がない」という労働条件はそのまま引き継がれます。定年など有期契約労働者には通常適用されない労働条件を、無期転換後の労働条件として適用する必要がある場合には、あらかじめ、労働協約、就業規則又は個々の労働契約によりその内容を明確化しておくことが望まれます（質疑応答）。
嘱託を65歳を超えて雇用する場合	2．「専門的知識等を有する有期雇用労働者等に関する特別措置法」により、2015 年４月１日からは、定年に達した後に同一事業主又は特殊関係事業主に引き続いて雇用される高齢者については、当該事業主に継続して雇用されている期間は、通算契約期間に算入しないことになりました。つまり、有期雇用の嘱託であっても、当該会社に雇用される間は、無期転換権が生じないことになり、65 歳を超えて契約を更新し、嘱託の期間が５年を超えることになっても無期雇用に転換することはありません。ただし、あらかじめ厚生労働大臣の認定を受けておくことが必要です。
複数の定年年齢を設ける理由	3．それでは、60 歳以上の有期契約労働者は、すべて無期転換権が生じないのかというと、そうではありません。当初から有期労働契約であった従業員が、60 歳をまたがってその通算契約期間が５年を超えたときは、やはり無期転換権が生じます。これを想定して設けた定年年齢が第２号の「65 歳」という年齢です。これは、高年齢者等の雇用の安定等に関する法律の高年齢者雇用確保措置の趣旨に従ったものです。 　なお、本人が無期転換権を行使しなかった場合は、定年の適用はありません。
高年齢者雇用確保措置	4．高齢者法９条に定める高年齢者雇用確保措置は、無期パートタ

（休　職）

第41条　無期社員であるパートナー社員が、次の各号のいずれかに該当したときは、休職を命ずることがある。

（1）　業務外の傷病により労務不能の状態が、次のいずれかに該当し、日常業務に支障をきたすものと認められるとき。

①　労務不能の日数が、休日を含め、連続30日を超えたとき。

②　労務不能による欠勤があり、最初の欠勤日から向こう３か月間で、出勤率が２割に満たないとき。

（2）　出勤はしているものの、精神又は身体上の疾患により労務提供が不完全であると認められるとき。

（3）　その他業務上の必要性又は特別の事情があって休職させることを適当と認めたとき。

2　次の各号のいずれにも該当する有期社員が、前項各号のいずれかに該当したときは、休職を命ずることがある。

（1）　引き続き雇用された期間が１年以上あること。

（2）　休職開始から１年６か月になるまでに労働契約期間が満了し、更新されないことが明らかでないこと。

3　前二項の休職期間（書面により会社が指定した日を起算日とする。）は次のとおりとする。ただし、休職の事由又は程度を勘案し、会社は、その裁量により、休職を認めず、又はその期間を短縮することができる。

（1）　第１項第１号及び第２号のとき…６か月（有期社員にあっては、その有期労働契約期間の満了日まで。次号においても同じ。）

（2）　第１項第３号のとき…会社が必要と認める期間

4　前項の規定にかかわらず、休職期間中に第37条に定める退職事由が生じたときは、その日をもって休職期間が満了したものとみなす。

条文の見出し／キーワード	作成基準の解説
	イマーにも適用があります。したがって、65歳までに定年を迎えた者については、会社は、65歳まで再雇用する必要があります。再雇用後は、再度有期パートタイマーに戻ることになり、毎年契約を更新していくことになります。
（休　職）	休職の中でも「病気休職」については、同一労働同一賃金指針において次の記述があります。

> 短時間労働者（有期雇用労働者である場合を除く。）には、通常の労働者と同一の病気休職の取得を認めなければならない。また、有期雇用労働者にも、労働契約が終了するまでの期間を踏まえて、病気休職の取得を認めなければならない。
>
> （問題とならない例）
> Ａ社においては、労働契約の期間が１年である有期雇用労働者であるＸについて、病気休職の期間は労働契約の期間が終了する日までとしている。

5　休職期間は、年次有給休暇の付与に関する勤続期間については通算するものとする。

6　休職期間中は、無給とする。

7　パートナー社員の休職事由が消滅したと会社が認めた場合（原職復帰が可能となった場合）、又は休職期間が満了した場合は、原則として、休職前の職務に復帰させる。

8　休職期間が満了しても原職に復職できないときは、原則として、休職期間満了の日をもって退職とする。

（解　雇）

第42条　パートナー社員が次のいずれかに該当するときは、解雇とする。

（1）　精神又は身体の故障、又は虚弱、傷病、その他の理由により業務に堪えられないとき又は労務提供が不完全であると認められるとき。

（2）　職務の遂行に必要な能力を欠き、又は勤務意欲が低く、勤務成績、勤務態度、業務能率等が不良で業務に適さないと認められるとき。

（3）　正当と認められる理由のない遅刻、早退、欠勤及び直前の休暇の届出等が多く、労務提供が不完全であると認められるとき。

（4）　度重なる第15条（遵守事項）の違反があり、改善の余地がないと認められるとき。

（5）　協調性がなく、注意、指導しても改善の見込みがないと認められるとき。

（6）　重大な懲戒事由に該当するとき。

（7）　事業の縮小又は廃止その他会社の経営上やむを得ない事由があるとき。

（8）　前各号に準ずるやむを得ない事由があるとき。

2　前項各号のいずれかに該当した場合であって、会社がその情状を認め解雇しなかったときであっても、次期の契約を締結しないことがある。

条文の見出し／キーワード	作成基準の解説

（解　雇）

1．有期契約労働者に対する使用者の意思による雇用の終了は、「解雇」と「雇止め」の２種類があります。このうち「解雇」については、期間が定められている労働契約途中での解約ということになるため、労契法でも通常の解雇とは別に規定を置いています。

労働契約法 17 条 1 項（契約期間中の解雇等）（再掲）
使用者は、期間の定めのある労働契約（以下この章において「有期労働契約」という。）について、やむを得ない事由がある場合でなければ、その契約期間が満了するまでの間において、労働者を解雇することができない。

解雇事由

2．すなわち、労働契約期間途中の解雇事由は、労契法 16 条の解雇権濫用法理により厳しく判定されることになります。

> 法第 17 条第 1 項の「やむを得ない事由」があるか否かは、個別具体的な事案に応じて判断されるものであるが、契約期間は労働者及び使用者が合意により決定したものであり、遵守されるべきものであることから、「やむを得ない事由」があると認められる場合は、解雇権濫用法理における「客観的に合理的な理由を欠き、社会通念上相当であると認められない場合」以外の場合よりも狭いと解されるものであること。
>
> 労働契約法通達

3．しかしながら、かといって就業規則に定める解雇事由の要件を高くする必要はないというのが筆者（岩﨑）の考え方です。

なぜならば、**何を解雇事由として定めるかについては、労使間の自主的な決定に委ねられるべき事項**だからです。確かに就業規則に規定された解雇事由に該当する場合においても、司法判断により解雇することの社会的相当性が認められないケースもありま

条文の見出し／キーワード	作成基準の解説
	すが、就業規則作成に当たってはそこまで想定する必要はないと考えます（粛々と合理性が担保されるであろう内容を規定すればよいでしょう）。 それよりも解雇事由の記載が不足した就業規則のもとで解雇が行われ、当該解雇が「客観的に合理的な理由」なしと事実上推定されてしまうリスクのほうを重視すべきです。
契約更新との関係	4．契約期間途中の解雇が難しい場合であっても、次期の契約更新拒否を行うこと（雇止め）は可能ですが、解雇権濫用法理が類推適用されてしまうリスクは残ります。つまり、労契法19条により、雇止めの場合においても、実質上、「客観性・合理性」「社会通念上の相当性」が求められるのです。
雇止め（更新拒否）	5．有期労働契約が次のいずれかに該当する場合において、雇止めが客観的に合理的な理由を欠き、社会通念上相当であると認められないときは、有期労働契約が更新（締結）されたものとみなすという判例法理が労働契約法により法制化されています。 ① 有期労働契約が更新（締結）されたものとみなす。有期労働契約の反復更新により無期労働契約と実質的に異ならない状態で存在している場合（実質無期タイプ） ② 有期労働契約の期間満了後の雇用継続につき、合理的な期待が認められる場合（期待権保護タイプ）

労働契約法19条（有期労働契約の更新等）

有期労働契約であって次の各号のいずれかに該当するものの契約期間が満了する日までの間に労働者が当該有期労働契約の更新の申込みをした場合又は当該契約期間の満了後遅滞なく有期労働契約の締結の申込みをした場合であって、使用者が当該申込みを拒絶することが、客観的に合理的な理由を欠き、社会通念上相当であると認められないときは、使用者は、従前の有期労働契約の内容である労働条件と同一の労働条件で当該申込みを承諾したものとみなす。

(1) 当該有期労働契約が過去に反復して更新されたことがあるものであって、その契約期間の満了時に当該有期労働契約を更新しないことにより当該有期労働契約を終了させることが、期間

（解雇予告）

第43条　会社は、前条の定めによりパートナー社員を解雇する場合は、30日前に本人に予告し、又は平均賃金の30日分に相当する予告手当を支給する。

2　前項の予告日数については、平均賃金を支払った日数だけ短縮する。

3　解雇制限その他の解雇に関する事項については、労働基準法に定めるところによる。

（就業禁止）

第44条　会社は、次の各号のいずれかに該当する者については、会社が指定する医師の意見を聴いたうえで、その就業を禁止する。

（1）　病毒伝ぱのおそれのある伝染性の疾病にかかった者

（2）　心臓、腎臓、肺等の疾病で労働のため病勢が著しく増悪するおそれのあるものにかかった者

（3）　前各号に準ずる疾病で厚生労働大臣が定めるもの及び感染症予防法で定める疾病にかかった者

（4）　パートナー社員の心身の状況が業務に適しないと判断したとき。

（5）　当該パートナー社員に対して、国等の公の機関から、外出禁止又は外出自粛の要請があったとき。

（健康診断等）

第45条　常時雇用されるパートナー社員に対しては、入社の際及び毎年１回定期的に健康診断を行う。会社は、健康診断の結果を本人に速やかに通知するとともに、異常の所見があり、必要と認めるときは、就業の制限その他健康保健上必要な措置を命ずることができる。

条文の見出し／キーワード	作成基準の解説
	の定めのない労働契約を締結している労働者に解雇の意思表示をすることにより当該期間の定めのない労働契約を終了させることと社会通念上同視できると認められること。 ⑵　当該労働者において当該有期労働契約の契約期間の満了時に当該有期労働契約が更新されるものと期待することについて合理的な理由があるものであると認められること。
（解雇予告）	労基法に基づく規定です。
（就業禁止）	安衛法等に基づく規定です。
（健康診断等） 一般健康診断の対象となるパートタイマー	1．契約社員に長時間労働を行わせることは想定すべきでないため、面接指導等の規定は設けませんでした。当然に適用を除外するという意味ではなく、あえて規定するまでもないという意味です。 2．一般健康診断（雇入れ時の健康診断、定期健康診断等）の対象となるパートタイマーは、次の①、②のいずれの要件をも満たす

（社会保険等の加入）

第46条　１週間の所定労働時間が20時間以上のパートナー社員（有期労働契約の期間が30日以下の者を除く。）は、雇用保険に加入するものとする。また、１週間の所定労働時間が30時間以上（会社が特定適用事業所に該当するときは20時間以上）のパートナー社員は、雇用保険に加え、健康保険及び厚生年金保険に加入するものとする。

2　社会保険等の加入は、パートナー社員は、これを拒否することはできない。

（相談窓口）

第47条　会社は、この規則に関する事項や日常業務における問題点等の相談及び苦情の申出については適宜受け付ける体制を整えると共に、必要に応じて専門の相談窓口を設置するものとする。

条文の見出し／キーワード	作成基準の解説

者です（パート通達）。

① 期間の定めのない者（期間の定めがある労働契約により使用される者のうち、1年（深夜業に就く者等は6か月）以上使用されることが予定される者を含む）

② 1週間の労働時間数が、正社員の1週間の所定労働時間の4分の3以上である者（なお、4分の3未満であっても概ね2分の1以上である者については健康診断を行うことが望ましいものとされています）

（社会保険等の加入）

1．社会保険等の加入漏れも大きな問題ですが、契約社員、特にパートタイマー特有の問題として、本人が加入を拒否するというケースです。会社にとっても一見保険料の負担軽減になるため、黙認してしまいがちですが、最終的にリスクを負うのは会社です。また、後になって、本人が会社に対して加入を勧奨してくれなかったことを理由に苦情を申し立ててくる可能性もあります。そこで、就業規則では、社会保険等の加入をパートタイマーの義務として規定してしまいます。

社会保険等の適用の範囲

2．週所定労働時間等に着目して、その概要を表でまとめると次のとおりです。

週所定労働時間	雇用保険※1	社会保険※2
30時間以上	適　用	適　用
20時間以上 30時間未満	適　用	対象外※3
20時間未満	対象外	対象外

※1：30日を超えて雇用が見込まれる者が対象

※2：2か月を超える期間を定めて雇用される者が対象

※3：会社が特定適用事業所に該当するときは適用

（相談窓口）

相談のための体制の整備

1．2015年4月1日からパートタイマーからの相談に対応するための体制整備の義務が新設されています。**会社は、パート・契約社員からの相談に応じ、適切に対応するために必要な体制を整備する必要があります。**

（規則の変更）

第48条　この規則を改定するときは、あらかじめ会社の全従業員の過半数を代表する者の意見を聴くものとする。この場合において、会社は、パートナー社員の過半数を代表する者の意見も考慮する。

条文の見出し／キーワード	作成基準の解説

パート・有期雇用労働法16条（相談のための体制の整備）

事業主は、短時間・有期雇用労働者の雇用管理の改善等に関する事項に関し、その雇用する短時間・有期雇用労働者からの相談に応じ、適切に対応するために必要な体制を整備しなければならない。

苦情処理機関

2．パート・有期雇用労働法22条では、苦情についての自主的解決の努力義務を会社に課しています。同条で示されている「苦情処理機関」とは例示であり、苦情処理を行う場合に必ず設けなければならないものではありません。法が想定する「苦情処理機関」は、事業主を代表する者及び事業所の従業員代表者で構成する労使協議機関ですが、人事担当者による相談や短時間雇用管理者を選任している事業所であればこれを活用するなど様々な選択肢があります。

3．同様の規定は、男女雇用機会均等法、育児・介護休業法にも設けられており、将来的には、障害者雇用促進法にも同様の規定が設けられることが予定されています。

パート・有期雇用労働法22条（苦情の自主的解決）

事業主は、第6条第1項（労働条件に関する文書の交付等）、第8条（不合理な待遇の禁止）、第9条（通常の労働者と同視すべき短時間・有期雇用労働者に対する差別的取扱いの禁止）、第11条第1項（教育訓練）及び第12条（福利厚生施設）から第14条（事業主が講ずる措置の内容等の説明）までに定める事項に関し、短時間・有期雇用労働者から苦情の申出を受けたときは、苦情処理機関（事業主を代表する者及び当該事業所の労働者を代表する者を構成員とする当該事業所の労働者の苦情を処理するための機関をいう。）に対し当該苦情の処理を委ねる等その自主的な解決を図るように努めるものとする。

（規則の変更）

1．パート・有期雇用労働法7条では、労基法に定める意見聴取のほか、パート・契約社員代表者からの意見聴取の努力義務を会社に課しています。**努力義務でありながら、雇用環境・均等部（室）の是正指導の対象となっています。**

条文の見出し／キーワード	作成基準の解説
	2．意見聴取については、書面を労働基準監督署に届け出る等の手続は不要ですが、社内では何らかの形での書面を残すようにするとよいと思います。例えば、就業規則説明会を開催し、その際パート・契約社員代表を選出のうえ、意見を聴き、これを書面に残す等の方法が考えられます。

（短時間労働者用；常用、有期雇用型）

労働条件通知書兼労働契約書

〇〇 〇〇 殿	〇年 〇月 〇日 事業場名称・所在地 **株式会社〇〇〇〇 〇〇県〇〇市〇〇町０－０－０** 使用者職氏名 **代表取締役 〇〇 〇〇**
契約期間	期間の定めなし、（期間の定めあり）（〇年10月 1日～〇年 9月 30日） ※以下は、「契約期間」について「期間の定めあり」とした場合に記入 1 契約の更新の有無 ［自動的に更新する・（更新する場合があり得る）・契約の更新はしない・その他（ ）］ 2 契約の更新は次により判断する。 ・契約期間満了時の業務量 （・勤務成績、態度） （・能力） ・会社の経営状況 ・従事している業務の進捗状況 ・その他（ ） 【有期雇用特別措置法による特例の対象者の場合】 無期転換申込権が発生しない期間： Ⅰ（高度専門）・Ⅱ（定年後の高齢者） Ⅰ 特定有期業務の開始から完了までの期間（ 年 か月（上限10年）） Ⅱ 定年後引き続いて雇用されている期間
就業の場所	**スーパー〇〇店**
従事すべき業務の内容	**レジ打ち、商品の陳列整理およびこれに付随する業務** 【有期雇用特別措置法による特例の対象者（高度専門）の場合】 ・特定有期業務（ 開始日： 完了日： ）
始業、終業の時刻、休憩時間、就業時転換（(1)～(5)のうち該当するもの一つに○を付けること。)、所定時間外労働の有無に関する事項	1 始業・終業の時刻等 （1）始業（ 時 分） 終業（ 時 分） 【以下のような制度が労働者に適用される場合】 （2）変形労働時間制等；（ ）単位の変形労働時間制・（交替制）として、次の勤務時間の組み合わせによる。 ─ 始業（10時00分）終業（16時00分）（適用日 **平日勤務の場合**） ─ 始業（16時00分）終業（22時00分）（適用日 **土日祝日勤務の場合**） ─ 始業（ 時 分）終業（ 時 分）（適用日 ） （3）フレックスタイム制；始業及び終業の時刻は労働者の決定に委ねる。 （ただし、フレキシブルタイム（始業） 時 分から 時 分、 （終業） 時 分から 時 分、 コアタイム 時 分から 時 分） （4）事業場外みなし労働時間制；始業（ 時 分）終業（ 時 分） （5）裁量労働制；始業（ 時 分）終業（ 時 分）を基本とし、労働者の決定に委ねる。 ○詳細は、就業規則第〇条～第〇条、第〇条～第〇条、第〇条～第〇条 2 休憩時間（30）分 3 所定時間外労働の有無 （（有）（1週 15時間、1か月 45時間、1年 360時間）、無 ） 4 休日労働（（有）（1か月 4日、1年 48日）、無 ）
休日及び勤務日	・定例日；毎週 曜日、国民の祝日、その他（ ） （・非定例日）；週・（月）当たり 6日、その他（**会社カレンダーに従う**） ・1年単位の変形労働時間制の場合－年間 日 （勤務日） 毎週（ ）、その他（ ） ○詳細は、就業規則第〇条～第〇条、第〇条～第〇条
休暇	1 年次有給休暇 6か月継続勤務した場合→ 10日 継続勤務6か月以内の年次有給休暇 （有・（無）） → か月経過で 日 時間単位年休 （有）・無） 2 代替休暇（有・（無）） 3 その他の休暇 有給（ **特別休暇** ） 無給（ **育児・介護休暇、生理休暇等**） ○詳細は、就業規則第〇条～第〇条、第〇条～第〇条

（次頁に続く）

<table>
<tr><td>賃　　金</td><td>1　基本賃金　イ　月給（　　　　円）、ロ　日給（　　　　円）
　　　　　　（ハ）時間給（1,000円）、
　　　　　　ニ　出来高給（基本単価　　　円、保障給　　　円）
　　　　　　ホ　その他（　　　　円）
　　　　　　へ　就業規則に規定されている賃金等級等

2　諸手当の額又は計算方法
　イ（通勤手当　5,000　円　／計算方法：距離に応じて支給　　　）
　ロ（　　手当　　　　円　／計算方法：　　　　　　　　　　）
　ハ（　　手当　　　　円　／計算方法：　　　　　　　　　　）
　ニ（　　手当　　　　円　／計算方法：　　　　　　　　　　）
3　所定時間外、休日又は深夜労働に対して支払われる割増賃金率
　イ　所定時間外、法定超　月60時間以内（　25）％
　　　　　　　　　　　　　月60時間超　（　50）％
　　　　　　　　　所定超　（　0）％
　ロ　休日　法定休日（　35）％、法定外休日（　0）％
　ハ　深夜（　25）％
4　賃金締切日（基本給、通勤手当）－毎月末日、（　　　）－毎月　日
5　賃金支払日（基本給、通勤手当）－毎月翌月10日、（　　　）－毎月　日
6　賃金の支払方法（本人が指定する口座に振り込む）
7　労使協定に基づく賃金支払時の控除（無　、（有）（親睦会費））
8　昇給（（有）（時期、金額等　年１回の見直し）、無　）
9　賞与（（有）（時期、金額等　最大年２回、別に定める基準による）、無　）
10　退職金（　有（時期、金額等　　　　　）、（無）　）</td></tr>
<tr><td>退職に関する事項</td><td>1　定年制（　有（　　歳）、（無）　）
2　継続雇用制度（　有（　　歳まで）、（無）　）
3　自己都合退職の手続（退職する30日以上前に届け出ること）
4　解雇の事由及び手続
　［1. 天災その他やむを得ない場合、2. 事業縮小等当社の都合、3. 職務命令に対する重大な違反行為その他手続等はパートナー社員就業規則第○条に定める］
○詳細は、就業規則第○条～第○条、第○条～第○～第　条</td></tr>
<tr><td>そ　の　他</td><td>・社会保険の加入状況（　厚生年金　健康保険　厚生年金基金　その他（　　　　））
・雇用保険の適用（（有）、無　）
・雇用管理の改善等に関する事項に係る相談窓口
　　部署名　総務部長　　担当者職氏名　○○○○　　（連絡先　XX-XXXX-XXXX）
・その他［休職制度あり　詳細はパートナー社員就業規則第○条に定める
　　　　　セルフ・キャリアドック制度あり　詳細はパートナー社員就業規則第○条に定める］
・具体的に適用される就業規則名（　パートナー社員就業規則　　）
※以下は、「契約期間」について「期間の定めあり」とした場合についての説明です。
　労働契約法第18条の規定により、有期労働契約（平成25年４月１日以降に開始するもの）の契約期間が通算５年を超える場合には、労働契約の期間の末日までに労働者から申込みをすることにより、当該労働契約の期間の末日の翌日から期間の定めのない労働契約に転換されます。ただし、有期雇用特別措置法による特例の対象となる場合は、この「５年」という期間は、本通知書の「契約期間」欄に明示したとおりとなります。</td></tr>
</table>

上記内容を理解し、これを遵守し、職務に専念いたします。

住所：

氏名：　　　　　　　　　　　　　　印

別規程例

1　簡易版正社員就業規則
2　賃金規程
3　退職金規程（中退共及び内部留保）
4　私傷病休職規程
5　テレワーク勤務規程
6　継続雇用規程
7　育児・介護休業規程
8　通勤手当支給規程
9　国内出張旅費規程
10　国外出張旅費規程
11　安全衛生管理規程
12　内部通報者保護規程
13　特定個人情報(マイナンバー)等取扱規定
14　健康情報等の取扱規程
15　労使委員会運営規程
16　出向協定書

就業規則は、本来、当該会社の実態に合わせ、法に抵触しない範囲内で、かつ、無理なく運用できるようなものを作成するものです。そのため、作成には、一定程度の時間と労力が必要となります。

しかしながら、会社設立当初より10名を超える従業員を雇用する必要がある場合、助成金等を申請する際に就業規則の添付が求められる場合など、急に就業規則が必要となる場面もあります。

そこで、本書では、そのような場合に備えて、「必要最低限」の事項を網羅した「簡易版正社員就業規則」を準備いたしました。法定事項は網羅していますので、当面は、これで対応することは可能です。ただし、服務規律やその他の会社独自のルールには、個別に対応できるものではありませんので、当該規則を運用しつつ、並行して「Ｖモデル就業規則」を参考にしながら、本格的なオリジナルの規則を構築していくことをお勧めいたします。以下に対応表を掲載いたします。

条文見出し	簡易版正社員就業規則	モデル就業規則
目的等	第１条	第１条
定義と適用範囲	第２条	第２、３条
労働条件	第３条	第４条
採用の原則	第４条	第７条
労働条件の明示	第５条	第13条
採用決定時の提出書類	第６条	第10条
試用期間	第７条	第14条
配転	第８条	第16条
服務の基本原則	第９条	第24条
遵守事項	第10条	第25条
あらゆるハラスメントの禁止	第11条	第32条
個人情報の取扱い	第12条	第34条
副業・兼業	第13条	第43条
所定労働時間等	第14条	第48条
休憩時間の利用	第15条	第54条
所定休日	第16条	第55条
所定外労働及び休日出勤	第17条	第56条
代休	第18条	第59条
割増賃金を支払う場合	第19条	第60条
適用除外	第20条	第62条
年次有給休暇	第21条	第63条
会社による時季指定	第22条	第66条
特別休暇	第23条	第67条

公民権行使の時間	第24条	第70条
産前産後の休暇	第25条	第71条
母性健康管理のための休暇等	第26条	第72条
生理日の就業が著しく困難な女性社員に対する措置	第27条	第73条
育児時間	第28条	第74条
育児休業及び育児短時間勤務	第29条	第75条
介護休業及び介護短時間勤務	第30条	第76条
子の看護休暇及び介護休暇	第31条	第77条
会社都合による休業	第32条	第69条
賃金の構成	第33条	第78条
基本給の決定	第34条	第79条
役職手当	第35条	第80条
通勤手当	第36条	第81条
割増賃金の額	第37条	第83条
年次有給休暇等の賃金	第38条	第92条
欠勤等の場合の控除	第39条	第91条
賃金の計算期間及び支払日	第40条	第86条
賃金の支払と控除	第41条	第88、89条
賃金の改定	第42条	第82条
賞　与	第43条	第93条
休　職	第44条	第94条
解　雇	第45条	第100条
解雇予告	第46条	第101条
解雇制限	第47条	第102条
解雇理由証明書	第48条	第103条
退　職	第49条	第104条
自己都合による退職手続	第50条	第105条
定年及び継続雇用	第51条	第107条
継続雇用しない事由	第52条	第108条
退職及び解雇時の手続	第53条	第109条
安全及び衛生	第54条	第114条
就業禁止	第55条	第117条
健康診断及び自己保健義務	第56条	第118、115条
表　彰	第57条	第130条
懲戒処分	第58条	第132条
教育研修	第59条	第126条
相談窓口	第60条	第142条
規則の変更	第61条	第143条

1
簡易版正社員就業規則

第1章 総 則

（目的等）

第1条 この規則は、○○株式会社（以下「会社」という。）の労働条件を明らかにすること及び職場秩序の維持を図りつつ、社員の就業に関する基本的事項を定めるものである。

2 社員は、この規則を遵守し、信義に従い誠実に権利を行使し、及び義務を履行すべきものであり、その債務の本旨に従った労務の提供を心がけなければならない。

（定義と適用範囲）

第2条 この規則において、次の各号に掲げる用語の意義は、当該各号に定めるところによる。

（1） 従業員…この規則に定める手続により、常勤・臨時、無期労働契約（期間の定めのない労働契約をいう。以下同じ。）・有期労働契約（期間の定めのある労働契約をいう。以下同じ。）を問わずに会社に雇用された者をいう。

（2） 正社員…無期労働契約による従業員であって、労働時間、職務内容及び勤務地のいずれにも制約なく基幹的業務に携わる正社員として雇用されたものをいう。

（3） パートタイマー…有期労働契約（無期転換した後は無期労働契約）による従業員であって、通常の正社員に比べ１日の所定労働時間又は１か月当たりの勤務日数が短く、主として補助的業務のためにパートタイマーとして雇用されたものをいう。

（4） 契約社員…有期労働契約（無期転換した後は無期労働契約）による従業員であって、主として特定分野の定常業務に従事するため、契約社員として雇用されたものをいう。

（5） パート・契約社員…パートタイマー、契約社員の総称をいう。

（6） 嘱託…定年退職した正社員のうち、第51条（定年及び継続雇用）の規定により有期労働契約で再雇用された者をいう。

2 この規則のすべての規定の適用を受けるのは、正社員である従業員（この規則において「社員」と称する。）とし、パート・契約社員及び嘱託については、別に定める就業規則を適用する。

（労働条件）

第３条　社員の労働条件は、この規則に定めるところによる。ただし、社員と会社がこの規則の内容と異なる労働条件を合意していた場合には、当該部分については、当該労働契約による労働条件がこの規則を下回る場合を除き、個別労働契約による労働条件を優先する。

２　この規則に定める労働条件及び服務規律等は、法律の改正及び経営環境の変化その他の業務上の必要により、社員の過半数を代表する者の意見を聴いて変更することがある。

３　会社は、この規則の変更による労働条件の変更について、直ちに周知する。また、社員は、周知された事項をよく理解するようにしなければならない。

４　労働契約において、社員及び会社が就業規則の変更によっては変更されない労働条件を合意していた場合には、当該部分については、当該労働契約による労働条件が変更後の就業規則を下回る場合を除き、個別労働契約による労働条件を優先する。

第２章　人　事

（採用の原則）

第４条　会社は、入社を希望する者から適性が認められる者を社員として採用する。

２　採用決定は、次の各号の手続を経て行う。ただし、パート・契約社員については、一部の手続を省略することがある。

（１）　書類審査

（２）　適性検査

（３）　試験

（４）　一次面接

（５）　役員による二次面接

３　採用手続及び内定取消しに係る詳細は、別に定める。

（労働条件の明示）

第５条　会社は、社員との労働契約の締結に際し、労働契約書を取り交わすほか、労働条件通知書及びこの規則を交付して、次の各号に掲げる事項を明示する。

（１）　労働契約の期間

（2）　就業の場所及び従事する業務
（3）　始業及び終業の時刻、所定労働時間を超える労働の有無、休憩時間、休日及び休暇
（4）　賃金の決定、計算及び支払の方法、賃金の締切日及び支払の時期並びに昇給及び降給
（5）　定年、退職となる事由、退職の手続、解雇の事由及び解雇の手続並びに退職金制度の対象の有無
（6）　退職金の決定、計算及び支払方法並びに退職金の支払時期
（7）　休職事由及び休職期間
<パート・契約社員についても規定する場合>
（8）当該従業員の労働契約に期間の定めがあるときは、当該契約の更新の有無及び更新がある場合におけるその判断基準
（9）当該従業員がパート・契約社員であるときは、賞与の有無、昇給の有無、退職金の有無及び雇用管理の改善等に関する事項に係る相談窓口

（採用決定時の提出書類）

第6条　新たに社員となった者は、採用時誓約書に署名し、これを会社に提出してからでなければその職務を行ってはならない。ただし、天災その他会社が認める理由がある場合において、社員が採用時誓約書を提出しないでその職務に従事したときは、その理由がやんだ後すみやかに提出すれば足りる。

2　新たに社員となった者は、最初の出勤日に次の書類を提出しなければならない。ただし、会社が認めた場合は、提出期限を延長し、又は提出書類の一部を省略することがある。
（1）　身元保証書
（2）　住民票記載事項の証明書
（3）　源泉徴収票（入社の年に給与所得のあった者に限る。）
（4）　年金手帳（既に交付を受けている者に限る。）
（5）　雇用保険被保険者証（既に交付を受けている者に限る。）
（6）　給与所得の扶養控除等（異動）申告書
（7）　健康保険被扶養者届（被扶養者がいる者に限る。）
（8）　賃金支払に関する銀行口座等への振込同意書（賃金の口座支払を希望しない者を除く。）

（9）　その他会社が必要とする書類

3　前項各号に掲げるいずれかの書類の提出を拒んだ場合又は書類に不正が認められた場合は、採用を取り消す。

4　第2項各号の書類の記載事項に変更が生じたときは、速やかに書面で会社にこれを届け出なければならない。

5　会社は、第2項各号の書類から取得した社員の個人情報及び社員本人から取得した個人番号を、次の各号の目的のために利用する。ただし、個人番号の利用は、第1号及び第2号に限るものとする。

（1）　社員（扶養親族等を含む。）に係る事務

①　給与所得・退職所得の源泉徴収票の作成

②　雇用保険の届出

③　健康保険・厚生年金保険の届出

（2）　社員の配偶者に係る事務

①　国民年金の第三号被保険者の届出

（3）　給与計算（各種手当支給）及び支払手続のため

（4）　法令に従った医療機関又は健康保険組合からの健康情報の取得のため

（5）　会社内における人員配置のため

（6）　昇降給の決定のため

（7）　教育管理のため

（8）　福利厚生等の各種手続のため

（9）　万が一のことがあった際の緊急連絡先の把握のため

（10）　前各号のほか、会社の人事政策及び雇用管理の目的を達成するために必要な事項のため

6　採用された者は、会社が行う社員からの個人番号の取得及び本人確認（扶養親族等に係るものを含む。）に協力しなければならない。この場合において、協力しなかったことによる不利益は本人が負うものである。

（試用期間）

第7条　新たに採用した社員については、採用の日から3か月間を試用期間とし、試用期間は勤続年数に通算する。

2　試用期間中の社員の労働条件は、個別に定める。

3　試用期間中の社員が、第45条（解雇）に定める事由に該当し、又は出勤状況が

悪い等引き続き勤務させることが相応しくないと認めるときは、試用期間満了を待たず、又は満了時に本採用を行わないこととすることがある。

（配　転）

第8条　会社は、業務の都合により、社員に職務の変更、勤務地の変更等（以下「配転」という。）を命ずることができる。社員は、正当な理由がある場合を除き、これを拒むことができない。

2　前項にかかわらず、パート・契約社員及び会社が定めた社員については、本人の同意がない限り、配転を命ずることはない。

第3章　服務規律

（服務の基本原則）

第9条　会社は社会的な存在と認識し、社員は社会人として社会的なルール及びマナーを当然守らなければならない。

2　社員は、この規則及びその他の諸規程を遵守し、業務上の指揮命令に従い、自己の業務に専念し、業務運営を円滑に行うとともに、相互に協力して職場の秩序を維持しなければならない。また、社員は、相互の人権及び人格を尊重し合い、快適な職場環境を形成していかなければならない。

3　社員は、この規則を守り、服務に従い職務に精励しなければならない。これに違反したときは、原則として、この規則による懲戒の対象となる。

（遵守事項）

第10条　社員は、次の各項に掲げる義務を遵守し、服務に精励しなければならない。

2　社員は、労働時間及び職務上の注意力のすべてを職務遂行のために用い、会社の指揮命令のもと、職務のみに従事する義務（「職務専念義務」という。以下同じ。）を負い、次の各号に掲げる職務専念に関する事項を守らなければならない。

（1）　労働時間中は許可なく職場を離れ、又は責務を怠る等の行為をしないこと。

（2）　労働時間中に、職務上の必要がないにもかかわらずSNSにアクセスしたり、又は職務と関係のないWEBサイトを閲覧したりしないこと。

（3）　会社の許可なく、労働時間中に政治活動、宗教活動、業務に関係のない放送、宣伝、集会、又は文書画の配布、回覧、掲示その他これに類する活動をしないこと。

（4）　会社への届出なく、他の使用者に雇用され、又は自ら事業を行わないこと。

3　社員は、職場環境を維持する義務（「職場環境維持義務」という。以下同じ。）を負い、次の各号に掲げる職場環境維持に関する事項を守らなければならない。

（1）　この規則その他これに付随する会社の諸規程を遵守し、これらに定める禁止事項を行わないこと。

（2）　他の従業員等（正社員、パート・契約社員のほか、会社の指揮命令の下にある派遣労働者を含む。以下、本条において同じ。）、経営者との円滑な交流をなし、行動に品位を保つなどして、職場環境の向上に努めること。

（3）　会社の資産と私物の区別を明確にし、会社資産を職務以外に使用せず、備品等を大切にし、消耗品の節約に努め、書類は丁寧に扱いその保管を厳にすること。

（4）　電熱器等の火気を許可なく使用しないこと。

（5）　常に職場を整理整頓し、気持ちよく勤務ができるように努めること。

（6）　会社が認める特別な場合を除き、酒気を帯びて勤務しないこと。

（7）　労働時間中は休憩時間を除き喫煙しないこと。

（8）　会社施設内で、賭博その他これに類似する行為を行わないこと。

（9）　次条（あらゆるハラスメントの禁止）に定める行為により、他の従業員等に不利益を与え、又は職場の環境を低下させないこと。

（10）　他の従業員等を教唆してこの規則に反するような行為、秩序を乱すような行為をしないこと。

4　社員は、秘密を保持する義務（「秘密保持義務」という。以下同じ。）を負い、次の各号に掲げる秘密保持に関する事項を守らなければならない。

（1）　会社内外を問わず、在職中又は退職後においても、会社・取引先等の秘密情報、ノウハウ、企画案並びに取引関係者・従業員等の個人情報（個人番号を含む。）ID 及びパスワード等（以下「秘密情報」という。）を第三者に開示、漏えい、提供又は不正に使用しないこと。

（2）　秘密情報等のコピー等をして社外に持ち出さないこと（会社が事前許可した場合に限り、適切な管理の下に会社が指定した方法による場合を除く。）。

（3）　ID カードを会社の許可なく他の従業員に貸与しないこと。

（4）　会社が貸与する携帯電話、パソコン、その他情報関連機器（保存されている情報も含む。）を、紛失又は破損しないこと。また、当該情報関連機器を紛失又は破損した場合は、直ちに、情報漏えい防止の対策を行うとともに、会社に報告すること。

（5） 会社の許可なく、私物のパソコン、携帯電話、その他電子機器類に顧客に関する情報、その他秘密情報を記録しないこと。やむを得ず顧客の電話番号、メールアドレス等を記録する場合は、セキュリティー管理が可能な機種を選択し、私物の機器であっても会社が貸与する機器と同様に、善良な管理者の注意をもって取り扱うこと。

（6） 会社の諸規則に違反する出版又は講演を行わないこと。

5 社員は、会社内外を問わず会社の信用を失墜させることのないようにする義務（「信用維持義務」という。以下同じ。）を負い、次の各号に掲げる信用維持に関する事項を守らなければならない。

（1） 暴力団員、暴力団関係者その他反社会的勢力と関わりを持ったり、交流したり、又はそのように誤解される行為をしないこと。

（2） 会社の内外を問わず、会社や会社に関係する者の名誉を傷つけたり、信用を害したり、体面を汚す行為をしないこと。

（3） 職務に相応しい服装を心がけ、他人に不快感を与える服装又は行動は避けること。

（4） 職務について、取引先から金品を受け取ることや、私事の理由で貸借関係を結ぶこと等の私的な利益を甘受しないこと。

（5） 酒気を帯びて車両等を運転しないこと。

（6） 過労、病気及び薬物の影響その他の理由により正常な運転ができないおそれがある状態で車両等を運転しないこと。

6 社員は、次の各号に掲げる義務事項を守らなければならない。

（1） 業務上の技術の研鑽向上に努めること。

（2） 職務の権限を越えて専断的なことを行わないこと。

（3） 外国人である社員は、出入国管理及び難民認定法、その他在留外国人に関する法律を遵守すること。

（4） その他、会社の命令、注意、通知事項を遵守すること。

（5） 会社の指示により受診した健康診断の結果を遅滞なく会社に提出すること。

（6） 本章に抵触する行為の他、会社の利益を損じる行為をしないこと。

（あらゆるハラスメントの禁止）

第11条　社員は、他の従業員等（正社員、パート・契約社員のほか、会社の指揮命令の下にある派遣労働者を含む。以下、本条において同じ。）の権利及び尊厳を尊重し、次の各号に掲げる行為又は言動（以下「ハラスメント」と総称する。）を行ってはならない。また、ハラスメントに対する従業員等の対応により当該従業員等の労働条件につき不利益を与えることも禁止する。

（1）　性的な言動により他の従業員等の働く環境を悪化させ能力の発揮を妨げる等の行為により、他の従業員等の職業生活を阻害すること（いわゆる「セクシュアルハラスメント」）。

（2）職務上の地位や人間関係などの職場内の優位性を背景に、業務の適正な範囲を超えて、精神的・身体的苦痛を与える又は職場環境を悪化させる行為や言動を行うこと（いわゆる「パワーハラスメント）。

（3）　妊娠・出産したこと、育児休業・介護休業等の申出・利用をしたこと等を理由として、その従業員の就業環境を害する言動を行うこと。

（4）　性的指向・性自認に関する言動によるものなど、職場内でのあらゆるいじめ行為及びこれらに該当すると疑われるような行為を行ってはならない。また、ハラスメントに対する従業員等の対応により当該従業員等の労働条件につき不利益を与えることも禁止する。

2　社員は、ハラスメントにより被害を受けた場合、又は被害を受けるおそれのある場合は、第60条（相談窓口）の相談窓口に対して相談及び苦情を申し立てることができる。

3　前項の申立てを受けた場合は、会社は、速やかにその旨の報告、事実関係の調査に着手するとともに、申立人が申立後もハラスメントによる被害を受けないように対処するものとする。また、対処する過程において、会社は、申し立てた従業員のプライバシー等を配慮し、本人の不利益にならないよう細心の注意を払うものとする。

（個人情報の取扱い）

第12条　社員は、従業員及び取引関係者に係る個人情報（個人番号を含む。以下同じ。）を取り扱うに当たっては、次の各号に掲げる事項を遵守しなければならず、これに違反したときは、この規則に定める懲戒の対象となる。

（1）　不正な手段で個人情報を取得・収集しないこと。

（２）　業務に関係のない個人情報を取得・収集しないこと。
（３）　法律で定める場合のほか、自らの個人番号を他人に開示・提供しないこと。
（４）　業務に関して知り得た個人情報の内容をみだりに他に知らせてはならないこと。退職後においても同様とする。
（５）　業務の必要の範囲を超えて個人情報が含まれる書類又は電子データ等を複写又は複製してはならないこと。
（６）　個人番号及び個人番号を含む個人情報については、業務の必要の範囲を超えてデータベースを作成してはならないこと。
（７）　アクセス制限のある個人情報には、権限の範囲を超えてアクセスしてはならないこと。
（８）　個人情報を漏えい、滅失及びき損した場合、又はその兆候を把握した場合には、個人情報に係る管理責任者に速やかに報告し、その指示に従うこと。
（９）　個人番号及び個人番号を含む個人情報については、これらが含まれる書類又は電子データ等は、業務の必要の範囲を超えて保管してはならず、業務に必要なくなった場合には、速やかに、廃棄処分とすること。
（10）　配転又は退職に際し、自らが管理していた個人情報が含まれる書類又は電子データ等を速やかに返却しなければならないこと。

2　前項各号のほか、社員の個人情報の扱いについては、別に定める特定個人情報（マイナンバー）等取扱規程に定めるところによる。

（副業・兼業）

第13条　社員は、所定労働時間外に、副業・兼業を行おうとするときは、あらかじめ会社に届け出て、承認を得なければならない。

2　副業・兼業を行うことができる社員は、入社後３年以上経過した者とする。

3　所定労働時間内の副業・兼業（インターネットを用いた業務を含む。）は、これを禁止する。ただし、会社の業務運営上、必要な場合はこの限りでない。

4　副業・兼業により、次の各号のいずれかに該当する場合には、会社は、これを禁止又は制限することができる。
（１）　職務専念義務違反等、労務提供上の支障がある場合
（２）　営業秘密等が漏えいするおそれがある場合
（３）　会社の名誉や信用を損なう行為や、信頼関係を破壊する行為がある場合
（４）　競業により、会社の利益を害する場合

第４章　労働時間、休憩、休日等

（所定労働時間等）

第14条　基本となる所定労働時間は、１週間で40時間、１日８時間とする。

2　前項の定めにかかわらず、業務上必要があるときは、毎月１日を起算日とした１か月単位の変形労働時間制を採用し、１週間を平均して40時間以内の範囲で、１週及び１日の所定労働時間を勤務カレンダーで指定することがある。

3　始業及び終業の時刻並びに休憩時間は、次のとおりとする。ただし、業務の都合その他やむを得ない事情によりこれらを繰り上げ又は繰り下げることがある。

始業及び終業時刻	休憩時間
始業　午前９時00分	午後０時00分から午後１時00分まで
終業　午後６時00分	

4　社員が事業場外で労働し、労働時間を算定し難いときは、その日は所定労働時間労働したものとみなす。

（休憩時間の利用）

第15条　社員は、前条の休憩時間を自由に利用することができる。ただし、職場秩序及び風紀を乱す行為、施設管理を妨げる行為その他服務規律に反する行為を行ってはならない。

（所定休日）

第16条　会社の休日は次のとおりとする。

（１）　日曜日（法定休日とする。）

（２）　土曜日

（３）　国民の祝日に関する法律に定める国民の祝日（会社が指定した〇日分を除く。）

（４）　年末年始休暇（12月〇日から翌年１月〇日までの期間内で会社で定める日）

（５）　その他会社が指定する日

2　会社は、業務上の都合によりやむを得ない場合は、あらかじめ振替休日（休日に振り替えられる労働日をいい、できる限り同一週内の日を指定するものとする。）を指定して、当初休日とされた日に労働させることがある。あらかじめ振替休日を指定できないときは、第18条（代休）に定めるところによる。

（所定外労働及び休日出勤）

第17条　会社は、業務の都合により、所定外労働又は休日出勤を命ずることができる。原則として、社員はこれを拒むことはできない。

2　前項の所定外労働又は休日出勤に、労働基準法に定める時間外労働（法定労働時間を超える労働）及び休日労働（法定休日における労働）が含まれるときは、あらかじめ、会社が従業員の過半数を代表する者と締結する労使協定（以下「36協定」という。）に定める範囲内でこれを命ずる。

3　前項にかかわらず、時間外労働及び休日労働を合算した時間数は、１か月について100時間未満でなければならず、かつ、２か月から６か月までを平均して月80時間を超過してはならない。また、時間外労働時間数は、年間720時間を超えてはならない。ただし、新商品の開発等に従事する社員については、この限りでない。

4　会社は、社員の健康及び福祉を確保すること及び前項の規定を社員に遵守させるため、時間外労働及び休日労働を合算した時間が月80時間を超えたときは、速やかに、当該者に対し、その情報を通知するものとする。

5　災害その他避けることのできない事由により臨時の必要がある場合は、36協定の定めによらず、所轄労働基準監督署長の許可を受け又は事後に遅滞なく届け出ることにより、その必要の限度において時間外労働又は休日労働を命ずることができる。

6　満18歳未満の者に対しては、原則として、時間外労働、休日労働及び深夜業を命じない。

7　妊娠中又は産後１年を経過していない者が請求した場合は、時間外労働、休日労働及び深夜業を命じない。

8　小学校就学の始期に達するまでの子を養育する社員が当該子を養育するため、又は要介護状態にある対象家族を介護する社員が当該家族を介護するために請求した場合には、第１項の規定及び36協定にかかわらず、事業の正常な運営に支障がある場合を除き、時間外労働は、１か月について24時間、１年について150時間を限度とする。

9　３歳に満たない子を養育する社員が当該子を養育するため、又は要介護状態にある対象家族を介護する社員が当該家族を介護するために請求した場合には、第１項の規定にかかわらず、事業の正常な運営に支障がある場合を除き、所定外労働をさせることはない。

10　小学校就学の始期に達するまでの子を養育する社員が当該子を養育するため、又は要介護状態にある対象家族を介護する社員が当該家族を介護するために請求した場合には、事業の正常な運営に支障がある場合を除き、深夜の時間帯に労働させることはない。

（代　休）

第18条　会社は、所定外労働をさせたとき、又は振替休日の手続によらず休日に出勤させたときは、当該所定外労働の時間数分又は休日出勤の日数分の休暇（以下「代休」という。）を与えることができる。

2　前項の代休の時間及び日は、無給とする。ただし、当該代休の付与に当たり、時間外労働があるときは時間外割増賃金のうち割増部分（0.25等）の額を、休日労働があるときは休日割増賃金のうち割増部分（0.35）の額を、深夜における労働があるときは深夜割増賃金（0.25）を支払う。

（割増賃金を支払う場合）

第19条　所定外労働をさせた場合において、次の各号に掲げる時間があるときは、時間外割増賃金を支払う。

（１）　１日については、８時間（変形労働時間制により８時間を超える所定労働時間を定めた週については、その時間）を超えて労働した時間

（２）　１週間については、40時間（変形労働時間制により40時間を超える所定労働時間を定めた週については、その時間）を超えて労働した時間（前号の時間を除く。）

（３）　変形労働時間制を採用している場合においては、対象期間における法定労働時間の総枠を超えて労働した時間（前二号の時間を除く。）

2　前項の時間を計算するときは、１日又は１週間の労働時間は実労働時間を用いるものとし、欠勤、早退のほか、年次有給休暇、特別休暇の時間を含めない。

3　第１項第２号の１週間は、▼曜日を起算日とする。

（適用除外）

第20条　監督若しくは管理の地位にある者又は機密の事務を取り扱う者については、労働時間、休憩及び休日の規定は適用しない。

第５章　休暇及び休業

（年次有給休暇）

第21条　入社日（月の中途に入社した場合は当該月の初日に入社したものとみなす。以下同じ。）後６か月間、所定労働日の８割以上出勤した社員に対しては、入社日後６か月を経過した日（以下「６か月経過日」という。）に10日の年有給休暇を付与する。

2　前項の６か月経過日後はそれぞれ下表のとおり勤続期間に応じて、次表下欄に定める日数分の年次有給休暇を、次表上欄の勤続期間に達した日の翌日（以下「基準日」という。）に付与する。ただし、それぞれの直近１年間は所定労働日の８割以上出勤したことを要する。

勤続期間	１年 ６か月	２年 ６か月	３年 ６か月	４年 ６か月	５年 ６か月	６年 ６か月以上
付与日数	11日	12日	14日	16日	18日	20日

3　前項の出勤率の算定につき、次の各号に掲げる期間は出勤したものとして取り扱う。

（１）　業務上の負傷、疾病による療養のための休業期間

（２）　産前産後の休業期間

（３）　育児・介護休業法に基づく育児休業及び介護休業期間

（４）　年次有給休暇を取得した日

（５）　社員が会社から正当な理由なく就労を拒まれたために就労できなかった日

4　第２項の出勤率の算定につき、次の各号に掲げる期間は、第２項の所定労働日に含めない。

（１）　特別休暇の期間

（２）　第44条（休職の期間）の期間

（３）　正当な争議行為により労務の提供が行われなかった期間

5　社員は、年次有給休暇取得の趣旨をよく理解し、年間５日以上の取得を心がけなければならない。

6　年次有給休暇の有効期間は、年次有給休暇が付与された日から２年間とする。
7　年次有給休暇の日については、通常の賃金を支払うものとし、その日は通常の出勤をしたものとして取り扱う。

（会社による時季指定）

第22条　会社が付与した年次有給休暇が10日以上（前年度からの繰越し分を除く。）ある者に対しては、そのうちの５日分（時間単位年休を除く。）を上限として、基準日から１年以内に、会社が時季を指定することにより取得させることがある。ただし、時季指定前に社員本人が時季を指定して取得した日数分（半日の取得を会社が認めた場合は0.5日分とする。）又は計画的付与によって取得する日数分についてはこの限りではない。

2　会社は、前項本文の規定により、年次有給休暇の時季を定めようとするときは、その時季について当該社員の意見を聴くものとし、会社は、当該意見を尊重するよう努めるものとする。

3　前項の意見聴取は、基準日から６か月を経過した時点において、年休取得日数が５日に満たない者に対して行う。意見聴取の方法は、所属長との面談とする。

4　第２項にかかわらず、取得希望日に沿った時季指定が困難なときは、社員と面談のうえ、時季を決定する。また、会社が時季指定した日に、年次有給休暇を付与することが困難な事情が生じたときは、社員と面談のうえ、代替の日を決定する。

5　社員は、原則として、会社が時季指定した日を変更することはできない。ただし、やむを得ない事情があると会社が認めるときは、この限りではない。この場合には、社員と面談のうえ、代替の日を決定する。

6　会社が時季指定した日が到来する前に、社員自らが年次有給休暇を取得し、又は計画的付与が行われたときは、会社は、これらの日数分、当該時季指定した日を取り消すことができる。

7　この規定により時季が指定された年次有給休暇は、社員の心身の回復のため必要最低限のものであることから、社員はその趣旨をよく理解し、時季が指定された日に出社することのないようにしなければならない。仮に出社した場合であっても、会社は当該者に対して、会社への入場を禁止する。

（特別休暇）

第23条　社員が次の事由に該当し、事前に所定の手続を経た場合には、当該各号に定める日数（原則として、連続する暦日数）の特別休暇を与える。

（1）　本人が結婚するとき…結婚式又は入籍のいずれか遅い日から起算して6か月以内の5日

（2）　子が結婚するとき…子の結婚式当日を含む2日

（3）　妻が出産するとき…出産予定日又は出産日を含む2日

（4）　父母、配偶者又は子が死亡したとき…死亡した日から5日

（5）　祖父母若しくは配偶者の父母又は兄弟姉妹が死亡したとき…死亡した日から2日

（6）　その他前各号に準じ会社が必要と認めたとき…会社の認めた日数

2　社員が次の事由に該当し、会社が必要と認めるときは、その裁量により必要な日数又は時間分の特別休暇を与えることができる。

（1）　社員が自ら職業に関する教育訓練を受けるとき。

（2）　業務に必要な職業能力検定等を受けるとき。

（3）　疾病の感染を予防する必要があるとき（第55条の就業禁止に該当する場合を除く。）。

（4）　天災事変等によりその者の出勤が困難又は危険なとき。

（5）　その他会社が必要と認めるとき。

3　本条の特別休暇は有給とし、その期間（休日を除く。）については、通常の賃金を支払う。

（公民権行使の時間）

第24条　社員が労働時間中に選挙その他公民としての権利を行使するため、また、裁判員その他公の職務に就くため、請求したときは、それに必要な時間又は日を与える。ただし、業務の都合により、時刻を変更する場合がある。

2　前項の時間又は日は、原則として無給とするが、裁判員への参加等であって、会社が必要と認めるときは、特別休暇とすることができる。

（産前産後の休暇）

第25条　6週間以内（多胎妊娠の場合は14週間以内。以下本項において同じ。）に出産予定の女性社員が請求した場合には、産前6週間以内の休暇を与えるものと

する。

2　産後は、本人の請求の有無にかかわらず、出産日から８週間の休暇を与えるものとする。ただし、産後６週間を経過し、本人から請求があった場合には、医師により支障がないと認められた業務に就かせることができる。

3　産前産後の休暇の期間は無給とする。

（母性健康管理のための休暇等）

第26条　妊娠中又は産後１年を経過しない女性社員から、所定労働時間内に、母子保健法に基づく保健指導又は健康診査を受けるために、通院休暇の請求があったときは、法定の休暇を与える。ただし、不就労時間に対する部分は無給とする。

2　妊娠中又は産後１年を経過しない女性社員から、医師等の指導に基づく勤務時間等に関する措置についての申出があったときは、所定の措置を講ずることとする。ただし、不就労時間に対する部分は無給とする。

3　第１項の請求及び第２項の申出をする者は、医師等の指示又は指導内容が記載された証明書を会社に提出しなければならない。

（生理日の就業が著しく困難な女性社員に対する措置）

第27条　生理日の就業が著しく困難な女性社員が請求したときは、１日又は半日若しくは請求があった時間における就労を免除する。

2　前項の措置による不就労時間に対する部分は無給とする。

（育児時間）

第28条　生後１年未満の子を育てる女性社員が、あらかじめ請求したときは、休憩時間のほかに１日２回、各々30分の育児時間を与えるものとする。

2　前項の措置による不就労時間に対する部分は無給とする。

（育児休業及び育児短時間勤務）

第29条　１歳（育児・介護休業規程で定める特別の事情がある場合には１歳６か月又は２歳。以下同じ。）に満たない子を養育する社員が、その必要のため、会社に申し出たときは、育児・介護休業規程に定めるところにより育児休業を与えるものとする。この場合において、社員の養育する子について、当該社員の配偶者が当該子の１歳到達日以前のいずれかの日において当該子を養育するために育児休業をしているときは、その子が１歳２か月に達するまでの間（育児休業期間は最長１年間とする）の育児休業を認める。

2　３歳に満たない子を養育する社員であって育児休業を取得しない者が、その必要のため、会社に申し出たときは、育児・介護休業規程に定めるところにより育児短時間勤務を利用することができる。

3　本条から第31条（子の看護休暇及び介護休暇）までの規定の適用を受ける社員の範囲、手続その他必要な事項については、育児・介護休業規程に定めるところによる。

4　育児休業の期間及び育児短時間勤務の利用により短縮された所定労働時間に対する部分は無給とする。

（介護休業及び介護短時間勤務）

第30条　要介護状態にある対象家族を介護する社員が、その必要のため、会社に申し出たときは、育児・介護休業規程に定めるところにより介護休業を与えるものとする。

2　要介護状態にある対象家族を介護する社員であって、介護休業を取得しない者が、その必要のため、会社に申し出たときは、育児・介護休業規程に定めるところにより介護短時間勤務を利用することができる。

3　介護休業の期間は、１人の対象家族につき通算して93日（分割する場合は３回まで）を限度とする。また、介護短時間勤務の利用は、対象家族１人につき、介護休業とは別に、利用開始の日から連続する３年の期間で２回までを限度とする。

4　介護休業の期間及び介護短時間勤務の適用により短縮された所定労働時間に対する部分は無給とする。

（子の看護休暇及び介護休暇）

第31条　小学校就学の始期に達するまでの子を養育する社員が、負傷し、又は疾病にかかった当該子の世話をするため、又は当該子に予防接種や健康診断を受けさせるため、会社に申し出たときは、第21条に規定する年次有給休暇とは別に、当該子が１人の場合は一年度につき５労働日（半日単位＜又は時間単位＞とする。以下本条において同じ。）、２人以上の場合は一年度につき10労働日を限度とし、子の看護休暇を与えるものとする。

2　要介護状態にある対象家族を介護する社員が、その介護のため、又は当該対象家族の通院等の付添い、当該対象家族が介護サービスの提供を受けるために必要な手続の代行その他の対象家族に必要な世話のため、会社に申し出たときは、第21条に規定する年次有給休暇とは別に、当該対象家族が１人の場合は一年度につき５労働日、２人以上の場合は一年度につき10労働日を限度とし、介護休暇を与えるものとする。

3　子の看護休暇及び介護休暇の期間は無給とする。

（会社都合による休業）

第32条　経営上又は業務上の必要があるときは、会社は社員に対し休業（以下「会社都合による休業」という。）を命ずることができる。会社都合による休業を命じられた者は、勤務時間中、自宅に待機し、会社が出社を求めた場合は直ちにこれに応じられる態勢をとらなければならず、正当な理由なくこれを拒否することはできない。

2　会社都合による休業の期間は、原則として、平均賃金の６割に相当する額の賃金を支払うものとするが、事情によってその額を増額し、又は不可抗力等会社の責めに帰さない事情があるときは、減額することができる。また、会社都合による休業に代えて在宅勤務又は臨時の勤務場所への一時異動を命ずることができる。

第６章　賃　金

（賃金の構成）

第33条　賃金の構成は次のとおりとする。なお、退職金については、退職金規程に定めるところによる。

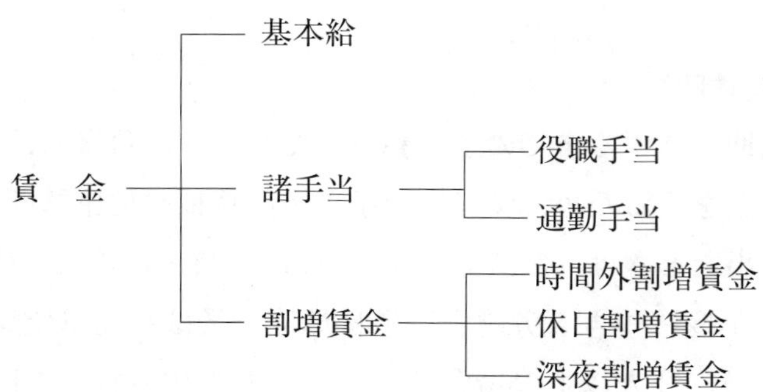

（基本給の決定）

第34条　基本給は、社員各人の職務の内容に応じた職務遂行能力等をグレードに区分した基本給テーブルを基準として、毎年度行う人事評価の結果に基づき決定する。

2　基本給は、月額で定めるものとする。

3　雇入れ時の基本給は、労働契約書に明示する。２年度目以降の基本給は、辞令により発令する。

（役職手当）

第35条　管理職の役職にある社員については、当該役職に係る役割及びその責任に応じて、次の各号に定める役職手当を支給する。

（１）　部長　　月額○○円

（２）　課長　　月額○○円

（３）　係長　　月額○○円

（４）　主任　　月額○○円

（通勤手当）

第36条　通勤手当は、従業員の通勤に係る費用負担に補助として、通勤に要する実費を勘案して支給する。

2　支給額その他の支給基準は、通勤手当支給規程に定めるところによる。

（割増賃金の額）

第37条　割増賃金は、次の算式により計算して支給する。

（１）　時間外割増賃金（法定労働時間を超えて労働させた場合）

$$\frac{\text{基　本　給}}{\text{1か月平均所定労働時間}} \times (1 + 0.25) \times \text{時間外労働時間数}$$

（２）　休日割増賃金（法定の休日に労働させた場合）

$$\frac{\text{基　本　給}}{\text{1か月平均所定労働時間}} \times (1 + 0.35) \times \text{法定休日労働時間数}$$

（３）　深夜割増賃金（午後10時から午前５時までの間に労働させた場合に加算す

る賃金）

$$\frac{\text{基　本　給}}{\text{1か月平均所定労働時間}}\times 0.25\times \text{深夜労働時間数}$$

2　1か月の時間外労働が45時間を超えたとき及び1年間の時間外労働が360時間を超えたときは、前項第1号の算式中「0.25」とあるのを「0.3」と読み替える。

3　第1項の1か月平均所定労働時間数は、次の算式により計算する。

年間所定労働日数　×　1日所定労働時間数　÷　12

4　管理職の役位にある社員については、第1項第1号及び第2号の割増賃金を支給しない。

（年次有給休暇等の賃金）

第38条　年次有給休暇及び特別休暇の期間は、所定労働時間労働したときに支払われる通常の賃金を支給する。

2　会社の責めに帰すべき休業の日については、休業手当として、平均賃金の6割を支給する。

（欠勤等の場合の控除）

第39条　賃金の計算期間中に欠勤があった場合の賃金は、当該計算期間の所定労働日数を基準に日割り計算して控除する。賃金の計算期間中のすべてが欠勤であったときは、賃金を支払わない。

2　遅刻、早退及び私用外出の時間については、1時間当たりの賃金額に遅刻、早退及び私用外出の合計時間数を乗じた額を差し引く。

（賃金の計算期間及び支払日）

第40条　賃金は毎月▼日に締め切り、毎月▼日に支払う。ただし、支払日が休日に当たるときはその前日に繰り上げて支払う。

2　賃金の計算期間の中途で採用され、又は退職した場合の賃金は、当該計算期間の所定労働日数を基準に日割計算して支払う。

（賃金の支払と控除）

第41条　賃金は、社員に対し、通貨で直接その全額を支払う。ただし、次に掲げるものは、賃金から控除する。

（1）　源泉所得税

（2）　住民税

（3）　健康保険（介護保険を含む。）及び厚生年金保険の保険料の被保険者負担分

（4）　雇用保険の保険料の被保険者負担分

（5）　社員代表との書面による協定により賃金から控除するとしたもの

（賃金の改定）

第42条　会社は、会社の業績により、本人の勤務成績及び勤務態度等を勘案して賃金の改定（昇給、降給、現状維持のいずれかとする。）を行うことがある。

（賞　与）

第43条　会社は、会社の業績により賞与を支給することがある。ただし、賞与支給対象者は、賞与支給日に在籍する社員とする。

第７章　休職及び解雇

（休　職）

第44条　会社は、社員が、次の各号のいずれかに該当したときは、休職を命ずる。ただし、原則として、復職が見込まれることを前提とする。

（1）　業務外の傷病により欠勤が、次のいずれかの場合に該当し、業務に支障をきたすものと認められるとき。

①　労務不能の日数が、休日を含め、連続30日を超えた場合

②　労務不能による欠勤があり、最初の欠勤日から３か月間における出勤率が２割に満たなかった場合

（2）　出勤はしているものの、精神又は身体上の疾患により労務提供が不完全であると認めるとき。

（3）　出向等により、他の会社又は団体の業務に従事するとき。

（4）　その他業務上の必要性又は特別の事情があって休職させることを適当と認

めるとき。

2　前項の休職期間（第１号にあっては、書面により会社が指定した日を起算日とする。）は次のとおりとする。ただし、休職の事由又は程度を勘案し、会社は、その裁量により、休職を認めず、又はその期間を短縮することができる。

（１）　前項第１号及び第２号に該当する場合…次表のとおりとする。

勤続期間	休職期間
１年未満	１か月
１年以上３年未満	３か月
３年以上	６か月

（２）　前項第３号及び第４号のとき…会社が必要と認める期間

3　前項にかかわらず、労働契約に期間の定めのある社員の休職期間は、当該雇用契約期間の満了日までとする。

4　第２項にかかわらず、休職期間中に第49条に定める退職事由が生じたときは、その日をもって休職期間が満了したものとみなす。

5　休職期間は、会社の業務の都合による場合及び会社が特別な事情を認めた場合を除き、第２項第１号の勤続期間、退職金算定における勤続期間に通算しないものとする。ただし、第21条に定める年次有給休暇の付与に関する勤続期間については、通算するものとする。

6　休職期間中は、無給とする。

7　休職期間中の健康保険料（介護保険料を含む。）、厚生年金保険料、住民税等であって、社員の月例賃金から通常控除されるものについては、会社は社員に対しあらかじめ請求書を送付する。社員は当該請求書に記載された保険料、税金等を指定期限までに会社に支払わなければならない。

8　社員の休職事由が消滅したと会社が認めた場合、又は休職期間が満了した場合は、原則として、休職前の職務に復帰させる。ただし、旧職務への復帰が困難な場合又は不適当と会社が認める場合には、旧職務とは異なる職務に配置することがある。

9　休職期間が満了しても復職できないときは、原則として、休職期間満了の日をもって退職とする。

（解　雇）

第45条　社員が次のいずれかに該当する場合は解雇することができる。

（１）　私傷病によって労働能力を喪失したとき。
（２）　体調不良、心身虚弱等の状態が続き、職務に堪えられない、又は労務提供が不完全と認められるとき。
（３）　職務の遂行に必要な能力を著しく欠き、会社が行う体系的な教育、指導にもかかわらず向上が見込めず、他の職務に転換させることもできないとき。
（４）　勤務意欲が低く、業務命令に従わず、これに伴い、勤務成績・業務能率全般が不良で、業務に適さないと認められるとき。
（５）　特定の地位、職種又は一定の能力を条件として雇い入れられた者にもかかわらず、能力又は適格性に欠け、果たすべき職責が全うできないと認められるとき。
（６）　勤務態度不良・協調性がない等、職場秩序を維持する意欲が認められず、会社が行う体系的な教育、指導にもかかわらず改善が見込めないとき。
（７）　正当な理由のない遅刻及び早退、並びに欠勤及び直前の休暇請求が多く、職務懈怠により労務提供が不完全であると認められるとき。
（８）　会社内外を問わず、暴力・暴言等社会的規範から逸脱した非違行為を繰り返し、従業員としての適性がないと認められるとき。
（９）　重大な懲戒事由に該当するとき。
(10)　前号に該当しない懲戒事由に該当する場合であって、改悛の情が認められなかったり、繰り返したりして、改善が見込めないとき。
(11)　事業の縮小その他会社にやむを得ない事由がある場合で、かつ、他の職務に転換させることができないとき。
(12)　天災事変その他やむを得ない事由により、事業の継続が不可能となり、雇用を維持することができなくなったとき。
(13)　その他前各号に準ずるやむを得ない事由があるとき。

（解雇予告）

第46条　前条の定めにより、社員を解雇するときは、30日前に本人に予告し、又は平均賃金の30日分に相当する解雇予告手当を支給する。

2　前項の予告日数については、予告手当を支払った日数だけ短縮することができる。

（解雇制限）

第47条　社員が次の各号に該当するときは、当該各号に定める期間中は解雇しない。ただし、天災事変その他やむを得ない事由のため、事業の継続が不可能となった場合、又は労働基準法に定める打切補償を行った場合には、この限りでない。

（1）　業務上の傷病による療養のために休業する期間及びその後30日間

（2）　産前産後の女性社員が休業する期間及びその後30日間

2　社員が療養の開始後３年を経過した日において労働者災害補償保険法に基づく傷病補償年金を受けているときは当該３年を経過した日、又は療養の開始後３年を経過した日後において傷病補償年金を受けることとなった場合は当該傷病補償年金を受けることとなった日において、それぞれ、前項ただし書の打切補償を行ったものとみなす。

（解雇理由証明書）

第48条　社員は、解雇の予告がなされた日から退職の日までの間において、当該解雇の理由について会社に対し証明書を請求することができ、会社は当該請求があった場合には、遅滞なく、これを交付するものとする。ただし、解雇の予告がなされた日以後に社員が当該解雇以外の理由で退職した場合は、この限りでない。

第８章　退職及び定年

（退　職）

第49条　社員が、次の各号のいずれかに該当するに至ったときは退職とし、次の各号に定める事由に応じて、それぞれ定められた日を退職の日とする。

（1）　本人が死亡したとき。…死亡した日

（2）　定年に達したとき。…定年年齢に達した日の属する年度の末日

（3）　休職期間が満了しても休職事由が消滅しないとき。…期間満了の日

（4）　本人の都合により退職を願い出て会社が承認したとき。…会社が退職日として承認した日

（5）　前号の承認がないとき。…退職届を提出して２週間を経過した日

（6）　役員に就任したとき。…就任日の前日

（7）　その他、退職につき労使双方が合意したとき。…合意により決定した日

（自己都合による退職手続）

第50条　社員が自己の都合により退職しようとするときは、原則として退職予定日の１か月前までに、遅くとも２週間前までに、会社に申し出なければならない。退職の申出は、やむを得ない事情がある場合を除き、退職届を提出することにより行わなければならない。

2　退職の申出が、所属長により受理されたときは、会社がその意思を承認したものとみなす。この場合において、原則として、社員はこれを撤回することはできない。

3　退職を申し出た者は、退職日までの間に必要な業務の引継ぎを完了しなければならず、退職日からさかのぼる２週間は現実に就労しなければならない。これに反して引継ぎを完了せず、業務に支障をきたした場合は、この規則による懲戒の対象となる。

4　業務の引継ぎは、関係書類を始め保管中の金品等及び取引先の紹介その他担当職務に関わる一切の事柄につき確認のうえ、確実に引継ぎ者に説明し、あるいは引き渡す方法で行わなければならない。

（定年及び継続雇用）

第51条　社員は、満60歳に達した日の属する年度の末日をもって定年退職日とし、その翌日に社員としての身分を失う。

2　前項にかかわらず、定年に達した社員が希望する場合は、最長満65歳に達するまで、嘱託として継続雇用する。

3　嘱託として継続雇用されることを希望する者は、定年に達する日の○か月前までに、会社に申し出なければならない

4　嘱託としての労働契約は、最長１年間の有期労働契約とし、会社は、当該労働契約の更新に際しては、次の各号に掲げる判断基準により、次期契約の有無を判断するものとする。

（１）　契約期間満了時の業務量

（２）　本人の勤務成績、態度

（３）　本人の能力

（４）　会社の経営状況

5　更新後の労働契約に係る労働条件は、更新の都度見直すものとし、嘱託が会社の提示する労働条件に合意した場合に限り、新たな労働契約を締結するものとす

る。

6　継続雇用後の労働条件は、別に定める継続雇用規程及び個別労働契約書に定めるところによる。

（継続雇用しない事由）

第52条　前条の規定にかかわらず、社員が希望する場合であっても、次の各号のいずれかに該当する者については、定年をもって退職とするものとし、継続雇用は行わない。

（1）　私傷病によって労働能力を喪失したとき。

（2）　体調不良、心身虚弱等の状態が続き、職務に堪えられない、又は労務提供が不完全と認められるとき。

（3）　職務の遂行に必要な能力を著しく欠き、会社が行う体系的な教育、指導にもかかわらず向上が見込めず、他の職務に転換させることもできないとき。

（4）　勤務意欲が低く、業務命令に従わず、これに伴い、勤務成績・業務能率全般が不良で、業務に適さないと認められるとき。

（5）　特定の地位、職種又は一定の能力を条件として雇い入れられた者にもかかわらず、能力又は適格性に欠け、果たすべき職責が全うできないと認められるとき。

（6）　勤務態度不良・協調性がない等、職場秩序を維持する意欲が認められず、会社が行う体系的な教育、指導にもかかわらず改善が見込めないとき。

（7）　正当な理由のない遅刻及び早退、並びに欠勤及び直前の休暇請求が多く、職務懈怠により労務提供が不完全であると認められるとき。

（8）　会社内外を問わず、暴力・暴言等社会的規範から逸脱した非違行為を繰り返し、従業員としての適性がないと認められるとき。

（9）　重大な懲戒事由に該当するとき。

（10）　前号に該当しない懲戒事由に該当する場合であって、改悛の情が認められなかったり、繰り返したりして、改善が見込めないとき。

（11）　事業の縮小その他会社にやむを得ない事由がある場合で、かつ、他の職務に転換させることができないとき。

（12）　天災事変その他やむを得ない事由により、事業の継続が不可能となり、雇用を維持することができなくなったとき。

（13）　本人が死亡したとき。

（14）　休職期間が満了しても休職事由が消滅しないとき。
（15）　本人の都合により退職を願い出たとき。
（16）　役員に就任したとき。
（17）　社員の行方が不明となり、1か月以上連絡がとれないときで、解雇手続をとらないとき。
（18）　退職につき労使双方が合意したとき。
（19）　その他前各号に準ずるやむを得ない事由があるとき。

（退職及び解雇時の手続）

第53条　社員が退職し、又は解雇された場合は、会社から貸与された物品その他会社に属するすべてのものを直ちに返還し、会社に債務があるときは退職又は解雇の日までに精算しなければならない。また、返還のないものについては、相当額を弁済しなければならない。

2　退職し、又は解雇された社員が、労働基準法に基づく退職証明又は解雇理由証明書を請求したときは、会社は遅滞なくこれを交付するものとする。

3　退職者の秘密保持義務については、営業秘密等管理規程に定めるところによる。

第9章　安全及び衛生

（安全及び衛生）

第54条　会社及び社員は、安全衛生に関する諸法令及び会社の諸規程を守り、災害の防止と健康の保持増進に努めなければならない。

（就業禁止）

第55条　会社は、次の各号のいずれかに該当する社員については、会社が指定する医師の意見を聴いたうえで、その就業を禁止する。
（1）　病毒伝ぱのおそれのある伝染性の疾病にかかった者
（2）　心臓、腎臓、肺等の疾病で労働のため病勢が著しく増悪するおそれのあるものにかかった者
（3）　前各号に準ずる疾病で厚生労働大臣が定めるもの及び感染症予防法で定める疾病にかかった者

2　前項の規定にかかわらず、会社は、次の各号のいずれかに該当する社員につい

ては、その就業を禁止することがある。

（1） 本人の心身の状況が業務に適しないと判断したとき。

（2） 本人に対して、国等の公の機関から、外出禁止又は外出自粛の要請があったとき。

（健康診断及び自己保健義務）

第56条 常時雇用される社員に対しては、入社の際及び毎年1回定期的に健康診断を行う。

2 会社は、前項の健康診断の結果を本人に速やかに通知するとともに、異常の所見があり、必要と認めるときは、就業を一定期間禁止し、又は配置転換を行い、その他健康保健上必要な措置を命ずることがある。

3 休憩時間を除き1週間当たり40時間を超えて労働させた場合におけるその超えた時間が1か月当たり80時間を超え、かつ、疲労の蓄積が認められる社員が申し出たときは、会社は、医師による面接指導（問診その他の方法により心身の状況を把握し、これに応じて面接により必要な指導を行うことをいう。）を行う。

4 社員は、日頃から自らの健康の保持、増進及び傷病予防に努め、会社が実施する健康診断、面接指導は必ず受診し、健康に支障を感じた場合には、進んで医師の診療を受ける等の措置を講ずるとともに、会社に申し出てその回復のため療養に努めなければならない。

第10章　表彰及び懲戒等

（表　彰）

第57条 社員が次の各号のいずれかに該当する場合には、審査のうえ表彰することができる。

（1） 品行方正、技術優秀、業務熱心で他の者の模範と認められる者

（2） 災害を未然に防止し、又は災害の際、特に功労のあった者

（3） 業務上有益な発明、改良又は工夫、考案のあった者

（4） 永年にわたり無事故で継続勤務した者

（5） 社会的功績があり、会社及び社員の名誉となった者

（6） その他前各号に準ずる程度に善行又は功労があると認められる者

2 前項の表彰は、賞状、賞品又は賞金を授与し、これを行う。

（懲戒処分）

第58条　懲戒の種類及び程度は、その情状により次のとおりとする。

（1）　譴責…始末書を提出させ、書面において警告を行い、将来を戒める。この場合、事前に面接を行う場合と、行わない場合がある。

（2）　減給…始末書を提出させて、減給する。ただし、1回につき平均賃金の1日分の半額、総額においては一賃金支払期の賃金総額の10分の1を超えない範囲でこれを行う。

（3）　出勤停止…始末書を提出させ、14労働日以内の出勤を停止する。その期間の賃金は支払わない。

（4）　諭旨解雇…懲戒解雇相当の事由がある場合で、本人に反省が認められるときは退職届を提出するように勧告する。ただし、勧告に従わないときは懲戒解雇とする。

（5）　懲戒解雇…予告期間を設けることなく即時解雇する。この場合において、労働基準監督署長の認定を受けたときは、解雇予告手当を支給しない。

2　懲戒は、社員が、第3章（服務規律）その他この規則に違反したときに行うものとする。この場合において、当該非違行為に関する教育指導とともに前項第1号から第4号又は第5号の順に段階的に行うものであり、各号の懲戒を行ったにもかかわらず、改悛の見込みがなく、かつ、非違行為を繰り返す場合には、上位の懲戒を行うことを原則とする。

3　前項にかかわらず、社員が次の各号のいずれかに該当するときは、諭旨解雇又は懲戒解雇とする。ただし、情状により、第1項に定める減給又は出勤停止とすることがある。

（1）　正当な理由なく、欠勤が14日以上に及び、出勤の督促に応じない又は連絡が取れないとき。

（2）　故意又は重大な過失により、会社の施設、設備に損害を与える等、会社に重大な損害を与えたとき。

（3）　重要な経歴を偽り採用されたとき、及び重大な虚偽の届出又は申告を行ったとき。

（4）　正当な理由なく配転等の重要な職務命令に従わず、職場秩序を乱したとき。

（5）　会社に届出することなく副業・兼業をし、又は同業他社にて副業・兼業をし、企業秘密を漏えいし、又は会社の信用を失墜させるなどして、会社に損害を与えたとき。

（6）　暴力、暴言その他の素行の不良で、著しく会社内の秩序又は風紀を乱したとき（ハラスメントによるものを含む。）。
（7）　会社及び関係取引先の重大な秘密、個人情報（個人番号を含む。）及びその他の情報を故意に漏えいし、又は漏えいしようとしたとき。
（8）　会社及び会社の社員、又は関係取引先を誹謗若しくは中傷し、又は虚偽の風説を流布若しくは喧伝し、会社業務に重大な支障を与えたとき。
（9）　刑罰法規の適用を受け、又は刑罰法規の適用を受けることが明らかとなり、会社の信用を害したとき。
(10)　会計、決算、契約にかかわる不正行為又は不正と認められる行為、職務権限の逸脱等により、金銭、会計、契約等の管理上ふさわしくない行為を行い、会社に損害を与え、その信用を害すると認められるとき。
(11)　例え軽微な非違行為であっても、再三の注意、指導にかかわらず改悛又は向上の見込みがないとき。
(12)　○○に違反する重大な行為があったとき。
(13)　第３章（服務規律）に違反し、その結果が重大であるとき。
(14)　その他この規則及び諸規程に違反し、又は非違行為を繰り返し、あるいは前各号に準ずる重大な行為があったとき。

（教育研修）

第59条　会社は、社員に対して、業務に関する知識を高め、技術の向上を図るため必要な教育を行う。

2　社員は、会社が行う教育の受講を命じられたときは、正当な理由なくこれを拒むことはできない。

（相談窓口）

第60条　会社は、この規則に関する事項や日常業務における問題点等の相談及び苦情の申出については適宜受け付ける体制を整えるものとし、人事部に専門の相談窓口を設置するものとする。

（規則の変更）

第61条　この規則を変更するときは、あらかじめ社員の過半数を代表する者の意見を聴くものとする。

2
賃金規程

賃金に関する事項は膨大なものとなりがちなため、多くの会社では、就業規則に委任規定を設け別規程としています。しかし、就業規則の一部であることには変わりなく、変更に際しては従業員代表等からの意見聴取が必要であり、周知義務も課せられるものですから、わかりやすく公平なものにする必要があります。なお、賃金規程の定めは会社をも拘束しますから、「定期昇給」といった規定の扱いには充分な注意が必要です。

第１章　総　則

（目　的）

第１条　この規程は、就業規則第▼条（賃金）の定めに基づき、会社の従業員の賃金に関する事項を定めるものである。

（適用範囲）

第２条　この規程は、就業規則第▼条（適用範囲）に定める従業員に適用する。ただし、パートナー社員についてはパートナー社員就業規則及び個別労働契約によるものとする。

（賃金の支給範囲）

第３条　賃金とは、従業員の労働の対償として支払われるすべてのものをいう。したがって、従業員が労働しないときは別段の定めによる場合のほか賃金を支払わない。

第２章　賃　金

第１節　月例賃金

（賃金の構成）

第４条　賃金の構成は次のとおりとする。

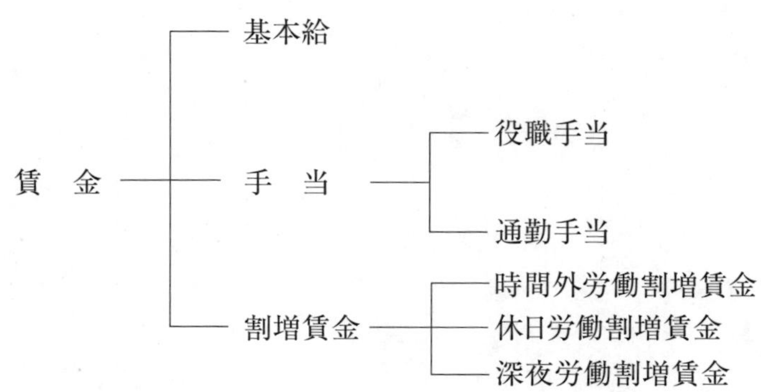

（基本給の決定）

第５条　基本給は、従業員各人の職務の内容に応じた職務遂行能力等をグレードに区分した基本給テーブルを基準として、毎年度行う人事評価の結果に基づき決定する。

２　基本給は、月額で定めるものとする・

３　雇入れ時の基本給は、労働契約書に明示する。２年度目以降の基本給は、辞令により発令する。

（役職手当）

第６条　管理職の役職にある社員については、当該役職に係る役割及びその責任に応じて、次の各号に定める役職手当を支給する。

（１）　部長　　月額○○円

（２）　課長　　月額○○円

（３）　係長　　月額○○円

（４）　主任　　月額○○円

２　管理監督者に支給する役職手当には、あらかじめ深夜割増賃金を含めることができる。

（通勤手当）

第７条　通勤手当は、従業員の通勤に係る費用負担に補助として、１か月定期代相当額の通勤手当を支給する。ただし、通勤の経路及び方法は、最も合理的かつ経済的であると会社が認めたものに限ることとする。また、非課税限度額＜○○円＞を超える場合には非課税限度額＜○○円＞を限度として支給する。

（手当の計算方法）

第８条　前条に規定する通勤手当は、支給事由が発生した月から、支給事由が消滅した月まで支給するものとする。ただし、賃金計算期間の途中に入社、退職、休職又は復職した場合における当該事由の発生した月の通勤手当の額は、第14条（中途入社等の場合の日割計算）の定めるところによる。

（変更の届出義務、不正の届出）

第９条　住居、通勤経路若しくは通勤方法を変更し、又は通勤のため負担する運賃等の額に変更があった場合は、１週間以内に会社に届け出なければならない。

2　前項の届出を怠ったとき、又は不正の届出により通勤手当その他の賃金を不正に受給したときは、その返還を求め、就業規則第▼条（懲戒の事由）に基づき懲戒処分を行うことがある。

（割増賃金）

第10条　割増賃金は、次の算式により計算して支給する。ただし、就業規則第▼条（適用除外）に該当する者は、第１号及び第２号の時間外、休日に関する割増賃金は適用しない。

（１）　時間外割増賃金（法定労働時間を超えて労働させた場合）

$$\frac{\text{基本給}+\text{諸手当}}{\text{1か月平均所定労働時間}}\times(1+0.25)\times\text{時間外労働時間数}$$

（２）　休日割増賃金（法定の休日に労働させた場合）

$$\frac{\text{基本給}+\text{諸手当}}{\text{1か月平均所定労働時間}}\times(1+0.35)\times\text{法定休日労働時間数}$$

（３）　深夜割増賃金（午後10時から午前５時までの間に労働させた場合）

$$\frac{\text{基本給}+\text{諸手当}}{\text{1か月平均所定労働時間}}\times0.25\times\text{深夜労働時間数}$$

2　前項各号の１か月平均所定労働時間数は、次の算式により計算する。

年間所定労働日数　×　１日所定労働時間数　÷　12

3　第１項各号の諸手当に割増賃金相当額が含まれるときは当該額を控除するものとする。

4　１か月の時間外労働が45時間を超えたとき及び１年間の時間外労働が360時間を超えたときは、前項第１号の算式中「0.25」とあるのを「0.3」と読み替える。

＜中小企業は2023年３月31日までは省略可＞

5　前項にかかわらず１か月の時間外労働が60時間を超えたときは、前項第１号の算式中「0.25」とあるのを「0.5」と読み替える。

第２節　賃金の支払いと計算

（賃金の支払方法）

第11条　賃金は通貨で直接本人にその全額を支払う。ただし、従業員の同意を得たときは、その指定する金融機関等の口座への振込みにより賃金の支払いを行う。

（賃金の控除）

第12条　次に掲げるものは、賃金から控除する。

（１）　源泉所得税

（２）　住民税

（３）　健康保険及び厚生年金保険の保険料（介護保険料を含む。）の被保険者負担分

（４）　雇用保険の保険料の被保険者負担分

（５）　労使協定により賃金から控除することとしたもの

（賃金の計算期間及び支払日）

第13条　賃金は、前月16日から当月15日までの分について、当月25日に支払う。ただし、賃金支払日が休日にあたるときは、その直前の休日でない日に支払う。

２　前項の定めにかかわらず、次の各号のいずれかに該当するときは、従業員（本人が死亡したときはその者の収入によって生計を維持されていた者）の請求により、賃金支払日以前であっても既往の労働に対する賃金を支払う。

（１）　従業員又はその収入によって生計を維持する者が出産し、疾病にかかり、又は災害を受けた場合

（２）　従業員又はその収入によって生計を維持する者が結婚し、又は親族の葬儀を行い、その臨時の費用を必要とする場合

（３）　従業員が死亡した場合

（４）　従業員又はその収入によって生計を維持する者がやむを得ない事情により１週間以上にわたって帰郷する場合その他特別の事情があると会社が認めた場合

（中途入社時等の場合の日割計算）

第14条　賃金計算期間の途中に入社、退職、休職又は復職した場合は、その月の賃

金を下記の算式により日割計算して支払う。

$$\frac{\text{基本給＋諸手当}}{\text{その月の所定労働日数}} \times \text{出勤日}$$

（欠勤等の場合の時間割計算等）

第15条　欠勤、遅刻、早退及び私用外出をした場合の時間については、原則として１日又は１時間当たりの基本給に欠勤、遅刻、早退及び私用外出の合計日数又は時間数を乗じた額を差し引くものとする。ただし、賃金計算期間の全部を休業した場合は、賃金月額のすべてを支給しないものとする。

（１）　欠勤控除

$$\frac{\text{基本給}}{\text{その月の所定労働日数}} \times \text{不就労日数}$$

（２）　遅刻・早退・私用外出の控除

$$\frac{\text{基本給}}{\text{その月の所定労働時間}} \times \text{不就労時間数}$$

（休暇等の賃金）

第16条　就業規則第▼条（年次有給休暇）及び就業規則第▼条（特別休暇）に定める休暇の期間は、所定労働時間労働したときに支払われる通常の賃金を支給する。

2　次の休暇及び休業期間等は無給とする。ただし、会社が必要と認めるときは、賃金の全部又は一部を支給することがある。

（１）　公民権行使の時間

（２）　産前産後休業

（３）　母性健康管理のための休暇等の時間

（４）　生理日の措置の日又は時間

（５）　育児時間

（６）　育児・介護休業期間（勤務時間の短縮の場合は短縮された時間）

（７）　子の看護休暇、育児目的休暇及び介護休暇

（８）　休職期間

3　会社の責めに帰すべき事由により、休業したときは、休業手当を支給する。休業手当の額は、１日につき平均賃金の６割とする。

（賃金の改定）

第17条　基本給及び諸手当等の賃金の改定（昇給、降給、現状維持のいずれかとする。）については、原則として毎年4月○日に行うこととし、改定額については、会社の業績及び従業員の勤務成績等を勘案して各人ごとに決定する。

2　前項のほか、特別に必要があるときは、臨時に賃金の改定を行うことがある。

第3章　賞　与

（賞　与）

第18条　会社は、会社の業績、従業員各人の査定結果、会社への貢献度等を考慮して、原則として年2回、6月と12月の会社が定める日に賞与を支給する。ただし、会社の業績状況等により支給時期を延期し、又は支給しないことがある。

2　前項の賞与の算定対象期間は次のとおりとする。

賞与支給月	算定対象期間
6月	前年12月1日から当年5月31日
12月	当年6月1日から当年11月30日

3　賞与は、支給日当日に会社に在籍し、かつ通常に勤務していた者について支払うものとする。

（定年退職者等の扱い）

第19条　前条第1項の支給日以外であっても、定年退職者及び会社都合による被解雇者については、賞与算定対象期間中の在籍期間及びその間の勤務成績に応じた金額の賞与を支払うことがある。

（改　廃）

第20条　この規程は、関係諸法規の改正及び会社状況並びに業績等の変化により必要があるときは、従業員代表と協議のうえ改定又は廃止することがある。

附　則

1　この規程は、○○年○○月○○日から施行する。

2　この規程は、○○年○○月○○日から改定施行する。
（改定条文：第○条、第○条、第○条）

3
退職金規程（中退共及び内部留保）

退職金は、就業規則の相対的必要記載事項であり、「定めがあるなら」記載すべきものです。法律上、支払いを義務づけられているものではありません。従業員の年齢構成が若い会社の場合、退職金の問題はなかなか実感がないかもしれませんが、いったん定めてしまうと長期にわたって会社財政に影響を及ぼすことになります。専門家の意見を聴き慎重に作成すべきでしょう。モデルは「中退共」を導入した場合の規程例です。中退共は確定拠出であるため、中退共から支給される額をあらかじめ決めることはできませんが、本規程は会社が上積みを行う前提のものです。

（目　的）

第１条　この規程は、従業員の退職金に関する支給条件及び支給基準に関する事項を定めるものである。

（適用範囲）

第２条　この規程の適用を受ける従業員とは、会社と所定の手続を経て労働契約を締結した者をいう。ただし、期間を定めて雇用される者には適用しない。

（退職金共済契約）

第３条　この規程による退職金の支給を確実にするために、会社は従業員を被共済者として独立行政法人勤労者退職金共済機構中小企業退職金共済事業本部（以下「中退共」という。）と退職金共済契約を締結する。

２　新たに雇い入れた従業員については、試用期間を経過し、本採用となった日より１年を経過した日の属する月の翌月に中退共と退職金共済契約を締結する。

（退職金の算定方式）

第４条　退職金は退職日現在の基本給に、退職事由及び勤続年数により定められたそれぞれの支給率を乗じて算出する。なお、勤続年数が35年を超えるときは35年とする。

（退職金額）

第５条　この規程の適用を受ける従業員が１年以上勤務した場合であって、次の各号のいずれかに該当する事由により退職したときは、別表１の支給率を適用する。

（１）　定年に達したとき。

（２）　役員（ただし、兼務役員を除く。）に就任したとき。

（３）　業務上の傷病によるとき。

（４）　会社都合によるとき。

２　この規程の適用を受ける従業員が、次の各号のいずれかに該当する事由により退職したときは、別表２の支給率を適用する。

（１）　自己都合によるとき。

（２）　休職期間が満了して復職できないとき。

（３）　業務外の私傷病により担当職務に堪え得ないと会社が認めたとき。

3　中退共から支給される退職金の額が、前二項の規定により算出された額より少ないときは、その差額を会社が直接支給し、中退共から支給される額が多いときはその額を本人の退職金の額とする。

（退職金の減額）

第６条　就業規則第▼条により、懲戒処分があった場合には退職金の不支給若しくは減額をすることがある。この場合、中退共から支給される退職金について、会社はその減額を申し出ることがある。

（退職金支給取消及び返還）

第７条　従業員の退職後、その在職中の期間において懲戒解雇に相当する事由が確認された場合は、会社は第５条第３項の規定による差額の支給を取り消し、又は支給済の退職金の返還を請求することがある。この場合、その者は速やかに会社に対して返還しなければならない。

（勤続年数の計算）

第８条　第４条の勤続年数の計算は、試用期間を経過し、本採用となった月から退職の月までとし、１年に満たない端数月は切り捨てる。

2　就業規則第▼条の規定に基づく休職期間及び業務上の負傷又は疾病以外の理由による欠勤が１か月を超えた期間は勤続年数に算入しない。

（退職金の支払方法）

第９条　退職金は、会社が従業員（従業員が死亡した場合は、その遺族）に交付する退職金共済手帳により、従業員又は遺族が中退共から直接支給を受けるものとする。

2　従業員が退職又は死亡したときは、やむを得ない理由がある場合を除き、本人又は遺族が退職又は死亡後速やかに中退共に対して退職金を請求できるよう、会社は本人の退職又は死亡後遅滞なく退職金共済手帳を本人又は遺族に交付する。

3　第５条第３項の規定により差額を会社が支給する場合は、やむを得ない理由がある場合を除き、本人の退職又は死亡後30日以内に本人又は遺族にその差額を支給する。

（退職金の加算）

第10条　在職中の勤務成績が特に優秀で、会社の業績に功労顕著であったと会社が認めた従業員に対し、退職金を特別に加算して支給することがある。

（規程の改廃）

第11条　この規程は、関係諸法規の改定及び会社状況並びに業績等の変化により必要がある場合には、従業員代表と協議のうえ改定することがある。

附　則

1　この規程は、○○年○○月○○日から施行する。

2　この規程は、○○年○○月○○日から改定施行する。
（改定条文：第○条、第○条、第○条）

別表１

勤続年数	支　給　率
１年	0.9か月
2	1.4
3	2
4	2.6
5	3.3
6	4
7	4.7
8	5.6
9	6.3
10	7
11	7.8
12	8.7
13	9.6
14	10.5
15	11.6
16	12.7
17	13.8
18	14.9
19	16
20	17
21	18
22	19
23	20
24	21
25	22
26	23
27	24
28	25
29	26
30	27
31	28
32	29
33	30
34	30
35	30

別表２

勤続年数	支　給　率
３年	1.5か月
4	1.9
5	2.4
6	3
7	3.6
8	4.2
9	4.8
10	5.5
11	6.3
12	7.1
13	7.9
14	8.7
15	9.7
16	10.7
17	11.7
18	12.7
19	13.7
20	14.8
21	15.8
22	16.8
23	17.8
24	18.8
25	19.8
26	20.8
27	21.8
28	22.8
29	23.9
30	25
31	26.2
32	27.3
33	28.1
34	28.9
35	30

4
私傷病休職規程

第1章　総　則

（目　的）

第1条　この規程は、私傷病に罹った従業員が安心して療養にはげみ、円滑に職場復帰できる体制を整えるため、私傷病による休職（以下「私傷病休職」という。）と復職に関する取扱いについて定めるものである。

第2章　私傷病休職の開始

（私傷病休職の開始）

第2条　従業員が、私傷病を原因として、欠勤が長期に渡ることが予想される場合には、就業規則第▼条に基づき、その療養のために必要な期間、会社は私傷病休職を命ずることができる。

2　前項の私傷病休職命令は、会社の判断によるほか、本人からの書面による申請に基づき行うことができる。

3　前二項に基づく休職命令に先立ち、従業員は、医師による診断書を添付して、所属長に提出しなければならない。診断書には、私傷病休職期間の見込みが記載されていなければならない。

4　会社は前項の診断書に基づき、休職期間を決定し、これを発令する。

（産業医等の面談）

第3条　前条の規定による申請が行われた場合、会社は、申請者に対し、産業医（又は人事労務管理者）との面談を命ずることができる。

（私傷病休職期間中の配慮）

第4条　会社は、私傷病休職中の従業員に対し、産業医（又は保健師）による定期的な面接を実施する。ただし、本人の主治医が、これを好ましくないと判断する場合はこの限りではない。

2　会社は、公的な支援体制について情報を提供する。

3　会社の心の健康相談窓口は、私傷病休職中の従業員及びその家族も利用可能とする。

4　会社は、必要があると認める場合、本人の同意を得た上で、産業医に主治医との意見交換をさせる。

5　前項の場合において、会社は主治医に対して、職場復帰時に本人に求められる業務の内容その他について情報の提供を行い、復職診断書を提出する際の参考とする。また、費用は会社が負担する。

第3章　復　職

（復職委員会）

第5条　復職委員会は、私傷病休職した従業員の復職にあたって、復職の適切な判定並びに円滑な職場復帰を目的として設置する。

2　復職委員会は、人事部長が委員長となる。

3　復職委員会は、次の各号に掲げる業務を行う。

（1）　職場復帰の可否の判断

（2）　職場復帰支援プランの作成

（3）　復職後の支援等

（4）　復職後の勤務状況及び業務遂行能力の評価

（5）　復職後の職場復帰支援プランの実施状況の確認

（復職の手続きの開始）

第6条　復職の手続きは、私傷病休職している従業員が、別に定めるの復職願に、医師による復職可能であるとの診断書を添付して、所属長に申し込んだ場合に開始する。

2　前項の申請書受領後、会社は速やかに復職委員会を開催し、復職の可否・時期等を決定する。

（情報の収集）

第7条　会社は、前条の規定による復職委員会の開催後、本人に対し、以下の確認を行う。

（1）　復職の意思の最終確認

（2）　日常の生活状況及び治療の状況の確認

（3）　前条の復職委員会において決定した本人の健康情報収集に当たって本人の

同意の確認

2　会社は、前項第三号に定める本人の同意が得られた範囲内において、健康情報を収集する。この場合において、主治医から健康情報を得る場合には、産業医が行い、必要な範囲で加工した上で人事部へ提出する。

3　収集した健康情報は、人事部が集中して管理する。

（試し出勤等）

第8条　委員長は、第6条第1項の規定による復職の意向を申し出た従業員に対し、通勤訓練を行い、その結果を報告することを勧奨することができる。なお、委員長は産業医を通して、主治医に運転の可否について聴取し、主治医が自動車の運転を危険であるとした場合は自動車による通勤訓練（及び職場復帰後の自動車通勤）は認めない。

2　前項の通勤訓練は、試し出勤には含めない。

3　委員長は、必要と認める場合には、第5条の規定により職場復帰の手続きを開始する従業員に対し、○○日の範囲内で試し出勤を命じることができる。

4　試し出勤は、原則として元の職場で行うものとし、産業医が必要と認める範囲において、労働時間の短縮、仕事上の配慮など、本来の業務からの軽減を行うことができる。

5　試し出勤中は有給とし、交通費を支払う。

（情報の評価と職場復帰の可否の判断）

第9条　委員長は、健康情報の収集後、復職委員会を開催し、以下の事項について審議を行う。

（1）　本人面談の結果、試し出勤等の結果その他の収集した健康情報に対する評価・検討

（2）　職場復帰の可否についての判断

（3）　元の職場からの異動、業務の変更等の必要性及び可否についての検討

（4）　第2号で職場復帰が可と判断された場合、職場復帰支援プランの作成

（職場復帰の決定）

第10条　委員長は、前条の復職委員会の後、速やかに該当従業員を産業医に面接させる。産業医は、主治医の診断書その他の健康情報を勘案し、本人の状況を確認

して、「職場復帰に関する意見書」を作成する。

2　委員長は、前条の復職委員会の検討結果及び前項の「職場復帰に関する意見書」を確認し、速やかに、職場復帰の可否及び職場復帰支援プランについて決定し、該当従業員に通知する。

(職場復帰後の就業上の配慮等)

第11条　会社は、職場復帰後、一定の期間に限定して就業上の配慮を行う。この期間は必要に応じ延長できる。

2　復帰する場合は、原則として原職における同一職務への復職とする。ただし、復職委員会が当該職務への復職が望ましくないと判断し、かつ、委員長がこれを認めた場合はこの限りでない。

3　就業上の配慮の内容は、次の各号に掲げるものとし、それぞれの適用の有無及び適用期間は、休職・復職委員会が事案ごとに原案を作成し、委員長が決定する

（1）　短時間勤務

（2）　フレックスタイム制度の制限又は適用

（3）　軽作業や定型業務への従事

（4）　残業・深夜業務の禁止

（5）　出張制限

（6）　交替勤務・特定の危険業務・顧客とのクレームに対応する窓口業務等の制限

（7）　転勤についての配慮

(外部機関からの支援)

第12条　会社は、前条の配慮を行っている間、該当従業員に対し、定期的に産業医による面談を行う。

2　面談においては、以下の各号に掲げる確認を行う。

（1）　疾患の再発等、新しい問題の発生等の有無の確認

（2）　勤務状況及び職務遂行能力の確認

（3）　職場復帰支援プランの実施状況の確認

（4）　治療状況の確認

3　所属長は、産業医による面談の必要性があると認めるときは、当該従業員に産業医による面談を命ずる。

（秘密情報保持）

第13条　職務上、他の従業員の個人情報を取り扱い、又は知り得る者は、その情報を、上司又は権限のある者からの指示なく、他に漏らしてはならない。

2　職務上、他の従業員の個人情報を取り扱う者は、健康情報等の取扱規程に基づいて取り扱わなければならない。

（主治医・家族等との連携）

第14条　主治医、家族その他社外の者からの情報収集又は情報提供は、原則として本人の同意を得てこれを行う。

2　主治医、家族その他社外の者からの情報収集に当たっては、その使用目的に同意を得た上で行い、その目的以外に使用しない。

3　主治医との情報交換は、原則として人事部長の指示により産業医が行う。産業医は、主治医から得た情報は、社内の各部署が必要とする範囲で適切に集約・整理して伝える。

4　産業医は、主治医の治療方針に問題があると認めるときは、当該従業員に対し、他の医師の意見を聴くことを勧めることができる。

（改　廃）

第15条　この規程は、関係諸法規の改正及び会社状況並びに業績等の変化により必要があるときは、従業員代表と協議のうえ改定又は廃止することがある。

5
テレワーク勤務規程

第１章　総　則

（目的）

第１条　この規程は、○○株式会社（以下「会社」という。）の就業規則第○条に基づき、従業員がテレワークにより勤務する場合の必要な事項について定めたものである。

（定　義）

第２条　この規程におけるテレワークとは、次の各号に掲げる勤務の総称をいう。

（１）　在宅勤務…従業員の自宅、その他自宅に準じる場所（会社指定の場所に限る。）において情報通信機器を利用した業務をいう。

（２）　サテライトオフィス勤務…会社所有の所属事業場以外の会社専用施設（以下「専用型オフィス」という。）、又は、会社が契約（指定）している他会社所有の共用施設（以下「共用型オフィス」という。）において情報通信機器を利用した業務

（３）　モバイル勤務…在宅勤務及びサテライトオフィス勤務以外で、かつ、社外で情報通信機器を利用した業務

第２章　テレワークの許可・利用

（テレワークの対象者）

第３条　この規程の対象者は、就業規則第▼条に規定する従業員であって次の各号の条件を全て満たした者とする。

（１）　テレワーク勤務を希望する者であること。

（２）　勤続１年以上の者でかつ自宅等での業務が円滑に遂行できると認められる者であること。

（３）　在宅勤務については、自宅の執務環境、セキュリティ環境、家族の理解のいずれも適正であること。

２　テレワークを希望する者は、所定の許可申請書に必要事項を記入の上、１週間前までに所属長から許可を受けなければならない。

３　会社は、業務上その他の事由により、前項によるテレワークの許可を取り消す

ことがある。

（サテライトオフィス勤務の利用申請）

第４条　サテライトオフィス勤務の利用に当たっては、申請書により申請しなければならない。 なお、勤務期間が１週間以内の場合は所属長の許可を得れば申請書の提出は要しないが、１週間を超える場合については次の事項を記載した申請書により、申請するものとする。なお、１か月を超える場合は１か月単位とする。

（１）　希望するサテライトオフィスの場所

（２）　勤務時間及び勤務期間

（３）　業務の内容

（在宅勤務時の服務規律）

第５条　在宅勤務に従事する者（以下「在宅勤務者」という。）は就業規則第▼条及びセキュリティガイドラインに定めるもののほか、次に定める事項を遵守しなければならない。

（１）　在宅勤務の際に所定の手続に従って持ち出した会社の情報及び作成した成果物を第三者から閲覧、コピー等されないよう細心の注意を払うこと。

（２）　在宅勤務中は職務に専念すること。

（３）　第１号に定める情報及び成果物は紛失、毀損しないように丁寧に取扱い、セキュリティガイドラインに準じた確実な方法で保管・管理しなければならないこと。

（４）　在宅勤務は原則として会社に届け出た自宅内で行うものとして、自宅以外の場所で業務をしないようにすること。

（５）　在宅勤務の実施に当たっては、会社情報の取扱いに関し、セキュリティガイドライン及び関連規程類を遵守すること。

（６）　業務開始時に前日の業務内容、労働時間の状況等を会社が定める日報を電子メールにて提出すること。

第３章　在宅勤務時の労働時間等

（在宅勤務時の労働時間）

第６条　在宅勤務時の始業時刻、終業時刻及び休憩時間については、就業規則第▼

条の定めるところによる。

2　前項にかかわらず、在宅勤務を行う者が次の各号に該当する場合であって会社が必要と認めた場合は、就業規則第▼条を適用し、第▼条に定める所定労働時間の労働をしたものとみなす。この場合、労働条件通知書等の書面により明示する。

（1）　従業員の自宅で業務に従事していること。

（2）　会社と在宅勤務者間の情報通信機器の接続は在宅勤務者に委ねていること。

（3）　在宅勤務者の業務が常に所属長から随時指示命令を受けなければ遂行できない業務でないこと。

（4）　深夜、休日には業務を行わないこと。

（休憩時間）

第7条　在宅勤務者の休憩時間については、就業規則第▼条の定めるところによる。

（所定休日）

第8条　在宅勤務者の休日については、就業規則第▼条の定めるところによる。

（時間外及び休日労働等）

第9条　在宅勤務者が時間外労働、休日労働及び深夜労働をする場合は所定の手続を経て所属長の許可を受けなければならない。

2　時間外及び休日労働について必要な事項は就業規則第▼条の定めるところによる。

3　時間外、休日及び深夜の労働については、給与規程に基づき、所定外勤務手当、休日勤務手当及び深夜勤務手当を支給する。

（欠勤等）

第10条　在宅勤務者が、欠勤をし、又は勤務時間中に私用のために外出する場合は、事前に申し出て許可を得なくてはならない。ただし、やむを得ない事情で事前に申し出ることができなかった場合は、事後速やかに届け出なければならない。

2　前項の欠勤、私用外出の賃金については給与規程第▼条の定めるところによる。

第４章　在宅勤務時の勤務等

（業務の開始及び終了の報告）

第11条　在宅勤務者は、勤務の開始及び終了について次のいずれかの方法により報告しなければならない。

（１）　電話

（２）　電子メール

（３）　Web 上のシステム打刻

2　モバイル勤務者が自宅から直行あるいは事業場外から直帰する場合は就業規則第▼条の規定にかかわらず、勤務の開始及び終了について次のいずれかの方法により報告しなければならない。

（１）　電話

（２）　電子メール

（３）　Web 上のシステム打刻

（業務報告）

第12条　在宅勤務者は、定期的又は必要に応じて、電話又は電子メール等で所属長に対し、所要の業務報告をしなくてはならない。

（在宅勤務時の連絡体制）

第13条　在宅勤務時における連絡体制は次のとおりとする。

（１）　事故・トラブル発生時には所属長に連絡すること。なお、所属長が不在時の場合は所属長が指名した代理の者に連絡すること。

（２）　前号の所属長又は代理の者に連絡がとれない場合は、○○課担当まで連絡すること。

（３）　社内における従業員への緊急連絡事項が生じた場合、在宅勤務者へは所属長が連絡をすること。なお、在宅勤務者は不測の事態が生じた場合に確実に連絡がとれる方法をあらかじめ所属長に連絡しておくこと。

（４）　情報通信機器に不具合が生じ、緊急を要する場合は○○課へ連絡をとり指示を受けること。なお、○○課へ連絡する暇がないときは会社と契約しているサポート会社へ連絡すること。いずれの場合においても事後速やかに所属長に報告すること。
（５） 前各号以外の緊急連絡の必要が生じた場合は、前各号に準じて判断し対応すること。

第５章 在宅勤務時の給与等

（給 与）

第14条 在宅勤務者の給与については、就業規則第▼条の定めるところによる。
2 前項の規定にかかわらず、在宅勤務（在宅勤務を終日行った場合に限る。）が週に４日以上の場合の通勤手当については、毎月定額の通勤手当は支給せず実際に通勤に要する往復運賃の実費を給与支給日に支給するものとする。

（費用の負担）

第15条 会社が貸与する情報通信機器を利用する場合の通信費は会社負担とする。
2 在宅勤務に伴って発生する水道光熱費は在宅勤務者の負担とする。
3 業務に必要な郵送費、事務用品費、消耗品費その他会社が認めた費用は会社負担とする。
4 その他の費用については在宅勤務者の負担とする。

（情報通信機器・ソフトウェア等の貸与等）

第16条 会社は、在宅勤務者が業務に必要とするパソコン、プリンタ等の情報通信機器、ソフトウェア及びこれらに類する物を貸与する。なお、当該パソコンに会社の許可を受けずにソフトウェアをインストールしてはならない。
2 会社は、在宅勤務者が所有する機器を利用させることができる。この場合、セキュリティガイドラインを満たした場合に限るものとし、費用については話し合いの上決定するものとする。
3 在宅勤務者（サテライトオフィス、モバイル勤務による勤務者を含む。）は、私物のデバイスを業務に用いてはならない。

（教育訓練）

第17条 会社は、在宅勤務者に対して、業務に必要な知識、技能を高め、資質の向上を図るため、必要な教育訓練を行う。

2　在宅勤務者は、会社から教育訓練を受講するよう指示された場合には、特段の事由がない限り指示された教育訓練を受けなければならない。

（災害補償）

第18条　在宅勤務者が自宅での業務中に災害に遭ったときは、就業規則第▼条の定めるところによる。

（安全衛生）

第19条　会社は、在宅勤務者の安全衛生の確保及び改善を図るため必要な措置を講ずる。

2　在宅勤務者は、安全衛生に関する法令等を守り、会社と協力して労働災害の防止に努めなければならない。

（改　廃）

第20条　この規程は、関係諸法規の改正及び会社状況並びに業績等の変化により必要があるときは、従業員代表と協議のうえ改定又は廃止することがある。

本規程は、○年○月○日より施行する。

6
継続雇用規程

高年齢者の安定した雇用の確保等を図るため、高齢者法により、事業主は、①定年の引上げ、②継続雇用制度の導入、③定年の定めの廃止、のいずれかの措置を講じなければなりません。モデル規程は、②の継続雇用制度を導入する場合のものです。

（目　的）

第1条　この規程は、○○株式会社（以下「会社」という。）の従業員の定年後の継続雇用制度について定めるとともに、継続雇用される嘱託の労働条件等について定めるものである。

（定　義）

第2条　この規程で「定年」とは、60歳に達する日をいい、定年日の属する年度の末日をもって定年退職日とする。

2　この規程で「継続雇用」とは、従業員が希望するときは、当該従業員をその定年後において、最長で65歳に達する日まで、引き続き嘱託として再雇用することをいう。

3　この規程で「嘱託」とは、会社と嘱託契約を締結し、継続雇用される者をいう。

（嘱託）

第3条　嘱託は、従業員としての地位を有するものとする。

2　嘱託としての労働契約（以下「嘱託契約」という。）は、有期労働契約とする。

3　嘱託の所属部門及び職種は、本人の希望・意欲・能力・経験及び経営環境・職場の要員状況等を総合的に勘案し、契約締結時に決定する。

4　嘱託の役割は、正社員の職務遂行の補佐及び後進社員の育成を主とするものとする。

（嘱託となるかどうかの選択）

第4条　従業員は、55歳に達する日の属する年度の末日までにおいて、定年後の継続雇用について、次のいずれかを選択することができる。

（1）　55歳時点での役職、労働条件を維持し、定年後の継続雇用を希望しない。

（2）　55歳に達する日の属する年度の末日をもって役職定年とし、定年後の継続雇用を希望する。

2　従業員は、55歳に達する日の属する年度の末日までに、前項における継続雇用の意思を書面により表明しなければならない。

<選択定年制を採用しない場合は不要>

（嘱託契約の手続）

第５条　定年後の継続雇用を希望する者は、原則として、定年退職日の６か月前までに、会社に対して嘱託契約の申込みをしなければならない。

2　会社は、前項の従業員について、第７条（継続雇用しない事由）のいずれにも該当しないと認めるときは、当該従業員と定年退職日の翌日を起算日とする嘱託契約を締結する。

（嘱託契約）

第６条　一の嘱託契約の期間は、原則として１年間（１年経過日が65歳に達する日を超えるときは、65歳に達する日までとする。）とし、第９条（嘱託契約の更新に係る判断基準）に定める基準を満たすものは、改めて嘱託契約を締結する。

2　2013年３月31日までの間に、継続雇用対象者に係る基準についての労使協定を締結していた場合における嘱託としての継続雇用期間は、当該労使協定で定める次の各号に掲げる基準のいずれかを満たさない者については、基準の適用年齢（当該基準が適用される者の下限年齢をいう。以下同じ。）までとし、基準のいずれにも該当する者については、最長65歳に達する日までとする。

（１）　本人が引き続き継続雇用されることを希望し、会社が提示する職務及び労働条件につき同意すること。

（２）　直近の１年間における健康診断において、就業を制限する程度の異常の所見を受けていないこと。

（３）　協調性があり、勤務態度が良好な者であること。

（４）　直近の２年間における出勤率が８割以上であること。

（５）　直近の２年間において減給以上の懲戒処分を受けていないこと。

（６）　定年前の職務等級が○等級以上であったこと。

（７）　次条（継続雇用しない事由）各号に掲げるいずれの事由にも該当していないこと。

＜経過措置期間に着目した規定例＞

3　前項の場合において、次の表の左欄に掲げる期間における当該基準の適用については、同表左欄に掲げる区分に応じ、それぞれ右欄に掲げる基準の適用年齢以上の者を対象に行うものとする。

期　間	基準の適用年齢
2013年４月１日から2016年３月31日まで	61歳
2016年４月１日から2019年３月31日まで	62歳
2019年４月１日から2022年３月31日まで	63歳
2022年４月１日から2025年３月31日まで	64歳

4　第２項各号に定める基準は、業績、経営環境、業界の動向、事業展開の方向等により、労使間の合意のうえで改定、追加、廃止等の変更を行うことができる。

5　第２項各号に定める基準のいずれかを満たさない場合であっても、高度な技術・技能を有する等、会社が特に必要と認めた者については、雇用継続の対象とすることができる。

（継続雇用しない事由）

第７条　従業員が希望する場合であっても、次の各号のいずれかに該当する者については、定年をもって退職とするものとし、継続雇用は行わない。

（１）　精神又は身体に故障があるか、又は虚弱、傷病、その他の理由により業務に堪えられない、又は労務提供が不完全であると認められるとき。

（２）　協調性がなく、注意、指導しても改善の見込みがないと認められるとき。

（３）　職務の遂行に必要な能力を欠き、かつ、他の職務に転換させることができないとき。

（４）　勤務意欲が低く、これに伴い、勤務成績、勤務態度その他の業務能率全般が不良で業務に適さないと認められるとき。

（５）　正当な理由のない遅刻及び早退、並びに欠勤及び直前の休暇要望等が多く、労務提供が不完全であると認められるとき。

（６）　特定の地位、職種又は一定の能力を条件として雇い入れられた者で、その能力又は適格性が欠けると認められるとき。

（７）　事業の縮小その他会社にやむを得ない事由がある場合で、かつ、他の職務に転換させることができないとき。

（８）　重大な懲戒事由に該当するとき。

（９）　前各号に該当しない懲戒事由に該当する場合であって、改悛の情が認められなかったり、繰り返したりして、改善の見込みがないと認められるとき。

（10）　非違行為が繰り返し行われたとき。

（11）　会社の従業員としての適格性がないと判断されるとき。

(12)　天災事変その他やむを得ない事由により、事業の継続が不可能となり、雇用を維持することができなくなったとき。
(13)　本人が死亡したとき。
(14)　休職期間が満了しても休職事由が消滅しないとき。
(15)　本人の都合により退職を願い出たとき。
(16)　役員に就任したとき。
(17)　従業員の行方が不明となり、１か月以上連絡がとれない場合であって、解雇手続をとらないとき。
(18)　その他、退職につき労使双方が合意したとき。

(出向先における継続雇用)

第８条　会社が関係会社と高年齢者雇用安定法第９条第２項に基づく継続雇用制度の特例措置に関する契約書を締結する場合、従業員を関係会社に出向させ、関係会社において継続雇用をすることがある。

(嘱託契約の更新に係る判断基準)

第９条　第６条第１項の規定により、改めて嘱託契約を締結しようとするときは、次の各号に掲げる判断基準により、次期契約の有無を判断するものとする。
(１)　契約期間満了時の業務量
(２)　本人の勤務成績、態度
(３)　本人の能力
(４)　会社の経営状況

２　新たな嘱託契約に係る労働条件は、従前の条件と異なる場合があり、嘱託が会社が提示する労働条件に合意した場合に限り、新たな嘱託契約を締結するものとする。

３　前条において出向により継続雇用された嘱託の更新に係る判断基準については、出向先において定める基準に従うものとする。

(賃　金)

第10条　嘱託の賃金は、嘱託契約締結時に決定する。

（労働時間、休日）

第11条　嘱託の労働時間及び休日は、嘱託本人の希望・意欲・能力・経験及び経営環境・職場の要員状況等を総合的に勘案して、嘱託契約締結時に決定する。

（その他の労働条件）

第12条　嘱託の労働条件については、次のとおりとする。

（1）　年次有給休暇…就業規則第▼条（年次有給休暇）を適用し、定年退職時の有給休暇残日数の繰越し及び継続勤務期間の通算を行う。

（2）　定期昇給…原則として行わない。ただし、契約更新時に基本給を改定することがある。

（3）　賞与…支給しない。ただし、会社の業績及び契約期間中の貢献度等を勘案して、役員会においてその都度決定することがある。

（4）　退職金…支給しない。ただし、契約期間中勤務成績が特に良好であった者及び会社の事業の発展に著しく貢献した者に対して、相応の慰労金を支給することがある。

（5）　健康保険、厚生年金保険、労災保険、雇用保険…加入要件に該当する限り継続して加入する。

（6）　休職…就業規則第▼条を準用する。ただし、休職期間は嘱託契約期間満了の日までを上限とする。

（7）　就業規則等の適用…この規程及び嘱託契約書に定めのない事項については、就業規則の規定を準用する。

（出向により継続雇用された場合の労働条件）

第13条　前三条にかかわらず、出向により継続雇用された従業員の労働条件については、出向先において定めるものとする。

（70歳までの継続雇用）

第14条　第６条の規定にかかわらず、嘱託の技能及び能力を鑑み会社が必要と認めるときは、嘱託契約の期間を70歳まで延長することができる。

2　嘱託の通算契約期間が５年を超えた場合であって、当該者が、現に締結している雇用契約期間が満了する日までの間に、無期雇用契約への転換を申し込んだときは、現に締結している嘱託契約期間が満了する日の翌日から、無期雇用契約に転換するものとする。この場合において、労働条件（定年を除く。）は別段の定めのない限り同一のものとし、定年は満70歳に到達した日とする。

（高年齢者雇用推進者）

第15条　嘱託の雇用管理に関する事項を行わせるため、人事部長を高年齢者雇用推進者とする。

（規程の改廃）

第16条　この規程は、関係諸法規の改定及び会社状況並びに業績等の変化により必要があるときは、従業員代表と協議のうえ改定又は廃止することがある。

参考　継続雇用制度の対象となる高年齢者に係る基準に関する労使協定

○○株式会社（以下「会社」という。）と会社の従業員の過半数代表者（以下「従業員代表」という。）は、高年齢者等の雇用の安定等に関する法律の一部を改正する法律附則第３項に基づく基準が適用される年齢以上の者の継続雇用に係る基準に関し、次のとおり協定する。

記

（基準が適用される年齢以上の継続雇用制度に係る基準）

第１条　次の各号に掲げる基準のいずれにも該当する者については、最長で65歳に達する日まで継続雇用し、基準のいずれかを満たさない者については、基準の適用年齢まで継続雇用する。

（１）　本人が引き続き継続雇用されることを希望し、会社が提示する職務及び労働条件につき同意すること。

（２）　直近の１年間における健康診断において、就業を制限する程度の異常の所見を受けていないこと。

（３）　協調性があり、勤務態度が良好な者であること。

（４）　直近の２年間における出勤率が８割以上であること。

（５）　直近の２年間において減給以上の懲戒処分を受けていないこと。

（６）　定年前の職務等級が○等級以上であったこと。

（７）　継続雇用規程第７条（継続雇用しない事由）に掲げるいずれの事由にも該当していないこと。

（基準の適用年齢）

第２条　前条の場合において、次の表の左欄に掲げる生年月日の者における当該基準の適用については、同表左欄に掲げる区分に応じ、それぞれ右欄に掲げる基準の適用年齢以上の者を対象に行うものとする。

期　間	基準の適用年齢
2013年4月1日から2016年3月31日まで	61歳
2016年4月1日から2019年3月31日まで	62歳
2019年4月1日から2022年3月31日まで	63歳
2022年4月1日から2025年3月31日まで	64歳

（基準の見直し）

第3条　第1条に定める基準は、業績、経営環境、業界の動向、事業展開の方向等により、労使間の合意の上で改定、追加、廃止等の変更を行うことがある。この場合において、有効期間満了の1か月前までに労使が協議を行うものとする。

（紛争解決）

第4条　基準に関して、本協定に定めのない事項が生じた場合は、会社と従業員代表が協議の上、円満な解決を図るものとする。なお、協議を重ねるも不調の場合は、会社の判断によるものとする。

（協定の失効）

第5条　この協定は、2025年3月31日限り、その効力を失うものとする。

上記内容により会社と従業員代表が合意した証として、本協定書を2通作成し、会社、従業員代表双方各1通を保持する。

○年○月○日※

○○株式会社　　　従業員代表○○○○㊞

○○株式会社　　　代表取締役○○○○㊞

※この協定は2013年4月1日以降は新たに締結することはできません。

7
育児・介護休業規程

育児休業、介護休業は、「休暇」に該当し、就業規則の絶対的必要記載事項です。つまり、すべての事業場の就業規則に定めておくべき事項となります。通達では、育児・介護休業法に定めるところによる旨の規定でも有効とされていますが、育児・介護休業法は、施行規則まで含めて読まなければ細かい運用部分が不明であり、難解な規定となっています。できれば、内容を熟知した専門家がかみ砕いて説明したものなどを参考にして、わかりやすく規程を整備したいものです。

なお、それぞれの制度における労使協定による適用除外者の範囲もモデル規程に盛り込んでいますが、当然に別途労使協定の締結が必要です。

第１章　総　則

（目　的）

第１条　この規程は、○○株式会社（以下「会社」という。）の従業員の育児・介護休業、子の看護休暇・介護休暇・育児目的休暇、育児・介護のための所定外労働・時間外労働・深夜業の制限及び育児・介護短時間勤務等に関する取扱いについて定めるものである。

（会社が講ずる制度）

第２条　この規程により、会社が講ずる制度の名称と内容は次のとおりとする。

（１）　育児休業…この規程に定めるところにより、１歳に満たない子を養育するためにする休業をいう。ただし、従業員本人の出産日以後の産前産後休業（労働基準法第65条第１項及び第２項の休業をいう。以下同じ。）の期間を除く。この場合において、出産日の翌日から産後６週間を経過した場合であって、本人の請求によって、８週間を経過する前に産前産後休業を終了した場合であっても、８週間を経過するまでは、産前産後休業の期間とみなすものとする。

（２）　パパ・ママ育休プラス…当該従業員と配偶者がともに前号の育児休業をする場合の特例として、１歳２か月に満たない子を養育するため、最長１年間することができる育児休業をいう。

（３）　１歳６か月までの育児休業…一定の要件を満たす場合に、育児休業（パパ・ママ育休プラスの場合を含む。）に後続する子が１歳６か月に達するまでの間にする育児休業をいう。

（４）　２歳までの育児休業…一定の要件を満たす場合に、１歳６か月までの育児休業に後続する子が２歳に達するまでの間にする育児休業をいう。

（５）　子の出生後８週間以内の育児休業…産後休業をしていない従業員が、次号の産休特例期間内に限定して、最初に行う短期の育児休業をいう。

（６）　産休特例期間…次の①、②のいずれかの期間をいう。

①　出産予定日前に当該子が出生した場合にあっては、当該出生の日から当該出産予定日から起算して８週間を経過する日の翌日までの期間

②　出産予定日後に当該子が出生した場合にあっては、当該出産予定日から

当該出生の日から起算して８週間を経過する日の翌日までの期間

（７）　子の看護休暇…負傷し、若しくは疾病にかかった小学校就学の始期に達するまでの子の世話又は疾病の予防を図るための当該子の世話をする従業員の申出により、会社が付与する休暇をいう。

（８）　育児目的休暇…小学校就学の始期に達するまでの子を養育する従業員に関して、従業員の申出に基づく育児に関する目的のために利用することができる休暇（子の看護休暇、介護休暇及び年次有給休暇として与えられるものを除き、出産後の養育について出産前において準備することができる休暇を含む。）

（９）　介護休業…この規程に定めるところにより、要介護状態にある対象家族を介護するためにする休業をいう。

(10)　介護休暇…要介護状態にある対象家族の介護その他の世話をする従業員の申出により、会社が付与する休暇をいう。

(11)　所定外労働の制限…３歳に満たない子を養育する従業員又は要介護状態にある対象家族を介護する従業員の請求により、所定の期間、所定労働時間（就業規則に定める会社の労働時間をいう。）を超える労働を免除することをいう。

(12)　時間外労働の制限…小学校就学の始期に達するまでの子を養育し、又は要介護状態にある対象家族を介護する従業員の請求により、所定の期間、36協定にかかわらず、時間外労働（労働基準法第32条で定める法定の労働時間を超える労働をいう。）を１か月について24時間、１年について150時間に制限することをいう。

(13)　深夜業の制限…小学校就学の始期に達するまでの子を養育し、又は要介護状態にある対象家族を介護する従業員の請求により、所定の期間、深夜業を免除することをいう。

(14)　育児短時間勤務…３歳に満たない子を養育する従業員であって育児休業をしていないものに対して会社が講ずる所定労働時間の短縮措置をいう。

(15)　介護短時間勤務…要介護状態にある対象家族を介護する従業員であって介護休業をしていないものに対して会社が講ずる所定労働時間の短縮措置をいう。

2　この規程における定義は、次の各号のとおりとする。

（１）　子…法律上の親子関係がある実子・養子のほか、次の者を含む。

①　特別養子縁組の監護期間中の子

② 養子縁組里親に委託されている子

③ その他これに準ずるもの

（２）○歳に満たない…誕生日の前日までをいう。

（３） ○歳に達する日…○歳の誕生日の前日をいう。なお、雇用保険の育児休業給付金の支給については、その前日（誕生日の前々日）までとする。

（４） 支給単位期間…育児休業又は介護休業を開始した日から起算した１か月ごとの期間（育児休業終了日又は介護休業終了日を含む場合は、その育児休業終了日又は介護休業終了日までの期間）をいう。

（５） １歳２か月に達するまで…１歳の誕生日から、誕生日の属する月の２か月後の月における誕生日の応当日の前日までの期間をいう。なお、雇用保険の育児休業給付金の支給については、その前日（応当日の前々日）までとする。

（６）１歳６か月に達するまで…１歳の誕生日から、誕生日の属する月の６か月後の月における誕生日の応当日の前日までの期間をいう。なお、雇用保険の育児休業給付金の支給については、その前日（応当日の前々日）までとする。

（７） ２歳に達するまで…１歳６か月の誕生日応当日から２歳の誕生日の前日までの期間をいう。なお、雇用保険の育児休業給付金の支給については、その前日（誕生日の前々日）までとする。

（８） 小学校就学の始期に達するまで…６歳に達する日の属する年度（４月１日から翌年３月31日までをいう。）の３月31日までをいう。

（９）要介護状態にある対象家族…負傷、疾病又は身体上若しくは精神上の障害により、２週間以上の期間にわたり常時介護を必要とする状態にある次に掲げる者（以下「対象家族」という。）をいう。

① 配偶者（婚姻の届出をしていないが、事実上婚姻関係と同様の事情にある者を含む。以下同じ。）

② 父母

③ 子

④ 配偶者の父母

⑤ 祖父母

⑥ 兄弟姉妹

⑦ 孫

3　日雇従業員には、この規程は適用しない。

（証明書類の提出）

第３条　会社は、この規程で定める申出書等を受理するに当たり、必要最小限度の各種証明書の提出を求めることがあり、従業員は、これに協力しなければならない。

２　前項の証明書類は、この規程を運用するに当たっての確認又は育児休業給付金、介護休業給付金の申請等限定された用途でのみ用いるものとする。

第２章　育児休業

（育児休業）

第４条　育児のために休業することを希望する従業員であって、１歳に満たない子（パパ・ママ育休プラスの場合は１歳２か月に満たない子）と同居し、当該子を養育するものは、申出により、育児休業をすることができる。ただし、有期契約従業員にあっては、申出時点において、次のいずれにも該当する者に限り、育児休業をすることができる。

（１）　引き続き雇用された期間が１年以上あること。

（２）　子が１歳６か月に達するまでに労働契約期間が満了し、更新されないことが明らかでないこと。

２　育児休業中の有期契約従業員（前項ただし書に該当する者に限る。）が労働契約を更新するに当たり、引き続き休業を希望する場合には、更新された労働契約期間の初日を育児休業開始予定日として、再度の申出を行わなければならない。

３　第１項にかかわらず、労使協定により除外された次の従業員からの休業の申出は拒むことができる。第６条第１項の１歳６か月（第６条第２項の２歳までの育児休業の申出にあっては２歳）までの育児休業において同じ。

（１）　雇入れ後１年未満の従業員

（２）　申出の日から１年以内（１歳６か月までの育児休業及び２歳までの育児休業の申出をする場合は、６か月以内）に雇用関係が終了することが明らかな従業員

（３）　１週間の所定労働日数が２日以下の従業員

４　育児休業期間中に就業した場合であっても、支給単位期間において、就業した日数が10日（10日を超える場合にあっては、就業していると認められる時間が80時間）以下のときは、育児休業期間として取り扱う。

（パパ・ママ育休プラス）

第５条　配偶者が従業員と同じ日から又は従業員より先に育児休業をしている場合、従業員は、子が１歳２か月に達するまでの間で、出生日以後の産前・産後休業期間と育児休業期間との合計が１年となるまでの期間を限度として、育児休業をすることができる。ただし、この場合における育児休業開始予定日は、子の１歳の誕生日までの日としなければならない。

（１歳６か月までの育児休業、２歳までの育児休業）

第６条　育児休業中の従業員又は配偶者が育児休業中の従業員は、子が１歳に達する日（パパ・ママ育休プラスの場合にあっては、子が１歳に達する日後の本人又は配偶者の育児休業を終了しようとする日（以下「育児休業終了予定日」という。））において、次のいずれにも該当する場合は、子が１歳６か月に達するまでの間で必要な日数について育児休業をすることができる。なお、育児休業を開始しようとする日（以下「育児休業開始予定日」という。）は、子の１歳の誕生日（パパ・ママ育休プラスの場合にあっては、子が１歳に達する日後の従業員本人又は配偶者の育児休業終了予定日の翌日とする。以下本条において同じ。）とする。

（１）　従業員又は配偶者が子の１歳の誕生日の前日に育児休業をしていること。

（２）　次のいずれかの事情があるとき。

①　保育所等（注）に入所を希望しているが、入所できない場合

②　従業員の配偶者であって育児休業の対象となる子の親であり、１歳以降育児に当たる予定であった者が、死亡、負傷、疾病等の事情により子を養育することが困難になった場合

２　従業員は、その養育する１歳６か月から２歳に達するまでの子について、次の各号のいずれにも該当する場合に限り、会社に申し出ることにより、子が２歳に達するまでの間で必要な日数について、育児休業をすることができる。

（１）　従業員又は配偶者が子の１歳６か月に達する日に育児休業をしていること。

（２）当該子の１歳６か月到達日後の期間について休業することが雇用の継続のために特に必要と認められる場合として、法令で定める場合に該当するとき（保育所等に入所を希望しているが、入所できない場合等）

３　前項の育児休業の手続等については、１歳６か月までの育児休業に準じて取り扱う。

（注）　児童福祉法第39条第１項に規定する保育所、就学前の子どもに関する教育、保

育等の総合的な提供の推進に関する法律第２条第６項に規定する認定こども園及び児童福祉法第24条第２項に規定する家庭的保育事業をいう。

（育児休業の申出の手続等）

第７条　育児休業をすることを希望する従業員は、原則として、育児休業開始予定日の１か月前（１歳６か月までの育児休業及び２歳までの育児休業の場合は、２週間前）までに、会社が定める様式において、育児休業開始予定日と育児休業終了予定日を明らかにして、これを会社に提出することにより申し出なければならない。

2　育児休業の申出は、次のいずれかに該当する場合を除き、一子につき１回（産休特例期間中の育児休業の申出は回数に含めない。）限りとする。

（１）　育児休業をした者が、１歳６か月までの育児休業若しくは２歳までの育児休業の申出をしようとする場合又は１歳６か月までの育児休業をした者が２歳までの育児休業の申出をしようとする場合

（２）　配偶者の死亡等特別の事情がある場合

3　育児休業申出書が提出されたときは、会社は速やかに当該申出書を提出した者（以下この章において「申出者」という。）に対し、会社が定める様式を交付する。

4　育児休業の期間は、次の各号に掲げる日までを限度として、育児休業開始予定日（申出が遅れたときは会社が指定した日）から育児休業終了予定日までの期間とする。

（１）　次の各号以外の育児休業の場合…子が１歳に達する日

（２）　パパ・ママ育休プラスの場合…子が１歳２か月に達する日と休業を開始してから１年（従業員本人の出生日以後の産前産後休業期間の日数及び育児休業をした日数を含む。）を経過した日のうちいずれか早い日

（３）　１歳６か月までの育児休業の場合…子が１歳６か月に達する日

（４）　２歳までの育児休業の場合…子が２歳に達する日

5　申出の日後に申出に係る子が出生したときは、申出者は、出生後２週間以内に会社に会社が定める様式を提出しなければならない。なお、この規定は、第15条（育児のための所定外労働の制限）、第16条（育児のための時間外労働の制限）及び第17条（育児のための深夜業の制限）の請求者並びに第21条（育児短時間勤務）の申出者について準用する。

6　申出者は、育児休業開始予定日の前日までに、会社が定める様式を会社に提出

することにより、育児休業の申出を撤回することができる。

7　育児休業申出撤回届が提出されたときは、会社は速やかに当該届を提出した者に対し、会社が定める様式を交付する。

8　育児休業の申出を撤回した者は、次条第１項各号に掲げる特別の事情がない限り同一の子については再度申出をすることができない。ただし、休業の申出を撤回した者であっても、第６条第１項各号の事情があるときは、１歳６か月まで（第６条第２項各号の事情があるときは、２歳まで）の育児休業の申出をすることができる。

9　育児休業開始予定日の前日までに、子の死亡等により申出者が育児休業申出に係る子を養育しないこととなった場合には、育児休業の申出はされなかったものとみなす。この場合において、申出者は、原則として当該事由が発生した日に、会社にその旨を通知しなければならない。

（再度の育児休業の申出と出産後８週間以内の育児休業の特例）

第８条　育児休業をしたことがある従業員は、当該育児休業を開始した日に養育していた子については、次の各号に掲げる事情がある場合でなければ、再度の育児休業の申出をすることができない。ただし、最初の育児休業が出産後８週間以内の育児休業であるときは、この限りでないものとし、出産後８週間以内の育児休業の特例として、理由のいかんにかかわらず再度の育児休業の申出を認める。

（１）　当初の申出に係る育児休業期間が新たな育児休業又は産前産後休業の開始により期間途中で終了した場合に、新たな育児休業又は産前産後休業に係る子が死亡又は当該申出をした従業員と同居しないこととなったとき。

（２）　当初の申出に係る育児休業期間が介護休業の開始により期間途中で終了した後に、介護休業に係る対象家族が死亡又は当該申出をした従業員と同居しないこととなったとき。

（３）　配偶者が死亡したとき。

（４）　配偶者が負傷・疾病等により子を養育することが困難な状態となったとき。

（５）　婚姻の解消その他の事情により配偶者が子と同居しないこととなったとき。

（６）　申出に係る子が負傷又は疾病若しくは精神上の障害により、２週間以上の期間にわたり世話を必要とする状態となったとき。

（７）　申出に係る子について、保育所等における保育の実施を希望し、申込みを行っているが、当面その実施が行われないとき。

（育児休業期間の変更等）

第９条　第４条第１項の規定による申出者は、次の各号のいずれかに該当する事由が生じた場合又は生じるおそれのある場合には、会社が定める様式を会社に提出することにより、１回に限り、当初の申出に係る育児休業開始予定日とされた日の繰上げを申し出ることができる。なお、育児休業開始予定日とされた日の繰下げは、原則として、認めない。

（１）　出産予定日前に子が出生したこと。

（２）　育児休業申出に係る子の親である配偶者が死亡したこと。

（３）　配偶者が負傷又は疾病により育児休業申出に係る子を養育することが困難になったこと。

（４）　配偶者が育児休業申出に係る子と同居しなくなったこと。

2　前項の申出は、原則として、当初の申出に係る育児休業開始予定日の１週間前までに行わなければならない。ただし、会社がやむを得ないと認めるときは、この限りでない。

3　申出者は、育児休業終了予定日とされた日の１か月前（第６条第１項の１歳６か月までの育児休業及び同条第２項の２歳までの育児休業の場合は２週間前）までに、会社が定める様式を会社に提出することにより、１回に限り（第６条第１項の１歳６か月までの育児休業の場合は、第４条第１項に基づく休業とは別に、子が１歳から１歳６か月に達するまでの期間内で１回、第６条第２項の２歳までの育児休業の場合は、第４条第１項及び第６条第１項に基づく育児休業とは別に、子が２歳に達するまでの期間内で１回)、当初の申出に係る育児休業終了予定日とされた日の繰下げを申し出ることができる。ただし、第６項各号に掲げる日を超えることはできない。

4　申出者は、第６項各号に掲げる理由によるほかは、育児休業終了予定日とされた日を繰り上げることはできない。

5　〔育児・介護〕休業期間変更申出書が提出されたときは、会社は速やかに当該申出者に対し、会社が定める様式を交付する。

6　次の各号に掲げるいずれかの事由が生じた場合には、育児休業期間は、当該事由が生じた日（第６号の場合は、その前日）に終了する。この場合において、第１号及び第２号に該当したときは、当該従業員の復職日は、事由発生の日から２週間以内であって、会社と従業員が話合いのうえ決定した日とする。

（１）　育児休業申出に係る子の死亡、又は子が養子である場合における離縁若し

くは養子縁組の取消し

（２）　育児休業申出に係る子と同居しなくなったこと。

（３）　育児休業終了予定日とされた日の前日までに、育児休業申出に係る子が１歳（パパ・ママ育休プラスの場合は１歳２か月、１歳６か月までの育児休業の場合は１歳６か月、２歳までの育児休業の場合は２歳）に達したこと。

（４）　申出者が、負傷、疾病又は身体上若しくは精神上の障害により、当該育児休業申出に係る子が１歳（パパ・ママ育休プラスの場合は１歳２か月、１歳６か月までの育児休業の場合は１歳６か月、２歳までの育児休業の場合は２歳）に達するまでの間、当該子を養育することができない状態になったこと。

（５）　パパ・ママ育休プラスにより子の１歳到達日の翌日以後の日に育児休業をする場合において、従業員の配偶者が育児休業をしていないこと（当該育児休業開始予定日が当該配偶者のしている育児休業期間の初日と同じ日である場合を除く。）。

（６）　申出者について、産前産後休業、介護休業又は新たな育児休業が始まったこと。

7　前項各号の事由が生じた場合には、申出者は、原則として当該事由が生じた日に会社にその旨を通知しなければならない。

第３章　子の看護休暇・育児目的休暇

（子の看護休暇）

第10条　小学校就学の始期に達するまでの子を養育する従業員は、申出により、負傷し、若しくは疾病にかかった当該子の世話をするために、又は当該子に予防接種若しくは健康診断を受けさせるために、一年度につき５日間（その養育する小学校就学の始期に達するまでの子が２人以上の場合にあっては、10日間）を限度として、子の看護休暇を取得することができる。ただし、労使協定により、子の看護休暇の対象から除外することとされた次の従業員は除く。

（１）　雇入れ後６か月未満の従業員

（２）　１週間の所定労働日数が２日以下の従業員

2　前項の休暇を取得しようとする従業員は、あらかじめ、会社が定める様式を会社に提出することにより、申し出なければならない。この場合において、緊急かつやむを得ないと認めるときは、電話での申出を認めるものとするが、事後遅滞なくその旨を届け出なければならない。

3　子の看護休暇は、就業規則第▼条（年次有給休暇）とは別に付与する休暇とする。ただし、その期間は、無給とする。

4　子の看護休暇は、半日<又は時間>を単位として取得することができるものとする。ただし、次の従業員からの半日単位の子の看護休暇の申出は拒むことができる。

（1）　1日の所定労働時間が4時間以下である従業員

（2）　従業員代表との労使協定により除外された、業務の性質若しくは業務の実施体制に照らして、半日単位の子の看護休暇を取得することが困難と認められる業務に従事する従業員

5　従業員代表との労使協定により、勤務時間が9時～17時45分の従業員の半日単位となる時間数は、始業時刻から3時間又は終業時刻までの4時間45分とする。休暇1日当たりの時間数は、7時間45分とする。それ以外の従業員については、半日単位となる時間数は1日の所定労働時間の2分の1とし、始業時刻から連続し、又は終業時刻まで連続するものとする。

（育児目的休暇）

第11条　小学校就学の始期に達するまでの子を養育する従業員は、申出により、育児に関する目的（出産後の養育についての出産前における準備を含む。）のために、一年度につき○日間（その養育する子が2人以上の場合にあっては、○日間）を限度として、育児目的休暇を取得することができる。

2　前項の休暇を取得しようとする従業員は、あらかじめ、会社が定める様式を会社に提出することにより、申し出なければならない。この場合において、緊急かつやむを得ないと認めるときは、電話での申出を認めるものとするが、事後遅滞なくその旨を届け出なければならない。

3　育児目的休暇は、就業規則第▼条（年次有給休暇）とは別に付与する休暇とする。ただし、その期間は、無給とする。

<※：育介法では当該措置を講ずることは、努力義務とされています>

第４章　介護休業

（介護休業）

第12条　要介護状態にある対象家族を介護する従業員は、申出により、介護を必要とする家族１人につき、のべ93日間までの範囲内で３回を上限として介護休業をすることができる。ただし、有期契約従業員にあっては、申出時点において、次のいずれにも該当する者に限り、介護休業をすることができる。

（１）　引き続き雇用された期間が１年以上あること。

（２）　介護休業を開始しようとする日（以下「介護休業開始予定日」という。）から93日経過日から６か月を経過する日までに労働契約期間が満了し、更新されないことが明らかでないこと。

2　介護休業中の有期契約従業員（前項ただし書に該当する者に限る。）が労働契約を更新するに当たり、引き続き休業を希望する場合には、更新された労働契約期間の初日を介護休業開始予定日として、再度の申出を行わなければならない。

3　第１項にかかわらず、労使協定により除外された次の従業員からの休業の申出は拒むことができる。

（１）　雇入れ後１年未満の従業員

（２）　申出の日から93日以内に雇用関係が終了することが明らかな従業員

（３）　１週間の所定労働日数が２日以下の従業員

（介護休業の申出の手続等）

第13条　介護休業をすることを希望する従業員は、原則として、介護休業開始予定日の２週間前までに、会社が定める様式において、介護休業開始予定日と介護休業を終了しようとする日（以下「介護休業終了予定日」という。）を明らかにして、これを会社に提出することにより申し出なければならない。

2　介護休業申出書が提出されたときは、会社は速やかに当該申出書を提出した者（以下この章において「申出者」という。）に対し、会社が定める様式を交付する。

3　介護休業の期間は、当該申出に係る対象家族１人につき、介護休業開始予定日（申出が遅れたときは会社が指定した日）から介護休業終了予定日（その日が当該休業開始予定日から起算して93日から当該対象家族についての介護休業日数を控除した日数より後の日であるときは、当該経過する日）までの期間とする。

4　申出者は、介護休業開始予定日の前日までに、会社が定める様式を会社に提出することにより、介護休業の申出を撤回することができる。

5　介護休業申出撤回届が提出されたときは、会社は速やかに当該届を提出した者に対し、会社が定める様式を交付する。

6　同一対象家族について２回連続して介護休業の申出を撤回した者については、当該家族について再度の申出はすることができない。ただし、会社が認めた場合には、申し出ることができる。

7　介護休業開始予定日の前日までに、家族の死亡等により申出者が介護休業申出に係る家族を介護しないこととなった場合には、介護休業の申出はされなかったものとみなす。この場合において、申出者は、原則として当該事由が発生した日に、会社にその旨を通知しなければならない。

8　申出者は、介護休業終了予定日とされた日の２週間前までに、会社が定める様式を提出することにより、当初の申出に係る介護休業終了予定日とされた日の繰下げを申し出ることができる。この場合において、介護休業開始予定日から変更後の介護休業終了予定日までの期間は、通算93日間の範囲を超えないものとする。

9　申出者は、第11項各号に掲げる理由によるほかは、介護休業終了予定日とされた日を繰り上げることはできない。

10　介護休業期間変更申出書が提出されたときは、会社は速やかに当該申出者に対し、会社が定める様式を交付する。

11　次の各号に掲げるいずれかの事由が生じた場合には、介護休業は、当該事由が生じた日（第２号の場合は、その前日）に終了する。この場合において、第１号に該当したときは、当該従業員の復職日は、事由発生の日から２週間以内であって、会社と従業員が話し合いのうえ決定した日とする。

（１）　対象家族の死亡等介護休業に係る対象家族を介護しないこととなった場合

（２）　申出者について、産前産後休業、育児休業又は新たな介護休業が始まったこと。

12　前項第１号の事由が生じた場合には、申出者は、原則として当該事由が生じた日に会社にその旨を通知しなければならない。

第５章　介護休暇

（介護休暇）

第14条　要介護状態にある対象家族の介護、対象家族の通院等の付添い、対象家族が介護サービスの提供を受けるために必要な手続の代行その他の対象家族に必要な世話を行う従業員は、申出により、一年度につき５日間（要介護状態にある対象家族が２人以上の場合にあっては、10日間）を限度として、介護休暇を取得することができる。ただし、労使協定により、介護休暇の対象から除外することとされた次の従業員は除く。

（１）　雇入れ後６か月未満の従業員

（２）　１週間の所定労働日数が２日以下の従業員

2　前項の休暇を取得しようとする従業員は、あらかじめ、会社が定める様式を会社に提出することにより、申し出なければならない。この場合において、緊急かつやむを得ないと認めるときは、電話での申出を認めるものとするが、事後遅滞なくその旨を届け出なければならない。

3　介護休暇は、就業規則第21条（年次有給休暇）とは別に付与する休暇とする。ただし、その期間は、無給とする。

4　介護休暇は、半日＜又は時間＞を単位として取得することができるものとする。ただし、次の従業員からの半日単位の介護休暇の申出は拒むことができる。

（１）　１日の所定労働時間が４時間以下である従業員

（２）　従業員代表との労使協定により除外された、業務の性質若しくは業務の実施体制に照らして、半日単位の介護休暇を取得することが困難と認められる業務に従事する従業員

5　従業員代表との労使協定により、勤務時間が９時～17時45分の従業員の半日単位となる時間数は、始業時刻から３時間又は終業時刻までの４時間45分とする。休暇１日当たりの時間数は、７時間45分とする。それ以外の従業員については、半日単位となる時間数は１日の所定労働時間の２分の１とし、始業時刻から連続し、又は終業時刻まで連続するものとする。

第６章　育児のための所定外労働の制限等

（育児のための所定外労働の制限）

第15条　３歳に満たない子を養育する従業員が当該子を養育するために請求した場合には、事業の正常な運営に支障がある場合を除き、所定外労働をさせることはない。ただし、労使協定により、所定外労働の制限の対象から除外することとされた次の従業員は除く。

（１）　雇入れ後１年未満の従業員

（２）　１週間の所定労働日数が２日以下の従業員

2　前項に定める所定外労働の制限を請求しようとする従業員は、１回につき、１か月以上１年以内の期間（以下この条において「制限期間」という。）について、制限を開始しようとする日（以下この条において「制限開始予定日」という。）及び制限を終了しようとする日を明らかにして、原則として、制限開始予定日の１か月前までに、会社が定める様式を会社に提出しなければならない。この場合において、制限期間は、次条に規定する時間外労働の制限に係る制限期間と重複しないようにしなければならない。

3　請求の日後に請求に係る子が出生したときは、請求書を提出した者（以下この条において「請求者」という。）は、出生後２週間以内に会社に、会社が定める様式を提出しなければならない。

4　制限開始予定日の前日までに、請求に係る子の死亡等により請求者が子を養育しないこととなった場合には、請求しなかったものとみなす。この場合において、請求者は、原則として当該事由が発生した日に、会社にその旨を通知しなければならない。

5　次の各号に掲げるいずれかの事由が生じた場合には、制限期間は、当該事由が生じた日（第３号の場合は、その前日）に終了する。

（１）　子の死亡等、制限に係る子を養育しないこととなったとき。

（２）　制限に係る子が３歳に達したとき。

（３）　請求者について、産前産後休業、育児休業又は介護休業が始まったとき。

6　前項第１号の事由が生じた場合には、請求者は原則として当該事由が生じた日に、会社にその旨を通知しなければならない。

（育児のための時間外労働の制限）

第16条　小学校就学の始期に達するまでの子を養育する従業員が当該子を養育するために請求した場合には、事業の正常な運営に支障がある場合を除き、法定労働時間を超えて延長する労働時間は、１か月について24時間、１年について150時間を限度とする。

2　前項の規定にかかわらず、次のいずれかに該当する従業員は時間外労働の制限を請求することができない。

（1）　雇入れ後１年未満の従業員

（2）　１週間の所定労働日数が２日以下の従業員

3　第１項に定める時間外労働の制限を請求しようとする従業員は、１回につき、１か月以上１年以内の期間（以下この条において「制限期間」という。）について、制限を開始しようとする日（以下この条において「制限開始予定日」という。）及び制限を終了しようとする日を明らかにして、原則として、制限開始予定日の１か月前までに、会社が定める様式を会社に提出しなければならない。この場合において、制限期間は、前条に規定する所定外労働の制限に係る制限期間と重複しないようにしなければならない。

4　請求の日後に請求に係る子が出生したときは、請求書を提出した者（以下この条において「請求者」という。）は、出生後２週間以内に会社に、会社が定める様式を提出しなければならない。

5　制限開始予定日の前日までに、請求に係る子の死亡等により請求者が子を養育しないこととなった場合には、請求しなかったものとみなす。この場合において、請求者は、原則として当該事由が発生した日に、会社にその旨を通知しなければならない。

6　次の各号に掲げるいずれかの事由が生じた場合には、制限期間は、当該事由が生じた日（第３号の場合は、その前日）に終了する。

（1）　子の死亡等、制限に係る子を養育しないこととなったとき。

（2）　制限に係る子が小学校就学の始期に達したとき。

（3）　請求者について、産前産後休業、育児休業又は介護休業が始まったとき。

7　前項第１号の事由が生じた場合には、請求者は原則として当該事由が生じた日に、会社にその旨を通知しなければならない。

（育児のための深夜業の制限）

第17条 小学校就学の始期に達するまでの子を養育する従業員が当該子を養育するために請求した場合には、事業の正常な運営に支障がある場合を除き、午後10時から午前５時までの間（以下「深夜」という。）に労働させることはない。

2 前項にかかわらず、次のいずれかに該当する従業員は深夜業の制限を請求することができない。

（１） 雇入れ後１年未満の従業員

（２） 請求に係る子の16歳以上の同居の家族等が次のいずれにも該当する従業員

① 深夜において就業していない者（１か月について深夜における就業が３日以下の者を含む。）であること。

② 心身の状況が請求に係る子の保育をすることができる者であること。

③ ６週間（多胎妊娠の場合にあっては、14週間）以内に出産する予定であるか又は産後８週間を経過しない者でないこと。

（３） １週間の所定労働日数が２日以下の従業員

（４） 所定労働時間の全部が深夜にある従業員

3 第１項に定める深夜業の制限を請求しようとする従業員は、１回につき、１か月以上６か月以内の期間（以下この条において「制限期間」という。）について、制限を開始しようとする日（以下この条において「制限開始予定日」という。）及び制限を終了しようとする日を明らかにして、原則として、制限開始予定日の１か月前までに、会社が定める様式を会社に提出しなければならない。

4 請求の日後に請求に係る子が出生したときは、申出書を提出した者（以下この条において「請求者」という。）は、出生後２週間以内に会社に、会社が定める様式を提出しなければならない。

5 制限開始予定日の前日までに、請求に係る子の死亡等により請求者が子を養育しないこととなった場合には、請求しなかったものとみなす。この場合において、請求者は、原則として当該事由が発生した日に、会社にその旨を通知しなければならない。

6 次の各号に掲げるいずれかの事由が生じた場合には、制限期間は、当該事由が生じた日（第３号の場合は、その前日）に終了する。

（１） 子の死亡等、制限に係る子を養育しないこととなったとき。

（２） 制限に係る子が小学校就学の始期に達したとき。

（３） 請求者について、産前産後休業、育児休業又は介護休業が始まったとき。

7　前項第１号の事由が生じた場合には、請求者は原則として当該事由が生じた日に、会社にその旨を通知しなければならない。

第７章　介護のための所定外労働の制限等

（介護のための所定外労働の制限）

第18条　要介護状態にある対象家族の介護をする従業員が当該対象家族を介護するために請求した場合には、事業の正常な運営に支障がある場合を除き、所定外労働をさせることはない。ただし、労使協定により、所定外労働の制限の対象から除外することとされた次の従業員は除く。

（１）　雇入れ後１年未満の従業員

（２）　１週間の所定労働日数が２日以下の従業員

2　前項に定める所定外労働の制限を請求しようとする者は、１回につき、１か月以上１年以内の期間（以下この条において「制限期間」という。）について、制限を開始しようとする日（以下この条において「制限開始予定日」という。）及び制限を終了しようとする日を明らかにして、原則として、制限開始予定日の１か月前までに、会社が定める様式を会社に提出しなければならない。この場合において、制限期間は、次条に規定する時間外労働の制限に係る制限期間と重複しないようにしなければならない。

3　制限開始予定日の前日までに、請求に係る家族の死亡等により請求書を提出した者（以下この条において「請求者」という。）が家族を介護しないこととなった場合には、請求しなかったものとみなす。この場合において、請求者は、原則として当該事由が発生した日に、会社にその旨を通知しなければならない。

4　次の各号に掲げるいずれかの事由が生じた場合には、制限期間は、当該事由が生じた日（第２号の場合は、その前日）に終了する。

（１）　家族の死亡等、制限に係る家族を介護しないこととなったとき。

（２）　請求者について、産前産後休業、育児休業又は介護休業が始まったとき。

5　前項第１号の事由が生じた場合には、請求者は原則として当該事由が生じた日に、会社にその旨を通知しなければならない。

（介護のための時間外労働の制限）

第19条　要介護状態にある対象家族を介護する従業員が当該家族を介護するために

請求した場合には、事業の正常な運営に支障がある場合を除き、法定労働時間を超えて延長する労働時間は、１か月について24時間、１年について150時間を限度とする。

2　前項の規定にかかわらず、次のいずれかに該当する従業員は時間外労働の制限を請求することができない。

（1）　雇入れ後１年未満の従業員

（2）　１週間の所定労働日数が２日以下の従業員

3　第１項に定める時間外労働の制限を請求しようとする従業員は、１回につき、１か月以上１年以内の期間（以下この条において「制限期間」という。）について、制限を開始しようとする日（以下この条において「制限開始予定日」という。）及び制限を終了しようとする日を明らかにして、原則として、制限開始予定日の１か月前までに、会社が定める様式を会社に提出しなければならない。この場合において、制限期間は、前条に規定する所定外労働の制限に係る制限期間と重複しないようにしなければならない。

4　制限開始予定日の前日までに、請求に係る家族の死亡等により請求書を提出した者（以下この条において「請求者」という。）が家族を介護しないこととなった場合には、請求しなかったものとみなす。この場合において、請求者は、原則として当該事由が発生した日に、会社にその旨を通知しなければならない。

5　次の各号に掲げるいずれかの事由が生じた場合には、制限期間は、当該事由が生じた日（第２号の場合は、その前日）に終了する。当該制限の事由が消滅した場合には、直ちに制限期間を終了する。

（1）　家族の死亡等、制限に係る家族を介護しないこととなったとき。

（2）　請求者について、産前産後休業、育児休業又は介護休業が始まったとき。

6　前項第１号の事由が生じた場合には、請求者は原則として当該事由が生じた日に、会社にその旨を通知しなければならない。

（介護のための深夜業の制限）

第20条　要介護状態にある対象家族を介護する従業員が当該対象家族を介護するために請求した場合には、事業の正常な運営に支障がある場合を除き、深夜に労働させることはない。

2　前項にかかわらず、次のいずれかに該当する従業員は、深夜業の制限を請求することができない。

（１）雇入れ後１年未満の従業員
（２）請求に係る対象家族の16歳以上の同居の家族等が次のいずれにも該当する従業員
① 深夜において就業していない者（１か月について深夜における就業が３日以下の者を含む。）であること。
② 心身の状況が請求に係る対象家族の介護をすることができる者であること。
③ ６週間（多胎妊娠の場合にあっては、14週間）以内に出産する予定であるか又は産後８週間を経過しない者でないこと。
（３） １週間の所定労働日数が２日以下の従業員
（４） 所定労働時間の全部が深夜にある従業員

3 第１項に定める深夜業の制限を請求しようとする従業員は、１回につき、１か月以上６か月以内の期間（以下この条において「制限期間」という。）について、制限を開始しようとする日（以下この条において「制限開始予定日」という。）及び制限を終了しようとする日を明らかにして、原則として、制限開始予定日の１か月前までに、会社が定める様式を会社に提出しなければならない。

4 制限開始予定日の前日までに、請求に係る家族の死亡等により請求書を提出した者（以下この条において「請求者」という。）が家族を介護しないこととなった場合には、請求しなかったものとみなす。この場合において、請求者は、原則として当該事由が発生した日に、会社にその旨を通知しなければならない。

5 次の各号に掲げるいずれかの事由が生じた場合には、制限期間は、当該事由が生じた日（第２号の場合は、その前日）に終了する。
（１） 家族の死亡等、制限に係る家族を介護しないこととなったとき。
（２）請求者について、産前産後休業、育児休業又は介護休業が始まったとき。

6 前項第１号の事由が生じた場合には、請求者は原則として当該事由が生じた日に、会社にその旨を通知しなければならない。

第８章 育児短時間勤務

（育児短時間勤務）

第21条 従業員（１日の所定労働時間が６時間以下である者を除く。次条において同じ。）であって、その３歳に満たない子を養育するものは、申出により、育児短時間勤務制度を利用することができる。ただし、労使協定により、育児短時間勤務の対象から除外することとされた次の従業員は除く。

（1）　雇入れ後１年未満の従業員
（2）　１週間の所定労働日数が２日以下の従業員
（3）　業務の性質又は業務の実施体制に照らして、所定労働時間の短縮措置を講ずることが困難と認められる次の業務に従事する従業員
　①　○○工場○○部門の従業員（交替制勤務のため）
　②　△△工場△△部門の従業員（流れ作業方式による製造業務であるため）
　③　□□支店の総務及び経理業務に従事する従業員（従業員数が少なく代替要員の配置が困難であるため）

2　前項第３号による適用除外者については、会社は次のいずれかの措置を代替措置として講ずる。

（1）　始業及び終業時刻の繰上げ又は繰下げ（時差出勤）
（2）　フレックスタイム制
（3）　事業所内託児施設の設置又はベビーシッターの費用負担等
（4）　子が３歳に達するまでの育児休業

3　育児短時間勤務制度を利用する従業員の１日の所定労働時間は、次の各号のいずれかから本人が選択した時間とする。

（1）　５時間
（2）　６時間
（3）　７時間

4　育児短時間勤務期間中の始業及び終業の時刻は、育児の状況を勘案し、個人ごとに定める。

5　第１項に定める申出をしようとする従業員は、制度の利用を開始しようとする日及び利用を終了しようとする日を明らかにして、原則として、制度の利用を開始しようとする日の１か月前までに、会社が定める様式を提出することにより、会社に申し出なければならない。申出書が提出されたときは、会社は速やかに申出者に対し、会社が定める様式を交付する。その他の手続等は、育児休業に準ずるものとする。

6　申出の日後に申出に係る子が出生したときは、申出書を提出した者は、出生後２週間以内に会社が定める様式を提出しなければならない。

7　１歳に満たない子を育てる女性従業員については、第１項に加えて就業規則第

▼条（育児時間）に基づき、１日２回（１回当たり30分）の育児時間の請求をすることができる。

第９章　介護短時間勤務

（介護短時間勤務）

第22条　従業員であって、要介護状態にある対象家族を介護するものは、申出により、当該対象家族１人につき、利用開始の日から３年の間で２回までの範囲で、会社の所定労働時間を、１日当たり６時間とする介護短時間勤務制度を利用することができる。ただし、労使協定により、介護短時間勤務の対象から除外することとされた次の従業員を除く。

（１）　雇入れ後１年未満の従業員

（２）　１週間の所定労働日数が２日以下の従業員

2　介護短時間勤務期間中の始業及び終業の時刻は、介護の状況を勘案し、個人ごとに定める。

3　第１項に定める申出をしようとする従業員は、利用を開始しようとする日及び利用を終了しようとする日を明らかにして、原則として、制度の利用を開始しようとする日の２週間前までに、会社が定める様式を提出することにより、会社に申し出なければならない。申出書が提出されたときは、会社は速やかに申出者に対し会社が定める様式を交付する。その他の手続等は、介護休業に準ずるものとする。

第10章　休業等の期間中の待遇

（賃金等の取扱い）

第23条　基本給その他の月毎に支払われる賃金の取扱いは次の各号に規定するとおりとする。

（１）　育児休業（パパ・ママ育休プラス、１歳６か月までの育児休業、２歳までの育児休業を含む。）又は介護休業をした期間…就業した時間を除き、無給とする。

（２）　子の看護休暇若しくは育児目的休暇の日又は時間…就業しなかった時間につき、無給とする。

（３）　介護休暇の日又は時間…就業しなかった時間につき、無給とする。

（４）　深夜業の制限の適用を受けた期間…深夜の時間帯に所定労働時間があるときは、１日当たりの不就労時間につき就業規則に定める欠勤等の場合の時間割計算の規定に基づき控除した後の賃金を支払う。

（５）　育児短時間勤務、介護短時間勤務制度を利用した期間…１日当たりの短縮時間につき就業規則に定める欠勤等の場合の時間割計算等の規定に基づき控除した後の賃金を支払う。

2　賞与については、賞与算定対象期間中の就業した期間について日割り計算した額を休業終了後の最初の支給日に支給する。ただし、就業した期間がないときは、支給しない。

3　前項の場合において、短時間勤務をした期間については、当該期間は通常の勤務をしたものとして取り扱う。

4　定期昇給は、育児休業又は介護休業の期間中は行わないものとし、当該休業期間中に定期昇給日が到来した者については、復職後に昇給させるものとする。

5　退職金の算定に当たっては、育児休業又は介護休業をした期間並びに短時間勤務をした期間は、通常の勤務をしたものとして勤続年数を計算するものとする。

6　年次有給休暇の権利発生のための出勤率の算定に当たっては、育児休業又は介護休業の期間は、出勤したものとして取り扱う。

（育児休業等期間中の待遇）

第24条　社会保険の被保険者資格は、産前産後休業及び育児休業期間中であっても継続する。この場合において、産前産後休業及び育児休業期間中の社会保険料は、会社が保険者等に申出をすることにより、その全額が免除となる。

2　住民税の扱いについては、会社と当該従業員との間の協議により、次のいずれかの方法を選択することができる。

（１）　特別徴収を普通徴収に切り替え、会社は源泉徴収を行わない。

（２）　従業員が休業前に休業期間中に係る住民税を会社に一括で支払う。

3　財形貯蓄については、産前産後休業及び育児休業期間中は、その払込みを中止する。ただし、払出し又は解約は、当該期間中であっても行うことができる。

4　従業員が返済中の貸付金については、その返済は、産前産後休業及び育児休業期間中は、これを猶予する。ただし、貸付利息の扱いについては、別途協議する。また、育児休業期間中は、会社は、新たな貸付けは行わないものとする。

（介護休業期間中の待遇）

第25条 社会保険の被保険者資格は、介護休業期間中であっても継続する。

2 介護休業により賃金の支払われない月における社会保険の被保険者負担分保険料及び毎月の賃金より控除されるべきものがある場合は、各月に会社が立て替えて支払い、当該立替金額については、当該従業員が、会社が指定する日までに支払うものとする。

3 前項のほか、住民税、労使協定に定める控除金等は、各月に会社が立て替えて支払い、当該立替金額については、当該従業員が、会社が指定する日までに支払うものとする。

（復 職）

第26条 育児休業期間又は介護休業期間が終了したときは、直ちに復職するものとし、育児休業終了日又は介護休業終了日の翌日より勤務を命ずる。

2 育児休業期間後又は介護休業期間後の勤務は、原則として、育児休業期間開始前又は介護休業期間開始前の部門及び職務で行うものとする。ただし、会社は、組織の変更等やむを得ない事情がある場合には、部門及び職務の変更を行うことがある。この場合は育児休業期間終了予定日又は介護休業期間終了予定日の１か月前に正式に決定し通知する。

3 復職後の賃金額は、原則として、育児休業前又は介護休業前の賃金額を下回らないものとする。

第11章 雑 則

（従業員への通知）

第27条 会社は、この規程に定める制度について、労使協定に基づき、従業員の申出又は請求を拒むときは、その旨を従業員に通知するものとする。

（育児休業等に関する定めの周知等の措置）

第28条 会社は、本規程を従業員に周知させるための措置（従業員若しくはその配偶者が妊娠し、若しくは出産したこと又は従業員が対象家族を介護していることを知ったときに、当該従業員に対し知らせる措置を含む。）を講ずるほか、従業員が育児休業申出又は介護休業申出をしたときは、当該従業員に対し、個別にこの規程及び法令に定める育児休業等に関する制度を明示するものとする。

（育児休業等に関するハラスメントの防止）

第29条　すべての従業員は、この規程に定める制度の申出・利用に関して、当該申出・利用をする従業員の就業環境を害する言動を行ってはならない。

2　前項に該当する言動を行ったと認められる従業員に対しては、就業規則第▼条（あらゆるハラスメントの禁止）に基づき、厳正に対処する。

3　本条に関し相談をしたこと、又は事実関係の確認に協力したこと等を理由として、会社は、人事異動、人事評価・教育等の場における成績評価、単位認定等について、相談者又は情報提供者等に不利益な取扱いは行わない。

（給付金の支給手続）

第30条　育児休業又は介護休業に伴う雇用保険法に基づく給付金の支給手続は、原則として、会社が行う。

2　前項の規定は、本人の希望に基づき当該本人が支給手続を行うことを妨げるものではない。

（支給手続への協力）

第31条　前条の手続に関し、従業員は、期限までの申請書への記載及び各種証拠書類の収集に協力しなければならない。この場合において、本人の過失により、当該給付金が不支給となったときは、会社はその責めは負わない。

（相談窓口）

第32条　この規程に関する相談又は苦情は、総務部に設置する相談窓口が、これに対応する。

（法令との関係）

第33条　この規程の措置に関して、この規程に定めのないことについては、育児・介護休業法その他これに関連する法令の定めるところによる。

（改　廃）

第34条　この規程は、関係諸法規の改正及び会社状況並びに業績等の変化により必要があるときは、従業員代表と協議のうえ改定することがある。

育児・介護休業等に関する労使協定

○○株式会社（以下「会社」という。）と会社の従業員代表○○○○は、会社における育児休業及び介護休業等並びに雇用保険の給付手続に関し、下記のとおり協定する。

記

（育児休業の申出を拒むことができる従業員）

第１条　会社は、次の従業員から１歳（育児・介護休業規程第６条第１項及び第２項に定める要件に該当するときは、１歳６か月又は２歳）に満たない子を養育するための育児休業の申出があったときは、その申出を拒むことができるものとする。

（１）　雇入れ後１年未満の従業員

（２）　申出の日から１年（育児・介護休業規程第６条第１項及び第２項の申出にあっては６か月）以内に雇用関係が終了することが明らかな従業員

（３）　１週間の所定労働日数が２日以下の従業員

（介護休業の申出を拒むことができる従業員）

第２条　会社は、次の従業員から介護休業の申出があったときは、その申出を拒むことができるものとする。

（１）　雇入れ後１年未満の従業員

（２）　申出の日から93日以内に雇用関係が終了することが明らかな従業員

（３）　１週間の所定労働日数が２日以下の従業員

（子の看護休暇の申出を拒むことができる従業員）

第３条　会社は、次の従業員から子の看護休暇の申出があったときは、その申出を拒むことができるものとする。

（１）　雇入れ後６か月未満の従業員

（２）　１週間の所定労働日数が２日以下の従業員

（介護休暇の申出を拒むことができる従業員）

第４条　会社は、次の従業員から介護休暇の申出があったときは、その申出を拒むことができるものとする。

（１）　雇入れ後６か月未満の従業員

（２）　１週間の所定労働日数が２日以下の従業員

（子の看護休暇、介護休暇の半日取得について）

第５条　会社は、次の従業員から半日単位の子の看護休暇又は介護休暇の申出があったときは、当該従業員が第３条又は第４条に該当しない場合であっても、その申出を拒むことができるものとする。

（１）　長時間の移動を要する遠隔地で行う業務であって、半日単位の子の看護休暇又は介護休暇を取得した後の勤務時間又は取得する前の勤務時間では処理することが困難な業務に従事する従業員

（２）　流れ作業方式や交替制勤務による業務であって、半日単位の子の看護休暇又は介護休暇を取得する者を勤務体制に組み込むことによって業務を遂行することが困難な業務に従事する従業員

２　対象となる従業員は、勤務時間９時～17時45分の従業員とする。

３　取得の単位となる時間数は、始業時刻から３時間又は終業時刻までの４時間45分とする。

４　休暇１日当たりの時間数は、７時間45分とする。

（育児・介護のための所定外労働の制限の請求を拒むことができる従業員）

第６条　会社は、次の従業員から育児・介護のための所定外労働の制限の請求があったときは、その請求を拒むことができるものとする。

（１）　雇入れ後１年未満の従業員

（２）　１週間の所定労働日数が２日以下の従業員

（育児短時間勤務の申出を拒むことができる従業員）

第７条　会社は、次の従業員から育児短時間勤務の申出があったときは、その申出を拒むことができるものとする。

（１）　雇入れ後１年未満の従業員

（２）　１週間の所定労働日数が２日以下の従業員

（３）　業務の性質又は業務の実施体制に照らして、育児短時間勤務措置を講ずることが困難と認められる次の業務に従事する従業員

①　○○工場○○部門の従業員（交替制勤務のため）

②　△△工場△△部門の従業員（流れ作業方式による製造業務であるため）

③　□□支店の総務及び経理業務に従事する従業員（従業員数が少なく代替要員の配置が困難であるため）

2　前項第３号による適用除外者については、会社は育児・介護休業規程に定める代替措置を講ずる。

（介護短時間勤務の申出を拒むことができる従業員）

第８条　会社は、次の従業員から介護短時間勤務の申出があったときは、その申出を拒むことができるものとする。

（１）　雇入れ後１年未満の従業員

（２）　１週間の所定労働日数が２日以下の従業員

（従業員への通知）

第９条　会社は、第１条から第８条までのいずれかの規定により従業員の申出又は請求を拒むときは、その旨を従業員に通知するものとする。

（有効期間）

第10条　本協定の有効期間は、○年○月○日から○年○月○日までとする。ただし、有効期間満了の１か月前までに、会社、従業員代表のいずれからも申出がないときには、更に１年間有効期間を延長するものとし、以降も同様とする。

以上の協定を証するため、本書２通を作成し、記名押印のうえ協定当事者が各々１通ずつ所持する。

○年○月○日

○○株式会社　従業員代表　○○○○　㊞

○○株式会社　代表取締役　○○○○　㊞

8
通勤手当支給規程

通勤手当は、交通費相当額を支給することが多いため、実費支弁的なものと思われがちですが、労基法上の扱いは「賃金」として保護されるものであり、就業規則に必ず記載すべきものです。特に最近は、遠距離通勤者も増加傾向にありますから、さまざまな交通手段を想定し、きめ細かな規定が必要となります。なお、モデル規程のように通勤距離等によって金額が定められるものについては、割増賃金の算定基礎となる賃金に含める必要はありませんが、一律同額に支給するものは、割増賃金の算定基礎に含まれますから注意が必要です。

（目　的）

第１条　この規程は、〇〇株式会社（以下「会社」という。）の従業員の通勤手当の支給の細則について定めるものである。

（通勤の原則）

第２条「通勤」とは、従業員が勤務のため、その者の住居と会社との間を往復することをいう。

2　徒歩により通勤するものとした場合の通勤距離及び自動車等（自動車、自動二輪車、自転車その他会社が認めた交通用具をいう。以下同じ。）の使用距離は、一般に利用しうる最短の経路の長さによるものとする。

3　前項の距離の計測は、会社が指定する経路検索アプリケーションを用いて行う。

（通勤手当支給対象者の範囲）

第３条　通勤手当は、次に掲げる従業員（従業員の住居から勤務地までの距離が２キロメートル以上の者に限る。）に支給する。

（１）　通勤のため交通機関を利用してその運賃を負担することを常例とする従業員

（２）　自動車等を使用することを常例とする従業員

（３）　通勤のため交通機関を利用してその運賃を負担し、かつ、自動車等を使用することを常例とする従業員

2　前項第２号、第３号に該当する者は、あらかじめ、自動車等の使用につき、会社の許可を受けなければならない。この場合において、自動車等を使用しなければ通勤が困難となる事情が認められないときは、自動車等の使用は認めず、前項第１号に該当するものとして通勤手当を支給する。

3　１か月以上の欠勤者及び休職者には、通勤手当は支給しない。

（交通機関に係る通勤手当の月額の算出の基準）

第４条　交通機関に係る通勤手当の月額は、運賃、時間、距離等の事情に照らし最も経済的かつ合理的と認められる通常の通勤の経路及び方法により算出するものとする。ただし、その額が、所得税法に定める非課税限度額＜別例：▼▼▼円＞を超えるときは、非課税限度額＜別例：▼▼▼円＞を通勤手当の月額とする。

2　前項の通勤の経路又は方法は、往路と帰路とを異にし、又は往路と帰路とにお

けるそれぞれの通勤の方法を異にするものであってはならない。ただし、労働時間が深夜に及ぶためこれにより難い場合、交通スト、天災事変により交通機関の不通が生じた場合等正当な事由がある場合は、この限りでない。

（交通機関に係る通勤手当の月額）

第５条　通勤の経路及び方法のうち、交通機関に係る通勤手当の月額は、原則として、１か月定期代相当額（定期券を発行しない交通機関の場合は、回数乗車券等の通勤○回分の額）とする。

（新幹線鉄道に係る通勤手当の特例）

第６条　次の各号のいずれかに該当したときは、前条の額は、運賃、特急料金、時間、距離等の事情に照らし最も経済的かつ合理的と認められる新幹線鉄道を利用する場合における通勤の経路及び方法により算出することができる。

（１）　勤務地の変更を伴う転勤者で、家庭の事情により新幹線通勤がやむを得ないものと会社が認める場合（通勤距離60キロメートル以上又は通勤時間90分以上を目安とする。）

（２）　新幹線鉄道の利用により通勤時間が30分以上短縮される場合

（３）　新幹線鉄道の利用により得られる通勤事情の改善が合理的であると会社が認める場合

（自動車等に係る通勤手当の月額）

第７条　通勤の経路及び方法のうち、自動車等に係る通勤手当の月額は、次に掲げる従業員の区分に応じ、当該各号に定める額を支給する。

（１）　自動車等の使用距離（以下「使用距離」という。）が片道２キロメートル以上10キロメートル未満である従業員…▼▼▼円

（２）　使用距離が10キロメートル以上15キロメートル未満である従業員…▼▼▼円

（３）　使用距離が15キロメートル以上25キロメートル未満である従業員…▼▼▼円

（４）　使用距離が25キロメートル以上35キロメートル未満である従業員…▼▼▼円

（５）　使用距離が35キロメートル以上45キロメートル未満である従業員…▼▼▼

円

（6）　使用距離が45キロメートル以上55キロメートル未満である従業員…▼▼▼円

（7）　使用距離が55キロメートル以上である従業員…▼▼▼円

2　前項各号の距離の計測は、会社が指定する経路探索アプリケーションを用いて行う。

（交通機関と自動車等を併用する者に係る通勤手当の月額）

第8条　第3条第1項第3号の従業員に支給する通勤手当の月額は、第5条の額（第6条は適用しない。）及び第7条の額の合算額とする。ただし、その額が、▼▼▼円を超えるときは、▼▼▼円を通勤手当の月額とする。

<別規定>

第8条　第3条第1項第3号の従業員に支給する通勤手当の月額は、第5条の額（第6条は適用しない。）及び第7条の額のうち、いずれか高い額とする。

（支給の始期及び終期）

第9条　通勤手当の支給は、従業員に支給事由が生じた場合においてはその事由が生じた日の属する月の翌月（その日が月の初日であるときは、その日の属する月）から開始する。ただし、第11条の規定による届出が、これに係る事実の生じた日から15日を経過した後にされたときは、その届出を受理した日の属する月の翌月（その日が月の初日であるときは、その日の属する月）から行うものとする。

2　通勤手当の支給は、通勤手当の支給を受けている従業員の退職の日又は支給事由が消滅した場合においてはその事由の生じた日の属する月（これらの日が月の初日であるときは、その日の属する月の前月）をもって終わる。

3　通勤手当は、これを受けている従業員にその額を変更すべき事由が生ずるに至った場合においては、その事由の生じた日の属する月の翌月（その日が月の初日であるときは、その日の属する月）から支給額を改定する。この場合において、第1項ただし書の規定は、通勤手当の額を増額して改定する場合における支給額の改定について準用する。

（通勤定期券の払戻し）

第10条　通勤手当を支給される従業員について、次の各号に定める事由が生じた場合には、不要となった期間の通勤定期券の運賃の払戻し額を会社に返納させるものとする。

（1）　通勤経路若しくは通勤方法を変更し、又は通勤のために負担する運賃等の額に変更があったことにより、通勤手当の額が改定されるとき。

（2）　退職するとき。

（3）　月の途中において休職、育児休業、介護休業その他の事情により2か月以上にわたって通勤しないとき。

（届出義務）

第11条　通勤手当の支給を受けようとする者は、所定の届出書に通勤の経路及び方法並びに運賃等を記入して会社に届け出なければならない。

2　通勤経路に変更が生じたときは、直ちに、所定の届出書に新たな通勤の経路及び方法並びに運賃等を記入して会社に届け出なければならない。

（不支給の場合）

第12条　従業員が、出張、休暇、欠勤その他の事由により、月の初日から末日までの期間の全日数にわたって通勤しないこととなるときは、当該月の通勤手当は、支給しない。

（会社による確認）

第13条　会社は、現に通勤手当の支給を受けている従業員について、その者が通勤手当の支給要件を満たしているかどうか及び通勤手当の月額が適正であるかどうかを当該従業員に定期券等の提示を求め、又は通勤の実情を実地に調査する等の方法により、随時、確認するものとする。

2　前項の確認により、通勤手当の支給に過払いがあると認めるときは、会社はその差額を返納させるものとし、過払いを生じさせた事情によっては、就業規則第57条の懲戒処分の対象とする。

（規程の改廃）

第14条　この規程は、関係諸法規の改正及び会社状況及び業績等の変化により必要があるときは、従業員代表と協議のうえ改定又は廃止することがある。

9
国内出張旅費規程

旅費に関する事項がすべての従業員に適用される事項であるときは、就業規則の必要記載事項となります。

旅費の水準は、各会社における出張の実情に応じ、世間水準などを調査のうえ、決定していく必要があります。

第１章　総　則

（目　的）

第１条　この規程は、○○株式会社（以下「会社」という。）の従業員が、会社の業務上の必要により国内出張する場合に支給する旅費に関して定めるものである。

２　従業員が出張のため旅行した場合には、この規程に定めるところにより、旅費を支給する。

（定　義）

第２条　この規程において、次の各号に掲げる用語の意義は、当該各号に定めるところによる。

（１）　出張…従業員が業務のため一時その勤務地を離れて旅行することをいう。

（２）　国内出張…本邦（本州、北海道、四国、九州及びこれらに附属の島の存する領域をいう。以下同じ。）における旅行をいう。

（３）　国外出張…本邦と外国（本邦以外の領域をいう。以下同じ。）との間における旅行及び外国における旅行をいう。

（４）　外出…概ね行程８キロメートル未満、かつ５時間未満の出張をいう。

（５）　在勤地…勤務地から半径８キロメートル以内の地域をいう。

（６）　赴任…新たに採用された従業員がその採用に伴う移転のため住所若しくは居所から勤務地に旅行し、又は転勤を命ぜられた従業員がその転勤に伴う移転のため旧勤務地から新勤務地に旅行することをいう。

２　国外出張については、国外出張旅費規程に定めるところによる。

（出張命令）

第３条　出張のための旅行は、所属長の発する出張命令によって行う。ただし、業務の一環として日常的に行われる外出の場合には、適宜口頭によりこれを命ずることができる。

２　所属長は、電子メール、電話、郵便等の通信による連絡手段によっては業務の円滑な遂行を図ることができない場合で、かつ、予算上旅費の支出が可能である場合に限り、出張命令を発することができる。

３　所属長は、出張命令を発し、又はこれを変更するには、会社が定める様式に当該出張に関する事項の記載又は記録をし、これを当該出張者に提示してしなければならない。ただし、出張命令簿に当該旅行に関する事項の記載又は記録をし、これを提示するいとまがない場合には、所属長を代理する者に出張命令手続を委任することができる。

4　前項ただし書の規定により出張命令簿を提示しなかった場合には、できるだけ速やかに出張命令簿に当該出張に関する事項の記載又は記録をし、これを当該出張者に提示しなければならない。

（出張命令の変更）

第4条　業務上の必要又は天災その他やむを得ない事情により、出張命令を受けた従業員が当該出張命令に従って旅行することができない場合には、あらかじめ所属長に出張命令の変更の申請をしなければならない。

2　前項の規定により出張命令の変更をするいとまがない場合には、出張した後速やかに出張命令簿に記載された内容の変更について申請をしなければならない。

3　外出の場合は、前二項の申請は、口頭で行うことができる。

（出張計画）

第5条　出張（外出の場合を除く。次条において同じ。）をしようとする従業員は、出張計画及び旅程等を記載した会社が定める様式に旅程表を添付して、所属長に提出しなければならない。

2　出張計画は、目的が明確なものでなければならない。

3　旅程は、最も効率的に目的を遂行でき、かつ、最も経済的な経路及び方法によるものでなければならない。

4　所属長は、出張計画及び旅程等が適切なものであるかの確認を行い、不適切な場合は変更を命ずるものとする。

（出張報告）

第6条　出張を終えた従業員は、２週間以内に、出張中の業務内容等を記載した会社が定める様式を所属長に提出しなければならない。

2　前項の出張報告書を提出しない従業員については、会社は、旅費の精算は行わず、概算払の旅費がある場合であっても、これを返還させるものとする。

3　外出の場合は、日報の調製をもって出張報告に代えるものとする。

（出張中の労働時間）

第７条　出張中は、通常の労働時間労働したものとみなす。ただし、出張中の労働時間の管理が可能な場合であって、所定労働時間を超えて労働したことが明らかな場合は、現に労働した時間を労働時間とする。

2　出張中において休日に労働した場合、出張終了後、２週間以内に代休を与えることがある。ただし、移動日（旅行中に業務に従事していない日をいう。）については、この限りでない。

第２章　旅費の計算等

（旅費の種類）

第８条　この規程により支給する旅費の種類は、鉄道賃、船賃、航空賃、車賃、日当、宿泊料、移転料及び着後手当とする。

2　鉄道賃は、鉄道旅行について、路程に応じ実費額等により支給する。

3　船賃は、水路旅行について、路程に応じ実費額等により支給する。

4　航空賃は、航空旅行について、路程に応じ実費額等により支給する。

5　車賃は、陸路（鉄道を除く。以下同じ。）旅行について、実費額又は路程に応じ１キロメートル当たりの定額により支給する。

6　日当は、業務のため、目的地内を巡回するときに要する諸雑費について、出張の日数に応じ１日当たりの定額により支給する。

7　宿泊料は、出張の夜数に応じ一夜当たりの定額により支給する。

8　移転料は、赴任に伴う住所又は居所の移転が行われた場合に要する諸費用について、路程等に応じ定額により支給する。

9　着後手当は、赴任に伴う住所又は居所の移転が行われた場合に要する諸雑費について、定額により支給する。

（旅費の区分）

第９条　国内出張に係る旅費は、「在勤地外旅費」及び「在勤地内旅費」に区分する。

（旅費の計算の原則）

第10条　旅費は、最も経済的な通常の経路及び方法により旅行した場合の旅費により計算する。ただし、業務上の必要又は天災その他やむを得ない事情により最も経済的な通常の経路又は方法によって旅行し難い場合には、その現によった経路及び方法によって計算する。

2　旅費に係る経路の起算地は、原則として、居住地の最寄り駅とする。ただし、会社又は他の勤務場所から直接出張する場合その他やむを得ない事情がある場合は、それぞれの場所における最寄り駅を起算点とする。

3　旅費に係る経路の終着地は、原則として、居住地の最寄り駅とする。ただし、前項ただし書きの場合は、居住地に直帰する場合を除き、それぞれの場所における最寄り駅を終着点とする。

4　経路の距離数は、会社が定める様式に従い、会社が指定する路線検索アプリケーションを使用して計算する。ただし、会社の指定する旅行会社が旅程を作成したときは、この限りでない。

5　パック商品を利用するときは、その選定については、特定の代理店・WEBサイトの中から、できるだけ複数のパック商品の情報を比較検討し、原則として、その中で最も安価なものを選ぶものとする。

6　パック商品は次の各号のいずれもの要件を満たす場合に利用することができる。

（1）　宿泊施設は、宿泊に特化した宿泊施設（いわゆるビジネスホテル）であること。

（2）　パック商品の料金から第24条の宿泊料を除いた額が、この規程により支給される交通費相当額を下回ること。

(路線検索アプリによる経路選択)

第11条　路線検索アプリによる経路選択については、出張に係る業務時間に照らして適切な出発時刻又は到着時刻を設定した上で検索し、路線検索アプリに代表的に表示される経路（以下「代表経路」という。）のうち、最も金額の安価な経路（以下「最安経路」という。）を選ぶものとする。ただし、次の各号のいずれかに該当する場合は、会社の判断で路線検索アプリによる最安経路以外の経路を選択することができる。

（1）　最安経路に比べて、乗り換え回数が少ない等、交通の遅延等により経路変更や取消・変更料の発生の危険性が低い経路

（2）　最安経路に比べて、移動時間の短縮が可能である経路

（3）　最安経路が航空機を用いない経路である場合において、最安経路によると出発地から出張先までの旅行時間に4時間程度以上を要するときの、航空機

　を用いる経路
（4）　最安経路では日帰りができない場合において、日帰りが可能となる経路
（5）　特割利用等により最安経路よりも安価となる経路
（6）　その他路線検索アプリによらないことが合理的であると判断した場合の当該経路

（私事滞在の場合等の経路）

第12条　私事のために居住地以外の地に滞在する者が、その場所から直接出張する場合については、当該滞在地から出張した場合と居住地から出張した場合を比較し、より安価な旅費を支給する。

（出張日数）

第13条　旅費計算上の出張日数は、出張のために現に要した日数による。ただし、天災その他やむを得ない事情により要した日数を除く。

（旅費の請求及び精算）

第14条　旅費（概算払に係る旅費を含む。）の支給を受けようとする場合、又は概算払に係る旅費の精算をしようとする場合には、会社が定める様式に必要な書類を添えて、これを経理担当者に提出しなければならない。この場合において、必要な資料の全部又は一部の提出をしなかった者は、提出しなかったことにより、その旅費の必要が明らかにされなかった部分の金額の支給を受けることができない。

2　概算払に係る旅費の支給を受けた場合は、当該出張を完了した後、2週間以内に、旅費の精算をしなければならない。

3　会社は、前項の規定による精算の結果過払金があった場合には、所定の期間内に過払金を返納させるものとする。

（上司随行）

第15条　社長その他の役員に随行し、職務上必要と認められたときは、日当以外の旅費は、上位者と同等とする。

2　他社の役員に随行し、職務上必要と認められたときは、前項の規定を準用する。

第３章　旅費の区分及び額

（在勤地外旅費）

第16条　在勤地外の出張の旅費は、鉄道賃、船賃、航空賃、車賃、日当及び宿泊料とする。

（在勤地内の旅費）

第17条　在勤地内の出張の旅費は、原則として、鉄道賃及び車賃とする。ただし、業務の必要上又は天災その他やむを得ない事情により宿泊する場合に限り宿泊料を支給することができる。

（鉄道賃）

第18条　鉄道賃の額は、次の各号に定めるところによる。

（１）　鉄道を利用した場合…運賃の額

（２）　急行料金を徴する列車を運行する鉄道を利用した場合…運賃、急行料金の額

（３）　座席指定料金を徴する客車を運行する鉄道を利用した場合…運賃、急行料金、座席指定料金の額

2　前項第２号の急行料金は、普通急行列車を運行する線路による出張で片道50キロメートル以上のもの、特別急行列車を運行する線路による出張で片道100キロメートル以上のものに該当する場合に限り支給する。ただし、別表第１に掲げる路線については、会社が必要と認める場合には、距離数にかかわらず特別急行料金を支給する。

3　第１項第３号の座席指定料金は、普通急行列車又は特別急行列車を運行する線路による出張で片道100キロメートル以上のものに該当する場合に限り支給する。

4　第１項に定めるほか、部長以上の職務にある者が特別車両料金を徴する客車を運行する鉄道を利用した場合には、特別車両料金の額を加算して支給することができる。

5　外出の場合の鉄道賃は、IC 乗車券により支給する。この場合は、第14条（旅費の請求及び精算）の手続を要しない。

（船　賃）

第19条　船賃は、フェリー等を利用した場合の、現に支払った運賃による。

（航空賃）

第20条　航空賃の額は、現に支払った運賃による。

2　航空機の利用は、出発地から出張先までの旅行時間に４時間程度以上を要する場合であって、次に掲げる事由がある場合その他業務上の必要その他やむを得ない事情があると認めるときに、その利用を認める。

（１）　鉄道等の手段と比較して、航空機を利用することが安価な場合

（２）　航空機を利用することにより旅費総額が安価となる場合

（３）　航空機を利用することにより、日帰りが可能となる場合

3　航空機を利用した従業員は、「会社が定める様式に、航空賃の支払を証明するに足る資料を添付しなければならない。

（マイレージ等の利用）

第21条　１年間で、国内線特典航空券（往復）に交換可能なマイル以上が貯まる見込みがある場合であって、発生したマイレージの活用による経費節減が見込まれる場合には、会社は、従業員に、社用マイレージカードの作成を求めることができる。社用マイレージカードを作成した従業員は、原則として、出張によって生じたマイレージを私用のマイレージに登録することはできない。

2　所属長は、従業員の出張終了後、適時に、社用マイレージカード残高等を確認するものとし、特典交換可能なマイレージが貯まっている者に対し、次回以降の出張でマイレージを使用することが可能であることを伝達する。

3　会社は、出張経費削減を目的に、航空会社が提供する法人向けプログラム（利用実績に応じ、一定期間に一度、旅行券、アップグレード券、ギフトカード券を特典として提供するプログラム）を活用することができる。ただし、アップグレード券については、この規程で搭乗が認められていないクラスへのアップグレードに利用することはできない。

（車　賃）

第22条　車賃の額は、次の各号に定めるところによる。

（１）　バス、軌道、ケーブルカー等を利用した場合…運賃の額

（２）　タクシーを利用した場合…運賃の額。ただし、著しく高額な場合は、その一部を本人負担とすることができる。

2　外出の場合の車賃（バス利用の場合に限る。）は、IC 乗車券又は回数券により支給する。この場合は、第14条（旅費の請求及び精算）の手続を要しない。

3　タクシーの利用は、次に掲げる事由がある場合、その他業務上の必要又は天災その他やむを得ない事情があると認めるときのみ、その利用を認める。この場合において、その理由について会社が定める様式で証明することが可能であるときは、旅程表の備考欄にその旨を記載しなければならない。

（１）　公共の交通機関がなく、徒歩による移動が困難な場合

（２）　業務の緊急性や時間的な制約により、タクシー以外の公共の交通機関による移動では、業務に支障をきたす場合

（３）　出張の目的又は用務の内容等により、タクシーを利用することが合理的である場合

（日　当）

第23条　日当の額は、別表第２の定額による。

2　前項の規定にかかわらず、次の場合は、日当を減額する。ただし、業務上の必要又はその他やむを得ない事情により宿泊した場合は、この限りでない。

（１）　鉄道100km 未満、水路50km 未満又は陸路25km 未満の出張の場合の日当は半額とする。

（２）　出発地を午後出発した場合及び出張の出発地に正午までに帰着した場合は、その日の日当は半額とする。

（３）　宿泊料金に昼食代を含む出張の場合の日当は半額とする。

（４）　出張先で昼食が供される出張の場合の日当は半額とする。

（５）　その他日当を減額することについて合理性があると認める場合の日当は半額とする。

3　外出の場合、外勤者が本来職務のため旅行するときは、原則として、日当は支給しない。

（宿泊料）

第24条　宿泊料の額は、宿泊先の区分に応じた別表第３の定額による。＜別例：別表第３の額を上限とした実費を支給する。＞

2　前項にかかわらず、自宅宿泊等、宿泊料を必要としない場合は、宿泊料は支給しない。この場合は、出張先以外の自宅宿泊等に係る追加的な交通費は本人負担とする。

3　宿泊費と運賃がセットになっているパック旅行商品を利用した場合は、パック旅行代金から宿泊料定額を差し引いた額を運賃とみなして鉄道賃、船賃、航空賃及び車賃の額を調整する。

4　車中泊等、固定宿泊施設に宿泊しない場合の宿泊料については、旅程にかかわらず、宿泊料は支給しない。ただし、やむを得ない事由があると会社が認めたときは、この限りでない。

5　第１項にかかわらず、研修施設等に宿泊し、研修費用に宿泊料が含まれる場合又は宿泊料が廉価である場合は、宿泊料を支給せず、又は実費額とする。

（在勤地外の同一地域内旅行の旅費）

第25条　在勤地外の出張目的地における同一市区町村内における旅行については、鉄道賃及び車賃は支給しない。ただし、業務の必要上その他やむを得ない事情により、同一市区町村内における鉄道賃及び車賃を要する場合で、その実費額が、当該出張について支給される日当額の２分の１に相当する額を超える場合には、その超える部分の金額に相当する額の鉄道賃又は車賃を支給する。

第４章　研修旅費

（研修旅費）

第26条　研修受講のために支給する旅費は、鉄道賃、航空賃、車賃、日当及び宿泊料とする。

2　宿泊料の支給については、第24条（宿泊料）第５項の規定を準用する。

3　日当の支給については、別表第２の定額の半額を支給する。

第５章　転勤に伴う旅費

（転勤に伴う旅費）

第27条　転勤に伴う旅行については、鉄道賃、船賃、航空賃、車賃及び日当を支給するほか、次の各号に掲げる旅費を当該各号に掲げる趣旨に基づき支給する。

（1）　移転料…赴任に伴う居住所の移転が行われた場合の荷造運送費として支給する。

（2）　着後手当…赴任に伴う居住所の移転が行われた場合の新居住地に到着後の諸雑費として支給する。

＜規定例1：定額支給の場合＞

（移転料）

第28条　赴任する従業員本人の移転料の額は、次の各号に定める額とする。

（1）　赴任の際扶養親族を移転する場合…旧在勤地から新在勤地までの路程に応じた別表第4の定額による額

（2）　赴任の際扶養親族を移転しない場合（赴任の際扶養親族を移転しないが赴任を命ぜられた日の翌日から1年以内に扶養親族を移転する場合を含む。）…前号に規定する額の2分の1に相当する額

2　前号の従業員が同居かつ扶養する親族に係る移転料（以下「扶養親族移転料」という。）の額は、扶養親族1人ごとに、次の各号に規定する額とする。

（1）　配偶者については、その移転の際における従業員相当の鉄道賃、船賃、航空賃及び車賃の全額並びに日当、宿泊料及び着後手当の3分の2に相当する額。

（2）　18歳未満の子女については、前号に規定する額の3分の1に相当する額。ただし、当該手当の対象となる親族は2人を上限とする。

3　前号の規定により、扶養親族移転料を計算した結果、当該旅費の額に円位未満の端数を生じたときは、これを切り捨てるものとする。

4　従業員が赴任を命ぜられた際、単身で移転してきた後に、当該従業員が同居かつ扶養する親族を呼び寄せる場合の移転料の額は、第2項による額とする。ただし、当該従業員が赴任を命ぜられた日の翌日から1年以内に呼び寄せる親族に限るものとする。

5　従業員が赴任を命ぜられた日において胎児であった子を移転する場合は、扶養親族移転料の額の計算については、その子を赴任を命ぜられた日における扶養親族とみなして、第2項第2号の規定を適用する。

6　赴任地より帰任する場合は、第1項及び第2項に準じて移転料を支給する。ただし、退職等従業員の都合で帰任する場合は、移転料を支給しない。

＜規定例２：実費支給の場合＞

（移転料）

第29条　移転料は、次の各号に定める額を上限として、家財等の荷造運送費用及び運送保険料の実費額を支給する。

（１）　単身の場合…50,000円

（２）　親族を帯同させる場合…100,000円

2　移転料は、会社の指定する運送業者によりあらかじめ見積もりをとるものとし、適正な費用であることを会社が承認した場合に支給するものとする。なお、次の各号の費用については、移転料の支給対象物から除外する。

（１）　ピアノ等の大型楽器、及び美術品等の運搬費

（２）　自家用車等の運搬費

（３）　ペット、植木、庭石等の運搬費

（４）　不用品等の廃棄費用

（５）　電化製品等の工事費用

3　赴任地より帰任する場合は、第１項に準じて移転料を支給する。ただし、退職等従業員の都合で帰任する場合は、移転料を支給しない。

4　あらかじめ赴任期間が定められており、当該期間終了後に帰任することが明らかな場合は、赴任前の持家管理費及び残留家財の保管費について、実費額等により支給することがある。この場合に会社が負担する管理費は、原則として必要最低限の範囲に限るものとし、具体的な負担額等については、その都度協議して決定する。

（着後手当）

第30条　着後手当の額は、次の各号に定める額とする。

（１）　新在勤地に到着後直ちに新たな自宅に入居する場合
…別表第２の日当定額の１日分に相当する額による。

（２）　前号以外の場合で赴任に伴う移転の旅程が100キロメートル未満の場合
…別表第２の日当定額の２日分及び赴任に伴い住所又は居所を移転した地の存する地域の区分に応じた宿泊料定額の２夜分に相当する額による。

（３）　第１号以外の場合で赴任に伴う移転の旅程が100キロメートル以上の場合
…別表第２の日当定額の４日分及び赴任に伴い住所又は居所を移転した地

の存する地域の区分に応じた宿泊料定額の４夜分に相当する額による。

2　着後手当は、新規採用従業員の赴任及び退職者の帰任の場合は支給しない。

（帰省旅費）

第31条　帰省旅費の額は、当該従業員と赴任先において同居かつ扶養する親族が実家又は本拠地に帰省する場合、当該帰省にかかる旅費について第18条から第22条に定める旅費に従い支給する。

2　前項の支給対象となる帰省は、＜全国○○会議に併せて＞一年度につき２回までとする。

第６章　雑　則

（旅費の調整）

第32条　特別の事情や性質により、この規程による旅費を支給したときに、不当に出張の実費を超えた旅費を支給することとなる場合においては、その実費を超えることとなる部分の旅費を支給しないことができる。

2　前項の場合において、通常必要としない旅費を支給することとなる場合においても、同様とする。

3　この規程による旅費により出張することが、当該出張における特別な事情や性質により困難である場合には、これらの事情等を考慮し、必要と認められる限度において増額調整をすることができる。

（改　廃）

第33条　この規程は、関係諸法規の改正及び会社状況及び業績等の変化により必要があるときは、従業員代表と協議のうえ改定又は廃止することがある。

別表第１　特別急行料金にかかる包括協議路線

区間				
函館～八雲	八雲～洞爺	札幌～美唄	札幌～砂川	札幌～滝川
札幌～白老	札幌～苫小牧	札幌～追分	岩見沢～旭川	滝川～旭川
旭川～白滝	旭川～士別	旭川～名寄	旭川～美深	東室蘭～苫小牧
東室蘭～南千歳	遠軽～北見	名寄～音威子府	幌延～南稚内	幌延～稚内
郡山～白石蔵王	郡山～米沢	郡山～那須塩原	福島～仙台	福島～赤湯
福島～かみのやま温泉	福島～山形	福島～新白河	仙台～くりこま高原	仙台～一ノ関
仙台～浪江	古川～一ノ関	古川～水沢江刺	古川～北上	一ノ関～新花巻
一ノ関～盛岡	水沢江刺～盛岡	盛岡～二戸	盛岡～八戸	盛岡～大曲
盛岡～角館	八戸～野辺地	八戸～青森	八戸～新青森	三沢～青森
青森～鷹ノ巣	青森～大館	山形～新庄	大曲～雫石	秋田～東能代
秋田～鷹ノ巣	秋田～象潟	秋田～田沢湖	秋田～角館	八郎潟～鷹ノ巣
東能代～弘前	羽後本荘～鶴岡	羽後本荘～酒田	越後湯沢～直江津	越後湯沢～高崎
直江津～長岡	直江津～見附	長岡～新潟	新潟～村上	東京～小田原
東京～湯河原	東京～小山	東京～熊谷	東京～八街	東京～成東
東京～横芝	東京～八日市場	東京～茂原	東京～上総一ノ宮	東京～大原
東京～上総湊	東京～大貫	東京～青堀	東京～君津	東京～木更津
東京～滑河	東京～佐原	新横浜～熱海	新横浜～三島	小田原～新富士
小田原～静岡	熱海～静岡	熱海～伊豆急下田	新宿～大月	三鷹～大月
三鷹～塩山	三鷹～山梨市	立川～塩山	立川～山梨市	立川～石和温泉
立川～甲府	八王子～塩山	八王子～山梨市	八王子～石和温泉	八王子～甲府
八王子～竜王	八王子～韮崎	大月～韮崎	大月～小淵沢	甲府～富士
甲府～塩尻	甲府～富士宮	上野～小山	上野～石岡	大宮～宇都宮
大宮～高崎	大宮～新前橋	大宮～前橋	大宮～安中榛名	小山～那須塩原
高崎～佐久平	高崎～上田	北千住～足利市	北千住～太田	浅草～太田
柏～水戸	柏～勝田	いわき～相馬	軽井沢～長野	錦糸町～成東
錦糸町～横芝	錦糸町～八日市場	錦糸町～旭	錦糸町～滑河	錦糸町～佐原
千葉～八日市場	千葉～銚子	大網～安房鴨川	大原～海浜幕張	御宿～海浜幕張
勝浦～海浜幕張	上総興津～海浜幕張	上総興津～蘇我	安房小湊～海浜幕張	安房小湊～蘇我
安房鴨川～蘇我	館山～木更津	館山～五井	館山～海浜幕張	館山～蘇我
富浦～五井	富浦～海浜幕張	富浦～蘇我	岩井～海浜幕張	保田～海浜幕張
浜金谷～海浜幕張	三島～静岡	新富士～掛川	静岡～浜松	豊橋～名古屋
豊橋～水窪	名古屋～米原	名古屋～飛騨金山	岐阜～下呂	岐阜～飛騨萩原
米原～武生	米原～鯖江	米原～福井	米原～京都	高山～富山
敦賀～芦原温泉	敦賀～京都	武生～小松	武生～金沢	鯖江～金沢
福井～松任	福井～金沢	芦原温泉～金沢	芦原温泉～高岡	小松～高岡
小松～富山	小松～七尾	金沢～富山	金沢～滑川	金沢～魚津
金沢～黒部	金沢～七尾	金沢～和倉温泉	富山～糸魚川	上諏訪～信濃大町
塩尻～中津川	塩尻～長野	木曽福島～多治見	松本～長野	安中榛名～長野
佐久平～長野	京都～日根野	京都～関西空港	京都～綾部	京都～福知山
京都～西舞鶴	新大阪～海南	新大阪～和歌山	大阪～柏原	姫路～岡山
姫路～豊岡	相生～岡山	上郡～鳥取	岡山～福山	岡山～新見
岡山～多度津	岡山～観音寺	岡山～伊予三島	岡山～善通寺	岡山～琴平
岡山～阿波池田	岡山～三原	岡山～大原	新倉敷～三原	新尾道～広島
新見～米子	松阪～紀伊長島	松阪～尾鷲	多気～尾鷲	串本～紀伊田辺
紀伊田辺～和歌山	湯浅～天王寺	二条～綾部	二条～福知山	二条～東舞鶴

区　間				
二　条～西舞鶴	園　部～西舞鶴	福知山～豊　岡	福知山～網　野	鳥　取～米　子
倉　吉～松　江	米　子～鳥取大学前	松　江～大田市	出雲市～江　津	出雲市～浜　田
大田市～浜　田	大田市～益　田	益　田～新山口	児　島～伊予三島	高　松～観音寺
高　松～川之江	高　松～伊予三島	高　松～阿波池田	高　松～大歩危	高　松～板　野
高　松～池　谷	高　松～徳　島	高　松～阿　南	高　松～勝　瑞	坂　出～川之江
坂　出～伊予三島	坂　出～阿波池田	宇多津～阿波池田	丸　亀～新居浜	多度津～新居浜
川之江～今　治	伊予三島～今　治	新居浜～伊予北条	新居浜～松　山	伊予西条～松　山
壬生川～松　山	今　治～伊予大洲	松　山～八幡浜	松　山～卯之町	松　山～宇和島
阿波池田～高　知	阿波池田～徳　島	阿波池田～阿波川島	土佐山田～須　崎	高　知～窪　川
須　崎～中　村	栗　林～徳　島	栗　林～勝　瑞	屋　島～徳　島	徳　島～日和佐
徳　島～牟　岐	三　原～広　島	広　島～徳　山	新岩国～新山口	新山口～新下関
新山口～津和野	新山口～小　倉	小　倉～博　多	小　倉～二日市	小　倉～鳥　栖
小　倉～杵　築	折　尾～中　津	博　多～筑後船小屋	博　多～荒　尾	博　多～玉　名
博　多～佐　賀	博　多～肥前山口	博　多～肥前鹿島	博　多～武雄温泉	博　多～有　田
博　多～行　橋	博　多～日　田	博　多～天ヶ瀬	鳥　栖～玉　名	鳥　栖～上熊本
鳥　栖～熊　本	鳥　栖～武雄温泉	鳥　栖～早　岐	鳥　栖～佐世保	久留米～熊　本
久留米～天ヶ瀬	久留米～豊後森	久留米～由布院	羽犬塚～熊　本	筑後船小屋～熊　本
筑後船小屋～新八代	熊　本～新水俣	熊　本～出　水	熊　本～新鳥栖	熊　本～豊後竹田
熊　本～人　吉	八　代～人　吉	新八代～出　水	新八代～川　内	新水俣～鹿児島中央
出　水～鹿児島中央	鹿児島中央～都　城	鹿児島中央～西都城	鹿児島～西都城	新鳥栖～諫　早
新鳥栖～武雄温泉	新鳥栖～早　岐	新鳥栖～佐世保	佐　賀～諫　早	佐　賀～浦　上
佐　賀～佐世保	肥前山口～諫　早	肥前山口～長　崎	肥前鹿島～長　崎	中　津～別　府
中　津～大　分	柳ヶ浦～別　府	宇　佐～大　分	別　府～佐　伯	大　分～佐　伯
大　分～日　田	大　分～天ヶ瀬	大　分～豊後森	大　分～宮　地	佐　伯～延　岡
佐　伯～日向市	延　岡～宮　崎	延　岡～南宮崎	延　岡～宮崎空港	南延岡～宮崎空港
日向市～宮　崎	日向市～南宮崎	宮　崎～西都城	南宮崎～国　分	新水前寺～豊後竹田
宮　地～三重町				

別表第2　日当（国内）

区　分	日　当（1日につき）
役員	○○○円
部長、課長	○○○円
上記以外の者	○○○円

別表第3　宿泊料の額（国内）

区　分	宿泊料（1夜につき）	
	政令指定都市	それ以外
役員	○○○円	○○○円
部長・課長	○○○円	○○○円
上記以外の者	○○○円	○○○円

別表第４　移転料

区　　分	移　転　料　額
鉄道50キロメートル未満	○○○円
鉄道50キロメートル以上 100キロメートル未満	○○○円
鉄道100キロメートル以上 300キロメートル未満	○○○円
鉄道300キロメートル以上 500キロメートル未満	○○○円
鉄道500キロメートル以上 1000キロメートル未満	○○○円
鉄道1000キロメートル以上 1500キロメートル未満	○○○円
鉄道1500キロメートル以上 2000キロメートル未満	○○○円
鉄道2000キロメートル以上	○○○円

10
国外出張旅費規程

最近は、海外出張も増えてきていることから、それに関する規程も別途必要となります。

第1章　総　則

（目　的）

第1条　この規程は、○○株式会社（以下「会社」という。）の従業員が、会社の業務上の必要により国外出張する場合に支給する旅費に関して定めるものである。

2　従業員が出張のため旅行した場合には、この規程に定めるところにより、旅費を支給する。

（定　義）

第2条　この規程において、次の各号に掲げる用語の意義は、当該各号に定めるところによる。

（1）　出張…従業員が業務のため一時その勤務地を離れて旅行することをいう。

（2）　国外出張…本邦（本州、北海道、四国、九州及びこれらに附属の島の存する領域をいう。以下同じ。）と外国（本邦以外の領域をいう。以下同じ。）との間における旅行及び外国における旅行をいう。

（3）　国内出張…本邦における旅行をいう。

2　国内出張については、国内出張旅費規程に定めるところによる。

（出張命令）

第3条　出張のための旅行は、所属長の発する出張命令によって行う。

2　所属長は、電子メール、電話、郵便等の通信による連絡手段によっては業務の円滑な遂行を図ることができない場合で、かつ、予算上旅費の支出が可能である場合に限り、出張命令を発することができる。

3　所属長は、出張命令を発し、又はこれを変更するには、会社が定める様式に当該出張に関する事項の記載又は記録をし、これを当該出張者に提示してしなければならない。ただし、出張命令簿に当該旅行に関する事項の記載又は記録をし、これを提示するいとまがない場合には、所属長を代理する者に出張命令手続を委任することができる。

4　前項ただし書の規定により出張命令簿を提示しなかった場合には、できるだけ速やかに出張命令簿に当該出張に関する事項の記載又は記録をし、これを当該出張者に提示しなければならない。

（出張命令の変更）

第４条　業務上の必要又は天災その他やむを得ない事情により、出張命令を受けた従業員が当該出張命令に従って旅行することができない場合には、あらかじめ所属長に出張命令の変更の申請をしなければならない。

2　前項の規定によりやむを得ない事情により出張命令の変更を申請することができない場合には、所属長の代理とする上司に仮申請をしたうえで、出張した後速やかに所属長に出張命令簿に記載された内容の変更について申請をしなければならない。

（出張計画）

第５条　出張をしようとする従業員は、出張計画及び旅程等を記載した会社が定める様式に旅程表を添付して、所属長に提出しなければならない。

2　出張計画は、目的が明確なものでなければならない。

3　旅程は、最も効率的に目的を遂行でき、かつ、最も経済的な経路及び方法によるものでなければならない。

4　所属長は、出張計画及び旅程等が適切なものであるかの確認を行い、不適切な場合は変更を命ずるものとする。

（出張報告）

第６条　出張を終えた従業員は、２週間以内に、出張中の業務内容等を記載した会社が定める様式を所属長に提出しなければならない。

2　前項の出張報告書を提出しない従業員については、会社は、旅費の精算は行わず、概算払の旅費がある場合であっても、これを返還させるものとする。

（出張中の労働時間）

第７条　出張中は、通常の労働時間労働したものとみなす。ただし、出張中の労働時間の管理が可能な場合であって、所定労働時間を超えて労働したことが明らかな場合は、現に労働した時間を労働時間とする。

2　出張中において休日に労働した場合、出張終了後、２週間以内に代休を与えることがある。

第２章　旅費の計算等

（旅費の種類）

第８条　この規程により支給する旅費の種類は、鉄道賃、船賃、航空賃、車賃、日当、宿泊料、支度料及び渡航手数料とする。

2　鉄道賃は、鉄道旅行について、路程に応じ実費額等により支給する。

3　船賃は、水路旅行について、路程に応じ実費額等により支給する。

4　航空賃は、航空旅行について、路程に応じ実費額等により支給する。

5　車賃は、陸路（鉄道を除く。以下同じ。）旅行について、実費額等により支給する。

6　日当は、業務のため、目的地内を巡回するときに要する諸雑費について、出張の日数に応じ１日当たりの定額により支給する。

7　宿泊料は、出張の夜数に応じ一夜当たりの定額により支給する。

8　支度料は、本邦から外国への及び外国相互間の出張又は赴任について、定額により支給する。

9　渡航手数料は、外国への出張又は赴任に伴う雑費について、実費額により支給する。

（旅費の計算）

第９条　旅費は、最も経済的な通常の経路及び方法により旅行した場合の旅費により計算する。ただし、業務上の必要又は天災その他やむを得ない事情により最も経済的な通常の経路又は方法によって旅行し難い場合には、その現によった経路及び方法によって計算する。

2　国外出張旅費は、原則として、居住地の最寄りの空港を起算地として計算する。ただし、会社又は他の勤務場所から直接出張する場合その他やむを得ない事情がある場合は、それぞれの場所における最寄りの空港を起算地とし、当該空港までの日本国内の経路に係る旅費は、国内出張旅費規程に定めるところによる。

3　旅費に係る日本国内の経路の起算地は、原則として、居住地の最寄り駅とする。ただし、前項ただし書きの場合は、それぞれの場所における最寄り駅を起算点とする。

4　国外出張旅費は、原則として、第２項の空港を終着地として計算する。ただし、会社又は他の勤務場所に直接帰着する場合その他やむを得ない事情がある場合は、それぞれの場所における最寄りの空港を終着地とし、当該空港からの日本国内の経路に係る旅費は、国内出張旅費規程に定めるところによる。

5　旅費に係る日本国内の経路の終着地は、原則として、居住地の最寄り駅とする。ただし、前項ただし書きの場合は、それぞれの場所における最寄り駅を終着点とする。

6　経路の距離数は、会社が定める様式に従い計算する。ただし、会社の指定する旅行会社が旅程を作成したときは、この限りでない。

（出張日数）

第10条　旅費計算上の出張日数は、出張のために現に要した日数による。ただし、天災その他やむを得ない事情により要した日数を除く。

（日当及び宿泊料の決定）

第11条　１日の出張において、日当又は宿泊料について定額を異にする事情が生じた場合には、額の多いほうの定額による日当又は宿泊料を支給する。

（出発日・帰着日の日当）

第12条　出発日及び帰着日の日当については、別表第１における丙地方の日当を支給する。

（機中泊）

第13条　航空路上で機中泊した場合は、業務上の必要又は天災その他やむを得ない事情がない限り、宿泊費を支給しない。

（旅費の請求及び精算）

第14条　旅費（概算払に係る旅費を含む。）の支給を受けようとする場合、又は概算払に係る旅費の精算をしようとする場合には、会社が定める様式に必要な書類を添えて、これを経理担当者に提出しなければならない。この場合において、必要な資料の全部又は一部の提出をしなかった者は、提出しなかったことにより、その旅費の必要が明らかにされなかった部分の金額の支給を受けることができない。

2　概算払に係る旅費の支給を受けた場合は、当該出張を完了した後、２週間以内に、旅費の精算をしなければならない。

3　会社は、前項の規定による精算の結果過払金があった場合には、所定の期間内に過払金を返納させるものとする。

（上司随行）

第15条　社長その他の役員に随行し、職務上必要と認められたときは、日当以外の旅費は、上位者と同等とする。

2　他社の役員に随行し、職務上必要と認められたときは、前項の規定を準用する。

第３章　旅費の区分及び額

（国外出張の旅費）

第16条　国外出張の旅費は、鉄道賃、船賃、航空賃、車賃、日当、宿泊料、支度料及び渡航手数料とする。

（鉄道賃）

第17条　鉄道賃の額は、次の各号に定めるところによる。

（1）　鉄道を利用した場合…運賃の額

（2）　急行料金を徴する列車を運行する鉄道を利用した場合…運賃、急行料金の額

（3）　座席指定料金を徴する客車を運行する鉄道を利用した場合…運賃、急行料金、座席指定料金の額

2　急行及び座席指定車両の利用は、当該国の交通事情等を踏まえ、会社が必要と認める場合に限り支給するものとする。

3　第１項に定めるほか、部長以上の職務にある者が特別車両料金を徴する客車を運行する鉄道を利用した場合には、特別車両料金の額を加算して支給することができる。

（船賃、航空賃及び車賃）

第18条　船賃の額は、現に支払った運賃による。

2　航空賃の額は、次の各号に規定する運賃による。

（1）　運賃の等級を３以上の階級に区分する航空路による出張の場合には、次に規定する運賃

役員及び部長以上の職務にある者については、最上級の運賃

上記以外の職務にある者については、最上級の直近下位の級の運賃

（2）　運賃の等級を２階級に区分する航空路による出張の場合には、上級の運賃

（3）　運賃の等級を設けない航空路による出張の場合には、その乗車に要する運賃

3　車賃の額は、現に支払った運賃による。

（日　当）

第19条　日当の額は、別表第１の定額による。

（日当の調整）

第20条　前条の規定にかかわらず、次の各号に掲げる場合は、当該各号に定めるとおり日当を調整する。

（1）　出張期間中における移動の伴わない日程については、通常の日当の半額とする。

（2）　用務が午前のみ又は午後のみで昼食を要しないことが明らかな場合、若しくは出張先等において昼食の提供があった場合は、通常の日当の半額とする。

（3）　前二号の要件をともに満たす場合は、日当を支給しない。

（4）　その他日当を減額することについて合理性があると認める場合の日当は半額とする。

（宿泊料）

第21条　宿泊料の額は、別表第１の定額による。＜別例：別表第１の額を上限とした実費を支給する。＞

2　宿泊費と運賃がセットになっているパック旅行商品を利用した場合は、パック旅行代金から宿泊料定額を差し引いた額を運賃とみなして鉄道賃、船賃、航空賃及び車賃の額を調整する。

3　車中泊等、固定宿泊施設に宿泊しない場合の宿泊料については、運行旅程にかかわらず、宿泊料は支給しない。ただし、やむを得ない事由があると会社が認めたときは、この限りでない。

（支度料）

第22条　支度料の額は、出張期間に応じた別表第２の定額による。

2　外国に出張を命ぜられた者が、過去において支度料の支給を受けたことがあるものである場合には、その者に対し支給する支度料の額は、前項の規定にかかわらず、同項の規定による額から、その出張を命ぜられた日から起算して過去３年以内に支給を受けた支度料の合計額を差し引いた額の範囲内の額による。

3　前二項の規定にかかわらず、出張期間が15日未満の出張の場合、別表第２の出張期間１か月未満の定額の２分の１に相当する額とする。また、会議の出席等、海外での滞在が比較的短期であり、国外出張に必要な用品を改めて購入する必要がないと認めるときは、支度料は支給しない。

（渡航手数料等）

第23条　渡航手数料の額は、予防注射料、旅券の交付手数料及び査証手数料、外貨交換手数料、空港旅客サービス施設使用料並びに入出国税等の実費額による。

2　国外出張者については、会社は、会社を受取人として海外旅行保険を付保するものとし、その費用を会社が負担する。

第４章　赴任旅費等

（海外転勤に係る赴任旅費等）

第24条　海外転勤に係る手続及び赴任旅費の支給等については、海外転勤取扱規程に定めるところによる。

第５章　雑　則

（旅費の調整）

第25条　特別の事情や性質により、この規程による旅費を支給したときに、不当に出張の実費を超えた旅費を支給することとなる場合においては、その実費を超えることとなる部分の旅費を支給しないことができる。

2　前項の場合において、通常必要としない旅費を支給することとなる場合においても、同様とする。

3　この規程による旅費により出張することが、当該出張における特別な事情や性質により困難である場合には、これらの事情等を考慮し、必要と認められる限度において増額調整をすることができる。

（改　廃）

第26条　この規程は、関係諸法規の改正及び会社状況及び業績等の変化により必要があるときは、従業員代表と協議のうえ改定又は廃止することがある。

別表第１　日当及び宿泊料の額

区　分	日　当（１日につき）			
	指定都市	甲地方	乙地方	丙地方
役員	○○○円	○○○円	○○○円	○○○円
部長・課長	○○○円	○○○円	○○○円	○○○円
上記以外の者	○○○円	○○○円	○○○円	○○○円

区　分	宿泊料（１夜につき）			
	指定都市	甲地方	乙地方	丙地方
役員	○○○円	○○○円	○○○円	○○○円
部長・課長	○○○円	○○○円	○○○円	○○○円
上記以外の者	○○○円	○○○円	○○○円	○○○円

指定都市・甲地方・乙地方・丙地方

区　分	支　給　地　域
指定都市	シンガポール、ロサンゼルス、ニューヨーク、サンフランシスコ、ワシントン、ジュネーブ、ロンドン、モスクワ、パリ、アブダビ、ジッダ、クウェート、リヤド、アビジャン
甲 地 方	北米地域（指定都市を除く。） 欧州地域（指定都市を除く。） 中近東地域（指定都市を除く。）
乙 地 方	指定都市、甲地方及び丙地域以外の地方
丙 地 方	アジア地域（指定都市、及び本邦を除く。）、中南米地域、アフリカ地域（指定都市を除く。）、南極地域

別表第２　支度料

区　分	出　張　期　間		
	１か月未満	１か月以上２か月未満	３か月以上
役員	○○○円	○○○円	○○○円
部長・課長	○○○円	○○○円	○○○円
上記以外の者	○○○円	○○○円	○○○円

11
安全衛生管理規程

衛生問題は、業種にかかわらず取り組まなければならないものですが、業種によっては安全問題も重要になってきます。特に最近では、派遣、請負の増加といった就業形態の多様化が従来の安全管理体制の維持を難しくし、大規模災害の発生につながる事態も起きています。このため、各社においても規程を整備し、責任体制を明確にした組織的な管理体制を確立する必要があります。

第1章　総　則

（目　的）

第1条　この規程は、労働基準法、労働安全衛生法及び○○株式会社（以下「会社」という。）の就業規則第▼条（安全及び衛生）に基づき、会社における安全衛生活動の充実を図り、労働災害を未然に防止するために必要な基本的事項を明確にし、従業員の安全と健康を確保するとともに快適な職場環境の形成を促進することを目的として定めるものである。

（適用の範囲）

第2条　会社の安全衛生管理に関して必要な事項は、労働安全衛生関係法令（以下「法令」という。）及びこの規程に定めるところによる。

（会社の責務）

第3条　会社は、従業員の安全と健康を確保するために安全衛生管理体制を確立し、従業員の労働災害防止、及び健康保持増進のために必要な措置を積極的に推進する。

2　会社は、この規程に定める基準を遵守し、快適な職場環境の実現に努める。

（従業員の義務）

第4条　従業員は、安全衛生管理に従事する者の指示に従わなければならない。

2　従業員は、会社が講ずる措置に積極的に協力して労働災害防止に努めるとともに、常に自己の健康保持増進に努めなければならない。

第2章　安全衛生管理体制

（安全衛生管理体制）

第5条　会社は、安全管理者、衛生管理者、産業医を選任し、法令に基づき必要な職務を行わせる。

（安全管理者）

第６条　会社は、法令の定めるところにより安全管理者を選任する。

２　安全管理者は、法令の定めるところにより、次の職務のうち安全に係る技術的事項を管理する。

（１）　危険又は健康障害を防止するための措置に関すること。

（２）　安全又は衛生のための教育に関すること。

（３）　健康診断の実施その他健康の保持増進に関すること。

（４）　労働災害の原因の調査及び再発防止対策に関すること。

（５）　快適な職場環境の形成に関すること。

（６）　その他労働災害防止に必要と認められる重要な事項に関すること。

３　安全管理者は、職場を巡視し、設備、作業方法等に危険のおそれがあるときには、直ちに、その危険を防止するため必要な措置を講じなければならない。

４　会社は、安全管理者が職務を遂行することができないときは、法令の定めるところにより代理者を選任し、これを代行させるものとする。

（衛生管理者）

第７条　会社は、法令の定めるところにより、衛生管理者を選任する。

２　衛生管理者は、法令の定めるところにより、前条第２項の職務のうち衛生に係る技術的事項を管理する。

３　衛生管理者は、少なくとも毎週１回、職場を巡視し、設備、作業方法又は衛生状態に有害のおそれがあるときには、直ちに、従業員の健康障害を防止するため必要な措置を講じなければならない。

４　会社は、衛生管理者が職務を遂行することができないときは、法令の定めるところにより代理者を選任し、これを代行させるものとする。

（産業医）

第８条　会社は、法令の定めるところにより産業医を選任する。

２　産業医は、次の事項を医学的見地から管理する。

（１）　健康診断の実施及びその結果に基づく従業員の健康を保持するための措置に関すること。

（２）　作業環境の維持管理及び快適な職場環境の形成に関すること。

（３）　作業の管理に関すること。

（4）　前三号に掲げるもののほか従業員の健康管理に関すること。

（5）　健康教育、健康相談その他従業員の健康の保持増進を図るための措置に関すること。

（6）　衛生教育に関すること。

（7）　従業員の健康障害の原因の調査及び再発防止のための措置に関すること。

3　産業医は、少なくとも毎月１回、職場を巡視し、作業方法又は衛生状態に有害のおそれがあるときは、直ちに従業員の健康障害を防止するために必要な措置を講じなければならない。

（各部門の責任者）

第９条　各部門の責任者は、会社の決定に基づき所轄部門の安全衛生管理方針を決定するとともに、職場管理者を指揮して、労働災害防止、快適職場形成に向けた統括管理を行うものとする。

（職場管理者）

第10条　各職場の管理者は、労働災害を防止し、快適な職場を形成するため次の事項を管理しなければならない。

（1）　労働災害の防止及び健康障害の防止のため、作業方法を決定し、これに基づき部下の従業員を指導すること。

（2）　所管する設備及び機械の安全を確保すること。

（3）　職場内の整理整頓に努め、快適な職場環境を形成すること。

（作業主任者）

第11条　会社は、法令の定める資格を有する者の中から作業主任者を選任する。

2　作業主任者は、当該作業に従事する従業員の指揮その他法令で定める事項を行わなければならない。

第３章　委員会の設置

（安全衛生委員会）＜衛生委員会＞

第12条　会社は、法令の定めるところにより安全衛生委員会＜衛生委員会＞を設置し、安全及び衛生に関する事項＜衛生に関する事項＞について従業員の意見を聴き、安全及び衛生＜衛生＞の改善及び向上を図るものとする。

第４章　就業に当たっての措置

（安全衛生教育）

第13条　会社は、安全衛生に関する知識及び技能を習得させることによって労働災害防止に役立たせるため、次の教育を行うものとする。

（１）　雇入れ時教育、作業内容変更時教育

（２）　危険又は有害業務従事者に係る特別教育

（３）　職長教育、その他監督者安全衛生教育

（４）　その他、安全衛生の水準の向上を図るため、危険又は有害な業務に現に就いている者に対する安全衛生教育

2　従業員は、会社の行う安全衛生教育に積極的に参加しなければならない。

（就業制限）

第14条　会社は、○○業務については、法定の免許保持者又は技能講習修了者及び会社又は指定団体が行う特別教育を受けた者でなければ、当該業務に就業させない。

2　就業制限業務に就くことができる従業員以外は、当該業務を行ってはならない。

（中高年齢者等）

第15条　会社は、中高年齢者その他労働災害防止上その就業に当たって特に配慮を必要とする者については、これらの者の心身の条件に応じて適正な配置を行うように努める。

第５章　職場環境の整備

（作業環境測定）

第16条　会社は、法令の定めるところにより、必要な作業環境測定を実施し、その結果を記録する。

（作業環境測定の評価等）

第17条　会社は、前条の作業環境測定の結果の評価に基づいて、従業員の健康を保持するため必要があると認めるときは、法令の定めるところにより、施設又は設備の設置、健康診断の実施及びその他の適切な措置を講ずる。

（環境の整備）

第18条　会社は、社内における安全衛生の水準の向上を図るため、次の措置を継続的かつ計画的に講じ、快適な職場環境の形成に努める。

（１）　作業環境を快適な状態に維持管理するための措置

（２）　作業方法の改善

（３）　休憩施設の設置又は整備

（４）　その他快適な職場環境を形成するために必要な措置

（受動喫煙の防止）

第19条　会社は、従業員の受動喫煙（室内又はこれに準ずる環境において、他人のたばこの煙を吸わされることをいう。）を防止するため、各職場の実情に応じ適切な措置を講ずるよう努める。

（保護具、救急用具）

第20条　会社は、保護具及び救急用具の適正使用並びに維持管理について、従業員に対し指導、教育を行うとともに、その整備に努める。

（機械・設備の点検整備）

第21条　会社は、機械及び設備等について、法令及び社内点検基準に定めるところにより点検整備を実施し、その結果を記録保存する。

（整理整頓）

第22条　会社は、常に職場の整理整頓について適正管理し、常に職場を安全で快適、かつ、機能的な状態に保持する。

第６章　健康診断

（健康診断及び面接指導）

第23条　会社は、次の各号の健康診断を行う。実施の細目については、関係法令の定めるところにより会社が決定する。

（１）　雇入時健康診断

（２）　定期健康診断（従業員に対して、毎年１回行う）

（３）　その他健康診断（特定業務従事者の健康診断等）

2　会社は、法令に定める有害業務に従事する従業員及び有害業務に従事させたことのある従業員に対し、医師による特別の項目について健康診断を行う。

3　健康診断は、会社が指定する医師が行うものとする。

4　会社は、健康診断を受診した従業員に対し、遅滞なく当該健康診断の結果を通知する。

5　産業医又は会社の指定医は、健康診断の結果に基づき従業員の健康評価を行い、健康管理を行うものとする。

6　会社は、健康診断の結果に基づき、当該従業員の健康を保持するために必要な措置について、医師の意見を聴く。

7　会社は、医師の意見を勘案し、その必要があると認めるときは、当該従業員の健康状態等を考慮して、就業場所の変更、作業の転換、労働時間の短縮等の措置を講ずるほか、作業環境測定の実施、施設又は設備の設置、その整備及びその他の適切な措置を講ずる。

8　会社は、健康診断の結果、特に健康の保持に努める必要があると認める従業員に対し、医師又は保健師による保健指導を行うよう努める。

9　従業員は、会社が行う健康診断を受けなければならない。ただし、会社の指定した医師又は歯科医師が行う健康診断を受けることを希望しない場合であって、他の医師又は歯科医師による健康診断結果証明書を会社に提出したときはこの限りでない。

10　１週間当たり40時間を超えて行う労働が１か月当たり100時間を超え、疲労の蓄積が認められる従業員が申し出たときは、会社は、医師による面接指導を行う。

（自発的健康診断）

第24条　午後10時から午前５時までの間における業務（以下「深夜業」という。）に従事する従業員であって、６か月を平均して１月当たり４回以上深夜業に従事した労働者は、自ら受けた健康診断の結果を会社に提出することができる。ただし、当該健康診断を受けた日から３か月経過したときは提出することができない。

2　前項の健康診断は、前条第３項から第６項までの規定を準用する。

（心理的な負担の程度を把握するための検査及び面接指導）

第25条　会社は、従業員に対し、医師、保健師又は一定の研修を受けた看護師若しくは精神保健福祉士（以下「医師等」という。）による心理的な負担の程度を把握するための検査を行う。実施の細目については、関係法令の定めるところにより会社が決定する。

2　前項の検査の結果は、当該検査を行った医師等から検査を受けた従業員に通知されるものとし、あらかじめ当該従業員の同意を得た場合に限り、当該医師等より会社にも結果が提供されるものとする。

3　会社は、前項の通知を受けた従業員であって法令で定める要件に該当するものが申し出たときは、当該従業員に対し、医師による面接指導を行う。

4　会社は、前項の面接指導の結果に基づき、当該従業員の健康を保持するために必要な措置について医師の意見を聴くものとする。

5　会社は、前項の医師の意見を勘案し、その必要があると認めるときは、当該従業員の実情を考慮して、就業場所の変更、作業の転換、労働時間の短縮、深夜業の回数の減少等の措置を講ずる。

＜労働者数50人未満は当分の間、努力義務＞

第７章　健康の保持増進措置等

（有所見者に対する措置）

第26条　産業医又は会社の指定医により次の健康管理基準に基づき有所見者との診断を受けた者は、次に定める措置を受けなければならない。

＜健康管理基準＞

<table>
<tr><th colspan="2">分類</th><th>符号</th><th>分類基準</th><th>医療程度及び産業医による健診の措置</th><th>勤務に関する措置</th></tr>
<tr><td colspan="2">健康者</td><td>A</td><td>健康者</td><td>不要</td><td>通常勤務</td></tr>
<tr><td rowspan="3">有所見者</td><td>要観察者</td><td>B</td><td>就業上の措置が不要な疾患者</td><td>病状により定期的な健診を実施のうえ通常勤務</td><td>通常勤務</td></tr>
<tr><td>要治療者</td><td>C</td><td>病勢悪化の懸念があり就業制限を要する疾患者</td><td>医師による直接の医療を要する定期的な健診を実施</td><td>勤務制限</td></tr>
<tr><td>要療養者</td><td>D</td><td>休業のうえ療養を要する疾患者</td><td>入院治療又は自宅療養</td><td>就業禁止</td></tr>
</table>

２　前項表中の勤務制限とは病状により、時間外勤務、深夜勤務、休日勤務、交替制勤務、宿泊出張、過重な日帰り出張等の禁止、又は担当業務の変更等を具体的に指示することをいう。

３　前項において、産業医又は会社の指定医以外の医師によって、健康管理基準に基づき有所見者に該当するものと診断された者は、改めて産業医又は会社の指定医による診断を受けるものとする。

４　会社が第１項の措置を実施するに際しては、有所見者の実情を聴取し、これを考慮して行う。

５　要治療者が出勤しようとするときは、あらかじめ産業医又は会社の指定医の意見を聴かなければならない。

（病者の就業禁止）

第27条　次の各号のいずれかに該当する従業員は、就業させない。

（１）　伝染のおそれのある疾病にかかった者

（２）　心臓、腎臓、肺等の疾病で、就業により病勢が著しく増悪するおそれがある者

（3）　前各号に準ずる疾病で厚生労働大臣が定めるものにかかった者

2　会社は、前項の規定により就業を禁止するときは、あらかじめ産業医又は会社の指定医その他専門医の意見を聴かなければならない。

3　会社から就業の禁止を指示された従業員は就業してはならない。

（感染症発生時の措置）

第28条　従業員は、同居又は近隣の者に感染症が発生した場合、又はその疑いのある場合は、直ちに保健所に連絡のうえ指示に従うとともに、速やかに会社に届け出なければならない。

2　会社は、社内で伝染性の疾病にかかった者が発生した場合は、速やかに保健所に連絡のうえ、消毒、健康診断等必要な措置を講じなければならない。

（アフター・ケア施策）

第29条　従業員が就業禁止の措置を受けた後の勤務について、産業医又は会社の指定医が健康回復のため勤務上の保護を与える必要があると判断したときは、必要に応じて次の保護措置を講ずる。

（1）　保護期間

　6か月以内とする。

（2）　勤務時間の短縮

勤務時間短縮区分	通常の勤務時間より短縮する時間	保護期間
Ⅰ	3時間	1か月以内
Ⅱ	2時間	2か月以内
Ⅲ	1時間	3か月以内

①　勤務時間短縮区分及び期間は、産業医又は会社の指定医の所見に基づき会社が決める。

②　この場合における始業及び終業時刻は、その都度定める。

③　保護期間中は、遅刻及び早退の取扱いをしない。

（3）　勤務制限

　保護期間中は、時間外勤務、深夜勤務、休日勤務、交替制勤務、宿泊出張、及び過重な日帰り出張はさせない。

（4）　保護期間中に健康診断のため出勤できないときは、会社が認めた場合に限り、その日を特別休暇とすることができる。

（妊産婦の保護）

第30条　妊娠中及び産後１年を経過しないの女性従業員が請求したときは、担当業務の軽減又は転換を図るものとする。

（予防接種・救急薬品）

第31条　会社は、従業員に予防接種の必要がある場合には、予防接種法に定められた方法及び基準に従い実施する。

2　会社は、各部門に救急箱を備え付ける。

（健康の保持増進措置）

第32条　会社は、従業員に対する健康相談及びその他従業員の健康の保持増進を図るため必要な措置を継続的、かつ、計画的に講ずるよう努める。

2　従業員は、前項の会社が講ずる措置を利用してその健康の保持増進に努めなければならない。

（衛生教育）

第33条　会社は、従業員の雇入れ時に、関係法令に基づきその従事する業務に関する衛生のための教育を行うものとする。

（健康教育）

第34条　会社は、従業員の健康増進と衛生に関する理解の向上のために、積極的な施策を立案し、その実施に努めるものとする。

（個人健康情報の保護）

第35条　衛生及び健康管理の職務に従事する者は、健康診断及びその他の健康保持増進措置等により知り得た事項を職務上の関係者以外に漏らしてはならない。

2　個人健康情報の利用は、法律に定めのあるもの（健康診断結果報告、死傷病報告等）のため、及び従業員の就業に関して適切な措置をとるために行い、他のことに利用してはならない。

3　産業医又は会社の指定医を除き、会社における衛生及び健康管理に関与する者と、その者が知ることを許される個人健康情報の範囲は次表のとおりとする。

職　名	知ることを許される個人健康情報
衛生管理者	法律に定めのある事項に関するもの（ストレスチェックに関する情報以外の健康診断結果報告等）
	産業医又は会社の指定医が提供を必要と認めたもの
衛生関係事務従業員	衛生管理者が提供を必要と認めたもの
代表取締役	産業医、会社の指定医又は衛生管理者が提供を必要と認めたもの
総務・人事担当役員	代表取締役が提供を必要と認めたもの
直属上司	総務若しくは人事担当役員又は上位管理職が提供を必要と認めたもの

4　会社における個人健康情報の保管は、その情報を利用する者が厳重な注意を払って行い、第２項に定める目的を達成した後は、衛生管理者がこれを保管する。

5　個人健康情報の開示は、第２項及び第３項の規定によるものとし、第３項に記載する以外の者に開示する必要が生じた場合は、当該従業員本人の同意を得て行う。

6　会社における個人健康情報の訂正、追加又は削除（廃棄を含む。）は、衛生管理者が産業医又は会社の指定医及び第３項に記載する者の意見を聴いて行う。

7　個人健康情報の取扱いに関する苦情処理は、衛生管理者が窓口となり、産業医又は会社の指定医及び第３項に記載する者の協力を得て行う。

8　個人健康情報の保護に関する事項のうち、全社的な対応が必要なものは、安全衛生委員会＜衛生委員会＞で審議する。

（規程の改廃）

第36条　この規程は、関係諸法規の改正及び会社状況並びに業績等の変化により必要があるときは、安全衛生委員会で決議のうえ改定又は廃止することがある。

附　　則

1　この規程は、○○年○○月○○日から施行する。

2　この規程は、○○年○○月○○日から改定施行する。

（改定条文：第○条、第○条、第○条）

12
内部通報者保護規程

　平成に入ってから、会社の不祥事が続発した時期がありました。そして、その多くが、社内の従業員等からの通報を契機として明らかになっていたのです。このような経緯から、公益のために通報を行った従業員等を保護し、会社のコンプライアンス経営等を促進するため、公益通報者保護法が成立し、平成18（2006）年に施行されています。

　この法律の趣旨を踏まえ、会社は、社内における通報処理の仕組みを自主的に整備することが期待されているところです。会社にとっても通報処理の仕組みを整備することは、内部の問題の早期発見、早期対処につながり、ひいてはコンプライアンス経営の推進、社会的信頼の向上等にもつながります。

第１章　総　則

（目　的）

第１条　この規程は、○○株式会社（以下「会社」という。）の従業員等からの組織的又は個人的な法令違反行為等に関する相談又は通報の適正な処理の仕組みを定めることにより、不正行為等の早期発見と是正を図り、もって、コンプライアンス経営の強化に資することを目的とする。

（定　義）

第２条　この規程において「従業員」とは、いわゆる正社員のほか、パートナー社員、嘱託、アルバイト、派遣労働者及び退職者を総称したものをいう。

２　この規程において「通報者」とは、第４条に定める窓口を利用するものをいう。

（適用範囲）

第３条　この規程は、会社の役員、従業員（以下「従業員等」という。）及び会社の取引事業者の従業員等に適用する。

２　従業員等及び会社の取引事業者の従業員等は、次条に定める窓口を利用することができる。

（窓　口）

第４条　従業員等及び会社の取引事業者の従業員等からの通報を受け付ける窓口を総務部に設置する。また、法令違反行為に該当するかを確認する等の相談に応じる窓口を総務部又は顧問弁護士方に設置する。

（通報の方法）

第５条　通報窓口及び相談窓口の利用方法は電話・電子メール・ＦＡＸ・書面・面会とする。

（調　査）

第６条　通報された事項に関する事実関係の調査は総務部及び顧問弁護士方が行う。

２　総務部長は、調査する内容によって、関連する部門のメンバーからなる調査チームを設置することができる。

（協力義務）

第７条　各部門は、通報された内容の事実関係の調査に際して協力を求められた場合には、調査チームに協力しなければならない。

（是正措置）

第８条　調査の結果、不正行為が明らかになった場合には、会社は速やかに是正措置及び再発防止措置を講じなければならない。

（社内処分）

第９条　調査の結果、不正行為が明らかになった場合には、会社は当該行為に関与した者に対し、就業規則に従って、処分を課すことができる。

（記録及び事務体制）

第10条　通報受理に基づく各種対応事務等を執り行うために会社に通報対応責任者を置く。

２　通報対応責任者は総務部長とする。

第２章　当事者の責務

（通報者の保護）

第11条　会社は、通報者が通報又は相談したことを理由として通報者に対して解雇その他いかなる不利益な取扱いも行わない。

２　会社は、通報者からの通報又は相談により調査に協力した者に対して解雇その他いかなる不利益な取扱いも行わない。

３　会社は、通報者が通報又は相談したことを理由として職場環境が悪化することのないように適切な措置を講ずる。また、通報者及び調査に協力した者に対して不利益な扱いや嫌がらせ等を行った者がいた場合には、就業規則に従って懲戒処分を課すことができる。

（秘密保持の徹底）

第12条　会社及びこの規程に定める業務に携わる者は、通報された内容及び調査で得られた個人情報を漏えいしてはならない。退職後あるいは退任後においても同様とする。

2　会社は正当な理由なく個人情報を漏えいした者に対し、就業規則に従って懲戒処分を課すことができる。

（通　知）

第13条　通報対応責任者は、通報者に対して調査及び是正の結果について、被通報者（その者が不正を行った、行っている、又は行おうとしているとして通報された者をいう。）のプライバシーに配慮しつつ遅滞なく通知する。

（不正目的の通報）

第14条　通報者は、虚偽の通報や他人を誹謗中傷する通報その他の不正の目的の通報を行ってはならない。会社は、そのような通報を行った者に対し、就業規則に従って懲戒処分を課すことができる。

（通報又は相談を受けた者の責務）

第15条　通報又は相談を受けた者は、この規程に準じて誠実に対応するよう努めなければならない。

2　通報又は相談を受けた者は、通報又は相談の内容が会社と直接関わりのない事項である場合においては、処分権限等を有する行政機関を紹介する等適切に対応するものとする。

（利益相反者の排除）

第16条　通報対応責任者又は通報若しくは相談を受けた者は、通報内容が自ら関係する事案の場合、当該通報対応に従事してはならない。

2　前項による利益相反者がある場合、社長が代替担当者を指名する。

第３章　その他

（記　録）

第17条　通報対応責任者は、通報から調査、改善までの経緯と結果について記録する。

（通報対応状況の報告）

第18条　通報対応責任者は、会社の法令遵守の徹底を図るため、この規程に基づく通報対応状況について、個人情報に留意のうえ、取締役会に報告するものとする。

（所　管）

第19条　この規程の所管は、内部監査室とする。

（規程の周知）

第20条　内部監査室は、内部通報の仕組みや法令遵守の重要性について、効果的な広報を行うとともに、研修・説明会等を実施し、従業員等に対し十分な周知徹底を図らなければならない。

（規程の改廃）

第21条　この規程の改廃は取締役会の決議による。

13
特定個人情報（マイナンバー）等取扱規程

マイナンバー制度導入に当たり、特定個人情報保護委員会は、平成26（2014）年12月11日に『特定個人情報の適正な取扱いに関するガイドライン（事業者編）』を公表しています。その別添として具体的な安全管理措置が示されており、そこに組織的安全管理措置の一環として、「取扱規程等に基づく運用」が示されています。この「取扱規程等」については、それぞれの会社によって実務の実態が異なる等の理由から、特定個人情報保護委員会ではひな形を提示する予定がないとしていおり、一部で混乱が生じています。

そもそも「取扱規程等」とは何なのか。筆者は、それは、特定個人情報の取扱全般に関する基本的事項を規定した「基本規程」と特定個人情報を取り扱う限定された事務取扱担当者を対象とした「取扱マニュアル」の２本で成り立つと考えます。

本書では、就業規則と直接関連するであろう「基本規程」のひな形を提示したいと思います。この場合、留意すべきなのは、そもそも従業員の個人情報（雇用管理情報）は、機微情報であり、マイナンバー制度を待たずとも厳格な管理規程の下で取り扱われるべきものだということです。したがって、本書におけるモデル規程は、特定個人情報（マイナンバーを含む個人情報）にとどまらず、雇用管理情報全般に関しての基本規程として位置付けました。

なお、前述のガイドラインによれば、従業員100人以下のいわゆる「中小規模事業者」については、取扱規程等の策定については適用除外とされています。しかしその代替措置として、「特定個人情報等の取扱状況の分かる記録を保存する」ことが必要とされており、このルールを周知するためには、結局、取扱規程等の策定が必要という結論となります。

したがって、会社規模にかかわらず、すべての会社で設けておいていただきたい規程です。

第1章　総　則

（目　的）

第1条　この規程は、行政手続における特定の個人を識別するための番号の利用等に関する法律（以下「番号利用法」という。）及び個人情報の保護に関する法律（以下「個人情報保護法」という。）の趣旨に則り、〇〇株式会社（以下「会社」という。）における特定個人情報を含むすべての雇用管理情報全般の適正な取扱いの確保を図るため、秘密保持等の従業者の責務及び会社が講ずる安全管理措置等の適切かつ有効な実施を図ることを目的とする。

（定　義）

第2条　この規程における用語の意義は、次の各号に掲げるとおりとする。

（1）　従業者…次の者を総称したものをいう。

①　会社の役員

②　会社に使用されている従業員

③　会社の指揮監督を受ける派遣労働者（ただし、派遣労働者及びその家族から個人番号を取得することはない。）

（2）　退職者等

①　従業員になろうとする者及び従業員になろうとした者（ただし、この規程の義務主体となることはない。②に掲げる者も同様とする。）

②　過去において会社に使用されていた者

（3）　個人情報…個人に関する情報であって、当該情報に含まれる氏名、生年月日、個人別に付された符号（番号及び記号を含む。）、画像又は音声により特定の個人を識別できるもの（当該情報だけでは識別できないが、他の情報と容易に照合することができ、それにより特定の個人を識別できることとなるものを含む。）をいう。

（4）　雇用管理情報…従業者の採用及び雇用管理のため、会社が収集、保管、利用等する個人情報をいい、その限りにおいて、病歴、収入、家族関係等の機微に触れる情報を含む従業者個人に関するすべての情報を総称したものをいう。

（5）　個人番号…番号利用法第7条第1項又は第2項の規定により、住民票コードを変換して得られる番号であって、当該住民票コードが記載された住民票に係る者を識別するために指定されるものをいう。

（6）　特定個人情報…雇用管理情報であって、個人番号（個人番号に対応し、当該個人番号に代わって用いられる番号、記号その他の符号であって、住民票コード以外のものを含む。）をその内容に含むものをいう。

（7）　個人情報ファイル…一定の事務の目的を達成するために個人情報をパーソナルコンピュータ等の電子機器（以下「PC」という。）を用いて検索することができるように体系的に構成したものをいう。

（8）　雇用管理データベース…個人情報ファイルであって、主として雇用管理情報を取り扱うものをいう。

（9）　特定個人情報ファイル…個人番号（従業者以外のものを含む。）をその内容に含む個人情報ファイルをいう。

(10)　個人データ…個人情報ファイルを構成する個人情報をいう。

(11)　個人番号関係事務…番号利用法第9条第3項の規定により個人番号利用事務に関して行われる個人番号を必要な限度で利用して行う事務をいう。

(12)　個人番号関係事務実施者…個人番号関係事務を処理する者及び個人番号関係事務の全部又は一部の委託を受けた者をいう。

(13)　個人番号利用事務…行政機関、地方公共団体、独立行政法人等その他の行政事務を処理する者等が番号利用法第9条第1項又は第2項の規定によりその保有する特定個人情報ファイルにおいて個人情報を効率的に検索し、管理するために必要な限度で個人番号を利用して処理する事務をいう。

(14)　個人番号利用事務実施者…個人番号利用事務を処理する者及び個人番号利用事務の全部又は一部の委託を受けた者をいう。

(15)　事務取扱担当者…会社における個人番号関係事務（個人番号が記載された書類等の受領を含む。以下同じ。）その他の特定個人情報等の事務に携わる権限を会社から与えられた従業者をいう。

(16)　特定個人情報等責任者…この規程に基づき統括的に会社の特定個人情報その他の雇用管理情報（以下「特定個人情報等」という。）を管理するほか、事務取扱担当者を監督する責任者をいう。

【定義の図解】ゴシックは規定中の用例を示す。

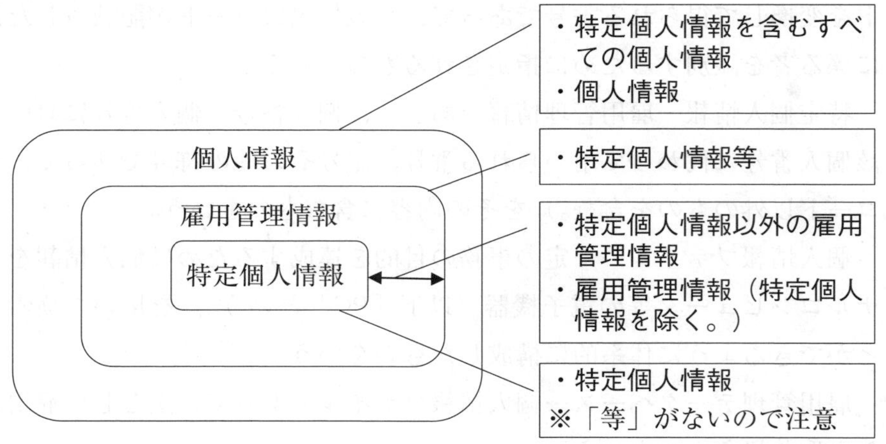

（適用範囲）

第3条　この規程は、会社及び従業者に適用する。

2　この規程が保護の対象とする雇用管理情報は、従業者及び退職者等に係るすべてのものである。

（基本的理念）

第4条　特定個人情報等の取扱いは、次の事項を前提として行わなければならない。

（1）　故意又は過失を問わず、会社外への漏えいがないように十分に留意がなされていること。

（2）　正確、かつ、最新の状態に保たれていること。

（3）　取得及び利用に当たり、法令に従うとともに、従業者及び退職者等のプライバシーを侵害しないこと。

（4）　取り扱う範囲及び事務取扱担当者が明確にされていること。

（5）　すべての従業者は、業務上知り得た情報に関する秘密保持義務を有していること。

2　会社は、その従業者に特定個人情報等を含むすべての個人情報を取り扱わせるに当たっては、当該個人情報の安全管理を図るために当該従業者に対して必要かつ適切な監督を行うものとする。

3　会社は、この規程の定めを組織的に取り組むこと等を明らかにするため、「特定個人情報基本方針」（様式第1号）を定めるものとする。

4　従業者は、この規程を理解し、特定個人情報等を適切に取り扱うことを明らかにするため、「特定個人情報等の取扱いに関する同意書」（様式第2号）を会社に提出しなければならない。

（取扱マニュアル等）

第５条　会社は、雇用管理情報のうち特定個人情報については、事務取扱担当者が遵守すべき安全管理措置に関し、特定個人情報取扱マニュアル（以下「取扱マニュアル」という。）（別紙）を定めるものとする。

２　取扱マニュアルは、特定個人情報の取得・入力、移送・送信、利用・加工、保管・バックアップ、消去・廃棄のすべての局面に関し、次の各号に掲げる必要かつ適切な安全管理措置を定めるものである。

（１）　組織的安全管理措置

（２）　人的安全管理措置

（３）　物理的安全管理措置

（４）　技術的安全管理措置

３　安全管理措置の体系は別表第１に定めるところによる。

４　特定個人情報のセキュリティを維持するため、事務取扱担当者以外の者に対しては、取扱マニュアルの一部を開示しないことがある。

（利用目的の特定）

第６条　会社は、特定個人情報については、次の各号に掲げる目的のみに利用する。

（１）　次条第１項の事務のため

（２）　法令に定める災害対策に係る手続のため

（３）　その他番号利用法第９条に定める手続のため

２　会社は、特定個人情報以外の雇用管理情報については、次の各号に掲げる目的のみに利用する。

（１）　前項第１号以外の会社が行う給与計算（各種手当支給）及び支払手続のため

（２）　法令に従った医療機関又は健康保険組合からの健康情報の取得のため

（３）　会社内における人員配置のため

（４）　昇降給の決定のため

（５）　教育管理のため

（６）　福利厚生等の各種手続のため

（７）　万が一のことがあった際の緊急連絡先の把握のため

（8）　前各号のほか、会社の人事政策及び雇用管理の目的を達成するために必要な事項のため

（会社が行う個人番号関係事務の範囲）

第7条　会社が行う個人番号関係事務の範囲は、次の各号に掲げるものとする。

（1）　従業者（扶養親族等を含む。）に係る事務

①　給与所得・退職所得の源泉徴収票の作成

②　雇用保険の資格取得・喪失の届出

③　雇用保険の雇用継続給付の請求

④　健康保険・厚生年金保険の資格取得・喪失の届出

（2）　従業者の配偶者に係る事務

①　国民年金の第三号被保険者の届出

（3）　従業者以外の個人に係る事務

①　報酬、料金等の支払調書の作成

②　配当、剰余金の分配及び基金利息の支払調書の作成

③　不動産の使用料等の支払調書の作成

④　不動産等の譲受けの対価の支払調書の作成

2　前項の個人番号関係事務は、事務取扱担当者のみが行い、それ以外の従業者は、行うことができない。

3　事務取扱担当者ごとの事務の範囲は、取扱マニュアルに定める。

第2章　安全管理措置

（特定個人情報等責任者）

第8条　特定個人情報等の取扱いの管理に関する事項を行わせるため、事務取扱担当者のうち、1名を特定個人情報等責任者とする。

2　特定個人情報等責任者は、前項の事項を行うために必要な知識及び経験を有していると認められる者の中から、会社が選任する。また、会社は選任した特定個人情報等責任者を周知する。

3　特定個人情報等責任者は、個人情報保護管理者がすでに選任されている場合は、これを兼務することができる。

4　特定個人情報等責任者の業務は、次の各号に掲げるものとする。

（1）　特定個人情報等の管理並びに個人番号関係事務又は個人番号利用事務の実施に関すること。
（2）　この規程及び取扱マニュアル等の作成及び運用に関すること。
（3）　従業者の監督及び教育に関すること。
（4）　特定個人情報等の安全管理に関する教育研修の企画・運営に関すること。
（5）　個人番号の取得・本人確認及び特定個人情報の管理に関すること。
（6）　雇用管理データベース又は特定個人情報ファイルの作成、管理に関すること。
（7）　委託先の選定基準に関すること。
（8）　委託先及び再委託先の監督に関すること。
（9）　その他特定個人情報等の安全管理に関する事項全般に関すること。

（事務取扱担当者）

第9条　会社は、特定個人情報等の事務に従事する者を特定し、事務取扱担当者を選任する。また、会社は選任した事務取扱担当者を周知する。

2　事務取扱担当者は、事務取扱担当者任命に当たっての誓約書（様式第3号）を会社に提出した後でなければ、その事務を行うことができない。

3　事務取扱担当者は、個人データ及び特定個人情報等の取扱いに関する留意事項について、定期的に教育研修を受けなければならない。

4　事務取扱担当者は、会社の個人番号関係事務を処理するために必要な限度で、次の各号の事務を行う。その他詳細は取扱マニュアルに定める。
（1）　特定個人情報等の取得・利用、保存、提供及び消去・廃棄等
（2）　個人番号が記載された書類等の作成、行政機関等への提出、本人への交付
（3）　従業者の個人番号が記載された書類等の受領

5　事務取扱担当者が変更となった場合は、確実な引継ぎを行い、特定個人情報等責任者が引継ぎの完了を確認しなければならない。

（安全管理措置の原則）

第10条　特定個人情報等は、事務取扱担当者のみが、その業務の遂行上の必要な限りにおいて取り扱うものとし、特定個人情報等の取扱いに係る権限を付与されていない者によって業務が行われることがあってはならない。

2　事務取扱担当者は、業務上知り得た個人データの内容をみだりに第三者に知ら

せ、又は不当な目的に使用してはならない。その業務に係る職を退いた後も同様とする。

3　会社は、事務取扱担当者に対し、継続的かつ体系的な教育を行うとともに、すべての従業者に対して、特定個人情報等の取扱いの重要性を周知徹底する。

4　個人番号関係事務その他の雇用管理情報に係る事務は、原則として、取扱区域内で行うものとする。取扱区域には、壁又は間仕切り等を設置し、事務取扱担当者の往来が少ない場所に座席を配置するか、のぞき見防止の措置を講ずるものとする。

5　雇用管理データベース又は特定個人情報ファイルを集中管理するPCは、原則として、管理区域内に設置するものとし、USB・スマートフォン等の可搬電子媒体の接続を制限するほか、起動パスワードを定期に変更する等の措置を講じたものとする。管理区域は、事務取扱担当者以外の従業者は、特定個人情報等責任者の許可なく立ち入ってはならない区域とする。

6　会社は、雇用管理データベース又は特定個人情報ファイルのアクセス制限を行うものとし、アクセス権限を有しない従業者はアクセスしてはならない。特に機密性の高い特定個人情報ファイルについては、管理区分を明確にし、限定された事務取扱担当者のみがアクセスできるなどして、特別に管理しなければならない。

7　特定個人情報等を含む書類（コピーを含む。以下同じ。）は、取扱区域内の施錠できるキャビネットに保管し、業務終了後は当該キャビネットに収納し、特定個人情報等責任者の許可なく取扱区域外へ持ち出してはならない。また、特定個人情報等を記録するPCは、容易に移動できない措置を講じなければならない。

8　業務上の必要のため、特定個人情報等を含む書類又はデータ（データベースのほか、Word・PDFファイル等も含む。以下同じ。）を外部に持ち出す場合は、紛失又は盗難に備え、細心の注意を払わなければならず、移送を委託する場合は、追跡可能な移送手段を選択しなければならない。

9　特定個人情報等を含むデータの持出し及び電子メールによる送信を行う場合には、当該データの適切な暗号化を行わなければならない。

10　特定個人情報等の取扱いは、この規程及び取扱マニュアルに基づき運用するものとし、その運用状況が確認可能となるようシステムログ又は記録実績を記録しておかなければならない。

11　特定個人情報等を含む書類又はデータ（コピー又はバックアップを含む。）は、その事務処理の目的のために保管されるべきものであり、その必要がなくなったときは、適切に廃棄又は削除しなければならない。

12 特定個人情報等の取扱いに関し、不正なアクセス、データの紛失・破壊・改ざん・漏えい等の事故又は法令若しくは会社諸規程に違反する行為の発生（その兆候を含む。）を把握した場合には、直ちに特定個人情報等責任者に報告しなければならない

（特定個人情報等の入出力及び管理等）

第11条 雇用管理データベース又は特定個人情報ファイルへの入出力及び各種帳票への記帳等の雇用管理情報に関する事務は、取扱区域内においてのみ行われるべきものであり、原則として、取扱区域外で行ってはならない。

2 雇用管理データベース又は特定個人情報ファイルを処理するPCへのアクセスは、原則として、事務取扱担当者のみが行うことができるものとし、事務取扱担当者以外の者が行ってはならない。また、特定個人情報ファイルについては、管理区分を明確にし、十分なアクセス制限を設けるなどして、特別に管理しなければならない。

3 台帳及び申込書等の個人情報を記載した帳票の保管及び管理等の業務は、事務取扱担当者以外の者が行ってはならない。

（従業者の遵守事項）

第12条 すべての従業者は、特定個人情報等について、次に掲げる事項を遵守しなければならない。

（1） いかなる理由があろうとも、特定個人情報等について、これを偽りその他不正な手段により収集してはならないこと。

（2） 特定個人情報を収集目的以外の目的で利用してはならないこと。

（3） 特定個人情報以外の雇用管理情報について、本人の同意を得た場合又はこの規程に定めがある場合を除き、収集目的以外の目的で利用してはならないこと。

（4） いかなる理由があろうとも、特定個人情報について、番号利用法で限定的に明記された場合を除き、これを第三者に提供してはならないこと。

（5） 特定個人情報以外の雇用管理情報について、この規程に定める手続を経ることなく第三者に提供してはならないこと。

（6） 業務上の必要なく、又は特定個人情報等責任者の許可なく、取扱区域及び

は、原則として、あらかじめ本人に対し、その利用目的を明示するものとする。

3　個人番号の提供については、次条に定めるところによる。

（個人番号の提供の要求）

第16条　会社は、個人番号関係事務又は個人番号利用事務を処理するために必要があるときに限り、本人若しくは他の個人番号関係事務実施者又は個人番号利用事務実施者に対し個人番号の提供を求めることができる。

2　従業者は、個人番号の提供が個人番号関係事務又は個人番号利用事務に必要なものである限り、会社からの個人番号の提供の求め（扶養親族及び国民年金第三号被保険者たる配偶者に係るものを含む。）に協力しなければならない。この場合において、協力しなかったことによる不利益は本人が負うものである。

3　従業者から個人番号の提供の拒否があった場合には、会社は、その経緯等を記録しておかなければならない。

（個人番号の提供の求めの制限）

第17条　会社及び従業者は、次の各号のいずれかに該当して特定個人情報の提供を受けることができる場合を除き、他人（自己と同一の世帯に属する者以外の者をいう。以下同じ。）に対し、個人番号の提供を求めてはならない。

（１）　個人番号利用事務実施者を通じた提供（個人番号利用事務実施者が個人番号利用事務を処理するために必要な限度で本人若しくはその代理人又は個人番号関係事務実施者に対し特定個人情報を提供するとき等をいう。以下同じ。）

（２）　個人番号関係事務実施者を通じた提供（個人番号関係事務実施者が個人番号関係事務を処理するために必要な限度で特定個人情報を提供するとき等をいう。以下同じ。）

（３）　本人又は代理人を通じた提供（本人又はその代理人が個人番号関係事務実施者又は個人番号利用事務実施者に対し、当該本人の個人番号を含む特定個人情報を提供するとき等をいう。以下同じ。）

（４）　委託に伴う提供（会社が利用目的の達成に必要な範囲内において特定個人情報の取扱いの全部又は一部を委託するとき等をいう。以下同じ。）

（５）　事業承継に伴う提供（合併その他の事由による事業の承継に伴って特定個人情報が提供されるとき等をいう。以下同じ。）

（6）　その他番号利用法に定める場合の提供（個人情報保護委員会からの提供の求め、各議院審査等その他公益上の必要があるときの提供、人の生命･身体･財産の保護のための提供等をいう。以下同じ。）

（本人確認の措置）

第18条　会社は、本人から個人番号の提供を受けるときは、本人確認（本人の個人番号の確認及び身元の確認をいう。以下同じ。）のため、次の各号のいずれかの措置を講じるものとする。

（1）　個人番号カードの提示を受けること。

（2）　通知カード及び通知カード記載事項がその者に係るものであることを証する書類の提示を受けること。

（3）　その他法令で定める方法

2　従業者は、個人番号の提供が個人番号利用事務及び個人番号関係事務に必要なものである限り、会社が行う本人確認の措置（扶養親族及び国民年金第三号被保険者たる配偶者に係るものを含む。）に協力しなければならない。この場合において、協力しなかったことによる不利益は本人が負うものである。

3　個人番号が記載された書類の受領のみを行う事務取扱担当者は、本人確認等の事務を行った後は、速やかにその書類を次工程を担当する事務取扱担当者に引き渡し、自分の手元に当該書類を残してはならない。

4　その他本人確認の具体的手順は、取扱マニュアルに定める。

（個人番号カード等）

第19条　通知カード又は個人番号カードは、従業者各自が、責任を持って保管しなければならない。また、会社の責めによらない紛失は、従業者各自が、その後の対応をとらなければならない。

2　いかなる理由があろうとも、会社は、従業者及び退職者等の通知カード又は個人番号カードを保管してはならない。

（特定個人情報の収集の制限）

第20条　会社及び従業者は、第７条第１項及び番号利用法の目的のため、次の各号のいずれかに該当した場合を除き、他人の個人番号を含む特定個人情報を収集してはならない。

（1）　個人番号利用事務実施者を通じた提供があった場合
（2）　個人番号関係事務実施者を通じた提供があった場合
（3）　本人又は代理人を通じた提供があった場合
（4）　委託に伴う提供があった場合
（5）　事業承継に伴う提供があった場合
（6）　その他番号利用法に定める場合の提供があった場合

2　前項の「収集」とは、目的の範囲を超えて特定個人番号を本人から取得することのほか、データベースから個人番号をプリントアウトし、又は個人番号をノートに書き写す等の行為を含むものとする。

（応募書類等の取扱い）

第21条　採用選考に使用した履歴書等の応募書類（採用された者に係るものを除く。）は、その利用目的が達成された後は、その時点で、返却、破棄又は削除の措置を適切かつ確実に行わなければならない。また、応募者に対しては、あらかじめその旨を明示しておかなければならない。

2　会社は、応募書類等によって特定個人情報を取得してはならない。

（健康情報）

第22条　会社が、従業者及び退職者等から提出された診断書の内容以外の情報について医療機関から従業者及び退職者等の健康情報（雇用管理情報のうち、健康診断の結果、病歴、その他の健康に関するものをいう。以下同じ。）を取得する必要がある場合は、健康情報を取得する目的を明らかにして本人の承諾を得たうえで、本人を経由して取得するものとする。ただし、労働安全衛生法に定める健康診断に係る健康情報については、この限りでない。

2　次の各号に掲げる健康情報については、職業上の特別な必要性がある場合を除き、従業者及び退職者等から取得しないものとする。

（1）　HIV 感染症やＢ型肝炎等の職場において感染する可能性の低い感染症
（2）　色覚異常等の遺伝情報

3　従業者及び退職者等の健康情報（労働安全衛生法に基づくストレスチェック制度に係る情報を除く。）の取扱いは、原則として、雇用管理を目的として産業医その他会社が指定する医師に取り扱わせるものとする。ただし、業務上の必要があるとき、又は産業医その他の医師を会社が指定することができないときは、特定個人情報等責任者（その委任を受けた者を含む。）が従業者及び退職者等の健康情報を取り扱うものとする。

（要配慮個人情報の取得及び提供の制限）

第23条　会社は、次の各号に掲げる内容を含む個人情報（以下「要配慮個人情報」という。）の取得は、行わないものとする。ただし、これらの情報の取得について、本人の同意がある場合又は法令等の要請からやむを得ない事情があるときは、この限りでない。

（1）　人種

（2）　信条

（3）　社会的身分

（4）　病歴

（5）　犯罪の経歴

（6）　犯罪により害を被った事実

（7）　身体障害、知的障害、精神障害（発達障害を含む。）等、次に掲げる心身の機能の障害があること。

①　身体障害者福祉法における身体上の障害

②　知的障害者福祉法における知的障害

③　精神保健及び精神障害者福祉に関する法律における精神障害（発達障害者支援法における発達障害を含み、②に掲げるものを除く。）

④　治療方法が確立していない疾病その他の特殊の疾病であって障害者の日常生活及び社会生活を総合的に支援するための法律第４条第１項の政令で定めるものによる障害の程度が同項の厚生労働大臣が定める程度であるもの

（8）　本人に対して医師その他医療に関連する職務に従事する者（次号において「医師等」という。）により行われた疾病の予防及び早期発見のための健康診断その他の検査（同号において「健康診断等」という。）の結果

（9）　健康診断等の結果に基づき、又は疾病、負傷その他の心身の変化を理由として、本人に対して医師等により心身の状態の改善のための指導又は診療若しくは調剤が行われたこと。

（10）　本人を被疑者又は被告人として、逮捕、捜索、差押え、勾留、公訴の提起その他の刑事事件に関する手続が行われたこと。

（11）　本人を少年法第３条第１項に規定する少年又はその疑いのある者として、調査、観護の措置、審判、保護処分その他の少年の保護事件に関する手続が行われたこと。

2　前項ただし書のやむを得ない事情とは、次のいずれかに該当する場合とする。

（１）　法令に基づく場合

（２）　人の生命、身体又は財産の保護のために必要がある場合であって、本人の同意を得ることが困難であるとき。

（３）　公衆衛生の向上又は児童の健全な育成の推進のために特に必要がある場合であって、本人の同意を得ることが困難であるとき。

（４）　国の機関若しくは地方公共団体又はその委託を受けた者が法令の定める事務を遂行することに対して協力する必要がある場合であって、本人の同意を得ることにより当該事務の遂行に支障を及ぼすおそれがあるとき。

（５）　当該要配慮個人情報が、本人、国の機関、地方公共団体、個人情報保護法第76条第１項各号に掲げる者、外国政府、外国の政府機関、外国の地方公共団体又は国際機関、外国における個人情報保護法第76条第１項各号に掲げる者に相当する者により公開されている場合

（６）　本人を目視し、又は撮影することにより、その外形上明らかな要配慮個人情報を取得する場合

（７）　委託、事業承継又は共同利用により、個人データである要配慮個人情報の提供を受けるとき。

3　要配慮個人情報については、第36条（特定個人情報以外の雇用管理情報の第三者提供の制限）の第三者提供のオプトアウトの規定は適用しない。

第４章　特定個人情報等の保管及び廃棄等

（正確性の確保）

第24条　会社は、利用目的の達成に必要な範囲内において、特定個人情報等を、正確かつ最新の状態で管理しなければならない。

（情報の開示と訂正）

第25条　従業者は、本人の特定個人情報等（人事考課に関する情報を除く。）に誤りがないか確認を求めることができる。

2　本人の特定個人情報等に誤りがあるときは、従業者は、会社に対しその訂正を要請することができ、会社は、直ちに、これを訂正するものとする。

（特定個人情報の保管の制限）

第26条　会社及び従業者は、第７条第１項及び番号利用法の目的のため、次の各号に該当した場合を除き、他人の個人番号を含む特定個人情報を保管してはならない。

（１）　個人番号利用事務実施者を通じた提供があった場合
（２）　個人番号関係事務実施者を通じた提供があった場合
（３）　本人又は代理人を通じた提供があった場合
（４）　委託に伴う提供があった場合
（５）　事業承継に伴う提供があった場合
（６）　その他番号利用法による提供があった場合

（特定個人情報の廃棄）

第27条　個人番号関係事務の処理の必要がなくなり、その後に法令で定める保存期間を経過した場合には、会社は、当該経過した日の属する事業年度の末日（以下「廃棄期日」という。）までに、個人番号が記載された書類及び記録されたデータ等を、廃棄又は削除しなければならず、廃棄期日を超えて保存してはならない。

2　廃棄又は削除は、焼却、溶解、磁気データの物理的破壊等の少なくとも当該個人番号が復元できない程度となるよう行わなければならない。また、廃棄処分を行った事実を記録しておかなければならない。

3　廃棄又は削除を外部の業者に委託し、これが完了したときは、特定個人情報等責任者は、当該業者に対し、廃棄又は削除が完了した日時、特定個人情報等が復元できない程度に廃棄又は削除した旨等の証明を、書面により求めるものとする。

（退職者の個人情報）

第28条　退職者の特定個人情報を含むすべての個人情報については、利用目的を達成した部分についてはその時点で、写しも含め、返却、廃棄又は削除を適切かつ確実に行うものとする。

第５章　特定個人情報等の利用

（特定個人情報等の利用の原則）

第29条　特定個人情報等の利用は、第６条に定める特定された利用目的の達成に必要な範囲内で、具体的な業務に応じ権限を与えられた者のみが、業務の遂行上必要な限りにおいて行うものとする。

（特定個人情報の利用目的による制限）

第30条　会社は、この規程に定める利用目的の達成に必要な範囲を超えて特定個人情報を取り扱ってはならない。

2　合併その他の事由により他の個人情報取扱事業者の事業を承継することに伴って特定個人情報を取得した場合には、承継前における当該個人情報の利用目的の達成に必要な範囲を超えて、当該特定個人情報を取り扱ってはならない（人の生命、身体又は財産の保護のために必要がある場合であって、本人の同意があり、又は本人の同意を得ることが困難であるときを除く。）。

（特定個人情報以外の雇用管理情報の利用目的による制限）

第31条　会社は、あらかじめ本人の同意を得ないで、会社が特定した利用目的の達成に必要な範囲を超えて雇用管理情報（特定個人情報に該当する部分を除く。以下本条において同じ）を取り扱ってはならない。

2　合併その他の事由により他の事業を承継することに伴って雇用管理情報を取得した場合には、あらかじめ本人の同意を得ないで、承継前における当該雇用管理情報の利用目的の達成に必要な範囲を超えて、当該雇用管理情報を取り扱ってはならない。

3　前二項の規定は、次の各号のいずれかに該当する場合については、適用しない。

（１）　法令に基づく場合

（２）　人の生命、身体又は財産の保護のために必要がある場合であって、本人の同意を得ることが困難であるとき。

（３）　公衆衛生の向上又は児童の健全な育成の推進のために特に必要がある場合であって、本人の同意を得ることが困難であるとき。

（４）　国の機関又は地方公共団体又はその委託を受けた者が法令の定める事務を

遂行することに対して協力する必要がある場合であって、本人の同意を得ることにより当該事務の遂行に支障を及ぼすおそれがあるとき。

4　特定個人情報については、本条の規定は適用せず、前条に定めるところによる。

（利用目的の変更）

第32条　会社は、特定個人情報等の利用目的を変更しようとする場合は、変更前の利用目的と関連性を有すると合理的に認められる範囲を超えた変更を行ってはならない。また、利用目的を変更する場合は、変更後の利用目的について、本人に通知し、又は公表しなければならない。

（特定個人情報ファイルの作成の制限）

第33条　事務取扱担当者は、個人番号関係事務又は個人番号利用事務を処理するために必要な範囲に限って、特定個人情報ファイルを作成することができるものであり、その必要な範囲を超えて特定個人情報ファイルを作成してはならない。また、アクセス制御等の措置を講じることなく、既存の雇用管理データベースに個人番号の項目を加えてはならない。

（役員等の閲覧）

第34条　役職者たる従業者は、その必要の範囲内において、直属の部下の雇用管理情報（特定個人情報に該当する部分を除く。）を閲覧することができる。ただし、あらかじめ、特定個人情報等責任者の承認を得ておかなければならない。

2　前項にかかわらず、特定個人情報については、これを閲覧することはできない。ただし、法令の定めにより特別の必要があり、特定個人情報等責任者の特別の許可を受けた場合は、この限りでない。

第6章　特定個人情報等の提供

（特定個人情報の提供の制限）

第35条　会社及び従業者は、次の各号のいずれかに該当する場合を除き、特定個人情報を提供してはならない。また、個人情報保護法に基づく共同利用は認めない。

（1）　個人番号利用事務実施者を通じた提供

（2）　個人番号関係事務実施者を通じた提供

（３）　本人又は代理人を通じた提供
（４）　委託に伴う提供
（５）　事業承継に伴う提供
（６）　その他番号利用法に定める場合の提供

（特定個人情報以外の雇用管理情報の第三者提供の制限）

第36条　会社は、あらかじめ本人の同意を得ないで、雇用管理情報（特定個人情報に該当する部分を除く。以下本条において同じ。）を第三者に提供してはならない。ただし、次の各号のいずれかに該当する場合は、この限りでない。
（１）　法令に基づく場合
（２）　人の生命、身体又は財産の保護のために必要がある場合であって、本人の同意を得ることが困難であるとき。
（３）　公衆衛生の向上又は児童の健全な育成の推進のために特に必要がある場合であって、本人の同意を得ることが困難であるとき。
（４）　国の機関若しくは地方公共団体又はその委託を受けた者が法令の定める事務を遂行することに対して協力する必要がある場合であって、本人の同意を得ることにより当該事務の遂行に支障を及ぼすおそれがあるとき。

2　次に掲げる場合において、雇用管理情報の提供をする場合は、前項の規定の適用については、第三者に該当しないものとする。ただし、外国にある第三者への提供の場合は、個人情報保護法に定めるところによる。
（１）　委託…利用目的の達成に必要な範囲内において雇用管理情報の取扱いの全部又は一部を委託するとき。
（２）　事業承継…合併その他の事由による事業の承継に伴って雇用管理情報が提供されるとき。
（３）　共同利用の場合…個人データを特定の者との間で共同して利用する場合であって、次の事項について、あらかじめ、本人に通知し、又は本人が容易に知り得る状態に置いているとき。
①　個人データを特定の者との間で共同して利用する旨
②　氏名、住所等の共同利用される個人データの項目
③　共同して利用する者の範囲
④　共同して利用する個人データのすべての利用目的
⑤　個人データの管理について責任を有する者の氏名又は名称

⑥　取得方法

3　在籍出向の場合における出向者に係る個人情報を出向先に提供するときは、当該提供が共同利用に該当するときは、前項第３号の各事項を本人に通知するものとし、第三者提供に該当するときは、本人の同意を得るものとする。この場合における同意は、出向契約書により行うものとし、会社と出向先はそれぞれ、当該契約書の写しを第三者提供に係る記録として、１年間保存するものとする。

4　特定個人情報については、本条の規定は適用せず、前条に定めるところによる。

（開示、訂正等、利用停止等の求め）

第37条　会社は、従業者からの求めにより、開示対象となる特定個人情報等の利用目的の通知・開示、内容の訂正・追加・削除、利用の停止・消去、第三者への提供の停止に応じるものとする。この場合において、やむを得ない理由により、これに応じられないときは、その理由を書面で通知する。

2　前項にかかわらず、特定個人情報については、番号利用法19条に違反して第三者に提供されたものに限り、第三者への提供の停止を求めることができる。

第７章　危機管理体制その他

（情報漏えい等事案に対応する体制の整備）

第38条　会社又は従業者は、情報漏えい等の事案の発生又は兆候を把握した場合は、直ちに特定個人情報等責任者に報告しなければならない。

2　情報漏えい等の事案が発生したときは、直ちに次の各号に掲げる措置を講じるとともに、安全管理体制全般、この規程及び取扱マニュアル等の見直しを図らなければならない。

（１）　影響を受ける可能性のある本人への連絡

（２）　事実関係の調査及び原因の究明

（３）　漏えいした個人情報が個人番号を含むものであるときは、個人情報保護委員会及び主務大臣等への報告

（４）　再発防止策の検討及び決定

（５）　事実関係及び再発防止策等の公表

3　特定個人情報等責任者は、特定個人情報ファイルに記録された特定個人情報の安全の確保に係る重大な事態が生じたときは、個人情報保護委員会に報告しなけ

ればならない。

（危機管理対応）

第39条　会社及び従業者は、特定個人情報等を含むすべての個人情報の漏えいの事故が発生した場合及び番号利用法、この規程その他情報に関する社内規程に違反する事実が生じた場合は、被害拡大防止のための措置を講じなければならない。

2　違反する事実が個人情報の漏えい、滅失又はき損（そのおそれがある場合を含む。）であるときは、当該事実が生じた個人情報の内容を本人に速やかに通知し、又は本人が容易に知り得る状態に置かなければならない。この場合において、特定個人情報等責任者は、速やかに事実関係を調査し、漏えいの対象となった本人に対する対応を行うとともに、被害拡大防止のための措置を講ずる。

3　会社は、再発防止措置、社内処分を決定し、必要に応じて、関係機関への報告又は公表等の対応を行うものとする。

（規定の一部適用除外）

第40条　部門内の名簿作成、連絡網の作成等日常業務又は社内の福利厚生の用に供するための雇用管理情報の利用（個人番号が含まれるものを除く。）については、特定個人情報等責任者が必要と認めるときは、一部の規定の適用を除外することができる。ただし、利用目的、第三者への提供に関する規定については、この限りでない。

（懲戒及び損害賠償）

第41条　会社は、故意又は過失により法令に違反し、又はこの規程及び取扱マニュアル、その他の個人情報に関する社内規程に違反した従業者（会社の指揮監督を受ける派遣労働者を除く。）に対しては、就業規則又は誓約書等により処分を行うとともに、会社に損害を与えた場合には、損害賠償を請求するものとする。

（苦情・相談窓口）

第42条　特定個人情報等責任者は、個人情報の保護に関して苦情や相談を受け付け、対応する相談窓口を常設し、当該相談窓口の連絡先を本人に告知するものとする。

2　前項の相談窓口の運営責任者は、特定個人情報等責任者とする。

（法令との関係）

第43条　この規程の措置に関して、この規程に定めのないことについては、番号利用法、個人情報保護法その他これに関連する法令・ガイドラインの定めるところによる。

（改　廃）

第44条　この規程の改廃は、特定個人情報等責任者が、個人情報管理委員会の審議を経て起案し、取締役会の決議による。

2　会社は、特定個人情報等を含むすべての個人情報の適切な保護を維持するため、定期にこの規程を見直し、必要と認められる場合には、その改廃を指示しなければならない。

別紙

特定個人情報取扱マニュアル

1　本マニュアルの目的

特定個人情報は、法令により、とりわけ厳重な安全管理措置が求められている。取扱いが不適切なため、要配慮個人情報の漏えい、完全性が求められる特定個人情報の改ざん等が生じた場合には、業務への影響だけではなく、個人の権利の侵害や社会的信用の失墜の要因となる可能性もある。

本マニュアルは、このようなリスクを軽減するため、特定個人情報（マイナンバー）等取扱規程（以下「基本規程」という。）に基づき、事務取扱担当者が特定個人情報を適切に取り扱うために必要な事項を定めることを目的とする。

2　本マニュアルの対象

（1）　本マニュアルは、特定個人情報（書類等の紙ベースのもの、データベース化されたもの、その他形態を問わず個人番号を含む情報のすべてをいう。）を取り扱うすべての事務取扱担当者を対象とする。

（2）　事務取扱担当者は、法の趣旨に則り、関連する法令及び個人情報取扱規程（特定個人情報以外）、特定個人情報（マイナンバー）等取扱規程並びに特定個人情報等責任者の指示に従い、特定個人情報を取り扱わなければならない。

3　本マニュアルの遵守

（1）　特定個人情報等責任者及び事務取扱担当者は、事務の執行に当たり、本マニュアルに定める事項を遵守する義務を負う。

（2）　本マニュアルに従わないことは、就業規則に定める懲戒処分の対象となることがある。

（3）　本マニュアルに従わなかったことによる損害賠償の責めは、就業規則に基づく懲戒処分によって免れることはない。

4　取扱事務の範囲

会社は、個人番号関係事務又は個人番号利用事務の範囲を明確にしておくものとする。その範囲は次のとおりである。

①　給与所得・退職所得の源泉徴収票の作成

②　雇用保険の資格取得・喪失の届出
③　雇用保険の雇用継続給付の請求
④　健康保険・厚生年金保険の資格取得・喪失の届出
⑤　従業者の配偶者に係る国民年金の第三号被保険者の届出
⑥　報酬、料金等の支払調書の作成
⑦　配当、剰余金の分配及び基金利息の支払調書の作成
⑧　不動産の使用料等の支払調書の作成
⑨　不動産等の譲受けの対価の支払調書の作成
⑩　利子等の支払調書の作成
⑪　その他の支払調書の作成

5　管理組織体制

5．1　管轄部門

会社における特定個人情報・雇用管理情報に係る管轄部門は、総務部とする。

5．2　特定個人情報等責任者の任務

（1）　総務部長を特定個人情報等責任者とする。
（2）　特定個人情報等責任者は、会社における特定個人情報の管理に関する事務を総括する。
（3）　特定個人情報等責任者は、本マニュアルをより理解し、遵守するとともに、事務取扱担当者に理解させ、遵守させるための監督を行う責任を負う。

5．3　事務取扱担当者

（1）　総務部の従業員を特定個人情報関係事務に係る事務取扱担当者とする。
（2）　各部門において個人番号が記載された書類等の受領を行わせるため、各部門に事務取扱担当者を置くことができる。
（3）　事務取扱担当者は、会社及び各部門における特定個人情報を適切に管理する任に当たる。

（4）　事務取扱担当者の氏名及び役割の範囲は次表のとおりである。

部門名	職　名	取扱事務
総務部	部長	事務取扱担当者の統括管理
総務部	部員	社会保険関係事務
総務部	部員	給与・年末調整関係事務
各部門	課長	書類等の受領
各事業所	所長	書類等の受領
営業部	係長	書類等の受領

6　人的管理

会社は、すべての従業者と特定個人情報その他の個人データの秘密保持契約等の締結及び従業者に対する教育・訓練等を実施し、特定個人情報その他の個人データの安全管理が図られるよう従業者を監督するものとする。

6．1　すべての従業者の秘密保持義務

会社は、従業者が、在職中及びその職を退いた後において、その業務に関して知り得た特定個人情報その他の個人データを第三者に知らせ、又は利用目的外に使用しないことを内容とする契約等を採用時等に締結するものとする。

6．2　すべての従業者に対する教育の実施

6．2．1　趣旨

（1）　特定個人情報等責任者は、すべての従業者に教育を実施し、会社の基本方針及び特定個人情報の取扱いの重要性を周知徹底させなければならない。

（2）　教育は繰り返して実施するものとする。また、教育内容を定期的に見直して更新し、更新内容を受講者に周知徹底させなければならない。

（3）　会社は、従業者による特定個人情報その他の個人データの持出し等を防ぐため、社内での安全管理措置に定めた事項の遵守状況等の確認及び従業者における個人データの保護に対する点検及び日常の指導監督を行うものとする。

6．2．2　ポイント

（1）　教育を実施した証拠として、受講者の受講状況及び理解度についての記録をとる。

（2）　教育内容を定期的に見直して更新し、更新内容を周知徹底する。

（3）　教育内容は、職位（管理職、非管理職等）及び契約形態（社員、派遣社員等）等の権限や職務に応じて適切なレベルや内容を実施する。

6．3　事務取扱担当者への教育及び監督

（1）　事務取扱担当者については、基本規程及び本マニュアル等の内容に関し、定期に適正な教育を行う。

（2）　事務取扱担当者については、情報通信技術の進歩や新たな脅威の出現、新しい法律の施行など技術的、社会的な変化に対応して、必要な知識の収集、能力の高度化を図ることができるよう、組織外の情報源からの情報収集や研修等に継続的に取り組むようにする。

（3）　事務取扱担当者が行う事務については、実施日時、実施者等の記録をとり、特定個人情報等責任者が適宜チェックを行う。

7　特定個人情報の取扱いに関する全般的な注意事項

7．1　責任体制の明確化

（1）　事務取扱担当者が複数いる場合には、必ず１名を特定個人情報等責任者とする。

（2）　事務取扱担当者が１名のみの場合には、直属の上司が事務の履歴を適宜確認する。

（3）　会社は、安全管理措置について、事務取扱担当者の責任と権限を明確に定め、取扱マニュアルを常に整備しながら適切に運用し、その実施状況の点検・監査を行わなければならない。

7．2　特定個人情報の取扱いの原則

（1）　特定個人情報の取得に当たっては、第三者からの閲覧を防止する措置をとること。

（2）　特定個人情報の取得は、原則として、個人番号を含む書類を直接受領する方法で取得すること。

①　従業者から個人番号を含む書類を受領するときは、専用の封筒に密封された状態で受領を行うこと。

②　受領は、本人からの手渡し、親展郵便によるなど、確実な方法によること。

③ 受領した特定個人情報は、机の上などに放置することなく、直ちに所要の場所に収納すること。

④ 個人番号を含む書類が保管を要しないものであるときは、個人番号関係事務の目的を遂行した時点で直ちにシュレッダーを用いて廃棄すること。

（3） 電磁的記録の送受信により取得するときは、提供する従業者は、当該電磁的記録の暗号化を行わなければならない。当該暗号化の手順の指示は事務取扱担当者が行うこと。

（4） 個人番号を含む書類・電磁的記録を保管する場合は、保管期限までに限って保管が認められるものであること。

（5） 個人番号関係事務の目的の範囲に限り、特定個人情報ファイルとしてデータベース化することを認める。

7．3 特定個人情報ファイルの取扱いの原則

（1） 事務取扱担当者は、個人番号関係事務の遂行以外の目的で、個人番号を入手しないこと。

（2） 事務取扱担当者は、個人番号関係事務の遂行以外の目的で、特定個人情報を利用しないこと。

（3） 事務取扱担当者は、個人番号関係事務の遂行以外の目的で、特定個人情報ファイルを作成しないこと。

（4） 事務取扱担当者は、特定個人情報を保存した内蔵電磁的記録媒体（HDD等）、外部電磁的記録媒体（CD－R等）、可搬電磁的記録媒体（USB等）を利用する場合には、紛失及び盗難から保護するために、以下の措置を講ずること。

【例示】

① 特定個人情報は、管理区域内に設置されたPCに内蔵されたHDD等又はサーバーに内蔵されたHDD等に保管することを原則とする。

② PC本体は、セキュリティワイヤー等により機器を固定するなどして、当該機器の紛失及び盗難防止の措置を実施する。

③ 特定個人情報を電磁的記録として持ち出すときは、当該記録を暗号化のうえ、CD－R等に記録して行うこととし、USB等は用いないこと。

④ CD－R等は、机上、コンピュータのドライブ内等に放置せずに、施錠可能な保管庫、棚等に保管すること。利用が終了した場合も同様とする。

（5）　事務取扱担当者は、個人番号関係事務の遂行以外の目的で、特定個人情報をHDD等に保存しないこと。

（6）　事務取扱担当者は、HDD等に保存された特定個人情報について、保存の理由となった業務事務の遂行目的が達成された等、保存する理由が滅失した場合には、速やかに当該情報を削除すること。

（7）　事務取扱担当者は、HDD等に保存された特定個人情報及び個人番号が記載された書類等（特定個人情報等）の保存期間及び廃棄期日が定められている場合には、当該特定個人情報等は、廃棄期日まで保存すること。

（8）　事務取扱担当者は、廃棄期日を経過した特定個人情報等に関して、保存期間を延長する必要がない場合は、マニュアルに従い、速やかに当該情報（バックアップを含む。）を消去又は廃棄すること。

7．4　マニュアルに基づく運用

（1）　事務取扱担当者は、当該マニュアルに基づく運用状況を確認するため、システムログ又は利用実績を記録（もしくは特定個人情報等の取扱状況のわかる記録）を保存する。記録する項目としては、次に掲げるものとする。

①　特定個人情報ファイルの利用・出力状況の記録

②　書類・媒体等の持出しの記録

③　特定個人情報ファイルの削除・廃棄記録

④　削除・廃棄を委託した場合、これを証明する記録等

⑤　特定個人情報ファイルを情報システムで取り扱う場合、事務取扱担当者の情報システムの利用状況（ログイン実績、アクセスログ等）の記録

※　中小規模事業者の場合

①　業務日誌等において、例えば、特定個人情報等の入手・廃棄、源泉徴収票の作成日、本人への交付日、税務署への提出日等の、特定個人情報等の取扱い状況を記録する。

②　チェックリスト（取扱記録シート）を利用して事務を行い、その記入済みのチェックリスト（取扱記録シート）を保存する。

7．5　情報の保存における注意事項

（1）　事務取扱担当者は、特定個人情報を電磁的記録媒体に保存する場合には、

必要のない者が当該情報を参照、変更、削除等できないようにアクセス制御すること。

（２）　事務取扱担当者は、特定個人情報を電磁的記録媒体に保存する場合には、IDやパスワードを用いた保護を行うこと。又は、暗号化を行うこと。

７．６　特定個人情報の持出し

（１）　事務取扱担当者は、個人番号関係事務の遂行以外の目的で、特定個人情報を会社外に持ち出さないこと。

（２）　事務取扱担当者は、個人番号関係事務の遂行の目的で、特定個人情報を会社外に持ち出す場合には、あらかじめ特定個人情報等責任者の許可を受け、持ち出す情報及び持出先を必要最小限にとどめること。

（３）　事務取扱担当者は、特定個人情報の持出しのため、当該情報を移送する場合には、あらかじめ特定個人情報等責任者の許可を受け、次の措置を講じたうえで移送すること。

【例示】

①　外見から機密性の高い情報であることがわからないようにする。

②　封緘、目隠しシールの貼付などにより、特定個人情報等が見えないようにする。

③　郵便、信書便等の場合には、親展で送付する。

④　携行の場合には、封筒、書類鞄等に収め、当該封筒、書類鞄等の盗難、置き忘れ等に注意する。

（４）　事務取扱担当者は、持出先においても会社内と同様に情報を取り扱うこと。

７．７　情報の消去

７．７．１　廃棄を外部委託する場合

（１）　事務取扱担当者は、情報を保存した電磁的記録媒体を廃棄する場合には、委託先の指定する専用の回収ボックスに投入すること。

（２）　事務取扱担当者は、要機密情報を記載した書面を廃棄する場合には、委託先の指定する専用の回収ボックスに投入すること。

（３）　委託先が確実に削除又は廃棄したことについて、証明書等により確認すること。

7．7．2　事務取扱担当者が自身で処理する場合

（1）事務取扱担当者は、個人番号を記載した書面を廃棄する場合には、シュレッダーを利用して細断すること。

（2）事務取扱担当者は、特定個人情報等を保存した電磁的記録媒体を廃棄する場合には、電磁的記録媒体を物理的に破壊する等し、読取装置を利用して当該電磁的記録媒体から情報が読み出せないことを確認すること。ただし、物理的な破壊等により読取装置が利用できない場合に限り、確認を省くことができる。確実に削除又は廃棄したことを特定個人情報等責任者が確認すること。

8　物理的管理

特定個人情報の取扱いに当たっては、重要情報の格納場所や取り扱う領域等を明確にし、これらの領域に入ることができる従業者や運送業者等の外部者を制限するために、物理的に保護することが重要である。

8．1　出入り可能な領域及び入退出管理

（1）従業者や運送業者等の外部者によって、重要情報が不正に持ち出されないように出入り可能な領域を決めて領域ごとに入退出管理をする。

（2）特定個人情報等の情報漏えい等を防止するために、特定個人情報ファイルを取り扱う情報システムを管理する区域（以下「管理区域」という。）及び特定個人情報等を取り扱う事務を実施する区域（以下「取扱区域」という。）を明確にし、物理的な安全管理措置を講ずる。

① 管理区域には、施錠可能な扉を設置し、原則として、事務取扱担当者以外の従業者の管理区域への立ち入りを禁止する。

② サーバールーム等は、管理区域とし、入室はシステム管理担当者等の資格のある者だけが必要な場合のみ、特定個人情報等責任者の許可を事前に得て入室するものとする。

③ 取扱区域には、壁又は間仕切り等を設置し、事務取扱担当者の往来が少ない場所に座席を配置するか、のぞき見防止の措置を講ずるものとする。

（3）重要情報にアクセス可能な物理的領域は、管理区域とし、管理区域への入退室については、記録管理し、無人時における不正侵入も防止する。

① IC カード、ナンバーキー等による入退室管理システムの設置等

② 機械警備システムや監視カメラの導入

③ 建物の開錠（最初入場時）・閉錠（最終退出時）における警備システム操作者の記録については、顔写真等の個人を特定するための記録も取ること。

（4）特定個人情報を取り扱う事務を実施する区域は、取扱区域とし、社外の者の入退室を制限する。

① 運送業者の出入り可能な領域はロビーまでとする。

② 取引先の出入り可能な領域は応接室までとする。

③ 各入退出管理ポイント（各管理エリアの境界）では、内部不正の防止及び発生後の調査のために、「入退出の記録」と「個人を特定するための記録」は、定期・不定期に監査を行って照合するものとする。

④ 事務取扱担当者の席は壁又は間仕切り等の設置や座席の配置により特定個人情報を扱うコンピュータや机上が事務取扱担当者以外から見えないよう工夫する。

（5） 重要情報を格納する装置は、必要に応じてネットワークから隔離された環境を準備する。

8．2 違反があったときの対応

情報漏えい等の事案の発生等に備え、従業者から責任ある立場の者に対する報告連絡体制等をあらかじめ確認しておくことが重要である。

8．2．1 違反の兆候があるとき

（1）マニュアルに従った運用がされているかどうかを記録により確認する。

（2） 事務取扱担当者会議を行い運用の確認を行う。

8．2．2 違反行為が判明したとき

（1） 違反行為を発見した者は特定個人情報等責任者へ報告する。

（2）報告を受けた特定個人情報等責任者は、社長に報告する。

（3） 特定個人情報等責任者は、調査担当者を指名する。

（4）調査担当者は、原因調査を行い、調査結果を記録し、特定個人情報等責任者の承認を得る。

（5） 特定個人情報等責任者は、調査結果を社長に報告する。

（6）　社長は、必要に応じ、是正処置の立案と実施を特定個人情報等責任者に要請する。

（7）　特定個人情報等責任者は、事実関係及び再発防止策等を公表する。

8．2．3　漏えい事故等の事案が発生したとき

8．2．2の手順のほか、次の対応をとる。

（1）　影響を受ける可能性のある本人への連絡

（2）　個人情報保護委員会への報告

（3）　個人情報保護委員会の指示に従って主務大臣等への報告

9　技術的管理

特定個人情報の取扱いに当たっては、特定個人情報を取り扱う情報システムへのアクセス制御及び情報システムの監視等の、個人データの安全管理に関する技術的な措置を講ずることが重要である。

9．1　アクセス制御

情報システムを使用して個人番号関係事務又は個人番号利用事務を行う場合には、事務取扱担当者及び当該事務で取り扱う特定個人情報ファイルの範囲を限定するために、適切なアクセス制御を行う。

中小規模事業者であって、情報システムを使用しない場合には、特定個人情報等を取り扱うPCを特定し、当該PCを取り扱う事務取扱担当者を限定する。

【例示】

①　特定個人情報ファイルを取り扱う情報システムを、アクセス制御により限定する。

②　ユーザーIDに付与するアクセス権により、特定個人情報ファイルを取り扱う情報システムを使用できる者を事務取扱担当者に限定する。

③　PCに標準装備されているユーザー制御機能（ユーザーアカウント制御）により、情報システムを取り扱う事務取扱担当者を限定する。

【例示】中小規模事業者の場合

④　個人番号と紐付けてアクセスできる情報の範囲をアクセス制御により限定する。

⑤　PCに標準装備されているユーザー制御機能（ユーザーアカウント制御）

により、情報システムを取り扱う事務取扱担当者を限定する。

9．2 アクセス者の識別

特定個人情報等を取り扱う情報システム（もしくはPC）にアクセスする事務取扱担当者は、ユーザーID、パスワード、磁気・ICカード等を用いてアクセスするものとし、第三者による操作・閲覧の起こらないように注意を払わなければならない。

9．2．1 アクセスする際のパスワード

（1） パスワードは、８桁以上のアルファベットと数字が混在する組合せとする。
（2） パスワードは、少なくとも○か月以内に１回、定期に変更するものとする。
（3） パスワードが記載されたメモは、机上等に放置することなく、業務終了後は、直ちに施錠可能な引き出し等に収納すること。

9．2．2 電子メールに添付するデータのパスワード

（1） 特定個人情報を含むデータを電子メールに添付しようとするときは、当該データは適切な方法で暗号化が行われなければならない。
（2） 暗号化に係るパスワードは、８桁以上のアルファベットと数字が混在するランダムな組合せとし、ワンタイムパスワードとして生成されたものとする。
（3） 受信者へのパスワードの通知は、データを添付したメール以外のメールで行わなければならない。

10 特定個人情報の取扱手順

特定個人情報は「特定個人情報取扱マニュアル〈手順編〉」の入退社等の場面ごとの業務フローに従って取り扱うこと。また、取扱記録簿に記録すること。業務フローは次のものについて別途作成する。

① 従業者から提出された書類等を取りまとめる方法
② 取りまとめた書類等の源泉徴収票等の作成部署への移動方法
③ 情報システムへの個人番号を含むデータ入力方法
④ 源泉徴収票等の作成方法
⑤ 源泉徴収票等の行政機関への提出方法
⑥ 源泉徴収票等の控え、従業者から提出された書類及び情報システムで取

り扱うファイル等の保存方法
⑦　法定保存期間を経過した源泉徴収票等の控え等の廃棄・削除方法　等

別表第１　安全管理措置の体系

安全管理措置		講ずべき主な措置	中小規模事業者の特例
基本方針および取扱規程等の策定	基本方針策定	特定個人情報等の適正な取扱いの確保について組織で取り組むための基本方針を策定	特例なし
	取扱規程等策定	事務の流れを整理し、特定個人情報の具体的な取扱いを定める取扱規程等を策定	取扱いの明確化、確実な引き継ぎ・責任者の確認
組織的安全管理措置	組織体制の整備	組織体制整備（責任者の設置・事務取扱担当者の明確化、責任・役割等明確化、報告連絡体制整備等）	事務取扱担当者複数の場合、責任者と区分
	取扱規程等に基づく運用	取扱規程等の運用状況のシステムログ・利用実績記録	取扱状況の記録保存
	取扱状況確認手段の整備	特定個人情報ファイルの取扱状況記録	
	情報漏えい等事案に対応する体制の整備	情報漏えい時の対応体制整備（調査・原因究明、当局報告、再発防止策検討）	報告連絡体制等の事前確認
	取扱状況の把握及び安全管理措置の見直し	取扱状況の定期点検・監査実施（外部監査含む）	責任者による定期的な取扱状況の点検
人的安全管理措置	事務取扱担当者の監督	事務取扱担当者への適切な監督の実施	特例なし
	事務取扱担当者の教育	事務取扱担当者への教育（定期研修実施・秘密保持事項を就業規則に盛り込む）	
物理的安全管理措置	特定個人情報等を取り扱う区域の管理	管理区域と取扱区域の明確化と入退室管理等の制限実施	特例なし
	機器及び電子媒体等の盗難等の防止	管理・取扱区域での機器・電子媒体・書類等盗難・紛失等防止策（施錠等）	
	電子媒体等を持ち出す場合の漏えい等の防止	電子媒体・書類等持出し時に暗号化・封かん等措置実施・移送時追跡手段利用	電子媒体・書類等の移送時の安全対策
	個人番号の削除、機器および電子媒体等の廃棄	削除・廃棄は、焼却又は溶解等の復元不可能な手段で実施（システム・手続の構築）、削除・廃棄記録保存、外部委託時に証明書等で確認	削除・廃棄の確認
技術的安全管理措置	アクセス制御	担当者・特定個人情報ファイルの範囲の限定。アクセス制御	機器・事務取扱担当者の限定と機器の標準機能によるユーザー制御
	アクセス者の識別と認証	アクセス権の認証（IC、ID カード等）	
	外部からの不正アクセス等の防止	情報システムの外部からの不正アクセス等の対策・運用	特例なし
	情報漏えい等の防止	外部送信時の情報漏えい等防止措置	

●中小規模事業者の定義（①従業員数100人以下、②個人番号利用事務実施者および委託事業者は特例対象外、③金融分野の事業者、④個人情報取扱事業者は対象外）

別表第２　委託先選定基準

評価項目		評価	コメント
1．組織・体制			
1－1	個人情報（特定個人情報を含む。以下同じ。）に関する責任者が明確になっている	□	
1－2	組織の管理責任者が定められている	□	
1－3	個人情報保護に関する規程類が整備されている	□	
1－4	個人情報保護方針が定められている	□	
1－5	内部監査を定期的に実施している	□	
1－6	社員に個人情報保護に関する誓約書を提出させている	□	
1－7	自宅作業の禁止を社員に周知させている	□	
1－8	社員教育の実施記録を残している	□	
2．個人情報の授受保管			
2－1	個人情報の授受は責任者の承認を得ている	□	
2－2	個人情報の授受は記録している	□	
2－3	FAXによる授受は電話確認を行っている	□	
2－4	電子メールは暗号化（又はパスワードロック）を実施している	□	
2－5	個人情報を無断複製をしていない	□	
2－6	保管時は施錠管理を実施している	□	
2－7	外部記憶媒体は適正に管理している	□	
3．PC及びネットワーク管理			
3－1	ID、パスワード等によりアクセス管理を行っている	□	
3－2	ウイルス対策、セキュリティパッチの更新等を行っている	□	
3－3	PCの盗難防止策を実施している	□	
3－4	アクセスログを定期的に点検している	□	
3－5	データのバックアップを定期的に取っている	□	
3－6	離席時のクリアスクリーンを実施している	□	
3－6	パスワードの管理ルールを遵守している	□	
4．点検・廃棄・消去・返却			
4－1	入力データのチェックは複数者で行っている	□	
4－2	個人情報の漏えい、滅失、き損を定期的に点検している	□	

4－3	返却すべき個人情報が明確になっている	□	
4－4	廃棄又は消去を適正に実施しその結果を記録している	□	
5．入退館・入退室管理			
5－1	入退室者はバッジ等の着用で管理している	□	
5－2	最終退室者は火気、施錠等を確認しその結果を記録している	□	
6．再委託			
6－1	再委託の場合には事前に承認を得ている	□	
6－2	再再委託が行われていないことを確認している	□	
7．事故発生時の対応			
7－1	事故発生時の緊急連絡先一覧表を作成している	□	
7－2	過去２年間、個人情報に関する事故は発生していない	□	

様式第１号

特定個人情報基本方針

○○株式会社（以下「当社」）は、以下のとおり特定個人情報保護方針を定め、安全管理措置の仕組みを構築し、全従業者に対し、特定個人情報保護の重要性の認識と取組みを徹底させることにより、特定個人情報の保護を推進いたします。

１　取得等について

従業者及び関係者の特定個人情報の取得は、業務上必要な範囲内で、かつ、法令に定める利用目的に限り適切かつ適法な手段により行います。また、法令に定める例外を除き、特定個人情報を、第三者に提供し、又は特定された利用目的の達成に必要な範囲を超えて取り扱うことはいたしません。

２　法令、規範の遵守と見直し

当社は、保有する特定個人情報に関して適用される我が国の法令、ガイドラインその他規範を遵守するとともに、本基本方針の内容を適宜見直し、その改善に努めます。

３　安全管理措置

（１）　当社は、特定個人情報を正確かつ最新の状態に保ち、特定個人情報への不正アクセス・紛失・破損・改ざん・漏洩などを防止するため、セキュリティシステムの維持・管理体制の整備・社員教育の徹底等の必要な措置を講じ、安全対策を実施し特定個人情報の厳重な管理を行います。

（２）　当社は、特定個人情報の取得、利用、保存、提供、削除、廃棄に際しては所定の規程・規則を遵守し、適正な取扱いを実施するために十分な措置を講じます。

（３）　当社は、業務の必要な範囲を超えて特定個人情報を保管することはせず、不要となった特定個人情報は、適切な方法により削除・廃棄することに万全を期します。

４　特定個人情報の取扱いの委託について

当社は、あらかじめ許諾した場合に限り、特定個人情報の取扱いを委託することがあります。その場合においては、委託先に対する必要かつ適切な監督を行います。

5　質問及び苦情処理の窓口

当社は、特定個人情報の苦情や相談に関して、○○部に窓口を設け、適切かつ迅速に対応し、問題の解決を図るように努めます。

○○株式会社

特定個人情報等責任者　○○部長　○○○○

様式第２号

特定個人情報等の取扱いに関する同意書

年　　月　　日

○○株式会社
代表取締役　○○○○　様

氏名＿＿＿＿＿＿＿＿

私は、下記の定めに従い、○○株式会社（以下「会社」といいます。）が私の特定個人情報等を収集・保管・利用・提供することに同意いたします。

記

１．特定個人情報等の利用目的

会社は、みなさんが就業するうえで必要となる特定個人情報等（個人番号など人事労務管理に必要な個人情報をいいます。）を、次の目的にのみ収集し、それ以外の目的には利用しません。

なお、（１）、（２）については、みなさんの個人番号を利用することになりますので、併せてご了解ください。個人番号については、みなさんから本人確認のうえ、適正に収集いたします。

（１）　法令に定める社会保険に係る諸手続（健康保険・厚生年金保険資格取得届の作成等）
（２）　法令に定める所得税、地方税に係る諸手続（給与の源泉徴収事務等）
（３）　前二号以外の会社が行う給与計算（各種手当支給）及び支払手続
（４）　法令に従った医療機関又は健康保険組合からの健康情報の取得
（５）　会社内における人員配置
（６）　昇降給の決定
（７）　教育管理
（８）　福利厚生等の各種手続
（９）　万が一のことがあった際の緊急連絡先の把握
(10)　前各号のほか、会社の人事政策及び雇用管理の目的を達成するために必要な事項

２．特定個人情報等責任者

会社の特定個人情報等責任者は、次の者とします。

○○部長　○○○○

３．特定個人情報等の第三者への提供

会社が取得した個人番号以外の特定個人情報等については、本書の同意のもと、４．の各号に掲げる目的のため、第三者へ提供することがあります。これ以外の事項については、４．のただし書きに該当する場合及び個別のみなさんの同意がない限り、第三者への提供は行いません。

また、１．（１）、（２）の目的のために収集した個人番号を含む特定個人情報は、第三者に提供することはありません。

４．第三者への提供の例外

（１）　賃金の振込みのため、本人の氏名、口座番号等を郵送・電送で銀行、郵便事業会社等に提供することがあります。

（２）　社会保険関連の手続のため、本人の氏名、勤務先等を社会保険関連機関に提供することがあります。

（３）　健康管理のため、本人の氏名、健康保険証番号等を医療機関又は医師に提供することがあります。

（４）　他社への出向・移籍手続のため、本人の氏名、人事情報等を出向先・移籍先会社に提供することがあります。

ただし、次の各号に掲げる場合は、関係法令に反しない範囲で、本人の同意なく本人の特定個人情報等（個人番号を含む場合は第１号及び第２号に限ります。）を開示・提供することがあります。

（１）　法令に基づく場合

（２）　人の生命、身体又は財産の保護のために必要がある場合であって、本人の同意を得ることが困難であるとき。

（３）　公衆衛生の向上又は児童の健全な育成の推進のために特に必要がある場合であって、本人の同意を得ることが困難であるとき。

（４）　国の機関又は地方公共団体又はその委託を受けた者が法令の定める事務を遂行することに対して協力する必要がある場合であって、本人の同意を得ることにより当該事務の遂行に支障を及ぼすおそれがあるとき。

なお、人事労務管理等を目的として、個人番号を含む特定個人情報等を外部に業務委託する場合があります。

５．扶養親族等の個人番号収集等のお願い

法令に定めるところにより、みなさんの扶養親族の個人番号の収集（本人確認を含みます。）は、みなさん自身で行っていただくようお願いいたします。また、第三号被保険者たる配偶者の個人番号の収集（本人確認を含みます。）については、会社がみなさんに委任したうえで行います。

６．みなさんが特定個人情報等を提供することの任意性とこれを拒んだ場合に生じる結果等について

会社が要求する特定個人情報等の提供に応じるか否かは任意ですが、提供いただけない特定個人情報等がある場合、利用目的に掲げてある業務に支障が生じ、その影響がみなさんに及ぶことがあることにご留意ください。

なお、給与・賞与・各種手当等の支給、税務・社会保険事務等、会社が使用者として当然に義務を負う業務に必要な特定個人情報等については、就業規則等に定めるところにより、提供しなければなりません。

７．特定個人情報等の開示等について

会社は、みなさんからの求めにより、開示対象となる特定個人情報等の利用目的の通知・開示、内容の訂正・追加・削除、利用の停止・消去、第三者への提供の停止（番号利用法に基づき提供された個人番号を除きます。）に応じます。やむを得ず応じられないときは、その理由を明らかにして通知します。

８．メール等のモニタリングの実施について

会社は、みなさんが使用するパソコンからの特定個人情報等その他の個人情報及び企業秘密の流出を防止するため、不適切なWEBページへのアクセスが行われていないかについて、常に監視を行います。また、必要に応じて、みなさんが送受信するメールの内容をチェックしますのでご留意ください。

９．特定個人情報等の取扱いに関する苦情・問合せ、開示等請求先

特定個人情報等責任者　○○部長　○○○○

様式第３号

年　　月　　日

○○株式会社

代表取締役　○○○○　様

事務取扱担当者任命に当たっての誓約書

私は、事務取扱担当者に任命されるに当たり、下記事項を遵守することを誓約いたします。

記

（秘密保持義務）

第１条　貴社就業規則、特定個人情報（マイナンバー）等取扱規程及びこれらに付随する規程・マニュアル（以下「諸規程」という。）を遵守し、特定個人情報について、いかなる方法をもってしても、業務目的以外の目的で、開示、提供、利用、保管し、又は漏えいしないことを誓約いたします。

（安全管理措置の履行）

第２条　特定個人情報の取扱いについては、諸規程に基づき運用するものとし、これに逸脱した運用は行わないことを誓約いたします。また、その運用状況が、事後において確認可能となるよう、システムログ又は記録実績は、確実に記録・保管いたします。

（退職時等の秘密情報の返還義務）

第３条　私は、事務取扱担当者を退任し、又は貴社を退職する場合には、その時点で私が管理し、又は所持している貴社の特定個人情報及び記録媒体の一切を、直ちに貴社に返還し、返還以後は、私の手元には一切の特定個人情報及び記録媒体が残存しないことを誓約いたします。

（損害賠償）

第４条　本誓約書の各条項に違反して、貴社の特定個人情報を提供、漏えい又は利用した場合、法的な責任を負担するものであることを確認し、これにより貴社が被った一切の損害（社会的な信用失墜を含みます。）を賠償することを誓約いたします。

以上

住所：○○県○○市○○町○丁目○番○号

署名：　　　　　　　　　　　　　　　㊞

14
健康情報等の取扱規程

（目　的）

第１条　この規程は、株式会社○○（以下「会社」という。）における業務上知り得た従業員の心身の状態に関する情報（以下「健康情報等」という。）を適切かつ有効に取り扱うことを目的として定めるものである。

（基本理念）

第２条　会社における業務上知り得た健康情報等は、健康確保措置の実施及び安全配慮義務の履行の観点から、この規程に則り、適切に取り扱うものとする。

2　健康情報等を取り扱う者は、あらかじめ従業員本人の同意を得ることなく、前項で定めた利用目的の達成に必要な範囲を越えて、健康情報等を取り扱ってはならない。ただし、個人情報保護法第16条第３項の各号に該当する場合を除く。

（健康情報等）

第３条　健康情報等の内容は、別表１のとおりとする。

（健康情報等の取扱い）

第４条　第２条第１項の「健康情報等の取扱い」とは、健康情報等に係る収集から保管、使用（第三者提供を含む。）、消去までの一連の措置を指し、それぞれの用語の定義は次の各号に掲げるとおりとする。

（１）　収集…健康情報等を入手することをいう。

（２）　保管…入手した健康情報等を保管することをいう。

（３）　使用…医師等の第三者に提供することをいう。

（４）　加工…収集した健康情報等の第三者への提供に当たり、当該健康情報等の取扱いの目的の達成に必要な範囲内で使用されるように変換すること（例えば、健康診断の結果等をそのまま提供するのではなく、所見の有無や検査結果を踏まえ、医師の意見として置き換えることなど）をいう。

（５）　消去…収集、保管、使用、加工した情報を削除するなどして再現不能にすることをいう。

（健康情報等を取り扱う者及びその権限並びに取り扱う健康情報等の範囲）

第５条　健康情報等を取り扱う者を、次表のとおりとする

健健康情報等を取り扱う者	具体的内容
第１号：人事に関して直接の権限を持つ監督的地位にある者	社長、役員、人事部門の長
第２号：産業保健業務従事者	産業医（専属・嘱託）、保健師・看護師、衛生管理者、衛生推進者（安全衛生推進者）
第３号：管理監督者	労働者本人の所属長
第４号：人事部門の事務担当者	人事部門の長以外の事務担当者

2　健康情報等を取り扱う責任者（以下「責任者」という。）は別途定める。

3　健康情報等を取り扱う者とその権限、取り扱う健康情報等の範囲を、別表２に定める。

4　本条に定めた権限を越えて健康情報等を取り扱う場合は、責任者の承認を得るとともに、従業員本人の同意を得る。

5　健康情報等を取り扱う者は、職務を通じて知りえた従業員の健康情報等を他人に漏らしてはならない。

（健康情報等を取り扱う目的等の通知方法及び本人同意の取得方法）

第６条　健康情報等を取り扱う場合には、あらかじめその利用目的・取扱方法を労働者本人に通知又は公表する。公表していない場合であって情報を取得した場合には、速やかにその利用目的等を従業員本人に通知する。

2　健康情報等の分類に応じた従業員本人の同意取得について、次の各号のとおり定める。

（1）　法令に基づき、収集する情報…従業員本人の同意を得ずに収集することができる。

（2）　法令で定められていない項目について収集する情報…適切な方法により従業員本人の同意を得ることで収集することができる。取扱規程に定めている情報に関しては、本取扱規程が、従業員本人に認識される合理的かつ適切な方法により周知され、従業員本人が本取扱規程に規定されている健康情報等を本人の意思に基づき提出したことをもって、当該健康情報の取扱いに関する従業員本人からの同意の意思が示されたものと解する。

3　個人情報保護法第17条第２項の各号に該当する場合は従業員本人の同意は要しない。

（健康情報等の適正管理の方法）

第７条　利用目的の達成に必要な範囲において、健康情報等を正確かつ最新の内容に保つよう努める。

２　健康情報等の漏えい・滅失・改ざん等を防止するため、組織的、人的、物理的、技術的に適切な措置を講ずる。

（１）　責任者は、健康情報等があらかじめ定めた方法に従って取り扱われていることを確認する。

（２）　第５条第１項に定められた者以外は原則、健康情報等を取り扱ってはならない。

（３）　健康情報等を含む文書（磁気媒体を含む。）は施錠できる場所への保管、記録機能を持つ媒体の持ち込み・持ち出し制限等により情報の盗難・紛失等の防止の措置を講ずる。

（４）　健康情報等のうち、体系化され、検索可能な個人データに当たるものを扱う情報システムに関して、アクセス制限、アクセス記録の保存、パスワード管理、外部からの不正アクセスの防止等により、情報の漏えい等の防止の措置を講ずる。

３　健康情報等は、法令又は社則等に定める保存期間に従い保管する。利用目的を達した場合は、速やかに廃棄又は消去するよう努める。

４　情報の漏えい等が生じた場合には、速やかに第５条第２項に定められた責任者へ報告する。また、事業場内部において報告及び被害の拡大防止、事実関係の調査及び原因の究明、影響範囲の特定、再発防止策の検討及び実施、影響を受ける可能性のある本人への連絡等並びに事実関係及び再発防止策の公表などの必要な措置を講じる。

５　健康情報等の取扱いを委託する場合は、委託先において当該健康情報等の安全管理措置が適切に講じられるよう、委託先に対して必要かつ適切な監督を行う。

（健康情報等の開示、訂正等及び使用停止等）

第８条　従業員本人より別途定める方法により当該本人の健康情報等の開示請求を受けた場合、本人に対し、遅滞なく、当該健康情報等の書面の交付による方法又は請求を行った者が同意した方法で開示する。権限を有する者が当該情報を開示する。また、従業員本人が識別される情報がないときにはその旨を知らせる。

２　ただし、開示することにより、従業員本人又は第三者の生命、身体、財産その他の権利利益を害するおそれがある場合や、業務の適正な実施に著しい支障を及ぼすおそれがある場合等には、開示請求を受けた情報の全部又は一部を開示しないことができる。また、その場合は遅滞なく従業員本人に対してその旨を通知する。また、従業員本人に通知する場合には、本人に対してその理由を説明するように努める。開示に関しては、開示の受付先、開示に際して提出すべき書面の様式等の請求に応じる手続きを定め、従業員本人に周知する。

3　従業員本人より当該本人の健康情報等について訂正、追加、削除、使用停止（第三者への提供の停止を含む。以下「訂正等」という。）の請求を受けた場合で、その請求が適正であると認められる場合には、訂正等を行う。訂正等を行った場合、又は行わなかった場合いずれの場合においても、その内容を従業員本人へ通知する。

4　ただし、訂正等の請求があった場合でも、利用目的から見て訂正等の必要がない場合、誤りである指摘が正しくない場合、訂正等の対象が事実でなく評価に関する情報である場合には、訂正は行わない。ただし、その場合には、遅滞なく、訂正等を行わない旨を従業員本人に通知する。また、従業員本人に対して訂正等を行わない理由を説明するよう努める。なお、評価に関する健康情報等に、評価の前提となっている事実も記載されており、それに誤りがある場合においては、その限りにおいて訂正等を行う。

（健康情報等を第三者に提供する場合の取扱い）

第９条　あらかじめ従業員本人の同意を得ることなく、健康情報等を第三者へ提供してはならない。ただし、個人情報保護法第23条第１項に該当する場合（※1）を除く。また、個人情報保護法第23条第５項に該当する場合の健康情報等の提供先は第三者に該当しない（※2）。

※１：具体的には次の場合を指す。

・労働安全衛生法第66条第１項から第４項、第66条の８第１項、第66条の８の２第１項、第66条の８の４第１項、第66条の10第３項の規定に基づき、健康診断又は面接指導等の実施を委託するために必要な労働者の個人情報を外部機関（健康診断実施機関や産業保健総合支援センターの地域窓口（地域産業保健センター）等）に提供する場合、その他法令に基づく場合

・人の生命、身体又は財産の保護のために必要がある場合であって、従業員本人の同意を得ることが困難である場合

・公衆衛生の向上又は児童の健全な育成の推進のために特に必要がある場合であって、従業員本人の同意を得ることが困難である場合

・国の機関若しくは地方公共団体又はその委託を受けた者が法令の定める事務を遂行することに対して協力する必要がある場合であって、本人の同意を得ることにより当該事務の遂行に支障を及ぼすおそれがある場合

※２：具体的には次の場合を指す。

・健康保険組合等と共同して健康診断や保健事業を実施する場合

・健康情報等の取扱い（データ入力・分析等）を委託して実施する場合

・合併その他の事由により事業の承継に伴って情報を提供する場合

2　健康情報等を第三者に提供する場合、個人情報保護法第25条に則り記録を作成・保存する。

（第三者から健康情報等の提供を受ける場合の取扱い）

第10条　第三者から健康情報等（個人データ）の提供を受ける場合には、個人情報保護法第26条に則り、必要な事項について確認するとともに、記録を作成・保存する。

（事業承継、組織変更に伴う健康情報等の引継ぎに関する事項）

第11条　合併、分社化、事業譲渡等により他の事業者から事業を承継することに伴って健康情報等を取得する場合、安全管理措置を講じた上で、適正な管理の下、情報を引き継ぐ。

2　労働安全衛生法によらず取り扱う情報のうち、承継前の利用目的を超えて取り扱う場合には、あらかじめ従業員本人の同意を得る。

（健康情報等の取扱いに関する苦情の処理）

第12条　健康情報等の取扱いに関する苦情は人事部が担当する。連絡先は以下とする。

（1）　電　話：○○○○

（2）　メール：○○○○

2　苦情に適切かつ迅速に対処するものとし、必要な体制を整備する。

（取扱規程の従業員への周知の方法）

第13条　この規程は、文書により従業員に周知する。

2　従業員が退職後に、健康情報等を取り扱う目的を変更した場合には、変更した目的を退職者に対して周知する。

（教育・啓発）

第14条　健康情報等の取扱いに関して、健康情報等を取り扱う者（事業者を含む。）及びそれ以外の従業員を対象に１年以内に１回ごとに研修を行う。

（改　廃）

第15条　この規程は、関係諸法規の改正及び会社状況並びに業績等の変化により必要があるときは、従業員代表と協議のうえ改定又は廃止することがある。

別表１：健康情報等の具体的内容（例）

①　安衛法第65条の２第１項の規定に基づき、会社が作業環境測定の結果の評価に基づいて、従業員の健康を保持するため必要があると認めたときに実施した健康診断の結果
①－１　上記の健康診断の受診・未受診の情報
②　安衛法第66条第１項から第４項までの規定に基づき会社が実施した健康診断の結果並びに安衛法第66条第５項及び第66条の２の規定に基づき従業員から提出された健康診断の結果
②－１　上記の健康診断を実施する際、当社が追加して行う健康診断による健康診断の結果
②－２　上記の健康診断の受診・未受診の情報
③　安衛法第66条の４の規定に基づき会社が医師又は歯科医師から聴取した意見及び第66条の５第１項の規定に基づき会社が講じた健康診断実施後の措置の内容
④　安衛法第66条の７の規定に基づき会社が実施した保健指導の内容
④－１　上記の保健指導の実施の有無
⑤　安衛法第66条の８第１項（第66条の８の２第１項、第66条の８の４第１項）の規定に基づき会社が実施した面接指導の結果及び同条第２項の規定に基づき従業員から提出された面接指導の結果
⑤－１　上記の労働者からの面接指導の申出の有無
⑥　安衛法第66条の８第４項（第66条の８の２第２項、第66条の８の４第２項）の規定に基づき会社が医師から聴取した意見及び同条第５項の規定に基づき会社が講じた面接指導実施後の措置の内容
⑦　安衛法第66条の９の規定に基づき会社が実施した面接指導又は面接指導に準ずる措置の結果
⑧　安衛法第66条の10第１項の規定に基づき会社が実施した心理的な負担の程度を把握するための検査（以下「ストレスチェック」という。）の結果
⑨　安衛法第66条の10第３項の規定に基づき会社が実施した面接指導の結果
⑨－１　上記の労働者からの面接指導の申出の有無
⑩　安衛法第66条の10第５項の規定に基づき会社が医師から聴取した意見及び同条第６項の規定に基づき会社が講じた面接指導実施後の措置の内容
⑪　安衛法第69条第１項の規定に基づく健康保持増進措置を通じて会社が取得した

健康測定の結果、健康指導の内容等

⑫　労働者災害補償保険法第27条の規定に基づき、従業員から提出された二次健康診断の結果及び労災保険法の給付に関する情報

⑬　治療と仕事の両立支援等のための医師の意見書

⑭　通院状況等疾病管理のための情報

⑮　健康相談の実施の有無

⑯　健康相談の結果

⑰　職場復帰のための面談の結果

⑱　（上記のほか）産業保健業務従事者が労働者の健康管理等を通じて得た情報

⑲　任意に従業員から提供された本人の病歴、健康に関する情報

別表２：健康情報等を取り扱う者及びその権限並びに取り扱う健康情報等の範囲

健康情報等の種類	取り扱う者及びその権限			
	第1号	第2号	第3号	第4号
①　安衛法第65条の２第１項の規定に基づき、会社が作業環境測定の結果の評価に基づいて、従業員の健康を保持するため必要があると認めたときに実施した健康診断の結果	△	○	△	△
①－１　上記の健康診断の受診・未受診の情報	◎	○	△	△
②　安衛法第66条の第１項から第４項までの規定に基づき会社が実施した健康診断の結果並びに安衛法第66条第５項及び第66条の２の規定に基づき従業員から提出された健康診断の結果	△	○	△	△
②－１　上記の健康診断を実施する際、会社が追加して行う健康診断による健康診断の結果	△	○	△	△
②－２　上記の健康診断の受診・未受診の情報	◎	○	△	△
③　安衛法第66条の４の規定に基づき会社が医師又は歯科医師から聴取した意見及び第66条の５第１項の規定に基づき会社が講じた健康診断実施後の措置の内容	◎	○	△	△
④　安衛法第66条の７の規定に基づき会社が実施した保健指導の内容	△	○	△	△
④－１　上記の保健指導の実施の有無	◎	○	△	△
⑤　安衛法第66条の８第１項（第66条の８の２第１項、第66条の８の４第１項）の規定に基づき会社が実施した面接指導の結果及び同条第２項の規定に基づき従業員から提出された面接指導の結果	△	○	△	△
⑤－１　上記の労働者からの面接指導の申出の有無	◎	○	△	△
⑥　安衛法第66条の８第４項（第66条の８の２第２項、第66条の８の４第２項）の規定に基づき会社が医師から聴取した意見及び同条第５項の規定に基づき会社が講じた面接指導実施後の措置の内容	◎	○	△	△
⑦　安衛法第66条の９の規定に基づき会社が実施した面接指導又は面接指導に準ずる措置の結果	◎	○	△	△
⑧　安衛法第66条の10第１項の規定に基づき会社が実施したストレスチェックの結果	△	○	△	△
⑨　安衛法第66条の10第３項の規定に基づき会社が実施した面接指導の結果	△	○	△	△

⑨－１　上記の労働者からの面接指導の申出の有無	◎	○	△	△
⑩　安衛法第66条の10第５項の規定に基づき会社が医師から聴取した意見及び同条第６項の規定に基づき会社が講じた面接指導実施後の措置の内容	◎	○	△	△
⑪　安衛法第69条第１項の規定に基づく健康保持増進措置を通じて会社が取得した健康測定の結果、健康指導の内容等	△	○	△	△
⑫　労働者災害補償保険法第27条の規定に基づき、従業員から提出された二次健康診断の結果及び労災保険法の給付に関する情報	△	○	△	△
⑬　治療と仕事の両立支援等のための医師の意見書	△	○	△	△
⑭　通院状況等疾病管理のための情報	△	○	△	△
⑮　健康相談の実施の有無	△	○	△	△
⑯　健康相談の結果	△	○	△	△
⑰　職場復帰のための面談の結果	△	○	△	△
⑱　（上記のほか）産業保健業務従事者（担当イ）が労働者の健康管理等を通じて得た情報	△	○	△	△
⑲　任意に従業員から提供された本人の病歴、健康に関する情報	△	○	△	△

※◎：事業者が直接取り扱う。

※○：情報の収集、保管、使用、加工、消去を行う。

※△：情報の収集、保管、使用を行う。なお、使用に当たっては、労働者に対する健康確保措置を実施するために必要な情報が的確に伝達されるよう、医療職が集約・整理・解釈するなど適切に加工した情報を取り扱う。

出典：厚生労働省「事業場における労働者の健康情報等の取扱規程を策定するための手引き」

15
労使委員会運営規程

労使委員会に法的効力を与えるため、運営規程を設けることが必要です。
また、労使委員会を開催する都度、議事録を調製する必要があります。

この規程は、労働時間等設定改善（企業）委員会でも使えます。その場合は第2条第1号は削除してください。

（趣　旨）

第１条　本会は、○○株式会社労使委員会と称する。

（目　的）

第２条　当委員会は、次の各号に掲げる事項について、審議及び調査する。

（１）　企画業務型裁量労働制に関すること。

（２）　労働基準法第38条の４第５項に定める労使協定の代替決議に関すること。

（３）　賃金に関すること。

（４）　労働時間に関すること。

（５）　その他の労働条件に関すること。

（６）　従業員からの苦情の処理に関すること。

（委　員）

第３条　労使委員会の委員は、次の10名の者により構成するものとする。

（１）　会社が指名する者（使用者委員）　５名

（２）　過半数代表者選出規程に基づき選出された者（従業員委員）　５名

２　使用者委員が欠けた場合には、会社は速やかに委員を補充しなければならない。

３　従業員委員が欠けた場合には、過半数代表者選出規程に基づく補選を行わなければならない。

４　前二項に基づき選任された委員は、欠けた委員の残りの任期を引き継ぐこととする。

（開　催）

第４条　労使委員会の開催は、次のとおりとする。

（１）　毎年３月、６月、９月、12月（以下「定例労使委員会」という。）

（２）　労使委員会の委員の半数以上の要請があったとき。

（定足数）

第５条　労使委員会は、委員の８名以上の出席がなければ成立しない。

（議　長）

第６条　労使委員会の議事の進行に当たり議長を置くものとし、次の者とする。

（1）　3月、6月の定例労使委員会では、会社が指名した者
（2）　9月、12月の定例労使委員会では、従業員委員代表
（3）　第4条第2号の場合には、出席した委員に互選された者

（決　議）

第7条　第2条第1号及び第2号に係る労使委員会の決議は、出席委員の5分の4以上の多数により議決する。

2　第2条第3号から第6号に係る労使委員会の決議は、出席委員の過半数により議決する。可否同数の場合は議長が裁定する。

（議事録）

第8条　労使委員会の議事については、人事部担当者が議事録を作成し、議長及び当該労使委員会に出席した委員2名（従業員委員、使用者委員各1名）が署名するものとする。

2　前項の議事録は、人事部で委員会開催後又は決議の有効期間満了後3年間保存するものとする。また、議事録の作成の都度、速やかに、その内容を社内ＬＡＮの「掲示板」に掲示することにより、従業員に周知するものとする。

16
出向協定書

出向（ここでは「在籍出向」に限定します。）では、出向元と出向先の両方で二重の労働関係が成立します。労働者にとっては、「出向元との間の労働契約」と「出向先との間の労働契約」の二重の労働契約が成立することになります。もちろん、三者における契約関係であるため、少なくとも出向元と出向先の間に何らかの出向協定（出向契約）が結ばれることが前提です。そして、出向労働者の労働条件は、出向協定のほか、出向元・出向先それぞれの労働契約に基づいて決定されることになります。そして、出向先の労働条件については、出向元が明示してもよいことになっています。

しかしながら、出向の場合の労働基準法等の適用については、出向元、出向先及び出向労働者の三者間取り決めによって定められた権限と責任に応じて、出向元、出向先それぞれが使用者としての責任を負うことになるため、トラブル回避の観点から、三者を交えた協定書を締結することが望ましいといえます。

○○株式会社（以下「甲」という。）から、△△株式会社（以下「乙」という。）へ出向させる従業者（以下「丙」という。）に関する取扱いについては、下記のとおりとし、甲と乙と丙は、当該規定に基づき出向協定を締結した。

記

（出向従業員）

第１条　丙は、甲の従業員の身分でありながら、丙の労働提供義務の指揮権に係る乙の就業規則その他の規程及びこれらに基づく指揮命令等を守り、誠実かつ忠実に就業するものとする。

2　丙の氏名、乙における役職、主な業務内容及び勤務場所は、別紙１のとおりとする。ただし、乙の指示命令により配置転換を行うことがある。

3　乙は、丙を甲との雇用関係を有しながら乙の指揮監督下におくことを確認し、使用者としての責任を果たすものとする。

（出向期間）

第２条　丙の出向期間は、別紙１のとおりとする。

2　出向期間が満了したとき、本協定は終了する。

3　次の各号の事由に該当するときは、甲及び乙は本協定を解除できる。その場合、甲及び乙は解除する１か月前までに相手側に申し出なければならない。

（１）　出向の目的を達成したとき。

（２）　出向の目的を達成することが困難であるとき。

（３）　乙において丙を解雇する事由が生じたとき。

（４）　甲が丙の復職の必要を認めたとき。

4　甲又は乙に出向期間の延長又は短縮の必要が生じたときは、双方又は一方からの申出により、出向期間満了日又は解除予定日の１か月前までに双方が協議のうえ決定するものとする。

（服務及び勤務）

第３条　丙の乙における就業時間、休憩時間及び休日・休暇等勤務に関する事項（年次有給休暇の付与日数及び付与条件等を除く。）は、乙の規定による。

2　丙の年次有給休暇の付与日数及び付与条件等については、甲の規定による。ただし、年次有給休暇の使用単位及び請求手続は、乙の規定による。

（賃金等の支払方法）

第４条　丙に対する賃金等は、甲が甲の規定により支給する。

（経費負担）

第５条　乙は丙に係る経費に関し、別紙２に定める金員を、毎月末日までに甲の指定する金融機関に振り込むものとする。

２　前項の金員の額は、毎事業年度必要に応じ見直すことができるものとする。

（社会保険及び災害補償等）

第６条　丙に係る健康保険、厚生年金保険、介護保険、雇用保険は甲において加入し、保険料は甲の基準により甲が負担するものとする。

２　丙に係る労働者災害補償保険は、甲の丙に対する総賃金に基づいて乙がその加入手続をとり、かつ、その保険料の負担及び納付を行うものとする。

３　丙が、乙において業務上又は乙への通勤途上負傷し、疾病にかかり又は死亡した場合は、乙が乙の規定により補償するものとする。

４　福利厚生費については、甲の制度により、甲が負担するものとする。

（旅費等）

第７条　丙の乙への赴任及び甲への帰任の旅費は、甲が甲の負担において丙に支給するものとする。

２　丙の乙における出張等に伴う旅費等及び日当等は、乙が乙の基準により丙に支給するものとする。

３　丙に係る通勤費については、乙の負担により丙に支給するものとする。

（懲　戒）

第８条　丙が、乙において懲戒事由に該当するに至った場合は、その都度甲乙協議のうえ扱いを決定するものとする。

２　前項の場合において、懲戒事由が解雇に該当するに至った場合は、甲は丙の出向を終了させるものとする。

（健康診断）

第９条　丙の健康診断等は、甲の基準により甲において行うものとする。

（人事考課）

第10条　乙は、丙に関して、甲から人事考課の要請があった場合は、甲乙協議のうえ、丙の人事考課を行うものとする。

（勤続年数）

第11条　出向期間は、甲における丙の勤続年数に通算するものとする。

（通　知）

第12条　甲乙双方は、丙に関して別紙３の事項につき相互に連絡をとるものとする。

（守秘義務）

第13条　丙は、乙に対して競業避止及び業務上知り得た秘密（取引先関係者の秘密を含む。）の守秘義務を将来にわたって負うものとする。

２　丙は、前項で定める守秘義務等に関し、秘密保持誓約書〈本書556頁〉を乙に提出する。

（出向従業員の義務）

第14条　丙は、乙に対し自らの職業能力の開発及び向上に努めるとともに他の乙の従業員と協調し、業務の促進と目的の達成に努めることを約するものとする。

２　丙は、乙の名誉及び信用を保持し、対外的においても乙及び乙の従業員並びに利害関係人に悪影響を与えるような不正又は背信的行為若しくは品位を害するようなことを行ってはならない。

（協議等）

第15条　本協定書に定めのない事項、又は本協定書の内容又はその実施に関し疑義が生じたときは、その都度甲及び乙両者の協議の上決定するものとする。

２　甲と丙の間、乙と丙の間に労使間の紛争が生じた場合において、自主的な解決が困難であると認めるときは、個別労働関係紛争の解決の促進に関する法律に定める紛争調整委員会のあっせん等の手続により解決を図るものとする。

本協定書は３通作成し、甲乙丙三者が各１通を保有する。

また、本協定書は個人情報保護法第25条に係る記録として、３年間保存するものとする。

年　月　日

甲　所在地

○○株式会社

○○　○○　㊞

乙　所在地

△△株式会社

○○　○○　㊞

丙　○○　○○　㊞

（別紙１）

出向者氏名 （生年月日）	出向期間	乙における 主な業務内容	乙における 役職	乙における 主たる勤務場所
（　　　　）	年　月　日 ～　　年　月　日			
（　　　　）				

（別紙２）

１．協定書第５条第１項の金員

月額　　　万円

ただし、月の途中から出向し又は復帰する場合は、暦日により日割り計算を行う

２．振込先金融機関

銀行　支店

普通・当座　口座番号

口座名義

（別紙３）

１．甲から乙への連絡事項
　①　丙の賃金総支給額
　②　別紙１及び２の事項及びその他必要事項
２．乙から甲への連絡事項
　①　丙の出勤簿
　②　その他必要事項

IX

労使協定等例

1　貯蓄金管理に関する協定届等
①　貯蓄金管理協定書
②　貯蓄金管理に関する協定届
2　賃金支払に関する労使協定書
①　賃金控除に関する労使協定書
②　賃金の預金口座振込に関する労使協定書
3　一斉休憩の適用除外に関する労使協定書
4　１か月単位の変形労働時間制に関する協定届等
①　１か月単位の変形労働時間制に関する労使協定書
②　１か月単位の変形労働時間制に関する協定届
5　１年単位の変形労働時間制に関する協定届等
①　１年単位の変形労働時間制に関する労使協定書（区分期間なし）
②　１年単位の変形労働時間制に関する労使協定書（区分期間あり）
③　１年単位の変形労働時間制に関する協定届
6　１週間単位の非定型的変形労働時間制に関する協定届等
①　１週間単位の非定型的変形労働時間制に関する協定書
②　１週間単位の非定型的変形労働時間制に関する協定届
7　フレックスタイム制に関する協定届等
①　フレックスタイム制に関する労使協定書（１か月単位）
②　フレックスタイム制に関する労使協定書（３か月単位）
③　清算期間が１か月を超えるフレックスタイム制に関する協定届
8　時間外労働・休日労働に関する協定届等
①　時間外労働及び休日労働に関する労使協定書（特別条項なし）
②　時間外労働・休日労働に関する協定届（特別条項なし）
③　時間外労働及び休日労働に関する労使協定書（特別条項あり）
④　時間外労働・休日労働に関する協定届（特別条項あり）
⑤　時間外労働・休日労働に関する協定届（適用除外業務）
9　代替休暇に関する労使協定書
10　事業場外労働に関する協定届等
①　事業場外労働に関する労使協定書
②　事業場外労働に関する協定届
11　専門業務型裁量労働制に関する協定届等
①　専門業務型裁量労働制に関する労使協定書
②　専門業務型裁量労働制に関する協定届
12　企画業務型裁量労働制に関する労使委員会の決議届等
①　企画業務型裁量労働制に関する労使委員会の決議
②　企画業務型裁量労働制に関する決議届
③　企画業務型裁量労働制に関する報告
13　年次有給休暇に関する労使協定書等
①　時間単位年休に関する労使協定書
②　年次有給休暇の計画付与に関する労働時間等設定改善委員会の決議（交替制付与）
③　年次有給休暇の計画付与に関する労使協定書（一斉付与）
④　年次有給休暇の計画付与に関する労使協定書（個人別付与）
⑤　年次有給休暇の手当の支払に関する労使協定書
14　就業規則の届出に関する書類
①　就業規則（変更）届
②　就業規則（変更）届（新旧対照表）
③　意見書
④　就業規則届・意見書
⑤　一括届出の対象事業場一覧表
15　高度プロフェッショナル制度に関する決議届等
①　高度プロフェッショナル制度に関する決議届
②　高度プロフェッショナル制度に関する報告

1　貯蓄金管理に関する協定届等
①貯蓄金管理協定書

貯蓄金管理協定書

○○株式会社（以下「会社」という。）と会社の従業員代表○○○○は、労働基準法第18条第２項の規定に基づき、会社の従業員の預金を受入れ管理することにつき、次のとおり協定する。

（適用対象者）

第１条　この協定により会社に預金をすることができる者は、会社に常時使用される者とする。

（退職する場合）

第２条　会社は、従業員が退職するときは、この協定に基づき管理するその者の預金を速やかに返還する。

（預金額の上限）

第３条　各預金者の預金残高は▼万円を超えないこととし、会社は同額を超えて受け入れない。

（預金の範囲）

第４条　預金は、賃金及び賞与の範囲内で行わなければならない。

（預金の払戻し）

第５条　預金の払戻しは随時行う。

（利　率）

第６条　利率は年▼％とする。ただし、法定の下限利率を下回ることになるときは、当該下限利率による。

（利子の取扱い）

第７条　利子は、預入れの月からつける。ただし、月の▼日以後に預入れされた場合にはその預入れの月の利子をつけない。また、払戻金に相当する預金には、その払戻しの月の利子をつけない。預入れの月において払戻金の払戻しがあったときも同様とする。

２　10円未満の預金の端数には、利子をつけない。

３　利子の計算においては、円未満の端数は切り捨てる。

４　会社は毎年▼月末に利子を計算し、▼月▼日をもって元金に繰り入れる。

（預金元帳）

第８条　会社は、預金者別の預金元帳を備えつけ、預金の受入れ、預金の払戻し、利子の受入れ及び預金残高を記録する。

（預金通帳）

第９条　会社は、預金者に対し、預金通帳を交付し、預金の受入れ又は払戻しの都度、その日付け、金額及び残高を記入する。預金者は預金の預入れ又は払戻しをしようとするときは、預金通帳を会社に提出する。

（預金の保全）

第10条　会社は、社内預金の保全のため、株式会社○○銀行を連帯保証人とする。連帯保証人は各預金者の毎年３月31日現在における預金残高の金額に相当する額を限度額として保証する。この場合において従業員代表者が預金者の代理人となるものとする。

（有効期間）

第11条　本協定の有効期間は、協定成立の日から▼年間とする。ただし、会社又は従業員が期間満了前▼か月前までに相手方に対し異議を申し出ないときは、さらに▼年間更新されるものとする。

年　　月　　日

○○株式会社　従業員代表　○○○○　㊞

○○株式会社　代表取締役　○○○○　㊞

1　②貯蓄金管理に関する協定届

貯蓄金管理に関する協定届

様式第１号（第６条関係）

<table>
<tr><td>事業の種類</td><td colspan="2">事業の名称</td><td colspan="3">事業の所在地</td></tr>
<tr><td>製造業</td><td colspan="2">○○株式会社</td><td colspan="3">○○県○○市○○町0-0-0</td></tr>
<tr><td>協定成立年月日</td><td colspan="2">平成○○　年　○○　月　○○　日</td><td colspan="2">協定の当事者である労働組合の名称又は労働者代表の氏名</td><td>○○労働組合</td></tr>
<tr><td rowspan="4">労働者の預金の受入れの方法による貯蓄金管理の場合</td><td>預金者の範囲</td><td>預金者１人当たりの預金額の限度</td><td>預金の利率</td><td colspan="2">預金の利子の計算方法</td></tr>
<tr><td>当社労働者に限る
ただし、嘱託及び臨時を除く</td><td>１．預金の源資は会社から支給する定期給与及び賞与に限る
２．１人当たり預金残高の限度は
①普通預金100万円
②住宅積立預金500万円</td><td>普通預金
年５厘
住宅積立預金
年１分</td><td colspan="2">１．10円未満の端数には利子はつけない
２．普通預金は毎年３月末と９月末の２回、住宅積立金は毎年３月末に計算し、それぞれ翌月 10 日付で元金に加える
３．その他の事項は、別添協定書写しのとおり</td></tr>
<tr><td colspan="2">預金の受入れ及び払戻しの方法</td><td colspan="2">預金の保全の方法</td><td>預金の運用の方法</td></tr>
<tr><td colspan="2">１．預金者には、預金通帳を交付する
２．会社には、個人別預金元帳を備えつける
３．詳細は、別添協定書写しのとおり</td><td colspan="2">１．預金者を受益者とする信託契約にする
２．信託財産は毎月３月末日現在の預金残高に相当する額とする
３．信託管理人は労働組合執行委員長とする</td><td></td></tr>
<tr><td rowspan="2">その他の方法による貯蓄金管理の場合</td><td colspan="5">管理の方法</td></tr>
<tr><td colspan="5"></td></tr>
</table>

○○　年　○○　月　○○　日

使用者　職　名　○○株式会社 代表取締役
　　　　氏　名　○○○○　㊞

○○　労働基準監督署長　殿

2　賃金支払に関する労使協定書
①賃金控除に関する労使協定書

賃金控除に関する労使協定書

○○株式会社（以下「会社」という。）と会社の従業員代表○○○○は、労働基準法第24条第１項ただし書に基づき、賃金控除に関し、下記のとおり協定する。

（控除の対象）

第１条　会社は毎月▼日の賃金支払の際、及び賃金規程第▼条の定めによる賞与支払の際、法令等に定めるもののほか、次に掲げるものを控除して支払うことができる。

（１）　社宅家賃

（２）　互助会会費

（３）　会社立替金又は社内貸付制度による返済金及び利息

（４）　団体生命保険・損害保険の保険料

（５）　会社施設の利用代金

（６）　財形制度等の積立金

（７）　従業員持株会拠出金

２　前項の法令等に定めるものとは、次のものをいう。

（１）　所得税、地方税の源泉徴収分、雇用・社会保険料の本人負担分

（２）　遅刻、欠勤等に伴う控除

（３）　前月分の過払い賃金の精算分

（４）　就業規則第▼条の減給

（控除の時期）

第２条　前条第１項の控除は、毎月▼日の賃金支払の際に行うことを原則とする。ただし、従業員が希望するときは、賞与支払の際に行うことができる。また、前条第１項各号について未払金を残したまま従業員が死亡又は退職したときは、退職金支払の際、それぞれ控除することができる。

（協議事項）

第３条　本協定に基づく賃金控除の取扱いに関し、運用上の疑義が生じた場合には、その都度会社と従業員代表で対応を協議し、決定する。

（有効期間）

第4条　本協定の有効期間は、　　年　　月　　日から　　年　　月　　日までとし、満了日の１か月前までに協定当事者のいずれからも申出がないときは、同一条件をもって１年まで更新するものとする。

以上の協定を証するため、本書２通を作成し、記名押印のうえ協定当事者が各々１通ずつ所持する。

　　年　　月　　日

○○株式会社　従業員代表　○○○○　㊞
○○株式会社　代表取締役　○○○○　㊞

2　②賃金の預金口座振込に関する労使協定書

賃金の預金口座振込に関する労使協定書

○○株式会社（以下「会社」という。）と会社の従業員代表○○○○とは、従業員の賃金の預金口座振込による支払方法に関し、下記のとおり協定する。

（賃金の口座振込払い）

第１条　会社は、従業員各人の同意を得て、本人の指定する預貯金口座に賃金を振り込むことができる。

（対象従業員）

第２条　口座振込払いの対象となる従業員は、会社のすべての従業員とする。

（対象賃金）

第３条　口座振込払いの対象とする賃金は、毎月の給料、賞与及び退職金とし、その金額は各従業員の申し出た額とする。

（対象金融機関の指定）

第４条　従業員は、自由に口座振込の対象金融機関を指定することができる。ただし、金融機関を変更する場合は、振込を予定する日から15日以上前に会社に申し出るものとする。

（実施日）

第５条　口座振込による賃金の支払いは、　　年　　月　　日以降実施する。

（有効期間）

第６条　本協定の有効期間は、　　年　　月　　日から　　年　　月　　日までとし、満了日の１か月前までに協定当事者のいずれからも申出がないときは、同一条件をもって１年まで更新するものとする。

以上の協定を証するため、本書２通を作成し、記名押印のうえ協定当事者が各々１通ずつ所持する。

年　　月　　日

○○株式会社　従業員代表　○○○○　㊞

○○株式会社　代表取締役　○○○○　㊞

※　法律上締結が義務付けられているものではありませんが、通達により締結することが望ましいものとされています。

3　一斉休憩の適用除外に関する労使協定書

一斉休憩の適用除外に関する労使協定書

○○株式会社（以下「会社」という。）と会社の従業員代表○○○○は、労働基準法第34条第２項ただし書に基づき、一斉休憩の適用除外に関し、下記のとおり協定する。

（交替休憩）

第１条　営業の業務に従事する従業員については、一斉休憩の適用を除外し、班別交替で、休憩時間を与えるものとする。

（各班の休憩時間）

第２条　各班の休憩時間は、次に定めるとおりとする。

（１）　第１班…午前11時から正午まで

（２）　第２班…正午から午後１時まで

（３）　第３班…午後１時から午後２時まで

（休憩時間の変更）

第３条　出張、外回りなどによる外勤のため、本人の班の時間帯に休憩時間を取得できない場合には、所属長が事前に指定して他の班の休憩時間の時間帯を適用する。

（協定の有効期間）

第４条　本協定の有効期間は、　　年　　月　　日より　　年　　月　　日までの１年間とし、会社及び従業員代表に異議のない場合には、１年間延長するものとする。また、それ以降についても同じ取扱いとする。

以上の協定を証するため、本書２通を作成し、記名押印のうえ協定当事者が各々１通ずつ所持する。

年　　月　　日

○○株式会社　従業員代表　○○○○　㊞

○○株式会社　代表取締役　○○○○　㊞

4　1か月単位の変形労働時間制に関する協定届等
①1か月単位の変形労働時間制に関する労使協定書

1か月単位の変形労働時間制に関する労使協定書

○○株式会社と従業員代表○○○○は、1か月単位の変形労働時間制に関し、下記のとおり協定する。

（勤務時間）

第1条　所定労働時間は、1か月単位の変形労働時間制によるものとし、1か月を平均して週40時間を超えないものとする。

2　本社及び支社に勤務する従業員の所定労働時間、始業時刻、終業時刻及び休憩時間は、次のとおりとする。

（1）　毎月1日から24日まで
　　所定労働時間1日7時間（始業：午前9時、終業：午後5時、休憩：正午から午後1時まで）

（2）　毎月25日から月末まで
　　所定労働時間1日9時間（始業：午前8時、終業：午後6時、休憩：正午から午後1時まで）

3　店舗に勤務する従業員の所定労働時間、始業時刻、終業時刻及び休憩時間は、原則として次の各号の勤務パターンの組合せによるものとし、会社が毎月▼日までに勤務シフト表を作成し、従業員に周知するものとする。ただし、従業員の同意により勤務パターンの時刻を変更して勤務シフト表を作成することができる。

（1）　早番（1日7時間30分）

始業・終業時刻	休憩時間
始業　　午前5時45分	午前8時45分から午前11時15分までの時間帯における45分
終業　　午後2時00分	

（2）　中番（1日7時間30分）

始業・終業時刻	休憩時間
始業　　午後1時45分	午後4時45分から午後7時15分までの時間帯における45分
終業　　午後10時00分	

（3）　遅番（1日7時間30分）

始業・終業時刻	休憩時間
始業　　午後9時45分	午前0時45分から午前3時15分までの時間帯における45分
終業　　午前6時00分	

（休　日）

第2条　本社及び支社に勤務する従業員の休日は、土曜日、日曜日、祝祭日及び年末年始（4日間）とし、土曜日を法定休日とする。

2　店舗に勤務する従業員の休日は、店舗の営業状況を踏まえて各従業員に振り分け、前条第3項の勤務シフト表により従業員に周知する。この場合、休日は、原則として2月は8日以上、その他の月は9日以上とし、少なくとも1週間に1日の休日が確保できる範囲で定める。

（起算日）

第3条　1か月の起算日は、毎月1日とする。

（適用対象者）

第4条　本協定による変形労働時間制は、本社、支社及び店舗に勤務する従業員を対象とする。

（適用除外）

第5条　前条にかかわらず、妊娠中又は産後1年以内の女性従業員のうち請求した者及び18歳未満の年少者には、本協定を適用しない。

（家庭的責任を有する者等への配慮）

第6条　育児を行う者、老人等の介護を行う者、職業訓練又は教育を受ける者その他特別の配慮を要する従業員に対する本協定の適用に当たっては、会社は従業員代表と協議するものとする。

（有効期間）

第7条　本協定の有効期間は、　　　年　　月　　日から同年　　月　　日までとする。

年　　月　　日

○○株式会社　従業員代表　○○○○　㊞

○○株式会社　代表取締役　○○○○　㊞

4　②1か月単位の変形労働時間制に関する協定届

様式第３号の２（第12条の２の２関係）

１箇月単位の変形労働時間制に関する協定届

事業の種類	事業の名称	事業の所在地（電話番号）		常時使用する労働者数
小売業	○○株式会社	○○県○○市○○町0-0-0		00人
業務の種類	該当労働者数 （満18歳未満の者）	変形期間 （起算日）	変形期間中の各日及び各週の労働時間並びに所定休日	協定の有効期限
営業	00人 （　0人）	1か月 （毎月1日）	別紙勤務表のとおり	○年○月○日 から ○年○月○日

労働時間が最も長い日の労働時間数 （満18歳未満の者）	8時間00分 （　時間　分）	労働時間が最も長い週の労働時間数 （満18歳未満の者）	48時間00分 （　時間　分）

協定の成立年月日　○○年　○○月　○○日

協定の当事者である労働組合の名称又は労働者の過半数を代表する者の　職名　○○店主任
氏名　○○○○

協定の当事者（労働者の過半数を代表する者の場合）の選出方法（　投票による選挙　）

○○年　○○月　○○日

使用者　職名　○○株式会社代表取締役
氏名　○○○○　㊞

○　○　労働基準監督署長　殿

記載心得

1 法第60条第3項第2号の規定に基づき満18歳未満の者に変形労働時間制を適用する場合には、「該当労働者数」、「労働時間が最も長い日の労働時間数」及び「労働時間が最も長い週の労働時間数」の各欄に括弧書きすること。

2 「変形期間」の欄には、当該変形労働時間制における時間通算の期間の単位を記入し、その起算日を括弧書きすること。

3 「変形期間中の各日及び各週の労働時間並びに所定休日」の欄中に当該事項を記入しきれない場合には、別紙に記載して添付すること。

5　１年単位の変形労働時間制に関する協定届等
①1年単位の変形労働時間制に関する労使協定書（区分期間なし）

１年単位の変形労働時間制に関する労使協定書

○○株式会社（以下「会社」という。）と会社の従業員代表○○○○は、労働基準法第32条の４第１項に基づき、　○年度の所定労働時間等に関し、下記のとおり協定する。

（対象期間）

第１条　　　　年　　月　　日から　　　　年　　月　　日までの１年間（以下「対象期間」という。）の所定労働時間については、本協定の定めるところによるものとし、所定労働時間は１年間を平均して週40時間を超えないものとする。

（１日の所定労働時間）

第２条　１日の所定労働時間（休憩時間を除く。）は７時間45分とし、始業及び終業の時刻、休憩時間は次のとおりとする。

（１）　始業時刻…午前８時15分

（２）　終業時刻…午後５時00分

（３）　休憩…正午から午後１時まで

（特定期間）

第３条　次の各号に掲げる期間は、特に業務が繁忙な期間（以下「特定期間」という。）とする。

（１）　月　　日から　　月　　日まで

（２）　月　　日から　　月　　日まで

（連続労働日数）

第４条　対象期間における連続労働日数の上限は、６日とし、特定期間については、12日とする。ただし、週に１回休日を確保するものとする。

２　前項の上限を超えて労働させたとき、又は休日に労働させたことにより１週間について休日が１日も確保できなくなったときは、当該労働した日について、就業規則＜給与規程＞第▼条の定めるところにより、休日割増賃金を支払う。

（時間外割増賃金を支払う場合）

第５条　所定労働時間を超えて労働させた場合において、次の各号に掲げる時間があるときは、就業規則＜給与規程＞第▼条の定めるところにより、時間外割増賃金を支払う。

（１）　１日については、８時間（勤務カレンダーにより８時間を超える所定労働時間が定められている日は、その時間）を超えて労働した時間

（２）　１週間（日曜日を起算日とする。）については、40時間（勤務カレンダーにより40時間を超える所定労働時間が定められている週は、その時間）を超えて労働した時間（前号の時間を除く。）

（３）　対象期間中の法定労働時間の総枠を超えて労働した時間（前二号の時間を除く。）

（適用対象者）

第６条　本協定による変形労働時間制は、店舗に勤務する従業員を対象とする。

（適用除外）

第７条　前条にかかわらず、妊娠中又は産後１年以内の女性従業員のうち請求した者及び18歳未満の年少者には、本協定を適用しない。

（家庭的責任を有する者等への配慮）

第８条　育児を行う者、老人等の介護を行う者、職業訓練又は教育を受ける者その他特別の配慮を要する従業員に対する本協定の適用に当たっては、会社は従業員代表と協議するものとする。

（有効期間）

第９条　本協定の有効期間は、　　　　年　　月　　日から　　　　年　　月　　日までとする。

以上の協定を証するため、本書２通を作成し、記名押印のうえ協定当事者が各々１通ずつ所持する。

年　　月　　日

○○株式会社　従業員代表　○○○○　㊞

○○株式会社　代表取締役　○○○○　㊞

5　②１年単位の変形労働時間制に関する労使協定書（区分期間あり）

１年単位の変形労働時間制に関する労使協定書

○○株式会社（以下「会社」という。）と会社の従業員代表○○○○は、労働基準法第32条の４第１項に基づき、○年度の所定労働時間等に関し、下記のとおり協定する。

（対象期間）

第１条　　　年　　月　　日から　　　年　　月　　日までの１年間（以下「対象期間」という。）の所定労働時間については、本協定の定める１年単位の変形労働時間制によるものとし、所定労働時間は１年間を平均して週40時間を超えないものとする。

2　変形期間には、１か月ごとの区分期間を設ける。区分期間は、起算日から１か月ごとの期間とする。

（１日の所定労働時間）

第２条　１日の所定労働時間（休憩時間を除く。）は７時間45分とし、始業及び終業の時刻、休憩時間は次のとおりとする。

（１）始業時刻…午前８時15分

（２）終業時刻…午後５時00分

（３）休憩…正午から午後１時まで

（特定期間）

第３条　次の各号に掲げる期間は、特に業務が繁忙な期間（以下「特定期間」という。）とする。

（１）　　月　　日から　　月　　日まで　＜例：お中元時期＞

（２）　　月　　日から　　月　　日まで　＜例：お歳暮時期＞

（対象期間における各月の労働日数等）

第４条　対象期間における各月の労働日数（月間休日数）及び総労働時間数は次表のとおりとする。

	労働日数（月間休日数）	総労働時間
１月	23日（８日）	178時間15分
２月	19日（９日）	147時間15分
３月	22日（９日）	170時間30分
４月	22日（８日）	170時間30分
５月	22日（９日）	170時間30分
６月	22日（８日）	170時間30分
７月	24日（７日）	186時間00分
８月	24日（７日）	186時間00分
９月	22日（８日）	170時間30分
10月	22日（９日）	170時間30分
11月	22日（８日）	170時間30分
12月	24日（７日）	186時間00分

※うるう年の場合は、２月の月間休日数を１日加算すること。

（勤務カレンダー）

第５条　対象期間における労働日及び月間休日は、別に定める勤務カレンダーにより、従業員代表の意見を聴いたうえで、当該月の初日の30日前までに、各従業員へ通知する。

２　対象期間における最初の月（１月）の勤務カレンダーは別紙のとおりとする。

（連続労働日数）

第６条　対象期間における連続労働日数の上限は、６日とし、特定期間については、12日とする。ただし、週に１回休日を確保する。

２　前項の上限を超えて労働させたとき、又は休日に労働させたことにより１週間について休日が１日も確保できなくなったときは、当該労働した日について、就業規則＜給与規程＞第▼条の定めるところにより、休日割増賃金を支払う。

（時間外割増賃金を支払う場合）

第７条　所定労働時間を超えて労働させた場合において、次の各号に掲げる時間があるときは、就業規則＜給与規程＞第▼条の定めるところにより、時間外割増賃金を支払う。

（１）　１日については、８時間（勤務カレンダーにより８時間を超える所定労働時間が定められている日は、その時間）を超えて労働した時間

（２）　１週間（日曜日を起算日とする。）については、40時間（勤務カレンダーにより40時間を超える所定労働時間が定められている週は、その時間）を超えて労働した時間（前号の時間を除く。）

（３）　対象期間中の法定労働時間の総枠を超えて労働した時間（前二号の時間を除く。）

（適用対象者）

第８条　本協定による変形労働時間制は、店舗に勤務する従業員を対象とする。

（適用除外）

第９条　前条にかかわらず、妊娠中又は産後１年以内の女性従業員のうち請求した者及び18歳未満の年少者には、本協定を適用しない。

（家庭的責任を有する者等への配慮）

第10条　育児を行う者、老人等の介護を行う者、職業訓練又は教育を受ける者その他特別の配慮を要する従業員に対する本協定の適用に当たっては、会社は従業員代表と協議するものとする。

（賃金精算）

第11条　１年単位の変形労働時間制の規定により労働させた期間が、当該対象期間より短い従業員に対しては、その従業員が労働した期間を平均し、１週間当たり40時間を超えて労働した時間（割増賃金を支払った時間を除く。）について、賃金規程第▼条の時間外手当の算式中、割増率1.25を0.25として計算した割増賃金を支給する。

（有効期間）

第12条　本協定の有効期間は、　　年　　月　　日から　　年　　月　　日までとする。

以上の協定を証するため、本書２通を作成し、記名押印のうえ協定当事者が各々１通ずつ所持する。

年　　月　　日

○○株式会社　従業員代表　○○○○　㊞
○○株式会社　代表取締役　○○○○　㊞

別紙（最初の期間における労働日及び当該労働日ごとの労働時間）

1 月 ○→労働日、休→休日						
月	火	水	木	金	土	日
				1	2	3
			第1班	休	○	○
			第2班	休	○	○
4	5	6	7	8	9	10
○	休	○	○	○	休	○
○	○	休	○	○	○	休
11	12	13	14	15	16	17
○	休	○	○	○	○	○
○	○	休	○	○	○	○
18	19	20	21	22	23	24
○	休	休	○	○	○	○
○	○	休	休	○	○	○
25	26	27	28	29	30	31
○	休	○	休	○	○	○
○	○	休	○	休	○	○

各日の所定労働時間は７時間 45 分とする。

5 ③１年単位の変形労働時間制に関する協定届

様式第４号（第12条の４第６項関係）

1年単位の変形労働時間制に関する協定届

事業の種類	事業の名称	事業の所在地（電話番号）	常時使用する労働者数
教育業	○○株式会社	○○県○○市○○町0-0-0　（00-000-0000）	00人

該当労働者数（満18歳未満の者）	対象期間及び特定期間（起算日）	対象期間中の各日及び各週の労働時間並びに所定休日	対象期間中の1週間の平均労働時間数	協定の有効期間
00人（0人）	1年間（00年00月00日）	（別紙）	38時間45分	○年○月○日から1年間

労働時間が最も長い日の労働時間数（満18歳未満の者）		労働時間が最も長い週の労働時間数（満18歳未満の者）		対象期間中の総労働日数	
	8時間15分（　時間　分）		46時間30分（　時間　分）		265日

労働時間が48時間を超える週の最長連続週数	0　週	対象期間中の最も長い連続労働日数	6　日間
対象期間中の労働時間が48時間を超える週数	0　週	特定期間中の最も長い連続労働日数	12　日間

旧協定の対象期間	1年間	旧協定の労働時間が最も長い日の労働時間数	8時間15分
旧協定の労働時間が最も長い週の労働時間数	46時間30分	旧協定の対象期間中の総労働日数	265日

協定の成立年月日　○年○月○日

協定の当事者である労働組合の名称又は労働者の過半数を代表する者の　職　名○　○
氏　名過半数代表者　○　○　○　○

協定の当事者（労働者の過半数を代表する者の場合）の選出方法（　投票による選挙　）

○年○月○日

使用者　職　名○○株式会社代表取締役
氏　名○○○○　㊞

○○　労働基準監督署長　殿

記載心得

1　法第60条第3項第2号の規定に基づき満18歳未満の者に変形労働時間制を適用する場合には、「該当労働者数」、「労働時間が最も長い日の労働時間数」及び「労働時間が最も長い週の労働時間数」の各欄に括弧書きすること。

2　「対象期間及び特定期間」の欄のうち、対象期間については当該変形労働時間制における時間通算の期間の単位を記入し、その起算日を括弧書きすること。

3　「対象期間中の各日及び各週の労働時間並びに所定休日」については、別紙に記載して添付すること。

4　「旧協定」とは、則第12条の4第3項に規定するものであること。

6　1週間単位の非定型的変形労働時間制に関する協定届等
①1週間単位の非定型的変形労働時間制に関する協定書

1週間単位の非定型的変形労働時間制に関する協定書

○○飯店と従業員代表○○○○は、1週間単位の非定型的変形労働時間制に関し、次のとおり協定する。

（非定型的変形労働時間）

第1条　1週間（日曜日から土曜日までの1週間をいう。以下同じ。）の所定労働時間は、40時間とする。

2　1日の所定労働時間は10時間を超えないものとする。

（所定労働時間及び所定休日）

第2条　各従業員の1週間における各日の所定労働時間は、前条の労働時間の範囲内で毎週土曜日までに次の1週間分について、前条に定める時間の範囲内で決定する。

2　休日は毎週1日以上与えるものとする。

（書面による通知）

第3条　各勤務日の所定労働時間及び休日は、毎週遅くとも変形労働時間制を採用しようとする週の前日までに各従業員に書面で通知する。

2　緊急やむを得ない場合は、前日までに書面で通知することにより、第1条の所定労働時間を変更し、又は前条の休日を振り替えることができる。この場合においても、所定労働時間は第1条の労働時間を超えないものとする。

（労働時間及び休日の要望）

第4条　従業員は、第2条の各日の労働時間及び休日の決定に当たって要望がある場合には、毎週木曜日までに次の1週間について申請するものとする。

2　会社は、前項の要望を考慮して前条の労働時間の通知を行うものとする。

（割増賃金を支払う場合）

第5条　労働基準法第32条の5に定める法定労働時間を超えて労働させた場合には、2割5分増しの割増賃金を支払い、法定休日に労働させた場合は、3割5分増しの割増賃金を支払う。

（適用対象者）

第６条　本協定による変形労働時間制は、全従業員を対象とする。

2　前項にかかわらず、次のいずれかに該当する従業員に対しては、本協定による変形労働時間制を適用しない。

（１）　18歳未満の年少者

（２）　妊娠中又は産後１年を経過しない女性従業員のうち、本制度の適用を免除したもの

3　育児を行う者、老人等の介護を行う者、職業訓練又は教育を受ける者その他特別の配慮を要する従業員に対する本協定の適用に当たっては、会社は従業員代表と協議するものとする。

4　本協定による変形労働時間制を適用しない従業員については、１日８時間、１週40時間の範囲内で労働時間を定める。

（有効期間）

第７条　本協定の有効期間は、　　年　　月　　日から　　年　　月　　日までとする。

年　　月　　日

○○飯店　従業員代表　○○○○　㊞
○○飯店　代表取締役　○○○○　㊞

6　②1週間単位の非定型的変形労働時間制に関する協定届

様式第５号（第12条の５第４項関係）

１週間単位の非定型的変形労働時間制に関する協定届

事業の種類	事業の名称	事業の所在地（電話番号）	常時使用する労働者数
旅館業	株式会社○○旅館	○○県○○市○○町0-0-0	00　人

業務の種類	該当労働者数（満18歳以上の者）	１週間の所定労働時間	変形労働時間制による期間
食事調理、宴会の給仕、その他の応接	男10名 女15名 計25名	40時間	○年○月○日から １年間

協定の成立年月日　　○　年　○　月　○　日

協定の当事者である労働組合の名称又は労働者の過半数を代表する者の

職　名　○○旅館チーフ

氏　名　○○○○　　　　㊞

協定の当事者（労働者の過半数を代表する者の場合）の選出方法

（　投票による選挙　　　　　　　　　　　）

○　年　○　月　○　日

使用者　職名　代表取締役

　　　　氏名　○○○○　　　　㊞

○○　　　労働基準監督署長　殿

7　フレックスタイム制に関する協定届等
①フレックスタイム制に関する労使協定書（1か月単位）

フレックスタイム制に関する労使協定書（1か月単位）

○○株式会社（以下「会社」という。）と会社の従業員代表○○○○は、労働基準法第32条の3の規定に基づき、1か月のフレックスタイム制に関し、下記のとおり協定する。

記

（協定事項）

第1条　フレックスタイム制に関する事項は、この協定の定めるところによる。ただし、この協定に定めのない事項については、就業規則、賃金規程及びその他規程により扱うものとする。

（対象従業員）

第2条　フレックスタイム制は、次の部に属する従業員（管理監督者、裁量労働制適用者、短時間正社員、パートタイマーを除く。）を対象従業員とする。

（1）　企画部

（2）　制作部

（清算期間）

第3条　清算期間は、各月初日から起算する1か月間とし、時間外労働及び賃金計算の期間とする。

<労基法32条の3第3項を適用する場合は本条が必要。そうでない場合は不要>

（1週間の労働日数）

第4条　対象従業員の1週間の勤務日数は、原則5日間とする。

（標準となる1日の労働時間）

第5条　標準となる1日の労働時間は8時間とする。

(清算期間及び各月の所定労働時間等)

第６条　各清算期間における所定労働時間（勤務すべき時間をいう。以下同じ）は、次のとおりとする。一清算期間においてこれを超えて労働したときは、その超えた時間につき所定外労働手当を支払う。

清算期間における所定労働日数	清算期間における所定労働時間
23日のとき	184時間（８時間×23日）
22日のとき	176時間（８時間×22日）
21日のとき	168時間（８時間×21日）
20日のとき	160時間（８時間×20日）

＜別例＞

第６条　各清算期間における所定労働時間（勤務すべき時間をいう。以下同じ）は、標準となる１日の労働時間に各月の出勤日数を乗じて得た時間とする。一清算期間において次表の時間を超えて労働したときは、その超えた時間につき所定外労働手当を支払う。

清算期間中の各月における暦日数	清算期間中の各月における所定労働時間
31日のとき	177時間（40時間×31/7）
30日のとき	171時間（40時間×30/7）
29日のとき	165時間（40時間×29/7）
28日のとき	160時間（40時間×28/7）

(コアタイム及び休憩時間)

第７条　必ず労働しなければならない時間帯（以下「コアタイム」という。）は午前10時から午後４時までとする。

2　コアタイム中の休憩時間は、午後１時から午後２時までとする。この休憩時間は、労使協定により、交替で取得することができる。

(フレキシブルタイム)

第８条　適用者の決定により労働することができる時間帯（以下「フレキシブルタイム」という。）は次のとおりとする。

（１）　始業時間帯：午前７時から午前10時まで

（２）　就業時間帯：午後４時から午後10時まで

2　午後10時から翌日午前７時までの勤務は禁止する。ただし、業務上やむを得ない事情があるときは、あらかじめ所属長の許可を得て勤務しなければならない。

（欠　勤）

第9条　適用者がコアタイムに勤務しなかった場合は欠勤とし、賃金規程第○条の規定により賃金控除を行う。

（遅刻・早退）

第10条　適用者がコアタイムの開始後に出勤した場合は遅刻とし、コアタイム終了前に退出した場合は早退とする。

（所定外労働手当の算定）

第11条　第6条の期間に次の各号の時間があるときは、所定外労働の算定に当たっては、これらの時間数は実労働時間に加算して計算する。

（1）　取得した年次有給休暇・特別休暇の日数に8時間を乗じて得た時間

（2）　欠勤日数に8時間を乗じて得た時間

（3）　コアタイムにおける遅刻・早退時間

＜別例＞

第11条　第6条の期間に次の各号の時間があるときは、所定外労働の算定に当たっては、これらの時間数は実労働時間に加算して計算する。

（1）　取得した年次有給休暇・特別休暇の日数に8時間を乗じて得た時間

（2）　欠勤日数に8時間を乗じて得た時間

（3）　コアタイムにおける遅刻・早退時間

2　前項の規定にかかわらず、所定外労働及び休日労働を合算した時間は、清算期間及び各月において、100時間に達してはならない。

（控　除）

第12条　清算期間における労働時間が所定労働時間に達しなかったときは、達しなかった時間分の賃金は、賃金規程第○条の規定により賃金控除を行う。

（賃金精算）

第13条　フレックスタイム制の規定により労働させた期間が、清算期間の途中で入社し、又は退職したことにより、当該清算期間より短い従業員に対しては、その従業員が労働した期間を平均し、1週間当たり40時間を超えて労働した時間（割増賃金を支払った時間を除く。）について、賃金規程第○条の時間外割増賃金の算式中、割増率1.25を0.25として計算した割増賃金を支給する。

（フレックスタイム制の解除）

第14条　突発的な業務の必要、緊急事態の発生その他の業務の都合により必要と認めるときは、会社は、あらかじめ従業員代表の意見を聴いたうえでフレックスタイム制を解除することができる。

2　前項の規定によりフレックスタイム制が解除された期間は、通常の労働時間の規定を適用し、清算期間中に解除された期間があるときは、当該解除された期間を除いた期間を清算期間として、フレックスタイム制における労働時間及び賃金の清算を行う。

（フレックスタイム制適用の解除）

第15条　次の各号の一に該当する者については、フレックスタイム制の適用を解除し、通常勤務に変更するものとする。

（1）　不足時間の累計が○○時間を超えるに至った者

（2）　一清算期間中に自己都合欠勤が○日以上に及んだ者

（3）　一清算期間中にコアタイムに○回以上遅れた者

2　清算期間の途中でフレックスタイム制の適用を解除した場合の当該期間の取扱いは、前条第2項を準用する。

（有効期間）

第16条　本協定の有効期間は、○○年○○月○○日から○○年○○月○○日までの○年間とする。

年　　月　　日

○○株式会社　従業員代表　○○○○　㊞

○○株式会社　代表取締役　○○○○　㊞

7　②フレックスタイム制に関する労使協定書（3か月単位）

フレックスタイム制に関する労使協定書（3か月単位）

○○株式会社（以下「会社」という。）と会社の従業員代表○○○○は、労働基準法第32条の3の規定に基づき、3か月のフレックスタイム制に関し、下記のとおり協定する。

記

（協定事項）

第1条　フレックスタイム制に関する事項は、この協定の定めるところによる。ただし、この協定に定めのない事項については、就業規則、賃金規程及びその他規程により扱うものとする。

（対象従業員）

第2条　フレックスタイム制は、次の部に属する従業員（管理監督者、裁量労働制適用者、短時間正社員、パートタイマーを除く。）を対象従業員とする。

（1）　企画部

（2）　制作部

（清算期間）

第3条　清算期間は、次の各号に掲げる期間とし、時間外労働及び賃金計算の期間とする。

（1）　第1期…○月○日から○月○日までの3か月間

（2）　第2期…○月○日から○月○日までの3か月間

（3）　第3期…○月○日から○月○日までの3か月間

（4）　第4期…○月○日から○月○日までの3か月間

<労基法32条の3第3項を適用する場合は本条が必要。そうでない場合は不要>

（1週間の労働日数）

第4条　対象従業員の1週間の勤務日数は、原則5日間とする。

（標準となる1日の労働時間）

第5条　標準となる1日の労働時間は8時間とする。

（清算期間及び各月の所定労働時間等）

第６条　各清算期間における所定労働時間（勤務すべき時間をいう。以下同じ）は、次のとおりとする。一清算期間においてこれを超えて労働したときは、その超えた時間につき所定外労働手当を支払う。ただし、次項において所定外労働手当の対象となった時間を除く。

清算期間における所定労働日数	清算期間における所定労働時間
66日のとき	528時間（８時間×66日）
65日のとき	520時間（８時間×65日）
64日のとき	512時間（８時間×64日）

２　清算期間中の各月の所定労働時間は、次のとおりとする。各月においてこれを超えて労働したときは、その超えた時間につき、当該各月ごとに所定外労働手当を支払う。

清算期間中の各月における暦日数	清算期間中の各月における所定労働時間
31日のとき	221時間（50時間×31/7）
30日のとき	214時間（50時間×30/7）
29日のとき	207時間（50時間×29/7）
28日のとき	200時間（50時間×28/7）

（コアタイム及び休憩時間）

第７条　必ず労働しなければならない時間帯（以下「コアタイム」という。）は午前10時から午後４時までとする。

２　コアタイム中の休憩時間は、午後１時から午後２時までとする。この休憩時間は、労使協定により、交替で取得することができる。

（フレキシブルタイム）

第８条　適用者の決定により労働することができる時間帯（以下「フレキシブルタイム」という。）は次のとおりとする。

（１）　始業時間帯：午前７時から午前10時まで

（２）　就業時間帯：午後４時から午後10時まで

２　午後10時から翌日午前７時までの勤務は禁止する。ただし、業務上やむを得ない事情があるときは、あらかじめ所属長の許可を得て勤務しなければならない。

（欠　勤）

第９条　適用者がコアタイムに勤務しなかった場合は欠勤とし、賃金規程第〇条の規定により賃金控除を行う。

（遅刻・早退）

第10条　適用者がコアタイムの開始後に出勤した場合は遅刻とし、コアタイム終了前に退出した場合は早退とする。

（所定外労働手当の算定）

第11条　第6条各項の期間に次の各号の時間があるときは、所定外労働の算定に当たっては、これらの時間数は実労働時間に加算して計算する。

（1）　取得した年次有給休暇・特別休暇の日数に8時間を乗じて得た時間

（2）　欠勤日数に8時間を乗じて得た時間

（3）　コアタイムにおける遅刻・早退時間

＜別例＞

第11条　第6条各項の期間に次の各号の時間があるときは、所定外労働の算定に当たっては、これらの時間数は実労働時間に加算して計算する。

（1）　取得した年次有給休暇・特別休暇の日数に8時間を乗じて得た時間

（2）　欠勤日数に8時間を乗じて得た時間

（3）　コアタイムにおける遅刻・早退時間

2　本条の規定にかかわらず、所定外労働及び休日労働を合算した時間は、清算期間及び各月において、100時間に達してはならない。

（控　除）

第12条　清算期間における労働時間が所定労働時間に達しなかったときは、達しなかった時間分の賃金は、賃金規程第○条の規定により賃金控除を行う。

（賃金精算）

第13条　フレックスタイム制の規定により労働させた期間が、清算期間の途中で入社し、又は退職したことにより、当該清算期間より短い従業員に対しては、その従業員が労働した期間を平均し、1週間当たり40時間を超えて労働した時間（割増賃金を支払った時間を除く。）について、賃金規程第○条の時間外割増賃金の算式中、割増率1.25を0.25として計算した割増賃金を支給する。

（フレックスタイム制の解除）

第14条　突発的な業務の必要、緊急事態の発生その他の業務の都合により必要と認めるときは、会社は、あらかじめ従業員代表の意見を聴いたうえでフレックスタイム制を解除することができる。

2　前項の規定によりフレックスタイム制が解除された期間は、通常の労働時間の規定を適用し、清算期間中に解除された期間があるときは、当該解除された期間を除いた期間を清算期間として、フレックスタイム制における労働時間及び賃金の清算を行う。

（フレックスタイム制適用の解除）

第15条　次の各号の一に該当する者については、フレックスタイム制の適用を解除し、通常勤務に変更するものとする。

（1）　不足時間の累計が○○時間を超えるに至った者

（2）　一清算期間中に自己都合欠勤が○日以上に及んだ者

（3）　一清算期間中にコアタイムに○回以上遅れた者

2　清算期間の途中でフレックスタイム制の適用を解除した場合の当該期間の取扱いは、前条第2項を準用する。

（有効期間）

第16条　本協定の有効期間は、○○年○○月○○日から○○年○○月○○日までの○年間とする。

年　　月　　日

○○株式会社　従業員代表　○○○○　㊞

○○株式会社　代表取締役　○○○○　㊞

7 ③清算期間が１か月を超えるフレックスタイム制に関する協定届

様式第３号の３（第 12 条の３第２項関係）

清算期間が１箇月を超えるフレックスタイム制に関する協定届

事業の種類	事業の名称	事業の所在地（電話番号）	常時雇用する労働者数	協定の有効期間
出版	○○○○株式会社	（〒△△△－△△△△）×××区○○○町 （電話番号：××－××××－××××）	120 人	○○○○年○月○日から ○○○○年○月○日まで

業務の種類	該当労働者数	清算期間（起算日）	清算期間における総労働時間
企画 制作	20 人 25 人	3 か月 （第 1 期：○月○日、第 2 期：○月○日、 第 3 期：○月○日、第 4 期：○月○日）	所定労働日数 66 日のとき　528 時間 所定労働日数 65 日のとき　520 時間 所定労働日数 64 日のとき　512 時間

標準となる１日の労働時間	コアタイム	フレキシブルタイム
8 時間	午前 10 時　～　午後 4 時	午前 7 時　～　午前 10 時 午後 4 時　　　午後 10 時

協定の成立年月日　○○○○年　○○月　○○日

協定の当事者である労働組合（事業場の労働者の過半数で組織する労働組合）の名称又は労働者の過半数を代表する者の　職名　一般職　氏名　○○○○

協定の当事者（労働者の過半数を代表する者の場合）の選出方法（　○年○月○日に実施した選挙　）

○○○○年　○○月　○○日

使用者　職名　代表取締役　氏名　○○○○　㊞

○○　労働基準監督署長殿

記載心得

1　「清算期間（起算日）」の欄には、当該労働時間制における時間通算の期間の単位を記入し、その起算日を（　）内に記入すること。
2　「清算期間における総労働時間」の欄には、当該労働時間制の清算期間において、労働契約上労働者が労働すべき時間を記入すること。
3　「標準となる１日の労働時間」の欄には、当該労働時間制において、年次有給休暇を取得した際に支払われる賃金の算定基礎となる労働時間の長さを記入すること。
4　「コアタイム」の欄には、労働基準法施行規則第 12 条の３第１項第２号の労働者が労働しなければならない時間帯を定める場合には、その時間帯の開始及び終了の時刻を記入すること。
5　「フレキシブルタイム」の欄には、労働基準法施行規則第 12 条の３第１項第３号の労働者がその選択により労働することができる時間帯に制限を設ける場合には、その時間帯の開始及び終了の時刻を記入すること。

8　時間外労働・休日労働に関する協定届等
①時間外労働及び休日労働に関する労使協定書（特別条項なし）

時間外労働及び休日労働に関する労使協定書

○○○○株式会社（以下「会社」という。）と会社の従業員代表○○○○は、労働基準法第36条第１項に基づき、法定労働時間を超える労働（以下「時間外労働」という。）及び法定休日における労働（以下「休日労働」という。）に関し、下記のとおり協定する。

記

（時間外労働及び休日労働を必要とする場合）

第１条　会社は、次の各号のいずれかに該当するときは、就業規則第▼条の規定に基づき、時間外労働を命ずることができるものとする。

（１）　臨時の受注や納期の変更等により受注が集中し、法定労働時間内の勤務では処理が困難なとき。

（２）　決算及び中間決算等、時季的に業務が集中し、法定労働時間内の勤務では処理が困難なとき。

（３）　業務が輻輳し、法定労働時間内の勤務では処理が困難なとき。

（４）　月末、期末処理、棚卸し等の経理事務等が繁忙なとき。

（５）　その他前各号に準ずる事由が生じたとき。

２　会社は、次の各号のいずれかに該当するときは、就業規則第▼条の規定に基づき、休日労働を命ずることができるものとする。

（１）　季節的繁忙及び顧客の需要に応ずるために業務が集中し、休日労働をしなくては処理が困難なとき。

（２）　イベント参加、会社の主催行事が休日に行われるとき、

（３）　前項各号の業務が月45時間以内の時間外労働で処理できなかったとき。

（４）　その他前各号に準ずる事由が生じたとき。

（時間外労働及び休日労働を必要とする業務の種類及び対象従業員数）

第２条　時間外労働及び休日労働を必要とする業務の種類及び対象従業員数は次のとおりとする。

区　分	業務の種類	対象従業員数
Aグループ	営業一課	5名
	営業二課	7名
	総務課	3名
	経理課	3名
Bグループ （1年単位変形労働時間制適用者）	製造	20名
	製品検査	3名

（延長時間及び休日労働日数）

第3条　法定労働時間を超えて延長させることができる時間（以下「延長時間」という。）及び休日労働をさせることができる休日は、次のとおりとする。

	延長時間			休日労働
	1日	1か月	1年間	
前条Aグループの従業員	5時間	45時間	360時間	1か月に4日以内
前条Bグループの従業員	3時間	42時間	320時間	1か月に2日 （第二・四日曜日）

2　前項により、休日労働を命ずる場合の始業及び終業の時刻、休憩時間は次のとおりとし、原則として8時間勤務とする。ただし、業務の進捗状況等により、あらかじめ指定して、この休日労働時間を短縮し、又は11時間まで延長することがある。

（1）　始業時刻…午前9時00分

（2）　終業時刻…午後5時30分

（3）　休憩時間…正午から午後1時まで

3　第1項の延長時間は、時間外労働時間数の上限を示すものであり、常に当該時間まで時間外労働を命ずるものではない。通常の延長時間は1日当たり2時間、1か月当たり30時間を目安とする。

4　第1項の休日労働の日数は、休日労働の上限を示すものであり、常に当該日数まで休日労働を命ずるものではない。休日労働は、緊急やむを得ない場合に限るものとし、少なくとも1週間に1回の休日は確保するよう努めるものとする。

5　前各項にかかわらず、時間外労働と休日労働を合算した時間は、1か月100時間未満、2か月から6か月の平均で80時間未満とする。

（対象期間の起算日）

第4条　前条第1項表中の、1か月は賃金計算期間に合わせて毎月Y日から起算する1か月とし、1年間は毎年X月Y日から起算する1年間とする。

（有効期間）

第５条　本協定の有効期間は、○年○月○日から○年○月○日までとする。

＜自動更新規定を加える場合＞

２　本協定は、満了日の１か月前までに協定当事者のいずれからも申出がないときは、同一条件をもって１年まで更新するものとする。

以上の協定を証するため、本書２通を作成し、記名押印のうえ協定当事者が各々１通ずつ所持する。

年　　月　　日

○○○○株式会社　従業員代表　○○○○　㊞
○○○○株式会社　代表取締役　○○○○　㊞

8　②時間外労働・休日労働に関する協定届（特別条項なし）

様式第９号（第16条第１項関係）

時間外労働
休日労働　に関する協定届

労働保険番号	□□（都道府県）□（所掌）□□（管轄）□□□□□□（基幹番号）□□□（枝番号）□□□（被一括事業場番号）
法人番号	□□□□□□□□□□□□□

事業の種類	事業の名称	事業の所在地（電話番号）	協定の有効期間
機械器具製造業	○○○○株式会社	（〒△△△－△△△△）×××区○○○町 （電話番号：××××－××××）	○○年○月○日から ○○年○月○日まで

時間外労働		時間外労働をさせる必要のある具体的事由	業務の種類	労働者数（満18歳以上の者）	所定労働時間（1日）（任意）	延長することができる時間数 1日 法定労働時間を超える時間数	1日 所定労働時間を超える時間数（任意）	1箇月（①については45時間まで、②については42時間まで） 法定労働時間を超える時間数	1箇月 所定労働時間を超える時間数（任意）	1年（①については360時間まで、②については320時間まで） 起算日（年月日）○年○月○日 法定労働時間を超える時間数	1年 所定労働時間を超える時間数（任意）
	① 下記②に該当しない労働者	臨時の受注や納期の変更等により受注が集中し法定時間内での処理が困難なとき	営業企画	12名	7.5時間	5時間	5.5時間	45時間	55時間	360時間	460時間
		決算及び中間決算等、時季的に業務が集中し、法定時間内での処理が困難なとき	経理	3名	7.5時間	5時間	5.5時間	45時間	55時間	360時間	460時間
		業務が輻輳し、法定時間内での処理が困難なとき	総務	3名	7.5時間	5時間	5.5時間	45時間	55時間	360時間	460時間
		その他別添労使協定書のとおり									
	② 1年単位の変形労働時間制により労働する労働者	臨時の受注や納期の変更等により受注が集中し法定時間内での処理が困難なとき	製造	20名	7.5時間	3時間	3.5時間	42時間	50時間	320時間	420時間
			製造検査	3名	7.5時間	3時間	3.5時間	42時間	50時間	320時間	420時間
		その他別添労使協定書のとおり									

休日労働	休日労働をさせる必要のある具体的事由	業務の種類	労働者数（満18歳以上の者）	所定休日（任意）	労働させることができる法定休日の日数	労働させることができる法定休日における始業及び終業の時刻
	季節的繁忙及び顧客の需要に応ずるために業務が集中し、休日労働をしなくては処理が困難なとき	営業企画	12名	土曜、日曜、国民の祝日	1か月に4日以内	始業時刻：午前9時00分 終業時刻：午後5時30分
	その他別添労使協定書のとおり					

上記で定める時間数にかかわらず、時間外労働及び休日労働を合算した時間数は、1箇月について100時間未満でなければならず、かつ2箇月から6箇月までを平均して80時間を超過しないこと。☑

（チェックボックスに要チェック）

協定の成立年月日　○○○○年　○○月　○○日

協定の当事者である労働組合（事業場の労働者の過半数で組織する労働組合）の名称又は労働者の過半数を代表する者の　職名　一般職　氏名　○○○○

協定の当事者（労働者の過半数を代表する者の場合）の選出方法（○年○月○日に実施した選挙）

○○○○年　○○月　○○日

使用者　職名　代表取締役　氏名　○○○○　㊞

○○　労働基準監督署長殿

8　③時間外労働及び休日労働に関する労使協定書（特別条項あり）

時間外労働及び休日労働に関する労使協定書

○○○○株式会社（以下「会社」という。）と会社の従業員代表○○○○は、労働基準法第36条第１項に基づき、法定労働時間を超える労働（以下「時間外労働」という。）及び法定休日における労働（以下「休日労働」という。）に関し、下記のとおり協定する。

記

（時間外労働及び休日労働を必要とする場合）

第１条　会社は、次の各号のいずれかに該当するときは、就業規則第▼条の規定に基づき、時間外労働を命ずることができるものとする。

（１）　臨時の受注や納期の変更等により受注が集中し、法定労働時間内の勤務では処理が困難なとき。

（２）　決算及び中間決算等、時季的に業務が集中し、法定労働時間内の勤務では処理が困難なとき。

（３）　業務が輻輳し、法定労働時間内の勤務では処理が困難なとき。

（４）　月末、期末処理、棚卸し等の経理事務等が繁忙なとき。

（５）　その他前各号に準ずる事由が生じたとき。

２　会社は、次の各号のいずれかに該当するときは、就業規則第▼条の規定に基づき、休日労働を命ずることができるものとする。

（１）　季節的繁忙及び顧客の需要に応ずるために業務が集中し、休日労働をしなくては処理が困難なとき。

（２）　イベント参加、会社の主催行事が休日に行われるとき、

（３）　前項各号の業務が月45時間以内の時間外労働で処理できなかったとき。

（４）　その他前各号に準ずる事由が生じたとき。

（時間外労働及び休日労働を必要とする業務の種類及び対象従業員数）

第２条　時間外労働及び休日労働を必要とする業務の種類及び対象従業員数は次のとおりとする。

区　分	業務の種類	対象従業員数
Aグループ	営業一課	5名
	営業二課	7名
	総務課	3名
	経理課	3名
Bグループ （1年単位変形労働時間制適用者）	製造	20名
	製品検査	3名

（延長時間及び休日労働日数）

第3条　法定労働時間を超えて延長させることができる時間（以下「延長時間」という。）及び休日労働をさせることができる休日は、次のとおりとする。

	延長時間			休日労働
	1日	1か月	1年間	
前条Aグループの従業員	5時間	45時間	360時間	1か月に4日以内
前条Bグループの従業員	3時間	42時間	320時間	1か月に2日 （第二・四日曜日）

2　前項により、休日労働を命ずる場合の始業及び終業の時刻、休憩時間は次のとおりとし、原則として8時間勤務とする。ただし、業務の進捗状況等により、あらかじめ指定して、この休日労働時間を短縮し、又は11時間まで延長することがある。

（1）　始業時刻…午前9時00分

（2）　終業時刻…午後5時30分

（3）　休憩時間…正午から午後1時まで

3　第1項の延長時間は、時間外労働時間数の上限を示すものであり、常に当該時間まで時間外労働を命ずるものではない。通常の延長時間は1日当たり2時間、1か月当たり30時間を目安とする。

4　第1項の休日労働の日数は、休日労働の上限を示すものであり、常に当該日数まで休日労働を命ずるものではない。休日労働は、緊急やむを得ない場合に限るものとし、少なくとも1週間に1回の休日は確保するよう努めるものとする。

5　前各項にかかわらず、時間外労働と休日労働を合算した時間は、1か月100時間未満、2か月から6か月の平均で80時間未満とする。

（対象期間の起算日）

第4条　前条第1項表中の、1か月は賃金計算期間に合わせて毎月Y日から起算する1か月とし、1年間は毎年X月Y日から起算する1年間とする。

（年720時間までの特例）

第５条　通常の生産量を大幅に超える受注が集中し、特に納期がひっ迫したときは、過半数代表者に通告し、１か月45時間を超えて時間外労働を命ずることができるものとし、時間外労働と休日労働の時間を合算した時間は90時間までとする。

（１）　大量の受注により業務が集中し、第３条の延長時間内の勤務では処理が困難なとき。

（２）　納期変更又は短期間の納期要求等により、第３条の延長時間内の勤務では処理が困難なとき。

（３）　臨時的な生産工程や仕様の変更等により、人員不足のため第３条の延長時間内の勤務では処理が困難なとき。

2　前項の場合において、これを適用することができる月数の限度は、１年間のうち６月とする。

3　第１項の延長時間とは、特別な事情がある場合における時間外労働時間数の上限を示すものであり、常に当該時間まで時間外労働を命ずるものではない。

4　第１項を適用する場合であっても、１年間の延長時間の限度は、720時間とする。

5　会社及び従業員は、常に業務の配分等に注意を払いできる限り第１項に基づく時間外労働が生じないように努めなければならない。また、会社は、従業員の健康を考慮して、１か月当たり60時間を超える時間外労働が生じないように配慮しなければならない。

（時間外割増賃金率）

第６条　時間外割増賃金率は、月間及び年間の時間外労働に応じて定める次の各号の率とする。

（１）　月間45時間以内の時間外労働…0.25

（２）　月間45時間を超え60時間以内の時間外労働…0.3

（３）　前二号にかかわらず年間360時間を超える時間外労働（前号による割増賃金率の対象となった時間外労働を除き、月間60時間以内の時間外労働に限る。）…0.3

（４）　月間60時間を超える時間外労働…0.5

＜中小企業の場合＞

（１）　月間45時間以内の時間外労働…0.25

（２）　月間45時間を超える時間外労働…0.3

（３）　前二号にかかわらず年間360時間を超える時間外労働（前号による割増賃金の対象となった時間外労働を除く。）…0.3

（代替休暇）

第７条　0.5の時間外割増率が適用される従業員が代替休暇を取得したときは、当該時間外割増率は0.25とする。

２　代替休暇の取扱いについては、別途締結する労使協定による。

（健康福祉確保措置）

第８条　月45時間（以下「限度時間」という。）を超えて時間外労働をさせる従業員については、会社は、次の各号の措置を講ずるものとする。

（１）　労働基準法第36条第１項の協定で定める労働時間の延長及び休日の労働について留意すべき事項等に関する指針（以下「指針」という。）第８条第１項第１号の措置…時間外労働が月60時間を超えたとき又は２か月連続で限度時間を超えたときであって、本人が希望したときは、医師による面接指導を行う。

（２）　指針第８条第１項第２号の措置…時間外労働が月80時間を超えたとき又は２か月連続で限度時間を超えたときでは、１日の代償休日を与える。

（３）　指針第８条第１項第６号の措置…限度時間を超えて時間外労働をさせる従業員については、３日間の連続した年次有給休暇の取得を優先して認める。

（４）　指針第８条第１項第６号の措置…会社は、限度時間を超えて時間外労働をさせる従業員の健康を確保するために、人事課に相談窓口を設置する。

（５）　その他の措置…○月に１回、労働時間等設定改善員会開催し、従業員の労働時間の状況について調査・審議する。

２　会社は、前項各号の措置の状況を記録し、その記録を本協定の有効期間中及びその後３年間保存するものとする。

（有効期間）

第９条　本協定の有効期間は、○年○月○日から○年○月○日までとする。

＜自動更新規定を加える場合＞

２　本協定は、満了日の１か月前までに協定当事者のいずれからも申出がないときは、同一条件をもって１年まで更新するものとする。

以上の協定を証するため、本書２通を作成し、記名押印のうえ協定当事者が各々１通ずつ所持する。

年　　月　　日

○○○○株式会社　従業員代表　○○○○　㊞
○○○○株式会社　代表取締役　○○○○　㊞

8 ④時間外労働・休日労働に関する協定届（特別条項あり）

時間外労働・休日労働に関する協定届

様式第9号の2（第16条第1項関係）

労働保険番号	□□（都道府県）□（所掌）□□（管轄）□□□□□□（基幹番号）□□□（枝番号）□□□（被一括事業場番号）
法人番号	□□□□□□□□□□□□□

事業の種類	事業の名称	事業の所在地（電話番号）	協定の有効期間
機械器具製造業	○○○○株式会社	（〒△△△—△△△△）×××区○○○町（電話番号：××××—××××）	○○年○月○日から ○○年○月○日まで

		時間外労働をさせる必要のある具体的事由	業務の種類	労働者数（満18歳以上の者）	所定労働時間（1日）（任意）	延長することができる時間数 1日 法定労働時間を超える時間数	1日 所定労働時間を超える時間数（任意）	1箇月（①については45時間まで、②については42時間まで） 法定労働時間を超える時間数	1箇月 所定労働時間を超える時間数（任意）	1年（①については360時間まで、②については320時間まで） 起算日（年月日）○年○月○日 法定労働時間を超える時間数	1年 所定労働時間を超える時間数（任意）
時間外労働	① 下記②に該当しない労働者	臨時の受注や納期の変更等により受注が集中し法定時間内での処理が困難なとき	営業企画	12名	7.5時間	5時間	5.5時間	45時間	55時間	360時間	460時間
		決算及び中間決算等、時季的に業務が集中し、法定時間内での処理が困難なとき	経理	3名	7.5時間	5時間	5.5時間	45時間	55時間	360時間	460時間
		業務が輻輳し、法定時間内での処理が困難なとき	総務	3名	7.5時間	5時間	5.5時間	45時間	55時間	360時間	460時間
		その他別添労使協定書のとおり									
	② 1年単位の変形労働時間制により労働する労働者	臨時の受注や納期の変更等により受注が集中し法定時間内での処理が困難なとき	製造	20名	7.5時間	3時間	3.5時間	42時間	50時間	320時間	420時間
			製造検査	3名	7.5時間	3時間	3.5時間	42時間	50時間	320時間	420時間
		その他別添労使協定書のとおり									

	休日労働をさせる必要のある具体的事由	業務の種類	労働者数（満18歳以上の者）	所定休日（任意）	労働させることができる法定休日の日数	労働させることができる法定休日における始業及び終業の時刻
休日労働	季節的繁忙及び顧客の需要に応ずるために業務が集中し、休日労働をしなくては処理が困難なとき	営業企画	12名	土曜、日曜、国民の祝日	1か月に4日以内	始業時刻：午前9時00分 終業時刻：午後5時30分
	その他別添労使協定書のとおり					

上記で定める時間数にかかわらず、時間外労働及び休日労働を合算した時間数は、1箇月について100時間未満でなければならず、かつ2箇月から6箇月までを平均して80時間を超過しないこと。☑

（チェックボックスに要チェック）

様式第９号の２（第16条第１項関係）

時間外労働・休日労働に関する協定届（特別条項）

臨時的に限度時間を超えて労働させることができる場合	業務の種類	労働者数（満18歳以上の者）	1日（任意） 延長することができる時間数 法定労働時間を超える時間数	1日（任意） 延長することができる時間数 所定労働時間を超える時間数（任意）	1箇月（時間外労働及び休日労働を合算した時間数。100時間未満に限る。） 限度時間を超えて労働させることができる回数（6回以内に限る。）	1箇月 延長することができる時間数及び休日労働の時間数 法定労働時間を超える時間数と休日労働の時間数を合算した時間数	1箇月 延長することができる時間数及び休日労働の時間数 所定労働時間を超える時間数と休日労働の時間数を合算した時間数（任意）	1箇月 限度時間を超えた労働に係る割増賃金率	1年（時間外労働のみの時間数。720時間以内に限る。） 起算日（年月日）〇年 〇月 〇日 延長することができる時間数 法定労働時間を超える時間数	1年 延長することができる時間数 所定労働時間を超える時間数（任意）	1年 限度時間を超えた労働に係る割増賃金率
大量の受注により業務が集中し、協定延長時間内で処理が困難なとき	営業	12名			6回	90時間	100時間	30%	720時間	800時間	30%
納期変更又は短期間の納期要求等により協定延長時間内で処理が困難なとき	経理	3名			6回	90時間	100時間	30%	720時間	800時間	30%
臨時的な生産工程や仕様の変更等により協定延長時間で処理が困難なとき	総務	3名			6回	80時間	90時間	30%	720時間	800時間	30%
	製造	20名			6回	80時間	90時間	30%	720時間	800時間	30%
	製品検査	3名			6回	80時間	90時間	30%	720時間	800時間	30%

限度時間を超えて労働させる場合における手続	労働者過半数代表者に対する事前通告	
限度時間を超えて労働させる労働者に対する健康及び福祉を確保するための措置	（該当する番号）①、④、⑥、⑦	（具体的内容）対象労働者へ医師による面接指導、時間外労働が80時間超又は２か月連続の限度時間超代償休日１日付与、連続年次有給休暇優先取得、相談窓口の設置、労働時間等設定改善委員会を開催し、従業員の労働時間を調査・審議

上記で定める時間数にかかわらず、時間外労働及び休日労働を合算した時間数は、１箇月について100時間未満でなければならず、かつ２箇月から６箇月までを平均して80時間を超過しないこと。☑

（チェックボックスに要チェック）

協定の成立年月日　〇〇〇〇年　〇〇月　〇〇日

協定の当事者である労働組合（事業場の労働者の過半数で組織する労働組合）の名称又は労働者の過半数を代表する者の　職名 一般職　氏名 〇〇〇〇

協定の当事者（労働者の過半数を代表する者の場合）の選出方法（〇年〇月〇日に実施した選挙）

〇〇〇〇年　〇〇月　〇〇日

使用者　職名 代表取締役　氏名 〇〇〇〇　㊞

〇〇 労働基準監督署長殿

8 ⑤時間外労働・休日労働に関する協定届（適用除外業務）

様式第９号の３（第16条第２項関係）

時間外労働
休日労働 に関する協定届

労働保険番号	□□□□□□□□□□□□□□□□□□□□□□（都道府県／所掌／管轄／基幹番号／枝番号／被一括事業場番号）
法人番号	□□□□□□□□□□□□□

事業の種類	事業の名称	事業の所在地（電話番号）	協定の有効期間
機械器具製造業	○○○○株式会社	（〒△△△―△△△△）×××区○○○町 （電話番号：××××―××××）	○○年○月○日から ○○年○月○日まで

時間外労働

区分	時間外労働をさせる必要のある具体的事由	業務の種類	労働者数（満18歳以上の者）	所定労働時間（1日）（任意）	延長することができる時間数 1日 法定労働時間を超える時間数	1日 所定労働時間を超える時間数（任意）	1箇月 法定労働時間を超える時間数	1箇月 所定労働時間を超える時間数（任意）	1年（起算日（年月日）） 法定労働時間を超える時間数	1年 所定労働時間を超える時間数（任意）
① 下記②に該当しない労働者	新商品開発のための調査分析業務が法定労働時間内での処理が困難なとき	営業企画	3名	7.5時間	15時間		80時間		960時間	
	仕様変更による設計の見直し等により法定労働時間内での処理が困難なとき									
② 1年単位の変形労働時間制により労働する労働者										

休日労働

休日労働をさせる必要のある具体的事由	業務の種類	労働者数（満18歳以上の者）	所定休日（任意）	労働させることができる法定休日の日数	労働させることができる法定休日における始業及び終業の時刻
納期の切迫	営業企画	3名	土曜、日曜、国民の祝日	1か月に4日以内	始業時刻：午前9時00分 終業時刻：午後5時30分

労働基準法第36条第4項で定める時間を超えて労働させる労働者に対する健康及び福祉を確保するための措置	（該当する番号）	（具体的内容）

協定の成立年月日　○○○○年　○○月　○○日

協定の当事者である労働組合（事業場の労働者の過半数で組織する労働組合）の名称又は労働者の過半数を代表する者の　職名 一般職　氏名 ○○○○

協定の当事者（労働者の過半数を代表する者の場合）の選出方法（○年○月○日に実施した選挙）

○○○○年　○○月　○○日

使用者　職名 代表取締役　氏名 ○○○○　㊞

○○ 労働基準監督署長殿

9　代替休暇に関する労使協定書

代替休暇に関する労使協定書

○○株式会社（以下「会社」という。）と会社の従業員代表○○○○は、労働基準法第37条第３項に基づき、代替休暇に関し、下記のとおり協定する。

（代替休暇の取得）

第１条　一賃金計算期間における時間外労働が60時間を超えた場合、従業員は、その意向により、特別割増賃金の受領に代えて、代替休暇を取得することができるものとする。

２　代替休暇を取得することができる期間は、直前の賃金締切日の翌日から起算して２か月以内とする。

３　従業員が代替休暇取得の意向を申し出た場合には、会社は、代替休暇の時間数を換算率（代替休暇を取得しなかった場合における割増賃金率「0.5」から代替休暇を取得した場合における割増賃金率「0.25」の差に相当する率である25％とする。以下同じ。）で除して得た時間数（以下「代替休暇に換算された時間数」という。）については、割増賃金率は「0.5」ではなく、「0.25」として計算して割増賃金を支払うものとする。

（代替休暇の単位）

第２条　代替休暇は、次の各号のいずれかを単位として与える。

（１）　１日（９:00～18:00）

（２）　午前（９:00～12:00）

（３）　午後（13:00～18:00）

（代替休暇の計算方法）

第３条　代替休暇の時間数は、月間60時間を超える時間外労働時間数に換算率を乗じて得た時間数とする。なお、代替休暇の時間数（直近２か月分の時間数を合算することができ、この場合には、前月分の時間数から代替休暇に換算するものとする。）が前条各号の単位に満たないときは、当該満たない時間分の特別休暇を加え、前条各号の休暇として取得することができる。

（代替休暇取得の意向の申出）

第４条　代替休暇の取得を希望する従業員は、毎月の賃金締切日までに、＜当該賃金計算期間の末日の翌日から５日以内に、＞その取得の意向を会社に申し出なければならない。なお、実際の取得日は、業務に支障がないよう事前に連絡しなければならない。

2　前項の申出をした従業員が、代替休暇を取得できなかったときは、会社は、従業員が代替休暇を取得できないことが確定した賃金計算期間に係る賃金支払日に、代替休暇に換算された時間数について、0.25の割増賃金率による割増賃金を追加して支払う。

3　会社は第１項の申出がなかったとき（申出が確認できなかった場合を含む。）は、当該月に行われた時間外労働に係る割増賃金の総額を通常の賃金支払日に支払うものとする。ただし、当初の申出を行わなかった従業員が、第１条第２項の期間内に申出をしたときは、当該代替休暇の取得が当該従業員の健康確保上必要と認められるときに限り、会社は代替休暇の取得を承認することがある。この場合、代替休暇の取得があった月に係る賃金支払日において過払い分の賃金を精算するものとする。

（有効期間）

第５条　本協定の有効期間は、　　　年　　月　　日から　　　年　　月　　日までとし、満了日の１か月前までに協定当事者のいずれからも申出がないときは、同一条件をもって１年まで更新するものとする。

以上の協定を証するため、本書２通を作成し、記名押印のうえ協定当事者が各々１通ずつ所持する。

年　　月　　日

〇〇株式会社　従業員代表　〇〇〇〇　㊞

〇〇株式会社　代表取締役　〇〇〇〇　㊞

10　事業場外労働に関する協定届等
①事業場外労働に関する労使協定書

事業場外労働に関する労使協定書

○○株式会社（以下「会社」という。）と会社の従業員代表○○○○は、労働基準法第38条の２第２項に基づき、従業員に事業場外労働をさせる場合の労働時間の算定に関して、下記のとおり協定する。

（対象者の範囲）

第１条　本協定は、営業販売部門に所属する従業員で、主として事業場外で業務に従事する者であって実労働時間が算定し難いものに適用する。

（みなし労働時間）

第２条　前条に定める従業員が、通常、労働時間の全部又は一部を事業場外において業務に従事し、労働時間を算定し難い日については、休憩時間を除いて１日当たり９時間労働したものとみなす。

（休憩時間）

第３条　第１条に定める従業員についても、就業規則第▼条に定める休憩時間を適用するものとする。ただし、業務の都合によって、定められた時間に休憩できない場合は、別の時間帯に所定の休憩を取ることとする。

（法定休日労働）

第４条　第１条に定める従業員が、会社からの特別の指示により就業規則第▼条に定める法定休日に勤務した場合には、会社は、賃金規程第▼条に基づいて、法定休日労働割増手当を支給する。ただし、出張中の場合はこの限りでない。

（深夜労働）

第５条　第１条に定める従業員が、会社からの特別の指示により深夜に勤務した場合には、賃金規程第▼条に基づいて、深夜割増手当を支給する。

(給与等)

第6条　第2条により、労働したとみなされる時間のうち1日当たり8時間を超える時間に対しては、時間外割増賃金相当分を一部含む手当として、賃金規程第▼条に定める「外勤手当」を支給する。なお、外勤手当の額は別途定める。

(有効期間)

第7条　本協定の有効期間は、　　年　　月　　日から　　年　　月　　日までの1年間とする。ただし、期間満了の1か月前までに会社、従業員代表のいずれからも改定の申出がない場合は、1年ごとに自動更新するものとする。

年　　月　　日

○○株式会社　従業員代表　○○○○　㊞

○○株式会社　代表取締役　○○○○　㊞

10　②事業場外労働に関する協定届

様式第12号（第24条の２第３号関係）

事業場外労働に関する協定届

<table>
<tr><td>事業の種類</td><td>事業の名称</td><td colspan="3">事業の所在地（電話番号）</td></tr>
<tr><td>**健康食品販売業**</td><td>**○○株式会社**</td><td colspan="3">**○○県○○市○○町0-0-0**　(00-0000-0000)</td></tr>
<tr><td>業務の種類</td><td>該当労働者数</td><td>１日の所定労働時間</td><td>協定で定める時間</td><td>協定の有効期間</td></tr>
<tr><td>**営業販売**</td><td>**24人**</td><td>**８時間**</td><td>**１日９時間**</td><td>**○○年○○月○○日から
○○年○○月○○日まで**</td></tr>
<tr><td colspan="2">時間外労働に関する協定の届出年月日</td><td colspan="3">**○○年○○月○○日**</td></tr>
</table>

協定の成立年月日　**○○年○○月○○日**

協定の当事者である労働組合の名称又は労働者の過半数を代表する者の　職名　**○　○**

氏名　**過半数代表者　○　○　○　○**

協定の当事者（労働者の過半数を代表する者の場合）の選出方法（　**投票による選挙**　）

○○年○○月○○日

使用者　職名　**○○株式会社　代表取締役**

氏名　**○　○　○　○**　㊞

○　○　労働基準監督署長　殿

記載心得

1　「時間外労働に関する協定の届出年月日」の欄には、当該事業場における時間外労働に関する協定の届出の年月日（届出をしていない場合はその予定年月日）を記入すること。

11　専門業務型裁量労働制に関する協定届等
①専門業務型裁量労働制に関する労使協定書

専門業務型裁量労働制に関する労使協定書

○○株式会社（以下「会社」という。）と会社の従業員代表○○○○は、労働基準法第38条の３第１項に基づき、専門業務型裁量労働に関して、下記のとおり協定する。

（対象従業員）

第１条　本協定は、次に掲げる従業員（以下「対象従業員」という。）に適用する。
デザイン業務に従事する者

（専門業務型裁量労働の原則）

第２条　対象従業員に対しては、会社は業務遂行の手段及び時間配分の決定等につき具体的な指示をしないものとする。

（労働時間の取扱い）

第３条　対象従業員が、所定労働日に勤務した場合は、１日９時間労働したものとみなす。

（休憩・休日）

第４条　対象従業員の休憩・休日は就業規則に定めるところによる。

（法定休日労働）

第５条　対象従業員が法定休日に勤務する場合は、休日労働協定の範囲内でするものとし、事前に会社に申請して許可を得なければならない。

２　対象従業員の法定休日労働に対しては、賃金規程第▼条の定めるところにより割増賃金を支払う。

（深夜労働）

第６条　対象従業員の深夜労働に対しては、賃金規程第▼条の定めにより割増賃金を支払う。

（給与等）

第７条　第３条により、所定労働時間を超えて勤務したものとみなされる時間に対する時間外割増賃金相当分を手当として支給する。

（従業員の健康及び福祉の確保）

第８条　対象従業員の労働時間の状況は、週間業務報告書により把握する。

２　前項で把握した労働時間の状況に応じた当該従業員の健康及び福祉を確保するための措置として、２か月に１回、所属長が健康状態についてヒアリングを行い、必要に応じ特別健康診断の実施や特別休暇の付与を行う。

（苦情の処理）

第９条　総務部に裁量労働相談室を置き、裁量労働制の運用、処遇制度全般の苦情処理を行う。また、本人のプライバシーに配慮しながら実態調査をし、解決策を労使委員会に報告する。

（記録の保存）

第10条　前二条に関する従業員ごとの記録を、第11条の有効期間中及び当該有効期間の満了後３年間保存する。

（有効期間）

第11条　本協定の有効期間は、　　　年　　月　　日から　　　年　　月　　日までの１年間とする。

年　　月　　日

〇〇株式会社　従業員代表　〇〇〇〇　㊞
〇〇株式会社　代表取締役　〇〇〇〇　㊞

11　②専門業務型裁量労働制に関する協定届

様式第13号（第24条の２の２第４項関係）

専門業務型裁量労働制に関する協定届

事業の種類		事業の名称		事業の所在地（電話番号）			
服飾デザイン業		○○株式会社		○○県○○市○○町0-0-0　(03-0000-0000)			
業務の種類	業務の内容	該当労働者数	1日の所定労働時間	協定で定める時間	労働者の健康及び福祉を確保するために講ずる措置（労働者の労働時間の状況の把握方法）	労働者からの苦情の処理に関して講ずる措置	協定の有効期間
デザイン業務	服飾デザインに伴う一切の業務	20人	９時間	１日 10時間	２か月に１回、所属長が健康状態についてヒアリングを行い、必要に応じて特別健康診断の実施や特別休暇の付与を行う （週間業務報告書）	毎月第２、第４水曜日12時～13時に総務部に裁量労働相談室を設け、裁量労働制の運用、処遇制度全般の苦情を扱う。本人のプライバシーに配慮しながら実態調査をし、解決策を労使委員会に報告する。	○年 ○月○日 から ○年 ○月○日 まで
時間外労働に関する協定の届出年月日			○○年○○月○○日				

協定の成立年月日　　○○年○○月○○日

協定の当事者である労働組合の名称又は労働者の過半数を代表する者の　職　名　○ ○
氏　名　過半数代表者　○ ○ ○ ○

協定の当事者（労働者の過半数を代表する者の場合）の選出方法（　投票による選挙　）

○○年○○月○○日

使用者　職　名　○○○○株式会社　代表取締役
氏　名　○ ○ ○ ○　㊞

○ ○　労働基準監督署長　殿

記載心得

1　「業務の内容」の欄には、業務の性質上当該業務の遂行の方法を大幅に当該業務に従事する労働者の裁量にゆだねる必要がある旨を具体的に記入すること。

2　「労働者の健康及び福祉を確保するために講ずる措置（労働者の労働時間の状況の把握方法）」の欄には、労働基準法第38条の3第1項第4号に規定する措置の内容を具体的に記入するとともに、同号の労働時間の状況の把握方法を具体的に（　　）内に記入すること。

3　「労働者からの苦情の処理に関して講ずる措置」の欄には、労働基準法第38条の３第１項第５号に規定する措置の内容を具体的に記入すること。

4　「時間外労働に関する協定の届出年月日」の欄には、当該事業場における時間外労働に関する協定の届出年月日（届出をしていない場合はその予定年月日）を記入すること。ただし、協定で定める時間が労働基準法第32条又は第40条の労働時間を超えない場合には記入を要しないこと。

12　企画業務型裁量労働制に関する労使委員会の決議届等
①企画業務型裁量労働制に関する労使委員会の決議

企画業務型裁量労働制に関する労使委員会の決議

○○株式会社（以下「会社」という。）の本社事業場における労使委員会は、労働基準法第38条の４第１項の規定に基づき、企画業務型裁量労働制に関し、下記のとおり決議する。

（対象業務）

第１条　企画業務型裁量労働制を適用する業務の範囲は、次のとおりとする。
（１）　企画部で経営計画を策定する業務
（２）　人事部で人事計画を策定する業務

（対象従業員）

第２条　企画業務型裁量労働制を適用する従業員は、前条に定める業務に常態として従事する者のうち、入社６年目以上であり、かつ、職務等級が主事６級以上である者とする。ただし、就業規則第▼条に定める管理監督者を除くものとする。

（対象従業員の事前の同意）

第３条　対象従業員を対象業務に従事させる場合には、本人の書面による同意を得なければならないものとする。この同意を得るに当たっては、会社は、本決議の内容、同意した場合に適用される評価制度及び賃金制度の内容、同意しなかった場合の配置及び処遇について対象従業員に説明するものとする。

２　会社は、前項の同意をした対象従業員（以下「裁量労働従事者」という。）に限り、本決議に基づく企画業務型裁量労働制を適用するものとする。

（不同意者の取扱い）

第４条　前条の同意をしなかった従業員に対して、会社は、同意しなかったことを理由として、本人の処遇等について不利益な取扱いをしてはならないものとする。

（みなし労働時間）

第５条　裁量労働従事者が、所定労働日に勤務した場合には、就業規則第▼条に定める所定労働時間にかかわらず、1日9時間労働したものとみなす。

（時間外割増賃金）

第6条　みなし労働時間が法定労働時間を超える部分については、時間外労働として取り扱い、就業規則<賃金規程>第▼条の定めるところにより時間外割増賃金（割増部分の2割5分に限る。）を支払う。

（裁量労働従事者への指示）

第7条　裁量労働従事者に対しては、会社は、業務遂行の手段及び時間配分の決定等につき具体的な指示をしないものとする。

（休憩、休日）

第8条　裁量労働従事者の休憩、所定休日は就業規則第▼条及び第▼条の定めるところによる。

（裁量労働従事者の出勤等の際の手続き）

第9条　裁量労働従事者は、出勤した日については、入退室時にＩＤカードによる時刻の記録を行わなければならない。

2　裁量労働従事者が、出張等業務の都合により事業場外で業務に従事する場合には、事前に所属長の許可を得てこれを行わなければならない。所属長の許可を得た場合には、第5条に定める労働時間労働したものとみなす。

3　裁量労働従事者が所定休日に勤務する場合は、休日労働協定の範囲内で事前に所属長に申請し、許可を得なければならない。所属長の許可を得た場合、裁量労働従事者の休日労働に対しては、賃金規程第▼条の定めるところにより休日割増賃金を支払う。

4　裁量労働従事者が深夜に勤務する場合は、事前に所属長に申請し、許可を得なければならない。所属長の許可を得た場合、裁量労働従事者の深夜労働に対しては、賃金規程第▼条の定めるところにより深夜割増賃金を支払う。

（裁量労働従事者の健康と福祉の確保）

第10条　裁量労働従事者の健康と福祉を確保するために、次の各号の措置を講ずるものとする。

（1）　裁量労働従事者の健康状態を把握するために次の措置を実施する。

①　所属長は、入退室時のＩＤカードの記録により、裁量労働従事者の在社時間を把握する。

②　裁量労働従事者は、２か月に１回、自己の健康状態について所定の「自己診断カード」に記入のうえ、所属長に提出する。

③　所属長は、②の自己診断カードを受領後、速やかに、裁量労働従事者ごとに健康状態等についてヒアリングを行う。

（２）会社は、（１）の結果をとりまとめ、産業医に提出するとともに、産業医が必要と認めるときには、次の措置を実施する。

①　定期健康診断とは別に、特別健康診断を実施する。

②　特別休暇を付与する。

（３）会社は、裁量労働従事者の精神及び身体両面の健康についての相談室を総務部に設置する。

（裁量労働制適用の中止）

第11条　前条の措置の結果、当該裁量労働従事者に企画業務型裁量労働制を適用することがふさわしくないと認められた場合、又は裁量労働従事者が企画業務型裁量労働制の適用の中止を申し出た場合は、会社は、その者について企画業務型裁量労働制の適用を中止し、通常の労働時間の規定を適用するものとする。

（裁量労働従事者の苦情の処理）

第12条　裁量労働従事者から苦情等があった場合には、次の手続に従い、対応するものとする。

（１）　裁量労働相談室を次のとおり開設する。

①　場　　所　本社総務部ミーティングルーム

②　開設日時　毎週金曜日12:00～13:00と17:00～19:00

③　相談員　○○○○

（２）　取り扱う苦情の範囲を次のとおりとする。

①　裁量労働制の運用に関する全般の事項

②　裁量労働従事者に適用している評価制度、これに対応する賃金制度等の処遇制度全般

（３）　会社は、相談者の秘密を厳守し、プライバシーの保護に努めるとともに、必要に応じて実態調査を行うものとし、その解決策等については、労使委員会に適宜報告するものとする。

（決議の変更）

第13条　決議をした時点では予見することができなかった事情の変化が生じ、委員の半数

以上から労使委員会の開催の申出があった場合には、有効期間の途中であっても、決議した内容を変更する等のための労使委員会を開催するものとする。

（勤務状況等の保存）

第14条　会社は、裁量労働従事者の労働時間の状況、健康と福祉確保のために講じた措置、裁量労働従事者からの苦情について講じた措置、企画業務型裁量労働制を適用することについて裁量労働従事者から得た同意に関する従業員ごとの記録を決議の有効期間の始期から有効期間満了後３年間を経過する時まで保存することとする。

（評価制度・賃金制度の労使委員会への開示）

第15条　会社は、裁量労働従事者に適用される評価制度及びこれに対応する賃金制度を変更する場合、事前にその内容について委員に対し説明をするものとする。

（労使委員会への情報開示）

第16条　会社は、労使委員会において、裁量労働従事者の労働時間の状況、裁量労働従事者の健康と福祉確保のために講じた措置、裁量労働従事者からの苦情について講じた措置等の情報を開示するものとする。

2　前項の開示に当たっては、会社は、裁量労働従事者のプライバシーの保護に努めるものとする。

（決議の有効期間）

第17条　本決議の有効期間は、　　年　　月　　日から　　年　　月　　日までの３年間とする。

年　　月　　日

○○株式会社本社事業場労使委員会

従業員委員	○○○○　㊞	使用者委員	○○○○　㊞
	○○○○　㊞		○○○○　㊞
	○○○○　㊞		○○○○　㊞
	○○○○　㊞		○○○○　㊞
	○○○○　㊞		○○○○　㊞

12　②企画業務型裁量労働制に関する決議届

様式第13号の2（第24条の2の3第1項関係）

企画業務型裁量労働制に関する決議届

事業の種類	事業の名称	事業の所在地（電話番号）	常時使用する労働者数
その他の事業	○○株式会社　本社事業場	○○県○○市○○町0-0-0　(000-0000-0000)	300人

業務の種類	労働者の範囲（職務経験年数、職能資格等）	労働者数	決議で定める労働時間
企画部で経営計画を策定する業務	入社6年目以上、職務等級が主事6級以上の者	8人	9時間
人事部で人事計画を策定する業務	入社6年目以上、職務等級が主事6級以上の者	5人	9時間

労働者の健康及び福祉を確保するために講ずる措置（労働者の労働時間の状況の把握方法）	2か月に1回、所属長が健康状態についてヒアリングを行い、必要に応じて特別健康診断の実施や特別休暇の付与を行う。（　IDカード　）
労働者の健康及び福祉を確保するために講ずる措置	毎週1回、総務部に裁量労働相談室を開設する。
労働者の同意を得なければならないこと及び同意をしなかった労働者に対して解雇その他不利益な取り扱いをしてはならないことについての決議の有無	有・無
労働者ごとの、労働時間の状況並びに当該労働者の健康及び福祉を確保するための措置として講じた措置、労働者からの苦情の処理に関する措置として講じた措置並びに労働者の同意に関する記録を保存することについての決議の有無	有・無

決議の成立年月日　○　年　○　月　○　日　　決議の有効期間　○　年　○　月　○　日　～○　年　○　月　○　日

委員会の委員	運営規程	規定の有無	委員会の同意の有無	運営規程に含まれている事項
10人		有・無	有・無	開催に関する事項・議長の選出に関する事項・決議の方法に関する事項・定足数に関する事項 委員会への情報開示に関する事項

任期を定めて指名された委員 氏名	任期	その他の委員 氏名
○○　○○	1年	○○　○○
○○　○○	同上	○○　○○
○○　○○	同上	○○　○○
○○　○○	同上	○○　○○
○○　○○	同上	○○　○○

決議は、上記委員の5分の4以上の多数による議決により行われたものである。

委員会の委員の半数について任期を定めて指名した労働組合の名称又は労働者の過半数を代表する者の　職名　○　○　氏名　過半数代表者　○　○　○　○

委員会の委員の半数について任期を定めて指名した者（労働者の過半数を代表する者の場合）の選出方法（　投票による選挙　）

○○年○○月○○日

○　○　労働基準監督署長　殿

使用者　職名　○○○○株式会社　代表取締役　氏名　○　○　○　○　㊞

記載心得

1　「業務の内容」の欄には、労働基準法第38条の4第1項第1号に規定する業務として決議した業務を具体的に記入すること。
2　「労働者の範囲（職務経験年数、職能資格等）」の欄には、労働基準法第38条の4第1項第2号に規定する労働者の範囲について、必要とされる職務年数、職能資格等を具体的に記入すること。
3　「決議で定める労働時間」の欄には、労働基準法第38条の4第1項第3号に規定する対象労働者の労働時間として算定される時間を記入すること。
4　「労働者の健康及び福祉を確保するために講ずる措置（労働者の労働時間の状況の把握方法）」の欄には、労働基準法第38条の4第1項第4号に規定する措置の内容を具体的に記入するとともに、同号の労働時間の状況の把握方法を具体的に（　）内に記入すること。
5　「労働者からの苦情の処理に関して講ずる措置」の欄には、労働基準法第38条の4第1項第5号に規定する措置の内容を具体的に記入すること。
6　「任期を定めて指名された委員」の欄には、労働基準法第38条の4第2項第1号の規程により、労働者の過半数で組織する労働組合がある場合においてはその労働組合、労働者の過半数で組織する労働組合がない場合においては労働者の過半数を代表する者に任期を定めて指名された委員の氏名を記入すること。
7　「運営規定に含まれている事項」の欄は、該当する事項を○で囲むこと。

12　③企画業務型裁量労働制に関する報告

様式第13号の４（第24条の２の５第１項関係）

企画業務型裁量労働制に関する報告

報告期間	○○年○○月から　○○年○○月まで

事業の種類	事業の名称	事業の所在地（電話番号）
その他の事業	○○株式会社　本社事業場	○○県○○市○○町0-0-0　(00-0000-0000)

業務の種類	労働者の範囲	労働者数	労働者の労働時間の状況（労働時間の把握方法）	労働者の健康及び福祉を確保する措置の実施状況
経営計画の策定	企画部で入社６年目以上、主事６級以上	８人	平均９時間、最長14時間（ＩＤカード）	特別健康診断の実施（○月○日） 特別休暇の付与
人事計画の策定	人事部で入社６年目以上、主事６級以上	５人	平均８時間、最長12時間（ＩＤカード）	特別健康診断の実施（○月○日）
			（　）	
			（　）	
			（　）	

○　年　○　月　○　日

使用者　職名　○○株式会社　代表取締役
　　　　氏名　○○　○○　㊞

○　○　労働基準監督署長　殿

記載心得

1　「業務の種類」の欄には、労働基準法第38条の４第１項第１号に規定する業務として決議した業務を具体的に記入すること。
2　「労働者の範囲」及び「労働者数」の欄には、労働基準法第38条の４第１項第２号に規定する労働者として決議した労働者の範囲及びその数を記入すること。
3　「労働者の労働時間の状況」の欄には、労働基準法第38条の４第１項第４号に規定する労働時間の状況として把握した時間のうち、平均的なもの及び最長のものの状況を具体的に記入すること。また、労働時間の状況を実際に把握した方法を具体的に（　）内に記入すること。
4　「労働者の健康及び福祉を確保するための措置の実施状況」の欄には、労働基準法第38条の４第１項第４号に規定する措置として講じた措置に実施状況を具体的に記入すること。

13　年次有給休暇に関する労使協定書等
①時間単位年休に関する労使協定書

時間単位年休に関する労使協定書

○○株式会社（以下「会社」という。）と会社の従業員代表○○○○は、労働基準法第39条第４項に基づき、時間単位年休に関し、下記のとおり協定する。

（時間単位年休の付与）

第１条　会社は、従業員のワーク・ライフ・バランスを図るため、従業員（次項に掲げる者を除く。）から請求があったときは、一の年度における年次有給休暇（繰越し分を含む。）のうち５日を限度として、時間単位の年次有給休暇（以下「時間単位年休」という。）としてこれを付与するものとする。

2　工場の生産ラインにおいて業務に従事する従業員については、本協定を適用しない。

（時間単位年休の単位）

＜規定例１：１時間を１単位とする場合＞

第２条　時間単位年休は、１時間を１単位とし、８単位をもって１労働日の年次有給休暇に相当するものとする。

＜規定例２：２時間を１単位とする場合＞

第２条　時間単位年休は、２時間を１単位とし、４単位をもって１労働日の年次有給休暇に相当するものとする。

＜規定例３：所定労働時間が７時間を超え８時間に満たない事業場の場合＞

第２条　時間単位年休は、１時間を１単位とし、８単位をもって１労働日の年次有給休暇に相当するものとする。この場合において１労働日は８時間とみなす。

＜規定例４：日によって所定労働時間が異なる場合＞

第２条　時間単位年休は、１時間を１単位とする。

2　年次有給休暇を時間単位で取得するときは、年平均の１日の所定労働時間（１時間未満の端数があるときは、これを１時間に切り上げる。）の数の単位をもって１労働日の年次有給休暇に相当するものとする。

（半日年休）

＜規定例１：半日単位年休は別に設ける場合＞

第３条　半日単位の年次有給休暇の取扱いは、従来どおりとする。

＜規定例２：半日単位年休を時間単位年休に吸収する場合＞

第３条　半日単位の年次有給休暇については、午前の取得は３単位、午後の取得は５単位の時間単位年休とする。

（取得手続）

第４条　時間単位年休を取得しようとする従業員は、取得する２日前までに、取得する時間帯を明らかにして、就業規則に定める手続に従い、所属長に届け出なければならない。

２　遅刻早退の時間を事後において時間単位年休に振り替えることはできない。

３　時間単位年休を取得した従業員がこれを取得した日に当該時間単位年休を１日単位の年次有給休暇に変更することはできない。

（時間単位年休の取得をした日の勤務）

第５条　時間単位年休を取得した従業員は、その趣旨に従い、できる限り始業時刻前又は終業時刻後の勤務はしないようにしなければならない。やむを得ず始業時刻前又は終業時刻後に勤務した場合であっても、実労働時間８時間までの勤務は時間外手当の対象としない。

（時季変更権）

第６条　従業員が届け出た時間帯に時間単位年休を与えることが事業の正常な運営を妨げる場合においては、会社は他の時間帯又は時季に変更することがある。

２　従業員が１日単位の年次有給休暇を届け出た場合において、会社は、これを時間単位年休に変更することはできない。

（時間単位年休の賃金）

＜規定例１：出勤扱いとする場合＞

第７条　賃金の計算に当たっては、時間単位年休の時間については、通常の勤務をした時間として扱う。

＜規定例２：いったん年休時間分の賃金を控除して通常の賃金を支給する場合＞

第７条　時間単位年休の時間については、所定労働時間労働した場合に支払われる通常の賃金の額をその日の所定労働時間数で除して得た額の賃金を支払う。

＜規定例３：いったん年休時間分の賃金を控除して平均賃金を支給する場合＞

第７条　時間単位年休の時間については、平均賃金の額をその日の所定労働時間数で除して得た額の賃金を支払う。

＜規定例４：いったん年休時間分の賃金を控除して標準報酬日額を支給する場合＞

第７条　時間単位年休の時間については、健康保険の標準報酬日額をその日の所定労働時間数で除して得た額の賃金を支払う。

（時間外労働との関係）

第８条　時間外労働時間数の計算に当たっては、時間単位年休の時間は勤務しなかった時間として扱う。

（労使協定が失効した場合等）

第９条　本協定が労使の合意により更新されなかった場合、又は時間単位年休協定が締結されていない事業場へ転勤した場合において、当該年度の最終日において当該年度中に取得できなかった年次有給休暇の日数に１日に満たない端数時間があるときは、当該端数時間は１日に切り上げて、年次有給休暇の有効期間（２年間とする。）中にある間は、１日単位又は半日単位の年次有給休暇として取得することができる。

（有効期間）

第10条　本協定の有効期間は、　　年　　月　　日から　　年　　月　　日までとし、満了日の１か月前までに協定当事者のいずれからも申出がないときは、同一条件をもって１年まで更新するものとする。

以上の協定を証するため、本書２通を作成し、記名押印のうえ協定当事者が各々１通ずつ所持する。

年　　月　　日

○○株式会社　従業員代表　○○○○　㊞
○○株式会社　代表取締役　○○○○　㊞

13　②年次有給休暇の計画付与に関する労働時間等設定改善委員会の決議（交替制付与）

年次有給休暇の計画付与に関する労働時間等設定改善委員会の決議

○○株式会社（以下「会社」という。）の労働時間等設定改善委員会は、労働基準法第39条第６項に基づき、年次有給休暇の計画付与に関し、下記のとおり決議した。

（年次有給休暇の計画付与日）

第１条　会社に勤務する従業員が有する年次有給休暇のうち３日分については、次表のとおり従業員を営業本部とその他の部署の２グループに分けて、それぞれ次表の指定日に付与し、取得するものとする。グループ分けは、労働時間等設定改善委員会で協議する。

営業本部	８月11日・８月12日・８月13日
その他の部署	８月16日・８月17日・８月18日

（特別の有給休暇）

第２条　従業員のうち、その有する年次有給休暇の日数から５日を差し引いた残日数が「３日」に満たない者については、その不足する日数の限度で、前条に定める指定日に特別の有給休暇を付与する。

（指定日の変更）

第３条　この決議の定めにかかわらず、業務遂行上やむを得ない事由のため第１条の指定日に出勤を要する場合には、会社は労働時間等設定改善委員会と協議のうえ、同指定日を変更することとする。

（有効期間）

第４条　本決議の有効期間は、　　年　　月　　日から　　年　　月　　日までとし、満了日の１か月前までに協定当事者のいずれからも申出がないときは、同一条件をもって１年まで更新するものとする。

年　　月　　日

○○株式会社労働時間等設定改善委員会

従業員委員	○○○○　㊞	使用者委員	○○○○　㊞
	○○○○　㊞		○○○○　㊞
	○○○○　㊞		○○○○　㊞
	○○○○　㊞		○○○○　㊞
	○○○○　㊞		○○○○　㊞

※　企業全体を通じて一の労働時間等設定改善委員会（労働時間等設定改善企業委員会）の決議をもって、年次有給休暇の計画的付与に係る労使協定に代えることができます。

13　③年次有給休暇の計画付与に関する労使協定書（一斉付与）

年次有給休暇の計画付与に関する労使協定書

○○株式会社（以下「会社」という。）と会社の従業員代表○○○○は、労働基準法第39条第６項に基づき、年次有給休暇の計画付与に関し、下記のとおり協定する。

（年次有給休暇の計画付与日）

第１条　会社に勤務する従業員が有する年次有給休暇のうち５日分については、次の日に付与し、取得するものとする。

○月○日、○月○日

（特別の有給休暇）

第２条　従業員のうち、その有する年次有給休暇の日数から５日を差し引いた残日数が「５日」に満たない者については、その不足する日数の限度で、前条に定める日に特別の有給休暇を付与する。

（有効期間）

第３条　本協定の有効期間は、　　年　　月　　日から　　年　　月　　日までとし、満了日の１か月前までに協定当事者のいずれからも申出がないときは、同一条件をもって１年まで更新するものとする。

年　　月　　日

○○株式会社　従業員代表　○○○○　㊞
○○株式会社　代表取締役　○○○○　㊞

13　④年次有給休暇の計画付与に関する労使協定書（個人別付与）

年次有給休暇の計画付与に関する労使協定書

○○株式会社（以下「会社」という。）と会社の従業員代表○○○○は、労働基準法第39条第6項に基づき、年次有給休暇の計画付与に関し、下記のとおり協定する。

（年次有給休暇の計画付与）

第1条　会社に勤務する従業員が有する年次有給休暇のうち、5日を超える日数については10日を限度として計画的に付与し、取得するものとする。

（計画付与の期間及び日数）

第2条　年次有給休暇の計画付与の期間と日数は毎年4月から翌年3月までの1年間において、次のとおりとする。

（1）　12月から翌年2月の間に5日間

（2）　7月から9月の間に5日間

（日数の限度）

第3条　従業員の有する年次有給休暇のうち、5日を超える日数が10日以上の者については、前条第1号及び第2号の合計10日間、5日を超える日数が5日以上10日未満までの者については、前条の第1号及び第2号のいずれかの5日間、をそれぞれ限度として計画的に付与し、取得するものとする。また、少なくとも3日は連続して付与するものとする。

（適用除外）

第4条　前条にかかわらず、5日を超える日数が5日に満たない者については、この協定の計画付与は行わない。ただし、できる限り連続3日以上の取得を心がけるものとする。

（日数の明示）

第5条　会社は、4月1日に各従業員に年次有給休暇日数を明示し、各従業員は、有する年次有給休暇のうち計画付与を希望する日を4月中に人事部に申し出るものとする。

（休暇期間の通知）

第６条　人事部においては各従業員の希望を調整して、年次有給休暇付与計画表を作成し、関係部署を通じ毎年６月中に、指定した休暇期間を従業員に通知する。

（調　整）

第７条　特定部署の従業員の希望が特定の時季に集中する場合には、原則として先に申出のあった者の希望を優先することにより調整する。

（有効期間）

第８条　本協定の有効期間は、　　年　　月　　日から　　年　　月　　日までとし、満了日の１か月前までに協定当事者のいずれからも申出がないときは、同一条件をもって１年まで更新するものとする。

年　　月　　日

○○株式会社　従業員代表　○○○○　㊞

○○株式会社　代表取締役　○○○○　㊞

※：個人別付与を５日間の会社の時季指定義務の一環として行う場合は、労使協定の締結を要せず、就業規則の定めで行うことができます。

13　⑤年次有給休暇の手当の支払に関する労使協定書

年次有給休暇の手当の支払に関する労使協定書

○○株式会社（以下「会社」という。）と会社の従業員代表○○○○は、労働基準法第39条第７項ただし書に基づき、下記のとおり協定する。

（年次有給休暇手当）

第１条　会社は、年次有給休暇の手当として健康保険法第99条第１項に定める標準報酬日額に相当する金額を支払う。

（適用の起算日）

第２条　本協定は、　　年　　月　　日以降において利用する年次有給休暇から適用する。

（有効期間）

第３条　本協定の有効期間は、　　年　　月　　日から　　年　　月　　日までとし、満了日の１か月前までに協定当事者のいずれからも申出がないときは、同一条件をもって１年まで更新するものとする。

年　　月　　日

○○株式会社　従業員代表　○○○○　㊞
○○株式会社　代表取締役　○○○○　㊞

14　就業規則の届出に関する書類
　①就業規則（変更）届

就業規則（変更）届

〇〇 年 〇〇 月 〇〇 日

〇　〇　　労働基準監督署長　殿

今回、別添のとおり当社の就業規則を作成（変更）いたしましたので、従業員代表の意見書を添えて提出します。

主な変更事項

1　労働時間カウントのルールを見直したこと（第▼条）
2　１日の所定労働時間を７時間 45 分に短縮したこと（第▼条）
3　１年単位の変形労働時間制が採用できることとしたこと（第▼条）
4　振替休日・代休のルールを明確にしたこと（第▼条）
5　その他服務規律等全般的な見直しを行ったこと

労働保険番号	都道府県	所轄	管轄	基幹番号	枝番号	被一括事業番号
ふりがな	〇〇かぶしきがいしゃ					
事業場名	〇〇株式会社					
所在地	〇〇県〇〇市〇〇町 0-0-0　℡ 00-0000-0000					
使用者職氏名	〇〇株式会社代表取締役 〇 〇 〇 〇　㊞					
業種・労働者数	〇〇業	企業全体 200 人				
		事業場のみ 25 人				

［前回届出から名称変更があれば旧名称
また、住所変更もあれば旧住所を記入。］

14　②就業規則（変更）届（新旧対照表）

就業規則（変更）届

○○ 年　○○ 月　○○ 日

○　○　　労働基準監督署長　殿

今回、別添のとおり当社の就業規則を作成（変更）いたしましたので、従業員代表の意見書を添えて提出します。

変更前	変更後
（休憩時間） 第24条 会社は、午後0時から午後1時まで、1時間の休憩を与える。 2　会社は、業務上の必要があるときは、前項の休憩時間の時間帯を繰り上げ、又は繰り下げることがある。	（休憩時間） 第24条 会社は、労働時間の途中（午後0時から午後3時までの時間帯とする。）に1時間の休憩を与える。 2　前項の休憩は、労使協定を締結し、交替で与えるものとする。
（休憩時間の利用） 第25条 従業員は、前条の休憩時間を自由に利用することができる。 2　従業員が休憩時間中に事業場から外出することは原則として妨げないが、事故防止の観点から自動車を使用して外出をしてはならない。ただし、休憩時間終了後に営業用車両（使用許可のあるマイカーを含む。）で外出する予定がある場合はこの限りではない。 3　（略）	（休憩時間の利用） 第25条 従業員は、前条の休憩時間を自由に利用することができる。ただし、職場秩序及び風紀を乱す行為、施設管理を妨げる行為その他服務規律に反する行為を行ってはならない。 （削除） 2　（略）

（新設）	（外出許可） 第26条 従業員は、休憩時間中に遠隔地（概ね２ｋｍ以上）に外出する場合は、休憩終了後に業務に戻ることができることを確認するため、事前に所属長に外出先を届け出て、外出の許可を得なければならない。

※変更部分は、下線を引くこと。

労働保険番号	都道府県	所轄	管轄	基幹番号	枝番号	被一括事業番号
ふりがな 事業場名	○○かぶしきがいしゃ ○○株式会社					
所在地	○○県○○市○○町 0-0-0　　TEL 00-0000-0000					
使用者職氏名	○○株式会社代表取締役 ○ ○ ○ ○　　㊞					
業種・労働者数	○○業	企業全体 200 人 事業場のみ 25 人				

〔前回届出から名称変更があれば旧名称
また、住所変更もあれば旧住所を記入。〕

14　③意見書

意　　見　　書

年　　月　　日

〇〇株式会社　代表取締役
〇〇〇〇　殿

年　　月　　日付をもって意見を求められた就業規則案について、下記のとおり意見を提出します。

記

原則として賛成しますが、次の事項については改定考慮されたい。

（1）　第 54 条関係　　年次有給休暇は、入社時からの付与とされたい。

（2）　第 66 条関係　　子の看護休暇及び介護休暇については、有給とされたい。

以上

14　④就業規則届・意見書

就業規則届

<table>
<tr><td>労働保険番号</td><td colspan="4">府県 ／ 所掌 ／ 管轄 ／ 基幹番号 ／ 枝番号 ／ 被一括事業場番号</td></tr>
<tr><td>事業場の名称
（法人名も記載のこと）</td><td>○○株式会社</td><td>名称変更の有無
旧　名　称</td><td colspan="2">有・（無）</td></tr>
<tr><td>所　在　地</td><td colspan="4">○○県○○市○○町 0-0-0　（00-0000-0000）</td></tr>
<tr><td>業　　種</td><td>○○業</td><td>労　働　者　数</td><td colspan="2">200 名</td></tr>
</table>

1．この就業規則の届出は（該当するものを○で囲んでください。）
- ①　新しく作成したものです。
- （②　変更に伴う届出です。）

2．添付書類（添付した書類の番号を○で囲んでください。）
- （①　就業規則）
- ②　賃金規程
- ③　退職金規程
- ④　育児休業規程
- ⑤　その他の規程（　　　　）

3．労働者の代表の意見書は、下記のとおり。

4．意見聴取年月日
○○年　○○月　○○日

○○年　○○月　○○日

使　用　者
職　名　○○株式会社 代表取締役
氏　名　○○○○　　　　印

労働基準監督署長　殿

注）変更届の場合は、変更前と変更後の規則が比較できるようにしてください。

意　見　書

別紙の就業規則について、次のとおり意見を述べます。

原則として賛成しますが、次の事項については改定考慮されたい。

（1）　第 54 条関係　　年次有給休暇は、入社時からの付与とされたい。

（2）　第 66 条関係　　子の看護休暇及び介護休暇については、有給とされたい。

（この欄に記載しきれない場合は、別添としてください。）

○○年　○○月　○○日

労働者代表
職　名　○○課主任
氏　名　○○○○　　　　㊞

事業場の名称　○○株式会社
使用者の職氏名　○○株式会社 代表取締役　○○○○　　殿

※　都道府県によっては、この様式を用いることができます。

14　⑤一括届出の対象事業場の一覧表

一括届出の対象事業場の一覧表

（本社名称＿＿＿＿＿＿＿＿＿＿＿＿＿＿＿＿＿＿＿＿）

番号	事業場の名称	事業の所在地	電話番号	所轄労働基準監督署名

上記事業場においては、労働組合が労働者の過半数で組織されていること、及び就業規則の内容が本社と同一内容であることは間違いありません。

本社点検者職氏名　＿＿＿＿＿＿＿＿＿＿＿＿＿＿＿＿　㊞

（連絡先電話番号　　　　－　　　　）

15 高度プロフェッショナル制度に関する決議届等

①高度プロフェッショナル制度に関する決議届

様式第14号の2（第34条の2第1項関係）

高度プロフェッショナル制度に関する決議届

労働保険番号	□□□□□□□□□□□□□□□□□□（都道府県／所掌／管轄／基幹番号／枝番号／被一括事業場番号）
法人番号	□□□□□□□□□□□□□

決議は、上記委員の５分の４以上の多数により行われたものである。

事業の種類	事業の名称	事業の所在地（電話番号）	常時使用する労働者数	決議の有効期間
医薬品製造業	○○製薬株式会社	（〒○○○—○○○○） 東京都千代田区○○—○○—○○ （電話番号：○○−○○○○−○○○○）	500 人	2019 年 4 月 1 日～2020 年 3 月 31 日 再決議しない限り更新されない旨の決議の有無　(有)・無

業務の種類及びその分類	労働者の範囲	労働者数	支払われると見込まれる賃金の額	同意を得る方法	
ワクチン開発部門における新薬の研究開発（ ⑤ ）	ワクチン開発部門における研究開発職（職位：プロジェクトリーダー以上）で個別の職務記述書による合意に基づき職務が明確に定められた者であって、支払われると見込まれる賃金の額が1,100万円以上の者	10 人	1,100 万円	同意の対象期間の前日までに対象労働者が○○同意書に署名する方法による。	同意を得るに当たっては、①法第4章の規定が適用されない旨、②同意の対象となる期間及び③支払われると見込まれる賃金の額を明示すること。 ☑（チェックボックスに要チェック）

労働者の健康管理時間の把握方法	事業場内にいた時間（決議において除くこととした労働時間以外の時間）	会社が貸与するパソコン内の勤怠システムへのログイン・ログアウトの記録（ 休憩時間 ）
	事業場外において労働した時間（自己申告によることとした場合のやむを得ない理由）	同上（顧客先での業務に直行直帰し、勤怠管理システムへのログイン・ログアウトができない場合）
1年間を通じ104日以上、かつ、4週間を通じ4日以上の休日を当該決議及び就業規則その他これに準ずるもので定めるところにより使用者が与えることについての決議の有無		(有)・無
選択的措置の種類及びその具体的内容		①（ 勤務間インターバル11時間以上、1か月当たりの深夜労働は4回以内 ）
労働者の健康及び福祉を確保するための措置の種類及びその具体的内容		③（ 1週間当たりの健康管理時間が40時間を超えた時間が1か月当たり45時間を超えた労働者に翌月1日の特別休暇を付与 ）
同意の撤回に関する手続		申出先：総務部総務課○○担当（○○係）　申出方法：書面又は電子メール
労働者からの苦情の処理について講ずる措置		別添決議第○条による
労働者の同意を得なければならないこと及び同意をしなかった労働者（同意を撤回した労働者を含む。）に対して解雇その他不利益な取扱いをしてはならないことについての決議の有無		(有)・無
委員会の開催頻度及び開催時期	毎年3月及び9月の第一水曜日	労働者の健康管理等を行うのに必要な知識を有する医師の選任（常時50人未満の労働者を使用する事業場に限る。）　有・無
同意及びその撤回、合意に基づき定められた職務の内容、支払われると見込まれる賃金の額、健康管理時間の状況、休日を確保する措置の実施状況、選択的措置の実施状況、労働者の健康及び福祉を確保するための措置の実施状況並びに労働者からの苦情の処理について講ずる措置の実施状況に関する労働者ごとの記録並びに医師の選任（常時50人未満の労働者を使用する事業場に限る。）に関する記録を決議の有効期間中及び当該有効期間の満了後3年間保存することについての決議の有無		(有)・無

決議の成立年月日　○○○○年　○月　○日

委員会の委員数	運営規程	規程の有無	委員会の同意の有無	運営規程に含まれている事項
10 人		(有)・無	(有)・無	(開催に関する事項)・(議長の選出に関する事項)・(決議の方法に関する事項)・(定足数に関する事項)・(委員会への情報開示に関する事項)

任期を定めて指名された委員 氏名		任期	その他の委員 氏名
○○ ○○		1年	○○ ○○
○○ ○		同上	○○○ ○○
○○ ○○		同上	○○ ○○
○○○ ○		同上	○○ ○○
○○ ○○		同上	○○ ○

委員会の委員の半数について任期を定めて指名した労働組合の名称又は労働者の過半数を代表する者の　職名　主任　氏名　○○ ○○

委員会の委員の半数について任期を定めて指名した者（労働者の過半数を代表する者の場合）の選出方法（　投票による選挙　）

○○○○年　○月　○日

使用者　職名　代表取締役　氏名　○○ ○○　㊞

○○ 労働基準監督署長殿

15 ②高度プロフェッショナル制度に関する報告

様式第14号の3（第34条の2の2第1項関係）

労働保険番号	□□□□□□□□□□□□□□□□□□（都道府県・所掌・管轄・基幹番号・枝番号・被一括事業場番号）
法人番号	□□□□□□□□□□□□□

高度プロフェッショナル制度に関する報告

報告期間	2019年4月から2019年9月まで

事業の種類	事業の名称	事業の所在地（電話番号）	常時使用する労働者数（制度の適用労働者数）
医薬品製造業	**○○製薬株式会社**	（〒 ○○○ - ○○○） **東京都千代田区○○—○○—○○** （電話番号：○○−○○○○ − ○○○○）	500人 （ 9人 ）

業務の種類及びその分類	労働者の範囲	同意した労働者数（同意を撤回した労働者数）	労働者の健康管理時間の状況（健康管理時間の把握方法）	労働者の休日の取得状況	選択的措置の実施状況	労働者の健康及び福祉を確保するための措置の実施状況
ワクチン開発部門における新薬の研究開発の業務 （ ⑤ ）	**ワクチン開発部門における研究開発職（職位：プロジェクトリーダー以上）で個別の職務記述書による合意に基づき職務が明確に定められた者であって、支払われると見込まれる賃金の額が、1,100万円以上の者**	**10人** （ **1人** ）	最長の者 **230.0時間**　平均 **180.2時間** （**会社が貸与するパソコン内の勤怠管理システムへのログイン・ログアウトの記録**） 決議した時間を除いた場合☑	**6か月間で60日** 4週間を通じ4日以上の休日の確保 ☑	**①　（対象者全員について、勤務間インターバル11時間を確保するとともに、深夜労働は月2回以内であった。）**	**③　（8月に対象労働者2名が決議で定める要件に該当したため、翌月にそれぞれ1日の特別休暇を取得させた。）**
（ ）		 （ ）	最長の者　平均 （ ） 決議した時間を除いた場合□	4週間を通じ4日以上の休日の確保 □	（ ）	（ ）
（ ）		 （ ）	最長の者　平均 （ ） 決議した時間を除いた場合□	4週間を通じ4日以上の休日の確保 □	（ ）	（ ）
（ ）		 （ ）	最長の者　平均 （ ） 決議した時間を除いた場合□	4週間を通じ4日以上の休日の確保 □	（ ）	（ ）

○○○○年 ○ 月 ○ 日

使用者　職名 **代表取締役**
氏名 **○○ ○○** ㊞

○○ 労働基準監督署長殿

 索引

あ行

か行

さ 行

な 行

は 行

ま　行

や 行

ら 行

わ 行

参考文献

（1）「経営者の労働災害防止責任　安全配慮義務Ｑ＆Ａ」
外井浩志監修、中央労働災害防止協会編／中央労働災害防止協会
（2）「営業秘密管理ガイドブック　全訂第２版」
経営法友会法務ガイドブック等作成委員会編／商事法務
（3）「改正労基法早わかり」日本経団連労働政策本部編／日本経団連出版
（4）「平成22年版　労働基準法　下」厚生労働省労働基準局編／労務行政
（5）「変わる『就業規則と関連規程』」東京経営者協会
（6）「管理者のための労働法」石嵜信憲著／日本実業出版社
（7）「講座21世紀の労働法　第４巻　労働契約」日本労働法学会編集／有斐閣
（8）「個人情報保護ガイドブック」
経営法友会法務ガイドブック等作成委員会編／商事法務
（9）「個人情報保護法の逐条解説　第５版」宇賀克也著／有斐閣
(10)「【コンメンタール】パートタイム労働法」高崎真一著／労働調査会
(11)「採用から退職までの法律知識　十四訂」安西愈著／中央経済社
(12)「自治立法実務のための法制執務詳解　４訂版」石毛正純／ぎょうせい
(13)「就業規則の知識　新版」外井浩志著／日本経済新聞出版社
(14)「詳解　個人情報保護法と企業法務　第７版」菅原貴与志著／民事法研究会
(15)「人事の法律常識　第９版」安西愈著／日本経済新聞出版社
(16)「改訂版　人事スタッフのためのすぐに役立つ労働法」安枝英訷著／経営書院
(17)「改訂版　トラブルを起こさない退職･解雇の実務と法律知識」
石嵜信憲著／日本経営協会総合研究所
(18)「就業規則ハンドブック－モデル就業規則の逐条解説と見直しておきたい規程の解説　改訂５版」　産労総合研究所編／経営書院
(19)「注釈労働基準法　下巻」東京大学労働法研究会編／有斐閣
(20)「注釈労働時間法」東京大学労働法研究会編／有斐閣
(21)「ひとごとではないデータベース情報の漏洩防止」北野晴人著／技術評論社
(22)「どうなる？どうする？労働契約法」
労働調査会出版局編／全国労働基準関係団体連合会
(23)「年間労働判例命令要旨集」労務行政研究所編集／労務行政(年度版)
(24)「第２版　パートタイマー・契約社員等の法律実務」石嵜信憲著／中央経済社
(25)「番号法の逐条解説　第２版」宇賀克也著／有斐閣
(26)「変革期の就業規則－実務からみた問題点と規定例」
日経連労働法研究会／日経連出版部
(27)「最新　法令用語の基礎知識　３訂版」田島信威著／ぎょうせい
(28)「労働協約モデル条文－実務からみた問題点と規定例」
日経連労働法研究会／日経連出版部
(29)「新しい労使関係のための労働時間・休日・休暇の法律実務　全訂七版」
安西愈著／中央経済社
(30)「労働判例」産労総合研究所編／経営書院（雑誌）
(31)「労働法　第７版」水町勇一郎著／有斐閣
(32)「労働法　第11版補正版」菅野和夫著／弘文堂

○著者略歴○

岩﨑　仁弥（いわさき　きみや）

年間3500人を超える社会保険労務士に未来の雇用ルールを伝授するマイスター、（株）リーガル・ステーション代表取締役、NAC社会保険労務士事務所主席コンサルタント、特定社会保険労務士、行政書士、職場マイスター

関西大学社会学部（産業心理学専攻）を卒業。人事・総務部門で10年間勤務した後、講師業に転身。平成16年より『ビジネスガイド』『ＳＲ』『社労士Ｖ』（いずれも日本法令）の３誌で執筆を開始。多くの社会保険労務士、人事労務担当者のファンを獲得。「難しい法律も原理を押さえれば理解は簡単」をモットーに、制度の趣旨や時代背景から説き起こす「納得させる」語り口が好評である。特に法改正に関する説明には定評があり、主要法令の改正のつどセミナーは満席となり、アンケート結果による「わかりやすさ度」は93％を超える。

働き方改革の先駆けとして、どこよりも早く「多様な正社員対応就業規則」を開発。現在は、コンサルタント業務を志向する社会保険労務士たちのコミュニティ『次世代３号業務アカデミー』を主宰するほか、人事評価制度・社内諸規程の整備などの企業実務でも実績を上げている。

著書の『（７訂版）リスク回避型就業規則・諸規程作成マニュアル』（日本法令）は、日本で最も売れている就業規則本。その他の主な著書として、『（３訂版）社内諸規程作成・見直しマニュアル』、『（５訂版）労働時間管理完全実務ハンドブック）』、『よくわかる「多様な正社員制度」と就業規則見直しのポイント』、（以上、日本法令）がある。

（ＵＲＬ）　https://３aca.jp/
　　　　　http://www.legal-station.jp/
（FB Page）　http://www.facebook.com/legal.station
（メールマガジン）2025年の働き方を考える『職場マイスター』のメールマガジン
（週１回程度発行）http://legal-station.jp/mailmagazine/　からお申し込みできます。

森　紀男（もり　のりお）

全日本能率連盟　マスターマネジメント・コンサルタント
株式会社スタッフコンサルティング　代表取締役
ソフィア特定社会保険労務士法人（特定社会保険労務士）
ポートアンドソフィア行政書士事務所（行政書士）
経営法曹会議賛助会員

（主な業務内容）
個別労使紛争解決支援、経営革新支援コンサルティング、
人事労務管理の相談・指導

CD-ROMのご使用にあたって

1　使用環境

このCD-ROMを、快適に使用するためのパソコンの環境は以下のとおりです。

CPU	Pentium Ⅳ以上推奨
メモリ	2GB以上
ディスプレイ	800×600ドット以上
OS	Microsoft Windows 7、8、10
アプリケーション	Microsoft Word 2010以降

※　上記以外の環境のパソコンでの動作については確認していません。

※　ご使用するパソコンの環境により、書式設定にズレが生じることがございます。あらかじめご了承ください。

※　ファイルを保存する場合、メニューバーの［ファイル］から［名前を付けて保存］を選択し、保存先をハードディスクドライブ等に変更する必要がございます。

2　使用承諾

万一、本CD-ROMを使用することによって、何らかの損害やトラブルがパソコンおよび周辺機器、インストール済みのソフトウエアなどに生じた場合でも、著者および版元は一切の責任を負うものではありません。

このことは、本CD-ROMを開封した段階で承諾したものとします。

3　使用方法

①　CD-ROMをドライブにセットします。

②　次に「PC」または「マイ・コンピューター」をダブルクリックしますとhoreiというアイコンが表示されますので、さらに、そのアイコンをダブルクリックします。

③　本書に対応したフォルダが表示されます。各フォルダをダブルクリックしますと書式ファイルが表示されますので、ご使用になる書式をダブルクリックしてください。

なお、本CD-ROMをご使用になる場合は、Microsoft Wordがインストールされていることが前提となります。

4　使用上の留意点

本CD-ROM内の書式ファイルは本書掲載のものをベースとしており、法改正の内容等を踏まえた注意事項・別例条項等についても収録しています。各会社の実態に合わせて、適宜削除・修正等してご使用ください。

ナビゲーションウィンドウのご利用方法

【留意事項】

本書のCD-ROMはナビゲーションウィンドウを搭載しています。

1、**2**のナビゲーションウィンドウ機能は、Microsoft Word2010以降のバージョンよりお使いいただける機能です。**3**～**8**のスタイル機能はそれ以外のWord（一部を除く）でもご利用いただけます。

※「スタイル」、「レベル」、「ナビゲーションウィンドウ」等の機能及びWordの操作方法についてのご質問については、下記のMicrosoft社のホームページをご覧いただくか、Wordのマニュアルをご覧ください。
（http://office.microsoft.com/ja-jp/word-help/VA101825265.aspx）。

※Wordの操作方法は、ご使用のパソコンの環境等によって異なる場合があります。

【操作方法】

1　ナビゲーションウィンドウ内をクリックすることにより、本文中の任意の場所までカーソルをジャンプさせることができます。

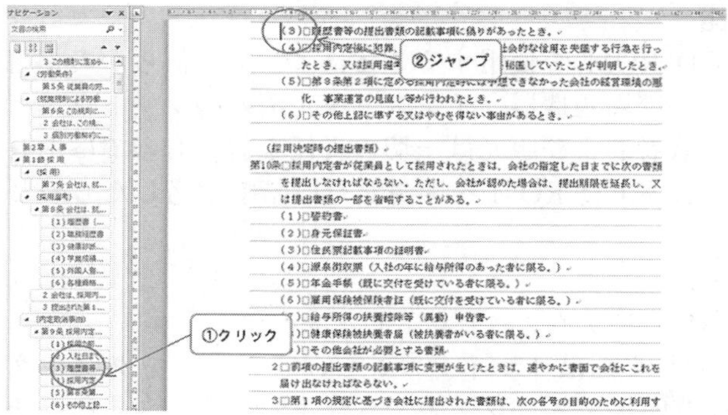

2　ナビゲーションウィンドウのドラッグすることにより「条」、「項」、「号」などを並び替えることができます。

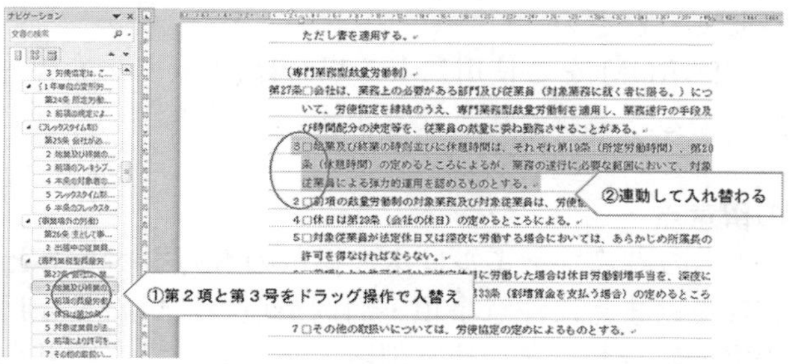

3　オリジナルのスタイルでは、各条文の間は１行間隔を空ける設定になっていますが、これを詰める設定に変更することができます。

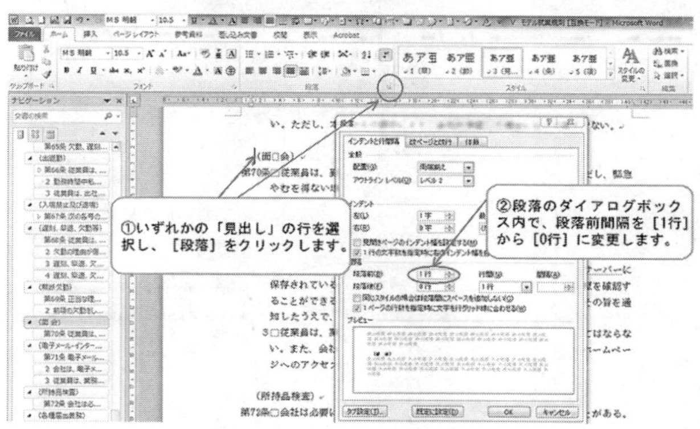

4　選択していた行の上部が詰まったことを確認し、スタイル名［3（見出し)］を右クリックし、［選択箇所を一致するように3（見出し）を更新する（P)］を選択すると、すべての間隔を詰めることができます。

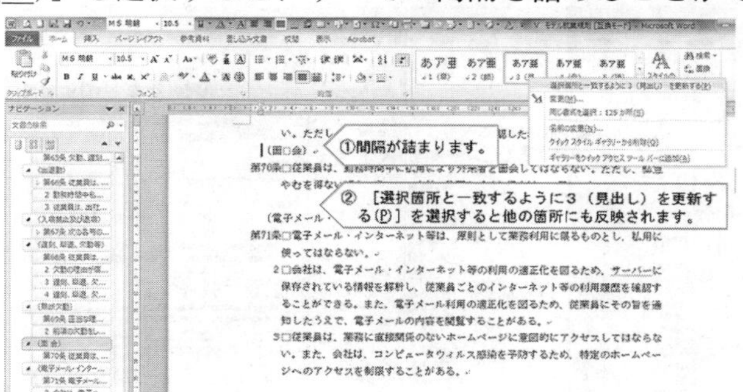

5　もとに戻すときは、まず［3（見出し)］のスタイル名を右クリックし、［変更（M)］を選択します。

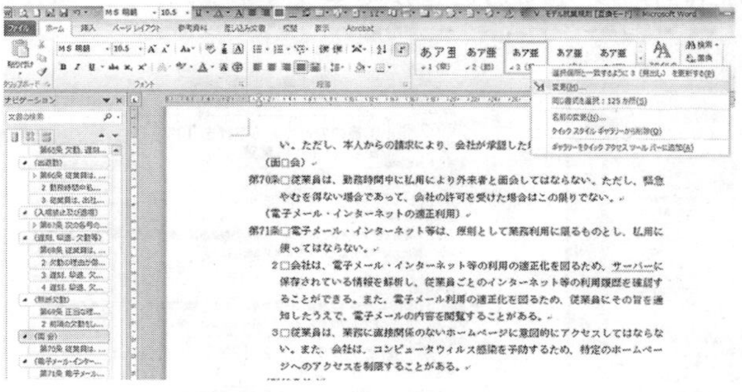

6　次に［書式（O)］⇒［段落（P)］の順で選択していきます。

7　［段落］のダイアログボックス内で［段落前（B)］の設定を［０行］から［１行］に変更し、［OK］をクリックすると、各条文の間隔を空けることができます。

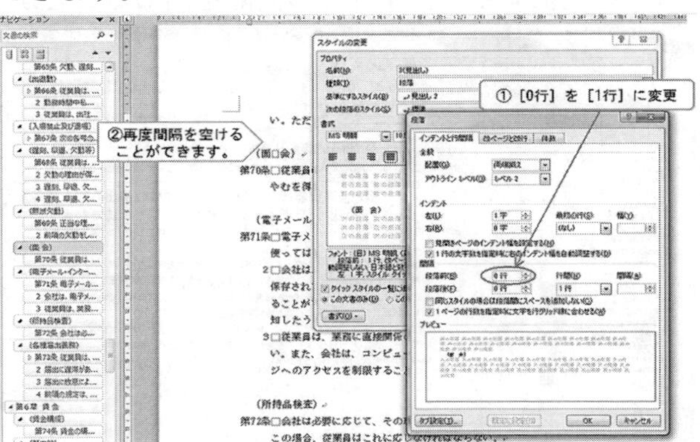

8　［段落］のダイアログボックス内でインデント設定を変更することにより、自由に配字を変更することができます。

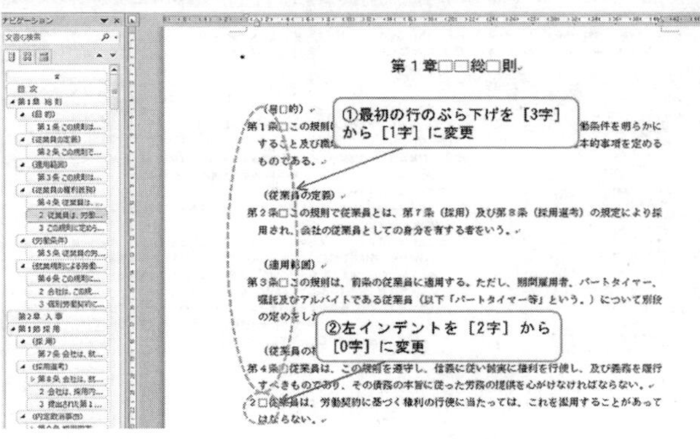

7訂版 リスク回避型
就業規則・諸規程作成マニュアル

平成17年7月20日　初版発行
令和元年6月20日　7訂初版
令和元年9月10日　7訂2刷

検印省略

日本法令®

〒101-0032
東京都千代田区岩本町1丁目2番19号
https://www.horei.co.jp/

著者	岩崎仁弥
	森　紀男
発行者	青木健次
編集者	岩倉春光
印刷・製本	文唱堂印刷

(営　業)　TEL　03-6858-6967　　Eメール　syuppan@horei.co.jp
(通　販)　TEL　03-6858-6966　　Eメール　book.order@horei.co.jp
(編　集)　FAX　03-6858-6957　　Eメール　tankoubon@horei.co.jp
(バーチャルショップ)　https://www.horei.co.jp/iec/
(お詫びと訂正)　https://www.horei.co.jp/book/owabi

※万一、本書の内容に誤記等が判明した場合には、上記「お詫びと訂正」に最新情報を掲載しております。
ホームページに掲載されていない内容につきましては、FAXまたはEメールで編集までお問合せください。

・乱丁、落丁本は直接弊社出版部へお送りくだされぱお取替えいたします。

ISBN978-4-539-72681-5